Haim Goren
»Echt katholisch und gut deutsch«

Haim Goren

»Echt katholisch und gut deutsch«

Die deutschen Katholiken und Palästina 1838–1910

Aus dem Hebräischen von Markus Lemke

WALLSTEIN VERLAG

Bibliografische Information der Deutschen Nationalbiliothek
Die Deutsche Nationalbibliothek verzeichnet diese Publikation in der Deutschen Nationalbibliografie; detaillierte bibliografische Daten sind im Internet über http://dnb.d-nb.de abrufbar.

www.wallstein-verlag.de
Vom Verlag gesetzt aus der Adobe Garamond und Frutiger
Umschlaggestaltung: Basta Werbeagentur, Steffi Riemann,
unter Verwendung einer Fotografie:
Das St.-Paulus-Hospiz in Jerusalem.
Foto: Schneller-Archiv, Landeskirchliches Archiv Stuttgart
Druck: Hubert & Co, Göttingen
ISBN 978-3-8353-0351-5

Inhalt

Vorwort 7

Einleitung 11

1. Die römisch-katholische Kirche im Heiligen Land im 19. Jahrhundert 25

2. Europa, Deutschland, die deutschen Katholiken und das Heilige Land im 19. Jahrhundert 52

3. Die deutsch-katholischen Aktivitäten zugunsten des katholischen Christentums im Heiligen Land, 1838-1875 101

4. Die deutsch-katholische Präsenz im Heiligen Land: Die Anfänge, 1875-1895 172

5. »Der deutsche Verein vom Heiligen Lande«, 1895-1910 229

6. »Ein großes Gebäude aus diesen kleinen Anfängen fügen«. Die Einrichtungen im Heiligen Land 272

Die »vereinseigenen« Einrichtungen 273

Andere deutsch-katholische Einrichtungen 383

Resümee
Von »echt katholisch und gut deutsch« zu den »deutschen Festtagen in Jerusalem« 404

Dank 418

Quellen und Literatur 420

Abbildungsnachweis 459

Register 461

Vorwort

Mit diesem Buch, das das Resultat langjähriger Studien und Forschungen ist, schließt sich für mich ein Kreis. Es begann vor rund 25 Jahren, als mein damaliger Lehrer am Fachbereich für Eretz-Israel-Studien der Universität Haifa, der im Jahre 2002 verstorbene Professor Alex Carmel, mir vorschlug, ich solle die Abschlussarbeit zu meinem B.A.-Studium am Fachbereich doch über das deutsch-katholische Hospiz in Tabgha schreiben. Ein Ort, der mir, wie jedem Israeli meiner Generation, bestens als ›Karei Desche‹ (Jugendherberge ›der Rasenflächen‹) bekannt war und durch seine Lage, seine Umgebung und romantische Atmosphäre besticht. Dies sollte der Beginn einer Reise in eine Welt werden, die auch der interessierten Öffentlichkeit in Israel nicht bekannt ist, eine Welt, von der auch ich bis zu jenem Zeitpunkt nichts gewusst hatte – die Aktivitäten der deutschen katholischen Kirche und einiger ihrer Mitglieder in Eretz-Israel während der letzten achtzig Jahre unter osmanischer Herrschaft.

Diese Abschlussarbeit wurde Grundlage meiner Magisterarbeit, die ich unter Anleitung meiner damaligen Lehrer und heutigen Kollegen Yehoshua Ben-Arieh und Ruth Kark am Fachbereich Geographie der Hebräischen Universität in Jerusalem schrieb. Diese Ende 1986 vorgelegte Arbeit, die den Titel »Das deutsch-katholische Wirken im Lande Israel, 1838-1910« trägt, legte schließlich das Fundament für das vorliegende Buch.

Seitdem habe ich meine Forschungsarbeiten in verschiedene Richtungen ausgedehnt, jedoch niemals die Beschäftigung mit den deutschen Katholiken und ihrem Wirken im Lande Israel gänzlich eingestellt. Bei meinen zahlreichen Besuchen in Deutschland fuhr ich beständig fort, Material zusammenzutragen. Regelmäßig suchte ich zu diesem Zweck Archive und Bibliotheken in ganz Deutschland auf, anfangs nur im Westen und nach der Wiedervereinigung auch im Osten des Landes. Im Laufe der Jahre dehnte ich meine Forschungen auf die deutsche Politik bis 1871 und die Geschichte des Reiches hernach aus. Besonderes Augenmerk richtete ich dabei auf die Umwälzungen im 19. Jahrhundert, wobei ich stets bemüht war, Verbindungen zum Heiligen Land aufzudecken.

Nach Veröffentlichung meines ersten Buches, das der deutschen Palästinaforschung im 19. Jahrhundert gewidmet ist, hatte ich das Gefühl, die Zeit sei gekommen, mich abermals den deutschen Katholiken und ihren Verbindungen zum Heiligen Land zuzuwenden. Erneut stapelten sich Materialien und Dokumente auf meinem Schreibtisch, doch vor allem hinsichtlich der Methodik war ich unschlüssig: Welchen Aufbau sollte das Buch erhalten? Bei meiner Magisterarbeit hatte sich ein chronologischer Aufbau angeboten, da sich hier drei Zeiträume abzeichneten, und ich hatte diese entsprechend den verschiedenen Vereinen und ihrem Wirken in der jeweiligen Phase gegliedert. Dabei hatte ich zunächst den Charakter der Vereine und den Verlauf ihrer Aktivitäten in Deutschland behandelt, um schließlich zu einer systematischen Bestandsaufnahme der Stätten zu kommen, die der entsprechende Verein im Heiligen Lande errichtet hatte und betrieb. Dieser Aufbau, in dem die »Epochenquerschnitte« deutlich hervorstachen, entsprach dem geographisch-historischen Charakter der Arbeit. Im vorliegenden Buch jedoch beschloss ich, die historischen Prozesse und Hintergrundfaktoren geopolitischer, georeligiöser und anderer Natur hervorzuheben, eine Entscheidung, die mich nötigte, eine andere Darstellungsform zu wählen.

Aus diesem Grund sind die beiden ersten Kapitel der Untersuchung jenen Hintergrundfaktoren gewidmet. Das erste Kapitel befasst sich mit dem Verhältnis zwischen dem lateinischen Christentum und dem Heiligen Land, einem Verhältnis, das meiner Einschätzung nach die Beziehungen der zu dieser Kirche zählenden Deutschen zum Heiligen Land im Verlauf des 19. Jahrhunderts maßgeblich beeinflusst hat. Im zweiten Kapitel möchte ich einige der Prozesse und Hintergrundfaktoren beleuchten, die mit dem komplexen Beziehungsgeflecht zwischen den europäischen Großmächten, Deutschland (bzw. Bayern und Preußen bis 1871), dem katholischen Drittel der gesamtdeutschen Bevölkerung und dem Heiligen Land in Verbindung stehen. Dabei sollen bedeutsame Zeitmarken innerhalb dieser Prozesse besonders hervorgehoben werden. Erst im dritten Kapitel werde ich mich einer Darstellung der deutsch-katholischen Aktivitäten selbst zuwenden, die sich zu diesem Zeitpunkt vornehmlich im Sammeln von Spenden für die katholische, mehrheitlich nichtdeutsche Gemeinde im Heiligen Land ausdrückte, denen jedoch noch keine konkreten Projekten zugrunde lagent. Die Rede ist dabei von zwei Phasen, eine erste, die ihren Ausgang in Bayern nahm, und eine zweite, deren Ausgang in Preußen lag und den Zeitraum von 1838 bis 1875 umschließt. Auch die beiden sich anschließenden Kapitel sind vornehmlich Aktivitäten und Organisationen in Deutschland gewidmet. Das vierte Kapitel befasst sich mit dem Beginn des deutsch-katholischen Engagements in Palästina und konzentriert sich auf zwei historische Persönlichkeiten und einen Verein. Untersucht wird darin der Zeitraum von 1875 bis 1895. Das fünfte Kapitel wiederum, das eine chronologische Darstellung der Aktivitäten beinhaltet, bezieht sich auf die daran anschließenden fünfzehn Jahre, in denen die deutsch-katholische Betätigung im

Heiligen Land ihren Höhepunkt erlebte, und endet mit 1910. Den Einrichtungen selbst, welche die deutschen Katholiken in Palästina errichteten und unterhielten, ihrer Geschichte und Bedeutung, widmet sich schließlich das sechste und letzte Kapitel des Buches.

Wie erwähnt basiert dieses Werk auf meiner Magisterarbeit. Im Verlauf der Jahre, die seitdem vergangen sind, habe ich einige Fachaufsätze zu besagtem Thema veröffentlicht, einige davon ausschließlich in Hebräisch, andere auch in anderen Sprachen. Naturgemäß haben Teile daraus Eingang in die vorliegende Untersuchung gefunden. Darüber hinaus jedoch ist bislang nur wenig zu dieser Thematik veröffentlicht worden. Ich hoffe, hierdurch etwas zum sich langsam erweiternden Wissensstand, zu den sich seit 1970 mehrenden Erkenntnissen über die Verstrickung der europäischen Großmächte im Heiligen Land im Verlauf des 19. Jahrhunderts bis hin zum Ersten Weltkrieg beisteuern zu können, vor allem aber zu deren Beitrag an Entwicklung und Fortschritt des Landes.

Einleitung

Das 19. Jahrhundert war eine Zeit wichtiger Neuordnung in der Geschichte Palästinas, eine Epoche des Übergangs vom Mittelalter zur Neuzeit. Es gibt in der Geschichte dieses Landes wohl kein zweites Jahrhundert, dessen historische Bedeutung in vergleichbarer Form seine zeitliche Dauer übertreffen würde. Zwar lässt von allen Historikern, die sich mit Palästina in jenem Zeitraum befasst haben, keiner seine Untersuchung mit dem Jahre 1800 beginnen und punktgenau mit 1899 enden, doch sprechen andererseits so gut wie alle von »Palästina im 19. Jahrhundert«.[1] Die überwiegende Mehrheit aller Studien widmet sich dabei dem Thema der Prozesse und Veränderungen, der Entwicklung, die zumeist als eine von einem rückständigen Ausgangspunkt zu Beginn der Epoche hin zu einer fortschrittlichen und verbesserten Situation an ihrem Ende beschrieben wird. Diese Veränderungen, so bedeutsam sie an sich auch gewesen sein mögen, erscheinen von nur mehr sekundärem Stellenwert, berücksichtigen wir die Tatsache, dass die gegenwärtige Gestalt des Landes mitnichten nur ein Produkt geographischer, politischer, ökonomischer und sozialer Gestaltungsprozesse des 19. Jahrhunderts ist oder deren unmittelbare Fortsetzung.

Vier Bevölkerungsgruppen lebten und agierten in jenem Zeitraum im Lande.[2] Die erste – die arabische Bevölkerung, im Wesentlichen muslimisch oder christlich-orthodox und entweder ursprünglich hier beheimatet oder aber unter der osmanischen Herrschaft in mehreren Migrations- und Ansiedlungswellen ins Land gekommen; die zweite – die jüdische Bevölkerung des »alten Jischuw« und des »neuen Jischuws«;[3] die dritte – der osmanische Herrschaftsapparat und seine Vertreter; und die vierte – christlich-europäische Akteure, sowohl säkulare wie religiöse, die im Lande aktiv wurden, nachdem jahrhundertelang das europäische Element nur in Gestalt einiger weniger religiöser Würdenträger existent gewesen war und sich zumeist auf Angehörige und Repräsentanten des Franziskanerordens beschränkt hatte. Die Studie, deren Ergebnisse hier vorgestellt werden sollen, widmet sich dezidiert einer speziellen Gruppe

1 Eliav, Eretz Israel; Ben-Arieh, Rediscovery, 11-13; Carmel, Activities; Kushner, Eretz-Israel; Carmel, Haifa; Carmel, Siedlungen; Shamir, Beginning; Schölch, Europa, 13-15.

2 Zu dieser Einteilung siehe Ma'oz, Studies; Shamir, Beginning, 140.

3 Ohne näher auf diese Bezeichnung und ihre Bedeutung einzugehen, sei an dieser Stelle auf die Essays Israel Bartals verwiesen: Bartal, Exile.

innerhalb dieses vierten, des christlich-europäischen Bevölkerungselements, den deutschen Katholiken.

Die wissenschaftliche Auseinandersetzung mit den christlichen Aktivitäten im Lande im besagten Zeitraum nahm ab den 1970er Jahren stark zu, als Yehoshua Ben-Arieh den Einfluss dieses Faktors auf die Entwicklung des Landes vor Beginn des zionistischen Besiedlungswerkes verdeutlichte.[4] In der vorliegenden Arbeit habe ich mir den Ansatz der historischen Geographie zu eigen gemacht, die sämtliche aktiven und passiven Komponenten des Forschungsgegenstandes, die diesen und seine Gestaltung beeinflusst haben könnten, einer Betrachtung unterzieht, um so ein umfassendes und vollständiges Bild zu zeichnen.[5] Ich möchte mithin sämtliche Faktoren einer genaueren Prüfung unterziehen, kraft derer und unter deren Einfluss diese spezifische christlich-europäische Gruppe seinerzeit im Lande agierte. Ihr Handeln kann nicht als etwas Singuläres, Unabhängiges betrachtet werden, sondern muss ganz im Gegenteil im Gesamtkontext der Prozesse untersucht werden, die das Heilige Land im Verlauf des 19. Jahrhunderts durchlief.

Die wissenschaftliche Erforschung der christlich-europäischen Aktivitäten in Palästina in der Endphase der osmanischen Herrschaft hatte sich bis jetzt im Wesentlichen auf das Handeln jedes einzelnen Staates gesondert konzentriert. Dabei war es naheliegend, dass auf einem relativ neuen Forschungsfeld wie diesem die primären Anstrengungen auf ein Zusammentragen von Fakten und eine Wissensanhäufung gerichtet sein würden. Diese Arbeit ist noch weit davon entfernt, abgeschlossen zu sein, da ständig neue Informationen zutage treten, die immer wieder aufs Neue den Wert dieses christlichen Wirkens in all seinen Bereichen, Formen und Aspekten für die Entwicklung des Landes belegen. Hierin liegen auch die Ursachen für den Zustand begründet, in dem sich die Forschung zu unserem Thema nun schon seit fast vier Jahrzehnten befindet: Die meisten Forschungsarbeiten behandeln nach wie vor die Aktivitäten innerhalb eines nationalen oder sogar noch enger gesteckten Rahmens, das Lebenswerk von Einzelpersönlichkeiten, Gruppierungen oder Organisationen bestimmter Staaten.[6] Selbst wissenschaftliche Studien von allgemeinerem und umfassenderem Charakter sind gemeinhin in Kapitel

4 Ben-Arieh, Rediscovery, 232-233.

5 Siehe hierzu: Butlin, Historical Geography; Ben Artzis Resümee in: Ben Artzi, Germany, 18-32.

6 Siehe zum Beispiel: Tibawi, Interests; Carmel, Siedlungen; Sinno, Interessen; Vogel, Zion; Cohen, Vision; Ben Artzi, Germany; Perry, Mission.

unterteilt, von denen sich jedes einzelne mit den Aktivitäten eines gesonderten Staates befasst.[7]

In jüngster Zeit jedoch erscheint es immer geratener, sich Untersuchungen zuzuwenden, die einen vergleichenden Charakter haben. Eine Möglichkeit bietet etwa die Beschäftigung mit einem begrenzten Themenbereich (Erziehung, Wohlfahrt, Mission, Forschung, Religion etc.), um zu überprüfen, welches Ausmaß und welchen Ausdruck die Aktivitäten bei unterschiedlichen Staaten auf diesem Gebiet gefunden hatten. Eine andere Möglichkeit ist, sich im monographischen Rahmen einer Untersuchung auf einen einzelnen Staat oder Akteur zu beschränken und dessen Handeln in Bezug zu anderen Akteuren zu setzen. Hiermit meine ich sowohl die heimischen Hintergrundmotive, das heißt die historischen Prozesse und Einflüsse im Mutterland, als auch die Aktivitäten anderer Staaten im Heiligen Land.

Die hier vorliegende Studie folgt genau dieser Forschungsrichtung und illustriert am Beispiel der deutschen Katholiken, einer der christlich-europäischen Gruppierungen, die im Verlauf des 19. Jahrhunderts in Palästina tätig waren, deren Wirken zum Wohl des Heiligen Landes. Allerdings unterschieden sich deren Akrivitäten von denen anderer vergleichbarer Interessengruppen.[8] Die Untersuchung dieses »Sonderwegs« wird einhergehen mit der Erörterung der Frage, auf welche Weise er beeinflusst wurde. Hierbei spielen gesellschaftliche und politische Prozesse innerhalb Deutschlands ebenso eine Rolle wie geopolitische Entwicklungen im östlichen Mittelmeerraum, sowie das Wirken anderer deutscher Akteure und die Einflußnahme anderer europäischer Großmächte.

Ziel ist es, die Geographie jener Zeit mit größtmöglicher Genauigkeit in der Weise zu rekonstruieren, wie uns die gegenwärtige, dem Auge sichtbare Geographie vertraut ist. Dies ist nur durch eine detaillierte Erforschung der »Geschichte hinter der Geographie« zu erreichen, welche auf die mit menschlicher Arbeit in Verbindung stehenden Prozesse und die daraus resultierenden Veränderungen der Landschaftsstruktur abhebt. Eine solche Untersuchung muss die verschiedenen Fundamente der »kulturellen Geographie« freilegen, muss die Rolle des Menschen bei

7 Einige Arbeiten, die sich diese Herangehensweise zu eigen gemacht haben, sind: Carmel, Activities; Ben-Arieh, Jerusalem; ders., New City.

8 Mit dem Begriff »deutsche Katholiken« meine ich Menschen, die im Wesentlichen aus Deutschland stammten (oder den Kleinstaaten, die dieses bis 1871 bildeten), oder auch Angehörige der lateinisch-katholischen Kirche aus anderen, zum deutschen Kultur- und Sprachraum zählenden Ländern. Zu einer Diskussion des Begriffs »Katholiken« in Deutschland siehe zum Beispiel: Schmolke, Presse, 23-25.

der Veränderung seiner Umgebung zeigen, seinen Platz bei der Gestaltung der naturgegebenen Landschaft und der Erschaffung einer an ihre Stelle tretenden »Kulturlandschaft«, und schließlich die relevanten Relikte vergangener Kulturlandschaften in der gegenwärtigen Landschaftsform nachweisen, die ihren Ursprung in ebensolchen Prozessen haben.[9] Denn das Verhältnis zwischen Geographie und Geschichte ist wie die Verbindung zwischen einer Idee und einem definiten Raum: Die Idee, die ihren Ursprung in der Regel in einer bestimmten Ideologie hat, beginnt mit Menschen und gelangt zur Realisierung durch einen Prozess von Entscheidungen, die ihrerseits Veränderungen bewirken, welche in einem definiten Raum zum Ausdruck kommen, in dem die Resultate der Handlung überprüfbar sind. Das Interesse des Historikers an Ideen, an der Entscheidungsfindung und den Ereignissen, die sich in ihrem Zuge entwickeln, ist hier also verschränkt mit dem Interesse des Geographen an der Landschaft, dem Umfeld, den Veränderungen, die beide erfahren, und den Ursachen dafür.[10] Entsprechend soll diese Untersuchungsmethode hier zur Anwendung gelangen, die auf einer sehr detaillierten historischen und geographischen Rekonstruktion basiert und dabei jeden nur möglichen historischen Beleg berücksichtigt (auch wenn diese naturgemäß in ihrer Mehrzahl schriftliche Dokumente sind). Richard Cole Harris hat dies in seinem Aufsatz *The Historical Mind and the Practice of Geography* als »historisches Denken« bezeichnet und eine solche Herangehensweise abschließend »weniger eine explizite Methode denn eher eine Geisteshaltung« genannt. Dieses »historische Denken« akzeptiere die Menschen, wie sie seien, wolle verstehen, warum sie in einer bestimmten Weise gehandelt hätten, und versuche nachzuvollziehen, weshalb sie in bestimmter Form gedacht und empfunden hätten.[11]

Diese Untersuchungsform ist folglich induktiv und bedingt zwangsläufig die Berücksichtigung vieler Details. Die Methode wurde in den 70er Jahren des 20. Jahrhunderts zu einer der gängigsten in der geographisch-historischen Forschung, ungeachtet ihrer relativ geringen Beliebtheit in der geographischen Forschung der Vergangenheit.[12] Ich jedenfalls habe ihr den Vorzug gegeben, da sie für eine Untersuchung von der uns hier vorliegenden Art, deren Gegenstand unter anderem die Gründung der katholischen Vereine in Deutschland und das Wirken ihrer Mitglie-

9 Ben Artzi, Germany, 32-35.
10 Meining, America, 1204-1205.
11 Harris, Mind, 124-128.
12 Ebd., 131-133; Mikesell, Tradition, 15; Ward, Debate, 83-84.

der im Heiligen Land sein soll, dessen genauer Verlauf und seine Resultate, nach meiner Einschätzung am meisten gerecht wird.

Als ich mich daranmachte, den Zeitraum, mit dem ich mich zu befassen gedachte, in einzelne Abschnitte zu unterteilen, sah ich mich mit der Frage konfrontiert, nach welchen Kriterien eine solche Strukturierung erfolgen sollte. Die gängige Einteilung des 19. Jahrhunderts nach politischen Ereignissen, wie sie in der Mehrzahl der wissenschaftlichen Arbeiten verwendet wird, erschien ungeeignet für die Erfordernisse der vorliegenden Studie, da die Entwicklung der deutsch-katholischen Betätigung in Palästina damit nicht in Einklang zu bringen gewesen wäre. Eine andere Möglichkeit bestand darin, sich auf die Periodisierung zu stützen, die Shlomo Elan für sämtliche deutschen Aktivitäten in Jerusalem in seinem 1984 veröffentlichten Werk, das auf einer Forschungsarbeit aus dem Jahre 1972 basiert, vorgeschlagen hat. Elan unterteilt darin den Zeitraum von 1800 bis 1914 in vier Abschnitte.[13] Naftali Thalmann hat diesen Ansatz kritisiert mit dem Argument, die Idee einer eigenständigen, linearen Entwicklung der Aktivitäten im Heiligen Land fast ohne Bezug zum Mutterland sei nicht akzeptabel.[14] Eine nähere Betrachtung zeigt zudem, dass auch Elans Einteilung, die offenbar der Beschäftigung mit dem deutsch-protestantischen Element im Heiligen Land geschuldet ist, für die deutschen Katholiken und ihr in mehrfacher Hinsicht einzigartiges Wirken unpassend erscheinen will.

Aus diesen Erwägungen resultierte die Entscheidung, eine Periodisierungsmethode zu wählen, die in unmittelbarem Zusammenhang mit den Aktivitäten des Untersuchungsgegenstandes, der deutschen Katholiken, stehen sollte, so wie auch Alex Carmel in seiner Arbeit über die Templer verfahren ist. Doch auch nachdem ich entschieden hatte, eine derartige Methodik zu wählen, die in direktem Bezug zum Wirken dieses Akteurs stehen sollte, boten sich mir noch immer zwei Möglichkeiten: Sollten dessen Aktivitäten im Heiligen Land ausschlaggebend sein oder vielleicht doch die organisatorische Entwicklung in Deutschland? Denn augenscheinlich bestand, wenigstens in einem Punkt, ein Unterschied zwischen diesen beiden Optionen. Ich entschied mich für die zweite Möglichkeit, für eine Einteilung, die sich vor mir schon einige deutsch-katholische Chronisten zu eigen gemacht hatten. Die Gründe, die zu dieser Entscheidung führten, werden im Verlauf der Arbeit und in ihrem Resümee näher beleuchtet werden. An dieser Stelle möchte ich nur so viel andeuten, dass die deutsch-katholischen Aktivitäten in Palästina in höchstem Maße

13 Elan, Deutsche, 87.

14 Thalmann, Influence, 2-4.

abhängig waren von den Ereignissen im Mutterland. Diese Ereignisse waren es, die – vielleicht stärker als jeder andere Faktor – ihren Charakter und ihre Entwicklung bestimmten.

Dem Thema der Arbeit folgend war klar, dass der Ausgangspunkt der Untersuchung mit den ersten Anzeichen deutsch-katholischer Aktivitäten zusammenfallen musste, die sich auf das Jahr 1838 datieren lassen. Für den Endpunkt des zu untersuchenden Zeitraums jedoch boten sich mir mehrere Möglichkeiten. Das Jahr 1898 verwarf ich, jenes Jahr, in dem der deutsche Kaiser das Heilige Land besuchte, denn ausgerechnet in der Folge dieses Besuches erlebte das deutsch-katholische Engagement seine Blütezeit; und ebenso das Jahr 1914, den Ausbruch des Ersten Weltkriegs. Ich entschied mich für 1910 oder genauer den 10. April jenes Jahres, den Tag, an dem die beiden letzten – und größten – deutsch-katholischen Einrichtungen feierlich eingeweiht wurden, mit denen sich diese Arbeit befasst. Denn damit endete eine zwölf Jahre währende Phase der Betätigung im Lande und zu dessen Gunsten, wie es sie für die deutsch-katholische Gemeinde weder zuvor noch danach gegeben hat. Zwar existierten ihre Einrichtungen weiter und entwickelten sich, ehe sie zum Teil von den Wogen der zahlreichen Kriege, die die Region durchlitt, hinweggetragen wurden. Auch kämpfte der Verein vom Heiligen Lande weiter um seine Einrichtungen, doch war jenes Gefühl der Ursprünglichkeit und Bedeutungsschwere der Epoche nicht mehr vorhanden, die mit diesem »Höhepunkt« – dem April 1910 – zu Ende gegangen war.

Die vorliegende Studie beschäftigt sich also mit einer kleinen, zuweilen sogar marginalen Gruppierung unter den verschiedenen europäischen, in jenem Zeitraum im Lande tätigen Akteuren. Sie hat, wie bereits angedeutet, viel von einer Monographie, da sie detailliert die Aktivitäten dieser speziellen Gruppe erörtert und sie in all ihren Phasen und Entwicklungen beschreibt. Doch gerade darin liegt, meines Erachtens, ihre Bedeutung. Denn abgesehen von der Tatsache, dass hier bislang unbekannte Kapitel der Geschichte Palästinas in der Endphase der osmanischen Herrschaft aufgezeigt werden, weißt das deutsch-katholische Wirken auch zahlreiche Sonderaspekte auf, die es von den Aktivitäten anderer Großmächte unterscheiden. Der Umstand, dass es sich bei den deutschen Katholiken um eine Gruppierung handelte, die sich auf einzigartige Weise sowohl religiös wie auch staatlich definiert sah, führte zu besonderen ideologischen Beeinflussungen ihrer Betätigung im Heiligen Lande. Daher ist ihr Auftreten selbstverständlich zu vergleichen mit den staatlichen Aktivitäten der katholischen Großmächte einerseits und dem Vorgehen und Handeln der Angehörigen anderer Konfessionen unter ihren Landsleuten, den Protestanten und Templern, andererseits. Im

Verlauf der gesamten Studie wird somit der klaren Verbindung Rechnung getragen zwischen der religiösen und politischen Ideologie der deutschen Katholiken auf der einen, beeinflusst und bedingt durch die politischen, gesellschaftlichen und kulturellen Ereignissen in Deutschland, und ihren Aktivitäten im Heiligen Land auf der anderen Seite. Dieser Ansatz, der von zahlreichen Forschungsarbeiten, die sich mit dem Wirken christlicher Faktoren in Palästina befassen, vor allem mit den verschiedenen deutschen Gruppierungen, übernommen wurde, ist bereits in etlichen Studien zum Ausdruck gekommen, so etwa in denen von Carmel und Thalmann. Bei den Katholiken indes ist dieses Junktim besonders augenfällig, stärker noch als bei den anderen deutschen Gruppierungen, den Protestanten und Templern, was durch ihre spezifische Geschichte im Mutterland selbst noch zusätzlich verstärkt wird.

Doch sind dies nicht die einzigen Punkte, denen ich nachgehen will. Besondere Aufmerksamkeit und breiter Raum ist auch bestimmten Personen und ihrem Beitrag zu den deutsch-katholischen Aktivitäten und ihrer Entwicklung gewidmet; dem Phänomen der verschiedenen deutschen *Vereine*; den Ausdrucksformen der Aktivitäten vor Ort: den Standorten, die ausgewählt wurden, und ihrer Bedeutung; den immer wiederkehrenden Ansiedlungsversuchen und den Gründen für das Scheitern dieser Bemühungen; weiteren Formen der Betätigung im Heiligen Land, der Zusammenarbeit und den Beziehungen zur örtlichen Bevölkerung und anderem mehr. In alldem lassen sich spezifische, den deutschen Katholiken vorbehaltene Indikatoren feststellen. Einer Gruppierung, deren Wirken zwar, zumindest in dem hier untersuchten Zeitraum, quantitativ begrenzt gewesen sein mag, jedoch nachweisbar eine größere Bandbreite von Phänomenen und Aktionsmodi umfasst als bei jedem anderen Akteur der Szenerie.

Ich möchte versuchen, vier wesentliche Aufgaben zu leisten, die sich der vorliegenden Untersuchung stellen:

1. Eine Klärung des Hintergrunds und der Faktoren, die für die deutsch-katholischen Aktivitäten in Palästina in dem hier untersuchten Zeitraum verantwortlich zeichneten, sowie der Faktoren, die Charakter und Art dieser Betätigung veränderten. Dieser Hintergrund umfasst sowohl das Geschehen im Lande selbst als der Bühne, auf der sich die Aktivitäten vollzogen, als auch und in stärkerem Maße sogar die Ereignisse und Prozesse in Deutschland, im Herkunftsland, die von entscheidendem Einfluss auf das Vorgehen der deutschen Katholiken und seinen Charakter waren.

2. Eine Beschreibung der handelnden Personen, ihres persönlichen Hintergrunds und ihres jeweiligen Beitrags. Dabei möchte die Studie

den großen Anteil illustrieren, den eine nur begrenzte Anzahl von Personen, in Deutschland und in Palästina gleichermaßen, am faktischen deutsch-katholischen Engagement hatte, vor allem, wenn es darum ging, unter den deutschen Katholiken Interesse am Heiligen Land zu wecken, konkrete Aktivitäten dort zu initiieren und deren Richtung und Charakter vorzugeben.

3. Eine Darstellung der Geschichte und Entwicklung der verschiedenen deutsch-katholischen Vereine, ihres Wirkens und ihrer Einrichtungen im Heiligen Land (unter Berücksichtigung auch jener Einrichtungen, die nicht unmittelbar mit einem der Vereine in Verbindung standen), sowie die Tragweite ihres Einflusses auf die örtliche Bevölkerung.

4. Eine Veranschaulichung des Anteils, den das deutsch-katholische Wirken an der Gesamtheit der Prozesse hatte, denen das Heilige Land um die Wende vom 19. zum 20. Jahrhundert ausgesetzt war.

Eine nähere Betrachtung der Arbeiten, die den Aktivitäten der Großmächte in Palästina im 19. Jahrhundert allgemein und der deutschen Betätigung dort insbesondere gewidmet sind, offenbart, dass dem deutsch-katholischen Tun nur minimaler Raum zugestanden wird und sich die Informationen dazu im Wesentlichen auf seine Umrisse und greifbaren Ergebnisse vor Ort beschränken, jedoch so gut wie gänzlich auf nähere Ausführungen und Erläuterungen dazu verzichtet wird. In hebräischer Sprache sind diese Aktivitäten kursorisch und partiell bislang in drei unterschiedlichen Publikationen untersucht worden. Die erste und diejenige mit Pioniercharakter war Elans Doktorarbeit aus dem Jahre 1972, die sich ausschließlich mit den Deutschen in Jerusalem befasst, und dies auch nur in aller Kürze. Elans Studie ist 1984 auch auf Deutsch erschienen.[15] Thalmann wiederum war es, der in den Jahren 1978 bis 1980 die Grundlage für eine Bestandsaufnahme sämtlicher deutscher Aktivitäten legte,[16] so dass ich mich in bestimmten Fällen in der Situation befand, von ihm bereits Dargelegtes detaillierter auszuführen, zu erweitern oder auch zu korrigieren. In anderen Fällen hingegen, die sich als relativ zahlreich erwiesen, zeigte sich, dass Thalmann eine Bezugnahme auf Prozesse, Ereignisse oder Einrichtungen entweder grundsätzlich vermieden oder aber deren Bedeutung übersehen hatte, da naturgemäß der Raum, der in seiner Arbeit dem katholischen Wirken gewidmet ist, sehr begrenzt bleibt und gegenüber dem Hauptthema, den Protestanten, nur zweitrangig bleibt. Alex Carmel schließlich widmet in seiner Schrift aus

15 Elan, Deutsche, 24-26, 56-59.
16 Thalmann, Associations, 24-29.

dem Jahre 1983, die eine Bestandsaufnahme sämtlicher christlichen Aktivitäten im Heiligen Land anstrebt, dem katholischen Faktor ganze drei Seiten.[17]

Die meisten Informationen über die deutschen Katholiken im Lande Israel lassen sich, zumindest aus ihrem eigenen Blickwinkel, aus der Zeitschrift *Das Heilige Land* schöpfen, die seit 1857 bis auf den heutigen Tag ohne Unterbrechung erschienen ist, auch während der Jahre, denen das Augenmerk der vorliegenden Untersuchung gilt. Diese Zeitschrift, deren Erscheinen in deutscher Sprache nur als einer der Gründe dafür gelten kann, dass sie in Israel so gut wie unbekannt ist, ist bis dato als Quelle zur Erforschung des Landes und seiner Geschichte nicht entsprechend genutzt worden. Auf Deutsch wiederum sind einige Chroniken und eine Reihe von geschichtlichen Abhandlungen erschienen, einige davon zu den deutschen Aktivitäten im Heiligen Land allgemein. Drei Publikationen wiederum sind ausschließlich dem katholischen Engagement gewidmet: ein langer Aufsatz in einem katholischen Periodikum aus dem Jahre 1903/04;[18] ein geschichtlicher Überblick aus der Feder von Ernst Schmitz, einem Geistlichen, der in verschiedenen deutsch-katholischen Einrichtungen im Heiligen Land gedient hatte, erschienen 1913;[19] und schließlich die von Valmar Cramer verfasste Chronik zur Erinnerung an einhundert Jahre deutsch-katholische Palästinamission.[20] Natürlich leiden diese drei Quellen in nicht geringem Maße an Unausgewogenheit. Im Falle von Cramer etwa, der Mitglied im Vorstand des Vereins vom Heiligen Lande war und sogar als dessen Generalsekretär fungierte, umfasst die Liste der von ihm herangezogenen Quellen einzig und allein die Protokollsammlungen der Vereine, die von ihnen herausgegebenen Periodika und einige Reiseberichte ihrer Mitglieder.[21] Darüber hinaus zeigt bereits eine kursorische Durchsicht der vorliegenden Studie, dass ich nicht einer Meinung mit Cramer bin, nicht einmal hinsichtlich des Ausgangspunktes der deutsch-katholischen Aktivitäten im Heiligen Land. Eine der Hauptaufgaben der vorliegenden Forschungsarbeit bestand somit in dem Versuch, zusätzliche Quellen zu finden, die es ermöglichen würden, Angaben zu verifizieren, gewonnene Erkenntnisse zu erhärten und den Dingen in möglichst objektiver Form auf den Grund zu gehen. Als Ergebnis dieser Bemühungen sind bislang vier Fachaufsätze von mir

17 Carmel, Activity, 77-79.
18 Das Katholische Deutschland.
19 Schmitz, Deutschtum.
20 Cramer, Jahrhundert.
21 Ebd., 6.

erschienen, die dem Gesamtthema oder einzelnen Teilaspekten davon gewidmet sind.[22]

Das Fehlen umfassender neuerer Forschungsarbeiten zu den deutschen Katholiken in Palästina hat in jüngster Zeit, allerdings nur partiell, Abhilfe erfahren durch das Erscheinen von Oliver Kohlers umfangreichem, auf seiner Doktorarbeit basierendem Werk.[23] Kohlers Buch ist ausschließlich der Errichtung der Dormitiokirche und des daran angeschlossenen Klosters gewidmet. Der Autor legt in seinem Werk eine höchst detaillierte Studie vor, die sich in erster Linie auf Archivmaterial stützt, das in bewunderungswürdiger Fleißarbeit aus jeder nur erdenklichen Quelle zusammengetragen wurde. Selbstverständlich habe ich bei meiner Untersuchung an vielen Stellen auf diesen Fundus an Informationen zurückgegriffen.

Im Jahre 2005 ist ein weiteres Werk erschienen, das einem anderen Teilabschnitt der vorliegenden Untersuchung gewidmet ist. Der Mathematiker Johannes Preisner hielt die Zeit für gekommen, seinen Landsmann Pater Ladislaus Schneider, eine der Schlüsselfiguren des deutsch-katholischen Wirkens im Heiligen Land, der Anonymität zu entreißen, und veröffentlichte ein Buch mit einer detaillierten Darstellung zu dessen Leben und Werk.[24] Diese beiden wichtigen Arbeiten, die Kohlers und die Preisners, haben mir gleichermaßen erheblich bei der Vorbereitung der deutschen Ausgabe dieses Buches gedient.

In puncto Sekundärliteratur sind im Laufe der Jahre in Deutschland zudem eine Reihe von Arbeiten erschienen, die sich mit verschiedenen Aspekten des Wirkens im Heiligen Land befassen und von denen ein Teil auch in nicht geringem Maße Bezug nimmt auf den deutsch-katholischen Faktor. Selbstverständlich waren mir auch diese Arbeiten von großem Nutzen bei meiner Studie. Zu nennen sind etwa die Aufsätze von Alexander Schölch über Europa und Palästina ab dem Jahre 1838,[25] von Heinz Gollwitzer, der die Berichte deutscher Palästinafahrer des 19. Jahrhunderts analysiert hat,[26] von Horst Gründer, der sich mit der im Besuch des Kaisers zum Ausdruck kommenden deutschen Politik im Heiligen Land auseinandersetzt,[27] und die Studie von Erwin Gatz, die sich mit

22 Goren, Society; Ders., Catholics; Ders., Conflict; Ders. German Catholics.
23 Kohler, Dormitio.
24 Preisner, Schneider.
25 Schölch, Europa.
26 Gollwitzer, Palästinafahrten.
27 Gründer, Kaiserfahrt.

den politisch-katholischen Aspekten dieses Besuches befasst.[28] Abdel-Raouf Sinno wiederum gewährt den Katholiken viel Raum in seiner Arbeit über die deutschen Interessen in der Region, angefangen vom Ende der »ägyptischen Epoche« bis zum Besuch des Kaisers im Jahre 1898.[29] In jüngster Vergangenheit sind darüber hinaus drei Forschungsarbeiten erschienen, die der Orientreise des deutschen Kaisers gewidmet sind und Material enthalten, das mir wertvolle und aufschlussreiche Hilfe war. Die Rede ist von den Arbeiten Jan Stefan Richters, der verschiedene mit der Reise in Verbindung stehende Aspekte untersucht hat, darunter natürlich auch den der deutschen Katholiken, ihrer Aktivitäten und ihres Verhältnisses zum französischen Protektorat, und Thomas Hartmut Benners, der das religiöse Element hinter dem Besuch des Kaisers einer näheren Betrachtung unterzogen hat und dabei naturgemäß auf eine Beschäftigung mit dem katholischen Faktor angewiesen war.[30] Auch die im Juni 2003 vorgelegte Dissertationsschrift Ina Rosentreters unternimmt den Versuch, sich mit dem Kaiser und seiner selbst beanspruchten Rolle eines »Protektors« der deutschen Katholiken, der Juden und Muslime auseinanderzusetzen, wie sie vor allem in den Reden des Herrschers und seinem Handeln im Verlauf der Reise zum Ausdruck kommt.[31] Die überwiegende Mehrzahl der Forschungsarbeiten indes, wie auch der populärwissenschaftlichen Publikationen, die in den letzten Jahren unterschiedlichen Aspekten des deutschen Wirkens im Heiligen Land gewidmet wurden, einzelnen Gruppen, historischen Persönlichkeiten, Einrichtungen oder Örtlichkeiten, zielt auf das Werk der Protestanten und Templer ab, so dass nur wenige neue Informationen über die deutschen Katholiken darin zu finden sind.[32] Die Katholiken finden auch in der Studie Erich Geldbachs keine Erwähnung, der in erster Linie den persönlichen Kontakten auf unterschiedlichen Ebenen nachgegangen ist und ihrer Bedeutung beim Knüpfen eines, wie er es bezeichnet, »deutsch-protestantischen Netzwerkes im Heiligen Land«.[33] Diesem Ansatz entsprechend habe ich in einer meiner früheren Arbeiten versucht, die Bedeutung der-

28 Gatz, Auslandsarbeit.

29 Sinno, Interessen, 202-226.

30 Richter, Orientreise; Benner, Strahlen.

31 Rosentreter, Wilhelm.

32 Erwähnt seien hier nur zum Beispiel: Eliav, Juden; Schütz, Preußen; Foerster, Mission; Eisler, Jaffa; Ders., Auflösung; Akel, Schneller; Lückhoff, Anglikaner.

33 Geldbach, Network.

artiger persönlicher Kontakte bei der Entwicklung der deutschen Palästinaforschung im Verlauf des 19. Jahrhunderts aufzuzeigen.[34]

Neben der Zeitschrift *Das Heilige Land* (*HL*) und weiteren zeitgenössischen Presseerzeugnissen, die mir zugänglich waren, habe ich eine Vielzahl unterschiedlichster Primärquellen verwendet. Großen Anteil daran haben Reiseberichte, sowohl deutsch- als auch anderssprachige, wobei man sich bei der Verwendung derartiger Quellen ihrer Problematik stets bewusst sein muss. Selbstverständlich habe ich mich darüber hinaus bemüht, Einsicht in möglichst viel Archivmaterial zu erhalten. Darunter nehmen die Restbestände des Archivs der deutschen Konsulate in Jerusalem und Haifa aus der Zeit von 1842 bis 1939 eine Sonderstellung ein, die heute im israelischen Staatsarchiv in Jerusalem verwahrt werden. Darüber hinaus habe ich in weitere Archive Einsicht genommen, die meisten davon befinden sich in Deutschland, zum Teil geordnet und wohlorganisiert, andere hingegen klein und weniger systematisch angelegt.[35] Die Gästebücher der Hospize in Tabgha und Kubeibe (Emmaus) erwiesen sich ebenfalls als wichtige Informationsquelle. Leider sind die Archive der deutschen Vereine nicht erhalten, so dass sich in den Räumen des »Vereins vom Heiligen Lande« in Köln nur mehr die gesammelten Protokolle der Vorstandssitzungen des »Vereins vom Heiligen Grabe« und des »Vereins vom Heiligen Lande« finden lassen.[36] Eine gewisse Entschädigung für den Verlust dieser unschätzbar wichtigen Dokumente bieten zwei Archive, in denen umfangreiche Korrespondenzen mit und von diesen Vereinen einzusehen sind: das historische Archiv des Erzbistums Köln und das Archiv des lateinischen Patriarchats in Jerusalem.[37]

Den Vorgaben einer geographisch-historischen Studie entsprechend habe ich in großem Maße graphisches und fotografisches Material zu Rate gezogen, Zeichnungen, Radierungen und Fotografien, Karten aus verschiedenen Epochen und Luftaufnahmen. Die Studie machte zudem umfangreiche und häufige Exkursionen notwendig, die in vielen Fällen den eigentlichen Höhepunkt der Arbeit darstellten und für jene ungezählten Stunden des über Bücher gebeugt Sitzens entschädigten. Die dabei aufgesuchten Schauplätze und historischen Orte bargen gleichsam eine Fülle von Informationen wie Überraschungen und waren darüber hinaus einfach eindrucksvoll und schön. An allen wurden gründliche

34 Goren, Ziehet hin, skizziert in: ›Das deutsch-wissenschaftliche Netzwerk in Palästina‹, 359.

35 Goren, Sources.

36 Protokolle.

37 HAEK; APL.

Begehungen und fotografische Dokumentationen durchgeführt, Vermessungen und Abgleiche mit vorhandenen Angaben. Zu guter Letzt sind noch die Gespräche mit jenen damals handelnden Personen zu nennen, die sich noch unter den Lebenden und im Lande befanden und von denen ich vieles über die Vergangenheit erfahren durfte. Unter ihnen möchte ich vor allem jene Geistlichen namentlich erwähnen, die besonders lange Zeit im Lande zugebracht hatten: Die Benediktinermönche Bargil Pixner (1921-2002) und – ein langes Leben möge ihm beschieden sein – Hieronymus Brizič aus Tabgha, Pater Johannes Alois Düsing (1914-2000) vom St.-Paulus-Hospiz und Schwester Gerharde Wallberger (1906-1999) vom Orden der Borromäerinnen.

Die Informationen aus all diesen genannten Quellen wurden gesammelt, bewertet und an die richtige Stelle gesetzt, um in einem komplexen Puzzle das Wirken der deutschen Katholiken im Heiligen Land zu rekonstruieren. Unnötig zu erwähnen, dass Primärquellen – soweit verfügbar – dabei den Vorzug erhielten. Doch der Umstand der nur relativen Verfügbarkeit und unterschiedlichen Verlässlichkeit der Quellen, birgt das Risiko, gewissen Fehlschlüssen aufzusitzen. Die Gegenüberstellung von Quellen ist mithin beinahe das einzige Hilfsmittel in der Hand eines Historikers, der danach strebt, ein höchstmögliches Maß an Objektivität zu erreichen. Ein Kontrastieren bei kritischer Einschätzung der unterschiedlichen Quellen – schriftlicher, graphischer und jener des persönlichen visuellen Eindrucks – macht es möglicht, zumindest das Problem ihrer Subjektivität zu überwinden.

Natürlich wird eine Untersuchung dieser Art, die eine Vielzahl unterschiedlicher Ausrichtungen von Aktivitäten und Hintergrundthemen berührt, von einer langen Literaturliste respektive einem ebensolchen Quellenverzeichnis begleitet. Mit Rücksicht auf den Leser entschied ich mich, sämtliche Anmerkungen in Form von Kürzeln aufzuführen, wobei jede schriftliche Quelle durch eine möglichst kurze Bezeichnung ausgewiesen wird und damit ohne weiteres im Verzeichnis des verwendeten Quellenmaterials zu finden ist. Im Unterschied zu vielen anderen diesem Thema gewidmeten Studien entschied ich mich zudem, sämtliche Quellen, primäre wie sekundäre gleichermaßen (einmal abgesehen von Archivmaterial, selbstverständlich), St. Paulus-Hospiz in einer Liste zusammenzufassen, was dem interessierten Leser sicherlich die Suche erleichtern dürfte. Wie bereits erwähnt greift die vorliegende Arbeit an vielen Stellen auf *Das Heilige Land* zurück, das Organ der deutschen Katholiken, wobei jeder Artikel und jede Reportage mit eigenständiger Überschrift eine eigene Quellenbezeichnung erhalten hat. Zahlreiche Informationen fanden sich zudem in allgemeinen Meldungen und Nachrichten (wie etwa den *Nachrichten aus dem Heiligen Lande*). In diesem Fall erfolgte ein Verweis auf die relevante Fundstelle, ohne bibliographischen Eintrag. Und abschließend sei auf das Problem der uneinheitlichen Schreibweise des Begriffs »heilig« verwiesen. In der Bibliographie habe ich es bei der Kleinschreibung belassen, soweit diese der zeitgenössischen Originalschreibweise entsprach. In allen anderen Fällen wurde die heute gebräuchliche Großschreibweise des Wortes verwendet.

1. Die römisch-katholische Kirche im Heiligen Land im 19. Jahrhundert

»Den Patriarchen des lateinischen Ritus wieder in seiner Kirche zu Jerusalem thronen zu sehen«

Die Neugründung des katholischen Patriarchats und der »Kustodie des Heiligen Landes« der Franziskaner

Eine der bedeutsamsten und folgenschwersten Entwicklungen in der Geschichte der katholischen Kirche im Heiligen Land, die auch weitreichende Auswirkungen auf den deutschen Anteil an ihrem Wirken dort hatte, war die Wiedereinsetzung des katholischen Patriarchen in Jerusalem: Pius IX. (1792-1878). Dieser hatte seit 1846 das Pontifikat inne und vollendete eine von seinem Vorgänger Gregorius XVI. (1765-1846, auf dem Heiligen Stuhl ab 1831) auf den Weg gebrachte Initiative, indem er am 23. Juli 1847 seine *nulla celebrior* erließ, das apostolische Breve, in dem die Erneuerung des Patriarchats in Jerusalem angeordnet wurde.

Rufe nach einer Wiedererrichtung des Patriarchats waren in Europa bereits in den 30er Jahren des 19. Jahrhunderts laut geworden und nahmen insbesondere nach der Errichtung des gemeinsamen protestantischen Bistums Englands und Preußens im Jahre 1841 an Vehemenz zu.[1] Doch die Katholiken reagierten nicht sogleich auf diesen Vorgang. Der erste protestantische Bischof in Jerusalem, Michael Salomon Alexander (1799-1845), war Mitglied der *London Society for Promoting Christianity Amongst the Jews – LJS*, einer Gesellschaft, die sich auf die Missionierung von Juden konzentrierte. Diese genoss die Anerkennung aller anderen christlichen Kirchen, ließ diese jedoch nicht befürchten, dass unter Umständen gleichzeitige Missionsversuche zu Konflikten führen könnten. Möglich ist indes auch, dass wir es hier schlicht mit einer verzögerten Reaktion des kirchlichen Apparats auf diesen neuen, konkurrierenden Akteur zu tun haben, der den Versuch unternahm, im Heiligen Land Fuß zu fassen. Wie dem auch sei, die Ziele der protestantischen Missionierungsbemühungen änderten sich abrupt nach dem plötzlichen Tod Alexanders auf dem Weg nach Ägypten, Ende 1845. Sein Nachfolger Samuel Gobat (1799-1879), der 1846 in Jerusalem eintraf und das Amt

1 Cramer, Ritterorden, 155f; Duvignau, Valerge, 58. Für einen geschichtlichen Überblick siehe Meinertz, Kampf, 242f.; Tsimhoni, Patriarchate, 114f. Zu den beiden genannten Päpsten siehe *NCE*, XI, 405-409; ebd., VI, 783-787; Cross, Dictionary, 589, 1097.

des Bischofs bis zu seinem Tod bekleidete, gehörte der *Church Missionary Society* an, einem anderen britischen Missionsverein, dessen Aktivitäten jedoch im Wesentlichen auf die Mitglieder der anderen christlichen Konfessionen abzielten. Die Missionare der *CMS*, die im Gefolge Gobats ins Heilige Land kamen, begannen vor allem unter den arabischen Einwohnern tätig zu werden, die der griechisch-orthodoxen und der katholischen Kirche angehörten,[2] wodurch diese Glaubensgemeinschaften natürlich gezwungen wurden zu reagieren. Bemerkenswert schnell tauchten nun erneut in Jerusalem hochrangige Repräsentanten der älteren Kirchen auf. Der griechisch-orthodoxe Patriarch, der seit der zweiten Hälfte des 17. Jahrhunderts in Konstantinopel seinen Sitz hatte, residierte ab 1847 wieder in Jerusalem, und zwar in Person von Kyrill II., der seit 1845 in Konstantinopel amtiert hatte, um von 1847 bis 1872 sein Amt in Jerusalem zu bekleiden, wobei er die Aktivitäten seiner Gemeinde im Heiligen Land entscheidend prägte.[3] Ähnliches galt für den katholischen Patriarchen von Jerusalem, der sich gegen Ende des 13. Jahrhunderts – dem Ende der Kreuzfahrerzeit – gezwungen gesehen hatte, den Gestank der Gassen Akkos gegen die Annehmlichkeiten Roms einzutauschen. Die apostolische Breve Pius' IX. und die darin enthaltene Order, das Patriarchat von Jerusalem zu erneuern, schloss mit einer persönlichen Bemerkung:

> »Was uns betrifft, die Wir von der lebhaftesten Sorge für diesen Teil der Herde des Herrn erfüllt sind, und die tiefste Verehrung gegen die heiligen Stätten hegen, Uns selbst hat seit dem Anfang Unseres Pontificates nichts so sehr am Herzen gelegen, als den Patriarchen des lateinischen Ritus wieder in seiner Kirche zu Jerusalem thronen zu sehen.«[4]

Die Realität indes war weniger feierlich als die Worte des Papstes. Faktisch gesehen vollzog Pius IX. damit den letzten Schritt in einem Prozess der Neuorganisation der katholischen Kirche im gesamten Mittelmeerraum, der unter anderem eine kontinuierliche Beschneidung der Befugnisse des von den Franziskanern gestellten Kustos, des »Wächters des

2 Bracco, Pius, 1-2; Medebielle, Diocese, 28-32; Tibawi, Interests, 58-121; Graves, Bishopric; Crombie, Love of Zion, passim.; Lückhoff, Anglikaner, 119-164; Sapir, Anglican; Eisler, Jaffa, 7-17; Perry, Mission.

3 Guthe, Kirche; Carmel, Russia.

4 Bracco, Pius, 3. Zur Geschichte des Patriarchats in aller Kürze siehe Sidarouss, Patriarcat, 48f; Stolz, Valerga, 47-52.

Heiligen Landes«, bedeutete, der seit dem 14. Jahrhundert der höchste Repräsentant der lateinischen Kirche im Heiligen Land war.[5]

Erst zu Beginn des 17. Jahrhunderts, am 22. Februar 1627, war ein päpstlicher Erlass ergangen, der anordnete, dass die drei heiligen Städte und sämtliche Orte in Syrien, Ägypten und Palästina, an denen Franziskanerklöster existierten, unter die Gerichtsbarkeit des Kustos fielen. Gegen Ende desselben Jahrhunderts erging ein weiteres Dekret des Heiligen Stuhls, das das Haupt der »Kustodie des Heiligen Landes« zum apostolischen Gesandten für die gesamte Region ernannte und seinem Rechtsbereich auch noch Zypern zuschlug. Die Gegenbewegung setzte im Jahre 1762 ein, als der Papst einen apostolischen Vikar in Aleppo einsetzte und damit Syrien aus dem Einflussbereich des Franziskaner-Kustos heraustrennte. Dieser Prozess fand 1832 seine Fortsetzung in der Entsendung eines entsprechenden Vikars nach Kleinarmenien, nach Mesopotamien und Kurdistan (mit Sitz in Mossul) und mündete 1834 in der Berufung eines apostolischen Vikars nach Griechenland, 1839 nach Ägypten und Arabien (mit Amtssitz in Alexandria), 1868 nach Konstantinopel und 1874 schließlich nach Persien.[6] Bereits 1839 richtete Gregorius XVI., Pius' Vorgänger, der als der »größte päpstliche Missionar des Jahrhunderts« galt, die apostolische Gesandtschaft in Ägypten ein und verlieh ihr Autorität über ein Gebiet, das sich von Unter- über Oberägypten bis auf die arabische Halbinsel erstreckte, womit er den Einflussbereich des Kustos des Heiligen Landes noch weiter einschränkte. 1841 dann erließ der Papst ein Dekret, dass ausnahmslos alle Missionare in Ägypten und Syrien in ihrer Tätigkeit diesen apostolischen Gesandten unterstellt sein sollten und dass die Zuständigkeit der Kustodie sich auf einen Schutz des religiösen Lebens derjenigen Angehörigen der Kirche begrenzt sein sollte, die in diesen Regionen amtierten.[7]

5 Medebielle, Diocese, 24: »The Franciscans bridge the Gap 1333-1847«. Zur Geschichte der Franziskaner im Heiligen Land und der heiligen Stätten siehe zum Beispiel Lemmens, Collectana; ders., Franziskaner; Talatinian, L'attività; Collin, Lieux Saints; Duvignau, Valerga, 53ff. Mombelli, Custodia bietet eine breit angelegte Untersuchung zu den Franziskanern und ihren Einrichtungen im Heiligen Land.

6 Lübeck, Mission, 19 u. Anm. 2.

7 De Vries, Rome, 82-101; Duvignau, Valerga, 57; Mislin, Heilige Orte, II, 370f. Zitat: *NCE*, VI, 786. Jakob Mislin führt eine höchst aufschlussreiche Statistik an: Im Zeitraum zwischen 1786 und 1857 schickten die Franziskaner insgesamt 1.799 ihrer Ordensbrüder zum Dienst ins Heilige Land, von denen 1.082 wohlbehalten in ihre Herkunftsländer zurückkehrten. 218 dienten zum Zeitpunkt der Erhebung noch im Lande, während insgesamt 499 im Verlauf ihrer Tätigkeit im Orient

Auch wurde Gregorius von verschiedenen Seiten empfohlen, das Patriarchat von Jerusalem neu zu errichten, noch ehe die Idee des gemeinschaftlichen anglikanisch-preußischen Bistums überhaupt aufkam. Eine der Empfehlungen kam von dem aus England stammenden Kardinal Thomas Weld (1773-1837), an einer anderen war der französische Arzt Antoine Barthelemy Clot (1793-1868) beteiligt, bekannt auch als Clot Bey, Begründer des ägyptischen Medizinalwesens, der unter Muhammad Ali als Erziehungsminister diente. Abgesehen davon, dass der Katholik Clot hinter der Entsendung des apostolischen Vikars nach Alexandria stand, gehörte er auch zu jenen, die dem Papst vorschlugen, das Jerusalemer Patriarchat zu erneuern.[8]

Die Gespräche, die der Diplomat und Wissenschaftler Christian Karl Josias Freiherr von Bunsen (1791-1860) in London im Namen seines Königs und Freundes Friedrich Wilhelm IV. (1795-1861) über die Errichtung eines Bistums führte, sorgten in beiden beteiligten Ländern für erhebliche Resonanz. Der Vorstoß führte zu zahlreichen Diskussionen und auch zu Kritik aus verschiedenen Kreisen der anglikanischen Kirche, da er sich im Wesentlichen aus dem Verhältnis dieser Kirche zu den orthodoxen Ostkirchen und der römisch-katholischen Kirche speiste.[9] Darüber hinaus blieb die Tatsache, dass es Bunsen war, der sich mit aller Macht für die Errichtung des neuen Bistums einsetzte, unter anderem aufgrund der radikal antikatholischen Haltung, die er nach den so genannten »Kölner Wirren«, in die er verwickelt und dabei unterlegen war, angenommen hatte, was wiederum zu seiner Demission als preußischer Gesandter am römischen Hof führte – diese Tatsache also blieb den Spitzen des katholischen Establishments gewiss nicht verborgen. Bald schon drehte sich der Konflikt um die Erziehung von Kindern aus gemischtkonfessionellen Elternhäusern. Seit 1803 wurden die Kinder in den östlichen Provinzen Preußens nach der Kirchenzugehörigkeit des Vaters erzogen. Der Erlass König Friedrich Wilhelms III. (1770-1840, König seit 1797), diese Regelung auch in den westlichen Landesteilen seines Königreiches zur Anwendung zu bringen, stieß auf den erbitterten Widerstand von Kreisen der ultramontanistischen Kirche. Die Krise wuchs sich zu einem Kampf

verstorben waren: 117 an Epidemien, 3 an Aussatz und 24 an Herzanfall. 4 Ordensbrüder wurden durch Muslime getötet, 6 durch Griechen, während 8 im Meer ertranken.

8 Duvignau, Valerga, 58; Sayegh, Status quo, 218. Zu Weld siehe *NCE*, XIV, 849; Gillow, History, V, 576. Zu Clot Bey und seiner Karriere im ägyptischen Staatsdienst siehe Carré, Voyageurs, 286-290; Heyworth-Dune, Introduction, 122-128; Kunke, Lives, 33-48; Dawson, Egypt, 102f.

9 Lückhoff, Anglikaner, 103-111.

zwischen Staat und Kirche aus und zog Kreise bis weit über die Grenzen Preußens hinaus, so dass Bunsen, der einen radikalen, gegen die Meinung der katholischen Kirche gerichteten Standpunkt vertrat, sich 1838 gezwungen sah, seinen Amtsitz zu verlassen.[10] Kein Zweifel, dass die Gründung des protestantischen Bistums und »die Gefahr, die die Protestanten darstellten und die alle Phantasien bei weitem übertraf«, entscheidenden Anteil am Vorgehen des Vatikans hatten.[11]

Der von vorneherein zu erwartende Widerstand gegen die Neueinsetzung des lateinischen Patriarchen in Jerusalem kam von Seiten der Franziskaner, die alles andere als erfreut darüber waren, auf ihr Privileg zu verzichten, der einzige Orden zu sein, der die lateinische Präsenz an den heiligen Orten der Christenheit aufrechterhielt und sich seit Jahrhunderten als Bollwerk gegen all jene stemmte, Christen wie Angehörige anderer Religionen gleichermaßen, die danach trachteten, diese Präsenz zu verringern oder gar gänzlich aufzuheben. Entsprechend schwer taten sie sich, sich mit der Änderung ihres Status abzufinden.[12] Beistand erfuhren sie von jenen sie unterstützenden und finanzierenden Körperschaften, die sich im Wesentlichen in Spanien konzentrierten. Pius gelang es lediglich, die Zustimmung des Sekretärs der »Kongregation für die Evangelisierung der Völker« (*Sacra Congregatio de Propaganda Fides*) für sein Vorhaben zu gewinnen. Diese Kongregation, die in der ersten Hälfte des 17. Jahrhunderts gegründet wurde, war zuständig für die Missionsgesandtschaften in die »Länder der Heiden« und für all jene Regionen, in

10 Lückhoff, Anglikaner, 51-54; ders., Bunsen; Nipperdey, Geschichte, 337f; Höcker, Bunsen, haupts. 92-95.

11 Medebielle, Diocese, 29-32; Sayegh, Status quo, 218; Issa, Chretiennes, 213-218. Dort findet sich eine interessante Auseinandersetzung mit dem protestantischen Bistum, wie es sich aus katholischem Blickwinkel darstellte.

12 Zu diesem Thema findet sich umfangreiche Literatur, von der die vorliegende Studie im weiteren Verlauf teilweise Gebrauch machen wird. Die Franziskaner selbst nutzen jede mögliche Plattform, um ihre Ansprüche zu untermauern und zu festigen, und beriefen sich dabei selbstverständlich immer wieder auf eine lange Liste von Fermanen und anderen osmanischen Erlässen, die sich in ihrem Archiv fand [Lieux Saints, 14-21 (über die Grabeskirche), 22-27 (über die Geburtskirche in Bethlehem) 35-36 (über das Coenaculum)]. Zu einem systematischen und geordneten Überblick der Besitz- und Eigentumsrechte der Lateiner und Griechischorthodoxen an den heiligen Stätten, insbesondere in der Grabeskirche, und der Veränderung der Besitzansprüche nach der osmanischen Eroberung und bis 1808 siehe Verdy de Vernois, Frage. Für eine Erörterung der Auswirkungen, welche die Gründung des lateinischen Patriarchats auf die Franziskaner und deren Stellung im Heiligen Land hatte, siehe Lübeck, Mission, 51-53.

denen keine geordnete kirchliche Hierarchie existierte.[13] Seit ihrer Gründung war die Kongregation verantwortlich für die Entsendung von Angehörigen der lateinischen Kirche zu Missionswerken im Nahen Osten und für die Koordinierung der weit gefächerten Missionstätigkeit, die hauptsächlich auf die Mitglieder der verschiedenen Ostkirchen abzielte. Die Kongregation war von zentraler Bedeutung bei der Entwicklung der Haltung des Vatikans gegenüber den östlichen Kirchen und ihrer Umsetzung vor Ort.[14] Die Spitzen der Kongregation berieten sich hinsichtlich der geplanten Neueinsetzung eines lateinischen Patriarchen in Jerusalem wiederholt mit dem Haupt des Franziskanerordens, der seit der Spaltung des Ordens 1517 den Titel eines Generalministers des reformierten Ordens der Franziskaner trug. Doch alle Initiativen und Kontakte fruchteten nicht, so dass der Vatikan keinerlei konkrete Schritte unternahm, bis es schließlich zu jener in zweierlei Hinsicht veränderten Situation kam: den ersten Aktivitäten Gobats im Heiligen Land und der Wahl Pius' IX.[15]

Die Verhandlungen zwischen der Kongregation und den Franziskanern zogen sich ein halbes Jahr hin. Am 3. Mai 1847 schließlich, nur gut fünfzig Tage vor seinem Tod, überreichte Kardinal Charles Januarius Acton (1803-1847) dem Sekretär der Kongregation ein Memorandum, in dem er fünf Hauptargumente für eine Wiedereinrichtung des Patriarchats in Jerusalem aufzählte.[16] Die Entscheidung fiel schnell, und Pius konnte sein Breve veröffentlichen, in dem er schrieb:[17]

> »We have come to the conclusion, that it is *in the best interests of religion, advantageous for a greater expansion of the Catholic Faith, worthy of the ancient and most meritorious dignity of the See of Jerusalem*, and finally *as a reply called for the exigencies of the present moment*, for Us to send once again a Latin Patriarch to the City of Jerusalem.«

Am 4. Oktober 1847 machte er dann seine Wahl öffentlich, indem er die Ernennung von Monsignore Giuseppe Valerga (1813-1872), »Weltpriester«, einem Priester also, der keinem Orden angehörte, bekanntgab. Daulus Augustus Foscolo, der diesen Titel seit 1830 innegehabt hatte,

13 Sacred Congregation of the Propagation of the Faith, Congregatio de Propaganda Fide, siehe Cross, Dictionary, 1131; *NCE*, XI, 840-844.

14 De Vries, Rome, 81-88. In dieser wichtigen Studie wird an verschiedener Stelle das Wirken der Kongregation im Nahen Osten untersucht.

15 Duvignau, Valerga, 58-60; Stolz, Valerga, 56f.

16 Medebielle, Diocese, 28-29; Sayegh, Status quo, 218-219; Stolz, Valerga, 57-58. Zu Acton siehe Gillow, History, I, 3-6.

17 Medebielle, Diocese, 26; cf. Duvignau, Valerga, 61-67.

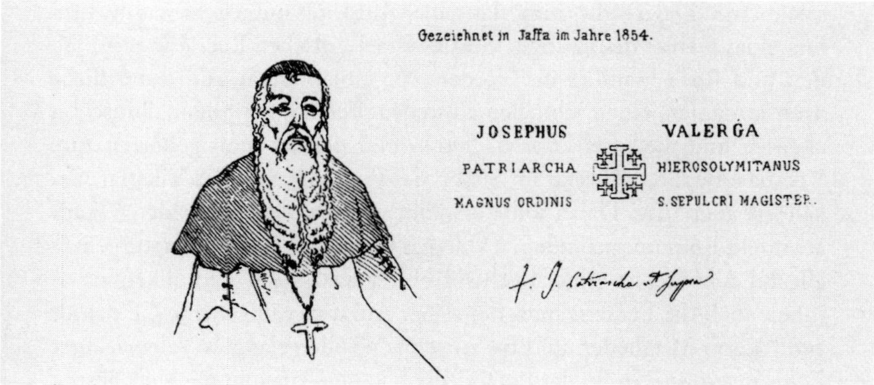

Johann Anton Ramboux: Giuseppe Valerga

wurde gebeten, aus dem Amt auszuscheiden, was er auch tat, um noch am selben Tag zum Patriarchen von Alexandria ernannt zu werden.[18]

Der aus Ligurien gebürtige Valerga hatte an der Universität von Rom studiert und in Theologie promoviert. Er erlernte mehrere orientalische Sprachen und diente in Smyrna, in Mesopotamien und Persien. Im Verlauf seiner Mission geriet er in muslimische Gefangenschaft und wurde dreimal in Rücken und Lunge gestochen.[19] Valerga war eine persönliche Wahl des Papstes, der in seiner Entscheidung auf dessen Erfolge und die von ihm bei der Missionsarbeit bewiesene Hartnäckigkeit vertraute. Offenbar war der richtige Mann für die schwierige Aufgabe, die ihn in Jerusalem erwartete, gefunden worden, einer, »der durch seine Unbescholtenheit, seine Frömmigkeit, seine Gelehrsamkeit, seine Klugheit und seine Erfahrung in den Geschäften, der Empfehlung besonders würdig, dem Heiligen Stuhle herzlich ergeben und in Syrien, Mesopotamien und Persien als Missionar rühmlich tätig gewesen«.[20]

Der neue, erst dreiunddreißigjährige Patriarch wurde am 10. Oktober 1847 vom Papst persönlich ordiniert und zog am 17. Januar 1848 in Jeru-

18 Geissler, Patriarchat, 44.

19 Zu Valergas Biographie siehe, Stolz, Valerga; und im folgenden Anm. 20.

20 Hotzelt, Patriarchat, 11; siehe auch Mislin, Lieux Saints, II, 379. Zu einer Beschreibung der Ernennung siehe Duvignau, Valerga, 61. Auch eine Kurzbiographie Valergas findet sich dort. Außerdem in Cramer, Ritterorden, 158-159, Anm. 96; ders., Jahrhundert, 116-117, Anm. 19; Geissler, Patriarchat, 47-48.

salem ein.[21] Das Territorium, das seiner Autorität unterstellt wurde, umfasste das Gebiet des heutigen Staates Israel zwischen Beer Sheva im Süden und Rosh Hanikra im Norden, die Golanhöhen und das östliche Transjordanien, einen schmalen Küstenstreifen auf der Sinaihalbinsel bis el-Arish und die Insel Zypern. Syrien und der Libanon gehörten zum Vikariat Aleppo, während im Süden das Patriarchat an das Vikariat Alexandria angrenzte. Dabei sollte erwähnt werden, dass die beiden Vikariate direkt Rom unterstanden.[22] Valergas Gemeinde umfasste naturgemäß alle auf dem Gebiet seiner Rechtsprechung ansässigen Katholiken, unter ihnen auch die Franziskaner. Bei seiner Ankunft zählte seine Gemeinde rund 4.200 Mitglieder, und bis zu seinem Tode gelang es Valerga, diese Zahl zu verdoppeln. In der Praxis jedoch kam es zu einer reichlich absonderlichen Situation: Ein Gutteil der Befugnisse, die eigentlich auf den neuen Patriarchen hätten übergehen sollen, wie zum Beispiel die Ernennung von Priestern für die einzelnen Gemeinden, verblieb in Händen des von den Franziskanern gestellten Kustos, des »Wächters des Heiligen Landes«.

Auch vermochte Valerga erst 1857 ein Projekt zu vollenden, das er bereits vier Jahre zuvor in Angriff genommen hatte: Die Errichtung einer ersten Institution des Patriarchats – des Lehrerseminars in Beit Jallah. Es war dies die erste Kraftprobe für den neuen Patriarchen und seinen Adlatus Jean Morétain (1816-1883), einen französischen Priester aus Lyon, der zu Valergas Missionsbeauftragtem für besondere Aufgaben wurde. »Das Schicksal des gerade erst errichteten lateinischen Patriarchats«, schreibt etwa Medebielle, »wurde im Grunde genommen in Beit Jallah entschieden.«[23] Vorausgegangen waren Jahre heftiger Auseinandersetzungen vor allem mit den Griechisch-Orthodoxen, deren Kirche die Mehrzahl der im Lande lebenden Christen angehörte. Drohungen, die auf sein Leben zielten, hatten Valerga vorübergehend gezwungen, nach Jaffa zu fliehen. Dies tat er zusammen mit dem französischen Konsul in Jerusalem, dem Archäologen und Diplomaten Paul-Emil Botta (1802-1870), der in den Jahren 1848 bis 1855 in Jerusalem amtierte und später vor allem aufgrund seiner Ausgrabungen und Funde in Ninive bleibenden Ruhm erlangte. Die beiden Männer waren sich zum ersten Mal im irakischen Mossul begegnet, ehe sie fast zeitgleich nach Jerusalem entsandt wur-

21 Duvignau, Valerga, 68-77; Stolz, Valerga, 63-64, 69-70.

22 Duvignau, Valerga, 89-91; Werner, Atlas, 16-18 u. Karte 5.

23 Medebielle, Diocese, 42. Für eine detaillierte Beschreibung des gesamten Vorgangs siehe Stolz, Valerga, 84-94.

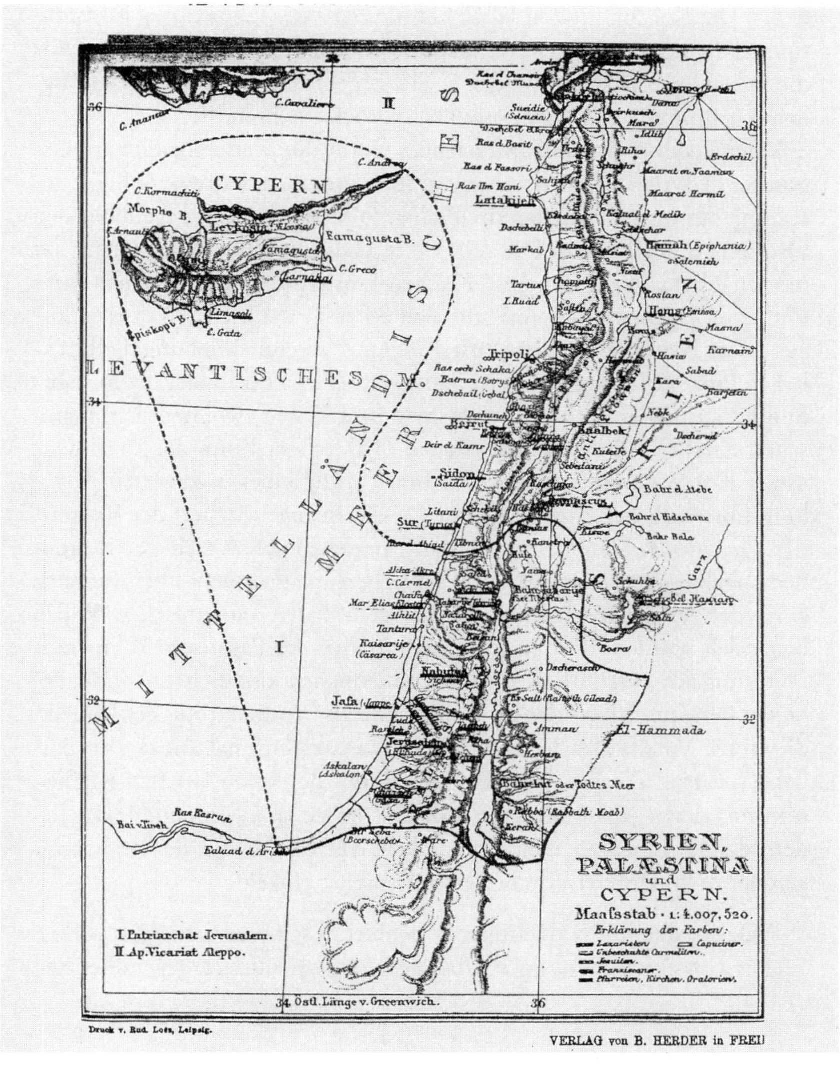

Das Patriarchat von Jerusalem, 1885

den.[24] Der Konflikt in Beit Jallah konnte erst nach Vermittlung Konstantinopels und langwierigen Verhandlungen gelöst werden, an deren Ende die Schuldigen bestraft wurden – ein Ergebnis, das es Valerga ermöglichte, triumphierend nach Jerusalem zurückzukehren.[25]

Valerga, der 1858 vom Papst berufen wurde, auch als apostolischer Gesandter in Syrien zu agieren, hatte großen Anteil an der praktischen Umsetzung der Einstellung der kirchlichen Führung in Rom gegenüber den Ostkirchen der Region. Die reservierte Haltung Pius' IX. in Bezug auf die Unabhängigkeit, die diese Kirchen hinsichtlich eines eigenen Ritus und einer eigenen Disziplin[26] für sich erbaten, resultierte in erster Linie aus seiner Neigung zur Konzentrierung und Vereinheitlichung der kirchlichen Prozesse. So kam es im Verlauf der 50er und 60er Jahre des 19. Jahrhunderts zu einer Reihe von Schismen und Krisen zwischen der lateinischen Kirche und den verschiedenen Ostkirchen. Eines der Ergebnisse dieser Krisen bestand 1862 in der Einrichtung einer besonderen Abteilung innerhalb der »Kongregation für die Evangelisierung der Völker«, der *Propaganda*, deren Aufgabe darin bestehen sollte, sich der Belange der Angehörigen der orientalischen Kirchen anzunehmen. Dies war auch eines der zentralen Themen, die auf dem ersten vatikanischen Konzil behandelt wurden, das 1869/70 auf Initiative des Papstes in Rom stattfand und sich ausführlich mit unterschiedlichen kirchlichen Angelegenheiten befasste.[27] Eine der Kommissionen zur Vorbereitung des Konzils, die unter Vorsitz des Kongregationssekretärs Kardinal Alexander Barnabó (1801-1874) tagte, beschäftigte sich mit den orientalischen Kirchen und mit deren Missionierung. Valerga, der zu den führenden Mitgliedern der Kommission zählte, zeigte kein Verständnis für die Bestrebungen der orientalischen Kirchen nach Unabhängigkeit:

> »Valerga, der gewiß als eifriger Seelenhirt in seinem Patriarchat wirkte, aber von einem derartigen Überlegenheitsbewußtsein gegenüber den

24 Duvignau, Valerga, 30-32, 105-106.

25 Ebd., 142-145; Mislin, Lieux Saints, II, 382-383; Perrin, Centenaire, 36-38; Finn, Stirring Times, I, 44-54; Colbi, Christianity, 95. Zu Botta siehe Gran-Aymerich, Naissance, 82-94.

26 Disziplin: Gesamtheit der kirchlichen Gesetze und Bräuche, die das religiöse und sittliche Leben der Kirche regeln (Cross, Dictionary, 409).

27 *NCE*, X, 762-763; Duvignau, Valerga, 219-240, 270-277; Hajjar, Christianisme, 114-126. Die offizielle Bezeichnung des ersten vatikanischen Konzils durch die katholische Kirche lautet: 20. ökumenisches Konzil der römisch-katholischen Kirche (Cross, Dictionary, 1427-1428). Für eine Übersicht zu den orientalischen Kirchen siehe zum Beispiel Sidarouss, Patriarcat.

> Orientalen erfüllt war, daß es ihm unmöglich wurde, die Eigenart des Ostens und ihre Werte zu würdigen.«[28]

Seine gesamte Amtszeit über kämpfte Valerga für eine Einführung des zentralen, also römischen Ritus in den Gemeinden unter seiner Obhut. Ein Kampf, der natürlich von Versuchen begleitet wurde, die Freiheit und Befugnisse der Bischöfe und Patriarchen der verschiedenen anderen Kirchen zu beschneiden. Pius' Tod und die Wahl Leos XIII. (1810-1903) im Jahre 1878 eröffneten ein neues Zeitalter des Optimismus in Bezug auf die Beziehungen zwischen Rom und den orientalischen Kirchen.[29] Dieser Annäherungsprozess erreichte seinen Höhepunkt auf dem Eucharistischen Kongress, der vom 14. bis 21. Mai 1893 in Jerusalem abgehalten wurde und unter Vorsitz von Kardinal Benoit-Marie Langénieux (1824-1905) stand, Kardinal von Reims und ein persönlicher Freund und Vertrauter des Papstes. Der Kongress, der damals zum ersten Mal außerhalb Europas stattfand, fand naturgemäß auch in den deutschsprachigen Quellen großen Widerhall.[30] In seinem Gefolge wurde es den Angehörigen der verschiedenen Kirchen fortan ermöglicht, an den eucharistischen Gepflogenheiten ihres eigenen Ritus festzuhalten, die nun sogar offiziell von Rom anerkannt wurden. So hieß es in Resolution Nummer 1 des Kongresses, »die herrlichen Gebete in dem eucharistischen Cultus der orientalischen Kirche sollen in einem Andachtsbuch zum Gebrauche der abendländischen Christen zusammengestellt werden«.[31]

Erst nachdem es ihm gelungen war, die Missionsstation und das Lehrerseminar in Beit Jallah zu errichten, konnte sich Valerga dem Aufbau weiterer katholischer Missionsstationen in verschiedenen Ortschaften zuwenden. Er tat dies zunächst vor allem im näheren und weiteren Umkreis von Jerusalem (Ramallah, Bir Zeit, Teibe, Lydda, Beit Sachur u. a.).[32]

28 De Vries, Rome, 236; ebd., 232-237; Hajjar, Christianisme, 126-130; Stolz, Valerga, 146-151. Siehe zum Beispiel Valergas Eintreten für das Zölibat, das von vielen Klerikern der orientalischen Kirchen schlicht ignoriert wurde, Hajjar, Christianisme, 237-246.

29 Ebd., 133-147. Josef Gregorius Hajjar fungierte als malikitischer (griechisch-katholischer) Bischof von Haifa in der ersten Hälfte des 20. Jahrhunderts. Seine zahlreichen Schriften tragen einen beißenden antijüdischen und antizionistischen Stempel (Colby, Christianity, 152). Zu Leo XIII. siehe *NCE*, VIII, 647-649.

30 Eucharistischer Congress 2; Eucharistischer Congress 3 (detaillierter Plan). Cf. Lübeck, Mission, 14-16.

31 Resolutionen.

32 Zu einer detaillierten Beschreibung der einzelnen Missionsstationen siehe Duvignau, Valerga, 177-192; Stolz, Valerga, 104-112; Zschokke, Aufschwung, 5-7.

Parallel dazu versuchte er, Ordensleute ins Land zu bringen, die die Betreibung der Missionsstationen in die Hand nehmen konnten, vor allem im Bereich der Erziehung und der Gesundheitsfürsorge. Bereits 1848 gelang es Valerga, die Schwestern des französischen Ordens St. Joseph de l'Apparition dafür zu gewinnen, das Krankenhaus und die Mädchenschule des Patriarchats zu übernehmen. Er entschied sich für diesen relativ neuen Orden, der erst 1832 von Emilie de Vialar (1797-1856) in einer Kleinstadt bei Toulouse gegründet worden war, wahrscheinlich, weil diesem Orden zugutegehalten wurde, dass er mit keiner der bestehenden Institutionen identifiziert wurde.[33] Der Widerstand der Franziskaner, die bereits im 16. und 17. Jahrhundert die von Frankreich unterstützte Errichtung von Jesuitenansiedlungen im Heiligen Land verhindert hatten, gründete sich offenbar auf dem Umstand, dass dies ein Einzelerfolg blieb. Zwar trafen in den Jahren 1855 und 1856 Nonnen aus zwei weiteren Orden im Heiligen Land ein, doch sollte es Valerga nicht gelingen, Angehörige von Männerorden ins Land zu bringen, die eine Konkurrenz für die Franziskaner bedeutet hätten.[34]

Ungeachtet der Unterstützung durch den französischen Konsul Botta war Valerga im religiösen Bereich seiner Aktivitäten in deren Anfangsphase vollkommen von den Franziskanern abhängig, weshalb er den Kustos Bernardino Trionfetti de Montefranco, der im Zeitraum von 1847 bis 1856 als Kustos amtierte, zum »Generalvikar« ernannte und acht weitere seiner Leute zu »Beratern des Patriarchats«.[35] Doch schnell kam es zu Krisen, die vor allem um die Frage entbrannten, wem das Privileg zustünde »die heiligen Stätten zu verteidigen«, das natürlich weitreichende Auswirkungen auf Ansehen und Status hinsichtlich der finanziellen Alimentation hatte. Obgleich der Sekretär der *Sacra Congregatio de Propaganda Fide*s in einem Schreiben vom Dezember 1848 bestätigte, dass »der Heilige Stuhl im Patriarchen den ersten Verantwortlichen für die Heiligen Stätten sieht«,[36] hatten es die Franziskaner naturgemäß nicht eilig, auf ihre Stellung und die ihnen daraus erwachsende Ehre und Macht zu verzichten. Die so beschaffene Realität und der ständige Druck

33 Ebd., 113-114; Duvignau, Valerga, 193-200; Mislin, Heilige Orte, II, 384-391; Zschokke, Aufschwung, 7-8. Zum Orden des St. Josephe siehe Picard, Emilie; Congregation Schwestern; Heimbucher, Orden, 523.

34 Statistique, 8; Lübeck, Mission, 48-51. Die Jesuiten siedelten sich 1599 im Libanon an, 1625 in Aleppo, 1643 in Damaskus, 1644 in Sidon und 1645 in Tripolis. Siehe zum Beispiel Verdeil, Travailler.

35 Golubovich, Serie, 114. Trionfettis Ernennung zum *Ministro Generale* des Ordens nötigte ihn, Jerusalem zu verlassen.

36 Sayegh, Status quo, 228.

und Konkurrenzkampf von Seiten der Häupter der anderen christlichen Landsmannschaften in Jerusalem brachten Valerga dazu, seinen Wunsch nach einem Ausscheiden aus dem Amt zum Ausdruck zu bringen. Er hatte feststellen müssen, dass er ein Patriarch war »ohne Suffraganbistümer, ohne Vermögen, ohne Sinekure und ohne eigene Kathedrale«, vor allem jedoch ohne die nötigen Kontakte und Mittel, all dies zu erlangen. Er kehrte nach Rom zurück mit dem Bestreben, dort seine finanzielle Lage zu ordnen, und in der Erwartung, das Kollegium der *Propaganda* werde ihm helfen und ihm einen Teil der Mittel zugestehen, die an die Franziskaner flossen.

Valerga blieb mehr als zwei Jahre in Europa, vom September 1849 bis zum November 1851, in deren Verlauf er zahllose Reisen tätigte und viele Verhandlungen absolvierte. Erst als er die Zustimmung des Papstes zu einem *modus vivendi* erhalten hatte, der zwischen ihm und der Kustodie gelten sollte, kehrte er ins Heilige Land zurück. Das Licet wurde am 9. September 1851 unterzeichnet und machte deutlich, dass das Privileg, die heiligen Stätten der Christenheit zu verteidigen, zwar in die Hände des Patriarchen gelegt sei, jedoch auch anderen religiösen Organisationen übertragen werde. Die Kustodie, auf die sich dieser Zusatz bezog, wurde namentlich nicht erwähnt. Entschieden wurde zudem, dass sämtliche mit Ausnahme der aus Frankreich stammenden Spenden zugunsten des Heiligen Landes dem Patriarchen zur Verfügung stehen sollten.[37]

Valerga, der nun die Erwartung hegte, seine Stellung sei klar definiert und vor allem seine finanziellen Probleme seien Vergangenheit, kehrte zwar nach Jerusalem zurück, doch scheinen sich seine Hoffnungen nicht erfüllt, seine Probleme keine Lösung gefunden zu haben. Das Ergebnis war vielmehr, dass für die kommenden Jahrzehnte der Patriarch von Jerusalem ein ständiger Gast an der Tafel unterschiedlicher Organisationen war und auf Dauer mittellos blieb, während die Franziskaner kontinuierlich in den Genuss wachsender Finanzzuwendungen kamen. Im Jahre 1856 etwa entschied der Konvent des Ordens in Rom über eine feste Summe, die in die »Heiliglandkasse« abgeführt und Valerga anvertraut werden sollte, wogegen sich der Kustos und seine Leute natürlich verwahrten. 1859/60 schickte der Papst einen Sondergesandten nach Jerusalem, der angewiesen war, »an Ort und Stelle die geeigneten Mittel zu prüfen, wodurch der Grund zu einer weisen Verwaltung gelegt werden

37 Stolz, Valerga, 81-84; Duvignau, Valerga, 105-115; Sayegh, Status quo, 219-222, 227-229.

kann, und um genau die Beziehungen zu bestimmen, welche zwischen dem Lateinischen Patriarchen und dem Ordensklerus bestehen sollen«.[38]

Zudem hatte der Pontifex dem Patriarchen die Leitung des »Ordens vom Heiligen Grabe« übertragen, denn dieser sollte den neuen Patriarchen in seinen Aktionen unterstützen. Wie zu erwarten, suchte Valerga auch hier eine mögliche Quelle, um seine Einnahmen zu erhöhen, weshalb er von Anfang an großes Augenmerk auf den Orden und dessen Stellung legte. Bereits im Juni 1848, nur sechs Monate nach seiner Amtseinführung, leitete Valerga die Investiturzeremonie der ersten von insgesamt 1417 »Rittern vom Heiligen Grabe«, die er während seiner Amtszeit berief (darunter nur eine einzige Frau, für deren Investitur eine päpstliche Sondererlaubnis erforderlich war). Valerga verstand, dass es sich bei dem »Orden vom Heiligen Grabe« im Grunde genommen nicht um einen regulären Orden handelte, weshalb er ihn als Organisation institutionalisieren wollte, für die Erlangung dieses Ziels jedoch erhebliche Zeit benötigte. Die Übertragung der Investiturbefugnis auf seine Person stieß auf den erbitterten Widerstand der Kustodie, so dass zwei Kardinalskongresse und die persönliche Einmischung Papst Pius' IX. erforderlich waren. Dieser entschied, die Ernennung zum Grabritter habe tatsächlich durch den Patriarchen zu erfolgen, die Steuereinnahmen jedoch sollten in die Kasse der »Kustodie vom Heiligen Land« fließen.[39] Mit dieser Entscheidung ließ der Papst seinem Patriarchen zwar die Ehre zuteil werden und legte in einem Schreiben vom 22. August 1868 auch dem Willen Valergas entsprechend die Grundlage für die Organisation des Ritterordens, verurteilte Valerga aber gleichzeitig auch zu anhaltender Geldknappheit. Wobei in jenen Jahren der »Orden vom Heiligen Grabe«, um es in der bildhaften Sprache des Münchener Theologen und Heiligland-forschers Johannes Nepomuk Sepp (1816-1900) zu sagen, schon »nicht mehr als eine Art historisch-anekdotische Erinnerung« war,[40] aus der Valerga kein Heil mehr erwachsen konnte. Substantiellere Hilfe bei der Festigung der Stellung des Patriarchen fand sich dagegen in jener Sondersitzung der Kardinäle für Belange des Nahen Ostens, die im April 1862 auf Betreiben des Papstes und unter Vorsitz des Sekretärs des Kollegiums der *Propaganda*, Kardinal Barnabó, in Jerusalem abgehalten wurde. Dennoch

38 Hotzelt, Patriarchat, 12.

39 Cramer, Ritterorden, 156-158; Stolz, Valerga, 139-143; Duvignau, Valerga, 254-256; Grech, Ordre.

40 Sepp, Bedrängnisse, 4.

blieb der katholische Patriarch auch weiterhin so etwas wie der arme Bruder in der Familie der Patriarchen von Jerusalem.[41]

Unmittelbar nach seinem Amtsantritt fand sich Valerga in einen lokalen Zwist zwischen Franziskanern und Griechisch-Orthodoxen in Bethlehem verwickelt, eine Kontroverse, die an Heftigkeit gewann, bis sie die Ausmaße eines internationalen politischen Konflikts annahm und für den Ausbruch des Krimkriegs mit verantwortlich zeichnete. Die hinlänglich bekannte Geschichte, die hier nicht eingehend behandelt werden soll, ist die Geschichte des Kampfes unter den verschiedenen christlichen Konfessionen um die Präsenz an den heiligen Stätten und die Kontrolle über diese. Die Übereinkommen, die in dieser Angelegenheit in den vorangegangenen Jahrhunderten in Kombination mit Kapitulationsabkommen unterzeichnet worden waren, das letzte davon im Jahre 1740, hätten die Basis für einen wenn auch nicht aus übermäßiger Gegenliebe resultierenden Status quo zwischen den Klerikern jener Kirchen im Heiligen Land darstellen sollen.[42] Doch unglücklicherweise war plötzlich der Silberstern aus der Geburtsgrotte in Bethlehem verschwunden, womit eine Kettenreaktion von Ereignissen einsetzte, die von einer »besonders gewalttätigen Auseinandersetzung« begleitet wurde, an der die Lateiner (sprich die Franziskaner), die Armenier und die Griechisch-Orthodoxen maßgeblich beteiligt waren. Valerga hielt sich zu jenem Zeitpunkt bereits seit neun Monaten im Land auf, sein Verbündeter Botta sollte im Verlaufe eines Jahres eintreffen. Beide nahmen sie teil an allen Verhandlungen, die schließlich zu einem dauerhaften Abkommen über einen »Status quo des Rechts« (Status quo de droit) führten, der in einem Ferman des Sultans vom 9. Dezember 1852 festgeschrieben wurde.[43]

In dem Zeitraum, mit dem sich die vorliegende Studie befasst, hatten insgesamt drei italienische Geistliche das Amt des Patriarchen von Jerusalem inne. Valerga, der überraschend Ende 1872 verstarb, wurde durch Vincente Bracco (1835-1889) ersetzt, der 1860 ins Land gekommen war und seit 1862 als Lehrer für Theologie und später als Leiter des Lehrerseminars in Beit Jallah fungiert hatte. Im Verlauf seiner Amtszeit als Patriarch gründete Bracco elf neue Missionsstationen in verschiedenen Ortschaften. Er war es auch, der den von den Franziskanern errichteten Damm durchbrach und rund ein Dutzend Orden ins Land holte. Die ersten beiden dieser Kongregationen waren die *Fratres Scholarum Christianorum*, die »Brüder der christlichen Schulen«, und die *Patres Albi*, die

41 Bracco, Pius, 4; Hotzelt, Patriarchat, 12-13.

42 Sayegh, Status quo, 19-40.

43 Ebd., 50-60; Collin, Lieux Saints, 97-102; Issa, Chretiennes, 201-205.

»weißen Väter«, ein in Algerien gegründeter französischer Orden, der ins Heilige Land geholt wurde, um die Verantwortung für die Kirche St. Anna an der Via Dolorosa zu erhalten, welche die Osmanen den Franzosen bereits 1856 als Zeichen des Danks für deren Beteiligung am Krimkrieg überlassen hatten. Natürlich war es kein Zufall, dass dieser Orden 1868 vom damaligen Erzbischof von Algier und späteren Kardinal Charles Martial Allemand Lavigerie (1825-1892) gegründet worden war.[44] Der Papst seinerseits nahm weiterhin aktiv am Geschehen im Heiligen Land Anteil, sorgte für einen Abbau der Spannungen zwischen den Franziskanern und den Patriarchen, regelte deren Arbeitsalltag und sorgte für direkte finanzielle Hilfe an das Patriarchat in Jerusalem.[45] Bracco hatte das Amt bis zu seinem Tode im Jahre 1889 inne. Ihm folgte Luigi Piavi (1833-1905), ein Franziskaner, der unter anderem als Bischof von Syrien bereits auf mehr als dreißig Jahre Dienst im Orient zurückblicken konnte. Er amtierte als Patriarch von Jerusalem ebenfalls bis zu seinem Tod im Jahre 1905. Natürlich stellte die Berufung eines Angehörigen des Franziskanerordens in dieses Amt eine gravierende Neuerung dar.[46]

Statistisch betrachtet war die Lage der lateinischen Katholiken im Heiligen Land gewiss nicht prächtig. In den 50er Jahren umfasste ihre Gemeinde rund 5.000 Gläubige, während sie 1878 immerhin auf 11.230 Mitglieder verweisen konnten, wozu noch weitere 5.000 »katholische Melkiten« und eine ähnlich hohe Zahl von Maroniten kamen. Gleichzeitig sah man sich jedoch rund 580.000 Nichtkatholiken gegenüber, unter ihnen 430.000 Muslime und Juden, während die restlichen 150.000 »Schismatiker und Häretiker« ausmachten.[47] Im selben Jahr wurde die insgesamt zehnte Missionsstation des Patriarchats im Heiligen Land in einer Ortschaft errichtet, in der es zuvor überhaupt keine lateinisch-katholische Bevölkerung gegeben hatte. Zur selben Zeit wurden bereits vier Stationen in Transjordanien unterhalten, deren Zahl bis zum Zweiten Weltkrieg auf neun anstieg und in Palästina auf neunzehn. Im Jahre 1927 gab es in all diesen Gemeinden und einigen weiteren, die nach dem Krieg geschaffen wurden, ungefähr 9.500 Gläubige. 12.000 Gläubige waren hingegen in den als Missionsstationen der Franziskaner definierten An-

44 Zu den Fratres Scholarum Christianorum siehe Kapitel 3 dieser Studie. Zu den Patres Albi und ihrer Ansiedlung in der Kirche St. Anna siehe Trimbur, Sainte-Anne; Dgani, Churches, 179; Zschokke, Aufschwung, 25-27; Cross, Dictionary, 1476; *NCE*, XIV, 894-895.

45 Lübeck, Mission, 54-55; Bracco, Nochmals Pius.

46 Zu Piavis Biographie siehe Perrin, Centenaire, 6-22; Hotzelt, Patriarchat, 9-20. Siehe auch Colbi, Christianity, 95-97.

47 Mislin, Lieux Saints, II, 376; Werner, Atlas, 18.

siedlungen registriert. Augenfällig ist mithin der große Zuwachs an Gläubigen in jeder einzelnen der Missionsstationen des Patriarchats in Transjordanien im Vergleich zur bescheidenen Wachstumsrate der Stationen in Palästina.

Die vier größten Missionsstationen im Jahre 1927 waren e-Salt, die erste Station in Transjordanien, 1866 von Morétain, dem Gesandten und Vertrauten Valergas gegründet, Hussan (1885), Madaba (1880) und das unweit von el-Karak gelegene Samkiye (1910). Nur zwei Missionsstationen in Palästina, Beit Jallah (1853) und Ramallah (1857), zählten in jenem Jahr über 500 Gläubige.[48]

Dem Patriarchat gelang es nicht einmal, auch nur annähernd mit dem Umfang der Aktivitäten der Franziskaner Schritt zu halten. Aus einer der Auflistungen, beruhend auf einer Erhebung aus dem Jahre 1875/76, ist ersichtlich, dass zum Patriarchat drei Einrichtungen in Jerusalem gehörten, zwei in Beit Jallah, zehn weitere an Orten in Palästina und eine in Larnaka auf Zypern. Demgegenüber unterhielt die Kustodie allein im Heiligen Land gut vierzig Institutionen, davon sechzehn in Jerusalem, vier in Bethlehem, sechs in Ein Kerem, fünf in Nazareth und jeweils zwei in den Städten Jaffa, Ramle und Akko. Außerdem gehörten ihr drei Einrichtungen auf Zypern, sechzehn in Syrien (einschließlich des Libanons), drei in Kleinarmenien und weitere zwanzig, die sich über Ägypten verteilten. Lediglich 12 Prozent der insgesamt 2.106 Schüler der lateinischen Schulen der Region lernten in Einrichtungen der Schwestern des französischen Ordens St. Joseph de l'Apparition, die zum Patriarchat gehörten. Alle übrigen wurden von den Franziskanern unterrichtet.[49]

»Denen das Ideal des christlichen Ritters, des miles Christi, vor Augen stand«

Der Ritterorden vom Heiligen Grabe

Der »Ritterorden vom Heiligen Grabe« war nur eine der religiösen Organisationen, die in Jerusalem entstanden und sich auf die Grabeskirche als Ort bezogen, an dem das Geheimnis der Kreuzigung stattgefunden habe. Zwar erlangte der Orden erst in der zweiten Hälfte des 19. Jahrhunderts

48 Statistique, 7.

49 Schneider, Anstalten, 186-190; Ders., Verzeichnis, 24-27. Incelli (Scuola, 172-176) hat die Geschichte der von den Franziskanern betriebenen Schulen im gesamten Nahen Osten untersucht und liefert weitere Informationen, die auf statistischen Berechnungen zur Situation dieser Schulen im 19. Jahrhundert basieren.

einen eigenen rechtlichen Status, doch sind seine Wurzeln erheblich älter, lässt sich sein Wirken gar bis ins 14. Jahrhundert zurückverfolgen. Der Brauch, Adlige zum Abschluss ihrer Pilgerreise in der Grabeskirche zu »Rittern des Ordens vom Heiligen Grabe« zu ernennen, hatte seinen Ursprung im Mittelalter. Der Höhepunkt der Zeremonie bestand in der Aufnahme n den Orden. Symbolisch wurde dies zum Ausdruck gebracht durch das Anlegen des Schwertes Gottfried von Bouillons, der zu den Eroberern Jerusalems im Jahre 1099 gezählt hatte und der der erste Regent des neu gegründeten Königreichs Jerusalem gewesen war.[50]

Die Gründung des Ordens wird allgemein der Kreuzfahrerzeit zugerechnet, obgleich sich kein genaues Datum benennen lässt, da es sich hier in den Anfängen nicht um eine organisierte Kongregation handelte wie etwa bei den drei großen Ritterorden des 12. und 13. Jahrhunderts, den Hospitalitern, den Templern und dem Deutschen Orden. Mit dem Titel eines »Ritters vom Heiligen Grabe« wurden zunächst nur Adelige geehrt, später auch andere, hochgestellte Angehörige des Klerus und des Bürgertums. Sie durchliefen eine Abfolge von Zeremonien, die ihnen das Recht verlieh, in diesen Stand aufgenommen zu werden. Auch wurde dies durch äußerliche Insignien verdeutlicht: ein Habit mit dem roten Jerusalemkreuz und eine vergoldete Halskette, die seinem Träger bürgerliche und religiöse Privilegien sicherte. Dennoch wurde bis mindestens zum 16. Jahrhundert keine Organisation errichtet, die diese Personen unter einer Dachorganisation zusammengefasst hätte.[51] Berichte über die Existenz dieser Zeremonie liegen von Pilgern aus dem 12. Jahrhundert vor, der erste schriftliche Beleg für die Durchführung der Investiturzeremonie am Heiligen Grab in Jerusalem jedoch datiert aus der ersten Hälfte des 14. Jahrhunderts, genauer gesagt aus dem Jahre 1333 oder 1335. Die weitere Entwicklung dieses Phänomens zum damaligen Zeitpunkt stand in Verbindung mit einer Reihe von Plänen zur Rückeroberung des Hei-

50 Siehe vor allem den Überblick von Elm, Militia, der die Einleitung eines Sammelbandes bildet, welcher dem Orden, seiner Geschichte und den Phänomenen, die ihn begleitet haben, gewidmet ist. Und siehe auch ders., Fratres.

51 Cramer, Ritterschlag, 143-144; Mancini, Custodia, 292-295. Das Kapitel seiner Studie, das sich mit der Gründung des Ordens befasst, hat Cramer als »Fakten und Sagen« (137-143) definiert. Mislin (Lieux Saints, II, 308) hebt hervor, dass Gottfried (Godefroy) de Bouillon und sein Bruder Balduin I. die Gründer des Ordens gewesen seien. Cramer hat dem Orden einige nach Epochen unterteilte Studien gewidmet, die er im Verlauf der 40er Jahre des vergangenen Jahrhunderts veröffentlichte. Diese Arbeiten sind sämtlich zu einem Werk zusammengefasst worden, das 1952 erschienen ist (Cramer, Ritterorden vom hl. Grabe).

ligen Landes, nachdem die letzten Kreuzritter 1291 von dort vertrieben worden waren:

> »Die Kreuzzugsbegeisterung war zwar nach den Misserfolgen der vorauf gegangenen Jahrzehnte bei Herrschern, Edelleuten und niederem Volk erloschen, nicht aber die Trauer um den Verlust des Heiligen Landes. Der Nichtbesitz weckte im Gegenteil bei frommen Rittern den Willen oder die Bereitschaft, sich an einem Zuge über das Mittelländische Meer zu beteiligen, mindestens aber erfasste die Sehnsucht, das Grab des Erlösers zu sehen, die, denen das Ideal des christlichen Ritters, des *miles Christi*, vor Augen stand.«[52]

Aus dem 14. Jahrhundert ist die Investitur von zwanzig Rittern dokumentiert, während im darauf folgenden Jahrhundert bereits 633 Männern vergönnt war, das Schwert umzugürten. Die offizielle Erlaubnis, die Zeremonie durchzuführen, wurde den Franziskanern allerdings erst durch Papst Alexander VI. (1431-1503, Papst seit 1492) gegen Ende des 15. Jahrhunderts erteilt. Diese Erlaubnis erfuhr in den darauf folgenden vierhundert Jahren durch andere Päpste immer wieder Erneuerung, bis Pius IX. im Jahre 1847 die Befugnis auf Valerga übertrug mit dessen Ernennung zum Patriarchen von Jerusalem.[53]

Die moderne Forschung zählt drei Hauptphasen in der Entwicklung des Ordens. In der ersten Phase, die bis zum 15. Jahrhundert reicht, entwickelte sich der religiöse Brauch der Investiturzeremonie in der Grabeskirche. Die zweite Phase von 1500 bis 1847 ist zum einen mit der inobhutnahme des Ordens durch den Vatikan verknüpft, zum anderen mit der Verleihung der ausschließlichen Erlaubnis an die Franziskaner, die Zeremonie durchzuführen. Die dritte Phase schließlich setzte ein, als Pius IX. den Orden direkt auf das Heilige Land ausrichtete und die Pflichten des Ritters mit den katholischen Interessen an den heiligen Stätten verband.[54]

Es existieren schriftliche Zeugnisse über eine lange Reihe von Angehörigen deutscher Königshäuser, die ins Heilige Land pilgerten und die Investitur des Ordens erhielten, angefangen ab dem Jahre 1333, dem Zeit-

52 Ders., Ritterschlag, 143-144. Zu den Nachkreuzzugsplänen einer Wiedereroberung des Heiligen Landes siehe Schein, Fidelis.

53 Mancini, Custodia, 294-296; Frank, Der Orden, 1-13; Düsterwald, Pilger, 371-372; Cramer, Ritterschlag; Ders., Ritterorden vom hl. Grabe, 12-74; Ders., Ritter, 15-16; Elm, Militia. Für eine weitere Beschreibung der Zeremonie aus dem 15. Jahrhundert siehe Presscot, Jerusalem, 138-140.

54 De Gennes, Ordre.

punkt der Rückkehr der Franziskaner auf den Berg Zion.[55] Bis zum letzten Viertel des 15. Jahrhunderts setzte ein Ritter den nächsten ein.[56] Die Ausbildung eines festen Musters für die Investiturzeremonie und der Erhalt der päpstlichen Bestätigung werden in den Quellen Johann von Preußen zugeschrieben. Diese Mitglied des Hauses Hohenzollern war 1446 als pilgernder Ritter ins Heilige Land gekommen und blieb für mehrere Jahrzehnte im Dienst der Ordensbrüder des Klosters auf dem Zion, wobei er auf seinen Adelstitel verzichtete. Er hatte das Amt des Schatzmeisters und Hausverwalters der Kustodie inne und stieg mit den Jahren in der Hierarchie des Franziskanerordens im Heiligen Land auf. Ab dem Jahre 1476 finden wir eine ganze Folge von Zeugnissen durch Pilger, die berichten, Johann habe die Investiturzeremonie in der Grabeskirche für alle adligen Pilger abgehalten, die nach Jerusalem gekommen seien. Felix Fabri (1441 oder 1442-1502), ein Dominikanermönch aus Ulm, hat uns eine der detailliertesten Beschreibungen der Investiturzeremonie hinterlassen. Sein Bericht ist am 16. Juli 1483 angesiedelt, während seiner zweiten Reise ins Heilige Land. Die gesamte Zeremonie leitete und führte Johann von Preußen, der auch sämtliche anwesenden Adligen in der Reihenfolge ihres Standes und Geblütes zum Ritter vom heiligen Grab schlug. Der enthusiastische Dominikaner Fabri führt in seinem Bericht vierzig Gründe für die Überlegenheit des Ordens vom Heiligen Grabe und dessen Ritter über alle anderen Ritter auf der Welt an. Seine Beschreibung gilt als eine der besten, die uns überliefert sind, und liefert eine Vielzahl von Informationen.[57] Während der Zeremonie hielt Johann eine Ansprache und verband diese aufs Neue mit der Idee des Kreuzzugs. Sein Ziel war die Schaffung einer geistigen Miliz, die bereit wäre, die heiligen Stätten zu verteidigen und diese durch religiöses Wirken in ihnen und zu ihren Gunsten zu stützen und im Ernstfall auch Hilfestellung mit der Waffe in der Hand zu leisten. »Ferner«, so schreibt Cramer, »verbot er ihnen, sich unter keiner Bedingung mit den Ungläubigen in ein Bündnis einzulassen, sondern sie sollten dieselben, soweit es möglich sei, aus den Landen der Christen immer weiter hinaustreiben, vorzüglich

55 Freitag, Pilger; Cramer, Ritterorden vom hl. Grabe, 19-31; Roth, Preussen, 19-22.

56 De Gennes, Ordre, 313-316.

57 Fabri, Beschreibung, 68(1)-76(1); ders., Wandering, I, 605-622; Frank, Der Orden, 4-7; Mislin, Heilige Orte, II, 308-313; Freitag, Pilger, 132-139; Cramer, Ritterschlag, 168-174; Lemmens, Franziskaner, 188-189; Presscot, Jerusalem, 122.

mit allem Eifer danach trachten, daß das Heilige Land und Heiligste Grab den Händen der Ungläubigen entrissen werde.«[58]

Offenbar hatte Johann dieses Privileg durch den Papst erhalten und auch durch Friedrich III. (1415-1493), den deutschen König von 1440 bis 1490 und Kaiser des Heiligen Römischen Reichs Deutscher Nation, denn in seiner Rede sprach er in ihrer beider Namen. Daher besteht nicht der geringste Zweifel, dass Johann entscheidenden Anteil an der Tatsache hatte, dass die Franziskaner das Privileg zugestanden bekamen, Jerusalempilger zu Rittern vom Heiligen Grab zu schlagen. Eine wunderbare Beschreibung der Investitur durch Johann von Preußen aus dem Jahre 1498 hat auch der Pilger Arnold von Harff (1471-1505), Erbkämmerer im Land Geldern, hinterlassen. Es ist dies das letzte Mal, dass Johann in einer der uns vorliegenden schriftlichen Quellen namentlich erwähnt wird, was darauf hindeutet, dass er in jenem Jahr verstorben sein könnte.[59] Im Verlauf des 16. Jahrhunderts, vor allem infolge des Auftretens des Protestantismus und seiner Ausbreitung, nahm die Zahl der Adeligen aus Deutschland, die ins Heilige Land pilgerten, stark ab, weshalb sich der Charakter der Investiturzeremonie zusehends veränderte. Sie wurde zu einem kirchlichen Ereignis, das traditionell der Franziskaner-Kustos leitete, da nach Johanns Tod das Privileg des Ritterschlags auf die »Wächter des Heiligen Landes« übergegangen war und von ihnen bis Mitte des 19. Jahrhunderts praktiziert wurde.[60]

Aber was waren die Pflichten eines Ritters in jenem Jahrhundert? Eine Antwort hierauf liefert Jacob Mislin (gest. 1878), ein aus der Schweiz gebürtiger Priester.[61] Im Jahre 1848 bereiste er das Heilige Land und veröffentlichte danach einen Reisebericht von 1.200 Textseiten, dessen erste Ausgabe 1852 in zwei Bänden erschien und aus vier Teilen bestand. Eine zweite überarbeitete Ausgabe erschien 1860 in drei Bänden.[62] Mislin zufolge hatte der moderne Ritter fünf Verpflichtungen: Jeden Tag, sofern möglich, die heilige Messe zu hören; bereit zu sein, in den Kampf gegen die Ungläubigen zu ziehen; die Kirche Gottes und die in ihr Dienenden

58 Cramer, Ritterschlag, 169.

59 Freitag, Pilger, 138-139; Cramer, Ritterschlag, 176-178; Mancini, Custodia, 295-303; De Gennes, Ordre, 316-317.

60 Suriano, Treatise, 7, 131; Cramer, Ritterschlag, 168-181; De Gennes, Ordre, 317-325.

61 Mislin gründete in seiner Heimat zunächst eine Erziehungsanstalt. Später verschlug es ihn nach Wien, wo er als Erzieher der Kinder des österreichischen Kaisers diente und als Abt des St.-Marien-Klosters in der ungarischen Stadt Dég fungierte

62 Mislin, Heilige Orte. Zu seiner Biographie siehe *BLO*, XVIII, 1874, 361-362; Preisner, Schneider, 15 Anm. 19. Und zu dem Werk: Röhricht, Bibliotheca, 432-433.

zu verteidigen; sich aller unnötigen Kriegsamüsements zu enthalten; und schließlich sich für den Frieden unter allen Menschen einzusetzen.[63] Ziele mithin, die jenen ähneln, welche Johann fünfhundert Jahre zuvor und in einem seiner Zeit gemäßen Gewand gepredigt hatte.

Es lässt sich unbestreitbar nur schwerlich eine andere Zeremonie finden, die die Vertreter europäischer Königshäuser im 19. Jahrhundert mehr ansprach als der Ritterschlag durch das Schwert Gottfried von Bouillons. Waren sie doch in einer Kultur erzogen worden, deren Ursprünge in romantischen Strömungen lagen. Diese Auffassung, die eine Kontinuität und direkte Verbindung wähnte zwischen jenen deutschen Herrschern, die an den Kreuzzügen teilnahmen, vor allem den drei Kaisern aus dem Hause Hohenstaufen, Friedrich I. »Barbarossa« (1123-1190), seinem Sohn Heinrich VI. (1165-1197) und seinem Enkel Friedrich II. *stupor mundi* (1194-1250), und ihren Nachfahren in den verschiedenen Königshäusern Deutschlands des 19. Jahrhunderts, zieht sich wie ein roter Faden durch die vorliegende Untersuchung und sollte eigentlich Ausdruck finden in jeder Studie, die sich mit der deutschen Teilhabe im Orient in den letzten einhundert Jahren der osmanischen Herrschaft befasst.[64] Im weiteren Verlauf dieser Arbeit wird aufgezeigt werden, dass es möglich ist, diese Auffassung als Grundlage vieler Planungen und Schritte nachzuweisen, die verschiedene deutsche Herrscher mit dem Heiligen Land verbanden. Der Höhepunkt dieser Beziehung war natürlich die Reise Kaiser Wilhelms II. (1859-1941, Kaiser in den Jahren 1888-1918) im Jahre 1898. Im Zuge seines Besuches in Jerusalem wurde auch Wilhelm zum Ritter des Ordens vom Heiligen Grabe geschlagen, erwarb das Grundstück der Dormitio und übergab es dem »Deutschen Verein vom Heiligen Lande« zur Nutzung für die deutschen Katholiken, ein Vorgang, der im weiteren Verlauf der Untersuchung natürlich ausführlich behandelt werden wird. Bei einer Betrachtung der angesprochenen Pläne und Schritte wird auch die stark von der Romantik beeinflusste Rolle der katholischen Könige Bayerns nicht unbeachtet bleiben.[65]

63 Mislin, Heilige Orte, II, 312.

64 Klein, Herrscher. Hier ist nicht der Ort, detailliert auf den Anteil der Staufer an den Kreuzzügen einzugehen, ihre Verbindung zum Heiligen Land und die ihnen zugeschriebenen Traditionen, die sich während des Mittelalters und später entwickelten. Siehe hierzu zum Beispiel Oppl, Barbarossa. Zum Wiedererwachen der Barbarossatraditionen im 19. Jahrhundert infolge der Napoleonkriege siehe ebd., 300-301.

65 Pingsmann, Interesse, 88-90; Deutsche Kaiser.

Die französische Forderung nach einem Protektorat über alle Katholiken im Osmanischen Reich und insbesondere im Heiligen Land, deren Ursprünge sich bereits Mitte des 13. Jahrhunderts feststellen lassen und die in dem Kapitulationsvertrag von 1535 zwischen Süleyman I. »dem Prächtigen« (1494?-1566, Sultan ab 1520) und dem französischen König François I. (1494-1547, König ab 1515) ein Fundament erhielt, diese Forderung hat eine zentrale Stellung in allen den christlichen Aktivitäten im Heiligen Land während der osmanischen Herrschaft gewidmeten Studien erhalten, so dass im Rahmen der vorliegenden Arbeit nicht ausführlich darauf eingegangen werden muss.[66] Dieses Abkommen, das grundsätzlich jedes Mal erneuert werden sollte, wenn der Herrscher in einem der beiden Unterzeichnerstaaten wechselte, verlieh den auf dem Gebiet des Osmanischen Reiches lebenden französischen Staatsbürgern de facto einen exterritorialen Status und finanzielle und wirtschaftliche Privilegien. In einem späteren Kapitulationsabkommen von 1740 erzielte Frankreich sogar die osmanische Anerkennung seines Rechts, allen westlichen Angehörigen des katholischen Glaubens Protektorat zu gewähren, sprich sämtlichen Katholiken aller Nationalitäten, die den lateinischen Ritus befolgten. Beabsichtigt war damit vor allem, das Leben und Ansehen der lateinischen Missionare und ihre Niederlassungen im Orient zu schützen, wobei naturgemäß deren Recht, sich an den der Christenheit heiligen Stätten aufzuhalten, an erster Stelle stand. Darüber hinaus verband sich der französische Anspruch auf Gewährung von Patronage, des »französischen Protektorats«, auch mit der Zusicherung unterschiedlicher Privilegien, im Wesentlichen von »Ehrenrechten«, welche die französischen Repräsentanten im Orient betrafen.[67] Die Realität allerdings sollte es Frankreich sogar ermöglichen, zum einen eine Ausdehnung des Protektorats auch auf die Katholiken der orientalischen Kirchen zu beanspruchen und zum anderen de facto die diplomatische Vertretung des Vatikans bei der Hohen Pforte in Konstantinopel zu übernehmen.[68]

66 Lammeyer, Protektorat; Verdy du Vernois, Frage, 36-38; Sägmüller, Missionsprotektorat, 120-127; Anderson, Eastern Question, xvii-xviii; Tibawi, Interests, 30-31, 43-45; Eliav, Österreich, 1-2. Einige Historiker gehen sogar so weit, die Ursprünge des Protektorats im Römischen Reich zu sehen (z. B. Sägmüller, ebd., 118-120).

67 Lammeyer, Protektorat, 72-76.

68 Famin, Rivalité, 26-37, 192-232 (Wortlaut vieler Fermane, welche die heiligen Stätten und die Kapitulationsabkommen betreffen), 475-514 (der komplette Text des Kapitulationsabkommens von 1740 mit allen 85 Paragraphen); Sägmüller, Missionsprotektorat, 121-122; Hajjar, Christianisme, 38-40. Zu einer detaillierten

In den 40er Jahren des 19. Jahrhunderts, den Jahren nach der »ägyptischen Epoche«, setzte eine Intensivierung der europäischen Aktivitäten im Heiligen Land ein, welche ausgerechnet von den Repräsentanten der protestantischen Länder angeführt wurde. Frankreich, das auch an diesem Prozess teilhaben wollte, steckte sich selbst das Ziel, fortan eine Politik zu verfolgen, die eine Stärkung der katholischen Präsenz in Palästina herbeiführen sollte. Es war einfach, dieses Ziel mit dem in den Kapitulationsabkommen erlangten Protektoratsprivileg zu verbinden. Diese Schutzmachtrolle verschaffte Frankreich zweifelsohne politische Vorteile bei seinem Kampf im Orient gegen die anderen Großmächte und deren Interessen. Zu den weiteren Begleitumständen sind auch die Entwicklungen in Jerusalem zu rechnen, angefangen bei den Einrichtungen des britischen Konsulats und später der Schaffung des gemeinsamen englisch-preußischen Bistums und des Einzugs des protestantischen Bischofs in die Stadt bis hin zur Eröffnung des französischen Konsulats im Jahre 1843 und der Rückkehr des lateinischen Patriarchen. Im selben Maße gilt es die veränderte Gewichtung der französischen Politik angesichts der geopolitischen Entwicklungen in der Region des Nahen Ostens einerseits und in Europa andererseits zu untersuchen. Klar ist, dass Ereignisse wie die Französische Revolution, die Expedition Napoleons in den Orient, der Aufstieg Muhammad Alis in Ägypten, der griechische Aufstand, die Eroberung des Heiligen Landes durch die Truppen Muhammad Alis und deren Zurückschlagung nach Ägypten neun Jahre später, was zu einer wachsenden Rivalität unter den Großmächten der Region führte – dass alle diese Ereignisse also die Aspirationen Frankreichs stark beeinflussten und seine Stellung festigten. Das seit Jahrhunderten gewährte Protektorat war dabei zweifelsohne das beste und effektivste Mittel, das zur Verfügung stand.[69]

Auf der Konferenz von London im Jahre 1830, die mit der Beendigung des Krieges in Griechenland befasst war, erkannten die Großmächte – England und Russland – das französische Privileg an, das Protektorat auch auf die Lateiner im unabhängig gewordenen Griechenland anzuwenden. In einem Teil der Fälle, wie zum Beispiel in dem besonders markanten des Krimkriegs, führte die Forderung und die damit einhergehende Argumentation der Russen nach einem entsprechenden Protek-

Untersuchung der Verbindung zwischen dem religiösen Protektorat Frankreichs und dem Hof in Rom siehe Lammeyer, Protektorat, 77-82.

69 An dieser Stelle soll nicht näher auf die umfangreiche und weit gefächerte Literatur zu dem Thema eingegangen werden. Siehe dazu etwa Schölch, Palestine, vor allem 47-76.

torat über die Griechisch-Orthodoxen zu einer Kettenreaktion, die Feuer an die Lunte einer kriegerischen Auseinandersetzung legte.[70] Valergas Amtsantritt zu Beginn des Jahres 1848 vollzog sich an einem kritischen Punkt des Kampfes um die Rechte an den heiligen Stätten. Kurz nach dem Verschwinden des silbernen Sterns der Lateiner aus der Geburtsgrotte in Bethlehem, fand er statt in einer Phase in der jede der beteiligten Seiten sich verschanzte, dieser Zwischenfall zu einem Politikum geworden war und einen internationalen Konflikt heraufbeschwor. Valerga und sein Freund, der französische Konsul Botta, trieben die Vorgänge voran. Botta, der sein Amt als französischer Konsul im Januar 1848 angetreten hatte, begab sich im September 1849 auf eine zwei Jahre dauernde diplomatische Reise, die größtenteils dem Kampf um die heiligen Stätten und dem Status der Lateiner dort gewidmet war.[71] Botta war auch Mitglied der französisch-osmanischen Kommission, die dieses Thema im Mai 1851 behandelte und das ausdrückliche Ziel verfolgte, »eklatante Verstöße« gegen Rechte der Lateiner abzustellen, die ihren Ursprung in einem griechisch-orthodoxen Anspruch aus dem Jahre 1757 hatten. Russland, so die Behauptung katholischer Quellen, drohte daraufhin den Türken. Diese reagierten verschreckt, setzten eine weitere, ausschließlich mit eigenen Leuten besetzte Kommission ein, welche nun zugunsten der Griechen entschied. Im Februar 1852 schickte der Sultan einen neuen Ferman an den Gouverneur von Jerusalem, in dem er ihn anwies, den *status quo ante* wiederherzustellen, was nichts anderes bedeutete als die bestehende, für die Lateiner nachteilige Situation aufrechtzuerhalten.[72] Auch der Sieg im Krimkrieg und die nachfolgenden Erörterungen auf dem Pariser Kongress wurden nicht zu einer Verbesserung der Position genutzt. Zwar machte der Berliner Vertrag Gebrauch vom Reformedikt des Sultans vom 18. Februar 1856, dem *Hatt-ı Hümâyûn*, als Argument für die Öffnung des Protektoratsprivilegs für alle Nationen, doch Frankreich weigerte sich wenig überraschend, diese Auslegung zu akzeptieren.[73]

Denn im Vertragswerk des Berliner Kongresses im Jahre 1878 war der Paragraph 62 enthalten, der ausdrücklich die Sonderrechte Frankreichs erwähnte, auch wenn das Recht anderer Staatsbürger betont wurde, sich an ihre eigenen diplomatischen Vertreter zu wenden oder, wie es die

70 Lammeyer, Protektorat, 50-52; Hajjar, Christianisme, 103-106; Anderson, Eastern Question, 114-132.

71 Medebielle, Diocese, 46-48.

72 Ebd., 47-52.

73 Lammeyer, Protektorat, 51-52.

deutschen Katholiken zwanzig Jahre später darstellen sollten, »das gleichzeitige Recht aller Großmächte«, ein Protektorat über die eigenen Untertanen auszuüben.[74] Einen weiteren Vorteil erlangte Frankreich durch die offizielle Anerkennung seiner Rechte durch den Vatikan, die im Jahre 1866 zu der ausdrücklichen Weisung an alle in der Region tätigen Mitglieder des Klerus führte, im Bedarfsfall den Schutz der französischen Konsuln zu erbitten. Im weiteren Verlauf dieser Studie wird den Krisen entsprechende Aufmerksamkeit gewidmet werden, die aus der Forderung der deutschen Katholiken nach eigenen Pfründen resultierten, aus dem Bestreben, alle ihre Aktivitäten im Heiligen Land unter ein deutsches Protektorat zu stellen.[75]

Die exponierte Beteiligung Frankreichs im Rennen der Großmächte um Präsenz im Heiligen Land in der zweiten Hälfte des 19. Jahrhunderts, die im Wesentlichen in Jerusalem einsetzte und sich dann auf viele weitere Orte ausdehnte, wurde durch religiöse Einrichtungen vorangetrieben, vor allem durch Mönchs- und Nonnenorden. Die Karte des heutigen Jerusalems ist übersät von französischen Institutionen, die in jenem Zeitraum gegründet worden sind. In vielen Fällen beteiligte sich das französische Außenministerium aktiv am Geschehen. Das Flagschiff der Franzosen in der Heiligen Stadt war das Hospiz Notre Dame de France, das im Verlauf der 80er Jahre des 19. Jahrhunderts durch den Männerorden der Assumptionisten errichtet wurde. Hospiz und Kirche waren nicht nur zur Beherbergung von Pilgern bestimmt, wie Dominique Trimbur schreibt:

> »Sie war vielmehr vor allem ein Symbol der französischen Präsenz in Palästina zu einer Zeit, in der eine verbissene internationale Rivalität sich in der Errichtung immer eindrucksvollerer Bauwerke ausdrückte. Der Gebäudekomplex war daher bestimmt, eine auf immer währende Präsenz zu symbolisieren und am Horizont aufzuragen, wörtlich wie bildlich, als markiere er die ultimative Stufe in der Entwicklung der Stadt und versinnbildliche den französischen Sieg. Mit dem Bau von Notre Dame de France hofften Paris und die Assumptionisten, der gesamten Einwohnerschaft von Jerusalem […] wie auch dem heiligen Stuhl zu demonstrieren, daß Frankreich die ausländische Macht in Palästina war. Frankreich war der stolze, historische Erbe der Kreuz-

74 Sägmüller, Missionsprotektorat, 123-124; Minerbi, Vatican; Französische Protektorat, 136-137, Richter, Orientreise, 156-157.

75 Im Weiteren Kapitel 2 dieser Studie. Siehe auch Französische Protektorat, 135-137.

fahrertradition, der Wohltäter und mächtige Beschützer der Katholiken im Heiligen Lande.«[76]

Indes war das 19. Jahrhundert zwar eine Epoche, in der die nach außen zur Schau gestellte Macht Frankreichs in Jerusalem und im gesamten Heiligen Land kontinuierlich anwuchs, doch es war zugleich ein Zeitraum, in dem immer mehr Akteure auftraten, die diese exklusive Stellung in Frage stellten. Schon bald fand sich Frankreich abermals in einer Verteidigungshaltung, darum kämpfend, seine Position zu halten. Sogar das Gebäude der Notre Dame, schreibt Trimbur, mit all seiner kolossalen Größe und Pracht, scheine von einem sich verteidigenden, sich verschanzenden Charakter, als wollte es das Bestehende schützen.[77] Die geistlichen Orden befanden sich in einer Frontlinie mit dem französischen Staat gegen derartige Bedrohungen. Hieraus rührte die viele Jahre währende, gewiss nicht selbstverständliche Kooperation zwischen beiden Seiten und die großzügige finanzielle und politisch-institutionelle Unterstützung, welche die Regierung in Paris den Unternehmungen der französischen Orden im Lande gewährte.

1904 dann kam es zu einer Krise in den Beziehungen zwischen Vatikan und Frankreich infolge eines Besuches des französischen Staatspräsidenten beim König von Italien, die in einen Abbruch der Beziehungen mit dem Hof mündete. Schon bald darauf verabschiedete die französische Nationalversammlung ein Gesetz, das die Trennung von Staat und Religion zum Gegenstand hatte. Doch die Krise wurde innerhalb kürzester Zeit beigelegt. Frankreich und Italien verständigten sich 1905 darauf, dass italienische religiöse Institutionen oder solche, in denen die Mehrheit der Belegschaft italienisch war, darum bitten konnten, unter den Schutz ihrer eigenen Regierung gestellt zu werden.[78]

76 Trimbur, Notre Dame, 121.
77 Ebd., 132, 138.
78 Colbi, Christianity, 15-16, 36.

2. Europa, Deutschland, die deutschen Katholiken und das Heilige Land im 19. Jahrhundert

»Niemals im Lauf der Geschichte hatten die europäischen Mächte so das Heilige Land in der Hand wie damals«

Preußen und Palästina nach 1840

Nicht wenige Forscher sehen in den neun Jahren, in denen die Ägypter in den 30er Jahren des 19. Jahrhunderts über Palästina herrschten – Jahre, die mit unterschiedlichen Bezeichnungen wie etwa »die orientalische Krise« belegt worden sind –, den Beginn der Neuzeit in der Geschichte des Heiligen Landes. Sie führen dafür zahlreiche Belege an, die hauptsächlich an die neuen Herrschafts- und Verwaltungsmuster geknüpft sind, welche der ägyptische Souverän Muhammad Ali (1769-1849, Wali über Ägypten von 1804 bis 1848) und sein Sohn Ibrahim Pascha (1789-1848), der als Gouverneur von Damaskus fungierte, einführten.[1] Dabei hat es den Anschein, als habe – mehr als jeder andere Prozess, der in jener Phase einsetzte – die Öffnung des Heiligen Landes für die Europäer, dank der Annäherungspolitik an Europa, die die ägyptischen Herrscher mit der Begründung eines künftigen Nutzens für ihr Land verfolgten, den gravierendsten und nachhaltigsten Einfluss auf den weiteren Verlauf der Geschichte des Landes gehabt.[2] Dabei ist hier in erster Linie von einem stetig wachsenden Zuzug von Europäern die Rede, die nach Palästina kamen, sei es als Touristen, als Pilger oder Forscher, sei es für längere Aufenthalte als Händler, Missionare oder diplomatische Gesandte oder aber als Siedler, die im Heiligen Land ihren festen Wohnsitz sehen wollten. Unter den Faktoren, die dieses ermöglichten, sind die Verbesserung der allgemeinen Sicherheitslage unter der ägyptischen Herrschaft zu nennen, die verbesserten Transportmittel ins Heilige Land und vor allem die deutlich verbesserte Behandlung nichtmuslimischer Einwohner und Besucher.

1 Von den zahlreichen Arbeiten, die sich mit Muhammad Ali, seiner Herrschaft und seinem Einfluss auf die gesamte Region beschäftigen, seien hier nur erwähnt: Marriot, Eastern Question, 225-249; Anderson, Eastern Question, 53-109; Miller, Ottoman, 144-155; Dodwell, Muhammad Ali, 106-111; Landen, Middle East, 46-62; Kushner, Eretz-Israel, 27-38; Shamir, Beginning; ders., Impact. Zu einer Betrachtung der ägyptischen Episode in der Geschichte Palästinas vor allem aus geopolitischer Sicht und mit Blick auf das christliche Vordringen siehe auch Sinno, Interessen, 1-15; Lückhoff, Anglikaner, 11-49; Eisler, Jaffa, 5-7.

2 Hofman, Administration; Shamir, Beginning; Solé, Egypte, 220.

In dieser Phase ist ebenso der Beginn der festen Ansiedlung protestantischer Missionare in Jerusalem wie auch die Eröffnung etlicher europäischer Konsulate dort festzustellen. Zum damaligen Zeitpunkt begann die Basis gelegt zu werden, auf der und um die herum die europäischen Gemeinden entstanden, zunächst in Jerusalem und später auch in anderen Ortschaften Palästinas.[3] Auch die Großmächte, die sich in die Krisen der Region verwickelt fanden, begannen neuerlich, diplomatisches Interesse an dem dortigen Geschehen zu offenbaren. Außerdem erlebte das Jahr 1840 zum ersten Mal wieder europäische Truppenverbände, die angelandet wurden, um östlich des Mittelmeeres zu kämpfen.[4] Auch die Phantasien und Pläne, die sich um eine Öffnung der Landenge von Suez für den Schiffsverkehr rankten, erhöhten den strategischen Wert der Region auf internationaler Ebene. In die Zeit der ägyptischen Herrschaft über Palästina fällt auch der Auftakt des Wettstreits der Großmächte um eine Präsenz im Heiligen Land, eines Wettlaufs, der Teil der politischen Ausdrucksformen der »orientalischen Frage« war. In einer unlängst veröffentlichten Studie, die daran festhält, diese Frage als Kulmination von Problemen zu definieren, die als Resultat des Rückzugs der Osmanen entstanden, wird dieses internationale politisch-strategische Kräftemessen mit einem aktiven Vulkan verglichen, der von Zeit zu Zeit ausbricht und seine nähere und weitere Umgebung gefährdet.[5] Unbestreitbar indes ist, dass das Heilige Land zu jenen Regionen zählte, auf die europäische Diplomaten abzielten, wenn sie immer wieder aufs Neue die orientalische Frage debattierten, die im Verlauf des gesamten 19. Jahrhunderts nicht von der europäischen Tagesordnung verschwand und erst mit Ende des Ersten Weltkriegs an Bedeutung verlor.

Die Rückführung Syriens und Palästinas unter osmanische Herrschaft wurde unter tätiger Mithilfe der europäischen Großmächte ermöglicht, die innerhalb von weniger als einem Jahrzehnt die Hohe Pforte, sprich das Osmanische Reich, zweimal vor einer Niederlage gegen die Truppen des ägyptischen Walis bewahrten: Das erste Mal, als 1832/33 der Vormarsch der ägyptischen Armee nach Kleinasien gestoppt und diese nach Syrien zurückgedrängt wurde, und das zweite Mal 1840/41, als man das Osmanische Reich rettete und die Einheiten Muhammad Alis zurück

3 Carmel, Christen; Ders., Community; Lückhoff, Anglikaner; Crombie, Love of Zion.

4 Breicha-Vauthier, Österreich, 20-25; Lambert, Syrian Campaign; Farah, Politics, 30-44; Pröhl, Bedeutung, 176-181.

5 Baumgart, Frage, 34-35. Siehe auch die »klassischen« Arbeiten zu diesem Thema: Marriot, Eastern Question; Anderson, Eastern Question.

nach Ägypten zwang. So wurde eine einmalige Gelegenheit geschaffen für umfangreiche europäische Aktivitäten in Palästina. Einige behaupteten sogar, es sei möglich, dieses käuflich zu erwerben, und unterbreiteten dazu Vorschläge. Die um das Heilige Land entstandene geopolitische Lage resümierte Hans-Wilhelm Herzberg (1895-1965), evangelischer Probst von Jerusalem (1924-1930), in den 30er Jahren des vergangenen Jahrhunderts wie folgt:

> »Niemals im Lauf der Geschichte hatten die europäischen Mächte so das Heilige Land in der Hand wie damals, als Ibrahim Pascha Syrien und Palästina wieder an den Sultan herauszugeben gezwungen wurde. [...] Der Traum der Kreuzfahrer hätte ohne Schwierigkeit verwirklicht werden können. Die Hand, die über Jerusalem sich ausstreckte, hätte nur zuzufassen brauchen; ein ernstliches Widerstreben des Sultans wäre nicht erfolgt. [...] Aber nichts erfolgte [...] jedenfalls ging die Stunde ungenutzt vorüber, und statt des möglichen Kreuzzuges trat das Umgekehrte ein. [...] Man kann es begreifen, wenn damals und später ein allgemeines Kopfschütteln über diese Art von Politik durch die christlichen Völker Europas ging!«[6]

Zahlreiche Studien sind der in jenem Zeitraum entstehenden geopolitischen Situation gewidmet worden, den Interessen der Großmächte und deren Aspirationen, wie sie vor allem auf der »Londoner Konferenz zur Befriedung der Levante« im Juli 1840 zum Ausdruck kamen, sowie den unterschiedlichen Vorschlägen zu einer christlichen Herrschaft über das Heilige Land und insbesondere über die heiligen Stätten mit dem Grab Christi an erster Stelle. Auch verweisen diese Studien gern auf die Tatsache, dass die überwiegende Mehrzahl dieser Pläne lediglich auf dem Papier existiert hat und nur ein einziger, nämlich der Plan zu Errichtung eines gemeinsamen englisch-preußischen Bistums, realisiert worden ist.[7]

Eines der eklatantesten Beispiele für derartige Initiativen kam aus einer etwas überraschenden Richtung. Helmuth Karl Bernhard Graf von Moltke (1800-1891) stand in den Jahren 1835-1838 einer Gruppe preußischer Militärinstrukteure vor, die der preußische König Friedrich Wilhelm III. entsandt hatte, um der Armee des reformorientierten Sultans Mahmud II. (1785-1839, Sultan seit 1808) zu helfen. Moltke kehrte 1839

6 Herzberg, Jerusalem, 6. Siehe auch die unlängst vorgelegte Erörterung von Kirchhoff, Text, 67-74: »Neben der ›orientalischen‹ stellte sich eine frühe ›Palästina-Frage‹« (73).

7 Gelber, Question; Vereté, Plan; Pröhl, Bedeutung, 177-181; Farah, Politics, 30-44.

in seine Heimat zurück, nachdem die Osmanen in der Schlacht von Nisibis unweit von Aleppo eine vernichtende Niederlage erlitten hatten, da sie, so die Behauptung der Deutschen, alle Ratschläge der preußischen Experten in den Wind geschlagen und das genaue Gegenteil davon getan hätten.[8] Wie auch immer, Moltke, der zusammen mit seinen Leuten dafür sorgte, dass Preußen zum ersten Mal überhaupt über relativ genaues Kartenmaterial zu Kleinasien verfügte,[9] fühlte sich auch weiterhin dem Orient und dessen Schicksal verbunden. Offenbar war es dieses Verbundenheitsgefühl, das ihn dazu brachte, im Februar 1841 für die *Augsburger Allgemeine Zeitung* ohne Nennung seines Namens einen Artikel unter der Überschrift »Deutschland und Palästina« zu verfassen. Erst später, als seine gesammelten Schriften nach seinem Tode veröffentlicht wurden, sollte sich herausstellen, dass er der Verfasser des Artikels war.[10]

Moltkes Vision war ein christliches Fürstentum, das in Palästina entstehen sollte, mit einem in seinen Befugnissen uneingeschränkten deutschen Herrscher, der jedoch tolerant den anderen Religionen gegenüber sein würde. Die Funktion Deutschlands wiederum sah Moltke in der Sorge für »Schutz des Eigenthums und der Person, Sicherheit für industrielle und commercielle Unternehmungen, Duldung aller Glaubenslehren und unparteiische Gerechtigkeitspflege«. Palästina sollte ein Pufferstaat zwischen Ägypten und Syrien und ihren jeweiligen Herrschern sein, deren Rivalität Europa bedrohte. Die Befreiung des Heiligen Grabes hingegen würde dem christlichen Europa gewaltige geistige und moralische Befriedigung verschaffen. Im Land sollte ein gemeinsames Truppenkontingent aller Großmächte stationiert werden, ein Verband, der im weiteren Verlauf auch zu einem gesamteuropäischen Frieden führen würde.[11]

In Preußen herrschte seit 1840 Friedrich Wilhelm IV., ein auf dem Gebiet der Wissenschaften und Künste vielseitig begabter König, der wie sein Nachbar in Bayern auf den Knien der romantischen Tradition erzogen und durch diese nachhaltig beeinflusst worden war. Seine tiefe Gläubigkeit war verschränkt mit der Auffassung, dass sowohl Staat als auch Kirche Schutz im Schatten der Herrschaft und ihrer Befugnisse suchten.

8 Moltke, Palästina; ders., Schriften, 279-288. Siehe auch Schölch, Europa, 17-18; Wallach, Anatomie, 15-28; Herre, Moltke, 61-89; ders., Preusse; Sinno, Interessen, 14-15; Pröhl, Bedeutung, 181-185.

9 Kiepert, Memoir; Goren, Kiepert, 102.

10 Sinno, Interessen, 247-248, 393 Anm. 1; Bonacker, Moltke; Moltke, Schriften. Siehe auch Kirchoffs detaillierte Untersuchung, Kirchhoff, Text, 69-72.

11 Moltke, Schriften, 279-288; ders., Palästina. Siehe auch Bensinger, Palestine, 9-11; Wolf-Crome, Pilger, 536; Schölch, Europa, 17-18; Sinno, Interessen, 248 (Zitat); Shamir, Beginning, 150-152; Eisler, Jaffa, 6-7.

Er war mithin nicht nur ein säkularer Souverän, sondern auch *summus episcopus*, die oberste kirchliche Autorität seiner evangelischen Untertanen.[12] In allem, was mit der »orientalischen Frage« zusammenhing und mit einem Engagement in der Region, stand der König unter dem Einfluss einer konservativen Gruppierung, die sich um seinen militärischen Adjutanten Leopold von Gerlach (1790-1861) gebildet hatte und deren pietistische Ursprünge von tiefem religiösen Einfluss auf ihre politischen Ansichten waren. Gerlach, der als Auslöser der »orientalischen Frage« eine Reaktion der Orientalen gegen die westliche Kirche sah und daher auch gegen die »Turkomanie der Ultramontanisten«, behauptete, »wollen sie der Russischen entgegentreten, so giebt es dazu kein anderes Mittel, als in der Türkei eine christliche Herrschaft zu gründen, damit dieses große und schöne Land endlich aufhört, eine *res nullius* zu sein.«[13]

Friedrich Wilhelm IV., der im Frühling 1849 auf die Kaiserkrone verzichtet hatte, stimmte vollkommen mit all jenen in Preußen überein, die der Vision einer aktiven Betätigung und Einmischung im Heiligen Land anhingen. Zwar war es bloßer Zufall, dass seine Thronbesteigung just in jenen Tagen stattfand, in denen die »Londoner Konferenz zur Befriedung der Levante« abgehalten wurde. Doch wie auch immer, fortan sollte sein Königreich nicht mehr außen vor sein, wenn es um die Ereignisse im östlichen Mittelmeerraum und die Beteiligung der Großmächte daran ging.[14]

Bereits zu Beginn seiner Regierungszeit entwickelte Friedrich Wilhelm IV. Ideen zu möglichen Wegen eines Engagements Preußens im Heiligen Land, denen die moderne Forschung relativ breiten Raum gewidmet hat.[15] Doch der einzige dieser Pläne, der am Ende tatsächlich realisiert wurde, war der der Errichtung eines protestantischen Bistums in Jerusalem. Wobei von einigen behauptet wird, der preußische König habe in diesem Schachzug auch die erste Stufe der Verwirklichung einer weiteren Vision gesehen – der Vereinigung der protestantischen Kirchen zu einer Weltkirche nach dem Vorbild der katholischen. Doch selbst eine Aktion wie die Errichtung eines Bistums überstieg allem Anschein nach noch immer die Macht und das Vermögen Preußens, und sei es aufgrund des

12 Kroll, Friedrich Wilhelm; Schütz, Preußen, 53-60; Lückhoff, Anglikaner, 60-66.

13 Pröhl, Bedeutung, 205-209, insb. 207.

14 Ebd., 197-217; Sinno, Interessen, 16-21.

15 Zu einer Erörterung der Pläne Friedrich Wilhelms IV. in der modernen Forschung siehe Schütz, Preußen; Lückhoff, Anglikaner; Sinno, Interessen; Carmel, Diverse Forschungsarbeiten.

fehlenden Einflusses bei der Hohen Pforte. Der König schickte folglich seinen Emissär, den Wissenschaftler und Diplomaten Christian Karl Josias Freiherr von Bunsen, einen persönlichen Freund und Vertrauten. Die von Bunsen beharrlich geführten Verhandlungen führten schließlich zur Errichtung des gemeinsamen Bistums und zu Beginn des Jahres 1842 zum Einzug des ersten protestantischen Bischofs Michael Salomon Alexander nach Jerusalem.[16]

»Der Orient ist nicht die gesunden Knochen eines einzigen pommerschen Grenadiers wert« Die deutsche Außenpolitik und das Heilige Land

Otto von Bismarcks (1815-1889) berühmter Ausspruch »der Orient ist [für Deutschland] nicht die gesunden Knochen eines einzigen pommerschen Grenadier wert« bezog sich zunächst einmal auf den Balkan, sollte aber Bismarcks Politik in den ersten Jahrzehnten seiner Regentschaft bestimmen. Bismarck fungierte von 1862 an als preußischer Ministerpräsident, ab 1867 als Kanzler des »Norddeutschen Bundes« und in den Jahren 1871 bis 1890 als Kanzler des Deutschen Reiches. Das Grundprinzip dieser Politik, die unter anderem aus Bismarcks Wunsch resultierte, den Bestand des noch jungen Reiches in Mitteleuropa zu wahren und Bündnisse anderer Staaten dagegen zu verhindern, war, dass Preußen keine Verpflichtungen gegenüber dem Osmanischen Reich einginge und keine Besitzungen dort erwürbe. Demgegenüber schlug Preußen nur zu gern diplomatischen Nutzen aus seinem Auftreten als Vermittler und Schlichter bei den verschiedenen Krisen.[17] Ein Prozess der Veränderung in dieser Haltung setzte indes bereits mit den Siegen von 1866 und 1871 ein und verstärkte sich ab 1875 infolge des Krieges zwischen Russland und dem Osmanischen Reich, der im Wesentlichen um den Balkan ausgetragen

16 Zu Bunsen und dem gemeinsamen Bistum siehe zum Beispiel Abeken und Bunsen, Bisthum; Hechler, Bishopric, 42-43, und die Dokumente [2]-[181]; Gelber, Question, 56-64; Roth, Preussen; Lückhoff, Bunsen; Ders., Anglikaner; Eisler, Bistum; Kroll, Friedrich Wilhelm, 167-171; Krüger, Wilhelm.

17 Carmel, Siedlungen, 97-99; Sinno, Interessen, 278-279; Pröhl, Bedeutung, 298-309; Baumgart, Frage, 47. Schöllgen (Imperialismus, 16, u. Bismarck, 157) zitiert aus Bismarcks Rede vor dem Reichstag am 5. Dezember 1876: »Ich werde zu irgendwelcher aktiven Beteiligung Deutschlands an diesen Dingen nicht raten, so lange ich in dem Ganzen für Deutschland kein Interesse sehe, welches auch nur – entschuldigen Sie die Derbheit des Ausdrucks – die gesunden Knochen eines einzigen pommerschen Musketiers wert wäre.«

wurde und erst mit dem Berliner Kongress von 1878 endete, auf dem Deutschland zum ersten Mal wesentlichen und entscheidenden Anteil an der Lösung eines Problems nahm, das mit der »orientalischen Frage« in Verbindung stand.[18]

Deutschland stieg nach 1871 schnell zu einer Großmacht auf und fand innerhalb kurzer Zeit seinen Platz als eine den führenden Nationen Europas gleichwertige Macht. Es betrieb nun eine Politik der wirtschaftlichen Expansion, brachte Territorien in Asien, Ozeanien und Afrika unter seine Kontrolle. Während Deutsche Ansiedlungen in Argentinien, den Vereinigten Staaten und Syrien/Palästina errichteten, schwoll der Außenhandel des Landes an, und die Augen der Welt richteten sich immer mehr auf Berlin.[19]

Die deutsche Politik im Nahen Osten wiederum begann sich auf eine Stärkung »des kranken Mannes am Bosporus« zu richten, sowohl um ein Gegengewicht zu Russland zu erlangen als auch um den Weg für deutsche Handels- und Wirtschaftsbestrebungen mit Hilfe von Bündnissen und Freundschaftspakten zu öffnen.[20] Die Idee war, den Sultan und sein Regime – im Unterschied zu den anderen europäischen Großmächten, die ihn als Spielball behandelten – zu stabilisieren und so diplomatische Vorteile für Deutschland zu erzielen. Von daher hatte Bismarck ein klares Interesse daran, »den orientalischen Wasserkessel am Kochen zu halten«. Im Jahre 1880 entsandte man deutsche Militärinstrukteure, um der Armee Abdülhamids II. (1842-1918, herrschte in den Jahren 1876-1909) zu Hilfe zu kommen, die durch die Russen vernichtend geschlagen worden war. Und Bismarck war es, der behauptete, so werde Deutschland merklichen Einfluss auf die Türkei erlangen. Der Kanzler strebte auch danach, die deutschen ökonomischen Interessen in noch weiter östlich gelegenen Ländern wie zum Beispiel Persien zu stärken und so in eine Region vorzustoßen, die bis dahin vollständig unter dem Einfluss Russlands und Englands gestanden hatte.[21]

18 Marriott, Eastern Question, 318-346; Anderson, Eastern Question, 178-219; Schöllgen, Imperialismus, 16-18; Pröhl, Bedeutung, 305-309; Baumgart, Frage, 47-48. Zu dem »jüdischen Punkt« und den verschiedenen Plänen für das Heilige Land, die auf dem Kongress geäußert, in dessen Verlauf jedoch nicht debattiert wurden, siehe die beiden folgenden, bahnbrechenden Studien: Vereté, Plan; Gelber, Question 1878.

19 Politique Allemande, 7-9.

20 Baumgart, Frage, 47; Schöllgen, Bismarck, 158-160.

21 Wallach, Anatomie, 34-39; Wehler, Bismarck, 227-228; Schöllgen, Imperialismus, 33-37; Baumgart, Frage, 47-49.

Bismarck führte, ganz im Sinne der Bürger des neuen Reiches, die überzeugt waren, dass eine »Großmacht« sich auch eine »Großmachtpolitik« zu eigen zu machen habe, das deutsche Kaiserreich zur Stellung einer europäischen Supermacht. Später sollte er schreiben, er habe den Grundsatz vollkommen aufgegeben, der ihn dereinst geleitet hatte, »dass [Deutschland] eine Großmacht ist, die weniger an den orientalischen Fragen interessiert ist«, ein Prinzip, an dem viele Historiker die Ausrichtung seiner Politik in der Region bis dahin festgemacht haben, bis zu einer gewissen Phase seiner Regentschaft, in der er eine Kehrtwende vollzog.[22] Die Anwesenheit einer relativ großen Anzahl deutscher Landsleute im Heiligen Land einerseits und die Politik der Unnachgiebigkeit durch die Großmächte Frankreich und Russland, die Protektorate für sich beanspruchten, ließen Bismarck, allem Anschein nach gegen seinen Willen, dieses Prinzip aufgeben und eine aktivere Politik in Bezug auf Palästina einschlagen. Es kann sein, dass hierin auch eine Veränderung zum Ausdruck kam, die sich in der kolonialistischen Auffassung des Kanzlers vollzogen hatte, der, wie es Hans-Ulrich Wehler ausgedrückt hat, »von der nachhaltig vertretenen Politik des Laissez-faire-Expansionismus zur Kolonialgründung« übergegangen war.[23] Dennoch ist klar, dass Deutschland nicht die geringsten Absichten verfolgte, sich Teilen des Heiligen Landes zu bemächtigen, da Bismarck in Palästina hauptsächlich einen Faktor sah, durch den sich internationale, antideutsche Pakte und Konspirationen vereiteln ließen.[24] Dabei sollte betont werden, dass die deutsche Ansiedlung im Heiligen Land nicht von einer politischen Konnotation begleitet wurde, weder anfangs noch in ihrem weiteren Verlauf. Diese Ansicht indes, die zu Beginn des vergangen Jahrhunderts allgemein akzeptiert wurde, findet sich mitunter nach wie vor auch bei zeitgenössischen Forschern.[25]

Die Annäherung zwischen Deutschland und der Türkei gewann zusätzlich an Stoßkraft mit der Thronbesteigung Wilhelms II., der bereits im November 1889 die Reise nach Griechenland anlässlich der Trauungszeremonie seiner Schwester mit dem griechischen Kronprinzen zu einem Besuch in der osmanischen Hauptstadt nutzte. Die Türkei wurde in Deutschland als das »geliebte Land« präsentiert, während gleichzeitig

22 Schöllgen, Imperialismus, und dort auch zahlreiche Verweise, die sich auf Bismarcks »Orientpolitik« beziehen; Ders., Bismarck.

23 Wehler, Bismarck, 412-413.

24 Carmel, Significance; ders., Politik; Wallach, Bismarck; Hirschfeld, Tendenzen; Gründer, Kaiserfahrt, 368-369; Sinno, Interessen, 278-283.

25 Katholische Deutschland, 6; Carmel, Siedlungen, 97-99, 118-131.

eine Kampagne einsetzte, die dazu aufrief, den Strom deutscher Auswanderer in die Weiten des Osmanischen Reiches zu lenken (Näheres dazu weiter unten S. 63-72), und bei der die Franzosen nur konsterniert zusehen konnten, wie ihr Einfluss rapide schwand. Alles was ihnen zu tun blieb, war Berichte aufzusetzen über die florierenden und sich stetig mehrenden wirtschaftlichen Unternehmungen Deutschlands auf dem Territorium des Osmanischen Reiches, die bereits Ende der 80er Jahre mit dem Bau der anatolischen Eisenbahnstrecke begonnen hatten und ihren Höhepunkt nach der Reise des Kaisers 1898 mit dem Bau der »Bagdad-Bahn« und der Anlage des Haidar-Pascha-Hafens unweit der osmanischen Hauptstadt erreichten.[26]

Im Rahmen des »Berliner Kongresses« versprach Bismarck Frankreich einen Fortbestand seiner Privilegien im Heiligen Land, Privilegien, die niemals genau definiert worden waren. So sicherte Paragraph 62 des Vertragswerkes zu, dass keinerlei Veränderungen am Status quo an den heiligen Stätten vorgenommen werden könnten. Dabei bezog sich der Begriff »Status quo« auf die Aufteilung der Besitzrechte an einigen (und zwar den wichtigsten) der für die Christenheit heiligen Stätten in Palästina unter die verschiedenen christlichen Konfessionen, wie sie seit dem Ferman des Sultans aus dem Jahre 1852 existierte.[27] Die Phase der Beruhigung, die dem Kongress folgte, war bestimmt durch wiederholte Versuche des Reichskanzlers, nicht das Misstrauen seiner Nachbarn in Bezug auf die eigenen Absichten im Orient zu wecken. Dieses Bestreben erreichte seinen Höhepunkt in einer Note des deutschen Botschafters in Paris an den französischen Ministerpräsidenten, dass aus deutscher Warte Syrien und Palästina als französisches Gebiet betrachtet werden könnten, welche als Teil von Bismarcks Versuch zu sehen ist, die Krise zu entschärfen, die mit den Vorkommnissen des Jahres 1882 in Ägypten einherging.[28] Innerhalb kürzester Zeit jedoch sollte sich diese Politik gänzlich ändern. In Frankreich kochten nationalistische und antideutsche Ressentiments hoch unter der Ägide des Kriegsministers, General Georges Ernest Boulanger (1837-1891), und es entwickelte sich eine Krise, von der Bismarck wie gewohnt findig Gebrauch machte. Ab 1886 begann Deutschland, im

26 Ebd., 76-78; Richter, Orientreise, 53-56, 113-122; Schöllgen, Politik. In seiner Monographie »Imperialismus« widmet Schöllgen der Entwicklung der Beziehungen zwischen Deutschland und dem Osmanischen Reich eine ausführliche Erörterung.

27 Hurewitz, Diplomacy, 191; Miller, Ottoman, 387-395; Anderson, Eastern Question, 214-222; Colbi, Christianity, 10.

28 Bensinger, Palestine, 56-59.

Heiligen Land Stärke zu demonstrieren. Von der Veränderung kündete der erste Besuch des Kriegsschiffs »Loreley« im Hafen von Jaffa im Mai desselben Jahres.[29]

Auch begann Deutschland, an allen Fronten gegen eine Annäherung zwischen Frankreich und Russland zu agieren.[30] In dem Wunsch, sich auf jede nur erdenkliche Weise für die Niederlage von 1870/71 schadlos zu halten, suchte Frankreich nach möglichen Verbündeten. Die natürliche Annäherung an Russland brachte einen vollkommenen Umschwung in der Palästinapolitik Frankreichs mit sich, das von Stund an penibel darauf bedacht war, die russischen Interessen nicht zu verletzen. Konkret bedeutete diese Politik freie Hand für russische Aktivitäten, in erster Linie die des staatlichen »Orthodoxen Vereins vom Heiligen Land«, der 1882 von Großfürst Sergej Alexandrowitsch (1857-1905), dem vierten Sohn des Zaren Alexander II. Nikolajewitsch (1818-1881, Zar ab 1855), in St. Petersburg gegründet worden war.[31] Eines der unmittelbaren Resultate dieser Politik war eine Reduzierung der französischen Ansprüche, vor allem hinsichtlich der eigenen traditionellen Forderung, Angehörigen sämtlicher katholischer Kirchen im Heiligen Land den Schutz Frankreichs zukommen zu lassen und nicht nur denen der lateinischen Kirche. So entstand faktisch ein Vakuum in Bezug auf die praktische Umsetzung dieses Protektorats, also bei der Regelung aller Angelegenheiten zwischen den christlichen Bewohnern Palästinas und den Behörden oder anderen religiösen Gruppierungen. Es war nur natürlich, dass Russland auf dem Sprung war, dieses Vakuum auszufüllen. Doch andere Faktoren, vor allem der entschiedene Widerstand des griechisch-orthodoxen Patriarchen gegen jede Vorgehensweise, die den russischen Einfluss in der Bevölkerung steigern und gleichzeitig ihn und seine Stellung beschädigen würde, führten dazu, dass es Russland nicht gelang, die von Frankreich hinterlassene Leerstelle auszufüllen.[32] Aus dieser Situation gingen die protestantischen Länder Deutschland und England als Gewinner hervor, vor allem mit Blick auf eine Ausweitung der Tätigkeit der Missionsstationen in verschiedenen Ortschaften Palästinas und die Errichtung weiterer religiöser, pädagogischer und gesundheitsfürsorgerischer Einrichtungen.[33]

29 Anderson, Eastern Question, 239-240; Bensinger, Palestine, 60-61; Carmel, Siedlungen, 157-169; Sinno, Interessen, 283-284; Hillgruber, Hegemonie, 190-192.

30 Zu einer ausführlichen Betrachtung der Beziehungen im Dreieck Frankreich—Rußland—Deutschland seit der Gründung des 2. Reiches und bis 1891 siehe Deininger, Frankreich.

31 Guthe, Gesellschaft; Tsibkin, Society; Carmel, Russia, 63-74.

32 Ebd., 65-70.

33 Wallach, Bismarck, 26-28; Richter, Orientreise, 157-158.

Der Annäherungsprozess zwischen Russland und Frankreich erreichte mit Beginn der 90er Jahre des 19. Jahrhunderts seinen Höhepunkt. Bereits 1887 jedoch hatte Bismarck den geheimen »Rückversicherungsvertrag« mit Russland abgeschlossen, das sich verpflichtete, Frankreich nicht zu unterstützen, sollte dieses in einen Krieg mit Deutschland eintreten, wofür man im Gegenzug die deutsche Verpflichtung erhielt, die russischen Interessen auf dem Balkan zu flankieren. Bismarck indes legte sein Amt 1890 nieder, worauf seine Nachfolger im Amt schon bald dessen vorsichtige Politik aufgaben, das Bündnis mit Österreich intensivierten und auf Distanz zu Russland gingen, ein Vorgehen, das Ende 1893 zur Unterzeichnung eines Militärvertrags zwischen Russland und Frankreich führte. Wilhelm II., der mit seiner Inthronisierung begann, starkes Interesse an der Außenpolitik zu zeigen, hoffte zunächst noch auf eine Erneuerung des so genannten gegen Großbritannien und Frankreich gerichteten »Drei-Kaiser-Bündnisses«. Doch die kühle Reaktion der Zarenfamilie, einschließlich des Thronfolgers Nikolai Alexandrowitsch, der später zu Zar Nikolai II. (in der Zeit von 1894 bis 1917) und einem engen Freund des deutschen Kaisers werden sollte, ließ Wilhelm II. schnell seinen Standpunkt ändern. Von nun an verfolgte er eine antirussische und antifranzösische Politik, die sich ständig um einen künftigen, unvermeidlichen Krieg mit Russland bewegte. Rund zwei Monate nach der Absetzung Bismarcks beschloss Deutschland, das Rückversicherungsabkommen mit Russland nicht zu erneuern. Diese Entscheidung nötigte Russland, in Deutschland einen potentiellen Feind zu sehen, und den russischen Zaren, seine Zurückhaltung aufzugeben und die Nähe zu Frankreich zu suchen. Nun war es der deutsche Kaiser, der begann sich vor einem französischen Feldzug als Revanche für die Niederlage von 1870/71 zu fürchten, da Frankreich in einem solchen Falle in den Genuss der russischen Unterstützung zu kommen drohte. Das Verhältnis zu Russland sollte sich jedoch erst 1894 grundlegend ändern, mit dem Aufstieg Nikolais II. an die Macht und seiner Heirat mit einer Cousine Wilhelms II., Prinzessin Alix von Hessen und bei Rhein (1872-1918).[34]

Die deutsche und vor allem preußische Feindseligkeit gegen Frankreich hatte ihren Ursprung in den Jahren vor den napoleonischen Kriegen und wurde mit der Zeit regelrecht manisch. So schreibt etwa Moshe Zimmermann: »1840, nachdem Frankreich im Nahen Osten gescheitert war und nun die deutsche Grenze bedrohte, loderte die Flamme zu nie

34 Brandenburg, Bismarck, 26-33; Röhl, Wilhelm, 169-177, 414-416, 564-567; Hillgruber, Hegemonie, 192-194.

da gewesener Höhe empor.«[35] Die entscheidende Auseinandersetzung fand bereits 1870 statt, doch das neue, unter dem Hause Hohenzollern geeinte Deutsche Reich, dessen Fläche Preußen zu zwei Dritteln ausmachte, hegte und pflegte die Erbfeindschaft zu Frankreich. Es versteht sich von selbst, dass diese Tradition das deutsche Engagement im Heiligen Land unmittelbar beeinflusste. Deutschland begann, sich konkret und konsequent jedem französischen Versuch zu widersetzen, im Heiligen Land irgendein wie auch immer geartetes Vorrecht zu verwirklichen, dem eine nationale Konnotation innewohnte, solange dabei von Einrichtungen die Rede war, die zum deutschen Einflussbereich gehörten. Diese Entwicklung hatte gravierende Auswirkungen auch auf die Aktivitäten der deutschen Katholiken im Heiligen Land, wie im weiteren Verlauf der vorliegenden Studie noch detailliert zu zeigen sein wird.[36]

Die deutschen kolonialistischen Aspirationen und das Heilige Land

Ein weiterer Faktor, der das deutsche Engagement im Heiligen Land maßgeblich beeinflusste, war die Veränderung und Entwicklung in der deutschen Kolonialpolitik. Das Bevölkerungswachstum in den Staaten Europas ab Mitte des 18. Jahrhunderts, das in der Forschung mitunter als »dramatisch« beschrieben worden ist, betraf selbstverständlich auch die deutschen Länder. Die Auswanderung von Millionen von Menschen aus Deutschland im Verlauf des 19. Jahrhunderts, ein Prozess, in dem es ein alternierendes Auf- und Abschwellen gab und der ebenso durch innerdeutsche Vorgänge wie durch Phasen von Lebensmittelknappheit und Hunger beeinflusst wurde, beschäftigte in großem Maße die Zeitgenossen und fand seinen Ausdruck auch in der modernen Forschung.[37] Bereits ab den 40er Jahren gab es Stimmen, die sich in Deutschland lautstark dafür einsetzten, im Heiligen Land eine Art deutschen Außenposten zu errichten. Den Anfang machte der große »Missionar« der deutschen Kolonisation im Osten, der »Bismarck der deutschen Ökonomie«, der in vielfacher Hinsicht dem eisernen Kanzler um eine Generation vorausging, der »Staats- und Nationalökonom« Friedrich List (1789-1846), »mit

35 Zimmermann, Continuity, 16, 22.

36 Goren, Conflit.

37 Fenske, Auswanderung, 221 (zwischen dem Wiener Kongress und der Reichsgründung verließen annähernd drei Millionen Menschen Deutschland); ders., Impeialism; Walker, Germany; Rürup, Deutschland, 22-31.

dem niemand 1848 zu vergleichen gewesen wäre in Weitblick und dem tiefen Verständnis von der Verbindung zwischen ökonomischen Phänomenen und den Bedürfnissen Deutschlands in dem Augenblick, in dem dieses sich erheben und eine große und starke Nation sein würde«.[38] In seinem Hauptwerk behauptete List, die wirtschaftliche Zukunft, auf der Deutschlands Stärke basieren würde, liege in den Ländern des östlichen Mittelmeerbeckens. Daher riefen er und seine Gesinnungsgenossen dazu auf, den Strom deutscher Auswanderer ostwärts zu lenken, ins Donaubecken und von dort nach Kleinasien, das sie als für ihr Land am besten geeignet und wichtigsten betrachteten. Mit beinahe prophetischem Gespür predigte List die Errichtung eines Transportnetzes aus Dampfschiffen und Eisenbahnlinien, das bis nach Ägypten reichen sollte:

> »Solcher Weise wird die hohe Pforte im Interesse ihrer Selbsterhaltung zu gleichen Vorschriften genötigt, und gelingt es ihr, durch die Vermittlung Österreichs die erforderlichen Geldmittel aufzutreiben, so kann die mittlere Generation unserer Zeitgenossen erleben, daß man von Wien nicht nur nach Konstantinopel, sondern bis nach Kleinasien und Ägypten, ja bis an die Grenzen von Abessynien und in das Innere von Afrika und Asien vermittelst Dampfwagen und Eisenbahnen gelangen kann.«[39]

Schon die Politik Preußens in jenem Zeitraum brachte die spätere Richtung einer stillen Invasion des Osmanischen Reiches zum Ausdruck. Dabei war es ausgerechnet der Bereich der Wirtschaft, der das Reich für deutsche Einflussnahme öffnete, sei es auf dem Landweg oder durch Befahren der Donau per Schiff. Diese Politik der ökonomischen Annäherung erreichte bekanntermaßen zu Beginn des 20. Jahrhunderts ihren Höhepunkt.[40] Parallel zu Moltkes Plan und dem Eintreten Wilhelms IV. für das Heilige Land wurden in Deutschland zusätzlich Pläne entwickelt für deutsche Ansiedlungen in Anatolien, in Griechenland, dort vor allem

38 Nahmer, Kolonisation, 428. Das Werk wurde 1870 verfasst, was gewiss kein Zufall ist.

39 Zitiert bei Jäckh, List, 40, in einem Aufsatz, der die Orientpolitik Lists resümiert. Siehe Nahmer, Kolonisation, 428-429; Fenske, Auswanderung, hauptsächlich 230; ders., Imperialism. Es ist interessant, Lists Ideen mit jenen zu vergleichen, die ab Mitte der 30er Jahre des 19. Jahrhunderts in Großbritannien in Bezug auf die »Wege nach Indien« aufgebracht wurden, wie zum Beispiel von Eliyahu Elath zusammengefasst, Elath, Routes.

40 Bensinger, Palestine, 11-13; Sinno, Interessen, 247-248; Schöllgen, Politik, hauptsächlich 134; ders., Imperialismus; Pröhl, Bedeutung, 298-309.

in Thessalien und in den so genannten »europäischen Besitzungen des Sultans«, besonders im Gebiet um die Donaumündung.[41]

List sah sein Hauptziel in einer ökonomischen Offensive Deutschlands im Orient, die unter anderem vermittels des Stroms von Auswanderern erreicht werden sollte. Demgegenüber präsentierte der nationalistisch gesinnte österreichische Geograph Bernard Kuhlmann in seinem schmalen Bändchen »Palästina als Ziel und Boden germanischer Auswanderung und Colonisation« dezidiert andersgeartete Vorstellungen. Wobei es kein Zufall ist, dass diese Schrift 1868 erschien, dem Jahr, in dem die organisierte Ansiedlung der Templer im Heiligen Land einsetzte. Kuhlmann, bei dem alles, was wir über ihn wissen, aus seinen Publikationen entnommen ist, verbrachte zwei Jahre in Palästina und kannte das Land offenbar bestens. Er verwendete die Ideen Lists, die eine Generation zuvor entwickelt worden waren. Nun jedoch, so behauptete Kuhlmann, stünde erneut eine europäische Kolonisationswelle im Heiligen Land bevor. Zum Zeitpunkt der Veröffentlichung von Kuhlmanns Schrift waren die beiden Vorsitzenden der Tempelgesellschaft, Christoph Hoffmann (1815-1885) und Georg David Hardegg (1812-1879), gerade dabei, sich an der Spitze eines Vortrupps von Siedlern nach Palästina aufzumachen.[42] Kuhlmann wollte sich den Umstand zunutze machen, dass die Auswanderung ins Heilige Land erneut die öffentliche Tagesordnung in den deutschsprachigen Ländern beschäftigte, und gründete die »Genossenschaft für urbildliches Leben und für Erweiterung der abendländischen Heimath gegen Morgen«. Diese Vereinigung sah ihre Bestimmung nicht nur darin, die Auswandererströme in den Orient zu lenken, sondern auch in einer »Erweiterung der Heimat gen Osten«, wie allein schon ihr Name besagt. Kuhlmanns Ideen sahen unter anderem vor, dass die deutsche Kolonisation der einheimischen Bevölkerung und den lokalen Machthabern durch Hunderttausende bewaffneter deutscher Siedler aufgezwungen würde, wozu es galt, vermögende Mäzene zu finden, die den Vorgang unterstützen sollten. Was Palästina anbelangte, so behauptete er, sein Vorzug bestünde darin, dass sich dort Land zu einem niedrigen Preis oder sogar gänzlich umsonst erwerben ließe und es dort genügend Raum für Millionen europäischer Kolonialisten gäbe.[43]

Das Heilige Land oder Palästina (je nach Einstellung und religiöser Überzeugung des Verfassers) nahm bereits in den 30er Jahren des 19. Jahrhunderts Raum in den Ideen und Kontroversen um eine deutsche Kolo-

41 Nahmer, Kolonisation, 410-425.

42 Lange, Geschichte, 342-351; Sauer, Tempelgesellschaft, 52-56.

43 Kuhlmann, Palästina, 23-50; Sinno, Interessen, 251; Schölch, Europa, 35-38.

nisation ein. Dieses Phänomen setzte sich mit wechselnder Intensität im gesamten Verlauf des Jahrhunderts fort und erreichte in den 80er Jahren einen weiteren Höhepunkt in der Agitation der deutschen Kolonialistenvereine.[44] Ein komplexer Sachverhalt, der im erweiterten Kontext des »Friedlichen Kreuzzugs« oder des »Kreuzzugs auf friedlichem Wege« zu sehen ist, der Idee einer erneuten Einnahme des Heiligen Landes mit Mitteln, die nicht kriegerischer Natur und mit Waffengewalt verbunden sein sollten, welche in den 40er Jahren des 19. Jahrhunderts in der europäischen Literatur und vor allem Presse zusehends breiteren Raum einnahm. Eindringlich hat dies Conrad Schick (1822-1901) definiert, zum damaligen Zeitpunkt zweifelsohne eine der herausragenden Persönlichkeiten unter jenen Deutschen, die sich entschlossen, ihren Wohnsitz in Jerusalem zu nehmen, der Verse Jesajas bemühte, wenn er sich daranmachte, seine Auffassung vom Charakter der europäischen Präsenz im Heiligen Land zu beschreiben:

> »So erkennt man, daß ein Wettkampf entstanden ist um Jerusalem und das h. Land. Die Waffen der Kämpfenden sind allerdings sehr verschieden, und demgemäß wird es auch der Erfolg sein. Während die einen durch Bodenbesitz, Häuser und Kirchenbauten sich festzusetzen glauben, thun es andere mehr durch geistige Waffen und durch das Evangelium. Der Herr wird alles zu seinem Zweck und nach seinem Willen und Wohlgefallen gebrauchen und zu seiner Ehre und zum Kommen seines Reiches ausschlagen lassen. Er spricht zu Zion: Sei gebaut! Und zum Tempel: Sei gegründet! Und die Stadt wird heißen: Hier ist der Herr! Amen.«[45]

Selbst Titus Tobler (1806-1877), dieser vorsichtige und gewissenhafte Forscher, verlor 1865 sichtlich die Contenance und schrieb nach seinem vierten (und letzten) Besuch in Jerusalem über die »Menge an Franken«, die sich in der Stadt befände, über den »Reichtum ihrer geistigen Tätigkeit« und darüber, dass »der friedliche Kreuzzug« begonnen habe. »Jerusalem muss unser werden!« – so Toblers Credo.[46] Doch welche Mittel gab es,

44 Gründer, Kaiserfahrt, 366; Goren, Debating. Siehe auch die Auflistung der verschiedenen Initiativen und Pläne bei Richter, Orientreise, 195-196.

45 Schick, Sonst und Jetzt, 229. Zu Schick siehe Carmel, Schick; Goren, Schick. Zu Literatur zum »Friedlichen Kreuzzug« siehe Neumann, Kreuzzug; Gollwitzer, Palästinafahrten; Schölch, Europa, 30-34. Zu Beispielen für Artikel und Aufsätze in deutschen Zeitungen und Zeitschriften siehe Kreuzzug; Paulus, Kolonien; Pingsmann, Interesse; Guthe, Kreuzzug; Goren, Zieht hin, 291.

46 Tobler, Briefe, 5807. Zu Tobler siehe Goren, Zieht hin, 222-243; Stern, Tobler; Carmel, Tobler.

das Heilige Land erneut zu erobern? Geboten schien eine Penetrierung des Landes auf verschiedensten Wegen: Durch religiöse, kulturelle, pädagogische oder wohltätige Unternehmungen, durch Missionsstationen, die Errichtung europäischer Gemeinden in den größeren Städten und durch die Gründung neuer, auf Landwirtschaft basierender Siedlungen, der »Kolonien«. Generell wurde dabei von der »Hebung« des Landes und seiner Bewohner gesprochen. Entsprechendes schrieb sogar Christoph Hoffmann, der Gründer und Ideologe des Tempelvereins in seinem Werk »Orient und Occident«, das 1875 erschien.[47]

Die Tatsache, dass zumindest bis zum Beginn der ersten jüdischen Einwanderungswelle, der »ersten Aliyah«, die einzigen europäischen Siedlungen, denen es gelang, länger als nur kurze Zeit in Palästina zu existieren, die der Templer waren, führte beinahe zwangsläufig zu dem breiten Raum, der dem Thema in Deutschland gewidmet wurde. In einer früheren Studie habe ich den Begriff »Kolonisationsdebatten« geprägt, womit ein ganzes Genre von Publikationen gemeint ist, das sich mit den Möglichkeiten und Chancen der Errichtung europäischer Ansiedlungen im Heiligen Land befasste, mit der »Tragfähigkeit« Palästinas, dem Verhältnis zu den osmanischen Behörden und der lokalen Bevölkerung, den Schwierigkeiten, die das Klima und die Naturgegebenheiten darstellten, und dem besten Weg, die Kolonisation von der Idee in die Tat umzusetzen. All diese Diskussionsbeiträge sahen sich natürlich genötigt, den kolossalen Kontrast zu erklären, der zwischen dem gegenwärtigen traurigen Zustand des Landes und dem herrlichen, fruchtbaren Land bestand, wie es einem in den Beschreibungen der Vergangenheit vor Augen trat, vor allem jenen der Bibel. Die Teilnehmer an dieser breit geführten Diskussion kamen aus zwei Lagern: Zum einen die tatsächlichen Kolonisten, unter denen sich die Templer und die Missionare hervortaten, und zum anderen die Wissenschaftler, die mit der Region befasst waren.[48]

Philipp Wolff (1810-1894), ein Orientalist, der als Pfarrer der evangelischen Gemeinde im württembergischen Städtchen Rottweil fungierte, stand über vier Jahrzehnte in der ersten Reihe jener Wissenschaftler, die an jenen »Kolonisationsdebatten« teilhatten, was ihm von Seiten seiner Zeitgenossen den Titel eines »unermüdlichen Fürsprechers christlicher Colonisation im Orient« eintrug.[49] Wolff, der Palästina dreimal bereiste (in den Jahren 1847, 1862 und 1872), legte Wert darauf, in engem Kontakt

47 Hoffmann, Orient, passim.

48 Zusammenfassend siehe Schölch, Europa, 34-38; Goren, Zieht hin, 248-252; Ders., Debating.

49 Kreuzzug, 141; Goren, Zieht hin, 243-253; ders., Debating, 224.

mit jenen Deutschen zu stehen, die im Land ihren festen Wohnsitz genommen hatten, und beteiligte sich bereits Anfang der 40er Jahre aktiv an der Entwicklung von Ideen und Initiativen zur Ansiedlung.[50] Seine Forschungsarbeiten widmete er dem Palästina seiner Zeit, seinen Bedingungen und Möglichkeiten sowie Palästinas Part in den deutschen Kolonisationsbestrebungen. In den Artikeln, die er in einigen der seinerzeit in Deutschland populärsten Blätter veröffentlichte, kündete er immer wieder von »meiner Überzeugung und meinem festen Glauben an die Möglichkeit, Nützlichkeit und Nothwendigkeit deutsch-christlicher Ansiedlung in dem Wiegenlande des Christenthums.«[51]

Die Frage einer europäischen Ansiedlung im Heiligen Land fand zusehends ihren Platz auf den europäischen Bühnen. Den Anfang machten jene, die sich für eine »Restauration der Juden« einsetzten, sowie die protestantischen Missionsvereine, die im Lande aktiv zu werden begannen, gefolgt von den ersten europäischen Siedlungsversuchen der 50er und 60er Jahre des 19. Jahrhunderts. Ab Ende der 50er Jahre waren es die Templer, die das Thema zum Gegenstand der öffentlichen Debatte machten, ehe Mitte der 60er Jahre die amerikanische Ansiedlung in Jaffa unter Führung George Jones Washington Adams' (1811-1880) folgte, ein Siedlungsprojekt indes, das nur von kurzer Dauer war. Die ersten Versuche der Templer, am Rande des Jisrael-Tals Fuß zu fassen, die viele der Kolonialisten mit dem Leben bezahlen mussten, führten zu einer Intensivierung der Debatte.[52] Die Geschichte dieser zwei Siedlungsversuche, in die sich romantische und tragische Elemente mischten, erschien auf den Titelseiten einiger der damals wichtigsten Zeitungen und Zeitschriften Deutschlands wie etwa der in Bayern erscheinenden *Allgemeinen Zeitung*, der *Schwäbischen Chronik* aus Württemberg und dem Münchener Wochenblatt *Das Ausland*. Sie zogen eine Serie von Artikeln nach sich, die bestrebt waren, die Möglichkeit einer umfangreichen europäischen Siedlungsinitiative in Palästina auszuloten. Es versteht sich von selbst, dass die ersten Schritte der Templer, die sich 1868 an eine Realisierung

50 Zu der Initiative, die zur Verbindung zwischen Christian Friedrich Spittler aus Basel und Konsul Schultz in Jerusalem führte, siehe Carmel, Christen, 50-53. Über die »gewaltlose Missionskonzeption« Spittlers und seiner Gesandten siehe Foerster, Spittler. Zu einer Zusammenfassung der Kolonisationsideen und Pläne Spittlers siehe Eisler, Jaffa, 33-40.

51 Siehe Wolff, Colonisation. Beispiele der Dutzende von Artikeln und Aufsätzen, welche er dem Thema widmete, finden sich in ders., Stimme. Zu einer vollständigeren Auflistung siehe die Verweise bei Goren, Debating.

52 Schick, Studien, 39, 58-60; Kark, Millenarism, 49-54; Eisler, Jaffa, 77-83; Goren, Siedlungsversuche.

ihrer Vision machten, das Echo nur noch verstärkten, das die Angelegenheit hervorrief. Die Templer ihrerseits machten sich nur zu gern den in den Debatten gängigen Begriff zu eigen und schrieben, ihre 750 Kolonisten, die bis 1875 ins Land gekommen waren, seien »die bedeutendste Erscheinung unter den zu dem ›Friedlichen Kreuzzug‹ gehörigen Thätigkeiten im Gelobten Land«.[53]

Wie bereits erwähnt erschien mit Beginn der Siedlungsanstrengungen durch die Templer die Schrift des Österreichers Kuhlmann, der dazu aufrief, den Strom der deutschen Auswanderer nach Palästina zu lenken.[54] Und in der Tat zog die Anwesenheit deutscher Kolonisten im Heiligen Land schon bald intensive Debatten sowohl über die Notwendigkeit deutscher Siedlungsunternehmungen in der Region als auch über die »orientalische Frage« insgesamt und deren mögliche Lösungen nach sich. Die Reaktionen waren vielfältig: Von gemäßigter Kritik an den Ideen Kuhlmanns bis hin zu deren strikter Ablehnung. Doch dessen ungeachtet, wie Wolff bemerkte, stehe fest, derjenige, der Jerusalem erben werde, »kann kein anderes Volk sein, als dasjenige, welches zu rechter Zeit sich fertig machen wird zum geistigen Eroberungszug, das Volk, das die Waffen der Wahrheit führen wird«.[55]

Die Beschäftigung mit dem Thema ging in der ersten Hälfte der 70er Jahre des 19. Jahrhunderts etwas zurück, da offenbar allgemein abgewartet wurde, welches Schicksal den vier jungen Templerkolonien beschieden sein würde, die mit nicht wenig Schwierigkeiten zu kämpfen hatten. Doch dann war es augenscheinlich der Russisch-Türkische Krieg, der das Fanal zur Erneuerung der Debatten lieferte. Der Wiener Archäologe und Bibelwissenschaftler Wilhelm Anton Neumann (1837-1919) war es, der im Jahre 1877 als Reaktion auf Hoffmanns Werk seine wohlbegründete Meinung veröffentlichte, nach der die Kolonisation eine von zwei möglichen Formen sei (die andere bestünde in Missionsanstrengungen), in denen der »friedliche Kreuzzug« geführt werden könne,[56] während der katholische Theologe und Heiliglandforscher Johannes Nepomuk Sepp auf den Seiten einer populären Monatsschrift seine dezidierte Meinung darlegte, die bereits in der von ihm gewählten, leicht zynischen Überschrift zum Ausdruck kam – »Das ›gelobte‹ Land«.[57] Sepp bemühte sich, wiederholt die Hindernisse aufzulisten, die jene erwarteten, die sich »im

53 Paulus, Kolonien.
54 Kuhlmann, Palästina.
55 Wolff, Constantinopel, 162. Zu seiner Kritik an Kuhlmann siehe ders., Stimme.
56 Neumann, Kreuzzug.
57 Sepp, Land.

Land wo Milch und Honig fließen« niederzulassen gedächten, sowie die allesamt gescheiterten Versuche europäischer Ansiedlungen, um zu dem Schluss zu kommen, dass Palästina noch viele Jahre brauchen werde, um sich zu entwickeln und voranzuschreiten. Erst dann könne eine Emigration in großem Ausmaß ihren Weg dorthin finden. Weitere Artikel erschienen, die sich gegen den ganzen Prozess aussprachen und angesichts der Schwierigkeiten, mit welchen sich die Ansiedlungen der Templer konfrontiert sahen, die zwangsläufig zu stellende Frage aufwarfen: Brauchte Deutschland tatsächlich Kolonien im Heiligen Land?[58]

Conrad Schick, der zum damaligen Zeitpunkt bereits dreiunddreißig Jahre seines Lebens in Jerusalem verbracht hatte und ohne jeden Zweifel das Land und die Veränderungen, die es seit Mitte des 19. Jahrhunderts erfahren hatte, besser kannte als jeder andere, begann 1879 eine Serie von fünf großen Artikeln zu veröffentlichen, die sämtlich einer umfassenden und genauen Betrachtung der Lage der europäischen Kolonisationsbemühungen im Heiligen Land gewidmet waren. Die Artikel, die in der *Österreichischen Monatsschrift für den Orient*, dem Organ des orientalischen Instituts in Wien, erschienen, trugen die Überschriften: »Landwirtschaftliche Verhältnisse in Palästina«, »Landesproducte Palästinas in Rücksicht auf Colonisation«, »Fortschritte der Civilisation in Palästina in den letzten 25 Jahren« und »Studien über Colonisierung des Heiligen Landes«. Der letzte Artikel, der mit dem Beginn der ersten jüdischen Einwanderungswelle erschien, trug die Überschrift »Der gegenwärtige Stand der Colonisations-Versuche in Palästina«.[59] Schicks entscheidende Schlussfolgerung war, dass schon in naher Zukunft weitere große und bedeutsame Schritte hin zu einer Verstärkung der europäischen Siedlungsaktivitäten in Palästina zu sehen sein würden.[60]

Somit lässt sich eine Gleichzeitigkeit vier unterschiedlicher Phänomene beobachten: (A) die Entwicklung einer »Literatur der deutschen Kolonisation in Palästina« wie zuvor beschrieben; (B) der breite Raum, der vor allem nach dem Berliner Kongress in der wissenschaftlichen Literatur dem Weg Deutschlands gewidmet wurde, eine kolonialistische Großmacht zu werden; (C) Prozesse, die dazu führten, dieses Thema zu einem Haupt- und Leitmotiv der deutschen Außenpolitik werden zu lassen; (D) der Anteil der protestantischen und katholischen Missionen an

58 Braucht Deutschland.

59 Schick, Landwirtschaft; ders., Producte; ders., Fortschritte; ders., Studien; ders., Stand; Goren, Zieht hin, 288.

60 Schick, Studien, 60; ders., Fortschritte, 66.

diesen Prozessen.[61] Die Initiativ- und Wachstumsphase des Kolonialismus in Deutschland begann 1871 und endete 1884. Die Konsolidierung und Organisation dagegen dauerte noch bis 1889 an. Dies waren die Jahre der bismarckschen Herrschaft. Der Reichskanzler konzentrierte zwar seine Anstrengungen auf eine Gewährleistung der Sicherheit Deutschlands in Europa, kam jedoch gleichzeitig zu dem Schluss, um die Vormachtstellung seines Landes auf dem alten Kontinent zu sichern, bestünde die Notwendigkeit, auch die Kolonisation voranzutreiben. In den ersten Jahren seiner Regierung favorisierte er noch einen Kolonialismus, der einzig und allein aus politischen und merkantilen Erwägungen herrührte, weshalb er entsprechend auch nur auf diesen Feldern aktiv wurde. Die Motive des deutschen Kolonialismus waren mithin in erster Linie ökonomischer Natur und wurden ergänzt durch Bismarcks politische Auffassungen.[62]

Wilhelm II. hingegen betrieb eine Politik, die das Deutsche Reich zu einem »Imperium von Weltgröße« machen sollte. Der Kaiser war es, der die neue Richtung der deutschen »Weltpolitik« festlegte, die Transformation Deutschlands von einer »Kontinentalmacht« hin zu einer »globalen Großmacht«.[63] Deutschland wollte sich nicht länger mit der Rolle der vorherrschenden Macht in Europa begnügen, beanspruchte jetzt für sich selbst »einen Platz unter der Sonne« auch in der Weltpolitik. Die praktische Bedeutung dessen war der Aufbau eines Kolonialreiches, die Schaffung einer riesigen Kriegsflotte und die Übernahme der Führerschaft in globalen Belangen. Tatsächlich lag, wie verschiedene Historiker festgestellt haben, das nationale deutsche Prestigegefühl der Begeisterung zugrunde, mit der sich das Land nun an dem kolonialen Wettlauf der anderen Großmächte beteiligte.[64] Mit tätiger Unterstützung vieler seiner Freunde entwickelte der Kaiser die Auffassung, er sei eine Art moderner Heiliger, dessen Bestimmung darin läge, eine Mission von globaler Tragweite zu erfüllen und Deutschland zur Herrschaft über die Welt zu führen. Der Begriff »Kreuzzug« tauchte dabei immer wieder und in verschiedenen Kontexten auf, auch in solchen, die keinerlei Bezug zum Heiligen Land hatten, wie zum Beispiel bei der Schlacht um Kiautschou im Jahre

61 Townsend, Origins; Ders., Empire; Graudenz, Kolonien; Bade, Imperialismus; Gründer, Missionsgesellschaften; Hoffmann, Katholiken.

62 Townsend, Origins, 194; Ders., Empire, 61-62; Graudenz, Kolonien, 24-27; Wehler, Bismarck, 412-453.

63 Siehe Schöllgen, Großmacht (Zitat, 80).

64 Pinson, Germany, 291-310; Neill, Colonialism, 13; Fesser, Bülow; Hillgruber, Hegemonie, 195-198.

1898. Wilhelm definierte seine Ziele in einer Rede, die er zum 25. Jahrestag der Reichsgründung hielt, und ebenso in seiner berühmten »Hunnenrede«, die er in Bremerhaven hielt, wie auch in dem Gebet, das er zwei Tage später an Deck der kaiserlichen Yacht »Hohenzollern« sprach, jener Yacht, die ihn noch im selben Jahr ins Heilige Land bringen sollte. Bei diesen Gelegenheiten sprach er von dem »Heiligen Krieg«, an dem der Soldat und der Bürger teilhätten und die Grenzen zwischen beiden sich verwischten, über die Förderung des »Zusammengehörigkeitsgefühls« und den deutschen Aufopferungswillen. Für den romantisch bewegten Kaiser wurden alle Kriege zu einem »Kreuzzug«.[65]

Die engsten Berater Wilhelms II. hingegen waren weniger begeistert von der Errichtung entlegener Kolonien und suchten die Lösung für das rasante Bevölkerungswachstum in Deutschland in einer Massenemigration nach Südamerika. Der Kaiser, der vor allem unter dem Einfluss der Flotte stand, bewerte die Kolonien nach ihren Möglichkeiten, als Flottenstützpunkte und Kohlelieferant zu dienen, um die Schiffe der Reichsmarine unter Dampf zu halten. Seine Politik und Weltanschauung versetzten die politisch Verantwortlichen in den Hauptstädten der anderen europäischen Großmächte in ständige Furcht vor den unvorhersehbaren, gefährlichen Plänen des deutschen Kaisers.[66] Was jedoch den Nahen Osten betraf, so wurden gegen Ende des 19. Jahrhunderts zwar noch immer Pläne aufgebracht, entlang der Strecke der Bagdadbahn deutsche Kolonien zu errichten, doch das Heilige Land und seine nähere Umgebung spielten in derartigen Erwägungen so gut wie keine Rolle mehr. Auch die zurückgehende Zahl deutscher Auswanderer, die weiterhin ihr Glück in anderen Ländern suchten, wandte sich nicht nach Asien, sondern bevorzugte die Vereinigten Staaten und die deutschen Kolonien in Afrika.[67]

65 Benner, Strahlen, 108-113, 121-122.

66 Röhl, Wilhelm, 865-867, 1028-1032.

67 Carmel, Siedlungen, 147-150; Warburg, Bestrebungen, 226. Im Jahre 1904 etwa schifften sich 90 % der insgesamt 27.984 Auswanderer aus Deutschland in die Vereinigten Staaten ein, während der Rest Südamerika und Afrika zum Ziel hatte, jedoch nur zwei Personen nach Asien gelangten (ebd., Anm. 1).

»Die Unabhängigkeit und Rechte der römisch-katholischen und der evangelischen Kirche«

Der »Kulturkampf«, die deutschen Katholiken und das Heilige Land

Maßgeblichen Einfluss auf das Engagement der deutschen Katholiken in Palästina hatte ein weiteres Ereignis, das ebenfalls von immenser Bedeutung in der Geschichte des Mutterlandes war – der so genannte »Kulturkampf«,[68] eines der einschneidendsten und folgenschwersten Ereignisse in der Geschichte der Katholiken in Deutschland im 19. Jahrhundert. Der »Kampf« begann 1870, nachdem der Papst seine eigene Unfehlbarkeit (Infallibilitas) verkündet hatte, ein Grundsatz, der auf dem 1. Vatikanischen Konzil beschlossen worden war. Diese Verlautbarung empörte weite Kreise, darunter auch solche innerhalb der katholischen Kirche. Von selbst versteht sich, dass sie auch heftige Ablehnung in Reihen zahlreicher Politiker und Staatsführer weckte.[69]

Die Verkündigung stand in vollkommenem Widerspruch zum Grundsatz der Religionsfreiheit und der Trennung von Kirche und Staat. In Deutschland vereinte sie die Liberalen mit Bismarck und dessen Regierung zu einer Koalition der Ablehnung, zumal die päpstliche Verlautbarung von einer weiteren Erklärung gefolgt wurde, als das Konzil sich erneut einen Großteil der Doktrinen als Dogma zu eigen machte, die im *Syllabus errorum* enthalten waren, dem »Verzeichnis der Irrtümer«, einer Liste von achtzig Thesen, die ihren Ursprung in den 60er Jahren des 19. Jahrhunderts hatte und Irrtümer im modernen Leben angriff und erläuterte, wie sie nach Auffassung der katholischen Kirche existierten. Die beiden letzten Thesen des *Syllabus* verurteilten die Fehlentwicklungen des modernen Liberalismus,[70] was wiederum eine Konzentration des von den Liberalen, den Vertretern der modernen Wissenschaft und Kultur, geführten Kampfes gegen die Religion »des finsteren Mittelalters« nach sich zog.

68 Den Begriff prägte Ferdinand Lassalle im Jahre 1858. Der Erste, der ihn im Kontext des Geschehens in Deutschland benutzte, war Rudolf Virchow bei seiner Rede im deutschen Parlament im Januar 1873 (Morsey, Bismarck, 9).

69 Ebd., 12. Für eine beispielhafte Beschreibung des katholischen Widerstandes siehe Schatz, Ultramontanismus. Zum Wortlaut der päpstlichen Unfehlbarkeitserklärung siehe Cross, Dictionary, 701.

70 Ebd., 1329. Zu einer ausführlichen Erörterung der Entstehung des scharfen Gegensatzes zwischen Katholizismus und Liberalismus in Deutschland siehe Becker, Kulturkampf.

Das »katholische Deutschland« oder die »katholische Kirche in Deutschland« (zwei Begriffe, von denen in der vorliegenden Studie oft Gebrauch gemacht wird) manifestierte sich auf verschiedenen Wegen. Der Aufbau der in Bistümer unterteilten Kirche brachte es mit sich, dass die Bischöfe diejenigen waren, die mehr als alle anderen die Kirche im Deutschland des 19. Jahrhunderts repräsentierten, so dass diese beiden Begriffe in erster Linie auf sie gemünzt sind. Darüber hinaus meinen diese Bezeichnungen natürlich auch das so genannte Kirchenvolk, die Gemeinde der Gläubigen, die der lateinischen Kirche angehörte und die vor allem bei den jährlichen Katholikentagen erkennbar wurde, als auch die katholische Presse und die Vertreter der Wissenschaft, besonders die Theologen. In den 1870er Jahren begann sich auch eine politische Organisationsstruktur dieser Gruppierung herauszubilden.[71] Daher hatte Bismarck recht, als er den katholischen Klerus als eine führende politische Kraft auffasste und ihn des Strebens nach größtmöglicher Unabhängigkeit vom Staat beschuldigte. Bismarck, der sich nach dem Sieg über Frankreich und der Einigung des Reiches auf dem Höhepunkt seiner Macht befand und zudem mit dem Amt des preußischen Ministerpräsidenten, des Außenministers, Reichskanzlers und Vorsitzenden des Bundestages gleich vier Schlüsselfunktionen auf einmal innehatte, sah eine seltene Gelegenheit gekommen, die katholische Zentrumspartei zu zerschlagen, die, gerade erst entstanden, schnell an Einfluss gewann. Seine Politik präsentierte er als politischen Präventivkrieg gegen die katholische Kirche und ihre Anhänger in Deutschland, gegen den Ultramontanismus, der für Bismarck einen internationalen, auf dem *Syllabus errorum* basierenden und durch den Papst gelenkten Katholizismus bedeutete, und für eine liberale Weltauffassung, wie sie von der protestantischen Elite vertreten wurde.[72] Christoph Weber behauptet in einem seiner Aufsätze, der Ultramontanismus, ein Begriff, der heute gemeinhin mit unterschiedlichen Kämpfen innerhalb der Kirche und zwischen ihr und anderen Gruppierungen wie etwa den Protestanten in Verbindung gebracht wird, sei nichts anderes gewesen als ein Ausdruck des katholischen Fundamentalismus. Dabei ist Weber natürlich maßgeblich auf genaueste Definitionen der beiden Begriffe angewiesen und kommt (Ludwig Wittgenstein folgend) zu der Schlussfolgerung, dass »die beste Erklärung des Gegenstands seine genaue Beschreibung« sei. Weber beschäftigt sich mit verschiedenen Abschnitten der Ideengeschichte und der Geschichte des Denkens, darunter auch der des religiösen Denkens. Unter anderem

71 Siehe Gatz, Katholische Deutschland, insb. 91.

72 Alexander, Church, 446-450; Morsey, Bismarck, 5-10.

schlussfolgert er, dass der Ultramontanismus in erster Linie entstanden sei, um bestimmte Gruppen innerhalb der Kirche zu bekämpfen, die unterschiedliche geistige Ideen aufgebracht hätten. Erst später habe sich daraus die Hoffnung entwickelt, auch die von den Ultramontanisten so bezeichneten »Unbilden der Gegenwart« zu überwinden.[73]

Cuius regio, eius religio, so lautet der lateinische Sinnspruch, »wessen die Region, dessen die Religion«, was nichts anderes bedeutet, als dass der Staat die Religion seines Fürsten annimmt. Dieses Prinzip war in Deutschland weiter verbreitet als in jedem anderen Staat und fand sich etwa im Friedensvertrag von Augsburg, der schon im Jahre 1555 eine Gleichheit der Rechte für katholische und lutherische Stadtfürsten festschrieb. Dem protestantischen Preußen wurden gegen Ende des 18. Jahrhunderts Teile Schlesiens zugeschlagen, die katholische Bevölkerungselemente, polnische wie deutsche, beheimateten, ehe 1815 noch Gebiete im Rheinland und in Westfalen hinzukamen, die ebenfalls einen beträchtlichen Anteil an Katholiken aufwiesen. Die Katholiken in Deutschland hoben sich von der übrigen Bevölkerung in geographischer wie sozialer Hinsicht ab. Sie konzentrierten sich im Wesentlichen in bestimmten Landstrichen, waren in der Mehrzahl bäuerlicher Abkunft und gehörten mehrheitlich den mittleren und unteren Bevölkerungsschichten an. 1850 wurde dann der katholischen Kirche in Preußen ein beträchtliches Maß an Handlungsfreiheit gewährt, was ihre Führung Bismarck durch offene Unterstützung für dessen Annektierungspolitik dankte.

Am 3. Juli 1866 brachten die preußischen Truppen der Armee des Habsburgerreichs eine vernichtende Niederlage bei. Die Schlacht fand im böhmischen Königgrätz statt und entschied über den Ausgang des kurzen Krieges, der lediglich sieben Wochen dauerte. In seinem Gefolge war Österreich gezwungen, den Norddeutschen Bund zu verlassen und einzuwilligen, dass Hannover, Schleswig-Holstein, Frankfurt und weitere Besitzungen an Preußen fielen.[74] Beim nächsten Waffengang, dem des Jahres 1870, waren die Katholiken bereits in vollem Maße daran beteiligt, die Last des Krieges zu schultern, sowohl in der Armee wie auch bei den durch die Zivilbevölkerung zu erbringenden Opfern, weshalb sie in ähnlichem Maße auf eine Beteiligung an dem neuen Kaiserreich hoffen durften.[75] Die Realität indes sollte sie schon bald schmerzhaft desillusionieren.

73 Weber, Ultramontanismus, 34.

74 Nipperdey, Geschichte, 684-704.

75 Morsey, Bismarck, 6-8; ders., Katholiken.

Der »politische Katholizismus« wird in der modernen Forschung definiert als »Aktivitäten von Katholiken in einem bestimmten Staat, die organisiert und koordiniert sind mit dem Ziel, die Prinzipien des christlichen Staates und die christlichen Sozialdoktrinen im gesamten Leben dieses Staates zu implementieren«.[76] In Preußen und in Gesamtdeutschland war der politische Katholizismus maßgeblich mit einer Partei und einem Führer verbunden, mit Ludwig Windthorst (1812-1891), dem herausragenden katholischen Politiker im Reichstag und zuvor im preußischen Abgeordnetenhaus, einem Meister der politischen Strategie und einem der wichtigsten deutschen Parlamentarier des 19. Jahrhunderts. Anerkennung wurde ihm auch als wichtigster und profiliertester Widersacher Bismarcks zuteil.

Windthorst, ein aus Hannover stammender Jurist, hatte einen langen Weg zurückzulegen, bis er die Sonderstellung erreichte, die er ab Mitte der 70er Jahre innehatte: einer der ersten »professionellen Parlamentarier« Deutschlands zu sein.[77] Seine Karriere begann im Abgeordnetenhaus des Königreichs Hannover, zu dessen erstem katholischen Präsidenten er 1851 gewählt wurde. Noch im selben Jahr erhielt er die Ernennung zum Justizminister des Königreiches. In dieser Phase entwickelte er eine Sichtweise, die fortan sein Handeln in zwei Bereichen bestimmen sollte: Auf welche Weise und inwieweit würden die Bürger bereit sein, an Gesetzgebung und Regierung teilzuhaben, nachdem es ihnen gelungen wäre, sich der absolutistischen Herrschaft und dessen Apparates zu entledigen? Und wie war es möglich, eine nationale Konföderation zu errichten, in der die Einheit der deutschen Nation politischen Ausdruck fände und die zugleich mit einem Machtanspruch einherginge?

Hannover wurde 1866 zu einer Provinz Preußens und ein Jahr später zu einem Teil des Norddeutschen Bundes. 1867 wurde Windthorst zum Mitglied des »Landtags« (des preußischen Abgeordnetenhauses) und des Reichstags, den die Staaten des Norddeutschen Bundes in jenem Jahr neu errichtet hatten und der im März 1871 zum Parlament des Gesamt-

76 Alexander, Church, 435.

77 Zu Windhorst, seiner Biographie und seinem Wirken siehe Pinson, Germany, 189-190; Windell, Catholics; Aschoff, Windthorst; Meemken, Windthorst; Morsey, Katholiken; ders., Bismarck, 30-34. Natürlich ist Windthorst in allen Studien, die sich mit dem politischen Leben in Deutschland, dem Kulturkampf und den deutschen Katholiken ab 1870 und bis zu seinem Tod befassen (z. B. Strötz, Wilhelm), entscheidender Raum gewidmet. Rudolf Morsey hat in zwei Aufsätzen Windthorsts Biographie, eine Beschreibung seiner Persönlichkeit und seine Erfolge resümiert und dessen Beitrag zur Geschichte Deutschlands gewürdigt: Morsey, Windthorst; ders., Ludwig Windthorst.

reiches wurde. Windthorst stieg schnell in eine Führungsposition auf und erlangte internationale Bekanntheit.

Anfangs gehörte Windthorst offiziell keiner Partei an, führte aber bereits 1866 erfolgreich ein Bündnis an, das sich gegen einen Gesetzgebungsversuch der Nationalliberalen formierte und zur Errichtung der Zentrumspartei führte. Die neue Partei, die erst 1870 gegründet werden sollte, wandte sich nicht gegen die Reichseinheit oder die Herrschaft der Hohenzollerndynastie und Preußens im Deutschen Reich. Im Grunde genommen war sie das Produkt eines langen Reifeprozesses, der bereits im Görres-Kreis und den Wirren von 1848 begann und sich im preußischen Abgeordnetenhaus in den 60er Jahren fortsetzte.[78] Sie war einzig und allein als »Kriegserklärung« gegen den Liberalismus gerichtet, gegen die Form absolutistischer Herrschaft im Staat und die »Missstände« Preußens unter der Führung Bismarcks allgemein. Die »Fraktion«, die zunächst 58 Abgeordnete zählte, kam im neuen Reichstag im März 1871 auf 67 Mandate und wurde damit, obgleich sie nur rund die Hälfte des katholischen Wählerpotentials repräsentierte, zur zweitstärksten Partei im Parlament. Die Deckungsgleichheit zwischen der Partei und der Kirche als Institution in Deutschland kam allein in der Tatsache zum Ausdruck, dass 91 von insgesamt 478 Vertretern der Partei im Reichstag in den Jahren 1871 bis 1918 Mitglieder des Klerus waren.[79]

Die Zentrumspartei hatte sich auf ihre Fahne den Schutz und die Förderung »der Unabhängigkeit und Rechte der Römisch-Katholischen entsprechend denen der evangelischen Kirche« geschrieben, den Kampf um das Fortbestehen religiöser Schulen und die Lehrfreiheit an diesen sowie eine Begrenzung der Befugnisse des Staates.[80] Zu Beginn seines Weges agierte Windthorst mitnichten als katholischer Führer, doch es war der Ausbruch des »Kulturkampfes«, der ihm die Gelegenheit gab, als der große Verteidiger der Kirche im Parlament und im deutschen Staat insgesamt aufzutreten. 1874 schließlich wurde er zum Vorsitzenden der Zentrumspartei gewählt, womit die Rivalitäten und Feindseligkeiten zwi-

78 Heinen, Macht, 139-140, das Dokument »Politische Standpunkte der Führer der preußischen Zentrumsfraktion«; Alexander, Church, 435-450.

79 Morsey, Prelaten, 234. Siehe auch die Analyse von Rohe, Wahlen, 73-83. Sowie die Ausführungen von Alexander, Church, 446-454, in Bezug auf »Katholizismus und Preußentum« im Gegensatz zu »Liberalismus und Preußentum«, die Darstellung Beckers, Kulturkampf, 53-66, zur Argumentation der Liberalen im »Kulturkampf«, und Strötz, Wilhelm; Samersky, Papst.

80 Meemken, Windthorst, 173. Die Angaben zum Parteiprogramm der Zentrumspartei sind entnommen aus: Münster, Landschaftsverband Westfalen-Lippe/ Westfälisches Archivamt, Archiv Schwarzenraben III, 29.

schen ihm und Bismarck, die ihren Ursprung in der unabhängigen Haltung und dem Nonkonformismus hatten, den Windthorst bereits ab den 50er Jahren bewies, ihren Höhepunkt erreichten. Windthorst trat überall dort in Erscheinung, wo nach seiner Einschätzung das Regime oder die Polizei Rechte und Freiheit der Bürger bedrohten. Seine Auftritte und sein rhetorisches Talent trugen ohne Zweifel dazu bei, den Kanzler zu erschöpfen.

Bismarck betrachtete den ganzen Prozess mit Sorge, da er in der Partei des katholischen Lagers einen Faktor sah, der das Vorantreiben der eigenen Pläne in Bezug auf das neue vereinte Kaiserreich zu behindern drohte. Er hoffte, die Bewegung zu eliminieren, solange die Partei noch jung war, und damit den Separationsbestrebungen einen Todesstoß zu versetzen, als deren Speerspitze sich die katholischen Zentrumsvertreter verstanden. Bismarck arbeitete dabei Hand in Hand mit den Liberalen, die darin einen »kulturellen Kampf« gegen den katholischen »Irrglauben« sahen. In großem Maße zu Hilfe kamen ihnen die Beschlüsse des letzten vatikanischen Konzils. Bismarck war zudem bestrebt, schnell zu einer Verständigung mit den im Krieg unterlegenen katholischen Staaten zu kommen, und befürchtete, eine katholische Koalition könnte sich gegen das noch junge Reich formieren.[81]

Bereits 1871 löste Bismarck die katholische Abteilung auf, die seit dreißig Jahren im Kultusministerium existiert hatte, und machte sich daran, beharrlich sein Vorhaben umzusetzen, zwischen der katholischen Kirche und dem Staat zu trennen und die Kirche aus ihrer Machtposition in Schulen und Gesellschaft herauszudrängen. Seine Ernennung eines neuen Innenministers, die 1873 zum Erlass der antikatholischen »Mai-Gesetze« führte, hatte eine erzwungene Abtretung zahlreicher Befugnisse der Bischöfe an die säkularen Behörden zufolge. Kirchenmänner, die sich weigerten, dies zu akzeptieren, wurden verhaftet und des Landes verwiesen. Weitere restriktive Gesetzte, die 1874 erlassen wurden, der Abbruch der Beziehungen zum Vatikan im Dezember desselben Jahres und die Erklärung des Papstes vom Februar 1875 zur Ungültigkeit der preußischen Gesetze verschärften die Krise und brachten der Zentrumspartei wachsende Unterstützung ein. Im Herbst 1875 begannen katholische Geistliche ihre Einrichtungen in Deutschland zu verlassen, um in Klöstern und anderen religiösen Zentren in ganz Europa Zuflucht zu suchen,

81 Alexander, Church, 435. Siehe auch Pinson, Germany, 185; Wehler, Kaiserreich, 83-85; Cary, Path; Morsey, Bismarck, 8-13. Zu den unterschiedlichen Gruppierungen unter den Liberalen in den 60er und 70er Jahren des 19. Jahrhunderts siehe Langewiesche, Liberalism, 220-224.

vor allem in den Niederlanden und auch in den Vereinigten Staaten. Bismarck reagierte unter anderem mit einem Verbot des Jesuitenorden und der »ihm verwandten und ordensähnlichen Kongregationen«.[82]

Verschiedene Studien behaupten, ungeachtet der Vielzahl von Kräften, die daran beteiligt gewesen seien, sei es faktisch betrachtet Bismarck gewesen, der den Kampf gegen die Katholiken geführt habe. Er habe nicht nach einem vorgefertigten Plan gehandelt, sondern ausgeführt, was ihm nach Lage der Dinge als richtig und wünschenswert erschienen sei, um nach seiner Auffassung die Interessen des Reiches zu wahren und dessen Existenz zu sichern.[83] Erst im Nachhinein sei dem Kanzler klar geworden, dass er einen Annäherungsprozess zwischen der religiösen katholischen Führung und dem Volk herbeigeführt und die katholische Öffentlichkeit zu einem klar definierten Lager zusammengeschweißt habe, wie es sein großer Rivale Windthorst so trefflich ausdrückte, wenn er feststellte, dass »nichts so stark verbindet wie Schläge, die man gemeinsam bekommt«. Denn es war der Druck von außen, der Kirche und Partei half, vorherige Meinungsverschiedenheiten und Spannungen zu überwinden und als Einheit zu agieren. Die Wählerschaft, die 1871 noch für Parteien mit nationalem Charakter gestimmt hatte, wandte sich bei den Wahlen des Jahres 1874 in Scharen der Zentrumspartei zu. Die gesamte katholische Presse ließ sich für eine Unterstützung der Partei rekrutieren, während die katholische Öffentlichkeit ihren Glauben an die Partei bei den Wahlen zeigte. Als praktische Antwort auf die restriktiven Gesetze entstanden eine Vielzahl katholischer Vereine und Verbände.[84]

Am Ende dann verstand Bismarck, dass er diesmal der unbeugsamen Haltung der Katholiken, die breite Unterstützung von außen erfuhr, nicht beikommen konnte und keine Aussicht bestand, siegreich aus diesem Kampf hervorzugehen. Daher begann er nach einem Weg zu suchen, um die Krise beizulegen, zumal nun ein weiterer Faktor, der im Sozialsystem Fuß zu fassen begann, ihm Sorge bereitete: der revolutionäre Sozia-

82 Beabsichtigt ist an dieser Stelle nicht, den Hergang des »Kulturkampfes« dezidiert darzustellen. Naturgemäß habe ich nur von einigen wenigen der zahlreichen Arbeiten Gebrauch gemacht, die diesem Thema gewidmet sind, unter anderen Kissling, Kulturkampf (vom katholischen Standpunkt); Bornkamm, Staatsidee, 42-48, 276-294; Pinson, Germany, 186-189; Windell, Catholics, haupts. 290-292, Alexander, Church, 454-464; Morsey, Bismarck, 14-20; Blackburn, Zentrumspartei.

83 Bornkamm, Staatsidee, 294.

84 Morsey, Bismarck, 17-20; Blackburn, Zentrumspartei, 76-78; Rohe, Wahlen, 98-100; Heilbronner, Ghetto, 265-268 (einschließlich einer Analyse der verschiedenen Vereinsarten).

lismus. Im Jahre 1877 schließlich fand sein Liebäugeln mit den Liberalen ein Ende, und Bismarck begann, nach einer neuen, konservativen Koalition Ausschau zu halten. Die Zentrumspartei war eine sichere Kandidatin für eine solche Koalition. Windthorst seinerseits war natürlich erfreut, den »Bankrott des Liberalismus« verkünden zu können.[85] Die Gelegenheit dazu entstand 1878 mit dem Tod Pius' IX. und der Ernennung seines Nachfolgers Leo XIII. Nach geheimen Verhandlungen, die mit dem Vatikan geführt wurden, opferte Bismarck seinen Kultusminister und willigte in eine Reihe von Revisionen jener Gesetze ein, welche die Erteilung der Lehrbefugnis an Mitglieder des Klerus betrafen. Der neue Papst verfolgte auch hernach eine gemäßigte Linie in den Beziehungen zu dem Reichskanzler und verlieh Bismarck – sehr zum Leidwesen der Katholiken – die höchste Auszeichnung des Heiligen Stuhls. Am 23. Mai 1887 schließlich verkündete Leo XIII., es herrsche wieder »ein Zustand des Friedens« zwischen der katholischen Kirche und dem Staat in Deutschland.[86] Diese direkte Verbindung wie auch die Tatsache, dass Windthorst keinerlei Auszeichnung von Seiten des Vatikans vergönnt war, führten zu einem ambivalenten und nicht selten gespannten Verhältnis zwischen der Zentrumspartei und dem Heiligen Stuhl in Rom.[87]

Der Verbindungsmann des Papstes zur deutschen Regierung war Georg von Kopp (1837-1914), der ab 1881 als Bischof von Fulda fungierte und als Abgeordneter zunächst im preußischen Staatsrat und später mit Einwilligung Bismarcks im preußischen Herrenhaus saß. Es war Kopp, der ab 1887 den Titel eines Fürstbischofs[88] trug und im Jahre 1893 zum Kardinal der Stadt Breslau ernannt wurde, der dem Katholizismus nach dem »Kulturkampf« wieder zu seiner Stellung verhalf und die Errichtung Hunderter von Kirchen, Klöstern und anderer Einrichtungen in Schlesien vorantrieb. Zugleich machte er sich einen Namen als Förderer wissenschaftlicher Initiativen und als Streiter in sozialen Fragen und gehörte selbstverständlich zur katholischen Führungsriege in Deutschland und zur Spitze der Zentrumspartei, auch wenn deren Führer in ihm vor allem

85 Langewiesche, Liberalism, 224-227: »The second *Reichsgründung*«. »Es war der ›Kulturkampf‹«, schreibt Moshe Zimmermann, »der sich, obgleich von den Liberalen unterstützt, am Ende als Segen für den konservativen Nationalismus erweisen sollte.« (Zimmermann, Continuity, 25).

86 Morsey, Bismarck, 22-28.

87 Ders., Katholiken, 168-170.

88 Dieser Titel hatte seinen Ursprung in Österreich, wo die kirchliche Stellung mit einem Adelstitel verbunden war. In Preußen trug allein der Bischof von Breslau diesen Titel.

den prominentesten Vertreter der preußischen Staatskirche sahen. Allgemein bekannt war sein großer Einfluss auf Wilhelm II.[89]

Der »Kulturkampf« verstärkte jedoch die Separation und Fremdheitsgefühle unter den verschiedenen Gruppen im Reich und brachte den Prozess der Eingliederung der Katholiken im Staat vollständig zum Erliegen. Die Haltung der Partei in allen Phasen des Kampfes indes und Bismarcks »Gang nach Canossa« (obgleich er wiederholt verkündete, einen solchen Schritt nie getan zu haben) wie auch die Ernennung des neuen Papstes führten ab 1878 zu einem entgegengesetzten Prozess. Windthorst hatte die Veränderung in der öffentlichen Meinung und der Haltung der Regierung gegen Ende der 70er Jahre vorhergesehen und sich ihr angepasst, so dass er an der Spitze seiner Partei als der große Sieger aus dem Kampf hervorging. Er und seine Partei positionierten sich in vorderster Front im Kampf gegen den Absolutismus und für mehr Rechte und größere Freiheit, Themen, die mehr als alles andere die öffentliche Meinung in Deutschland bewegten. Die Zentrumspartei mit ihrem eindeutig religiösen Gepräge wurde von einer kleinen Oppositionspartei zu einer großen Koalitionspartei, die bei Veränderungen im Bereich der Wirtschaft und Gesellschaft eine Vorreiterrolle spielte. Viel spricht dafür, dass auch Windthorsts Ernennung zum »Ritter vom Heiligen Grabe« im Jahre 1882 Teil dieses Prozesses war, ihn in zunehmendem Maße mit dem deutschen Katholizismus zu identifizieren.[90] Auf jeden Fall ging die Partei aus dem »Kulturkampf« in mehrfacher Hinsicht gestärkt hervor. Nicht nur, dass die Katholiken in diesem Kampf gesiegt hatten. Von jetzt an war die Partei ohne jeden Zweifel die Partei aller Katholiken in Deutschland, was sie unter anderem 1878 zur größten Fraktion im Reichstag werden ließ.[91]

Die »Phase des politischen Realismus«, so hat Edgar Alexander die Jahre der Ernüchterung nach der Auseinandersetzung und der allmählich wachsenden Kooperation zwischen den Katholiken und ihrem Staat bezeichnet.[92] Die Katholiken begannen, die deutsche Außenpolitik zu unterstützen, womit sie der feierlichen Erklärung ihres Vorsitzenden folgten, der unmissverständlich festgestellt hatte: »Wir sind deutsch von der Sohle bis zum Scheitel. Wir sind treue Untertanen der Obrigkeit, die von

89 *BBKL*, IV, 1992, 501-506; Morsey, Kopp; ders., Katholiken, 170-172.
90 Blackburn, Zentrumspartei, 83-85; Cramer, Ritter, 23.
91 Cary, Path, 17-18.
92 Alexander, Church, 459-463.

Gott gesetzt ist. Aber wir verlangen Gleichtigkeit überall und unser volles Recht.«[93]

Ein Ergebnis dieser Entwicklung war, dass der katholische Bürger im neuen Deutschen Reich, das eindeutig den Stempel des Protestantismus trug, schrittweise begann, einen zwanghaften und übertriebenen Patriotismus an den Tag zu legen, als Entschädigung gewissermaßen für die von den Katholiken beklagte bürgerliche Zweitklassigkeit und bestimmt, das seit vielen Jahren bestehende Misstrauen, das die protestantische Majorität ihm gegenüber hegte, abzubauen.[94] Abermals war es Windthorst, der sich vor allem ab 1887 und mit Hilfe anderer katholischer Führer dafür einsetzte, diese Polarisierung innerhalb der deutschen Gesellschaft zu verringern und die sehr reelle Gefahr einer wachsenden sozialen Isolierung der katholischen Bevölkerung im Staat zu beseitigen. Die Probleme indes waren vielfältig und resultierten aus dem kulturellen und wirtschaftlichen Fortschritt, aus dem Übergang von einer Agrar- zur Industriegesellschaft, dem Kampf gegen soziale Verwerfungen zwischen Arbeitnehmern und Arbeitgebern, zwischen dem Adel und dem gemeinen Volk, dem Arbeiter und dem »fortschrittlichen« und »technologischen« Gebildeten. All diese Faktoren führten 1890 zur Errichtung einer katholischen Massenorganisation, dem »Volksverein für das katholische Deutschland«, der sich zum Ziel setzte, zum einen den revolutionären Sozialismus zu bekämpfen und zum anderen für eine christliche Sozialpolitik auf Grundlage der »kapitalistischen« Ordnung einzutreten.[95] Es liegt nahe, dass etliche aus der Führungsriege der Zentrumspartei auch zu den führenden Vertretern des Volksvereins zählten und so sicherstellten, dass die Partei jene Prinzipien umsetzte, auf denen der Verein erstanden war. Tatsächlich erfuhr der Volksverein massenhafte Beteiligung und breite Anerkennung als führende katholische Körperschaft in Deutschland.[96] Diese sozialpolitische Organisationsform der Katholiken in Deutschland half zweifelsohne auch den Vereinen, die im Heiligen Land tätig waren, und war den Katholiken dort von Nutzen, als im Verlauf der zwölf Jahre, die mit dem Besuch des Kaisers in Palästina begannen, intensive und umfangreiche Maßnahmen erforderlich wurden.

93 Morsey, Katholiken, 160-164 (Zitat 163). Siehe auch Bornkamm, Staatsidee, 54-58; Hoffmann, Katholiken, 40; Pinson, Germany, 189-191. Für Zeugnisse über die negative Einstellung gegenüber katholischen Orden, wie sie noch in den 90er Jahren des 19. Jahrhunderts bestand, siehe Braunsberger, Ordenswesen, 42-47; Röhl, Wilhelm, 272-274.

94 Wehler, Kaiserreich, 122; Gründer, Missionsgesellschaften, 372.

95 Heinen, Integration, 203-207.

96 Ebd., 210-214.

In den Jahren nach dem Ende des »Kulturkampfes« war ein schnelles Erstarken nationalistischer Tendenzen in Deutschland generell und in den Reihen seiner katholischen Bürger insbesondere festzustellen. Dieser Prozess gewann an Schwung, als die bismarcksche Ära endete und die Wilhelminische begann. Die Einstellung zur katholischen Minderheit war auch für Wilhelm II. und seine Berater ein Problem. So fürchteten sie sich zum Beispiel vor Entwicklungen, die zu einem Separatismus führen würden, vor allem vor dem Hintergrund der Bestrebungen Bayerns, sich vom Reich zu lösen. Probleme und Kontroversen entstanden auch im Zusammenhang mit anderen Themen religiöser Natur, die sich auf politischer Ebene auswirkten, wie etwa die Rückführung bestimmter Ordensgemeinschaften, deren Mitglieder im Verlauf des »Kulturkampfes« aus Deutschland verbannt worden waren.[97] Der Kaiser selbst zeigte keine allzu große persönliche Sympathie für die Gläubigen der katholischen Kirche oder die Anhängerschaft der Zentrumspartei. Für ihn blieben diese immer die Unterstützer Roms im Kampf gegen Deutschland. Im Verlaufe seiner Pubertät hatte er sich zusehends von seinen Eltern entfernt und in seiner Ausbildung eine starke Antipathie gegen die Katholiken und Frankreich erworben, das er als seinen »Erbfeind« zu betrachten lernte. Er vermochte jedoch weitestgehend zwischen seinen persönlichen Ansichten und seiner staatsmännischen Aufgabe zu trennen und verstand, ebenso wie die Katholiken, dass das gemeinsame Interesse sie zu politischer Zusammenarbeit verpflichtete.[98] Die Katholiken, die laut einer nach dem Zusammenschluss und der Proklamation des Reiches im Jahre 1871 durchgeführten Erhebung, 36 % der deutschen Bevölkerung ausmachten (weitere 1,5 % wurden als »andere« definiert, während den Rest, nämlich 62,3 %, Lutheraner bildeten),[99] begannen erst jetzt, sich an dem Wettlauf der Körperschaften und Gruppierungen zu beteiligen, die in der Endphase der osmanischen Herrschaft aktiven Anteil an der Schaffung westlich-christlicher Präsenz im Heiligen Land nahmen. Ihre strategische Entscheidung, mit dem Kaiser und seiner Politik zu kooperieren, hatte maßgeblichen Einfluss auf die Fortsetzung dieser ihrer Aktivitäten.

97 Röhl, Wilhelm, 272-274.

98 Benner, Strahlen, 63-79, 121.

99 Windell, Catholics, 6 u. Tabelle 299; Heilbronner, Ghetto, 262. 1855 lebten im Deutschen Staatenbund rund 43 Millionen Menschen, davon 23 Millionen Katholiken, 12 Millionen von ihnen in Österreich. Der Prager Frieden von 1866 reduzierte die katholische Bevölkerung in Deutschland auf die Hälfte ihrer Anzahl von vor dem Krieg.

Das Ende des »Kulturkampfes«, der Übergang vom Deutschland Bismarcks zum wilhelminischen Deutschland, die veränderten internationalen Bedingungen, die Neuausrichtung der deutschen Außenpolitik und der Beginn der kurzen Epoche eines deutschen Kolonialismus – all dies bereitete den Boden für den großen Umschwung im deutsch-katholischen Engagement in Palästina. Dieses konnte nicht länger unbeteiligt bleiben angesichts des tatkräftigen und erfolgreichen Auftretens nichtkatholischer deutscher Elemente einerseits und katholischer nichtdeutscher Konkurrenten andererseits. Die einen wie die anderen waren für die Katholiken im Reich, die zu jenem Zeitpunkt bereits Deutschkatholiken im nationalen Sinne des Wortes waren, so etwas wie ein rotes Tuch und spornten sie an, sich zu rüsten, um sich dem Wettlauf anzuschließen und einen Rückstand von mehreren Jahrzehnten wettzumachen.

»Zum Wohle der katholischen Untertanen« Der Besuch des Kaisers und die Katholiken

Der Prozess nationalistischer Radikalisierung, den das deutsch-katholische Wirken im Heiligen Land erfuhr, erreichte seinen Höhepunkt während des Besuchs Kaiser Wilhelms II. und seiner Gemahlin Auguste Victoria von Holstein-Sonderburg-Augustenburg (1858-1921) in Jerusalem Ende Oktober 1898. Es war dies zweifelsohne eines der wichtigsten und bedeutsamsten Ereignisse im Palästina des 19. Jahrhunderts.[100] Am Endpunkt dieses Prozesses, der mit Bismarcks Entlassung acht Jahre zuvor begonnen hatte, beherrschte nun die protürkische Linie gänzlich die deutsche Außenpolitik. Auf seinem Weg nach Palästina machte der Kai-

100 Ich beabsichtige nicht, mich mit dem Besuch in all seinen Einzelheiten zu befassen, sondern ausschließlich mit dessen katholischen Aspekten und auch dies nur so weit, wie es für unseren Untersuchungsgegenstand erforderlich ist. Abgesehen von Archivmaterial, vor allem aus dem Archiv des Außenministeriums, PAAA, Preussen 1.1, IV: Reise Sr. Majestät und Kaisers nach dem Orient (Athen, Konstantinopel, Palästina, Ägypten), V-X, habe ich auch zeitgenössische Beschreibungen und Berichte herangezogen (Mirbach, Reise; Deutsche Kaiserpaar; Schneller, Kaiserfahrt) sowie eine Reihe von Forschungsarbeiten aus den zurückliegenden zwei Jahrzehnten (Gründer, Kaiserfahrt; Carmel/Eisler, Der Kaiser; Neubert-Preine, Muristan; Carmel, Kaiser; Richter, Orientreise; Benner, Strahlen; Rosentreter, Wilhelm; Kohler, Dormitio). Röhl (Wilhelm, 1050-1060) konzentriert sich in seiner Arbeit auf den Besuch unter dem Aspekt der kurzlebigen Absicht des Kaisers, eine Heimstatt für die Juden in Palästina unter deutscher Patronage auszurufen.

ser Zwischenstation in Konstantinopel für seinen bis dato zweiten Besuch in der osmanischen Hauptstadt. Und bei seiner Rede in der evangelischen Kirche in Bethlehem hob er die Tatsache hervor, dass »das Deutsche Reich und der deutsche Name eine Stellung erreicht haben, wie sie sie nie zuvor im Osmanischen Reich innehatten.«[101]

Der Besuch indes ist im weiteren Rahmen der Gesamtpolitik des deutschen Kaisers und seines Machtverständnisses zu sehen.[102] Er war derjenige, der wie bereits erwähnt »einen Platz unter der Sonne« für Deutschland einforderte, der die deutsche Imperialpolitik entwickelte und in bis dahin nicht gekannte Dimensionen trieb, um seinem Land Kolonien zu verschaffen, wie sie etwa Großbritannien und Frankreich bereits besaßen. Mit tätiger Hilfe der Zentrumspartei, deren Macht nach dem guten Abschneiden bei den Reichstagswahlen im Frühling 1898 weiter angewachsen war, gab der Kaiser Alfred von Tirpitz (1849-1930) die nötige Rückendeckung und Mittel, die zweitgrößte – und augenscheinlich auch beste – Flotte der Welt aufzubauen. Dabei war seine gesamte Politik von der Tendenz geleitet, nichts zu unternehmen, was die Achse Berlin—Konstantinopel beschädigen könnte. Die imperialistischen Bestrebungen Wilhelms II. richteten sich dabei im Wesentlichen auf Afrika und Ostasien, während dem Nahen Osten lediglich eine merkantile und finanzielle Offensive »vergönnt« war.[103]

Der komplexe religiös-politische Charakter der Beziehungen Deutschlands zum Heiligen Land kam am stärksten in der Orientpolitik der letzten zehn Jahre des 19. Jahrhunderts zum Ausdruck. Beseelt von tiefer Religiosität zeigte der Kaiser großes Interesse am Heiligen Land und vor allem an der Archäologie aus alttestamentlicher Zeit. Hinzu kam die historische Verknüpfung mit jenen deutschen Herrschern, die an den

101 Schneller, Kaiserfahrt, 104.

102 Die Verwendung der Begriffe »Politik des Kaisers« und »Ära Wilhelms II.« im Zusammenhang mit der deutschen Außenpolitik ist in ihrer Ausschließlichkeit ein wenig irreführend. Brandenburg etwa untersucht den tatsächlichen Anteil des Kaisers an dieser Politik und seinen Einfluss darauf (Brandenburg, Bismarck, 20-26). Er unterstreicht die gewichtige Rolle von Baron Friedrich August von Holstein (1837-1909), dem geheimen Berater des Kaisers. Thomas Benner (Benner, Strahlen, 22-31, Anm. 51) liefert einen Überblick über die zahlreichen Forschungsarbeiten, die sich zum Beispiel mit unterschiedlichen Aspekten des »Wilhelmismus« und dessen Widersachern wie auch mit der Orientreise des Kaisers befasst haben (ebd., 25-26, Anm. 58).

103 Pinson, Germany, 291-301; Gerard, Kaiserism, 193; Röhl, Wilhelm, 864-867, 1028-1032; Fesser, Bülow, 42-62; Politique Allemande, 7-10; Benner, Strahlen, 155-158.

Kreuzzügen teilgenommen hatten, und eine so wahrgenommene Kontinuität zwischen ihnen und dem Hause Hohenzollern. Auch der Zauber des Orients und dessen Niederschlag in der romantischen Kultur übten ihren Einfluss auf den deutschen Kaiser aus. All diese Faktoren zusammengenommen wirkten auf ihn ein und zeitigten eine stetig zunehmende Beschäftigung mit dem Heiligen Land, ein persönliches Interesse an deutschem Einfluss dort, einer Beteiligung am dortigen Geschehen.[104] Der »imaginäre Orient«, den Wilhelm auf seiner Reise 1898 suchte, beinhaltete vor allem das Land der Bibel, die Bühne, auf der sich das Leben Jesu wie auch das Schauspiel der Kreuzzüge zugetragen hatte.[105] Der Kaiser machte auch keinen Hehl aus seiner Unterstützung für die evangelische Missionsarbeit unter den Muslimen, wenn er sagte: »Wir müssen ihnen beweisen, was das Christentum ist. Nur auf diesem Weg werden sie ein Interesse an unserer Religion zeigen können.«[106] Kolonialistische Bestrebungen hingegen hegte er im Heiligen Land nicht im Geringsten. Zwar war es bereits schon nicht mehr möglich, die Siedler dort zu ignorieren, die als deutscher »Brückenkopf« in der Region dienten, doch sah die Regierung in den Ansiedlungen der Templer niemals einen Ausgangspunkt für eine Übernahme des Heiligen Landes, da das Außenministerium nicht im mindestens bereit war, seine guten politischen und wirtschaftlichen Kontakte mit den Osmanen für irgendwelche Territorien zu opfern, mochten diese auch noch so wichtig, bedeutsam und von religiösem Bezug sein. Die realistische »Bagdader Anschauung« wurde in all den Jahren über die idealistische »Jerusalemer Anschauung« gestellt. Hinzu kam, dass der Herrscher in der Hohen Pforte, der »der rote Sultan« genannt wurde und in Europa als Verkörperung von Rückschrittlichkeit, Unterdrückung und Grausamkeit galt, erfreut darüber war, seine Isolation zu durchbrechen und einen der wichtigsten europäischen Herrscher zu Gast zu haben, das Staatsoberhaupt einer Großmacht, die schon damals zu den stärksten der Welt zählte.[107]

104 Gründer, Kaiserfahrt, 369-370. Siehe auch Benners detaillierte Analyse (Benner, Strahlen, 27-136). Diese Bezugnahme kam zum Beispiel in der nicht vorbereiteten Rede zum Ausdruck, die der Kaiser zum Abschluss der Weihungszeremonie der Erlöserkirche hielt (Schneller, Kaiserfahrt, 137-138).

105 Simon, Kaiser, 206-207. Erst später, nach der Jahrhundertwende, ließ sich der Kaiser von jener »Orientmanie« anstecken, die vor allem in der Jagd nach den Altertümern des Orients zum Ausdruck kam, insbesondere denen Mesopotamiens, und den Westen den antiken Orient neu entdecken ließ (ebd., 211-214).

106 Schneller, Kaiser, 19.

107 Gründer, Kaiserfahrt, 382-383; Carmel, Siedlungen, 147-157. Bensinger (Palestine, 108-109) führt die wesentlichen Passagen aus der Rede Bernhard von

Auch die vielschichtige und umstrittene Persönlichkeit des Kaisers hatte großen Einfluss auf den Besuch an sich und auf die Politik in der Region im Allgemeinen. Wilhelm II. sah sich selbst noch immer als einen für den Protestantismus kämpfenden Kreuzritter; der an Krieg als Mittel glaubte, zu obsiegen, und an die Armee als Souverän in der Gesellschaft. In den Augen seines Volkes nahm er eine Stellung ein, die auf halbem Weg zwischen Mensch und Gottheit liegt. Die in Deutschland allgemein übliche Wahrnehmung war die einer Vermengung aus Gott, König und Vaterland und ihren Funktionen, die sich allesamt in der Gestalt Wilhelms II. vereinigten.[108] Die genannten Eigenschaften kamen auf verschiedenen Ebenen zum Ausdruck. So entschied sich Wilhelm, der *summus episcopus* der evangelischen Kirche in Deutschland, nach Jerusalem zu kommen und dort die »Erlöserkirche« zu weihen. Diese Kirche hatte er auf einem Grundstück erbauen lassen, das seinem Großvater in einer Zeremonie vermacht worden war, der sein Vater beigewohnt hatte. Die Kirchenweihe war für den 31. Oktober vorgesehen, den Reformationstag, genau fünf Jahre nach Grundsteinlegung und sechs Jahre nachdem im Beisein Wilhelms II. die restaurierte Schlosskirche in Wittenberg geweiht worden war, der Stadt Martin Luthers, die so immensen Einfluss auf die Geschichte Deutschland gehabt hatte. Überhaupt setzte sich der Kaiser mit Begeisterung für die Errichtung von Kirchen ein, auch katholischen, und bemühte sich, sein kaiserliches Privileg zu erfüllen, diese zu unterstützen, ein Privileg, dessen Ursprung noch aus römischer Zeit datierte.[109] In seinem Werk »Rom und Jerusalem« hat sich Jürgen Krüger eingehend mit der Stellung der Religion und der Bedeutung sakraler Bauwerke im Werdegang und der Wahrnehmung des Kaisers beschäftigt und schreibt:

»An diesem Tage wollte Wilhelm II. die deutschen und europäischen Fürsten evangelischen Bekenntnisses und evangelischer Geistlichkeit

Bülows an, des Staatssekretärs für auswärtige Angelegenheiten im Reichstag, einer Rede, gehalten am 12. Dezember 1898, in der er auf das Thema Bezug nimmt. Benner (Strahlen, 202) zitiert aus einem Schreiben Adolf Marschall von Biebersteins, des deutschen Botschafters in Konstantinopel, an den Reichskanzler Chlodwig Carl Viktor Fürst zu Hohenlohe-Schillingsfürst vom Mai 1898, in dem dieser die Auffassung der deutschen Politik im Osmanischen Reich im Wesentlichen zusammenfasst. Zu einer allgemeinen Darstellung der Orientpolitik Wilhelms II. siehe auch Marriott, Eastern Question, 389-409.

108 Pinson, Germany, 276-280; Gerard, Kaiserism, 14-31; Benner, Strahlen, 45-47, 53-55, 60, 135-137.

109 Ebd., 105-107.

> in der Schlosskirche versammeln. Der Sinn war ein doppelter: Die Einzigkeit des Glaubens zu demonstrieren und das an einem allgemeinen evangelischen Feiertag zu tun.«[110]

Und in der Tat handelte Wilhelm, indem er die Initiative nach Jerusalem verlagerte, den Grundsätzen getreu, die er selbst in den ersten Jahren seiner Regentschaft aufgestellt und entwickelt hatte und die unter anderem in der Weihe der Schlosskirche in Wittenberg und den Reden, die der Kaiser dort und bei der Weihe der Erlöserkirche in Jerusalem hielt, zum Ausdruck kamen.[111]

Über die Reise des Kaisers ist viel geforscht und geschrieben worden, angefangen von der offiziellen deutschen Version, die behauptete, sie sei einzig und allein aus religiösen Motiven erfolgt, zwecks Weihe der Erlöserkirche, bis hin zu anderen Meinungen, denen zufolge die Reise eine schiere Machtdemonstration im Rahmen globaler Politik war. Alex Carmel hat in seinen Arbeiten wiederholt die Meinung vertreten, dass »der Wunsch ins Heilige Land zu pilgern und die evangelische Kirche einzuweihen, eine Herzensangelegenheit seines Großvaters (den er sehr verehrte), die Hauptmotive für die Reise Wilhelms II. waren«. Für den Kaiser, der sich der Tradition seiner Vorväter verbunden fühlte, lag in der Pilgerreise eine Art direkter Zusammenhang mit seinen drei Vorgängern auf dem Thron und ihrem Verhältnis zum Heiligen Land. Daher, so behauptet Carmel weiter, seien alle Dinge, die der weiterhin Kaiser unternommen habe, nur Begleitresultate der Reise gewesen, nicht aber deren Ziel. Doch selbst Carmel fügt hinzu, dass »dem deutschen Auftreten im Osmanischen Reich großer Nutzen erwachsen konnte aus dem Besuch des Kaisers beim Sultan, der im Rahmen der Reise ins Heilige Land stattfand«.[112]

In der Londoner *Times* wiederum war schon am Vorabend der Reise zu lesen, es habe den Anschein, dass religiöse Motive, der Schauplatz und die Geschichte einen Menschen wie Wilhelm II. nach Jerusalem riefen und bei ihm »säkulare« Erwägungen reiner Politik und Zweckdienlichkeit übertönten.[113] Kein Zweifel, einiges spricht für derartige Behauptungen. Denn durchaus möglich ist, dass die Absicht des Kaisers von vorn-

110 Krüger, Rom, 196; siehe auch ebd., 187-254; ders., Wilhelm.

111 Ders., Rom, 196.

112 Carmel, Siedlungen, 158-159. Siehe auch ders., Kaiser, 118-121; Carmel/Eisler, Der Kaiser, 51, 53, 58.

113 *Times of London*, 8.10.1898, 11. Richter (Orientreise, 122-131) führt etliche Zeitungszitate an, aus der deutschen wie der ausländischen Presse, die die unterschiedlichen Meinungen der Zeitgenossen hinsichtlich der Reise des Kaisers und den Zielen der deutschen »Türkeipolitik« wiedergeben.

eherein in einer reinen Pilgerreise bestand, wie Heinz Gollwitzer (1917-1999) in seiner Studie aus dem Jahre 1948 schreibt, der zufolge »der Kaiser in Jerusalem als Christ vorstellig wurde, als evangelischer Christ«. Doch weder er noch seine Zeitgenossen und gewiss nicht jene, die die Reise in der Retrospektive betrachtet haben, haben die darüber hinausgehende Bedeutung der Reise ignorieren können, die zu einer deutschen Machtdemonstration wurde. Wilhelm führte aller Welt vor Augen, welche Großmacht ihren Konkurrenten im Wettlauf um Machtpositionen und Einfluss im Osmanischen Reich allgemein und im Heiligen Land im Besonderen voraus war.[114] Die neueren Untersuchungen indes sind sich alle einig darin, dass der Kaiser wirtschaftliche Vorteile im Osmanischen Reich anstrebte und eine Intensivierung der kulturellen Kontakte zwischen den beiden Großmächten. Daher rührte, wie Ina Rosentreter, wenn auch mit gewisser Zurückhaltung, feststellt, »die Freundschaft Wilhelms mit dem Sultan auch aus wirtschaftlichen Erwägungen«. Sie attestiert dem Kaiser zudem die Absicht, sein Protektorat nicht nur den Deutschen im Osmanischen Reich zu verleihen, sondern auch den Juden und arabischen Muslimen, wie aus seiner enthusiastischen Rede in Damaskus hervorgeht. Allein das Außenministerium und an seiner Spitze Bernhard von Bülow (1849-1929) verhinderten das Versprechen an die Juden in Jerusalem und sorgten dafür, den aus der Erklärung von Damaskus resultierenden Schaden zu begrenzen.[115] Es spricht einiges für Rosentreters Meinung, Wilhelm II. habe die panislamischen Ideen Abdülhamids II. und dessen Bemühen, solche als »Kalif der Gläubigen« zu realisieren, unterstützt, da er hoffte, so dem Eindringen anderer christlicher Kolonialmächte, vor allem Großbritanniens und Russlands, ins Osmanische Reich entgegenzuwirken. Tatsache ist, dass diese beiden Großmächte jeweils über eine große muslimische Bevölkerung herrschten, wie es sie in Deutschland und dessen Kolonien nicht gab. Doch auch so drohten Deutschland Gefahren aus der panislamischen Idee, weshalb Bülow versuchte, das Thema des Kalifats aus der Rede des Kaisers herauszunehmen.[116]

Besondere Bedeutung hatte die Reise des deutschen Kaisers für die arabische Presse und deren Leser, da sie kurze Zeit nach dem Massaker stattfand, das die Türken 1895 an den Armeniern verübt hatten und auf

114 Gollwitzer, Palästinafahrten, 319. Siehe auch Bensinger, Palestine, 77-94; Sinno, Interessen, 289-298; ders., Emperor; Simon, Kaiser, 205-207, und vor allem Gründers vergleichende Studie (Gründer, Kaiserfahrt), die 1985 in einem Sammelband zu Ehren Gollwitzers erschien.

115 Rosentreter, Wilhelm, 66-71.

116 Ebd., 72-75.

das die Deutschen tunlichst nicht reagiert hatten, sowie nach dem Sieg der Türken über die Griechen 1897, in einer Auseinandersetzung, die zwei Jahre zuvor mit dem Aufstand auf Kreta begonnen hatte; ein Sieg, der mit deutscher Hilfe zustande kam und dank der Ausbildung, die die osmanische Armee durch preußische Offiziere erhalten hatte.[117] Die Franzosen, die großen Rivalen des deutschen Kaisers, hingegen hatten nicht den leisesten Zweifel an den wahren Absichten, die hinter seiner Reise standen.[118]

Auf jeden Fall waren Bülow und Marschall im Vorfeld der Reise fest entschlossen, nichts dem Zufall zu überlassen, jedes Detail genau zu planen und für eine besonders erfolgreiche Visite des Kaisers zu sorgen. Die minutiöse Planung der Reise wurde der renommierten und traditionsreichen Londoner Agentur Thomas Cook übertragen. Die Entourage des Kaisers, die sich in Triest eingeschifft hatte, ging in Haifa an Land, um von dort auf dem Landweg zunächst nach Jaffa und dann weiter nach Jerusalem zu ziehen. Danach kehrte sie nach Jaffa zurück und fuhr mit dem Schiff nach Beirut, von wo aus sie nach Damaskus und zu den Ruinen von Baalbek aufbrach. Die gesamte Reise, einschließlich des Besuchs in Konstantinopel, begann am 12. Oktober und endete am 26. November 1898.[119] Der ursprünglichen Planung zufolge, die in einem Schriftsatz vom 3. September 1898 vorgestellt worden war, sollte die Reise eigentlich bis zum 15. Dezember dauern.[120] Doch die Festnahme einer Gruppe italienischer Revolutionäre, die beschuldigt wurde, einen Anschlag auf den Kaiser während seines Besuches in Ägypten geplant zu haben, diente als Vorwand, diesen Teil der Reise zu streichen und die gesamte Unternehmung dadurch abzukürzen. Im weiteren Verlauf wurden auch die geplanten Exkursionen ans Tote Meer und nach Galiläa abgesagt und die restliche Reise somit um weitere zwei Wochen gekürzt, sehr zur Befriedigung von Mitgliedern der Regierung in Deutschland, die eine zu lange Abwesenheit des Kaisers fürchteten.[121]

Der Höhepunkt der Reise sollte die Weihe der »Erlöserkirche« werden, ein spektakulärer Auftritt, der natürlich eine Vielzahl von Würdigungen im Vorfeld der Reise und eine Flut von Schilderungen im Verlauf des

117 Sinno, Emperor, 115-116. Siehe auch Wallach, Anatomie, 104-106, 114; Richter, Orientreise, 92-105; Benner, Strahlen, 159-165.

118 Politique Allemand, 7.

119 Siehe die in Anm. 100 angegebenen Quellen und zudem Roth, Preussen, 153-241; Carmel, Chronik 1, 202-229 (Warte, 1.12.1891-12.1.1899); Luncz, Emperor, 121-139; Richter, Orientreise, 132-154; Benner, Strahlen, 238-338.

120 Ebd., 175-176.

121 Richter, Orientreise, 30-51.

Ereignisses und hernach erfuhr und in der modernen Forschung entsprechend thematisiert worden ist. Eine der knappsten und treffsichersten Schilderungen erschien in Begleitung eines Kommentars auf den Seiten der Londoner *Times*:

> »Der deutsche Kaiser, Repräsentant und Erbe der Hohenzollern und ihrer Tradition, das Oberhaupt des evangelischen Protestantismus Deutschlands, der Heimstätte der Reformation, steht in Jerusalem als Gast des Sultans, umringt von den Vertretern der anderen protestantischen Völker, und weiht, geschützt von den besten Soldaten der Armee des Sultans, eine neue Kirche an dem Ort, an dem die Wiege der Christenheit gestanden, auf dem Gelände einer der ältesten westlichen Kirchen und eines der berühmtesten Orden in der Stadt – ein solches Schauspiel, so reich an Erinnerungen und Konnotationen, an unglaublichen Widersprüchen und Andeutungen ohne Zahl, kommt einer Essenz der Geschichte des Christentums gleich.«[122]

»Diese Frage berührt die deutsche Ehre im Orient«
Der katholische Hintergrund

Eine andere Zeremonie, die ebenfalls während des Besuches stattfand, und zwar am 31. Oktober nachmittags, ebenjenem Tag, an dem morgens die Erlöserkirche geweiht worden war, ist für unseren Untersuchungsgegenstand von höherer Bedeutung. Es war dies die feierliche Übergabe der Fläche der Dormitio auf dem Zionsberg durch den Kaiser an Vertreter des »Vereins vom Heiligen Lande«. Genauer gesagt war es eine zweistufige Zeremonie: Zunächst erhielt der Kaiser die Baustätte der Dormitio symbolisch vom Sultan ausgehändigt, um sie sogleich an den Verein weiterzureichen. Der Übergabe ging eine stürmische Zeit diplomatischer Grabenkämpfe voraus, welche die Beziehungen zwischen Deutschland, Frankreich, der Hohen Pforte und dem Vatikan und ihren jeweiligen Repräsentanten im Heiligen Land betrafen. Erwin Gatz hat diesen Zeitraum minutiös untersucht und in seinem 1978 erschienenen Fachaufsatz die Ereignisse ausführlich analysiert, wobei er sich auf Dokumente stützt, die er in fünf deutschen Archiven zusammengetragen hat: im Archiv des Auswärtigen Amtes in Bonn, im historischen Archiv des Bistums Köln, im Kölner Stadtarchiv, im Archiv des Bistums Trier sowie im Nachlass

122 *Times of London,* 8.11.1898, 11. Cf. Benner, Strahlen, 292-301.

Wilhelm Leopold Janssens (1830-1900), des Vorsitzenden des »Vereins vom Heiligen Lande«.[123]

Wie bereits erwähnt waren es die Missionsstationen überall auf der Welt, die den katholischen Teil Deutschlands mit der kolonialistischen Politik des 2. Kaiserreiches verbanden. Diese Stationen genossen bereits seit 1889 militärischen Schutz von Seiten der Regierung, als sich die Politik des Reiches mit dem Kampf gegen die Sklaverei verband. Diese Politik erfuhr zusätzliche Stärkung, als von Bülow, der stärker als jeder andere deutsche Staatsmann mit der Epoche der »Weltmachtpolitik« in Verbindung gebracht wurde, im Jahre 1893 das Amt des Staatssekretärs für auswärtige Angelegenheiten erhielt.[124] Im November 1897 dann wurden zwei deutsche Missionare der Steyler Mission im Süden der chinesischen Provinz Shandong ermordet, worauf Deutschland, über die geforderten Entschädigungszahlungen hinaus, den Zwischenfall als Vorwand nutzte, die Halbinsel Kiautschou zu erobern. Dies war ein klares Zeichen für die Richtung, die Deutschland von nun an in seiner Kolonialpolitik auf der Welt einschlagen sollte. Die Zentrumspartei flankierte diese Politik und positionierte sich »im Vorhof der Macht«, nicht als Opposition, sondern als politische Größe, ohne die nichts unternommen werden konnte.[125]

Diese Ausrichtung des Handelns und Denkens hatte unmittelbaren Einfluss auch auf das Verhalten der deutschen Katholiken in Palästina. Die Frage des Protektorates und der Verteidigungsrechte für die Mitglieder des katholischen Klerus, die Frankreich für sich einforderte, indem es sich auf die Kapitulationsverträge berief, jene Handels- und Schutzabkommen zwischen dem Osmanischen Reich und verschiedenen europäischen Staaten, die seit dem 16. Jahrhundert unterzeichnet worden waren, war Auslöser von Streitigkeiten und Kämpfen. So konnten die Deutschen auf einen eigenen Kapitulationsvertrag verweisen, den Friedrich II., der »Große« (1712-1786, herrschte ab 1740), im März 1761 mit dem Sultan Mustafa III. (1717-1773, herrschte ab 1757) unterzeichnet hatte und in dem festgelegt worden war, dass »in allen Belangen des Bestehens religiöser Bräuche Preußen dieselbe Behandlung zugesichert

123 Gatz, Auslandsarbeit, 23ff. Viele der Dokumente sind in der von Lepsius, Mendelssohn-Bartholdy und Thieme zusammengestellten Sammlung enthalten (Lepsius et al., Politik, 589-627, No. 3351-3386). Siehe auch Benner, Strahlen, 301-306.

124 Fesser, Bülow, bes. 42-62; Winzen, Bülow; Pinson, Germany, 286-287; Schöllgen, Großmacht; *BHdAD*, 324-326.

125 Winzen, Bülow, 130-139; Benner, Strahlen, 189-190.

wird, die andere befreundete Großmächte erfahren«. Die Osmanen bemühten sich, diese Zusicherung, so nebulös sie auch sein mochte, in allen Abkommen, die mit Preußen auch im Verlauf des 19. Jahrhunderts unterzeichnet wurden, immer wieder zu bestätigen.[126] Was die Deutschen anbelangte, so waren es die Entwicklungen im Mutterland, sowohl in Bezug auf die Stellung der Katholiken als auch hinsichtlich der Beziehungen – oder besser gesagt, der Feindseligkeiten – mit Frankreich, die unmittelbar das Geschehen im Heiligen Land beeinflussten. So sollen im weiteren Verlauf dieser Studie die »Lazaristen-Krise«, der »Fahnenstreit« und andere Ereignisse erörtert werden, die dem Besuch des Kaisers vorausgingen und direkter Ausdruck dieser Prozesse waren.[127]

Der »Deutsche Verein vom Heiligen Lande«, der am 30. Juli 1895 durch Verschmelzung des 1855 gegründeten »Vereins vom Heiligen Grabe« und des 1885 gegründeten »Palästinavereins der Katholiken Deutschlands« entstand, wurde schon bald unter den Schutz der Reichsregierung gestellt. Die Verpflichtung, deutsche Interessen im Ausland zu schützen, verband sich mit der demonstrativen Sorge um den katholischen Teil der Bevölkerung und dem Wunsch, den französischen Einfluss zurückzudrängen. Der Gesandte bei der Hohen Pforte etwa schrieb an den Kaiser, dass der Krieg gegen den französischen Einfluss im Osmanischen Reich eine der wichtigsten Aufgaben der deutschen Außenpolitik sei.[128] Die Deutschen bemühten sich nach Kräften, die Freundschaft mit der Hohen Pforte zu festigen. Die Bedeutung, die sie diesen Kontakten beimaßen, belegte die Einsetzung des Staatssekretärs im auswärtigen Amt, Adolf Marschall von Bieberstein (1842-1912), als Botschafter in Konstantinopel. Augenscheinlich war die neue Stellung weniger prestigeträchtig denn die vorhergehende, doch Marschall zeigte sich entschlossen, sie mit Inhalt und Taten zu füllen, die ihr eine größere Bedeutung eintragen würden. Natürlich entsprach eine solche Absicht der Politik des Kaisers und der Bernhard von Bülows, der im Jahre 1900 das Amt des Kanzlers übernahm.[129] Und tatsächlich stellte sich Marschall, neben seinen Initiativen zu einer Förderung der wirtschaftlichen Kontakte zwischen seinem Land und dem Osmanischen Reich, schon bald an die Spitze des Kampfes gegen das französische Protektorat und setzte sich an vorderster Front für eine Verringerung des Einflusses Frankreichs bei der Hohen Pforte ein.

126 Lammeyer, Protektorat, 92.
127 Goren, Conflit, siehe 224-228.
128 Lepsius et al., Politik, 595, No. 3357.
129 Richter, Orientreise, 56-59.

Der kaiserlichen Orientreise gingen drei diplomatische Scharmützel voraus, die einige Monate währten und in erster Linie von der Rivalität kündeten, die sich zwischen Deutschland und Frankreich im Heiligen Land entwickelte, und von dem Gebrauch, den beide Seiten von der katholischen Kirche machten, um Punkte in diesem Duell zu sammeln. Das erste dieser Scharmützel entflammte um die französische Forderung, den Patriarchen Luigi Piavi abzusetzen. Der italienische Franziskaner hatte das Amt seit 1889 inne und sich im Laufe der Jahre mehrfach als getreuer Freund der deutschen Unternehmungen in der Stadt bewiesen, wie ein Angehöriger des Heiliglandvereins in einem langen Schriftsatz bezeugte, der im Februar 1898 dem Auswärtigen Amt zugestellt wurde:

> »Die deutschen Katholiken wie der deutsche Verein vom hl. Lande erblicken aber in dem Patriarchate den wahren Vertreter und Beschützer der rein kirchlichen wie religiösen Interessen, welcher ohne Voreingenommenheit ihren Arbeiten gegenübersteht, und haben mich beauftragt, in ihrem Namen an den hl. Stuhl die dringendste Bitte zu richten, *das lateinische Patriarchate in Jerusalem unter allen Umständen bestehen zu lassen.* [...] Der französische Einfluss wird stets zu verhindern bestrebt sein, dass selbst deutsche Mitglieder der in Palästina bestehenden Orden als Förderer und Stütze der deutschen Niederlassungen dienen.«[130]

Janssen, der nicht nur als Vorsitzender des Vereins vom Heiligen Land fungierte, sondern auch dessen treibende Kraft war, hatte sich in selbiger Angelegenheit bereits 1897 an Bülow gewandt, als der Eindruck immer stärker wurde, dass Frankreich mit seiner Absicht Erfolg haben würde, Piavi aus seinem Amt zu entfernen. Das Gesuch erfolgte unter Vermittlung Franz Ludwig von Arenbergs (1849-1907), eines der Köpfe der Zentrumspartei, Reichstagsabgeordneter von 1890 bis 1917, Mitglied des preußischen Abgeordnetenhauses (1882-1907) und des Vorstands des Heiliglandvereins, der für seine begeisterte Unterstützung der kolonialistischen Bestrebungen Deutschlands bekannt war. Arenberg, der sechs Jahre lang, von 1874 bis 1882, im deutschen Außenministerium tätig gewesen war, diente Janssen als Verbindungsmann in allen Angelegen-

130 Nicht unterzeichnete Kopie des Schreibens an das auswärtige Amt vom 26.2.1898 (der Verfasser war allem Anschein nach Janssen), ISA, 244, No. 619. Vergleiche, Piavi, Nekrolog, 46-47; Bensinger, Palestine, 82-83; Gründer, Kaiserfahrt, 372. Zu ausführlichen und detaillierten Erörterungen des »Piavi-Eklats«, die sich im Wesentlichen auf Archivmaterial stützen, siehe Gatz, Auslandsarbeit, 29-31; Benner, Strahlen, 190-193; Kohler, Dormitio, 83-85.

heiten, die eine Einmischung der Reichsregierung erforderlich machten. Arenberg war auch in mehrere Siedlungsversuche in Palästina involviert und förderte Initiativen zum Erwerb von Ländereien und zur Errichtung landwirtschaftlicher Kolonien.[131]

Bülow seinerseits schrieb an Marschall, das deutsche Interesse mache einen Verbleib Piavis zwingend erforderlich, weshalb er ihn drängte, in dieser Angelegenheit beim türkischen Hof vorstellig zu werden, während er parallel dazu seinen Botschafter in Rom anwies, beim Vatikan zu intervenieren. Marschalls Antwort verzögerte sich, und Bülow trieb ihn erneut zur Eile an. Worauf ein langes Telegramm aus Konstantinopel eintraf, in dem Botschafter Marschall seine Schwierigkeiten erläuterte und um Direktiven bat. Unter anderem behauptete er, die osmanische Anerkennung des lateinischen Patriarchen und seiner Bischöfe sei problematisch, da diese vom Vatikan ernannt und keine osmanischen Staatsbürger seien, im Gegensatz etwa zu den Angehörigen der orientalischen Kirchen. »Überhaupt«, fügte er hinzu, »haben wir Deutschen niemals das exklusive Protektorat anerkannt, welches die Franzosen behaupten.« Die Deutschen wüssten zudem die große Abhängigkeit des Patriarchen vom französischen Konsul herauszustellen.[132]

Obgleich verzweifelt über die diplomatischen Kanäle und in dem Glauben, dass es unmöglich sein würde, eine Abberufung Piavis von seinem Posten zu verhindern, versuchte Bülow, ermutigt durch den Kaiser, der eine Antwort erhalten wollte, eine andere Vorgehensweise, die sich als effektiver herausstellen sollte. Er bediente sich Kardinal Georg von Kopps, der für seinen großen Einfluss am Hofe des Kaisers bekannt war. Der Kardinal wandte sich bei einem Besuch in Rom direkt an Papst Leo XIII. und erreichte einen Aufschub der Umsetzung der Entscheidung mindestens bis nach der Reise des Kaisers, doch letztendlich sollte sie gänzlich aufgehoben werden.[133] Piavi empfing den Kaiser bei dessen Besuch und amtierte als Patriarch bis zu seinem Tode am 14. Januar 1905. In dem ihm gewidmeten Nachruf in *Das Heilige Land* befasst sich ein Absatz ausdrücklich mit »dem sehr besonderen Grund, den die katholischen

131 Sinno, Interessen, 217; Cramer, Jahrhundert, 50; *BHdAD*, 43-44. Zu Arenbergs Anteil an den Gesprächen siehe zum Beispiel Richthofens Telegramm aus der deutschen Botschaft in Konstantinopel vom 17. Oktober 1898, PAAA, Türkei 175g, I, A.J. 2905.

132 Gatz, Auslandsarbeit, 29-31; Lepsius et al., Politik, 589-593, No. 3351-3355, 593-597, No. 3356-3357 (Marschall erläutert die Beweggründe für seine Untätigkeit); Benner, Strahlen, 191.

133 Ebd., 191-193.

Deutschen haben, dem Andenken des verblichenen Patriarchen Ehre zu erweisen«.[134]

Die Reichsregierung war zum selben Zeitpunkt in einen geheimen politischen Vorstoß involviert, der zu direkten diplomatischen Beziehungen und dem Austausch von Repräsentanten zwischen dem Heiligen Stuhl und Konstantinopel führen sollte. Zwar hatte der Vatikan bereits seit 1839 einen in der osmanischen Hauptstadt ansässigen Repräsentanten,[135] doch erfolgten alle diplomatischen Kontakte und Belange durch die Franzosen. Leo XIII. war es, der dem Druck Frankreichs weniger ausgesetzt und in geringerem Maße auf die Dienste der Franzosen und deren guten Willen angewiesen sein wollte, besonders in allen Belangen, die die katholische Gemeinde innerhalb des Osmanischen Reiches betrafen, der Deutschland gegenüber seinen Wunsch nach derartigen Beziehungen signalisiert hatte. Marschall empfahl, umgehend zu handeln, doch Berlin begann erst im März 1898 mit der Kontaktaufnahme, nachdem der Kaiser über die Idee in Kenntnis gesetzt worden war und befohlen hatte, diese mit größtmöglicher Eile und Diskretion voranzutreiben. Kopp setzte sich darüber mit dem Papst ins Einvernehmen, und dieser erteilte den Deutschen seinen Segen, wobei er seine Bitte wiederholte, die absolute Vertraulichkeit der Kontakte einzuhalten. Marschall meldete, der Sultan habe prinzipiell positiv entschieden, da auch er nicht erfreut sei über die »ständige französische Einmischung in seine Angelegenheiten, die unter dem Vorwand des Protektorats erfolgt«.[136] Der wichtigste Fürsprecher der Deutschen bei der Hohen Pforte war der Außenminister Taufiq Pascha, der dem Sultan gegenüber betonte, dies sei eine Probe aufs Exempel für die Souveränität des Herrschers und seine Unabhängigkeit von ausländischen Faktoren, sein Privilegs, wie jeder andere Herrscher auch eigene Botschafter zu ernennen und nach eigenem Gutdünken diplomatische Beziehungen zu knüpfen. Für den neu zu besetzenden Posten eines Gesandten beim Heiligen Stuhl wählte Abdülhamid II. sogar seinen damaligen Botschafter in Berlin aus, eine Wahl, die den Deutschen aus verschiedenen Gründen nicht behagte. In einem Akt unverhohlener Einmischung in innerosmanische Angelegenheiten, der mehr als alles andere Beleg war für ihre Position bei der Hohen

134 Piavi, Nekrolog, 46-47.

135 Lübeck, Mission, 19 Anm. 2.

136 Gatz, Auslandsarbeit, 31-36; Richter, Orientreise, 158-159; Benner, Strahlen, 193. Zu den Dokumenten siehe Lepsius et al., Politik, 598-607, No. 3358-3365 (Zitat S. 600, No. 3359).

Pforte, bekundeten die Deutschen dem Sultan gegenüber ihre Unzufriedenheit mit seiner Entscheidung.

Frankreich erfuhr natürlich schon bald von den sich anbahnenden Beziehungen und begann sofort, mit aller Entschiedenheit dagegen zu intervenieren, wobei seine Repräsentanten offen kundtaten, dass sie alles tun würden, um ein Zustandekommen bilateraler Beziehungen zwischen der Hohen Pforte und dem Heiligen Stuhl zu verhindern. Der Sultan gab unterdessen dem Druck aus Berlin nach und schlug einen anderen Kandidaten für den Posten beim Vatikan vor. Doch nun offenbarten sich schwere Meinungsverschiedenheiten unter den Kardinälen in Rom. Es kam zum Streit zwischen den Anhängern und Gegnern Frankreichs am Hof, worauf der Papst beschloss, die Entscheidung zu vertagen.[137] Denn diesmal waren die Deutschen offenbar an einen zu starken Gegner geraten. Es war der aus Sizilien gebürtige Kardinal Mariano Rampolla del Tindora (1843-1913), Außenminister des Vatikans seit 1887, der hinter dieser päpstlichen Politik stand.[138]

In Berlin begriff man, dass die Initiative dabei war zu scheitern, und schickte Janssen nach Rom in einem letzten Versuch, sie zu retten. Anfang Mai gewährte Leo XIII. Janssen eine Audienz und erklärte ihm ausführlich die Problematik der Angelegenheit, wobei er vor allem auf den immensen finanziellen Schaden abhob, der mit einer Einstellung der französischen Zahlungen an den Vatikan drohte. Der Papst gab Janssen zu verstehen, dass noch immer Aussicht auf ein gutes Ende bestünde, unter der Bedingung allerdings, dass man ihn nicht dränge. Er ließ dem Sultan sogar übermitteln, grundsätzlich sei er mit dem Kandidaten einverstanden, es müsse lediglich noch einige Monate mit seiner Einsetzung gewartet werden. Bald jedoch sollte sich herausstellen, dass der Aufschub ein endgültiger war, denn Mitte September wurde bedeutet, die Idee werde nicht zu einer Realisierung gelangen.

Zur großen Krise zwischen Berlin und dem Vatikan kam es just am Vorabend der Orientreise des Kaisers. Am 8. Oktober 1898 empfing der Papst Abgesandte einer französischen Pilgergruppe, und in seiner Rede zu diesem Anlass wiederholte Leo XIII. den Inhalt seines Schreibens, das einige Wochen zuvor veröffentlicht worden war, und in dem er seinem persönlichen Freund Kardinal Benoit-Marie Langénieux, mit dem er sich regelmäßig in jeder »französischen« Angelegenheit zu beraten pflegte, die Gültigkeit des französischen Protektorats im Orient bekräftigt hatte. Der Kardinal, der bekannteste und aktivste unter allen französischen Kardi-

137 Ebd., 602-607, No. 3360-3363, 3365.

138 Ebd., 607 N.; *NCE*, XII, 75-76; *BBKL*, VII, 1994, 1314-1317.

nälen seiner Generation, galt als Autorität in allem, was mit den Katholiken im Heiligen Land zu tun hatte, seitdem er erfolgreich den Eucharistischen Kongress im Mai 1893 geleitet hatte, der in Jerusalem unter Beteiligung lateinischer und griechisch-katholischer Bischöfe abgehalten worden war. Bei jener Gelegenheit hatte Langénieux auch die Zeremonie zur Grundsteinlegung der Kirche Notre Dame geleitet, die so bedeutsam für die Demonstration französischer Präsenz in Jerusalem war.[139] Im Juli und im August 1898 schickte der Kardinal mehrere Schreiben an den Papst, in denen er die Einsetzung einer »nationalen Kommission zur Wahrung des französischen Protektorats und seiner Verteidigung« vorschlug. Seiner Ansicht nach würde der Zusammenbruch des Protektorats zweifelsohne eine Demütigung, ja sogar eine Tragödie für Frankreich bedeuten, doch ein solcher müsste auch schwerste Auswirkungen auf die Kirche insgesamt haben, da das Protektorat und sein Bestehen auf das engste mit gesellschaftlichen und religiösen Themen der Erneuerung der Kirche zusammenhingen, die zuoberst auf der Agenda des Vatikans stünden.[140] In seiner Antwort unterstrich der Papst von neuem das Vorrecht Frankreichs, die Katholiken im Orient zu schützen, da »keine Initiative passender sein könnte für die ritterliche und ruhmreiche Tradition des edlen Landes der Vorväter, das in großem Maße insbesondere das Land der Kreuzträger war«. Frankreich sei eine besondere Aufgabe im Heiligen Land in der Vergangenheit, der Gegenwart und Zukunft bestimmt worden. Überdies vergrößere die kontinuierlich sich verschlechternde Lage des Katholizismus in Palästina die Dringlichkeit der Aufgabe noch, die Frankreich erfülle.[141]

Die Veröffentlichung des päpstlichen Antwortschreibens in der französischen Presse Anfang September rief eine Flut erboster, »hysterischer Reaktionen« – so die Franzosen – in deutschen Zeitungen hervor.[142] Selbstverständlich standen die aktiv in Palästina Tätigen an der Spitze der Wehklagenden und beeilten sich, ihren Standpunkt in der Zeitschrift *Das Heilige Land* publik zu machen. Im Wesentlichen argumentierten sie, die Franzosen hätten ihren Alleinvertretungsanspruch über Palästina eingebüßt, denn »das Heilige Land steht heute allen Nationen offen«. Groß sei die Bedeutung des französischen Protektorats im Kampf gegen

139 Trimbur, Notre Dame, 137-138; Benner, Strahlen, 194 Anm. 199; Kohler, Dormitio, 75-77.

140 Benner, Strahlen, 193-194; Bensinger, Palestine, 84-86; Richter, Orientreise, 161-163; Kohler, Dormitio, 115-120. Und zu den Schreiben: Alonzo, Allemands, 82-83; Französische Protektorat, 138-139.

141 Ebd., 139-140.

142 Alonzo, Allemands, 85-86; Lepsius et al., Politik, 612-614, No. 3370.

andere Kirchen und für die Verteidigung der Rechte der Katholiken, doch dürfe es nicht gegen die katholischen Interessen anderer Staaten gewendet werden. Klar sei zudem, dass der Papst in seinen Ausführungen nicht die Verwendung des Protektorats als Instrument zur Förderung politischer Interessen Frankreichs im Orient im Sinn gehabt habe.[143] Zwar versuchte der Vatikan im Nachhinein Deutschland zu erklären, beabsichtigt sei eine Wahrung des Status quo gewesen und mehr nicht, doch die Deutschen ließen sich nicht beruhigen und hüteten sich, »Illusionen in dieser Sache zu entwickeln«, wie ihr Botschafter beim Vatikan kundtat. Marschall äußerte wiederholt die Befürchtung, deutsche Einrichtungen wie etwa die der Borromäerinnen in Haifa könnten gezwungen sein, die französische Fahne zu hissen, und das am Vorabend des Eintreffens des Kaisers![144] Die erste kaiserliche Reaktion bestand entsprechend in einer offiziellen Verlautbarung, der Einladung folgen und einige dieser Einrichtungen während der Rundreise durch Palästina besuchen zu wollen.

Fast schien es, als sei die Sache von der Tagesordnung, doch dann kam die Rede des Papstes vor der Delegation der französischen Pilger. Dabei ist wichtig, die Tatsache zu beachten, dass die besagte Rede am 8. Oktober gehalten wurde – nur wenige Tage vor Reisebeginn des Kaisers – und an eine Gruppe adressiert war, die in Begriff war, sich ins Heilige Land einzuschiffen, gleichzeitig mit seiner kaiserlichen Exzellenz in Jerusalem zu weilen und de facto den französischen Widerstand gegen die offenen und versteckten Absichtserklärungen der Deutschen zu demonstrieren.[145] Wilhelm II. sah darin einen persönlichen Affront gegen sich als Oberhaupt der Deutschen, weshalb Bülow seinen Botschafter in Rom, der zum damaligen Zeitpunkt gerade auf Heimaturlaub war und ohnehin schon das Pensionsalter erreicht hatte, anwies, zuhause zu bleiben und die Amtsgeschäfte nicht wieder aufzunehmen. Die Kontroverse wurde indes innerhalb kurzer Zeit beigelegt, als der alte Botschafter seine Demission einreichte und die Reichsregierung, die beschlossen hatte, »den Strick nicht zu überspannen«, einen neuen Botschafter beim Vatikan ernannte.[146] Doch auch während des Besuchs des Kaisers und in der Zeit danach beschäftigte die Angelegenheit die Deutschen weiter. So zog sich der Schriftwechsel in Bezug auf das Protektorat noch bis Mitte des folgenden Jahres 1899 hin. Dann schließlich konnte der deutsche Bot-

143 Französische Protektorat, 135-136.

144 Lepsius et al., Politik, 614-616, No. 3371-3372.

145 Richter, Orientreise, 162-163.

146 Lepsius et al., Politik, 625-626, No. 3385; Gatz, Auslandsarbeit, 40-41; Bensinger, Palestine, 86-87; Richter, Orientreise, 163.

schafter beim Vatikan vermelden, der Papst habe in einer privaten Unterhaltung gesagt, Deutschland habe de facto ein Anrecht auf die Schutzprivilegien über seine Untertanen und Einrichtungen im Heilige Land, doch sei von ihm nicht zu erwarten, dass er die Dankbarkeit außer Acht lassen werde, die die Kirche Frankreich schulde, um öffentlich die Abschaffung des französischen Protektorats zu verkünden, das schon seit mehr als zweihundert Jahren bestehe.[147]

Die Geschichte dieser Krisen ist unter anderem Beleg für die zunehmend enger werdende Zusammenarbeit zwischen dem Außenministerium beziehungsweise der deutschen Regierung allgemein und dem katholischen Heiliglandverein. Sowohl die Katholiken als Bürger wie auch die katholische Kirche in Deutschland standen demonstrativ ihrer Regierung zur Seite bei deren Kämpfen gegen nichtdeutsche katholische Elemente. Das Außenministerium zögerte nicht, sich der katholischen Galionsfiguren zu bedienen, wenn es den Anschein hatte, dass diese Chancen hatten, bessere Resultate zu erzielen. Der Kaiser seinerseits machte durch Äußerungen und Taten wiederholt deutlich, dass er nicht die Absicht hatte, auf seine Pflicht und zugleich sein Privileg zu verzichten, seine katholischen Untertanen zu schützen, wo immer diese sich auch aufhalten mochten.[148]

Der »Verein vom Heiligen Lande« verlor keine Zeit, diese Stimmungslage auszunutzen. Ein Schriftsatz, der dem Außenministerium vorgelegt wurde, enthielt eine deutliche Empfehlung: Zwar sei der Grund der Reise der Wunsch, die »Erlöserkirche« zu weihen, doch dürfe dieser weder als einziger Grund gelten noch sollte er über die Maßen hervorgehoben werden. »Von allen Seiten werden Schwierigkeiten entstehen, wenn Seine Exzellenz als protestantischer Fürst auftreten und einzig und allein an einer kirchlich-protestantischen Feierlichkeit teilnehmen wird.« Er müsse hingegen als deutscher Kaiser auftreten, als Repräsentant von Protestanten wie Katholiken gleichermaßen. Tatsächlich sollte sich Wilhelm II. diesen Ratschlag zu eigen machen, der seiner Einstellung und Politik sehr entsprach. So wurde die Übergabe des Grundstücks der Dormitio an den »Verein vom Heiligen Lande« zu einer eindrucksvollen Demonstration deutscher und deutsch-katholischer Präsenz im Heiligen Land, weshalb die moderne Forschung nicht von ungefähr zu dem Resümee gelangt: »Wilhelm II. ist die zentrale Gestalt der Entstehungsgeschichte der ›Dormitio‹.«[149]

147 Lepsius et al., 628-638, No. 3388-3395.

148 Siehe zum Beispiel Gründer, Kaiserfahrt, 371-376. Zum Vergleich *Times of London*, 8.10.1898, 11; Kohler, Dormitio, 78.

149 Kohler, Dormitio, 7; Kopie des Schreiben s. o., Anm. 130.

3. Die deutsch-katholischen Aktivitäten zugunsten des katholischen Christentums im Heiligen Land, 1838-1875

Die ersten vierzig Jahre deutsch-katholischen Engagements im Heiligen Land standen lediglich im Zeichen wohltätiger und philanthropischer Tätigkeit. Das katholische Deutschland tat alles in seiner Macht Stehende, um die katholischen Aktivitäten im Heiligen Land zu unterstützen, ebenso wie in anderen Staaten und Landstrichen des östlichen Mittelmeerraumes. Diese Jahre waren gekennzeichnet durch die Gründung von Vereinen, die sich zum Ziel setzen, Gelder zu sammeln, die als Spenden an die katholischen Einrichtungen transferiert werden sollten, durch den Beginn organisierter Pilgerreisen und ein wachsendes allgemeines, intellektuelles und wissenschaftliches Interesse an Palästina. Das folgende Kapitel ist diesen Vereinen gewidmet, ihrem Hintergrund, ihrer Geschichte und ihrer wohltätigen Arbeit, die noch nicht die Errichtung von Institutionen und Siedlungen in Palästina zum Ziel hatte. Und schließlich soll das nachfolgende Kapitel eine Einschätzung der Bedeutung und des Stellenwerts dieser Vereine ermöglichen.

Das bayrische Engagement

Die ersten Anzeichen einer erneuerten Beziehung zwischen den Katholiken in Deutschland und dem Heiligen Land – eine Verbindung, die fast gänzlich mit dem Ende der Kreuzfahrerzeit abgebrochen war – waren gegen Ende der ägyptischen Herrschaft über Palästina auszumachen, genauer gesagt im Jahre 1838. Eine Reihe Forscher sieht in jenem Jahr den Ausgangspunkt europäischer Aktivitäten in Palästina, den Beginn erster Penetrationsprozesse, die in ihrer Folge zu einem immer stärker werdenden europäischen Engagement im »Heiligen Land« führten. Diese ersten Ansätze erfolgten von Seiten Großbritanniens und des protestantischen Christentums. In jenem Jahr wurde die Gründung eines britischen Konsulats verkündet, des ersten europäischen Konsulats in Jerusalem in der Neuzeit überhaupt. Preußen tat es den Briten vier Jahre später, nämlich 1842, gleich. Zur selben Zeit setzte das erste behutsame Vortasten für ein katholisches, nichtfranzösisches Engagement ein.[1]

1 Schölch, Europa, 13-15; Vereté, Consulate; Tibawi, Interests, 29-37; Eliav, Britain; Ders., Consuls.

Der Vorstoß erfolgte aus Bayern, dem deutschen Staat mit dem größten katholischen Bevölkerungsanteil. Im »Deutschen Bund« der nachnapoleonischen Phase gab es ab 1815 zwei große Staaten (das evangelische Preußen und das katholische Österreich) sowie einen dritten Staat von mittlerer Größe: Bayern. Alle übrigen Mitglieder des Bundes waren im Vergleich zu diesen nicht mehr als »Bruchstücke von Staaten«.

»Schauplätze des Sonnenaufgangs und der Geburt« König Ludwig I., die romantische Schule und das Heilige Land

Ab 1825 regierte in Bayern Ludwig I. (1786-1868, herrschte bis 1848), ein König »von ästhetischem Charakter, der es eindeutig vorzog, Beifall als Dichter einzuheimsen denn politische Siege gutgeschrieben zu bekommen«, der seine Hauptstadt München zum Zentrum der Schönheit und Künste machte und zu einem Mekka für liberale Schriftsteller und Wissenschaftler.[2] Seine Zeitgenossen hielten ihm zugute, in das Vakuum vorgestoßen zu sein, das 1806 mit der faktischen Abschaffung des im Jahre 962 von Otto I. (936-973), »dem Großen«, begründeten »Heiligen Römischen Reichs Deutscher Nation« entstanden war. Denn es war Ludwig I. – und nicht etwa das österreichische Königshaus –, der die Aufgabe des Herrschers übernahm, von Gottes Gnaden die Angelegenheiten der Kirche selbst an weit entfernten Orten auf der Welt unter seinen Schutz zu stellen. Ihm waren sowohl eine starkes religiöses Empfinden wie eine tiefe katholische Verpflichtung zu eigen, und dies nicht nur in Bezug auf Dinge, die sich in seinem eigenen Land abspielten, sondern auch bezogen auf andere Orten und vor allem das Heilige Land.[3] Sein Wirken fand Wertschätzung auch unter nichtkatholischen Zeitgenossen, die mit Palästina verbunden waren. Das Organ der Templer, *Die Warte*, etwa betonte, Ludwig führe die Angelegenheiten der Kirche in Bayern in sehr viel energischerer Form, als dies die katholischen Bischöfe täten.[4]

Wie viele Intellektuelle seiner Zeit war auch der bayrische König beeinflusst von der romantischen Strömung in Kultur, Literatur, Philosophie und Politik, die unter anderem dazu führte, dass Palästina von

2 Pinson, Germany, 53-54. Als Resümee siehe Gollwitzer, Ludwig, 106-110.

3 Pinson, Germany, 54; Katholische Deutschland, 30; Korti, Ludwig. Weiss (Bayern, 17-26) und Gollwitzer (Ludwig, 103-104) hingegen haben sich auf die historische Figur des Königs als gläubiger Katholik konzentriert.

4 Carmel, Chronik 1, 119-120 (*Warte*, 20.1.1870)

neuem ins Interesse der Europäer rückte, vor allem jener, die von einem starken religiösen Empfinden beseelt waren. Der herausragende Vertreter der Romantik in den Beschreibungen Palästinas zu Beginn des 19. Jahrhunderts war der französische Dichter und Diplomat François René de Chateaubriand (1786-1848). Er bereiste das Land in den Jahren 1806-1807 und hielt seine Eindrücke in einem dreibändigen Werk fest, das 1811 in Paris erschien und noch im selben Jahr ins Deutsche übersetzt wurde. Das Buch erfuhr gewaltige Resonanz, wurde in weitere Sprachen übersetzt und erlangte einen Einfluss, der weit über seine eigentliche wissenschaftliche Bedeutung hinausging.[5]

Die Romantik schöpfte ihre Quellen aus dem Mittelalter, war auf religiöse Werte und Gefühle angewiesen und bemühte das Mystische und Magische. Ihr Einfluss auf das Denken und die politische Lehre der führenden deutschen Denker und Wissenschaftler im 18. Jahrhundert und zu Beginn des 19. Jahrhunderts war immens.[6] Von daher war es nur ein kurzer Weg von der engen Verbindung zwischen dem Palästina jener Tage und dem Palästina der Zeit der Kreuzzüge. Chateaubriand, der auch als »Kreuzfahrernachkomme« bezeichnet worden ist, zeichnete den Weg vor für einen stetig anwachsenden Strom romantisch geprägter Pilgerliteratur, da »sein Beispiel Schule machte«.[7] Zu denen, die diesem Strom folgten, zählten zahlreiche weitere Persönlichkeiten, wobei die Mehrheit der Katholiken unter ihnen Franzosen, Österreicher oder Deutsche waren. Die Romantik führte unmittelbar dazu, dass das Heilige Land die Gedanken der Katholiken in Deutschland zu durchdringen begann. Der Erste, der bereits gegen Ende des 18. Jahrhunderts diese Entwicklung vorwegnahm, war der junge und einflussreiche Dichter Novalis (eigentlich Georg Friedrich Philipp Freiherr von Hardenberg, 1772-1801). In klarer und beeindruckender Form präsentierte er die Idee, es habe ein Prozess der »Näherung ans Morgenland durch die neueren politischen Verhältnisse« begonnen, und versuchte, eine »Romantisierung« des preußischen Staates herbeizuführen.[8] Der renommierteste unter den Pilgern aus diesen Kreisen war der Philosoph und Philologe Peter Ernst von

5 Chateaubriand, Itinéraire. Und siehe auch: Röhricht, Bibliotheka, 341-342; Cramer, Jahrhundert, 7; Ben-Arieh, Rediscovery, 50-51; ders., Travel Literature, 171.

6 Beiser, Enlightment, haupts. 222-244; Weiss, Bayern, 31-38; Rürup, Deutschland, 120-123. Zur deutschen Romantik und ihrer Entwicklung siehe Brown, Romanticism. Zu Ausdrucksformen der deutschen Romantik in verschiedenen Bereichen der Kunst siehe Hauser, Sozialgeschichte, 170-238.

7 Gollwitzer, Palästinafahrten, 288-289; Ben-Arieh, Travel Literature, 171.

8 Pinson, Germany, 40; Alexander, Church, 366-371; Kroll, Friedrich Wilhelm, 17-19. Zu dem Novaliszitat siehe Gollwitzer, Palästinafahrten, 289.

Lasaulx (1805-1861), der sich zwei Jahre lang auf seine zweijährige Reise durch Italien, Griechenland und Palästina vorbereitete, jene Stätten, die in seinen Augen die bedeutsamsten in der Geschichte der menschlichen Zivilisation waren.[9] Sein Aufenthalt in Palästina Ende des Jahres 1833 dauerte zwei Monate. In einer Vorlesung, die er später vor der Bayrischen Akademie der Wissenschaften hielt, sprach Peter Ernst von Lasaulx über die Verbindung zwischen den Griechen und Römern und der Gegenwart in Deutschland und fragte:

> »Überblicken wir so den Entwicklungsgang der Griechen und Römer, deren Leben abgeschlossen vor uns liegt wie das eines gefallenen Helden, so ist es wohl eine Natürliche Frage, ob und was aus den hier erkannten Lebensgesetzen auf unser eigenes Leben sich anwenden lasse?«[10]

Lasaulx gehörte zu einem Kreis junger katholisch-romantischer Intellektueller, der sich in München um Johann Joseph von Görres (1776-1848) gebildet hatte, den herausragenden und führenden unter den katholischen Intellektuellen in Deutschland in der ersten Hälfte des 19. Jahrhunderts sowohl in religiöser als auch in politischer Hinsicht. Lasaulx, der auch ein Neffe Görres' war, zählte zu den wichtigsten Verfassern von Beiträgen für die *Historisch-politischen Blätter für das katholische Deutschland* (*HPB*), eine Zeitschrift, in der die Mitglieder der Gruppe ihre Meinungen und Ideen zu Gehör brachten.[11]

Görres, einer der größten Publizisten seiner Zeit, war Ende des 18. Jahrhunderts nach einem längeren Aufenthalt in Paris von seiner Wertschätzung für die Französische Revolution als Befreiungsbewegung und von seinen eigenen revolutionären und antikirchlichen Überzeugungen »geheilt« worden. Unter dem Einfluss des Philosophen Friedrich Wilhelm Joseph von Schelling (1775-1854) begann er sich nach der Jahrhundertwende der romantischen Bewegung anzunähern und sich für Naturphilosophie, Kunst und Lyrik zu interessieren.[12] Infolge dieses Interesses verließ Görres seine Geburtsstadt Koblenz, wo er als Physiklehrer gearbeitet hatte, und ging an die Universität von Heidelberg, dem Zentrum der deutschen Romantik. Doch sein Aufenthalt war nur von kurzer Dauer, da die Anfeindungen der Protestanten gegen den katholischen

9 *ADB*, XVII, 1883, 128-129.
10 Lasaulx, Entwicklung, 24.
11 Rhein, Zehn Jahre, 31-32.
12 Über Görres und seine Romantik in den Augen seines Schülers und Freundes siehe Sepp, Görres, 51-58; ders., Görres Zeitgenossen, 77-78.

Romantiker diesen schon nach einem Jahr zwangen, nach Koblenz zurückzukehren. Dort gründete er den *Rheinischen Merkur*, eine katholische Zeitschrift, die ihm in den darauf folgenden Jahren als Sprachrohr diente. Görres begann zu jenem Zeitpunkt auch, sein Interesse auf Bereiche wie die Geschichte Deutschlands und die deutsche Sprache und Kultur auszudehnen, was ihn unter anderem für eine Wiedererrichtung des Deutschen Reiches unter der Ägide des österreichischen Kaisers eintreten ließ. Die Drohung der preußischen Regierung, ihn zu verhaften, nötigte ihn, sich nach Süden abzusetzen. Bis 1827 hielt er sich in Straßburg auf, wo ihn die Faszination für mittelalterliche mystische Schriften gefangen nahm und er auch zu seinen wissenschaftlichen Forschungen zurückfand. Dann schließlich berief ihn Ludwig I. zur Alma Mater der Universität München, womit der letzte Abschnitt seines Lebens begann. In den folgenden einundzwanzig Jahren, die er in der bayrischen Hauptstadt verbrachte, wurde Görres zur dominierenden Figur katholischer Intellektueller in ganz Deutschland.[13]

Bedingt durch das Fehlen einer eigenen politischen und sozialen Tradition tat sich der deutsche Katholizismus des 19. Jahrhunderts schwer, ein eigenständiges Leben in diesen Bereichen zu entwickeln und den Rückstand im Vergleich zum französischen Katholizismus und dem deutschen Protestantismus wettzumachen.[14] Auch sollte hier auf den Unterschied hingewiesen werden zwischen der politischen Romantik in Frankreich, deren Begründer sämtlich Katholiken waren, und ihrem deutschen Pendant, dessen Vertreter in der Mehrheit ihren Weg als Protestanten begonnen hatten und dann zum Katholizismus übergetreten waren.[15] Görres' Kreis war ein geistiges Zentrum zahlreicher katholischer Intellektueller. Ihre Hauptziele waren eine Erneuerung des geistigen katholischen Lebens, die Befreiung der Kirche von den Fesseln des Staates sowie eine Förderung aller Aspekte, die mit dem katholischen Glauben verbunden waren.[16]

13 Görres sind etliche Biographien, Forschungsarbeiten und Publikationen anderer Art gewidmet. Neben den bereits angeführten Werken von Sepp wurde auch von folgenden Studien Gebrauch gemacht: Alexander, Church, 389-393; Raab, Görres; Morsey, Görres; ders., Katholizismus, 27-30; Weiss, Bayern, 19, 61-63; Heinen, Macht, 81-82 (Das Dokument: »Die künftige deutsche Verfassung«, 1814).

14 Alexander, Church, 353-356. Zum Einfluss der Französischen Revolution auf die Entwicklung des deutschen Katholizismus siehe ebd., 361-365; Nipperdey, Geschichte, 359-367.

15 Alexander, Church, 371-383.

16 Weiss, Bayern, 59-65.

Görres gehörte zu jenen, die als Erste eine romantische Annäherung an den Orient anregten, und war der Erste, dem Lasaulx seinen Plan für eine Reise zu den wichtigsten Stätten der Geschichte der Menschheit vorlegte. Mit seiner Rückkehr nach München fuhr Lasaulx fort, für eine enge Bindung an Palästina zu werben und sich für eine wirkliche Unterstützung der wenigen und schwachen Elemente einzusetzen, die dort die katholische Christenheit repräsentierten, wobei er seinen romantischen Anschauungen treu blieb.

»Kreuzzugsbegeisterung« Maximilian Josef und der »Ritterorden vom Heiligen Grabe«

Der wachsende Einfluss der romantischen Bewegung einerseits und die vermehrten Möglichkeiten und verbesserten Bedingungen für eine Pilgerreise ins Heilige Land andererseits, infolge der Annäherungspolitik an Europa und der Öffnung des Landes, welche die ägyptischen Regierungen unter Führung von Muhammad Ali und Ibrahim Pascha verfolgten, führten zu einem stetig anwachsenden Strom von Orientreisenden aus dem Westen allgemein und insbesondere aus verschiedenen Regionen Deutschlands. Unter ihnen fanden sich auch Adlige, wobei der erste namhafte unter ihnen der bayrische Herzog Maximilian Josef (1808-1888) war, Angehöriger einer bayrischen Adelsdynastie. Er war mit Ludovika (1808-1892), der jüngsten Tochter König Maximilians I. (1756-1825) und Stiefschwester seines Thronerben Ludwig I., verheiratet. Maximilian sollte sich später einen Namen machen mit Dramen und Erzählungen, die er unter dem Pseudonym »Phantastus« veröffentlichte, und aufgrund der Tatsache, dass er der Vater Sissis war, der österreichischen Kaiserin Elisabeth Amalie Eugenie (1837-1898). 1838 begab sich Maximilian auf eine große Reise in die Ursprungsländer der klassischen Kulturen. Vor seiner Abreise erhielt er Ratschläge und Instruktionen von Gotthilf Heinrich von Schubert (1780-1860), einem der herausragenden Naturwissenschaftler in Bayern, der bereits von September 1836 bis Juli 1837 den Orient bereist hatte.[17]

Auf seinem Weg ins Heilige Land machte der Herzog Zwischenstation in Athen, wo er sicherlich Otto I. (1815-1867) getroffen haben dürfte, Ludwigs zweitältesten Sohn, der 1833 als König des unabhängigen Grie-

17 Kosch, Katholische Deutschland, II, 2846-2847; Schubert, Reise. Und siehe auch Goren, Zieht hin, 117-124.

chenlands inthronisiert worden war.[18] Sein Weg führte weiter über Konstantinopel nach Ägypten, wo er im Süden bis Nubien und zur zweiten Nilschwelle vordrang. Palästina schließlich erreichte er im Mai 1838. Die gesamte Reise trug einen stark romantischen Stempel und erlebte am 13. Mai ihren Höhepunkt in einer Zeremonie, in der Maximilian zum »Ritter vom Heiligen Grab« geschlagen wurde und das Schwert Gottfried von Bouillons umgegürtet bekam. Die Zeremonie aber, die traditionell in der Grabeskirche abgehalten wurde, war überschattet von der Gefahr einer in der Stadt grassierenden Epidemie, weshalb sich die Mönche in ihrem Kloster eingeschlossen hielten. Doch es fand sich eine Lösung: Die Investiturzeremonie fand im Zentrum der Franziskaner in Jerusalem statt, wobei sich die Quellen nur hinsichtlich des genauen Ortes uneinig sind, entweder in der Kirche San Salvador oder aber in den Gemächern des Abtes,[19] damals Frater Perpetuo Guasco de Solero.[20]

Nach seiner Rückkehr veröffentlichte Herzog Maximilian einen Band mit Reisebeschreibungen, dessen Motto er den Schriften des französischen Dichters Alphonse de Lamartin (1790-1869) entlehnte, der selbst ins Heilige Land gepilgert und für seine sentimentalen Beschreibungen bekannt war. In Maximilians Begleitung befand sich auch der bayrische Hofzeichner Heinrich von Mayr, der seine Reiseeindrücke in überwältigenden Zeichnungen festhielt, einige davon aus Jerusalem, die zu einem Album zusammengefasst wurden. Das Titelblatt dieses Albums zierte ein Porträt Muhammad Alis. Fünf der farbigen Lithographien Mayrs finden sich heute im »Orientalischen Raum« der Fossiliensammlung des Klosters Banz bei Staffelstein in Oberfranken ausgestellt, dazu weitere Exponate, die der Herzog von seiner Reise mitgebracht hatte.[21]

Teil des Besuchs in Jerusalem war natürlich auch das traditionelle Abschreiten der Via Dolorosa, aller Wahrscheinlichkeit nach in Begleitung

18 Siehe zum Beispiel Miller, Ottoman, 106-124.

19 Kosch, Katholische Deutschland, II, 2846-2847; Herzog Max; Maximilian, Wanderung, 220-221; Cramer, Ritterorden, 148-149; Ders., Ritterorden vom hl. Grabe, 72-73; Gollwitzer, Palästinafahrten, 318; Kästle, Banz, 64.

20 Golubovich, Serie, 112.

21 Maximilian, Wanderung; Mayr, Ansichten. Das Kloster diente Herzog Wilhelm als Sommerresidenz, und auch sein Enkel Maximilian pflegte sich während der Sommermonate dort aufzuhalten. Die Fossiliensammlung umfasst Exponate, die im Verlauf des 18. und 19. Jahrhunderts zusammengetragen wurden. Nach der Rückkehr von seiner Reise dekorierte Maximilian einen der Räume des Klosters im zweiten Stock im orientalischen Stil und stellte dort alles zur Schau, was er aus dem Nahen Osten mitgebracht hatte, unter anderem auch einige präparierte Nilkrokodile (Kästle, Banz, 19-20, 64-81).

eines Franziskanermönches. Der Herzog passierte dabei auch die Stelle, an der Jesus der Überlieferung nach gegeißelt wurde, nachdem er von den Männern des Pilatus an die Soldaten übergeben worden war, damit diese ihn zur Kreuzigungsstätte brächten – die zweite Station des »Wegs der Leiden«.[22] Über diesen Ort konnten die Begleiter des bayrischen Herzogs, wahrscheinlich freudig erregt, berichten, dass am 21. Mai 1836 ein Ferman in Kraft getreten war, in dem Muhammad Ali die »Rückgabe der Eigentumsrechte am Ort der Geißelung« an die Franziskaner bestätigt hatte.[23]

Die Franziskaner wollten ihr wieder gewährtes Eigentumsrecht schnell materialisieren und an dieser Stelle eine Kapelle errichten, doch mussten sie dazu zunächst einen Teil des angrenzenden Gebäudes erwerben, das sich in Besitz eines Einheimischen befand, und dazu reichten ihre Mittel nicht aus. Joseph Salzbacher (1790-1867), ein hochrangiges Mitglied des Klerus, Dozent der theologischen Fakultät und Intimus am kaiserlichen Hof in Wien, hatte ein Jahr zuvor den Orient bereist, unter anderem im Auftrag seines Kaisers, der Möglichkeiten zur Errichtung von Missionsstationen deutschsprachiger Katholiken ausloten wollte.[24] Salzbacher zufolge betrug die von den Franziskanern benötigte Summe 30.000 Piaster (was zum damaligen Zeitpunkt ungefähr 3.000 Wiener Gulden entsprach). Und da seine Reisebeschreibungen erst 1839 erschienen, konnte Salzbacher dort noch hinzufügen, dass es der bayrische Herzog gewesen sei, der die Misere überwinden geholfen und die Summe gespendet habe, die zum Erwerb des Restgrundstücks und der Erbauung der Kapelle aufgebracht werden musste. Die Bauarbeiten begannen Ende 1838 oder Anfang 1839,[25] waren jedoch auch 1840 noch nicht abgeschlossen, da der Kadi von Jerusalem diese durch immer neue Auflagen verzögerte. Um sie aus dem Weg zu räumen, waren Bestechungsgelder und sogar ein neuer Ferman erforderlich. Am Ende schließlich war es vollbracht, die Errichtung jenes »kleinen Gotteshauses, zu dem sich eine Tür in der blinden Mauer der Gasse öffnet […] und in dem sich für gewöhnlich ein Franziskaner befindet, der seine Zeit in der warmen Sonne verbringt«.[26] Es war

22 Matthäus 27, 30; Markus 15, 19.

23 Lemmens, Franziskaner, 220-221.

24 *BLO*, XXIIX, 1874, 162-164; Heider, Anspruch, 59; Goren/Ben Arieh, Austria, 11-12.

25 Salzbacher, Erinnerungen, II, 40-43; Heilbronner, Morgenland, II, 281; Williams, Holy City, 385; Kapelle der Geißelung; Pilgerführer 1907, 114. Zu den in jenem Zeitraum in Palästina üblichen Währungen, ihrem Gegenwert und ihrer Kaufkraft siehe Luncz, Values; Verney/Dambmann, Puissance; Rubinstein, Coinage.

26 Tobler, Topographie, I, 344-345.

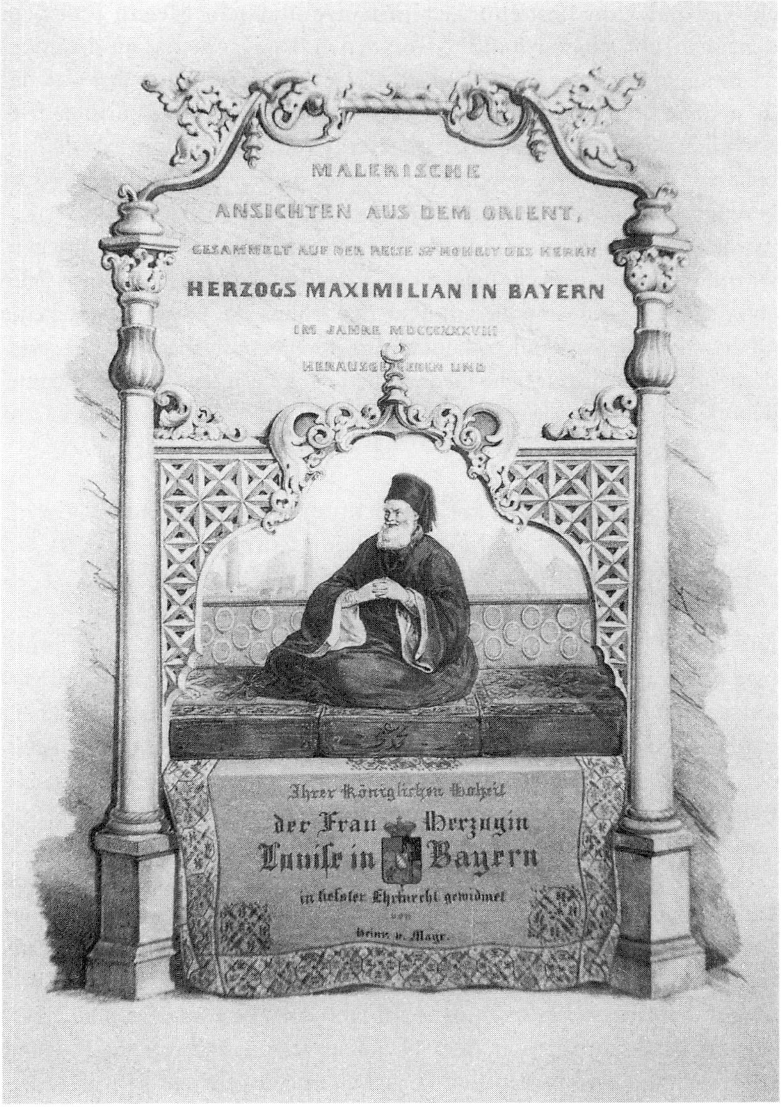

Heinrich von Mayr: Titelblatt mit einer Darstellung von Muhammad Ali

ein Gebäude von fünfzehn Metern Länge und acht Metern Breite, in dem sich fünf Altäre befanden, von denen der Hauptaltar an der angenommenen Stelle der Geißelung stand. Da es das erste seiner Art war, das in neuerer Zeit auf der Via Dolorosa errichtet wurde, und der erste christlich-katholische Sakralbau der Neuzeit in Jerusalem, wurde die Kapelle viel besucht und beschrieben, wobei mancher anmerkte, der Ort bezeuge in keinerlei Weise den Anteil des bayrischen Herzogs.[27] 1845 wurde es als antikes, rundes Bauwerk in Form eines Turmes beschrieben, von einer Kuppel bedeckt und in der Nähe des Ecce-Homo-Bogens gelegen.[28] Heute sind von diesem Bau des frühen 19. Jahrhunderts keine Überreste mehr vorhanden, kündet nur noch eine in die Wand der modernen Kapelle eingelassene Gedenkplatte vom Wirken Herzog Maximilians.

»Zum Zwecke der Bewachung und Erhaltung der Kirche des Heiligen Grabes«

Der »Ludwigmissionsverein«

Die Pest, die in Jerusalem wütete und sogar Opfer unter seiner Entourage forderte, zwang Maximilian, seinen Aufenthalt in Palästina zu verkürzen und sich schnellstens auf den Rückweg in die Heimat zu machen. Und es scheint kein Zufall zu sein, dass sich von jenem Zeitpunkt an in der bayrischen Hauptstadt intensive Aktivitäten zugunsten jener nachweisen lassen, die als die Hüter westlich-katholischer Tradition und Präsenz an der Wiege der Christenheit begriffen wurden. Der bestürzende Eindruck, den die Schilderungen des Herzogs von der Lage des Heiligen Landes und der dort lebenden Katholiken hinterließen, sowie das persönliche Beispiel, das er durch seine Hilfe für die Franziskaner setzte, veranlasste den katholischen Apparat, noch vor Veröffentlichung von Maximilians Reisebeschreibungen im Jahre 1839 zu reagieren. Die Presse begann, großes Interesse an dem Thema zu zeigen, und Ludwig I., dieser von religiösen und romantischen Vorstellungen geleitete Monarch, beeilte sich zu handeln.[29] Noch im Jahre 1838 stellte er sich an die Spitze einer neuen Bewegung »zugunsten der Glaubenserhaltung und Glaubensverbreitung in Palästina und dem Orient«, eines internationalen

27 Gatt, Jerusalem, 116; Kapelle der Geißelung; Pilgerführer 1907, 114; Lemmens, Franziskaner, 220-221; Ben-Arieh, Jerusalem, 202-205.

28 Tobler, Topographie, I, 348.

29 Jerusalem Hüter.

Gedenkplatte für Herzog Maximilian an der Geißelungskapelle

katholischen Missionsvereins, der 1822 im französischen Lyon gegründet worden war und Gelder vor allem in Frankreich, Amerika und Deutschland sammelte. In einem ersten Schritt änderte man den Vereinsnamen, der in Bayern zum »Ludwigmissionsverein« wurde, ehe sich dieser dann 1839 vom Mutterverein lossagte. Dies war ein Zeichen für die Katholiken in den übrigen deutschen Staaten und so wurde aus der preußischen Sparte der »Franziskus-Xaverius-Verein«. Dieser war in Aachen gegründet worden und nach jenem heilig gesprochenen Jesuitenpater benannt, der im 16. Jahrhundert an der Spitze derer gestanden hatte, die in Indien und Japan das Christentum verbreiteten. Doch auch in jenen Jahren, in denen der bayrische Verein selbstständig handelte, flossen weiter zahlreiche Spenden aus München nach Lyon.[30]

Der unabhängig gewordene Verein setzte es sich zum Ziel, Missionare aus dem Mutterland in Amerika und Asien zu unterstützen, doch bereits

30 Ditscheid, Mission, 58-59; Katholische Deutschland, 30; Hoffmann, Katholiken, 30-32.

in der Gründungsurkunde und der Vereinssatzung wurde den Vertretern des katholischen Christentums in Palästina eine Sonderstellung eingeräumt. So verpflichtete sich der »Ludwigmissionsverein« den Orden vom Heiligen Grab finanziell und bei der Leitung der heiligen Stätten in Jerusalem zu unterstützen, und der bayrische König höchstpersönlich bestimmte ausdrücklich:

> »Wir Ludwig […] von der sehr bedrängten Lage in Kenntnis gesetzt, in welcher sich die frommen Väter vom Heiligen Grabe in Jerusalem rücksichtlich der Unterhaltung der Kirche, welche das Heilige Grab unseres Erlösers umschließt, und ihrer eigenen befinden, haben Wir Uns entschlossen, aus Unserer Kabinettskasse einem Stiftungskapital von 10000 Gulden die erhabene Bestimmung zu geben, dass für ewige Zeiten aus den Zinsen den frommen Männern zu Jerusalem zum Zwecke der Bewachung und Erhaltung der Kirche des Heiligen Grabes ein Betrag zufließen soll.«[31]

Und tatsächlich wurden fortan von der Stiftung jedes Jahr rund 6.000 Gulden nach Palästina transferiert.[32]

Am 27. Oktober 1847 dann veröffentlichte Ludwig einen königlichen Erlass, in dem er anordnete, jeweils am Palmsonntag eine jährliche Kollekte durchzuführen. Die Kollekte war vollständig für die Katholiken im Orient bestimmt und machte im Schnitt zwischen 10.000 bis 12.000 Gulden aus. Bis zur Einstellung seiner Aktivitäten im Jahre 1888 sollte der bayrische Missionsverein Beträge im Gegenwert von rund 512.000 Mark nach Palästina transferieren. Darüber hinaus standen dem Bistum München-Freising zwei Kapitalfonds zur Verfügung, deren Vermögen sich

31 Katholische Deutschland, 30. Siehe auch Schmitz, Deutschtum, 7-8; Meinertz, Kampf, 243; Cramer, Jahrhundert, 7.

32 Der Gulden, benannt nach der Goldmünze, die vom 16. Jahrhundert an in den italienischen Handelsstädten in Gebrauch war, diente ab 1857 als Zahlungsmittel in Süddeutschland und Österreich und entsprach zwei Dritteln des Werts eines Talers. In Österreich blieb der Gulden bis 1892 in Benutzung. Gulden und Florenus waren zwei Bezeichnungen für ein und dieselbe Münze. In den anderen Teilen Deutschlands war der Taler üblich, eine Goldmünze, die ihren Ursprung im Böhmen des 16. Jahrhunderts hatte. Die Münzen des Talers trugen unterschiedliche Namen wie »Engel« oder »Glocken« entsprechend ihrer Prägung. Ein preußischer Taler hatte als Untereinheit 30 Silbergroschen bzw. 360 Pfennige. Die Mark löste ab 1875 im vereinten Deutschland alle anderen Münzzahlungsmittel ab. Ein Reichstaler entsprach drei Mark, gleichbedeutend mit 300 Pfennigen. In dem von uns behandelten Zeitraum war die Inflation in Deutschland relativ niedrig, so dass die Lebenshaltungskosten von 1856 bis 1897 nur um 26 Prozent anstiegen (Fischer et al., Arbeitsbuch, I, 155-157).

zusammen auf etwa 120.000 Gulden belief und deren Erträge ebenfalls als Spende nach Palästina flossen. Der bayrische König blieb der Hauptgeldgeber und die treibende Kraft dieses Vereins, auch nach seiner Absetzung bis zu seinem Tod 1868. Eine Quelle gibt an, er habe in vierzig Jahren seiner Kabinettskasse die ungeheure Summe von 4.5 Millionen Gulden für den Bau von Kirchen und Klöstern sowie für die weltweite katholische Mission entnommen. Von den Geldern, die in den Jahren 1844-1868 gesammelt wurden, wanderten 41 Prozent nach Amerika, 33 Prozent dienten dem Kampf gegen den Protestantismus in Deutschland und lediglich 10,7 Prozent gelangten nach Asien (nach Gesamtasien!) und eineinhalb Prozent – nach Afrika.[33]

»Wahrhaftig, das ist die Stadt Gottes, die auf dem Berge liegt«
Ludwigs Pläne für Palästina

Auch die Katholiken wurden selbstverständlich der im Entstehen begriffenen Situation gewahr, nachdem die Region wieder unter die Herrschaft der Osmanen gelangt war. Es war dies die Gelegenheit, zugunsten der heiligen Stätten zu handeln, ja diese vielleicht sogar zu erwerben. Eine Gelegenheit, die unter tätiger Mithilfe der europäischen Großmächte geschaffen wurde, die, wie bereits erwähnt, innerhalb von weniger als zehn Jahren die Hohe Pforte zweimal vor einer verheerenden Niederlage gegen die Truppen des ägyptischen Herrschers bewahrt hatten. Alles in allem also bot sich eine einmalige Gelegenheit zu weitreichendem europäischem Engagement in Palästina. Die Herausgeber der *Historisch-politischen Blätter* beeilten sich, den österreichischen Kaiser Ferdinand I. (1793-1875, Kaiser von 1835 bis 1848) aufzufordern, das Vakuum in Bezug auf die Vertretung der Katholiken auszufüllen, das in Palästina durch den Machtverlust der Franzosen, die Muhammad Ali unterstützt hatten, entstanden war. Der Kaiser wurde gedrängt, einen Fuß nach Palästina zu setzen, der dortigen Verwahrlosung Herr zu werden und sich für die Verteidigung der Christen und des Heiligen Grabes einspannen zu lassen, für den Kampf um das Zugangsrecht zu den heiligen Stätten für Pilger und andere vergleichbare Aufgaben, die bestimmt waren, die Lage der Lateiner im Heiligen Land zu verbessern.[34]

33 Katholische Deutschland, 30; Unterstützungen, 78; Hoffmann, Katholiken, 33; Sinno, Interessen, 204.

34 Occident und Orient, 80.

Ludwig I., der sich emotional mit der Geburtsstätte des Christentums verbunden fühlte, war alles andere als gewillt, bei diesem Prozess ein unbeteiligter Beobachter zu bleiben. Er begnügte sich folglich nicht länger mit Zuwendungen aus seinem Etat und weitete seine Pläne über die Spendentätigkeit hinaus aus. Zunächst waren es Herzog Maximilian Josef und sein Bericht, die bei dem König eine Beziehung zum Heiligen Land schufen. Wenig später ging der Reisebericht Schuberts in Druck, der der Gattin Ludwigs I., der protestantischen Königin Therese von Sachsen-Hildburghausen (1792-1854), gewidmet war. Das Buch erreichte schnell eine hohe Auflage und entsprechende Resonanz, nicht zuletzt auch wegen der prominenten Stellung seines Verfassers.[35] Innerhalb kurzer Zeit erfuhren die Bayern auch von der Einrichtung des britischen Konsulats in Jerusalem, ehe 1841 erste Nachrichten von der Absicht eintrafen, in der Heiligen Stadt ebenfalls ein protestantisches Bistum zu errichten. Die Schaffung eines gemeinsamen englisch-preußischen Bistums, das Eintreffen von Bischof Alexander in Jerusalem und die Grundsteinlegung für die ›Christuskirche‹ im Jahre 1842 schließlich riefen ein starkes Echo in der katholischen Welt hervor. Dieses hatte in den deutschsprachigen Ländern eine doppelte Bedeutung: Zum einen resultierte es aus der Bedrohung, die den Katholiken und ihrem Glauben durch die neue Einrichtung in Palästina entstand, und zum anderen durch die »Anglikanisierung« des deutschen Protestantismus, wie sie in dem Gründungsvertrag des Bistums zum Ausdruck kam, der dem Erzbischof von Canterbury eine Vorrangstellung einräumte. Die besten Publizisten aus Görres' Kreis wie etwa Johann Joseph Ignaz von Döllinger (1799-1890), einer der bedeutendsten katholischen Theologen seiner Zeit, Mitglied des Klerus, namhafter Kirchenhistoriker und einflussreicher Vordenker, überprüften jede Meldung und jeden Artikel, ja sogar jeden Leserbrief an die Redaktion der Londoner *Times*, um vor den zahlreichen Gefahren zu warnen, welche die protestantische Initiative barg.[36]

In den Jahren 1838 bis 1847 kamen aus München verschiedene Vorschläge, wie Bayern seinen Teil zum europäischen Engagement in Palästina beitragen könne. Ludwig I. wollte dem Beispiel Großbritanniens folgen und eine eigene diplomatische Vertretung nach Jerusalem entsenden. Zudem hatte er vor, die Grabeskirche restaurieren und in alter Pracht wiedererstehen zu lassen, und zwar so, wie sie zu Zeiten der Kreuzfahrer ausgesehen hatte, ein Plan, der natürlich seinen romantischen

35 Schubert, Reise.

36 Döllinger, Bisthum; Erzbischof Canterbury; Anglikanisierung.

Neigungen entsprach.[37] Tätig indes wurde er erst 1845, als er gemeinsam mit dem österreichischen Kaiser die Entsendung einer Forschungsdelegation anregte, bestehend aus zwei Wissenschaftlern, die untersuchen sollten, in welcher Form die beiden katholischen Staaten an den sich entwickelnden europäischen Aktivitäten in Palästina Anteil nehmen könnten. Erklärtes Ziel war es, die Interessen der Katholiken gegenüber dem wachsenden protestantischen Engagement zu schützen.[38]

Als seinen Repräsentanten in der Delegation berief der bayrische König Johannes Nepomuk Sepp, Theologe und Historiker aus München, einen der besten Schülers Görres' (Görres betreute als Doktorvater sogar seine Promotion in Philosophie) und einen derjenigen, die diesem aus seinem Kreis junger katholisch-intellektueller Romantiker am nächsten standen. Der gebürtige Münchener Sepp beherrschte mehrere klassische Sprachen: Latein, Griechisch, Hebräisch und Arabisch. Als Katholik hatte er sich vergeblich bemüht, in Schuberts Delegation aufgenommen zu werden, deren Mitglieder ausnahmslos der evangelischen Kirche angehörten. Über seine Berufung war er entsprechend mehr als erfreut, denn mit dieser Reise sollte eine Zeitspanne von über sechzig Jahren anbrechen, in denen er in ständigem, engem Kontakt zu Palästina blieb, dieses erforschte und in die katholischen Aktivitäten dort involviert war.[39] Ohne Zweifel war dies ein wichtiger Einschnitt im Leben des jungen Wissenschaftlers. Jerusalem nahm ihn gefangen, eroberte sein ganzes Wesen, wie er in seiner blumigen, so stark romantisch geprägten Sprache kundtat:

> »Ich habe Jerusalem, die Friedensstadt vor Augen, und rufe von ganzer Seele aus: Wahrhaftig, das ist die Stadt Gottes, die auf dem Berge liegt, und keine Stadt der Erde mag sich mit ihr vergleichen, so majestätisch ruht sie mit hohen Mauern und Zinnen hoch auf ihren ewigen Hügeln.«[40]

Sepp bekundete später, er habe sich selbst zum Ziel gesetzt, ein »katholischer Bunsen« zu werden, da er seine Hauptaufgabe darin sah, Initiative zu ergreifen, die zu ähnlichen Resultaten führen sollte wie die des gelehrten Diplomaten, des einstigen Abgesandten des preußischen Königs, der

37 Zu Ludwig und seinen Plänen siehe Katholische Deutschland, 31; Schmitz, Deutschtum, 8; Sinno, Interessen, 204; Carmel, Chronik 1, 120.

38 Goren/Ben-Arieh, Austria, 16-17; Goren, Scholar, 56-58; ders., Zieht hin, 149-153.

39 Ebd., 147-166.

40 Sepp, Bisthum, 721.

zum damaligen Zeitpunkt bereits als Botschafter seines Landes in Großbritannien fungierte.[41] Sepps österreichischer Gegenpart war Johann Mozetizh (in den Quellen taucht sein Name auch als Mossetich, Mosettizh, Mozetich oder Mossetig auf), Professor für Bibelkunde und orientalische Sprachen aus Görz, der berufen wurde auf Empfehlung des österreichischen Kanzlers Klemens Wenzel Lothar von Metternich (1773-1859), der seit 1840 entscheidenden Anteil an den gesamteuropäischen Ereignissen und Plänen im östlichen Mittelmeerraum hatte. Metternich war maßgeblich beteiligt an der Londoner Konferenz und ihren Beschlüssen, seine Armee hatte 1840 im Libanon und Palästina gekämpft und das ihre dazu beigetragen, Muhammad Ali nach Ägypten zurückzudrängen. Auch entwickelte der österreichische Kanzler einen eigenen Plan, der im Wesentlichen auf eine Wahrung der Rechte der Christen an den heiligen Stätten abzielte. Zudem stockte er das österreichische konsularische Corps im Orient auf.[42]

Sepp und Mozetizh hielten sich von August 1845 bis Mai des darauf folgenden Jahres in Palästina auf. Sie unternahmen zahlreiche Exkursionen im Land, wobei ihnen Ernst Gustav Schultz (1811-1851) behilflich war, der erste preußische (und beinahe überflüssig zu sagen: protestantische) Konsul in Jerusalem.[43] Ihr Hauptaugenmerk jedoch galt dem Versuch, geeignete Wege zu finden, um eine sofortige Verbesserung der schwierigen Lage der Franziskaner zu erwirken. Ihre jeweiligen Schlussfolgerungen und Empfehlungen fielen unterschiedlich aus, offenbar ihrer Persönlichkeit entsprechend und dem Anteil, den jeder von ihnen am europäischen Engagement in Palästina nahm, sowie dem Maß an Einfluss, den die romantische Strömung auf ihren persönlichen Lebensweg und ihre Anschauungen hatte. Mozetizh, der mit dieser einen Reise seine Tätigkeit in Palästina beendete und sich entschied, sein weiteres Leben als erfolgreicher Missionar in den Vereinigten Staaten zu verbringen, legte am 26. April 1846 einen ausführlichen Bericht zu seiner Mission vor. Der Schriftsatz beeindruckte Metternich und war einer der Gründe, die den österreichischen Kanzler bewegten, sich eiligst an die Realisierung einer Idee zu machen, die schon früher aufgekommen war: die Er-

41 Zu Bunsen und dem gemeinsamen englisch-preußischen Bistum siehe zum Beispiel Ruppel et al., Bunsen; Krüger, Bunsen.

42 Gelber, Question, 46-60; Eliav, Österreich, 38-41; Goren/Ben-Arieh, Austria, 12-15; Goren, Scholar, 56-58. Zu Mozetizh siehe *BLO*, XIX, 1868, 155-156.

43 Schriftstücke zu Sepps Palästinareise, BSB, Seppiana 67; Sepp, Nekrolog, 260; Carmel, Chronik 1, 119-123; Goren/Ben-Arieh, Austria, 16-17; Goren, Zieht hin, 150-152. Zu Schultz siehe ebd., 194-201.

richtung einer österreichischen diplomatischen Vertretung in Jerusalem.[44]

Allem Anschein nach war die Einrichtung einer bayrischen Repräsentanz in der Stadt – die niemals verwirklicht wurde – nur einer der Vorschläge Sepps, ja nicht einmal der wichtigste. Denn im Laufe seiner Reise war er zutiefst beeinflusst worden durch die beinahe vollkommene Abwesenheit deutschsprachiger Ordensbrüder in den Reihen der Franziskaner im Heiligen Land. Diese waren im Wesentlichen Italiener, Spanier, Franzosen und Portugiesen. Die Hierarchie in der Kustodie folgte einem festen nationalen Schlüssel: Der Kustos war stets ein Italiener, sein Vertreter ein Franzose, der Generalsekretär ein Spanier, während das leitende Komitee aus einem Italiener, einem Franzosen, einem Spanier und einem Deutschen bestand. Um diesem Missstand abzuhelfen, schlug Sepp vor, ein deutsches Franziskanerkloster zu errichten. Hierbei fasste er das Gebiet des Jordanzuflusses Banias, des antiken Caesarea Philippi, ins Auge, des am nördlichsten gelegenen Ortes, der im Verlauf von Jesu Wanderung im Neuen Testament erwähnt wird und der unter anderem auch in der kurzen Geschichte des Kreuzritterkönigreiches von Jerusalem große Bedeutung erlangt hatte. Zwar wurde auch dieser Vorschlag nie realisiert, sorgte aber offenbar dafür, dass sich vermehrt deutsche Ordensbrüder den Franziskanern in Palästina anschlossen. Außerdem führte diese österreichisch-deutsche Initiative dazu, dass die Kustodie zum Wohl deutscher Pilger fortan Sorge trug, deutschsprachige Ordensmitglieder in den Klöstern und großen Herbergen des Heiligen Landes zu stationieren.[45]

Der zweite Vorschlag, den Sepp seinem König unterbreitete, gliederte sich in drei Teile. Der erste Teil betraf den Erwerb der alten Krankenhausruine der Johanniter im östlichen Abschnitt der Fläche des Muristans. Ein Plan wurde entwickelt, dort eine Pilgerherberge zu errichten, das Krankenhaus wieder aufzubauen und es durch deutsche Schwestern aus Bayern betreiben zu lassen, die zum Orden der Vinzentinerinnen gehörten. Auch hier bestand kein Zweifel hinsichtlich der »Kreuzfahrerverbindung« des Vorschlags. Ein sogar fast visionärer Vorschlag, denn das fragliche Grundstück ging fünfundzwanzig Jahre später tatsächlich in deutsche, allerdings preußische Hände über. Preußen war es vergönnt,

44 Eliav, Österreich, 45-46, 101-103 (Bericht); Goren/Ben-Arieh, Austria, 17-18; Agstner, Konsulate, 29-30; Heider, Anspruch, 60-61.

45 Sepp, Jerusalem, I, xxi-xxiii; Carmel, Chronik 1, 119-120 (*Warte*, 20.1.1870); Katholische Deutschland, 31; Schmitz, Deutschtum, 9. Zur Liste der Franziskaner, die im 18. und 19. Jahrhundert in der Kustodie dienten, siehe Kleinschmidt, Auslanddeutschtum, 286-290.

die Fläche vom Sultan zu erhalten und darauf die Erlöserkirche zu erbauen, die Wilhelm II. bei seinem Besuch im Jahre 1898 einweihte.[46]

Der zweite Teil des Vorschlags war beinahe so etwas wie eine Selbstverständlichkeit. Die Stationierung von Diplomaten in Jerusalem hatte gezeigt, dass es fortan für jeden europäischen Konkurrenten ohne Repräsentanten vor Ort schwierig sein würde, in dortige Aktivitäten einzugreifen. Daher sei die sofortige Einrichtung eines bayrischen Konsulats in der Stadt unumgänglich, womit sich die Notwendigkeit ergab, eine geeignete Person zu finden, um diese zu besetzen. Sepp war vermutlich nicht entgangen, dass Konsul Schultz studierter Orientalist war und Arabisch beherrschte, weshalb er mit den Einheimischen verhandeln konnte, ohne auf einen traditionellen Dragoman angewiesen zu sein. Sepp hatte auch den preußischen Generalkonsul in Beirut getroffen, Anton Albert Hermann Louis von Wildenbruch (1803-1874, amtierte in den Jahren 1843-1846), einen Berufsoffizier, der zudem umfangreichen wissenschaftlichen Aktivitäten nachging. Kein Zweifel also, dass sich Sepp der Politik des preußischen Außenministeriums bewusst war, das darauf achtete, wissenschaftlich fundiert gebildete Repräsentanten in die Region zu entsenden, welche die Landessprache beherrschten.[47] Im Verlauf seiner Reise fand Sepp den seiner Ansicht nach am besten geeigneten Kandidaten für die Doppelfunktion eines Krankenhausleiters und bayrischen Konsuls und machte ihn zum Gegenstand des dritten Teils seines Vorschlags. In Kairo hatte er einen Landsmann und Sohn seiner Heimatstadt kennengelernt, den Arzt Franz Pruner (1808-1882), der bereits seit siebzehn Jahren in ägyptischen Krankenhäusern und am Hof Muhammad Alis tätig war. Der ägyptische Souverän, der seinem Land den Fortschritt bringen wollte, sorgte dafür, dass für Bereiche, denen sein Interesse galt, europäische Fachleute ins Land geholt wurden. Pruner hatte in München studiert und in Paris seine Ausbildung abgeschlossen. Im Jahre 1831 erhielt er die Stelle eines Professors für Anatomie an der Medizinischen Schule, die Muhammad Ali in Abu-Za'abal in der Nähe von Kairo gegründet hatte. Im Anschluss daran machte Pruner schnell Karriere. Als Sepp ihn traf, trug er bereits den Titel eines Bey und war Direktor von zwei Zentralkliniken in Kairo und Leibarzt des Vizekönigs. Er hatte auch schon angefangen, durch Forschungsarbeiten auf sich aufmerksam zu

46 Prutz (Johanniter, 165-166) hat die verschiedenen Erkrankungen der Ordensleute im Kreuzritterkönigreich von Jerusalem aufgelistet. Siehe außerdem Schick, Muristan; Roth, Preußen, 110-115; Schwake, Entwicklung, 61-73; Neubert-Preine, Muristan.

47 Goren, Zieht hin, 181-185; ders., Scholar, 56-57.

machen, die sich mit der vergleichenden Krankheitslehre der Krankheiten des Orients befassten, Krankheiten, von denen der Westen zum damaligen Zeitpunkt so gut wie keine Kenntnis hatte. Gotthilf Heinrich von Schubert, der sich bei seinem Besuch in Kairo tief beeindruckt von dem deutschen Arzt gezeigt hatte, empfahl unmittelbar nach seiner Rückkehr nach München, den katholischen Pruner als Korrespondenzmitglied der Bayrischen Akademie der Wissenschaften aufzunehmen, die sich fast ausschließlich aus evangelischen Mitgliedern zusammensetzte, so dass beispielsweise Sepp selbst dort niemals Aufnahme fand.[48]

Sepp hatte keinen Zweifel, Pruner sei der am besten geeignete Mann für diese so wichtige Doppelfunktion in Jerusalem. In seinem zweibändigen Werk, das er nach der Reise ins Heilige Land verfasste, ist die Einleitung Franz Pruner-Bey gewidmet. Doch das Erscheinen des Buches wurde bis 1863 immer wieder verschoben, hauptsächlich wegen Sepps politischer Beteiligung an den Wirren von 1848 und dem Aufgeben seiner Palästinaforschungen für zehn Jahre und mehr. In seiner Einleitung pries er das Verhältnis des Arztes zu europäischen Reisenden und Pilgern, seine wissenschaftliche Offenheit, seine liberale Einstellung und die Meinungsfreiheit, für die er eintrat.[49] Allerdings hielt er es nicht für nötig zu erwähnen, dass Pruner bereits 1846 den Orient verlassen hatte und nach Europa zurückgekehrt war.

Doch alle Pläne Ludwigs I., wie auch die allermeisten anderer europäischer Kontrahenten, gelangten nicht einmal in die Nähe einer tatsächlichen Umsetzung. Alle diese Initiativen, so wie viele andere Pläne auch, wurden indes nicht wegen »einer spanischen Tänzerin« ad acta gelegt, wie die *Warte* in recht pittoresker, aber ganz und gar nicht zutreffender Form schrieb. Die gebürtige Irin Lola Montez (mit richtigem Namen Elizabeth Rosanna Gilbert, 1818-1861) hatte 1846 das Herz des sechzig Jahre alten Monarchen Ludwig I. erobert, der sich fortan standhaft allen Appellen widersetzte, sich von ihr zu trennen. Sie ihrerseits nutzte seine Schwäche und nahm die Rolle einer Quasikönigin ein.[50] Weniger als ein Jahr nachdem Sepp nach München zurückgekehrt war, kam es im Frühjahr 1847 zu einem Zerwürfnis zwischen dem bayrischen König und den konservativen katholischen Kreisen, den »Ultramontanisten«, an deren Spitze die

48 Ebd., 152-154; Schäfer, Pruner; Pruner, Krankheiten, iii N.; Voit, Pruner, 225-226.

49 Sepp, Jerusalem, I, Einleitung.

50 Corti (Ludwig) hat die eher romantische Geschichte der Lola präsentiert, während Seymour (Lola) eine stärker wissenschaftliche Studie zum Thema vorgelegt hat.

katholischen Akademiker aus dem Kreis um Görres standen. Als Erster wurde Lasaulx entlassen und nach ihm sechs weitere Professoren, unter ihnen auch Sepp. Im Januar 1848 führte Sepp die Beerdigung seines Lehrers und Mentors Görres an und geriet dabei in eine offene Konfrontation mit der heimlichen Monarchin Montez, die verlangte, bei der Beisetzung zugegen zu sein, so zumindest die Schilderung Cortis. Tatsächlich jedoch war es wohl so, dass sich die Montez auf ihren Nachmittagsspaziergang begeben hatte, der zufällig die Strecke des Trauerzuges kreuzte, worauf es beinahe zu einem Zusammenstoß zwischen beiden Parteien gekommen wäre. Zudem wird Sepp in dieser gesamten Beschreibung des Tathergangs überhaupt nicht namentlich erwähnt, auch wenn es absolut plausibel erscheint, dass er tatsächlich an der Spitze der Studenten marschierte. Wie auch immer, von dort war es nur noch ein kurzer Weg bis zu den blutigen Ereignissen, die mit der Abdankung des Königs enden sollten. Tatsächlich führte die Affäre um die »Madame Pompadour« des bayrischen Hofes zusammen mit den Unruhen der Revolution von 1848 dazu, dass Ludwig seine Pläne nicht verwirklichen konnte und Bayern als Staat keinen Anteil am europäischen Engagement in Palästina nahm.[51]

Bereits in dieser frühen Phase seines Weges zeigte sich Sepps unabhängige Denkweise. So kritisierte er scharf die Euphorie, die Europa in der ersten Hälfte der 40er Jahre in Bezug auf eine Erneuerung christlicher Präsenz im Heiligen Land ergriffen hatte. Er griff sogar die europäischen Großmächte an, die sich entschieden hatten, den Osmanen gegen Muhammad Ali beizustehen. Seine Ansicht über die Osmanen war eindeutig:

> »Und diese drangsalieren in Asien und infiltrieren in Europa über hundert und fünfzig Millionen Christen ohne Aufhören, *und beherrschen und ruinieren die schönsten Länder der drei Welttheile; den ›wo der Türke seinen Fuß hinsetzt, da wächst kein Grashalm mehr‹ sagt ganz treffen ein neugriechisches Sprichwort.*«[52]

Demgegenüber sei Ibrahim Pascha während seiner Regentschaft den Christen, genauso wie sein Vater Muhammad Ali, behilflich gewesen, er sei »der einzig intelligente Herrscher im Orient« und habe die Tore seines Staates vor ihnen geöffnet. Ibrahim habe auch überall konsequent die

51 Ebd., 172-200; Sepp, Nekrolog, 258-260; ders., Görres, 201-206; Auvergne, Lola, 11-176; Pinson, Germany, 50-108; Corti, Ludwig, 516-561; Nipperdey, Geschichte, 352-354.

52 Sepp, Bedrängnisse, 65-68 (Zitat 67).

Lateiner in ihrem Kampf um die heiligen Stätten gegen die Griechen, ihre Hauptfeinde im Heiligen Land, unterstützt.

Henry John Tempel, der dritte Viscount Palmerston (1784-1865), zum damaligen Zeitpunkt britischer Außenminister und später Premierminister, und der Diplomat Baron John William Ponsonby (1781-1847), der für seine Macht und seinen Einfluss während seiner Amtszeit als Botschafter bei der Hohen Pforte bekannt war, zeichneten für die Politik Großbritanniens im Mittelmeerraum verantwortlich. Sepp behauptete, sie hätten es zwar gut gemeint, hätten sich jedoch verkalkuliert, da in ganz Syrien im Jahre 1846 lediglich 120.000 Menschen lebten, das Land jedoch sieben bis acht Millionen Bewohner beheimaten könne. Sepps Urteil zu Palästina hingegen fehlte es nicht an Deutlichkeit:

> »*Ganz Palästina ist jetzt ein Räuberstaat geworden*, ein Jeder geht bewaffnet, mehr zum Angriff, als zur Vertheidigung. *Keine Ordnung, keine Art von Obrigkeit herrscht jetzt im Lande*: Jeder raubt und stiehlt, oder hilft sich, wie er kann und will.«[53]

»Für die Erhaltung unseres katholischen Glaubens« Die Zeitschrift »Historisch-politische Blätter« und das Sammeln von Spendengeldern

Ludwig I. hatte, wie bereits dargestellt, den in Bayern tätigen »Ludwigmissionsverein« gegründet. Doch das erwachende Bewusstsein für die missliche Lage der Lateiner im Orient war auch ein Verdienst weiterer katholischer Kreise in München und anderen Regionen Deutschlands und führte zur Gründung zusätzlicher Spendenvereine. Die bedeutsamste und erste dieser Sammelaktionen wurde von Georg Phillips (1804-1872) und Guido Görres (1805-1852) ins Leben gerufen, beide Herausgeber der Zeitschrift *Historisch-politische Blätter für das katholische Deutschland*, die Joseph Görres 1838 in München gegründet hatte. Diese Publikation wurde zum alles übertönenden und effektivsten Sprachrohr des politischen Katholizismus in Deutschland. Die Zeitschrift erschien zweimal im Monat und enthielt Artikel zu den Themen Politik, Geschichte, Gesellschaft und Literatur, allesamt im Geiste der »Ultramontanisten« verfasst.[54] Phillips, ein Jurist, der in Berlin studiert hatte, war in

53 Ebd., 72-76 (Zitat 74).

54 Pinson, Germany, 120, 178; Windell, Catholics, 41-42; Nipperdey, Geschichte, 338; Rhein, Zehn Jahre.

die katholische Kirche eingetreten und nach München gezogen, wo er zu den führenden Apologeten der Überzeugungen und Auffassungen des Ultramontanismus zählte. Der jüngere Görres, Sohn des Gründers und selbst ein bekannter Schriftsteller, redigierte die Zeitschrift und drückte ihr bis zu seinem frühen Tod 1852 seinen Stempel auf.[55]

Der Anstoß, ein solches katholisches Forum zu eröffnen, bestand in einem Ereignis, bei dem die preußische Regierung den Erzbischof von Köln hatte verhaften lassen, und zwar wegen seines Standpunktes in den Konflikten mit dem protestantischen Staat, so etwa in der Frage von Mischehen, bei denen die katholische Kirche ihren Priestern erlaubte, diese nur dann zu stiften, wenn die katholische Erziehung der Kinder garantiert war. Die Verhaftung des radikalen, ultramontanistischen Erzbischofs Clemens August von Droste zu Vischering (1773-1845) im Dezember 1837 führte zu jener weitreichenden, bereits erwähnten Krise, die als die »Kölner Wirren« bekannt geworden ist. Auch die anderen deutschen Bischöfe wurden darin verwickelt und in ihrem Gefolge sogar der Papst. Erst nach über einem Jahr gestand die preußische Regierung ihren Fehler ein und entließ Vischering im April 1839 aus der Haft.[56] Bunsen, zum damaligen Zeitpunkt Preußens Botschafter beim Heiligen Stuhl, mischte sich in dieser Krise aktiv ein, indem er sich die von seinem König Friedrich Wilhelm III. eingeschlagene rigide Linie zu eigen machte. Letztendlich führte die Krise zu einer Unterbrechung von Bunsens Amtszeit, während die Feindseligkeit, die er gegen die katholische Kirche entwickelte, auch seinem künftigen Tun ihren Stempel aufdrücken sollte, so etwa in der Gründung des gemeinsamen englisch-preußischen Bistums in Jerusalem. »Er bereitete […] seine Rache vor wegen seines Sturzes in Rom«, wie ein Historiker resümiert.

Die katholischen Publizisten, die im Verlauf der Auseinandersetzung wiederholt versuchten, ihre Ansichten zu veröffentlichen, mussten feststellen, dass ihnen kein Instrument zur Verfügung stand, um ihren Protest publik zu machen oder ihren Standpunkt zu erklären. Worauf Görres eigens eine Zeitschrift gründete, um seinen angriffslustigen Artikel »Athanasius« zu veröffentlichen, der zum ersten Mal den Kampf zwischen Katholiken und dem Staat einer breiten Öffentlichkeit vor Augen brachte und damit zu einem Wendepunkt wurde. Der Artikel führte umgehend zu einem gestärkten Selbstbewusstsein der Katholiken in

55 Ebd., 16-19.
56 Meyer, Kraftprobe. Und siehe auch Lückhoff, Anglikaner, 52-54; Becker, Bunsen, 112-114; Höcker, Bunsen; Gatz, Katholische Deutschland, 94-95.

Deutschland.[57] Mit der neuen Zeitschrift wollten die Initiatoren in erster Linie eine Plattform schaffen, von der aus sie ihre Kirche und deren Belange verteidigen konnten, »dem katholischen Deutschland Materialen, Hülfsmittel und Winke zur Bildung eines selbstständigen Urteils über die politischen wie über die literarischen Tagesereignisse zu liefern«.[58]

Es war reiner Zufall, dass die Zeitschrift in München im Jahre 1838 zum ersten Mal erschien, jenem Jahr, in dem Herzog Maximilian Joseph seine Reise nach dem Orient unternahm und der erste Band von Schuberts Werk herausgegeben wurde. Kein Zweifel jedoch, dass es diese beiden Ereignisse waren, welche die Herausgeber der *Historisch-politischen Blätter* in ihrer Entscheidung beeinflussten, alles zu unternehmen, um die Öffentlichkeit wachzurütteln. Sie wollten die öffentliche Meinung in Bezug auf Jerusalem und das Heilige Land sowie auf die Lage der katholischen Christen dort informieren, ebenso wie in Bezug auf die Aktivitäten der anderen christlichen Kirchen, vor allem der protestantischen, die in ihren Augen die größte Gefahr und den wahren Feind darstellte. Die erste wichtige Stellungnahme zur Situation in Palästina findet sich bereits in der zweiten Hälfte jenes Jahres, in der zweiten Ausgabe der *Blätter*. Diese Nummer enthielt eine relativ lange Beschreibung von »Jerusalem und den Hütern des heiligen Grabes« sowie den Brief eines Augenzeugen, eines gewissen Peter Einsiedler, der nach Jerusalem gepilgert sei und Unterkunft bei den Franziskanern gefunden habe. Und in einer Anmerkung der Redaktion wurde hinzugefügt:

> »Die Redaktion der histor. polit. Blätter erklärt sich gern bereit, Beiträge für das heilige Grab anzunehmen, und über Empfang und Ablieferung ihren Lesern Rechenschaft abzulegen. Die übrigen katholischen Zeitschriften werden ohne Zweifel sich ihrerseits dieser Mühe nicht entziehen.«[59]

Das Interesse, das die Herausgeber der *Historisch-politischen Blätter* weckten, stieß auf Resonanz in ganz Deutschland, was allein der Nachdruck des Artikels mitsamt dem Schreiben des Jerusalempilgers Peter Einsiedler in der *Allgemeinen Zeitung* belegt, der größten Zeitung Bayerns und einer der wichtigsten und seriösesten Zeitungen in Deutschland im 19. Jahrhundert.[60] Offiziell riefen die Herausgeber 1839 zu einer Sammelaktion

57 Ebd., 95.

58 Schmolke, Presse, 51-56. Siehe auch Rhein, Zehn Tage, 11-14 (Zitat 14); Nipperdey, Geschichte, 337-338.

59 Jerusalem Hüter (Zitat 248 N.).

60 Einsiedler, Reisen.

auf, weshalb sie zum Weihnachtsfest desselben Jahres an den Kustos in Jerusalem schrieben und ihr Schreiben Anfang 1840 in den *Historisch-politischen Blättern* abdruckten. Das auf Lateinisch verfasste und mit einer deutschen Übersetzung versehene Schreiben diente de facto als Aufruf zur Kollekte.[61] Natürlich finden sich Schubert und Maximilian sowie die Sammelaktion König Ludwigs darin erwähnt. Zudem wusste es zu berichten, dass noch vor der offiziellen Bekanntmachung bereits Spendengelder in Höhe von 7.400 Florin eingegangen seien, von denen neunzig Prozent an den Generalminister des Franziskanerordens in Rom mit der Bestimmung angewiesen worden seien, dem Kustos in Jerusalem ausgezahlt zu werden. In dem Schreiben wird zudem zum ersten Mal der Brauch der so genannten Messestipendien erwähnt, die gebunden waren an das Versprechen desjenigen Geistlichen, der im Heiligen Land in den Genuss der Zahlung kam, eine Messe zugunsten der von dem Spender gewünschten Person zu lesen, in der Regel über einen bestimmten Zeitraum und an einer festen heiligen Stätte.

Die Spenden flossen hernach stetig und wurden regelmäßig über den Vatikan (der auf die Erhebung entsprechender Gebühren verzichtete) ins Heilige Land transferiert. Die Dankesbekundungen des Kustos und der Ordensführung wurden noch im selben Jahr veröffentlicht. Der Kustos, der mit seinem vollem Titel als »Vikar und apostolischer Gesandter für Ägypten und Arabien und Kustos des Heiligen Landes« unterzeichnete, brachte seine aufrichtige Freude über die Spenden aus Bayern zum Ausdruck, da die bisherige Hauptquelle seiner Bezüge – die Spenden aus Spanien und Portugal – 1834 versiegt war. Auch befand er es für angebracht hinzuzufügen, dass das Geld unter anderem für Bakschischzahlungen an »unsere guten Freunde«, die Türken, verwendet würde sowie für den Lebensunterhalt der Franziskanerpater, damit diese die nötige Kraft hätten, überall Präsenz zu zeigen und gegen die usurpatorischen Neigungen der »Häretiker und Schismatiker« zu kämpfen. Der Generalminister des Ordens seinerseits beschrieb die Initiative als einen »Kreuzzug des Friedens und der Liebe« und versicherte, die Archivvermerke über die transferierten Gelder würden auf ewig ein Beweis für die bayrische Großherzigkeit bleiben.[62] Die überschwänglichen Danksagungen der beiden Franziskaner werden umso verständlicher, berücksichtigt man folgende, von Sepp übermittelte Angabe: In den Jahren 1812 bis 1835

61 Phillips/Görres, Brief.

62 Danksagung. Wie bereits erwähnt, sollte Papst Gregorius XVI. im Jahre 1839 ein apostolisches Vikariat in Ägypten einrichten und damit dem Kustos sowohl diesen Titel als auch einen Teil seines Zuständigkeitsbereiches entziehen.

zahlten die Franziskaner an die osmanischen Behörden 13 Millionen Piaster, was mehr als 2 Millionen Mark entsprach – Zahlungen, die ihre endgültige Verdrängung aus der Grabeskirche verhinderten.[63]

1834 nämlich sahen sich die Franziskaner vor ein erhebliches Problem gestellt, als in Spanien entschieden wurde, die altehrwürdige religiöse Stiftung *Obra pia de Jerusalem* in die Hände der säkularen Verwaltung zu überführen. Diese Stiftung, für deren Wirken sich Zeugnisse bereits im 17. Jahrhundert finden lassen, sammelte immense Geldsummen in den meisten Staaten Europas, wobei das Spendenaufkommen in Spanien jedoch stets das der übrigen Länder bei weitem übertraf. Allem Anschein nach war die Stiftung zumindest ab Mitte des 19. Jahrhunderts die wesentliche, wenn nicht sogar einzige (abgesehen von Spenden und Zahlungen durch Pilger) Einnahmequelle, welche es den Franziskanern ermöglichte, ihre Präsenz und ihre zum damaligen Zeitpunkt noch nicht sehr zahlreichen Einrichtungen aufrechtzuerhalten. Einer deutschen Quelle zufolge besagt eine Statistik von Jacob Mislin, der Einblick in die Rechnungsbücher der Kustodie erlangte, dass im Zeitraum von 1650 bis 1680 die Stiftung in den verschiedenen Ländern Europas zugunsten der Mission im Heiligen Land rund 50 Millionen Mark gesammelt habe, eine Summe, die phantastisch erscheint. Die Beträge sind in Real angegeben bei einem damaligen Wechselkurs von 4,8 Real auf eine Mark. Von der Gesamtsumme spendeten die Katholiken in Spanien 61 Prozent, die in Portugal 16,5 Prozent, in Österreich 7,7 Prozent und im Königreich Neapel 5,9 Prozent. Spenden in geringerer Größenordnung trafen auch von folgenden Orten ein (in absteigender Reihenfolge): Piemont, Sizilien, Toskana, Frankreich, Russland, Malta und Sardinien. Eine andere Berechnung brachte Mislin zu der Schlussfolgerung, die Franziskaner hätten in den Jahren 1863/64 jährliche Wenigereinnahmen in Höhe von 1 Million Real zu beklagen gehabt (rund 230.000 Mark), Gelder, die für die Errichtung des spanischen Konsulats in Jerusalem und den Erwerb eines Wohnhauses für den Konsul im Jahre 1855 verwendet wurden und damit nicht zu ihnen gelangten.[64]

In den darauf folgenden Jahren berichteten die Herausgeber der *Historisch-politischen Blätter* über den Spendenfluss, die Übermittlung der Gelder und räumten gleichzeitig der Berichterstattung über das Geschehen im Heiligen Lande immer breiteren Raum ein. So druckten sie etwa eine ausführliche und begeisterte Rezension zum Buch des österreichischen Heiliglandpilgers Salzbecher ab. Man betrachte das Werk »als die

63 Sepp, Bedrängnisse, 60.

64 Katholische Deutschland, 31 N.; Schreiben 1863, 155.

fromme Gabe eines Pilgers, der den Ertrag seines Buches zum Dankgeschenke für die bei den guten Vätern genossene Gastfreundschaft gewidmet hat, und dabei die ganze Christenheit zum Mitbeitrage und zur Abtragung ihrer eigenen Schuld an das Grab ihres Erlösers einladet.«[65]

Da sie auch für politische Angelegenheiten offen waren, fanden es die Herausgeber der Zeitschrift richtig, den Kontakten zwischen Okzident und Orient und der einmaligen Gelegenheit mehr Raum zu widmen, die sich jetzt, mit Ende der ägyptischen Herrschaft, für ein Tätigwerden im Heiligen Land bot. Wie bereits erwähnt forderten sie den österreichischen Kaiser Ferdinand auf, sich an die Spitze einer Initiative der deutschsprachigen katholischen Staaten zu stellen,[66] und widmeten in den Jahren 1841/42 mehrere Artikel dem in Jerusalem entstehenden protestantischen Bistum. Besonders hart gingen sie ins Gericht mit dem, was sie (und andere) als Anglikanisierung des deutschen Protestantismus in Palästina und als Implantation der anglikanischen Kirche in Preußen betrachteten.[67] Auch der erste Artikel im Jahre 1843 war »den beiden Städten der heiligen Gräber« gewidmet, Jerusalem und Rom.[68]

Noch im selben Jahr fanden die Herausgeber der Blätter einen weiteren Weg, das Spendenaufkommen zu stärken, indem sie vielleicht zum ersten Mal überhaupt vorschlugen, den Katholizismus mit dem Deutschtum zu verbinden. Sie gründeten eine zusätzliche Stiftung, die die Finanzierung eines täglichen Gebetes (und sollte das Geld dafür nicht ausreichen, dann zumindest eines wöchentliches Gebetes) in der Grabeskirche zugunsten des katholischen Deutschlands (›pro germania catholica‹) garantieren sollte, genauer gesagt »für die Erhaltung unseres katholischen Glaubens, für die Erleuchtung unserer irrenden Brüder, für die Aussöhnung der Streitenden, mit einem Worte, für die wahre Einigung Deutschlands nicht durch ein bloß äußerliches, politisches Band, sondern durch das heilige Band eines Glaubens«.[69] Außerdem riefen sie zur Errichtung einer heiligen deutschen Stiftung in Jerusalem auf, da sie Spendentätigkeit und Gebet als Mittel betrachteten, ein zweifaches Ziel zu erreichen: Einerseits einen Schritt hin zu einer echten Einheit Deutschlands zu tun und andererseits dem deutschen Namen im Heiligen Land zu Ansehen zu verhelfen. Sie reagierten damit auch auf die Gründung des gemeinsa-

65 Danksagung, 714-715.

66 Occident und Orient.

67 Döllinger, Bistum; Erzbischof Canterbury; Anglikanisierung. Cf. Lückhoff, Anglikaner, 112-113.

68 Jerusalem und Rom.

69 Zur Stiftung Messe, 118. Siehe auch Katholische Deutschland, 31.

men Bistums und auf das – ihren Worten nach massenhafte – Auftauchen protestantischer Landsleute in Jerusalem. Der Vorzug der Katholiken, so behaupteten sie, drücke sich jedoch in ihrer voluntaristischen Arbeit sowie in der Organisation der Spendentätigkeit aus dem Volk selbst aus, die sich nach dessen Barmherzigkeit bemesse und nicht von einer über Macht verfügenden hochgestellten Persönlichkeit abhänge. Worin sich natürlich eine Anspielung auf König Friedrich Wilhelm IV. und seine großzügige jährliche Spende an das gemeinsame anglikanisch-preußische Bistum verbarg.[70]

Die Mitglieder des katholischen Görres-Kreises, deren romantische Weltauffassung sie an eine Wiedererrichtung des Heiligen Römischen Reiches Deutscher Nation glauben ließ, legten damit einen patriotischen Akt an den Tag, der der tatsächlichen Reichseinheit lange vorausging. Sie betrachteten die katholische Religion als Ausgangsbasis für die Union aller deutschsprachigen, dem deutschen Kulturkreis angehörigen Völker, die das mittelalterliche Imperium von neuem wieder aufleben lassen konnte.

Es versteht sich von selbst, dass die Herausgeber der *Historisch-politischen Blätter* die Reise Sepps nach Jerusalem leidlich ausweideten. Abgesehen von den zwölf Folgen der »Forschungen eines deutschen Reisenden in Jerusalem«, die als Fortsetzung in den Jahren 1846/47 erschienen und die Grundlage bildeten für das eineinhalb Jahrzehnte später herausgegebene Buch, wurde auch eine längere Abhandlung vollständig abgedruckt, die Sepp »Mitte Januar« (des Jahres 1846) in Jerusalem niedergeschrieben hatte und die den Titel »Bedrängnisse der Väter am heiligen Grabe« trug.[71] Auch wenn es sich dabei nicht im eigentlichen Sinne um einen bestellten Artikel handelte, fiel er den Machern der *Blätter* wie eine reife Frucht in die Hände. Dank Sepps Formulierungs- und Beschreibungsgabe, den Assoziationen und dem romantischen Geist, die in seinem gesamten Schreiben offenbar werden,[72] konnte es wohl keinen geeigneteren Kandidaten als ihn geben, um die missliche und erniedrigte Lage der »Wächter des Heiligen Landes« in der Grabeskirche zu beschreiben, den tagtäglichen Kampf, den sie führen mussten, um katholische Präsenz am allerheiligsten Ort der Christenheit zu demonstrieren, und die Scharmützel, in die sie mit anderen christlichen Akteuren verwickelt wurden, jenen, die sie von den heiligen Stätten verdrängen wollten, und jenen – vor allem den Protestanten –, die danach strebten, ihnen die Gemeinde ihrer Gläubigen abspenstig zu machen. Zweifelsohne war er derjenige,

70 Zur Stiftung Messe, 119-120.

71 Sepp, Forschungen; ders., Bedrängnisse.

72 Gollwitzer, Palästinafahrten, 308; vergleiche auch Goren, Zieht hin, 154-163.

der die größte Begabung besaß, durch seine Beschreibungen die Taschen eines jeden Lesers zu öffnen:

> »Dreißig tausend Thaler also beträgt die jährliche Steuer, welche die Christenheit bis auf unsere jüngste Zeit herab zum Danke für alle Unbill, Brutalität und Verfolgung in alter und neuer Zeit an ihre alten Tyrannen als Abgabe durch die Hüter des heiligen Grabes bezahlt, die selber kein Eigenthum besitzen, und nur als Missionäre in partibus infidelium, als verlorene Schildposten der Diplomatie im Dienste der Kirche und aller christlichen Mächte ihre Stelle behaupten.«[73]

Die Stiftung blieb in den 40er und 50er Jahren vor allem in Bayern und in Österreich tätig. Das Spendenaufkommen, das sie rekrutierte, wuchs stetig an, auch wenn es auf jeden Fall deutlich etwa unter dem des »Vereins vom Heiligen Grabe« blieb, der, wie wir im weiteren Verlauf dieser Arbeit sehen werden, vor allem auf dem Gebiet Preußens agierte. Bis 1842 gingen rund 11.000 Florin Spenden ein, während sie sich im Jahre 1852 bereits auf 26.631 Gulden summierten, 1858 auf rund 40.000 Gulden und 1859 gar auf 46.000 Gulden.[74] Nach dem Tod Guido Görres' 1852 übernahm das Bistum München-Freising auf seine Bitte hin die Leitung der Stiftung, auch wenn es den Anschein hat, als habe sich deren Interesse fortan nur noch auf die preußische Stiftung konzentriert, sprich auf den »Verein vom Heiligen Grabe«.[75]

Kann die Vielzahl von Veröffentlichungen zu Palästina in den *Historisch-politischen Blättern* als Indikator für ein zum damaligen Zeitpunkt wachsendes Interesse am Heiligen Land unter den Katholiken in Bayern gesehen werden? Nach der ersten Nummer der Zeitschrift erschienen bis 1843 jedes Jahr etliche Artikel über Palästina. Nach einer Unterbrechung von zwei Jahren erschien in den Jahren 1846/47 Sepps Artikelserie über seine Reise nach Jerusalem, die sich wie erwähnt über insgesamt zwölf Folgen erstreckte.[76] Ab 1848 erschienen so gut wie keine Artikel mehr, die sich auf Palästina bezogen, einmal abgesehen von einigen Buchbesprechungen (Mislin, Charles Franz Zimpel) und ein paar vereinzelten Stellungnahmen zur »orientalischen Frage« und zur protestantischen Mission im Orient. Allgemein lässt sich somit sagen, dass ab 1848 die Zeitschrift sich auf die Lösung innerdeutscher Probleme des Katholizismus konzen-

73 Sepp, Bedrängnisse, 68.

74 Syrien, 618; Phillips, Bericht, 885-887; Schmitz, Deutschtum, 8; Katholische Deutschland, 31.

75 Phillips, Bericht.

76 Sepp, Forschungen.

trierte und kein allzu großes Interesse mehr an den Katholiken im Heiligen Land und ihrer Lage offenbarte. Der östliche Mittelmeerraum begann die Zeitschrift erst in den 70er Jahren erneut zu beschäftigen, als sie sich intensiv dem Russisch-Türkischen Krieg, dem Berliner Kongress und der »orientalischen Frage« widmete.

Überall im katholischen Deutschland entstanden weitere Vereine, die sich der Sammlung von Spendengeldern für verschiedene Zwecke weltweit verschrieben, sich jedoch im Laufe der Jahre immer stärker nationalen deutschen Zielen zuwandten. Eine Quellen nennt sogar eine Summe von vier Millionen Mark, ein Betrag, der astronomisch anmutet, die jedes Jahr von den Katholiken im Deutschen Reich an Spenden gesammelt wurde.[77] Die Berechnungen ergeben, dass rund zwanzig Prozent des Spendenaufkommens zur Unterstützung der katholischen Vertretung im Heiligen Land transferiert wurde, die bis zum Jahre 1847 lediglich aus den Franziskanern der Kustodie vom Heiligen Land bestand.

Der Verein vom Heiligen Grabe im Gefolge der Revolutionsgeneration

Einflüsse in der Heimat

Die Revolutionen und Umsturzversuche im März 1848 waren Meilenstein und Ausgangspunkt einer Vielzahl von Prozessen in der Geschichte Europas und seiner Staatengemeinschaft. Die Auflistung der Ereignisse im Frühling jenen Jahres ist derart umfangreich, dass der gesamte ihnen vorausgehende Zeitraum, der Ende 1815 begann mit dem zweiten Friedensvertrag von Paris zwischen Frankreich und den Verbündeten, die es besiegt hatten, in der deutschen Geschichtsschreibung als Vormärz bezeichnet wird.[78] Was die deutsch-katholischen Aktivitäten in Palästina betraf, so wurde eine Zunahme durch die Revolutionen verlangsamt, ja sogar ein Rückgang war zu verzeichnen. In Zentraleuropa setzte ein Prozess der Zurückdrängung Österreichs ein, der einherging mit schwindender Macht und einem Ansehensverlust des habsburgischen Kaiserhauses. In Bayern gelang es den Nachfolgern Ludwigs I. nicht, die von ihm hinterlassene Lücke zu füllen, so dass sich kein politischer Führer fand, der die katholischen Aktivitäten der deutschsprachigen Länder in Palästina

77 Ditscheid, Mission, 60.

78 Hier nur einige Beispiele für die umfangreiche, dieser Epoche gewidmete Fachliteratur: Rürup, Deutschland, 147-183; Nipperdey, Geschichte, 237-335; Conze, Staat.

hätte vorantreiben können. Der Schwerpunkt im Deutschen Reich verlagerte sich zusehends in den protestantischen Norden und vor allem natürlich ins Königreich Preußen. »Jetzt war klar, nur Preußen konnte Deutschland führen; das junge, bewegliche, protestantische Preußen sollte an die Stelle des dumpfen, blinden, katholischen Österreich treten!«[79]

Die katholischen Kreise versuchten, vor allem auf den Seiten der *Historisch-politischen Blätter*, einen antipreußischen und proösterreichischen Feldzug zu führen, der auch Scharmützel gegen antiklerikale Tendenzen und das Streben nach einer Vereinigung Deutschlands unter preußischer Führung beinhaltete.[80] Letztendlich mussten jedoch auch sie eingestehen, dass sie diesen Prozess nicht aufhalten konnten. Ja gravierender noch, die Katholiken in Deutschland hatten nun um ihre Stellung im eigenen Land und um das Ausmaß ihrer religiösen Unabhängigkeit zu kämpfen, so dass nur schwerlich Initiativen von ihnen zu erwarten gewesen wären, die sich nach außen richteten.

Der Rückgang der deutsch-katholischen Aktivitäten in Palästina wurde auch durch das Fehlen einer charismatischen katholischen Führungspersönlichkeit vom Format Ludwigs I. beschleunigt. Gleichzeitig setzte sich die Erkenntnis durch, es bestehe keinerlei Aussicht, dass sich die Hoffnung der Herausgeber der *Historisch-politischen Blätter* erfüllen könnte und Österreich mit Kaiser Ferdinand an der Spitze die westlich-katholischen Bestrebungen im Heiligen Land vorantreiben würde, »um dem heiligen Grab seine Ehre zurückzugeben«.[81] Der Rückzug Muhammad Alis nach Ägypten und die Wiedereinsetzung der osmanischen Herrschaft zu Beginn der 40er Jahre hinterließen ein Vakuum in Palästina auch in Bezug auf die katholischen Aktivitäten, bedingt vor allem durch den Ansehensverlust Frankreichs, das wie bereits erwähnt den ägyptischen Herrscher unterstützt hatte.

Ab Anfang der 50er Jahre begann Österreich, eigene Initiativen in Palästina zu verfolgen, in welche die Katholiken aus den übrigen deutschen Staaten nicht mit einbezogen wurden. Bereits 1842 führte Kaiser Ferdinand I. in den Kirchen seines Reiches die so genannte Karwochenkollekte zugunsten des Heiligen Grabes durch, um im Jahr darauf in Wien das Generalkommissariat des Heiligen Landes wieder zu errichten, eine Institution, die bereits ab 1633 existiert hatte, 1784 jedoch abgeschafft worden war. An ihre Spitze wurde ein ranghohes Mitglied des Franziska-

79 Roth, Preussen, 44 (im Namen des Politikers Paul Papitzer aus Württemberg); Pinson, Germany, 109-172; Katholische Deutschland, 31-32.

80 Pinson, Germany, 119-121 (haupts. 179).

81 Occident und Orient.

nerordens gesetzt. Das Generalkommissariat unterstützte die Reise österreichischer Glaubensleute nach Palästina und die Errichtung einer Druckerei der Franziskaner in Jerusalem.[82] Höhepunkte dieser Initiative in der ersten Phase waren 1849 die Einrichtung eines österreichischen Vizekonsulats in Jerusalem, das drei Jahre danach zum Generalkonsulat wurde, sowie der Erwerb eines Grundstückes und der Bau des großen Hospizes direkt an der Via Dolorosa in der Altstadt im Zeitraum von 1855 bis 1863.[83] Die Entscheidung für den Bau eines Hospizes war unter anderem verbunden mit der Unzufriedenheit der Österreicher über den Beschluss der *Sacra Congregatio de Propaganda Fides*, bis auf die aus Frankreich stammenden alle Spenden dem Patriarchen in Jerusalem zukommen zu lassen und nicht mehr den Franziskanern, die bis dahin die Hauptnutznießer gewesen waren.[84]

In dieser durch lokale und regionale Spannungen bestimmten Situation und auf dem Höhepunkt des Krimkriegs erfolgte die Initiative, die Verbindung zwischen den deutschen Katholiken und dem Heiligen Land neu zu beleben. Ausgangspunkt der Initiative war Köln, Hauptstadt der Rheinprovinz im preußischen Königreich.

»Der Verein vom Heiligen Grabe zur Förderung der katholischen Interessen im Heiligen Lande«

Gründung und Ziele

Die christliche Pilgerschaft aus den Staaten Zentral- und Westeuropas nach Palästina setzte bereits in byzantinischer Zeit ein, wurde aber erst in den 60er Jahren des 19. Jahrhunderts zu einem organisierten und institutionalisierten Phänomen. Der erste Verein, der sich zum Ziel setzte, regelmäßig und kontinuierlich katholische Pilgergruppen ins Heilige Land zu entsenden, war das 1853 in Paris gegründete *Comité de l'œuvre des Pélerinages en Terre Sainte*.[85] Die erste rein französische Gruppe machte sich noch im Gründungsjahr auf die Reise. Zu der zweiten Gruppe, die sich im März 1854 in Marseille einfand und aus sechzehn Männern bestand, Klerikern und Laien gleichermaßen, gehörten auch zwei Deut-

82 Heider, Anspruch, 59-60; Heider-Wilson, Generalkomissariat.

83 Pilgerhaus; Österreichisches Pilgerhaus; Breicha-Vauthier, Österreich, 15-16, 62-65; Eliav, Consuls, 173; Agstner, Konsulate; Wohnout, Hospiz; Heider, Anspruch, 60-63.

84 Hotzelt, Patriarchat, 12.

85 Französische Verein, 153.

sche: Der eine war der Kanonikus (ein Titel, der einem Geistlichen vorbehalten ist, der zur Belegschaft einer Kathedrale zählt) Wilhelm Prisac (1809-1870) aus Aachen. Prisac hatte vielfach Nordeuropa bereist mit dem Ziel, die dortige Missionsarbeit zu unterstützen, und war insgesamt fünf Mal nach Rom gepilgert.[86] Der andere war der aus Trier gebürtige Maler Johann Anton Ramboux (1790-1866). Er hatte in Luxemburg und in Paris studiert, wo er ein Schüler des Porträtisten Jacques-Louis David gewesen war, hernach in München, ehe er beinahe dreißig Jahre, von 1816 bis 1842, in Rom verbrachte, wo er sich auf das Sammeln klassischer Gemälde und deren Kopieren konzentrierte. Die meisten seiner Werke befassen sich mit religiösen und historischen Motiven. Einige Berühmtheit erlangte Ramboux als virtuoser Kopist und Bewahrer der alten italienischen Meister. Er gehörte der Bruderschaft der Nazarener an, welche die katholische Linie der deutschen Romantik repräsentierten. Im Jahre 1844 wurde er zum Konservator der städtischen Sammlungen Kölns ernannt, womit er gleichzeitig zum ersten Konservator des Wallraf-Richartz-Museum wurde, eine Stellung, die er bis zu seinem Tode innehaben sollte. Zum Zeitpunkt seiner Reise ins Heilige Land war Ramboux vierundsechzig Jahre alt.[87]

Prisac veröffentlichte nach seiner Reise eine Beschreibung, die sich nicht wesentlich von der in die Tausende gehenden Zahl anderer Reiseberichte aus dem Heiligen Land unterschied.[88] Ramboux hingegen resümierte seine Eindrücke auf seine Weise, indem er ein Buch herausgab, das sich in seiner Machart deutlich von anderen unterschied und 280 Schwarzweißzeichnungen, begleitet von einem Reisebericht beinhaltete, denn »was tat er fortan in Palästina anders, als Menschen, Mächte, Städte, Dörfer, Landschaften und Heiligtümer auf seinen unermüdlichen Zeichenlist zu spielen?«[89] Allem Anschein nach hatte das Werk insgesamt vier Teile mit jeweils siebzig Zeichnungen, doch konnte ich lediglich das Heft mit der Nummer 1 ausfindig machen, in dem sich Zeichnungen aus Ägypten und vom Weg nach Jerusalem befinden, nicht jedoch aus der Stadt selbst.[90]

86 Cramer, Jahrhundert, 16, Nr. 16.

87 Ramboux, Nekrolog; Vollmer, Ramboux; *ADB*, XXVII, 1888, 208-210; Kosch, Katholische Deutschland, II, 3780; Cramer, Meister, 16-18; ders., Jahrhundert, 15, Nr. 15; Rütters, Pilger; Zahn, Ramboux; Ben-Arieh, Painting, 169, 176, 178. Obgleich sich Ramboux zur selben Zeit in Rom aufhielt wie Bunsen, konnte ich kein Zeugnis für die Existenz einer Verbindung zwischen beiden finden.

88 Prisac, Pilgerreise.

89 Rütters, Pilger, 25; Ramboux, Erinnerungen.

90 Röhricht, Bibliotheca, 462, No. 2348. *ADB*, XXVII, 1888, 209 wiederum vermerkt ausdrücklich, es sei nur ein Heft erschienen.

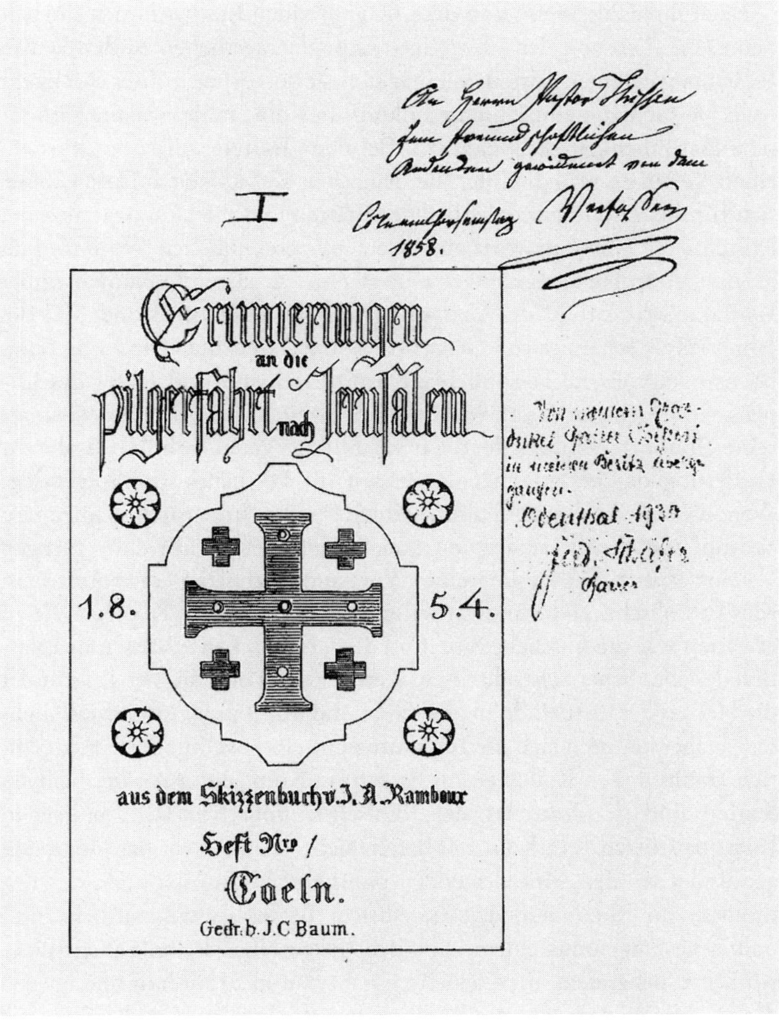

Titelblatt des Skizzenbuchs von Johann Anton Ramboux

Nach ihrer Pilgerreise und dem tiefgreifenden Eindruck, den die beiden Deutschen von der schwierigen Lage der westlichen Katholiken in Palästina gewonnen hatten, veranlassten sie sofort nach ihrer Rückkehr nach Deutschland eine Zusammenkunft in Köln, an der weitere katholische Persönlichkeiten teilnahmen. Bei dem Treffen wurde beschlossen, einen Verein zu gründen, der die deutschen Katholiken aufrufen sollte, sich für die Verteidigung der heiligen Stätten und die Unterstützung der katholischen Missionsarbeit auf jedem nur erdenklichen Wege und an jedem Ort im Heiligen Land zu engagieren. Die ersten Dokumente über Kontakte im Vorfeld der Gründung datieren vom April und Mai des Jahres 1855.[91] Johannes von Geissel (1796-1864), Kardinal von Köln, ranghöchste katholische Persönlichkeit in Deutschland und Ritter des Ordens vom Heiligen Grab, erklärte sich bereit, den neuen Verein unter seine Obhut zu nehmen, der die Bezeichnung »Verein vom Hl. Grabe zur Förderung der katholischen Interessen im Hl. Land« (im folgenden: »Verein vom Heiligen Grabe«) erhielt.[92] Die Initiatoren kamen am 30. Juni 1855 erneut zusammen und diesmal bereits mit einer fertigen Vereinssatzung. Sie wählten einen Vorstand, verfassten einen Aufruf an »das katholische Volk« und verbreiteten diesen in 3.000 Kopien. Wie zu erwarten war die missliche Situation der katholischen Christen in Palästina das alles beherrschende Thema, mit dessen Hilfe die Vereinsgründer die Herzen der Gemeinde zu gewinnen und ihre Taschen zu öffnen suchten. Dabei konnten sich die Initiatoren auf eine zweihundertfünfzigjährige Tradition von Kollekten im Erzbistum Köln zugunsten der heiligen Stätten und der Vertreter der römisch-katholischen Christenheit in Palästina stützen.[93] In Köln war bereits sieben Jahre zuvor der Piusverein gegründet worden, eine der ersten politischen Organisationen der Katholiken im Rheinland, der die Absicht hegte, »gesellschaftliche und politische Fragen aus einem christlichen, vor allem katholischen Blickwinkel zu behandeln, die Freiheit zu sichern und zu fördern und ebenso die Unabhängigkeit und das Wohlergehen der katholischen Kirche«. Somit erscheint es nur natürlich, dass Geissel die Schirmherrschaft über den Verein übernahm, von dessen siebenundzwanzig Mitgliedern des ersten Komitees nur drei im Kirchendienst waren.[94] Unter der Obhut des Kardinals jedoch hatten die Initiatoren des neuen Vereins eine katho-

91 HAEK, CR 22. 11, 1, 5-7.

92 Rückblick; Schmitz, Deutschtum, 10-12; Katholische Deutschland, 32-34; Cramer, Jahrhundert, 10-24; Sinno, Interessen, 205-206; Goren, Society.

93 Lohmann, Beziehungen, 201-205.

94 Heinen, Verein, 11-19.

lisch-institutionelle, gesellschaftliche und politische Basis, auf die sie sich stützen konnten.

Doch wie begründeten die dreizehn Unterzeichner der Gründungsurkunde die Notwendigkeit zur Schaffung ihres Vereins? Mit welchen Argumenten wandten sie sich an ihre Gemeinde? Und was, hofften sie, würde die Herzen und Geldbeutel der Katholiken in Deutschland öffnen?

> »Die Unterzeichneten sind daher zur Bildung eines Vereines, der sich die Förderung der katholischen Interessen im hl. Lande als Aufgabe stellt, zusammengetreten [...] Das altkatholische Köln [...] die katholischen Rheinland und Westphalen [...] werden daher hiermit zur Teilnahme an einem Verein eingeladen, den alle, mit der Lage der Dinge im hl. Lande Vertraute, für einen *notwendigen* erklären, besonders nachdem die Hülfsmittel von Spanien, Portugal, Sardinien und andern katholischen Landen, mit deren Gaben sich die Katholiken in Jerusalem, Bethlehem und den sonstigen Heiligtümern an den hl. Stätten behaupteten, mehr oder weniger versiegt sind [...] Und so werden wir uns denn in der Teilnahme des katholischen Volkes nicht verrechnen, wenn wir das hier beigedruckte Status eines Vereines bekannt machen, dessen Mitgliedschaft kein großes Opfer erheischt, und von dem auch der geringste Beitrag dankbar angenommen wird.«[95]

Die Satzung des Vereins umfasste neun Paragraphen, doch es ist der zweite und wichtigste unter ihnen, der die Statuten des Vereins erklärt:

> »Derselbe [der Verein] wird seine Aufgaben in folgender Weise zu lösen suchen:
> Durch Unterstützung der Wächter der hl. Stätten, der Franziskaner im heiligen Lande, sowie des größtentheils im Vertrauen auf die Mildthätigkeit des Abendlandes von dem heiligsten Vater Pius IX. wiedererrichteten Patriarchats der katholischen Kirche zu Jerusalem.
> Durch Unterstützung des Gottesdienstes an den Kirchen zu Jerusalem, Bethlehem, Nazareth, namentlich durch Uebersendung von Paramenten, Kirchengefäßen u.s.w.
> Durch Beisteuer für die Unterhaltung der Kirchen und kirchlichen Bauwerke und Denkmale an den hl. Orten, insbesondere für den nothwendig gewordenen Kuppelbau an der hl. Grabeskirche in Jerusalem.
> Durch Unterstützung der sich sonst in Noth befindenden kirchlichen Institute des hl. Landes, z. B. der Schwestern des hl. Joseph, die sich

95 An das katholische Volk; Deutscher Verein, 333-334.

> dem Unterricht der weiblichen, größtentheils armen Jugend in Jaffa, Jerusalem, Bethlehem widmen, nach Umständen auch der Franziskaner in Alexandrien, Kairo, welche ebenfalls zum hl. Lande gehören. Durch Vermittelung und Förderung deutscher Pilgerfahrten nach dem hl. Lande.«[96]

In den weiteren Paragraphen der Satzung wurde zum einen die Notwendigkeit festgeschrieben, in direktem Kontakt zu den Häuptern der Kirche im Heiligen Land zu stehen, und zum anderen die Vorgehensweise in Deutschland verdeutlicht. Nur wer mindestens fünf Silbergroschen im Jahr spendete, sollte als Vereinsmitglied anerkannt werden.[97] Der Verein sollte einen zwölfköpfigen Vorstand wählen und dem letztgültigen Votum des Erzbischofs von Köln unterstehen. Auch stellte sich der Verein unter die Obhut Jesu und seiner Mutter Maria, da er existiere, um jene Orte zu preisen, an denen sie gelebt und gewirkt hätten. Der Vorstand verpflichtete sich, einen detaillierten jährlichen Bericht über die Vereinsbelange zu veröffentlichen, der auch einen ausführlichen Überblick über das Geschehen in Palästina beinhalten sollte. Zudem oblag es ihm, nach Kräften die Ideen des Vereins und Informationen über diesen mit allen ihm zur Verfügung stehenden Mitteln zu verbreiten. Zu diesem Zweck bediente sich der Verein unter anderem des existierenden Kirchenapparats im Lande.

Als erster Vorsitzender wurde Gottfried Strauss (1794-1862) berufen, ein Mitglied des Kathedralenkapitels in Köln.[98] Prisac wurde zu seinem Stellvertreter ernannt, und auch Ramboux gehörte dem Vorstand an, der fast ausschließlich aus Angehörigen der Diözese Köln bestand. Nach Strauss' Tod wurde Bischof Johann Anton Friedrich Baudri (1804-1893) zum Vorsitzenden gewählt, Mitglied des Bistums Köln, der ebenfalls zum zwölfköpfigen Gründungsvorstand gehört hatte. Baudri sollte für die folgenden dreißig Jahre dieses Amt bekleiden und den Verein führen.

96 Statut HL, 3-4. Zu Abschriften der Originalsatzung mit Unterschrift Kardinal Geissels siehe HAEK, CR 22. 11, 1, 8-9. Dieses Dokument wurde auch dem Schreiben beigefügt, das die Verschmelzung zwischen den beiden Vereinen – dem Verein vom hl. Grabe und dem Verein vom hl. Land – im Jahre 1895 vorbereiten sollte; Bosse (Kultusminister) und andere in einem Schreiben an den Fürsten Hohenlohe-Schillingsfürst, ISA, 305, Abschrift 35717 III, Nr. 21-24.

97 Ein preußischer Taler entsprach dreißig Silbergroschen. 1875 wurde er durch die Mark abgelöst, die einen Wert von ⅓ Taler hatte (s. o. Anm. 32).

98 Strauss, Präsident.

1865 besuchte er Palästina und wurde zum »Ritter des Ordens vom Heiligen Grab« geschlagen.[99]

Offenbar muss ein Gutteil des relativen Erfolges, den der Verein verzeichnen konnte, wie auch der Charakter seiner Aktivitäten dem Vorstand zugeschrieben werden, dessen Mitglieder sämtlich aus dem Erzbistum Köln stammten. Erzbischof von Geissel, der 1850 zum Kardinal ernannt wurde, lenkte die Geschicke des Vereins ab 1846 mit fester Hand. Geissel, einer der bedeutendsten katholischen Bischöfe im Deutschland des 19. Jahrhunderts, war im ganzen Land bekannt als einer der Köpfe der Ultramontanisten und repräsentierte die Macht der Kirche gegenüber dem Staat. Die erste Bischofskonferenz in Deutschland, die, durch Geissel initiiert und organisiert, 1848 in Würzburg stattfand, war ein wichtiger Meilenstein in der Geschichte der Kirche. So auch das Provinzialkonzil der Kölner Erzdiözese im Jahre 1860, auf dem Geissel als führender Redner die Auffassung von der Unfehlbarkeit des Papstes als kirchliche Lehre vertrat, eine Auffassung, die zehn Jahre später durch das Vatikanische Konzil zum Dogma erhoben wurde. Auch die Vollendung des Kölner Doms, dieses Symbols für die Einheit Deutschlands, gehörte zu den Verdiensten Geissels, der den Beginn der Baumaßnahmen 1842 veranlasste und ihre Beendigung noch kurz vor seinem Tod sehen konnte. Mehr als alle anderen hochrangigen Kirchenvertreter begriff Geissel den Geist der Freiheit der Revolutionen und verstand es, diesen für die Belange der Kirche auszunutzen. Baudri stand Geissel stets zur Seite, vor allem in den Wirren des Vormärz und im Verlauf der Revolution von 1848, und galt als dessen Freund und Vertrauter. Er verfasste sogar ein Buch, das den Ernennungsprozess des Erzbischofs beschreibt, an dem zwei Könige beteiligt gewesen waren – der von Bayern und der von Preußen.[100]

Der Verein machte sich schon bald an eine eifrige Werbekampagne, die zu einem schnellen Anwachsen der Mitgliederzahlen vor allem in den nördlichen und westlichen Regionen Preußens, aber auch in den benachbarten Staaten führte. Einer der Wege, das Spendenaufkommen zu erhöhen, war die Festsetzung eines bestimmten Tages zur Kollekte, eines bedeutsamen Datums, an dem alle in den Kirchen der deutschen Länder gespendeten Beträge für die Ziele des Vereins bestimmt waren. Dazu war es nötig, die Unterstützung so vieler Bischöfe als möglich zu gewinnen.

99 Baudri, Nekrolog; Kosch, Katholische Deutschland, I, 112-113; Cramer, Ritterorden, 165; Lill, Geissel.

100 Ebd., 145-146; Baudri, Geissel; Cramer, Jahrhundert, 14; Linn, Ultramontanismus; Weyers, Statz, 106-109.

Geissel selbst gab diesen Weg vor, als er 1856 den Karfreitag als denjenigen Tag festlegte, an dem zugunsten des »Vereins vom Heiligen Grabe« und seiner Ziele gesammelt werden sollte. Dieser raffinierte Schachzug trennte die Kollekte von jener zugunsten des »Ludwigmissionsvereins«, die vor der Osterwoche am Palmsonntag stattfand. Die Entscheidung Geissels sollte sich als äußerst erfolgreich erweisen, da der Tag der Kreuzigung Christi von der Vereinsführung zu Recht als der am stärksten mit Jerusalem verbundene Tag im Kalender der katholischen Gläubigen eingeschätzt wurde. Kein anderer Tag als der, an dem Jesus auf dem Kalvarienberg sein Opfer der Liebe dargebracht hatte, konnte geeigneter sein, die Opferbereitschaft der Gemeinde unter Beweis zu stellen. Daher brachte die Vereinsführung ihre Hoffnung zum Ausdruck, dieser Tag werde künftig einem »geistigen Kreuzzug« geweiht sein: »Wenn es doch gelänge, an diesem Tag das ganze christliche Abendland durch Gebet und Liebesgaben zu einem geistigen Kreuzzug vereinigt zu sehen!«[101]

Schnell folgten ihm die Bischöfe der größten Diözesen in Deutschland nach: Trier, Limburg und Ulm. In den darauf folgenden Jahren schlossen sich auch die Bischöfe in Mainz, Breslau, Münster, Paderborn, Fulda und im ostpreußischen Ermland an sowie der apostolische Gesandte in Sachsen. Kein Zweifel, dass dies ein Beleg war für die Stellung und den Einfluss Geissels innerhalb der Kirche der Länder Nord- und Mitteldeutschlands. Unberücksichtig bleiben in dieser Auflistung die Bischöfe der süddeutschen Länder und Österreichs, wo, wie die Führung des »Vereins vom Heiligen Grabe« schrieb, bereits ein Verein entstanden sei, der ähnliche Ziele wie die eigenen verfolge. Auch wurde in der Zeitschrift die Hoffnung zum Ausdruck gebracht, dass die Karfreitagskollekte zugunsten der Katholiken im Heiligen Land überall in Deutschland, ja im Grunde genommen in allen westlichen Staaten durchgeführt werde, womit aller Wahrscheinlichkeit nach Westeuropa gemeint war, denn »die Einführung dieser Charfreitags-Collecte in allen Diöcesen des Abendlandes ist ein Gedanke, bei welchem dem Katholiken das Herz höher schlägt und den er mit allen ihm zu Gebote stehenden Mitteln verwirklicht sehen möchte«.[102]

Diese Hoffnung sollte nicht enttäuscht werden. Papst Leo XIII. nahm die Herausforderung an und veröffentlichte im Dezember 1856 einen Erlass, in dem er bestimmte, dass in allen katholischen Diözesen der Welt

101 Rückblick, 71. Dieser »geistige Kreuzzug« lässt sich als Bestandteil oder als einer der Wege des »friedlichen Kreuzzugs« sehen, siehe oben, S. 65-70.

102 Rückblick, 71. Zu Österreich siehe vergleichend Heider-Wilson, Generalkommissariat, bes. 131-132.

ein bestimmter Tag, der Karfreitag oder jeder andere Tag, der Kollekte für die heiligen Stätten in Palästina gewidmet werde.

Tochtervereine und Ableger des »Vereins vom Heiligen Grabe« tauchten in der Folge vielerorts auf und in jedem Landstrich stellte sich der örtliche Bischof an ihre Spitze.[103] Weitere Hilfe kam von Papst Pius IX., der bereits im Jahre 1858 dem Verein seinen Segen erteilte und diesem eine päpstliche Anerkennungsurkunde beifügte, welche mit der Gewährung verschiedenartiger Ablässe für die Vereinsmitglieder verbunden war.[104] Die fünf prominentesten Bischöfe Nord- und Mitteldeutschlands beehrten durch ihre Anwesenheit die Sitzung des Vorstandes im Mai 1860. Der Vorsitzende nutzte dieses Forum zu einer flammenden Rede, in der er dazu aufrief, die katholischen Aktivitäten in Palästina bis zum Äußersten zu intensivieren.[105]

Eines der Probleme, mit denen sich der Verein schon bald konfrontiert sah, war die Gründung und Existenz anderer, ähnlich orientierter Vereine in den deutschsprachigen Staaten, die naturgemäß drohten, die Einkünfte und damit die Macht und den Einfluss des »Vereins vom Heiligen Grabe« zu schmälern. So gründeten die Österreicher, die wie bereits erwähnt in den 50er Jahren des 19. Jahrhunderts dazu tendierten, in Bezug auf das Heilige Land auf eigene Faust zu agieren, im Jahre 1858 den »Verein der unbefleckten Empfängnis Mariens zur Unterstützung der Katholiken im Orient«, an dessen Spitze sich sämtliche Kirchenoberhäupter Wiens stellten. Erklärtes Ziel des Vereins war die Unterstützung der Katholiken im Orient, vor allem auf dem Gebiet des Osmanischen Reiches und auf jedem nur möglichen Weg. Klar ist, dass es hier zu Reibungspunkten und sogar zu einem verdeckten Wettbewerb kam. Eines der Vorstandsmitglieder des »Vereins vom Heiligen Grabe« nahm in Salzburg an der Vollversammlung der Katholiken in Österreich teil, wo der neue Verein vorgestellt und die Empfehlung gegeben wurde, ihn auf jede nur erdenkliche Weise zu unterstützen. Im Gegenzug präsentierte der ebenfalls noch junge deutsche Verein die Erfolge der ersten beiden Jahre seines Wirkens. Mit viel diplomatischem Geschick begrüßte man die Gründung des Wiener Vereins und betonte, hierin sei keine Aufspaltung der Kräfte zu sehen.

103 Cramer, Jahrhundert, 11. Es versteht sich von selbst, dass jede neue lokale Gründung begrüßt und in der Vereinszeitschrift gewürdigt wurde, so zum Beispiel im Bericht des Mainzer Bischofs Wilhelm Emmanuel von Ketteler über die Gründung eines Tochtervereins in seiner Stadt.

104 HAEK, CR 22. 11, 1, 46; Ablässe; Rückblick, 74; Katholische Deutschland, 33.

105 Besuch im Vorstande; Bracco, Pius; Cramer, Jahrhundert, 12.

Die nach Palästina geschickten Spendengelder wurden nach einem Schlüssel verteilt, den der Vorstand festlegte. Der Vorstand war selbstverständlich auch damit betraut, diese Verteilung zu überwachen. Schnell zeigte sich, dass es zahlreiche Probleme technischer Natur bei der Überstellung der Gelder nach Palästina und deren angemessener Verteilung gab. Bereits Ende 1857 war der Vorstand gezwungen, zwei administrative Entscheidungen zu fällen, die Beleg für derartige Probleme waren: Zum einen im Regelfall nur die Anfragen von hochrangigen Bittstellern zu beantworten, »um eine möglichst vitale Verbindung mit dem Heiligen Land zu unterhalten«, und zum anderen immer eine Reserve in der Vereinskasse zu belassen, die es ermöglichen sollte, schnell dringende Bedürftigkeiten zu beantworten.[106] Um die Spendentätigkeit zu fördern und zu ermutigen, sorgte der Vorstand für den geregelten Ankauf religiöser, in Palästina gefertigter Devotionalien – Rosenkränze, die in der Grabeskirche gesegnet worden waren, Kruzifixe aus Gethsemane –, die als Dankesgeschenke an Spender verschickt wurden.[107]

Bei der Institutionalisierung und Ordnung der Kontakte nach Palästina halfen auch die persönlichen Beziehungen, die von Anfang an zwischen der Vereinsführung und den ranghöchsten Vertretern der katholischen Kirche im Heiligen Land geknüpft worden waren, dem Kustos Bonaventura da Solero (Kustos in den Jahren 1857-1862) und dem Patriarchen Valerga, welche die beiden Hauptnutznießer der Spendengelder waren. Beide Männer hatten verstanden, dass sie es hier mit einer wichtigen Spendenquelle zu tun hatten, und verhielten sich entsprechend. Und keiner von beiden hatte die Absicht, diese fette Henne, die schon frühzeitig hoffen ließ, sie würde künftig goldene Eier legen, entwischen zu lassen. Daher antwortete Valerga umgehend voller Begeisterung und Belobigungen auf das erste Schreiben des Vorstands, das zur Mitte des Jahres 1856 bei ihm eintraf.[108] Die Korrespondenz erfolgte schon bald in immer kürzeren Abständen, wobei die Vereinsführung dem Patriarchen sogar Vorgaben machte bei Themen, die für sie von Interesse waren und höchstwahrscheinlich auch für die Spender (die in der Vereinszeitschrift

106 Protokolle, 14.10.1857.

107 Rückblick, 68.

108 Das erste Schreiben des Vereins an den Patriarchen, das im Archiv des lateinischen Patriarchats aufbewahrt liegt, datiert vom 16. Juni 1856 und trägt die Unterschriften des Vorsitzenden Strauss und des Sekretärs Baudri: APL, J5, Q/9. Es existiert zudem auch noch ein Schreiben vom 1. Dezember 1855, das an den Vereinspräsidenten in Köln adressiert ist, aber keine Unterschrift trägt (ebd., Q/10).

die deutsche Übersetzung der Briefe aus dem Französischen lesen konnten):

»Was jedoch jene Schreiben betrifft, so könnten wir sie der Behandlung durch Seine Exzellenz entziehen, doch da er [der Verein] sein Bestreben zum Ausdruck gebracht hat, Aufklärung zu erhalten, verweisen wir auf folgende Themen: Tagesmeldungen; Beschreibungen der heiligen Stätten wie der hl. Grabeskirche und des Saals des letzten Abendmahls; die Frage der heiligen Stätten ...«[109]

Der Patriarch, der sich zum damaligen Zeitpunkt gerade in der Endphase seines Kampfes um das Priesterseminar in Beit Jallah befand, beeilte sich, dem Vorstand eine »Einkaufsliste« vorzulegen, der eine allgemeine Erklärung vorausging:

»Diese Bedürfnisse, ebenso verschiedenartig als zahlreich, werden vorzugsweise bedingt: durch die Vertheidigung und Erhaltung der Heiligthümer, die noch ganz oder theilweise in unserm Besitze sind, durch die Unterstützung der Wächter der h. Stätten, der Brüder Franziskaner, durch jene Missionäre, die schon in Palästina sind oder Muth und Entsagung genug haben, später dahin zu kommen ...«[110]

Selbstverständlich war Valerga bestrebt, den Franziskanern deutlich zu machen, sie stünden unter seiner Verantwortung und in einer Reihe mit den anderen Missionaren. Um dann im weiteren Verlauf seines Schreibens die Einrichtungen und Ziele aufzulisten, für die er auf Unterstützung angewiesen sei: das Seminar; die Suche nach einem geeigneten Standort für das Krankenhaus, das provisorisch in einem angemieteten Gebäude untergebracht sei und bereits vierundzwanzig Betten beherberge; die Einrichtung von Waisenhäusern und Klöstern für die Schwestern in Jerusalem, Bethlehem, Nazareth und Jaffa; die Eröffnung einer Schule; und schließlich den Kauf von Inventar und Kultgegenständen für die Kirchen und Kapellen. Zudem fügte er ein dringliches Anliegen hinzu, das aus seiner ganz persönlichen Situation resultierte, ein Patriarch zu sein ohne einen dem Patriarchat entsprechenden hierarchischen Apparat. So erwartete er von dem Verein Unterstützung bei der Schaffung all jener Einrichtungen, »die ein natürliches Resultat der Neuerrichtung des geistlichen Patriarchats in Jerusalem sind«. Allein im Verlauf des Jahres 1856 trafen drei Schreiben des Jerusalemer Patriarchen ein, was mehr als alles andere Beleg ist für seine prekäre Lage und seine Hoff-

109 Strauss und Müller an den Patriarchen, APL, J5, Q/13, 4.3.1857.
110 Schreiben, 19.

nung, das Maximum aus dem neuen Verein herauszuholen. Der Vorstand seinerseits beeilte sich, diese Schreiben im Wortlaut in der vereinseigenen Zeitschrift zu veröffentlichen.[111]

Diese erste Korrespondenz bildete den Auftakt zu engen beiderseitigen Beziehungen. Der Verein sollte die Verteilung der Spendengelder fortan und über die gesamte Dauer seines Wirkens mit dem Patriarchen abstimmen. Dieser trug seinerseits Sorge, einen jährlichen Bericht über die Fortschritte seiner Einrichtungen und deren Bedürfnisse nach Köln zu schicken.[112] Diese konsequente Abstimmung mit dem Patriarchen sollte dem Verein im weiteren Verlauf noch äußerst zupass kommen, als er nämlich der Unterstützung fremder, vor allem französischer Einrichtungen mit deutschem Geld bezichtigt wurde. So konnte die Vereinsspitze stets vorweisen, man unterstütze lediglich den Patriarchen, die höchste religiöse Autorität im Heiligen Land, und dessen Einrichtungen, denen keinerlei nationale Identität zu eigen sei.

Strauss, der erste Vereinsvorsitzende, nahm 1859 an einer Pilgerreise nach Palästina teil, in deren Rahmen er selbstverständlich zum »Ritter vom Heiligen Grab« geschlagen wurde. Er nutzte seinen Aufenthalt in Jerusalem zu mehreren Treffen mit dem Patriarchen, dem Kustos und anderen Persönlichkeiten des katholischen Establishments. Infolge dieser Erörterungen sollte der Verein seine Unternehmungen ausweiten. Er begann, die Errichtung neuer katholischer Missionsstationen in Ortschaften anzuregen, in denen es bislang noch keine Vertretung des abendländischen Christentums gegeben hatte, sowie den Erwerb von Stätten zu forcieren, die dem Christentum heilig waren. Der Verein stellte für diese Ziele zweckgebundene Mittel bereit, die nicht Teil der üblichen Zuwendungen waren. In ähnlicher Form wurden jedes Jahr bestimmte, wenn auch relativ kleine Summen für den Erwerb von Kultgeräten und Reliquien veranschlagt.

Die Vereinsvertreter nutzten konsequent jede sich ihnen bietende Plattform. So machten sie ihre Ziele und Leistungen bei Auftritten auf den jährlichen Katholikentagen publik, die ab 1848 unter reger Beteiligung in Deutschland abgehalten wurden (abgesehen von zwei Jahren, nämlich 1873 und 1874, den eskalierenden Jahren des »Kulturkampfes«).[113]

111 Sekretär der Kustodie, Jerusalem, 22.2.1856, HAEK, CR 22. 11, 1, 16; Protokolle, 8.4.1856, 7.1.1857; Rückblick (Zitate 69-70). Viele dieser Schreiben befinden sich im erzbischöflichen Archiv in Köln (HAEK, CR 22. 11, 1).

112 Rückblick, 75 Anm. 1: Valergas »Wunschliste« für das Jahr 1858.

113 Morsey, Katholikentage, haupts. 191-192. Vergleiche Alexander, Church, 443; Kissling, Kulturkampf, III, 134. Zu einer Liste derjenigen, die bei den Katholi-

Diese »Generalversammlungen der Katholiken in Deutschland«, wie sie offiziell bezeichnet wurden, waren ein Treffpunkt für religiöse und weltliche Führer einerseits, unter ihnen zahlreiche Politiker, und die Repräsentanten der verschiedenen katholischen Vereine andererseits. Auf diese Weise hatten die Katholikentage von Anfang an Anteil am Zustandekommen der couragierten Verbindung zwischen der kirchlich-religiösen und der politischen Seite des deutschen Katholizismus, oder wie es Rudolph Morsey bezeichnet hat: »Zwischen der Kirche und der Gesellschaft.« Bereits bei den ersten Zusammenkünften waren einige hundert Teilnehmer zugegen. Enormen Zulauf erlebten die Katholikentage während des »Kulturkampfes«, als ihnen eine neue Bedeutung zuteil wurde und sie zur nationalen Bühne und zum machtvollen Zentrum der Bemühungen wurden, antikirchliche Initiativen zu stoppen. Die Teilnehmer an den jährlichen Versammlungen wurden vom Volk als gewählte Vertreter der mutigen katholischen Minderheit begriffen, die gegen Bismarcks Edikte und gegen den Polizeistaat kämpfte, den der Kanzler ihrer Behauptung zufolge einführen wollte. So war es nur natürlich, dass die Führer der Zentrumspartei auch auf den Katholikentagen richtung- und tonangebend waren.[114] Dem »Verein vom Heiligen Grabe« gelang es folglich schon zu Beginn seines Weges, sich mit einer der zentralen und einflussreichsten Institutionen im katholischen Leben Preußens und Deutschlands allgemein zu verbinden. Nicht von ungefähr trug die Vereinsführung Sorge, auf jedem dieser Katholikentage den Versammelten ihre Angelegenheit vorzutragen. Als Unterstützung gewannen sie vielgereiste Pilger, vor allem solche von Rang, die dank ihrer Publikationen, in denen sie ihre Reisen beschrieben hatten, allgemein bekannt waren, weshalb sie als Kenner der Materie galten und die Vereinsspitze hoffen ließen, dass ihre Worte entsprechende Resonanz fänden.

Zum 10. Katholikentag, der 1858 in Köln stattfand, brachte die Vereinsführung Monsignore Mislin mit, dessen Buch auf starken Nachhall in der katholischen Welt gestoßen war. Der hohe Gast verkündete denn auch, der beste Weg, die katholische Präsenz im Heiligen Land zu fördern sei die Mitgliedschaft in einem der Spenden sammelnden Vereine, weshalb den Deutschen nichts anderes übrig bliebe, als sich dem Kölner Verein anzuschließen. Denn das Schisma sei der größte und gefährlichste

kentagen die Sache des Vereins vertraten, siehe Meinertz, Kampf, 244-245. Heinen, Macht, 122-124, führt auch die Versammlungssatzung an, wie sie bei der ersten, im Oktober 1848 in Mainz stattgefundenen Zusammenkunft verabschiedet wurde.

114 Morsey, Katholikentage, 188, 194.

Feind der katholischen Einrichtungen in Palästina. Diese müssten einen Weg finden, zusammenzuarbeiten, was letztendlich das Christentum an seine Geburtsstätte zurückführen und für die »orientalische Frage« die einzig mögliche Lösung bringen würde. Dem katholischen Deutschen bleibe daher gar keine andere Möglichkeit, als sich unverzüglich diesem heiligen »Friedliche[n] Kreuzzug« anzuschließen, der zu einer Inbesitznahme des Heiligen Landes und dessen Rückgabe an die einzige Religion führen werde, die berechtigt sei, es zu erben. Denn »durch unsere Schuld haben wir so viele Verluste erlitten, indem wir selber das heilige Land vergessen.«[115] Auch 1878 bediente sich die Vereinsführung noch immer jener Rede Mislins, die dieser zwanzig Jahre zuvor gehalten hatte, um die katholischen Massen aufzufordern, sich ihrem Werk anzuschließen:

> »Schließen Sie sich den Vereinen an, die sich die Verbreitung des Christenthums im Orient zum Ziele setzen. Es gibt solche Vereine in Frankreich und in Deutschland, *es gibt einen solchen in dieser Stadt Köln*, den der Himmel sichtbar segnet, so sehr hat er in kurzer Zeit an Ausdehnung gewonnen. Sie unterhalten durch Gebet und Almosen unsere Missionen in Palästina; sie machen es möglich, daß man neue errichten und Schulen und Hospitäler gründen kann. Palästina's ganze Zukunft hängt davon ab, und es ist dies auch *die einzige Lösung der orientalischen Frage, es gilt das Christenthum wieder herzustellen in diesen Gegenden, die, als sie christlich waren, in so hoher Blüthe standen.*«[116]

Bei seinem Auftritt vor der Versammlung in München im Jahre 1861 berichtete Wilhelm Prisac über seine Erfahrungen, Erlebnisse und Eindrücke auf der von ihm unternommenen Reise nach Palästina und über die Gründung des Vereins. Bei derselben Gelegenheit trat auch Sepp auf und erläuterte seine Pläne für die Ansiedlung deutscher Orden im Heiligen Land, eine Ansiedlung, die es ermöglichen würde, die gegenwärtige Lage zu verändern und auch dem katholischen Deutschland eine würdige Repräsentanz an der Wiege des Christentums zu verschaffen. Und Pater Marie Alphonse Ratisbonne weckte dank seiner Persönlichkeit und seines eindrucksvollen Auftretens auf dem Katholikentag in Trier im Jahre 1865 viel Resonanz.[117]

Je genauer man die Aktionsfelder des Vereines einer näheren Betrachtung unterzieht, desto größer wird das Erstaunen über das vollkommene

115 Verein; Mislin, Heilige Orte. Vergleiche Bracco, Pius, 6-8 (Zitat 7); Katholische Deutschland, 34; Mislin, Nekrolog.

116 Bracco, Pius, 7.

117 Meinertz, Kampf, 244.

Einstellen von Pilgerreisen – und dies in offenbarem Widerspruch zu Paragraph 2e der Satzung, der ausdrücklich bestimmte, der Verein werde sich für eine Förderung und Realisierung deutscher Pilgerreisen ins Heilige Land einsetzen.[118] Allem Anschein nach gab es hierfür mehrere Auslöser, darunter zum einen die Existenz von Vereinen, die in dieser Hinsicht in Frankreich und in Österreich aktiv waren, und zum anderen eine unzureichende Nachfrage nach organisierten Pilgerreisen aus der katholischen Bevölkerung in Deutschland. Dieses jedoch ist vor dem Hintergrund des Gesamtbildes der Pilgerreisen nach Palästina zu sehen, die mehrheitlich von Griechisch-Orthodoxen und Russen unternommen wurden. So traf etwa 1858 nur eine achtzehnköpfige organisierte Pilgergruppe aus Österreich in Jerusalem ein, während die Gesamtzahl der Pilger zu Ostern jenen Jahres in der Stadt 16.613 betrug, von denen die Mehrheit selbstverständlich Russen waren.[119]

Ab den 50er Jahren des 19. Jahrhunderts waren in Westeuropa zwei Vereine tätig, die solche Reisen organisierten. Der erste dieser beiden war ein französischer Verein, mit dem auch Prisac und Ramboux nach Palästina gelangt waren. Das *Comité de l'œuvre des Pélerinages en Terre Sainte* wurde 1853 in Paris gegründet. Die regelmäßige Verbindung nutzend, die die französische Schifffahrtslinie *Massagerie maritime* von Marseille zu den östlichen Häfen des Mittelmeeres anbot, verpflichtete sich der Verein, dessen Geschäftsstelle sich in der Rue Furstenberg no. 6 in Paris befand, zwei Gruppen pro Jahr zu organisieren. Die Reisekosten von 1.000 oder 1.250 Francs (was in etwa 1.200 und 1.500 Mark entsprach) waren abhängig von der Klasse auf dem Schiff, welche die Pilger wählten. Der Verein gab auch eine Broschüre heraus, die bestimmt war, die Idee der Pilgerschaft ins Heilige Land zu fördern.[120]

Der zweite Verein war der österreichische *St. Severinus Verein*, der in Wien tätig war und deutschsprachige Pilgergruppen in den Jahren 1855 bis 1864 organisierte. Im Grunde genommen stellte sich dieser Verein all jenen zur Verfügung, die nach Palästina reisen wollten. Der 15. Februar jeden Jahres wurde als Termin festgesetzt, an dem über das Zustandekommen einer Gruppe entschieden wurde, was von einer ausreichend großen Zahl von Interessenten abhing, die auch bereit waren, den geforderten Reisepreis zu zahlen, der 500 Gulden betrug, was zum damaligen Zeitpunkt 360 Talern oder rund 1.080 Mark entsprach, ein deutlich niedrigerer Betrag mithin, als ihn die Franzosen veranschlagten. Die Einschif-

118 Rückblick, 67.

119 Wolff, Constantinopel, 141.

120 Ebd., 140-141: Französische Verein.

fung in Triest erfolgte am 13. März, selbstverständlich auf einem der Schiffe des österreichischen Lloyd, der auch als Reiseveranstalter auftrat. Die Schiffspassage dauerte rund zwei Monate. Für Frauen, so hieß es ausdrücklich in der Satzung, »ist die Fahrt nicht ratsam«.[121] Erst ab 1869 begannen sich die ersten Frauen den Pilgergruppen anzuschließen.

Der ersten von dem österreichischen Verein organisierten Gruppe gehörte auch Alban Stolz (1808-1883) an, Professor für Theologie und Pädagogik an der Universität Freiburg, ein Romantiker und namhafter Autor. Stolz pflegte seinen Jahresurlaub mit einer Reise in ein fremdes Land zu verbringen und diese jeweils in einem Buch zu verarbeiten. Stolz, ein radikaler Individualist und kompromissloser Kritiker, ein »alemannischer Paradoxist«, wie Gollwitzer ihn bezeichnet hat, ein »zu spät gekommener Barockmensch«, der noch immer gegen die Reformation ankämpfte und dabei engstirnige Auffassungen und psychologische Scharfsinnigkeit zum Besten gab.[122] Der Bericht seiner Reise nach Palästina, der unter dem Titel *Besuch bei Sem, Ham und Japhet* erstmals 1857 erschien, fand große Verbreitung, erlebte 1913 seine insgesamt 10. Auflage und wurde in mehrere Sprachen übersetzt. Das Buch war einer der wichtigsten Auslöser für die Verbundenheit der deutschsprachigen Katholiken mit Palästina und hatte etliche Jahre erheblichen Anteil am wachsenden Zulauf und der Ermutigung von Pilgerreisen. Stolz' Reise diente als Vorbild und zeichnete den Weg vor für alle jene, die ihm nachfolgten.[123] Uns liegen mithin relativ viele Einzelheiten über die Reise dieser Gruppe vor, über den Verlauf der Reise und die Organisation von Pilgergruppen aus Wien allgemein.[124] Ab 1865 begann das Wiener *Generalkommissariat für das Heilige Land* in Zusammenarbeit mit den Franziskanern sich organisatorisch um die Pilgergruppen zu kümmern.

Wenn Angehörige des »Vereins vom Heiligen Grabe«, egal ob dessen Führungsspitze oder aber gewöhnliche Mitglieder, nach Palästina gelangen wollten, waren sie immer auf die Dienste eines der beiden Vereine angewiesen. Dabei blieb ihre Zahl zunächst beinahe nur marginal. Diese Situation änderte sich, nachdem im Jahre 1873 der Geistliche Hermann Geiger aus München die erste Gruppe – oder wie man vor Ort sagte,

121 Wolff, Constantinopel, 139-141; Krammer, Österreich, 229-230; Heider-Wilson, Generalkommissariat, 154-155. Zum österreichischen Lloyd siehe Agstner, Lloyd.

122 Mayer, Stolz; Hoeber, Stolz, 131; Gollwitzer, Palästinafahrten, 314-315.

123 Stolz, Besuch. Vergleiche Röhricht, Bibliotheca, 471 (die 11. Auflage erschien 1916); Cramer, Jahrhundert, 9; Mayer, Stolz, 388-392.

124 Stolz und das HL.

Karawane – von Pilgern aus Bayern organisiert hatte. Katholiken aus Nord- und Mitteldeutschland schlossen sich diesen Gruppen schon bald in stetig wachsender Zahl an. Die Führung des »Vereins vom Heiligen Grabe« war erfreut, einem Teil dieser Pilger zu ermöglichen, ihre Eindrücke in der Vereinszeitschrift *Das Heilige Land* zu veröffentlichen, doch ergriff man selbst keine weitere Initiative, um die deutsch-katholische Pilgerschaft ins Heilige Land zu forcieren.[125]

»Sein Grab wird Glorreich sein«
Die Zeitschrift »Das Heilige Land«

Paragraph 9 der Satzung bezeugt, dass die Gründer zunächst vorhatten, es bei einem jährlichen Bericht über die Angelegenheiten des Vereins und die Lage in Palästina zu belassen. Doch innerhalb kürzester Zeit änderten sie ihre Meinung und beschlossen, eine Zeitschrift herauszugeben, die als Vereinsorgan dienen und eine Verbindung zwischen den Katholiken in Deutschland und ihren Glaubensgenossen in Palästina ermöglichen sollte. Im ersten Heft von *Das Heilige Land*, so der Name der Zeitschrift, waren selbstverständlich der Aufruf zum Vereinsbeitritt und die Satzung enthalten.[126]

Die Entscheidung, eine eigene Zeitschrift herauszugeben, erfolgte nicht zufällig. Denn im selben Jahr 1857 begann auch die Vierteljahresschrift *Neueste Nachrichten aus dem Morgenlande* zu erscheinen, das Organ des 1853 in Berlin gegründeten evangelischen »Jerusalemvereins«.[127] Auch wenn es mir nicht gelungen ist, in den Quellen einen unmittelbaren Beleg dafür zu finden, erscheint offenkundig, dass die Führung des »Vereins vom Heiligen Grabe« nicht im Entferntesten daran dachte, gegenüber den Protestanten an Boden zu verlieren, weshalb man auf die Herausgabe einer eigenen Zeitschrift gar nicht hätte verzichten können. Als Emblem wählten sie die Gestalt eines vor dem Sarg knienden Ritters der Armee Christi (*Militia Christi*) vor einem Strahlenkranz der aufgehenden Sonne, umgeben von einem Spruchband mit der Inschrift »Sein Grab wird Glorreich sein« mit dem Jerusalemkreuz in der Mitte und dem lateinischen Vers *mors mea vita tua* (mein Tod ist dein Leben) darunter.

125 Cramer, Jahrhundert, 16, 20-21; Französische Verein; Pilgerführer 1907.

126 An das katholische Volk; Statut Verein. Siehe Rückblick, 65-66.

127 Foerster, Mission, 60-61. Zur Gründung des evangelischen »Jerusalemvereins« siehe ebd., 42-64; ders., Deutschland; Sinno, Interessen, 108-111; Lückhoff, Anglikaner, 247-250.

Die Zeitschrift begann 1857 als Zweimonatsschrift zu erscheinen, wenn auch zuweilen zwei Ausgaben zusammengefasst wurden, was die Spanne zwischen einer Nummer und der nächsten vergrößerte. Dieser Turnus blieb zudem nicht fest bestehen, denn mit den Jahren wurde die Zeitschrift zu einem Vierteljahresheft. Ihre Ziele waren, wie bei verschiedenen Gelegenheiten definiert, »die Theilnahme des katholischen Volkes für das h. Land zu wecken und zu vermehren; einen lebendigen Verkehr zwischen den Vereinsmitgliedern und dem Vorstand zu unterhalten; öffentlich Rechenschaft über die Verwendung der eingegangenen Beiträge zu geben«.[128]

Die in *Das Heilige Land* abgedruckten Artikel und Meldungen sollten sieben Bereiche abdecken: regelmäßige Berichterstattung über die Lage der Katholiken und die der heiligen Stätten in Palästina; Beschreibung und geschichtliche Würdigung der heiligen Stätten in den drei Städten Jerusalem, Bethlehem und Nazareth; geschichtliche und statistische Informationen zu den mit dem Heiligen Land verbundenen Orden; geschichtliche Anmerkungen zur Pilgerschaft und verstärkte Aufmerksamkeit auf zum Zeitpunkt der Veröffentlichung stattfindende Pilgerreisen, zuzüglich detaillierter Informationen darüber; Berichterstattung über Kontakte, welche der Verein zu kirchlichen Stellen pflegte, sowie Veröffentlichung sämtlicher mit Palästina geführten Korrespondenz; kontinuierliche Berichterstattung über die Spendenlage in Deutschland und die Verteilung der Gelder in Palästina; Berichte über wissenschaftliche Arbeiten und deren Einschätzung; Nachrichten und Ankündigungen, die das Heilige Land betrafen.[129]

Bei einer Durchsicht der Ausgaben der Zeitschrift lässt sich in der Tat feststellen, dass die Vereinsspitze sorgsam darauf bedacht war, keines dieser Themenfelder zu vernachlässigen. Der Abdruck von Briefen des Jerusalemer Patriarchen und anderer hochrangiger Persönlichkeiten des Klerus im Orient, wie in der ersten Ausgabe erfolgt, wurde zu einer festen Konstante. Die meisten dieser Korrespondenzen berichteten regelmäßig jedes Jahr über die Lage der bereits bestehenden Einrichtungen und ihre Entwicklung, über die neu errichteten Institutionen und andere neue Initiativen. Im Grunde genommen verhielt sich fast jeder so, der in den Genuss von Spendengeldern durch den Verein gekommen war. In ihren Schreiben gingen Dankesbekundungen und Anerkennung für die Spender einher mit Berichten zur Lage und einer Auflistung weiterer Bedürfnisse. Es liegt auf der Hand, dass die mit Spendenmitteln Bedachten ein

128 Heilige Land, 31.
129 Ebd., 32; Rückblick, 70-71.

»Das heilige Land«, Titelblatt

vitales Interesse daran hatten, in engem und ständigem Kontakt mit dem Verein zu bleiben. Jene, die regelmäßig Gelder erhielten, waren auch diejenigen, die oft schrieben und Bericht erstatteten. Die besonders Beflissenen unter ihnen machten sich sogar verschiedentlich auf nach Europa, um bei den Sitzungen des Vorstands in Köln zu Gast zu sein und vor den Vereinsmitgliedern über ihre Einrichtungen zu referieren. Zu nennen wäre etwa der gemeinsame Besuch des Patriarchen Valerga, des Kustos Sarpin Milani da Carrara (Kustos in den Jahren 1863-1867) und des apostolischen Gesandten in Ägypten Monsignore Ciurcia im Jahre 1867, der nach einem Besuch in Rom zustande kam.[130] Weitere Beispiele für derartige Besuche werden im Verlauf dieser Studie noch zu nennen sein.

130 Besuch Würdenträger; Cramer, Jahrhundert, 15.

Die eben beschriebene Vorgehensweise, die sich die Herausgeber zu eigen machten, führte dazu, dass die einzelnen Nummern von *Das Heilige Land* einen wertvollen Fundus an Informationen über die Geschichte der meisten katholischen Einrichtungen sowohl in Palästina als auch in etlichen der benachbarten Länder boten. Lange Artikel wurden einzelnen Organisationen, Einrichtungen und den Menschen dahinter gewidmet, neben einer Fülle kurzer Meldungen in Rubriken wie »Nachrichten aus dem Hl. Lande«. Diese nüchterne und sachlich gehaltene Rubrik indes ist von kaum zu überschätzender Bedeutung, macht man sich daran, die Lebenswirklichkeit im Lande und in den einzelnen katholischen Einrichtungen zu rekonstruieren. Ohne jeden Zweifel ist dieses der reichhaltigste und ausführlichste Fundus an Informationen, der uns über die katholischen Institutionen im Orient und ihre Geschichte in der zweiten Hälfte des 19. Jahrhunderts zur Verfügung steht. Er beinhaltet zudem nicht wenig Material über Körperschaften und Personen, die anderen christlichen Kirchen und Gruppierungen angehörten, wie auch über die Angehörigen anderer Religionsgemeinschaften.

Bei der Einschätzung der Bedeutung der Berichte in *Das Heilige Land* als historiographische Quelle für einen zeitgenössischen Forscher indes gilt es, die Tendenz eines Teils der Verfasser in Rechnung zu stellen, die Realität düsterer darzustellen, als sie in Wahrheit war, um das Spendenvolumen zu vergrößern, das sie zu erwarten hatten. So verstand man es etwa, das Herz der Spender und Spendenverwalter zu rühren mit der Schilderung bemitleidenswerter einheimischer Kinder, die ohne passende Kleidung barfüßig durch den Februarschnee in Jerusalem liefen, nur um geflissentlich an allen katholischen Zeremonien teilzuhaben.[131]

Neben den Artikeln mit vornehmlichem Informationscharakter fanden sich in der Zeitschrift auch wissenschaftliche Artikel zu einer ganzen Bandbreite von Forschungsfeldern und Themenbereichen. Im Jahre 1936 veröffentlichten die Herausgeber einen Index zu den fünfundsiebzig ersten Ausgaben, die in den Jahren 1857 bis 1931 erschienen waren. Dieses Generalregister ist nach Themen, Orten und Persönlichkeiten angelegt, die Inhalt der Artikel und Essays waren, was es zu einem unverzichtbaren Hilfsmittel für jeden macht, der Informationen aus der Zeitschrift schöpfen möchte.[132]

Die finanziellen Informationen fanden sich stets auf den letzten Seiten jeder Ausgabe, die einer detaillierten Bilanz von Einnahmen und Ausgaben des Vereins vorbehalten waren. Zunächst wurden die Namen der

131 Siehe Saxe, Institut.

132 Generalregister.

Spender genannt, zusammen mit den von ihnen geleisteten Spendenbeträgen, mochten diese auch noch so gering ausfallen. Dann folgte eine minutiöse Auflistung der Beträge, welche der Verein in den Orient transferiert hatte, aufgelistet nach den empfangenden Institutionen. Und den Abschluss bildeten Angaben zu den direkten Ausgaben, die vor allem in der Führung des Büros und der Herausgabe der Zeitschrift bestanden. Die Arbeit der Mitglieder hingegen erfolgte ehrenamtlich, weshalb die in dieser letzten Sparte anfallenden Beträge relativ gering ausfielen.

Verteidigung, Erhalt und Unterstützung
Die Spenden zugunsten der katholischen Einrichtungen im Orient

Die Berichte und Bilanzen auf den letzten Seiten der Ausgaben von *Das Heilige Land* sind die Hauptinformationsquelle zu den Spendengeldern, welche der Verein im Laufe der Jahre und Jahrzehnte transferierte, ihrer Höhe und den jeweiligen Bestimmungsorten.[133] Eine weitere Quelle stellen die beiden Hefte mit Protokollen der Vorstandssitzungen dar, die handschriftlich aufgezeichnet wurden. Diese Hefte, allem Anschein nach die einzigen Überreste des später den Flammen zum Opfer gefallenen Vereinsarchivs, werden in den Räumlichkeiten des »Deutschen Vereins vom Heiligen Lande« in Köln aufbewahrt.[134] Das Sitzungsprotokoll beinhaltete stets die Namen der Anwesenden, einen kurzen Bericht, eine Erörterung der verschiedenen Probleme und eine Liste der Einrichtungen im Orient, einschließlich aller Spendenbeträge, die diesen zugegangen waren. So berichtet das Protokoll der ersten Vorstandssitzung, die am 3. März 1856 stattfand, dass eine erste Spendenzahlung mit einem Kurier nach Jerusalem unterwegs sei und dass Kardinal Geissel sein Einverständnis zur Karfreitagskollekte gegeben habe. Die Vorstandssitzungen wurden in einem zeitlichen Abstand von ein bis zwei Monaten abgehalten. Die letzte in den erhaltenen Protokollen dokumentierte Sitzung fand am 12. Februar 1895 statt, auf den Tag genau einen Monat bevor Kaiser Wilhelm II. durch seine Unterschrift den Zusammenschluss des »Vereins vom Heiligen Grabe« mit dem »Palästinaverein der Katholiken

133 Viele der Originaldokumente, die diese Finanzbewegungen darstellen, befinden sich im Archiv des Erzbistums Köln, HAEK, CR 22 11, 1. Zu einer Übersichtstabelle siehe Goren, Society, 168.

134 Protokolle. Siehe Cramer, Jahrhundert, 11, Anm. 9.

Deutschlands« bestätigte, jenen Vorgang, der den »Deutschen Verein vom Heiligen Lande« hervorbrachte.

Der Vorsitzende seinerseits pflegte auf den Vorstandssitzungen die Schreiben vorzulegen, die von den Spendenempfängern eingetroffen waren, und vor allem jene, die die Bitte um Hilfeleistungen beinhalteten. Zuweilen überstiegen die gewünschten Beträge das Vermögen des Vereines, da sie zu hoch oder zu gehäuft anfielen. So brachte zum Beispiel in der Sitzung vom 8. Februar 1871 der Vorsitzende die Bitte des italienischen Paters Antonio Belloni (1831-1903) zur Sprache, der schätzte, 3.000 Francs würden ihm nach allen Kürzungen genügen, das von ihm geführte Waisenhaus zu erhalten. Bei selbiger Sitzung musste jedoch auch über die Bitten Pater Ratisbonnes zugunsten der unterschiedlichen Einrichtungen des Patriarchats beraten werden, da Ratisbonne unter anderem eine Sonderzuweisung zur Errichtung einer Kirche in Nablus erbat.[135]

Belloni hatte 1863 in Bethlehem sein großes Projekt begründet, das »Waisenhaus der heiligen Familie«, das mit den Jahren mehrfach erweitert wurde und 1880 auch eine Schule, einen Wohntrakt für die Heimleitung und eine Kapelle umfasste. Im weiteren Verlauf errichtete Belloni die Landwirtschaftsschule St. Joseph in Beit Djimal, die ein Ableger des Waisenhauses war, sowie den landwirtschaftlichen Betrieb und das theologische Seminar in Cremisan. Er erhielt erhebliche Spenden über den Verein und war sehr darauf bedacht, kontinuierlich und regelmäßig über die Lage der von ihm betreuten Einrichtungen in *Das Heilige Land* zu berichten. 1891 kamen die ersten Angehörigen des Ordens der Salesianer (der *Societas Sancti Francisci Salesii* – der Gesellschaft des Heiligen Franz von Sales) ins Land, einer Gründung des später heilig gesprochenen Priesters Don Giovanni Bosco (1815-1888), der den Ehrentitel »der Apostel der verlassenen Jugend« trug. Die Salesianer übernahmen sämtliche Einrichtungen Bellonis. Belloni selbst, der bereits vierundvierzig Jahre im Land war, schloss sich dem Orden 1893 an.[136] Ratisbonne und sein Bruder Maria Theodore (1802-1884), zum Christentum übergetretene Juden aus dem Elsass, hatten 1843 in Frankreich den Schwesternorden »Notre Dame de Sion« gegründet und neun Jahre später den Männerorden »Pères de Notre Dame de Sion«. Ratisbonne selbst traf 1855 in Jerusalem ein und errichtete mit Unterstützung Valergas in der Stadt ein

135 Protokolle, 8.2.1871.

136 Dela Seta, Salesians; Alleau, Patriarcat, 100; Zschokke, Aufschwung, 33-36; Duvignau, Valerga, 207-210; Belloni, Nekrolog. Als Beispiel für einen von Bellonis detaillierten Berichten, einschließlich Statistiken, siehe Belloni, Anstalten. Zum Orden der Salesianer siehe Heimbucher, Orden, II, 392-399.

Haus für seinen Schwesternorden. 1857 erwarb er die Ruine des Ecce Homo an der Via Dolorosa und weihte dort im Jahre 1862 das Kloster der Zionsschwestern ein. Infolge der Wirren von 1870 (des Deutsch-Französischen Krieges) errichtete Ratisbonne ein Waisenhaus in Ein Karem. 1874 dann eröffnete er das Waisenhaus »St. Pierre de Sion« in der Altstadt von Jerusalem und begann weitere zwei Jahre später mit dem Bau des großen Klosters im Westteil der Stadt und dem Zentrum des Frauenordens in Ein Karem. Die Gebrüder Ratisbonne gründeten Einrichtungen ihrer Ordensgemeinschaft auch in Deutschland (in Trier, Mainz und München), in Frankreich und Großbritannien, während die Zionsschwestern über verschiedene Städte des Nahen Ostens verteilt waren.[137]

Der »Verein vom Heiligen Grabe« verwaltete von Anfang an zwei Arten von Spenden: Die »normalen Spenden«, die unabhängig von ihrer Höhe von allen Spendern kamen, auch von Privatpersonen, flossen in die Vorstandskasse und wurden von dort in den Orient geschickt. Zum Teil waren dies »zweckgebundene« Spenden, bei denen die Spender zur Bedingung machten, dass sie an eine bestimmte Person oder eine klar benannte Einrichtung gehen sollten. Nicht selten spielten bei diesen Spenden persönliche Bekanntschaften eine Rolle oder sogar der bleibende Eindruck, den ein Artikel in *Das Heilige Land* hinterlassen hatte. Die zweite Art Spenden, die getrennt definiert wurden, waren die so genannten »Messestipendien«, relativ hohe Summen, die gespendet wurden, damit die Angehörigen einer bestimmten religiösen Organisation in geregelter Form und über einen festgelegten Zeitraum an den wichtigen religiösen Stätten im Heiligen Land die Messe für den Spender läsen. Zumeist wurde das Geld gespendet, um nach dem Tode eines Menschen die Messe lesen zu lassen, wobei der Spender entweder der Verstorbene selbst war, der dieses noch vor seinem Tod verfügt hatte, oder aber einFamilienangehörigen des Verstorbenen. Es versteht sich von selbst, dass die Hauptnutznießer dieser Art von Spenden die Franziskaner waren, die Einzigen, denen die Möglichkeit gegeben war, die Messe in unmittelbarer Nähe des Heiligen Grabes abzuhalten. So ging zum Beispiel zu Beginn des Jahres 1871 eine Spende in Höhe von 4.000 Florin von einem Priester ein, damit nach seinem Ableben die Franziskaner eine Messe auf seinen Namen in der Grabeskirche läsen. Bis es so weit wäre, sollte das Geld unangetastet bleiben und Zins abwerfen.[138]

137 NCE, XII, 93; Miracle. Siehe auch Duvignau, Valerga, 202-206; Zschokke, Aufschwung, 8-9, 22-24, 42-44; Heimbucher, Orden, II, 531. Zu den Einrichtungen in Jerusalem siehe Ben-Arieh, Jerusalem, 173-175; ders., New City, 289-290.

138 Protokolle, 8.2.1871.

Der deutsche Verein eroberte sich schnell eine führende Stellung unter jenen Körperschaften, die Gelder spendeten, um bereits existierenden katholischen Einrichtungen und Organisationen im Orient zu helfen oder neue Institutionen zu errichten. Selbst eine unvollständige Liste dieser Einrichtungen kündet von den vielgestaltigen und umfangreichen katholischen Aktivitäten wie auch von der immensen Bedeutung, welche die aus Deutschland strömenden Gelder für das Fortbestehen dieser Aktivitäten hatten. De facto labte sich an der Tafel des »Vereins vom Heiligen Grabe« die Mehrheit aller Vereine, Institutionen und Ordensgemeinschaften, die in Syrien, Palästina und Ägypten gegründet wurden oder bereits dort tätig waren, ebenso wie viele weitere Einrichtungen in Kleinasien und auf dem Balkan.[139] Doch ungeachtet dieser Bandbreite und Fülle von Adressaten und in Übereinstimmung mit Paragraph 2 der Vereinssatzung kamen das Patriarchat in Jerusalem und die Kustodie der Franziskaner stets in den Genuss des Löwenanteils der zu verteilenden Gelder.

Eine Betrachtung der Buchhaltungstabellen, die im Archiv des Erzbistums Köln aufbewahrt werden und sich auf die Jahre 1856-1880 beziehen, fördert einige interessante Erkenntnisse zutage.[140] In besagtem Zeitraum wurden von dem Verein insgesamt 2.900.000 Mark gesammelt.[141] Von den 111.082 Mark, die etwa 1880 als Spenden gesammelt werden konnten, gingen mehr als 20 Prozent aus der Diözese Köln ein, 8 Prozent aus der Diözese Breslau, während rund 23 Prozent der Gelder aus »Messestipendien« stammten und der Rest in 16 anderen kirchlichen Diözesen aufgebracht worden war. Ein Beleg dafür, dass der Verein auch zum damaligen Zeitpunkt noch im Wesentlichen in der Region tätig war, in der er einst gegründet worden war, sowie im Osten des Kaiserreiches.

Das Patriarchat, dessen Projekte und Einrichtungen kamen in den gesamten vierzig Jahren, in denen der »Verein vom Heiligen Grabe« tätig war, in den Genuss eines kontinuierlichen Spendenflusses von zum Teil ganz erheblichen Summen. Diese Gelder wurden auf unterschiedlichsten Wegen übermittelt und deklariert. Zunächst einmal gab es Gelder, die dem Patriarchen zur Verteilung nach eigenem Gutdünken zur Verfügung gestellt wurden. Diese wurden im Vorstand als Beträge »für Schulbelange« oder »für verschiedene Sonderbelange« definiert, »für Missionszwecke« (bis 1866) und »für allgemeine Bedürfnisse des Patriarchats« (in

139 Zu Einzelheiten über die Verteilung der Spendengelder nach Institutionen, Ordensgemeinschaften oder Organisationen siehe Goren, Society, 160-167.

140 HAEK, CR 22. 11,1.

141 Bis zum Jahre 1874 in Talern, doch erfolgte die Kalkulation auf einem Umrechnungsverhältnis von 3 Mark auf 1 Taler.

den Jahren 1867-1891). Die zweckgebundenen Spenden an einen Ort oder eine Einrichtung wurden in der Regel einer Missionsstation bei deren Eröffnung übergeben, einer Kirche am Tag ihrer Weihe und bei ähnlichen Gelegenheiten mehr. Nur eine einzige Missionsstation des Patriarchats, und zwar die in der Stadt Nablus, kam über dreißig Jahre, von 1862 bis 1894, in den Genuss direkter, geregelter und kontinuierlicher Spendenzahlungen. Valerga, der die Station 1863 errichtet hatte, hatte bereits ein Jahr vor Baubeginn um diese Art der Finanzierung gebeten. Jedes Jahr wurden Nablus, wo es eine Knabenschule, ein Priesterhaus und eine katholische Gemeinde gab, rund 2.400 Mark oder 2.000 Francs für »Leitung und Unterhalt« bewilligt. Glaubwürdig erscheint zudem die Aussage von Georg Gatt (1843-1924), der selbst eine Station in einer arabischen Stadt, nämlich Gaza, eingerichtet hatte und betrieb. Nach seiner Kalkulation belief sich der Unterhalt der allerbescheidensten Station auf rund 2.000 Francs im Jahr. Daher muss davon ausgegangen werden, dass die Station in Nablus im Wesentlichen, wenn nicht gar ausschließlich mit deutschem Geld errichtet und über all die Jahre betrieben wurde.[142] Ebenfalls von Bedeutung ist, dass Valergas weiteres Großprojekt, das Lehrer- und Priesterseminar in Beit Jallah, vom Zeitpunkt seiner Einrichtung an erhebliche deutsche Unterstützung erfuhr. Spenden in relativ beträchtlicher Höhe flossen im Zeitraum von 1858 bis 1874 kontinuierlich dorthin.

Die übrigen Einrichtungen des Patriarchats kamen nach der Phase ihrer Gründung nicht mehr in den Genuss direkter, zweckbestimmter Spenden. Nach ihrer Errichtung nährten sie sich an der Tafel des Patriarchen, der vor diesem Hintergrund massive Kontrolle ausüben konnte. In der Liste der Institutionen, die in den Genuss von Zahlungen durch den Verein kamen, finden sich die Missionsstationen in Lydda und Teijbe, in Bir Zeit, Yafia, in ar-Reina und Safed, in Larnaka auf Zypern, in e-Salt und Madaba, in el-Karak und Hussan in Transjordanien. Die meisten dieser Stationen wurden in der Amtszeit des Patriarchen Bracco errichtet, der seine Anstrengungen auf die Gründung so vieler neuer Stationen wie eben möglich konzentrierte. Es liegen einige Berichte in Quellen aus dem Patriarchat selbst und von anderer Seite vor, die diesen regelrechten Boom belegen. Diese Listen liefern eine Fülle von Informationen über die Stationen, ihre Errichtung, ihr Wirken und ihre Größe. Dabei spricht vieles dafür, dass Bracco seinen Plan, die römisch-katholische Präsenz auf Ortschaften auszudehnen, in denen andere Kirchen die Oberhand hatten, nur dank der Gelder in die Tat umsetzen konnte, die jedes Jahr aus

142 Werner, Atlas, 18; Alleau, Patriarcat, 91; Gatt, Ziel, 79.

Deutschland bei ihm eingingen. Deutschland war ganz offenkundig für ihn ein steter, jederzeit verfügbarer und verlässlicher Quell.[143]

Im Bereich des Patriarchats von Jerusalem waren eine Vielzahl von Organisationen und vor allem katholische Orden tätig. Zum Teil waren sie im Gefolge der Patriarchen ins Land gekommen, während die Patriarchen selbst andere mitgebracht hatten. Die meisten ließen sich anfangs in Jerusalem nieder, um hernach von dort aus Einrichtungen auch in anderen Ortschaften und Ansiedlungen zu errichten, wobei ihnen die Spendengelder aus Deutschland behilflich waren. Im Folgenden sollen die Ordensgemeinschaften aufgelistet werden, die vom Umfang ihrer Aktivitäten und der Höhe der Spendenbeträge, die sie empfingen, im Bereich des Jerusalemer Patriarchats herausragten:

Die 1820 gegründete Kongregation der »Schwestern von Nazareth«, deren Zentrum sich in der Nähe von Lyon befindet, hatte die Zielsetzung, karitative und erzieherische Dienste zu leisten. Die Schwestern kamen 1853 ins Land und legten 1863 den Grundstein für ihr Hauptkloster in Nazareth, unweit der lateinischen »Verkündigungskirche«. Der Orden und vor allem seine Einrichtungen in Haifa, Akko, Beirut und Shefar'am kamen während des gesamten Zeitraums, in dem der Verein tätig war, in den Genuss von Spendengeldern.[144] Dabei war die Station in Shefar'am die einzige, an deren Spitze ein Priester stand, ein Angehöriger des Karmeliterordens, und das in einem Dorf, in dem zunächst die Griechisch-Uniierten geherrscht hatten, ehe die Protestanten aus ihrem Zentrum in Nazareth kamen und vor Ort besondere Anstrengungen investierten, die auch Ergebnisse zeitigten. In Shefar'am waren die Katholiken mithin auf außergewöhnliche Maßnahmen angewiesen, weshalb die Spendengelder wahrscheinlich direkt an den Priester geschickt wurden.[145]

Die Nonnen der französischen Kongregation »Schwestern des hl. Joseph von der Erscheinung« (Sœurs de St-Joseph de l'Apparition) unterhielten ein weit gespanntes Netz von Einrichtungen in Jerusalem und in weiteren Ortschaften in Palästina, auf Zypern und im Libanon. Der Orden war 1832 gegründet worden und erfuhr sogleich eindrucksvollen Zulauf und Ausbreitung. Wie oben erwähnt, war er der erste Orden, den

143 Patrem, Statistique (für 1876); Schneider, Anstalten (gleiches Jahr); Werner, Atlas, 18 (für 1878); Alleau, Patriarcat, 90-92, 99-100 (für 1880); Personalstand (für 1884); Statistique, 7-11 (für 1928).

144 Regel Frauen Nazareth; Schneider, Anstalten, 186; Alleau, Patriarcat, 201; Zschokke, Aufschwung, 49-50; Heimbucher, Orden, II, 518-519; Duvignau, Valerga, 201-202.

145 Theresia, Nonnen, 40-41; Felix, Schreiben.

Valerga bereits 1848 nach Jerusalem brachte, wo die Nonnen neben einer Reihe von Bildungs- und Pflegeeinrichtungen auch das Hauptkloster an der Prophetenstraße errichteten. Noch im selben Jahr begannen sie zudem, auch in Jaffa tätig zu werden, 1853 dann in Bethlehem und Sidon und in den 70er Jahren in Ramallah, Beit Jallah und anderen Gemeinden. Auch dieser Orden, einer der wichtigsten katholischen Orden, die bis in die Gegenwart in Israel tätig waren und weiterhin tätig sind, profitierte von regelmäßigen und beträchtlichen Spendenzahlungen durch den Verein über die gesamte Dauer seines Wirkens.[146]

Im Gegensatz zu diesen beiden genannten Orden geht der Ursprung des Karmeliterordens auf die Kreuzfahrerzeit und den Berg Carmel zurück. Die Erlaubnis, ins Land zurückzukehren und sich dort niederzulassen, war den Angehörigen des Ordens im Jahre 1631 durch den Drusenemir Fahr ad-Din II. gewährt worden. Im 19. Jahrhundert standen ihnen das große Kloster, die Pilgerherberge und einige Kapellen auf dem Areal zur Verfügung, das heute als »französischer Carmel« bezeichnet wird. Der »Verein vom Heiligen Grabe« begann 1861, Spenden an die Karmeliterklöster in Haifa und Tripolis in Syrien zu schicken, und fuhr damit bis zum Ende seiner Tätigkeit fort.[147]

Auch die Angehörigen des großen und altehrwürdigen Jesuitenordens, der im 16. Jahrhundert gegründet worden war, waren in der Region, vor allem im Libanon und in Syrien, seit der ersten Hälfte des 19. Jahrhunderts in vielfältiger Weise aktiv. In der Phalanx ihrer Einrichtungen in Beirut, Damaskus, Aleppo und anderen Orten stach das von ihnen eröffnete College in Ghazir heraus. Aber 1861 begann der Verein, die Jesuiten und ihre Einrichtungen kontinuierlich zu unterstützen.[148]

Die »Schwestern vom Rosenkranz« hingegen waren der erste einheimische katholische Orden. Joseph Tannous, der Sekretär des Patriarchen,

146 Zur Geschichte des Ordens siehe Congregation Schwestern; Congrégation Saint-Joseph; Picard, Emilie; Heimbucher, Orden, II, 523. Zu den Einrichtungen des Ordens in Palästina siehe Schneider, Anstalten, 187; Alleau, partriacat, 100. Zu den Aktivitäten des Ordens im Libanon siehe Verdeil, Travailler, haupts. 307. Mein Dank auch an Ejal Eisler für seine Informationen zu dem Thema.

147 Zu dem Orden siehe Heimbucher, Orden, II, 59-84. Über seine Geschichte in Palästina siehe Friedman, Hermits. Siehe auch Schneider, Anstalten, 191; Carmel, Haifa, 26-31, 73-79; Dgani, Churches, 198-199.

148 Bericht Monnot; Bernardet, Missionen. Das Eintreffen der Jesuiten in der Region wie auch die verstärkten Aktivitäten der Karmeliter hängen mit der Gründung der *Sacra Congregatio de Propaganda Fides* in Rom zusammen (De Vries, Rom, 82). Die Jesuiten jedoch wurden erst während der Mandatszeit in Palästina tätig (ebd.). Siehe auch Verdeil, Travaille, 278-279, 292-293, 296.

war es, der die arabischen Nonnen sammelte, die der St.-Josef-Kongregation angehörten, jedoch mit der Behandlung durch die französischen Ordensschwestern nicht zufrieden waren. 1880 errichteten sie daher einen eigenen Orden. Ihr Hauptziel war die erzieherische Arbeit. Ihre größten Klöster wurden in Jerusalem und in Nazareth errichtet. Auch die »Schwestern vom Rosenkranz« erhielten viele Spenden, wenn auch die Beträge in der Regel geringer ausfielen als bei den zuvor erwähnten Ordensgemeinschaften und zudem nicht kontinuierlich eintrafen.[149]

Der erste Männerorden, der nach Wiedererrichtung des Patriarchats nach Palästina gelangte, wurde durch den zweiten Patriarchen Vincente Bracco erst 1876 ins Land geholt, sprich achtundzwanzig Jahre nach dem Eintreffen des ersten Frauenordens. Die Mönche des Ordens »Frères des Écoles Chrétiennes«, der gegen Ende des 17. Jahrhunderts gegründet worden war und sich ausschließlich mit Erziehung beschäftigte, gesellten sich somit zu den alteingesessenen Franziskanern und Karmelitern und öffneten den Weg für weitere Mönchsorden. Ihre Institutionen finden sich an vielen Stellen in den Listen des Vereins wieder, wenn auch nicht regelmäßig.[150]

Der Orden der »barmherzigen Schwestern«, wie die Nonnen des Vinzentinerordens »Filles de la Charité de St. Vincent de Paul« umgangssprachlich genannt werden, wurde 1634 mit dem Ziel gegründet, sich vor allem der Armen- und Krankenpflege zu widmen. Die Ordensschwestern ließen sich 1886 in Jerusalem nieder und gründeten ein Waisenhaus und ein Altenstift, ehe sie ihre Aktivitäten auf Bethlehem, Nazareth und Haifa ausweiteten. Auch sie tauchen vielfach in der Liste der Spendenempfänger auf.[151]

Bereits erwähnt wurden Pater Ratisbonne und seine Einrichtungen, die ab 1860 mit stattlichen Summen unterstützt wurden. Die Spenden flossen auch nach seinem Tod 1884 weiter und versiegten nicht, solange der Verein existierte. Im Gegenzug kamen die Leser von *Das Heilige Land* in den Genuss regelmäßiger, zum Teil ausführlichster Berichte, in denen unter anderem ein historischer Abriss aller Aktivitäten der Gebrüder Ratisbonne und ihrer Nachfolger zu lesen war.[152] Auch der Spendenfluss an

149 Zschokke, Aufschwung, 57-64: Dgani, Churches, 183-184.
150 Ebd, 24-25; Dgani, Churches, 189; Heimbucher, Orden, II, 433-444.
151 Ebd., 462-471; Dgani, Churches, 182. Zur Arbeit der Schwestern in Syrien und dem Libanon siehe Verdeil, Travaille, 300-306.
152 Nonnen von Sion; Ratisbonne, Congregation. Die deutschen Spenden indes finden sich nicht in der kirchlichen Chronik zu Ratisbonnes Wirken im Heiligen Land erwähnt, was kein Zufall zu sein scheint (Miracle, 169-188, 278-294).

die Einrichtungen Bellonis versiegte nicht, als diese an die Salesianer übergingen. Ab 1864 und bis zur Einstellung der Aktivitäten des »Vereins vom Heiligen Grabe« wurden auch sie regelmäßig bedacht. In den Meldungen findet sich auch ein Bericht zur Teilnahme des italienischen Priesters an einer Vorstandssitzung in Köln, die im Rahmen seiner Vortrags- und Spendensammlungsreise durch Deutschland stattfand.[153]

Eine der Tatsachen, die ersichtlich wird aus dieser Auflistung von Institutionen, Organisationen und Einzelpersonen, welche zu den Spendenempfängern gehörten, ist, dass sie allesamt nicht deutsch waren, ein Umstand, auf den ich im weiteren Verlauf meiner Untersuchung noch ausführlich zu sprechen kommen werde. Doch wie an verschiedener Stelle zu zeigen sein wird (am Ende des dritten und des vierten Kapitels der vorliegenden Studie), begannen ab 1875 auch deutsche Initiativen in Palästina zu reifen. Es gibt Zeugnisse für das Fließen erheblicher Beträge auch zur Finanzierung derartiger Initiativen in Einrichtungen, denen ein deutscher Charakter oder eine nationale deutsche Zugehörigkeit attestiert wurde. Anna Theresa Saxe (gest. 1891), die 1870 nach Jerusalem gekommen war, gründete 1873 eine katholische Mädchenschule, die unter der Obhut des Patriarchats in der Altstadt tätig war. Der Schulgründerin Saxe wurde von Seiten des Vereins erhebliche Unterstützung zuteil, weshalb sie regelmäßig in *Das Heilige Land* über ihre Arbeit berichtete und 1884 sogar zu einer Sitzung des Vorstands nach Köln kam, wo sie ihre Forderungen darlegte und die Bedürfnisse der Schule erläuterte.[154] Auch Pater Schneider erhielt seine Unternehmungen in Jerusalem und später in Alexandria finanziert. Gleiches galt für die Borromäerinnen und ihre Einrichtungen in Jerusalem und Haifa, für Janssen, seinen Verein und dessen Projekte, den Priester Gatt und die von ihm in Gaza errichtete Missionsstation und andere mehr.[155]

Unter den Spendenempfängern wurde natürlich die Vorrangstellung der Franziskaner stets gewahrt, die in den gesamten vierzig Jahren der Tätigkeit des »Vereins vom Heiligen Grabe« Zuwendungen beeindruckenden Ausmaßes erhielten, mehr als jede andere Organisation oder Körperschaft. Dennoch ist der generelle Eindruck, dass es dem Verein gelang, einen neutralen Standpunkt zu wahren im Kampf zwischen dem Franziskanerorden und dem lateinischen Patriarchat. Es wurde in diesem Punkt eine strikte Trennung durchgehalten, so erhielt die Kustodie ihre

153 *HL* 33 (1889), 143-147.

154 Saxe, Institut: Protokolle, 19.2.1884; *HL* 36 (1892), 116-117.

155 All diese Einrichtungen werden im weiteren Verlauf dieser Studie noch näher erläutert werden.

Gelder auf direktem Wege und nicht etwa über das Patriarchat. Der Löwenanteil der Zahlungen ging dabei an den Kustos, den »obersten Wächter des Heiligen Landes«, der es nach eigenem Gutdünken verteilte, entsprechend seinem Verständnis und seinen Bedürfnissen. Kleinere Beträge dagegen wurden zweckgebunden an eine Einrichtung oder Stätte vergeben, in der Regel für Zwecke des Erwerbs, der Errichtung oder des Baus. In der Liste der Standorte, die mit dem deutschen Geld erbaut wurden, finden sich unter anderem, in chronologischer Reihenfolge des Jahres ihrer Gründung: die Einrichtungen der Franziskaner in Nazareth, das Kloster »Johannes des Täufers« bei Ein Karem, Bethlehem, die Einrichtungen in Jaffa und Emmaus, in Kairo und Alexandria, in Marsh in der Südtürkei, in Kafr Kana und in Na'im (Nein).[156] An dieser Stelle sei nur angemerkt, dass das Patriarchat und die Franziskaner gemeinsam etwa 45 Prozent aller Spendengelder des Vereins erhielten, wobei die Einrichtungen des Patriarchats in der gesamten, vierzig Jahre währenden Tätigkeitsdauer des Vereins alles in allem etwa 17 Prozent mehr verbuchen konnten als die Franziskaner.

Je mehr das Spendenaufkommen des Vereins anwuchs, desto größer wurde zum einen die Zahl der Institutionen, die Spenden empfingen, wie auch der geographische Raum, in dem diese gelegen waren. Zu einem bestimmten Zeitpunkt begannen die Zuwendungen auch Körperschaften zu umfassen, die nicht dem Patriarchat in Jerusalem unterstellt waren, darunter mehrere der katholisch-orientalischen Kirchen und auch solche, die außerhalb seiner Gerichtsbarkeit agierten. Zu jenen anderen Ordensgemeinschaften, die nicht auf dem Territorium des Heiligen Landes tätig waren und dennoch in den Genuss von Spenden in erkennbarer Größenordnung kamen, zählten etwa die »Schwestern unserer Frau von der Liebe des Guten Hirten«, die 1846 nach Ägypten gekommen waren und 1893 auch nach Syrien. Die Schwestern dieses im 17. Jahrhundert gegründeten Ordens, die sich vornehmlich dem Unterricht, der Erziehung und Wohlfahrtspflege widmeten, gehörten über viele Jahre zu den Empfängern von Spenden durch den Verein.[157] Der »apostolische Gesandte für Zentralafrika« wiederum saß in Kairo und betrieb dort, zu großen Teilen dank der Gelder aus Deutschland, ein Erziehungsheim für afrikanische Kinder. Entsprechende Gelder wurden auch für die apostolische Gesandtschaft in Ägypten gespendet, an deren Spitze zumindest ab

156 Schneider, Anstalten, 188-189; . Zur Geschichte des Ordens und seinem Wirken in Palästina siehe Lemmens, Collectana; ders., Franziskaner.

157 Heimbucher, Orden, II, 477-481; Schneider, Anstalten, 192; Braunsberger, Ordenswesen, 182; Schwester von Jesus.

1883 ein deutscher Geistlicher aus Westfalen stand, dem dergestalt ermöglicht wurde, vor Ort eine Kirche zu errichten.[158]

Viele der Organisationen, die Spenden erhielten, gehörten den orientalischen Kirchen an. Der Patriarch der armenisch-katholischen Kirche etwa, einer der monophysitischen Kirchen,[159] saß seit 1461 in Konstantinopel, das heißt kurze Zeit nach der Eroberung der Stadt durch die Osmanen. In Jerusalem wiederum saß der Bischof dieser Kirche seit byzantinischer Zeit, und die Patriarchen residierten dort seit Anbeginn der Eroberung durch die Kreuzfahrer, doch wurde das Amt des Bischofs im Laufe der Geschichte aufgehoben, weshalb erst 1856 wieder ein Repräsentant der armenischen Katholiken in die Stadt gelangte. Das Zentrum dieser Glaubensgemeinschaft jedoch erbaute der Priester Tumian in den Jahren 1881 bis 1885 an der dritten Station der Via Dolorosa, und dies mit erheblicher Unterstützung des »Vereins vom Heiligen Grabe«, der an den Bischof in Jerusalem wie an den Patriarchen in Konstantinopel ebenfalls zahlreiche Zahlungen leistete.[160] Auch die maronitische Kirche, die infolge einer Kontroverse im 7. Jahrhundert gegründet worden war, sich 1182 aber wieder mit Rom vereint hatte, kam in den Genuss einer ansehnlichen Reihe von Spenden für ihre Institutionen in Aleppo, Beirut, Tripolis und Jerusalem, wo die Kirche »Unsere Herrin des Schmerzes« an der vierten Station der Via Dolorosa erbaut wurde. Der maronitische Patriarch machte sich sogar die Mühe, der Zeitschrift des Vereins einen Kostenvoranschlag und die Pläne für das neue Gebäude zu schicken.[161] Die griechisch-katholischen Melkiten, die sich von der griechisch-orthodoxen Kirche zu Beginn des 18. Jahrhunderts getrennt und der katholischen Kirche angeschlossen hatten, hatten ihrerseits einen eigenen Patriarchen ernannt, der seit 1724 in Jerusalem residierte. Gregor Joseph

158 Giulianelli, Kirche; Placido, Bilder. Auch Gatt (Missionare, 124) schreibt, ihr niedergelassener Missionar in Alexandria sei ein Deutscher gewesen.

159 Der Monophysitismus ist der christologische Glaube, Jesus, der Fleisch und Blut Gewordene, habe nur eine Natur gehabt, und zwar die göttliche, und nicht etwa eine doppelte, göttliche und menschliche, die unvermischt nebeneinander gestanden hätten. Die Kontroverse über diesen Sachverhalt auf dem 4. Ökumenischen Konzil in Chalcedon in Kleinasien im Jahre 451 führte zum Austritt mehrerer monophysitischer Kirchen aus der oströmischen Reichskirche (Cross, Dictionary, 262-263, 932-933).

160 Famin, Rivalité, 104-115; Perrin, Centenaire, 31; Dgani, Churches, 124-125. Zu einer Betrachtung des armenischen Patriarchats siehe Sidarouss, Patriarcat, 229-238 ; De Vries, Rom, haupts. 91-92.

161 Azarian, Vierte Station. Zu den Maroniten siehe Sidarouss, Patriarcat, 203-207; Hajjar, Chrétiens; Dgani, Churches, 120-123; Famin, Rivalité, 78-83.

Sayyour, der 1864 zum »Patriarchen von Alexandrien, Antiochia und Jerusalem« ernannt wurde und seinen Amtssitz in Alexandria hatte, erhielt die meisten Spenden für sein bedeutsames Projekt, das Seminar in Ein Tarsh im Libanon.[162]

Es würde zu weit führen, an dieser Stelle die gesamte Liste von Spendenempfängern aufzuschlüsseln. Spenden in Höhe von vielen tausend Mark gingen an eine Vielzahl von Institutionen, Organisationen, Ordensgemeinschaften und Einzelpersonen. Der »Verein vom Heiligen Grabe« organisierte zudem Kollekten für einmalige Zwecke wie etwa die Notkollekte zugunsten jener christlichen Einrichtungen, die sich um die Opfer des Massakers an den Christen im Libanon im Jahre 1860 kümmerten, eine Sammlung, die rund 100.000 Mark einbrachte. Diese wurde separat verbucht, wie auch die Notkollekten der Jahre 1860-1862, deren dabei gesammelten Gelder an unterschiedliche Nutznießer transferiert wurden, unter ihnen Patriarch Valerga, die Zionsschwestern, die Schwestern von Nazareth, der apostolische Gesandte in Beirut und der Kustos, als Zahlung, deren Bestimmungszweck als »Erziehung syrischer Waisenkinder« ausgegeben wurde.

»So, in stiller geräuschloser Arbeit hat der Verein vom Heiligen Grabe für das Heilige Land gewirkt«

Die Bedeutung des Wirkens des Vereins

Der »Verein vom Heiligen Grabe«, der 1855 in Köln gegründet wurde und über vierzig Jahre tätig blieb, war der größte und profilierteste unter den Vereinen, die im katholischen Deutschland entstanden und sich eine Förderung der katholischen Interessen im Heiligen Land auf die Fahnen schrieben. Neun Zehntel der insgesamt drei Millionen Mark, die im Laufe der Jahre gesammelt wurden, fanden ihren Weg in den Orient und dienten dazu, das erklärte Ziel der Vereinsgründer zu realisieren: Ein Vorantreiben der Interessen der lateinisch-katholischen Christenheit im Heiligen Land und in den Nachbarländern. Selbst bei den Protestanten fällt es schwer, eine Organisation zu finden, die ähnliche Summen für derartige Aktivitäten im Lande bereitstellte. Diese Angaben verdienen umso größere Betonung, stellt man zudem die Tatsache in Rechnung, dass der Verein ohne eine wie auch immer geartete staatliche Unterstüt-

162 Ebd., 72-77; Sidarouss, Patriarcat, 168-174; Jussef, Kirche; Hajjar, Chrétiens, 287-288, 295, 304-310. Zu den Melkiten und ihrer Verbindung zur römisch-katholischen Kirche siehe De Vries, Rom; Hajjar, Chrétiens; Verdeil, Travailler.

zung tätig war, ohne Involviertsein eines Herrschers, der das Anfangskapital als Grundlage für die Vereinsaktivitäten gespendet hätte, so etwa der Beitrag des bayrischen Königs Ludwig oder der der preußischen Kaiser an den evangelischen Stiftungen, der 1889 gegründeten »Jerusalem-Stiftung« und der »Auguste-Victoria-Stiftung«.[163]

Der Verein wandte sich an die Bevölkerung und nahm dankend jeden Betrag entgegen, der gespendet wurde. Es war nicht ungewöhnlich, Spenden von nur einem Taler oder einer einzelnen Mark zu finden, wohingegen sich so gut wie keine Spendenbeträge in dreistelliger Höhe finden. Die Zahl der ordentlichen Mitglieder, die sich verpflichtet hatten, jedes Jahr einen Betrag zu spenden, stand 1880 bei 22.000 und acht Jahre später sogar bei 30.000 Vereinsangehörigen.[164] Daneben gab es eine Vielzahl von Spendern, die nicht Mitglieder waren. Die Spenden kamen aus allen Teilen Deutschlands, und die jährlichen Vereinsberichte schlüsselten diese nach Diözesen auf. Der Kassenbericht für das Jahr 1878 etwa weist Spenden aus den Diözesen Köln, Trier, Münster, Paderborn, Breslau, Ermland, Kulm, Limburg, Fulda, Osnabrück, Mainz, Rothenburg und Freiburg auf, außerdem aus dem apostolischen Vikariat Sachsen und aus verschiedenen Diözesen Bayerns und Österreichs.[165]

Eine genauere Betrachtung, wie sich das Spendenvolumen im Laufe der Jahre veränderte, liefert ein interessantes Bild. Zwar ist ein Anstieg der Spenden zu beobachten, doch fiel dieser nicht kontinuierlich aus, sondern es lassen sich darin die Einflüsse historischer und gesellschaftlicher Vorgänge in Deutschland, vor allem innerhalb der katholischen Bevölkerung, erkennen. Verschiedene Studien haben gezeigt, dass die Inflation in jenen Jahren, mit denen die vorliegende Untersuchung befasst ist, gemäßigt ausfiel, ja sogar sowohl in Deutschland als auch in Palästina ausgesprochen niedrig war, weshalb die einzelnen Bilanzen miteinander verglichen werden können, ohne eine erhebliche Teuerungsrate bei den Lebenshaltungskosten berücksichtigen zu müssen.[166]

Bis 1864 litt das Spendenaufkommen offenbar unter »Geburtswehen«, lagen die jährlichen Beträge nie über 10.000 Talern, was rund 30.000 Mark entsprach. Bis 1870 dann erreichte das Spendenvolumen eine Höhe

163 Elan, Deutsche, 68-70; Sinno, Interessen, 108-140; Foerster, Mission, 73-75; Krüger, Rom, 97-98.
164 Cramer, Jahrhundert, 29.
165 *HL* 23 (1879), 140.
166 Der Preisindex in Deutschland stieg von 63 im Jahre 1856 auf 78 im Jahre 1895, ein Anstieg von 23 Prozent (Fischer et al., Arbeitsbuch, 155-157). Zur relativ niedrigen Inflationsrate in Palästina siehe Gerber/Gross, Inflation.

von 15.000 Talern pro Jahr, rund 45.000 Mark, ehe es in den 70er Jahren – der Phase des »Kulturkampfes« – auf 70.000 Mark jährlich hochschnellte. Ab 1875, dem Jahr, in dem die Mark zum offiziellen Zahlungsmittel in Deutschland wurde, wurden die Spenden nur noch in dieser Währung verzeichnet. 1881, nach dem Ende des »Kulturkampfes«, kletterten die Spenden bereits auf 93.000 Mark, um in den folgenden vier Jahren dann um sage und schreibe 50 Prozent zuzulegen. Gegen Ende des Jahrzehnts indes gingen die Spenden auf rund 100.000 Mark im Jahr zurück und überstiegen erst 1894 wieder die Gesamtsumme von 130.000 Mark per annum.

Mithin lassen sich hier in etlichen Punkten direkte äußere Einflüsse auf die Spendenfreudigkeit der Katholiken in den deutschen Staaten finden. So stiegen 1871 etwa die Spenden um 67 Prozent im Vergleich zum Vorjahr an, allem Anschein nach infolge der Euphorie und Hoffnungen, die der Sieg und die Gründung des Kaiserreiches auslösten. Die 80er Jahre, unmittelbar nach dem Ende des »Kulturkampfes«, begannen als Jahre intensivierter Aktivitäten, bis die Gründung des »Palästina-Vereins der Katholiken Deutschlands« erfolgte und den »Verein vom Heiligen Grabe« ausstach, denn fortan fand ein Teil der Gelder seinen Weg direkt in die Kassen des neuen Vereins mit seinem nationalistischen Charakter. Nur durch das letztendliche Zusammengehen der beiden Vereine gelang es, alle Spender zurückgewinnen und das Spendenaufkommen sogar noch zu steigern, diesmal zugunsten eines klar abgesteckten, gemeinsamen Ziels. Diese Themen wird es im Weiteren dezidiert zu betrachten gelten.

Wie bereits erwähnt wurden die eingehenden Spenden nicht zu 100 Prozent an die Empfänger weitergegeben. Der Schatzmeister achtete stets darauf, eine Summe von 20.000 bis 25.000 Mark in der Vereinskasse zu haben, und ein ähnlicher Betrag wurde für vereinsinterne Bedürfnisse ausgegeben. Unter den gespendeten Geldern sticht die immense Zahl von Spenden heraus, die bestimmt waren für eine »Gründung«, »Errichtung«, den »Erwerb eines Grundstückes« und die »Erbauung«. Nicht umsonst sind die deutschen Quellen voller Stolz, wenn sie etwa über die Leistungen des Patriarchen Bracco schreiben: »In seinem Sprengel konnte er auf viele Erfolge zurückblicken, die er zum Teil auch der geistlichen Unterstützung des Vereins vom Hl. Grabe dankte.« Und die Quellen fügen hinzu, dass die Zahl der Orte stetig wachse, an denen sich der Verein auf »Gedenktafeln zur Grundsteinlegung« unterschiedlichster Einrichtungen und Gebäude erwähnt finde.[167]

167 Cramer, Jahrhundert, 22.

»Nebenströme verlieren sofort ihren Namen, sobald sie vom Hauptstrome aufgenommen sind«

Der Verein und das deutsche Engagement in Palästina

Den Aktivitäten des »Vereins vom Heiligen Grabe« lag jener Paragraph seiner Satzung zugrunde, der bestimmte, der Verein werde alle katholischen Einrichtungen unterstützen ohne Berücksichtigung ihrer nationalen Zugehörigkeit. Vielleicht ist ein Anzeichen für diese Haltung bereits im Vereinsnamen zu sehen, in dem ein Mutterland nicht explizit genannt ist. So kam es, dass Spenden an Einrichtungen und Organisationen ohne eindeutige nationale Färbung gingen, aber auch an solche, die mutmaßlich mit anderen Staaten zu identifizieren waren, ja sogar mit jenen, die als Feinde Deutschlands galten. Der markanteste unter diesen Staaten war selbstverständlich Frankreich, das seit dem Krieg von 1870/71 als einer der größten Feinde Deutschlands galt. Das ganze 19. Jahrhundert über kämpfte Frankreich darum, das Protektorat über das gesamte lateinisch-katholische Christentum in Palästina aufrechtzuerhalten und zu stärken, sowie über dessen Angehörige, seine Einrichtungen und Aktivitäten. Um dieses Ziel umzusetzen, bemühte man sich nach Kräften, so viele Ordensleute wie möglich ins Land zu bringen, die französisch-nationalistisch gesinnt waren.[168] Zwar fand in Frankreich selbst seit der Revolution ein antiklerikaler Feldzug statt, doch in allen Belangen der Außenpolitik unterstützten die staatlichen Behörden religiöse Aktivitäten, da sie darin einen Weg sahen, den Einfluss ihres Landes in vielen Regionen der Welt auszudehnen und Brückenköpfe zu bilden. Eine genauere Durchsicht der Liste der Ordensgemeinschaften, die in Palästina zwischen 1848 und 1895 tätig wurden, also dem Jahr, in dem der erste durch den Patriarchen ins Land geholte Orden eintraf, dem Jahr, in dem der »Verein vom Heiligen Grabe« seine Aktivitäten einstellte, zeigt ein unzweideutiges Bild. Unter den insgesamt zehn Männerorden waren ein österreichischer, ein deutscher, ein italienischer und sieben französische. Und unter den elf Frauenkongregationen waren zwei italienische vertreten, eine deutsche, ein einheimischer Orden und sieben französische.[169] Darüber hinaus vergaßen die Deutschen, die diese Tatsache immer wieder vorbrachten, auch nicht ihren Eindruck zu äußern, das Patriarchat und die Kustodie seien seit eh und je mit Italien, der Nation, aus welcher

168 Zu den deutschen Quellen, die sich mit der katholischen Kirche im Orient beschäftigen, siehe Meinertz, Kampf; Mülinen, Kirche, 36-51.

169 Statistique, 8; siehe S. 167.

sowohl der lateinische Patriarch als auch der Kustos der Franziskaner gewählt wurden, und mit Frankreich gleichzusetzen gewesen.

Die geringe Anzahl von Aktivitäten und Einrichtungen, welche die deutschen Katholiken mit ihrem Heimatland identifizieren konnten, wurde noch augenfälliger, verglich man sie mit der beeindruckenden Liste »anderer« Einrichtungen und Ordensgemeinschaften. Diese Situation führte dazu, in jedem Fünkchen von Deutschtum einen Grund nationalen Stolzes zu sehen, wie sie auch deutsche Pilger fieberhaft jeden Mönch oder Bewohner von Jerusalem aufspüren und in ein Gespräch verwickeln ließ, mit dem sie ein paar Worte in ihrer Heimatsprache wechseln konnten. Zu ihrer großen Enttäuschung wurde ihnen dabei jedoch schnell klar, dass es gar nicht einmal wenige Deutsche gab, die ihren Wohnsitz im Heiligen Land genommen hatten, diese jedoch der evangelischen Kirche angehörten, die sehr viel früher als die Katholiken vor Ort tätig geworden war und deren Engagement das eigene um ein Vielfaches überstieg.

Die Vereinszeitschrift *Das Heilige Land* berichtete regelmäßig und ausführlich über jedes von deutschsprachigen Katholiken initiierte Projekt, auch wenn diese deutschsprachigen Katholiken in Wahrheit Österreicher oder sogar Polen waren. 1889 wurde in der Zeitschrift eine recht bescheidene Liste »deutscher Missionare in Palästina« veröffentlicht.[170] Die Vereinsführung, die gewiss verstand, dass der Spendenfreudigkeit aus religiösen Motiven eine patriotische Note nicht schaden würde, ja sogar zuträglich sein könnte, sah in dieser Information ein Mittel zur Steigerung des Spendenaufkommens. Eine Behandlung dieser Art wurde daher der Missionsstation in Gaza zuteil, einer Gründung des Österreichers Gatt, und ebenso dem Hospital in Nazareth, errichtet von dem bayrischen Mönch Otmar Mayr (1836-1913), einem gelernten Arzt und Apotheker, der sich dem Orden der »Barmherzigen Brüder vom hl. Johannes von Gott« angeschlossen hatte, zusammen mit seinem Kollegen, dem Mönch Philip Benitius Wagner (gest. 1892), einem Chirurgen. Der Ursprung ihres Ordens lag in einem 1540 in Granada gegründeten Krankenhaus sowie in der 1872 zum Zweck der Krankenpflege entstandenen Bruderschaft.[171] Die Geschichte dieses Krankenhauses, das selbstverständlich auch als deutsche Einrichtung begriffen wurde (obgleich seine Gründung ausschließlich auf eine private Initiative zurückging und im Kampf mit dem kirchlichen Establishment erfolgte), erlebte schließlich die Vertreibung des Gründers Mayr aus der Stadt, nachdem er von den Franziska-

170 Gatt, Missionare.
171 Heimbucher, Orden, I, 600-607.

— 8 —

1) — L'Eglise paroissiale et le Presbytère sont provisoires et loués annuellement à: Lydda, Abussenan, Burka, Tulkarem, Anjarah, Amman, Einbeh, Shatana, Kufrabil, Orjan, et dans d'autres succursales.

2) — L'Eglise paroissiale est provisoire aussi à: Beisan, Naur, Ajlun, Rafidia.

3) — Outre les 16 Succursales sus-mentionnées, d'autres villages aussi ont demandé une Paroisse latine: Kaisarieh, Kufrmalek, Beitimrin, Rseifeh, Jérash, Kufranji.

4) — Autres Missions fondées par le Clergé Patr. dans le passé, et pas encore réouvertes: Umelfahm, Nusfgebil, Kufryassif, Giungiar, Kufranji.

IV. — INSTITUTIONS

Super muros tuos, Jerusalem, constitui custodes. Is. 62. 6

NOM	ORIGINE	SUPER. MAJ. DANS LE DIOCÈSE	ARRIVÉE	MAISONS	MEMBRES	Nov., Sém.	ÉLÈVES Cath.	n-cath.	Total	Malades Hôp.	Lits
A)											
PATRIARCAT (Clergé Séc.)	—	PATRIARCHE	1847	42	81		1080	250	1330	—	—
FRANCISCAINS (Custodie)	—	A. Marotta, C.	S. XII	24	270		737	160	897*	—	—
CARMES DECH.	—	F. Lamb, Vic.	S. XII	3	36		—	—	—	—	—
FRÈRES de EC. CHR.	France	F. Absalon	1876	5	85		850	723	1573	—	—
PP. BLANCS	»	A. Delpuch	1878	2	—		—	—	—	—	—
FR. de S. JEAN de DIEU	Autriche	N. Hirczy	1879	1	5		—	—	—	—	—
PP. de S. COEUR (Bétharr.)	France	P. Davignau	1879	2	83		—	—	—	—	—
DOMINICAINS	»	R. Savignac	1881	1	28		—	—	—	—	—
PP. de N. D. de SION	»	V. Mestre	1881	2	12		86	—	86	—	—
ASSOMPTIONISTES	»	L. Dressaire	1887	2	9		—	—	—	—	—
LAZARISTES ALL.	Allem.	F. Dunkel	1890	3	5		—	—	—	—	—
SALESIENS (D. Bosco)	Ital.	C. Gatti	1891	0	98		390	140	520	—	—
TRAPPISTES	France	P. Couvreur	1891	1	28		12	—	12	—	—
BENEDICTINS (C. Subiaco)	»	A. Lassalle	1899	2	21		—	—	—	—	—
PASSIONISTES	»	P. Germain	1903	1	6		—	—	—	—	—
LAZARISTES FRANC.	»	V. Lacquièze	1901	1	2		—	—	—	—	—
BENEDICTINS (C. Beuron)	—	M. Kaufmann A.	1906	1	21		—	—	—	—	—
C. DIV. PROVIDENCE	Italie	(vacant)	1921	1	4		—	—	—	—	—
C. de S. PAUL (O. C. Ferrari)	»	J. Guerini	1923	1	5		104	136	240	—	—
JESUITES (Inst. Bibl. Pont.)	—	A. Mallon	1927	1	5		—	—	—	—	—
		1er TOTAL	=	102	821		3249	1415	4664	—	—
B)											
S. de S. JOSEPH (Apparit.)	France	M. Séraphine	1848	18	121		830	670	1500	2	140
R. de NAZARETH	»	M. Bécoulet	1855	4	37		400	221	621	—	
R. de N. D. de SION	»	M. Godeline	1856	2	88		110	90	200	—	—
R. CARMELITES DECH.	»	— [1]	1873	4	83		—	—	—	—	—
S. de ROSAIRE (C. Dioces.)	Palest.	M. Joséphine A.	1880	20	90		650	160	810	—	—
R. de S. CLAIRE	France	— [2]	1881	2	44		—	—	—	—	—
S. FRANCISC. M. d'EGYPTE	Italie	M. Isidora	1885	8	54		210	200	410	1	30
S. de S. VINCENT du P.	France	M. Meglin	1886	4	52		460	192	652	2	150
S. de S. CHARLES B.	Allem.	M. Theresia L.	1887	9	108		230	214	444	1	36
R. de M. REPARATRICE	France	M. de Prodiges	1888	1	40		—	—	—	—	—
R. de M. AUXILIATRICE	Italie	M. Alessina P.	1891	3	25		80	160	240	—	—
R. BENEDICTINES du C.	France	M. de l'Assompt.	1896	1	16		12	—	12	—	—
S. de PHORTUS	Italie	M. Ignazia S.	1901	1	9		40	—	40	—	—
S. TERT. CARMELIT. Ital.	»	M. Ildefonsa F.	1909	1	6		90	56	146	—	—
S. FR. MISS. de MARIE	France	M. Marie-H.	1910	2	21		30	26	66	—	—
S. TERT. CARMELIT Franç.	»	M. Louise	1910	2	21		100	167	267	—	—
S. d'IVREA	Italie	M. Verecunda	1919	1	8		25	60	85	—	—
S. de B. COTTOLENGO	»	M. de Incarnaz.	1919	1	12		—	—	—	1	65
S. de CALVAIRE	Mexiq.	M. Maddalena	1922	1	7		23	22	45	—	
S. de S. ANNE	Italie	M. Abramian F.	1923	2	10		35	75	110		—
C. de S. PAUL (O. C. Ferrari)	»	S. Biraghi	1923	5	5		30	160	190	—	—
S. FRANCISC. du S. C.	»	M. Elisabetta	1923	1	7		38	49	87	—	—
S. de S. DOROTHEE	»	M. Martiria	1927	1	5		—	—	—	—	—
S. de la B. CAPITANIO	»	M. Giulia	1927	1	7		—	—	—	1	30
R. du C. AGONISANT	Belg.	(vacant)	1927	1	1		—	—	—	—	—
[Cath. Women's League]	Anglet.	[Miss Miller]	1923	1	2		60	58	118	—	—
		2e TOTAL		97	874		3453	2580	6033	8	451
		1er TOTAL		102	821		3249	1415	4664	—	—
		TOTAL FINAL:		199	1695		6702	3995	10697	8	451
STATISTIQUE RETROSPECTIVE —			En 1800:	9	125		?	?	130	—	—
			» 1850:	10	162		?	?	392	—	—
			» 1900:	125	980		?	?	5580	6	200

* y compris les écoles qui sont à Chypre.

Liste der zwischen 1848 und 1895
in Palästina aktiven Ordensgemeinschaften

nern verprügelt worden war. Diese gemeinschaftliche Kabale der Franziskaner und Franzosen zog ein energisches diplomatisches Intervenieren von Seiten der Deutschen nach sich.[172]

Der Franziskanerpater Egidius Geissler (1849-1905), ein gebürtiger Salzburger, der 1870 als Missionar nach Palästina kam und über gut fünfunddreißig Jahre vor allem in Galiläa tätig war, errichtete die erste Missionsstation in Iar-Reina, leitete die Stationen seines Ordens in Kafr Kana, Na'im und Tiberias, weshalb der Verein über ihn diesen Einrichtungen Spendengelder zukommen ließ.[173] Die von Anna Theresa Saxe gegründete Schule in Jerusalem ist bereits erwähnt worden. Auch in Konstantinopel existierte ab 1881 eine deutsch-katholische Mission in Kooperation mit den Franziskanern.[174] Außerdem flossen Spenden selbstverständlich auch an Pater Schneider, an die von ihm geschaffenen Einrichtungen wie auch an die Unternehmungen des »Palästina-Vereins der Katholiken Deutschlands«, wie noch näher auszuführen sein wird.

Bereits in den Jahren 1861/62 wurden auf den Mitgliederversammlungen erste Stimmen laut, die zur Schaffung eigener deutsch-katholischer Unternehmungen im Heiligen Land aufriefen, zum Beginn eines konkret Tätigwerdens, das die reine Charitas zum Teil ablösen sollte. Es war vor allem Sepp, der nach einem Dutzend Jahren innenpolitischen Engagements in Deutschland und anderer Beschäftigungen Palästina wieder in den Mittelpunkt seines Interesses gestellt hatte, der von sich bekundete, erst da sei die Palästinaforschung für ihn zu einem Lebenswerk geworden. Er kehrte zurück auf die Bühne katholischer Tätigkeit zugunsten des Heiligen Landes durch seinen Auftritt vor der Generalversammlung der deutschen Katholiken in Aachen im Jahre 1862, auf der er zur Errichtung eines deutschen Hospizes in Tiberias aufrief, dessen Betreibung den deutschen Benediktinermönchen übertragen werden solle. Damit gab er überraschend seinen früheren Vorschlag auf, ein Kloster in Banias zu errichten. Auch der Alternativvorschlag, dort einen Sommersitz zu gründen »und durch wohl-unterrichtete Missionäre alle heiligen Stätten im Umkreis des galiläischen Meeres kirchlich in Besitz nehmen und pastorieren« zu wollen, war kein übermäßiger Erfolg beschieden. Sepp fügte hinzu, die Not der Zeit und die Streitigkeiten zwischen den verschiede-

172 Siehe ausführlich dazu im weiteren Verlauf dieser Studie, S. 395-399; Schneider, Schicksale, 139; Carmel, Chronik 2, 50-51 (*Warte*, 18.12.1884), 120-122 (*Warte*, 21.2.1889); Schumacher, Nazareth, Karte, 242; Cramer, Jahrhundert, 41; Schwake, Hospital, 282-285.

173 Geissler, Patriarchat; Geissler, Nekrolog; Gatt, Missionare, 124.

174 Steven, Katholiken.

nen christlichen Akteuren seien es gewesen, die ihn dazu bewegt hätten, seinen Vorschlag von der Tagesordnung zu nehmen. Daher sei es nun an den Deutschen, sich fortan auf die »wissenschaftliche Eroberung« des Heiligen Landes zu konzentrieren.[175]

Hier beginnt sich Sepps Faszination für Jesu Wirken im Umkreis des Sees Genezareth und die heiligen Stätten des Christentums in der Region zu offenbaren. Wiederholt beklagte er sich über die Trennung, die seiner Meinung nach zwischen den Christen und ihren heiligen Stätten um den See herrschte, und rief das Christentum auf, seine Präsenz in dieser Gegend zu erneuern. Dabei sollte in Erinnerung behalten werden, dass es an den heiligen Stätten um Jerusalem, ja sogar in Nazareth, zum damaligen Zeitpunkt bereits vielfältige christliche Aktivitäten gab, die nicht deutsch waren. Sepp predigte auch weiterhin seine Überzeugung, weshalb er letztendlich großen Anteil haben sollte am Erwerb der Ländereien und der künftigen Ansiedlung in Tabgha. Seine Initiative jedoch vom Beginn der 60er Jahre wurde augenblicklich durch Intervention Roms unterbunden, vor allem auf Betreiben der Führung des Franziskanerordens.

Die Führung des »Vereins vom Heiligen Grabe« indes zeichnete sich durch ihr relativ stilles Wirken aus. Man vermied es über zweieinhalb Jahrzehnte und mehr, in nationale oder sektiererische Streitigkeiten oder politische Diskussionen verwickelt zu werden. So heißt es nicht von ungefähr in einem der historischen Rückblicke zur Tätigkeit des Vereins anerkennend: »30 Jahre lange hatte so der Verein vom Heiligen Grabe in stiller geräuschloser Arbeit für das Heilige Land gewirkt, ohne dabei sich irgendwie durch politische und vaterländische Nebenabsichten leiten zu lassen.«[176]

Doch die Zeiten änderten sich, und die Entwicklungen der 70er und 80er Jahre des 19. Jahrhunderts in Europa, in Deutschland und Palästina führten dazu, daß die Frage des Heiligen Landes und die Prioritätenliste des »Vereins vom Heiligen Grabe« tatsächlich auf die öffentliche Tagesordnung des katholischen Deutschlands gelangen sollten.

175 Sepp, Entdeckungen, vii; ders., Neue Studien, xi; ders., Jerusalem, II, 239-252. Vergleiche Gollwitzer, Palästinafahrten, 309; Goren, Zieht hin, 156-157.

176 Katholische Deutschland, 34.

Der »Sionsverein«

Neben dem »Verein vom Heiligen Grabe« waren in Deutschland noch weitere Vereinigungen tätig, die sich das Sammeln von Geldern zugunsten der katholischen Einrichtungen im Heiligen Land zum Ziel gesetzt hatten. So bedachte der »Ludwigmissionsverein« katholische Institutionen auf der ganzen Welt mit finanzieller Unterstützung, wobei ein kleiner Teil dieser Gelder seinen Weg auch nach Palästina fand. Im Jahre 1866 dann wurde in München ein weiterer Verein gegründet mit dem Ziel, Spenden zu sammeln für ein Netz von Einrichtungen, deren Zentrum sich in Palästina befand. Der »Sionsverein« hingegen wurde mit der Vorgabe gegründet, Spenden ausschließlich für die Einrichtungen von Pater Ratisbonne zu sammeln.[177] Der französischstämmige Geistliche war in Deutschland wohlbekannt, über seinen Übertritt zum Christentum mitsamt Taufe im Januar 1842 war in den *Historisch-politischen Blättern* ausführlich berichtet worden, und seine besonderen Beziehungen zum »Verein vom Heiligen Grabe« und seine Reisen nach Deutschland sind an anderer Stelle bereits erwähnt worden. Auch genoss Ratisbonne für seine Unternehmungen die direkte Unterstützung durch Papst Pius IX.[178] Ratisbonne nutzte die Tatsache aus, dass der Verein nicht in Süddeutschland tätig war und auch keine andere Organisation dort existierte, die regelmäßig Spenden für Ziele im Heiligen Land akquiriert hätte. Er besetzte diese Leerstelle und kümmerte sich darum, auch in den südlichen Regionen Deutschlands Gelder einzuwerben.

Den Boden bereitet hatte Ratisbonne 1865 bei seinem Auftritt vor dem Katholikentag in Trier. 1866 schickte er dann die beiden Äbtissinen des in Jerusalem tätigen Ordens der »Sionsschwestern« auf eine Rundreise durch verschiedene Staaten Deutschlands. Über diese Tour wusste *Das Heilige Land* ausführlich zu berichten, wobei immer wieder hervorgehoben wurde, dass die Mehrheit der für den Orden in Jerusalem tätigen Schwestern, insgesamt zwanzig an der Zahl, aus Deutschland stamme.[179] 1867 begab sich Ratisbonne selbst erneut auf eine Spendensammlungsreise durch Deutschland, wobei es ihm allem Anschein nach gelang, durch breit angelegte Berichte in der Vereinszeitschrift über seine Einrichtun-

177 Ebd., N. 1; Pflanz, Arbeit, 106-129.

178 *HPB*, 9 (1842), 241-267; Bracco, Pius, 4-5. Der deutsche Pilger Wesseler (Reiseerinnerungen, 106-129) hat Ratisbonnes Lebensgeschichte minutiös beschrieben und dabei naturgemäß dessen Übertritt zum Christentum ausgiebig erörtert.

179 *HL* 10 (1866), 14-15.

gen und deren Wirken Zugang zu den Herzen und Geldbörsen der Spender zu finden. Derartige Anstrengungen zeugen davon, wie sehr Ratisbonne auf die Spendengelder und ihre beträchtlichen Summen angewiesen war, befand er sich zum damaligen Zeitpunkt doch in der Phase der Fertigstellung seines Klosters in Westjerusalem und des Baus der Kirche für den Orden der »Sionsschwestern« an der Via Dolorosa in der Altstadt.[180] In München gelang es ihm sogar, sich der Hilfe Monsignore Hermann Geigers zu versichern, der dank seiner Beteiligung an verschiedenen, mit Palästina verbundenen Unternehmungen eine bekannte Persönlichkeit war, vor allem aufgrund der von ihm verfassten Handreichungen und der Organisation von Pilgergruppen. Auch wurde Ratisbonnes »Sionsverein« eine warme Empfehlung auf dem Katholikentag in Trier im Jahre 1867 in der Rede zuteil, die Prinz Carl zu Löwenstein-Wertheim-Rosenberg (1834-1921), einer der Führer der Zentrumspartei, hielt. Obschon trotz aller Bemühungen der Aktionsradius des neuen Vereins mit einem Spendenaufkommen von 5.000 bis 6.000 Mark pro Jahr bescheiden blieb, sollte er künftig die Hauptfinanzquelle für Ratisbonne und seinen Orden darstellen.[181]

Ratisbonne, der sich nach Kräften mühte, seine Angelegenheiten im deutschsprachigen Raum voranzutreiben, sammelte als Mitstreiter weitere Geistliche um sich, von denen einige aus Deutschland, andere aus deutschsprachigen Ländern stammten. Zu diesen zählten etwa Gatt, der einige Jahre für Ratisbonne arbeitete, wie auch der Priester Casper Hornung (1836-1873), der bereits seit 1862 dem Orden der »Sionsväter« angehörte und nach der Gründung des »Sionsvereins« in Bayern nach Jerusalem kam, um dort als Ratisbonnes Stellvertreter zu fungieren, da dieser wie erwähnt viel auf Reise war. Hornung beeilte sich, in *Das Heilige Land* einen eigenen Bericht zu veröffentlichen, mit aller Wahrscheinlichkeit unter Anleitung seines Mentors und Arbeitgebers, der sich eine positive Wirkung auf potentielle Geldgeber durch eine solche »deutsche« Publikation erhoffte. 1869 kehrte Hornung nach Europa zurück, offenbar aufgrund gesundheitlicher Probleme, und ließ sich in Paris nieder, von wo aus er als Ratisbonnes Stellvertreter und »Wanderprediger« auf dem Kontinent diente. Er starb 1873 im Alter von nur siebenunddreißig Jahren.[182]

180 Ratisbonne, Congregation.

181 Versammlung Trier, 209-210; Katholische Deutschland, 34 u. Anm. 1; Meinertz, Kampf, 245; *HL* 47 (1903), 89-90.

182 Hornung, Nekrolog.

4. Die deutsch-katholische Präsenz im Heiligen Land: Die Anfänge, 1875-1895

Den Beginn der konkreten, faktischen Tätigkeit der deutschen Katholiken in Palästina schreiben alle Quellen den beiden bahnbrechenden Pionierleistungen des Franziskanerpaters Ladislaus Schneider (1833-1919) zu, eines gebürtigen Oberschlesiers, die während seines relativ kurzen Aufenthalts im Lande in den Jahren 1875 bis 1879 erste Formen annahmen.

Zwanzig Jahre indes lagen zwischen dem Eintreffen Pater Schneiders in Jerusalem und der Fusion der beiden deutsch-katholischen Vereine, die im Heiligen Land und zu dessen Gunsten tätig waren. In diesem Zeitraum wurden die ersten Schritte zur Errichtung deutsch-katholischer Institutionen und Ansiedlungen in Palästina unternommen, und zwar über das weiterhin durch den »Verein vom Heiligen Grabe« geführte wohltätige Engagement hinaus.

Ladislaus Schneider
»Ein alter schlesischer Pionier im Heiligen Land«

Eduard Ladislaus Schneider wurde am 3. Februar 1833 in einem Dorf unweit des südpolnischen Städtchens Glogau (heute Glogowék) bei Kattowitz geboren. In seiner Kindheit war er ein begabter, von religiösen Neigungen geleiteter Schüler. 1851 beendete er seine Schulausbildung am Gymnasium der nahe gelegenen Stadt Neisse (heute Nyse). Bereits zum damaligen Zeitpunkt zeigte Schneider Interesse an den Berichten von Heiliglandfahrern, weshalb nicht von ungefähr in seiner Biographie die Schriften der Franzosen Chateaubriand und des Priesters Marie-Josef Géramb (1772-1848, Aufenthalt in Palästina 1832) angeführt sind, deren deutschsprachige Ausgaben er in der Bibliothek seines Vaters fand.[1]

1 Chateaubriand, Itinéraire; Géramb, Pilgerreise; Schneider, Pionier, 4; Preisner, Schneider, 11-15. Das Gros der biographischen Informationen über Schneider habe ich einem Sonderheft entnommen, das die am 4. April 1911 in Breslau gegründete »Schlesische Diözesanvereinigung des deutschen Vereins vom Heiligen Lande« noch zu dessen Lebzeiten herausgegeben hatte. Die Broschüre basiert auf Gesprächen mit Schneider selbst, seinen Tagebüchern und den von ihm gesammelten Dokumenten. Darüber hinaus habe ich mich des Nachrufs auf Schneider in *Das Heilige Land* bedient, siehe Rücker, Schneider. Wie bereits bei vorheriger Gelegenheit erwähnt, lag mir zum Zeitpunkt der Vorbereitung der deutschspra-

Ladislaus Schneider

Danach fielen dem jungen Schneider auch die 1841 auf Deutsch und auf Englisch erschienene Pionierschrift des amerikanischen Priesters Edward Robinson (1794-1863) in die Hände[2] sowie die Reiseberichte des Priesters Josef Schifferle aus der Diözese Augsburg, der Palästina 1851 und dann abermals 1856/57 bereist hatte, und nicht zuletzt auch das Buch Mislins.[3] Sein Theologiestudium an der Universität Bonn nutzte Schneider zu Exkursionen im Rheinland, die vornehmlich bestimmt waren, Kirchenarchitektur zu studieren und sich einen Überblick über diese zu verschaffen. Der Kölner Dom, der sich damals, initiiert durch Kardinal von Geissel, im letzten Baustadium befand, war Ziel immer wiederkehrender Besuche. 1855 begann sich Schneider auf sein Priesterexamen vorzubereiten, um schließlich am 31. Januar 1857 in Breslau die Priesterweihen zu empfangen. Es folgten zwei Jahre, in denen er in der unweit seines Heimatdorfes gelegenen Kleinstadt Cosel (Kozlé) eine Priesterstelle innehatte, ehe er zum Dienst in Deutsch Piekar (Pickary Ślaskie) beordert wurde, einer Wallfahrtsstätte mit großer Kirche und Marienporträt, die mit dem Kult um die Hl. Barbara in Verbindung stehen.[4] In diesem Wallfahrtszentrum reifte Schneiders Entschluss heran, sein Leben dem Dienst in einem Orden zu weihen.

chigen Ausgabe dieser Arbeit bereits Johannes Preisners Buch vor, das sich ausschließlich dem Leben Schneiders widmet: Preisner, Schneider.

2 Robinson, Palästina. Zu dessen Stellung innerhalb der Palästinaforschung siehe Ben-Arieh, Rediscovery, 85-91; Goren, Zieht hin, 83-91; ders., Ritter.

3 Schiferle, Reise; Mislin, Heilige Orte.

4 Preisner, Schneider, 16-19. Barbara war der Legende nach die Tochter eines heidnischen Königs oder reichen Kaufmanns aus Nikomedien, die zum Christentum übertrat, von ihrem Vater jedoch ausgeliefert und hingerichtet wurde. Ihr Schutz wird vor allem gegen Gewitter und Feuergefahr erbeten (Cross, Dictionary, 131).

Mit der Verwirklichung dieser Entscheidung begann er im Herbst 1859, als drei deutsche Franziskaner aus Westfalen sich daranmachten, die Ansiedlung ihres Ordens auf dem St. Annaberg zu erneuern, der wichtigsten katholischen Stätte Oberschlesiens. Auf diesem Gipfel des Chelmgebirges, auf einer Höhe von 385 Metern, war im Jahre 1516 eine Kirche der Heiligen Anna geweiht worden, ehe sich 1655 die Franziskaner dort ansiedelten. Im weiteren Verlauf der Geschichte jedoch war der Ort bis zum 19. Jahrhundert verlassen worden.[5] Bei seinem Besuch dort musste Schneider feststellen, dass die drei Franziskaner aufgrund ihrer Unkenntnis des Polnischen zur Untätigkeit verdammt waren. Zu Ostern des Jahres 1860 erhielt er die Erlaubnis des Bischofs von Breslau und des Abtes des Klosters, sich dem Orden anzuschließen. Ein weiterer Geistlicher aus Schlesien bat, ebenfalls diesen Schritt tun zu dürfen, benötigte jedoch einige Monate, ehe er von seinen früheren Verpflichtungen entbunden war, weshalb Schneider gezwungen war, auf ihn zu warten.

Diese Wartezeit nutzte er zu mehreren Wallfahrten, anfangs auf den Spuren des Heiligen Franziskus von Assisi. Sein Weg führte ihn über den Wallfahrtsort Mariazell in Österreich, über Venedig nach Padua und von dort in die Heilige Stadt. Schneider gelangte nach Rom, durchstreifte es und erhielt dann Gelegenheit, von dort ins Heilige Land weiterzureisen. Über das große Benediktinerkloster in Monte Cassino gelangte er nach Neapel, schiffte sich nach Alexandria ein, besuchte Kairo und bestieg abermals ein Schiff, diesmal nach Jaffa. In Jerusalem traf er am 5. Juli 1860 ein, versehen mit einem Empfehlungsschreiben von der Führung seines Ordens an den Kustos. Schneider erkundete die Stadt und ihre Umgebung, kehrte nach Jaffa zurück, fuhr per Schiff nach Haifa, um von dort nach Nazareth und zum Berg Tabor zu gelangen. Die Spannungen in Galiläa infolge der Ereignisse im Libanon, in deren Verlauf sowohl das Kloster als auch die Kirche der Franziskaner in Damaskus in Brand gesteckt worden waren, erreichten zum damaligen Zeitpunkt ihren Höhepunkt, weshalb Schneider gezwungen war, schnellstmöglich nach Haifa zurückzukehren und von dort die Schiffspassage nach Rom zu nehmen. Dort wurde er von Papst Pius IX. empfangen. Schließlich kehrte er Ende August nach Schlesien zurück. Am tiefsten hatten Schneider auf seiner Reise die heiligen Stätten in Jerusalem samt Umgebung und in Galiläa beeindruckt.

5 Die Franziskaner wurden 1875, zur Zeit des »Kulturkampfes«, abermals von dort vertrieben und kehrten sechs Jahre später zurück. Siehe *LTK*, I, 571; Preisner, Schneider, 21-22, Anm. 30.

Deutsch Piekar, Kalvarienkirche

Im September 1861 hatten Schneider und sein Gefährte ihr Vorbereitungsjahr beendet und wurden in den Franziskanerorden aufgenommen. Schneider nahm den Ordensnamen Ladislaus an. Im Jahre 1863 dann fiel ihm eine Ausgabe von *Das Heilige Land* in die Hände, aus der er zum ersten Mal von der Existenz des »Vereins vom Heiligen Grabe« erfuhr. Jetzt hatte er das Forum gefunden, um sein Interesse an der Lage der Katholiken zu verwirklichen. Er gründete einen Ableger des Vereins in Oberschlesien und begann, Spenden zu sammeln. Über elf Jahre hatte er den Vorsitz über diesen Unterverein inne und widmete sich sowohl dieser Aufgabe als auch der Verbreitung von Informationen über das Heilige Land in der Vereinszeitschrift und in weiteren Publikation, so dass »es ihm in kurzer Zeit gelang, Tausende von Menschen zugunsten des Heiligen Landes zu gewinnen«. Sein Name taucht ab 1865 sehr häufig auf der Spenderliste des Vereins auf.[6] 1867 veröffentlichte Schneider einen ersten großen Artikel, der sich mit der Kirche auf dem St. Annaberg befasste. In einer Ankündigung dazu präsentierte ihn die Redaktion der Zeitschrift als den »Lieblingssohn des Heiligen Franziskus, in dem wir auch einen energischen Förderer der Interessen unseres Vereins gefunden haben«.[7]

Schneider war auf verschiedenen Gebieten sehr aktiv, vor allem auf solchen, die sich unter dem Oberbegriff »Mission« fassen lassen, sprich Initiativen zur Propagierung religiöser Aktivitäten und zur Vertiefung

6 *HL* 14 (1870), 37; Preisner, Schneider, 26-27.
7 Schneider, Calvarie, 116; siehe Preisner, Schneider, 27-32.

des Glaubens. Im Jahre 1866 etwa veranlasste er die Übersiedlung eines polnischen Nonnenordens aus Posen in ein Haus, das er im Dorf Poremba, unweit seines eigenen Klosters, erworben und renoviert hatte. Den Schwesternorden der »Armen Dienstmägde Jesu Christi«, der sich der Pflege und Versorgung von Kranken verschrieben hatte, hatte Katharina Kasper (1820-1898, heilig gesprochen 1978) 1851 im bayrischen Dernbach gegründet. Der Orden machte sich einen Namen durch die Behandlungen, die die Nonnen an den Verwundeten in den Kriegen der Jahre 1866 und 1870/71 zukommen ließen. Hierdurch konnte er den »Kulturkampf« fast unbeschadet überstehen. Der Orden breitete sich schnell in allen Teilen des Deutschen Reiches, in der Tschechoslowakei, Britannien, in den Niederlanden und den Vereinigten Staaten aus. 1898, im Todesjahr der Gründerin, die die ganze Zeit über auch Generaloberin des Ordens gewesen war, zählte er bereits 1.725 Ordensschwestern und unterhielt Einrichtungen in ganz Europa, in Amerika und Asien. Gegen Ende des Jahrhunderts hatte der Orden drei »Niederlassungen« in der Diözese Breslau, in denen selbstverständlich polnisch sprechende Nonnen Dienst taten.[8] Er war damit der erste Pflege leistende Orden, der in Schlesien tätig war. Da die Nonnen polnisch sprachen, war er auch der erste, der unter der einfachen Bevölkerung wirken konnte, die zumeist nur polnisch sprach. Zwar waren die Schwestern des nach Karl Borromäus benannten Ordens in Neisse bereits seit 1848 tätig, doch neigten sie dazu, keine polnisch sprechenden Novizinnen aufzunehmen, weshalb sie sich in der Regel auch nicht unter die Bevölkerung mischten.

Im Gegensatz zu der trotz aller Leistungen dennoch recht kleinen Ordensgemeinschaft der »Armen Dienstmägde Jesu Christi« war der Orden der »Barmherzigen Schwestern vom hl. Karl Borromäus«, gemeinhin als die »Borromäerinnen« bezeichnet, eine der größten, etabliertesten und bekanntesten Kongregationen.[9] Der Orden der »Schwestern der hl. Familie«, wie er bei seiner Gründung genannt wurde, war zum Gedenken an einen französischen Aristokraten und Rechtsanwalt namens Josef Chauvenel 1652 gegründet worden. Dieser hatte sich bereit gefunden, Pestkranke zu behandeln, sich dabei angesteckt und war an der Krankheit gestorben. Sein Vater gründete zu seinem Gedenken den Orden und vermachte den Schwestern sein Anwesen, das Landgut Saint Charles, an dessen Zufahrt eine Statue Karl Borromäus (1538-1584) stand, woraus

8 Schulte, Orden, 17; Braunsberger, Ordenswesen, 100; Heimbucher, Orden, II, 489-490. Zur Gründung des Hauses in Poremba siehe Preisner, Schneider, 33-38.

9 Heimbucher, Orden, II, 471-474; Barl, Geschichte, 8-22; Braunsberger, Ordenswesen, 73; Hohn, Borromäerinnen, iii-iv; Ders., Schwestern, 315-319.

sich der populäre Name des Ordens entwickelte. Dieser Heilige, zu Deutsch Karl Borromäus, war ein aus Verona gebürtiger Doktor der Rechtswissenschaften. Im Alter von zweiundzwanzig Jahren ernannte ihn sein Onkel, Papst Pius IV. (1499-1565, Papst ab 1559), zum Kardinal und 1562 zum Erzbischof von Mailand. Borromäus war bekannt für seine radikale Haltung in Fragen kirchlicher Disziplin, was ihn unter anderem zu einem Verbündeten der Jesuiten und der Inquisition sowie zu einem Fürsprecher der fortdauernden Verfolgung der Protestanten in der Zeit der Gegenreformation werden ließ.[10] Der Orden wurde während der Französischen Revolution aufgelöst, 1804 durch Napoleon jedoch wieder erneuert. Sieben Jahre später errichteten die Nonnen auf deutschem Staatsgebiet ihren ersten Sitz in Trier, von wo aus sie sich 1837 weiter nach Prag ausbreiteten und 1848 schließlich nach Neisse und Trebnitz in die polnischsprachigen Landstriche vordrangen.[11]

Allem Anschein nach hatte Schneider eine ausgeprägte Neigung, sich um die Belange von Minderheiten zu kümmern, die seiner Meinung nach nicht die gebührende Behandlung durch die Obrigkeit erfuhren. So etwa brachte er sich ganz und gar in die Rolle des missionarischen Gesandten für die polnischsprachige Bevölkerung in Schlesien ein, eine Aufgabe, die die Unterstützung der Behörden erfuhr, die darin ein Mittel sahen, die polnische Minderheit für sich zu gewinnen. Schneider zog als »polnischer Wanderprediger«, wie Preisner es bezeichnet, kreuz und quer durch Schlesien, predigte, veröffentlichte und verbreitete Broschüren. Die Unterstützung der Behörden für sein Engagement rührte offenbar aus deren Hoffnung, er würde so nationale Spannungen an neuralgischen Punkten abbauen können. Im Rahmen einer dieser Reisen erkrankte Schneider lebensbedrohlich und wurde 1869 für drei Jahre zur Genesung in ein Kloster nach Deutschland geschickt, wo er die Zeit des Krieges mit Frankreich verbrachte. 1872 kehrte er nach Schlesien und in seine Funktion als Koordinator des »Vereins vom Heiligen Grabe« dort zurück, ja er begann sogar, Vereinsmaterial in polnischer Sprache herauszugeben.

Auch Schneider zählte zu jenen, die der »Kulturkampf« zur Flucht zwang, doch im Unterschied zu seinen Glaubensgenossen beharrte er darauf, es sei sein Wunsch, nach Palästina geschickt zu werden, ein Ersuchen, das er sogar an die Vereinsführung richtete. Diese ihrerseits drängte den Abt von Schneiders Kloster, bis dessen Bitte Bestätigung erfuhr. Sein Weg nach Palästina führte Schneider über Köln, wo er die Mitglieder des Vorstandes traf, unter ihnen sein enger Freund Hubert Jacob (Jaime)

10 Cross, Dictionary, 270; *NCE*, II, 710-712.
11 Heimbucher, Orden, 472-473.

Müller (1820-1877), der Herausgeber der Vereinszeitschrift *Das Heilige Land*, die einwilligten, seine Reise zu finanzieren und ihn mit zwei Aufgaben bedachten: zum einen die katholischen Einrichtungen, die der Verein in Palästina und in Unterägypten unterstützte, zu begutachten und über deren Entwicklung, Wirken und Bedürfnisse Bericht zu erstatten und zum anderen in Palästina »starke Sockel« für die deutschen Katholiken zu gründen. Schneider reiste von dort weiter nach Rom, erhielt den Segen des Papstes und schiffte sich nach Alexandria ein. In Ägypten nahm er vor allem die Gebäude und Einrichtungen in Augenschein, die mit dem Verein verbunden waren, und suchte dort das deutsche Personal auf. In Jaffa besuchte er das große Franziskanerkloster und die Einrichtung der Schwestern des Heiligen Joseph, übernachtete in Ramallah in der Herberge der Franziskaner und gelangte Anfang September 1875 schließlich nach Jerusalem.[12]

»Also mit Vertrauen auf den Herrn, mit Muth, mit Rath und That möchten auch katholische Colonien in Palästina gegründet werden«

In Jerusalem 1875-1878

Das Jerusalem des zu Ende gehenden Jahres 1875 überraschte Schneider, ja beeindruckte ihn. »Was mich am meisten bei meiner Ankunft hier überrascht hat, ist dies, daß auch hierher moderne Cultur ihren Weg gefunden hat; Neubauten über Neubauten [...]; Zufluß von Einwanderern.«[13]

Wenig erstaunlich hingegen ist, dass mehr als alles andere Schneiders wachen Augen bei seinem Eintreffen in Jerusalem der geringe, de facto gar nicht existente Status seiner katholischen Landsleute nicht verborgen blieb, und dies besonders im Vergleich zu den Angehörigen der anderen christlichen Kirchen beziehungsweise den Katholiken anderer Nationalität. Diese waren zum damaligen Zeitpunkt bereits seit über vier Jahrzehnten in Jerusalem tätig, hatten zum Teil sogar Flächen erworben und in weiteren Ortschaften im Land Einrichtungen gegründet, vor allem in den Zentren von religiöser Bedeutung. Die deutschen Protestanten etwa waren seit Ende der 40er Jahre in der Stadt aktiv[14] und hatten, wie auch die Anglikaner, eine ganze Anzahl eindrucksvoller Bauprojekte bereits

12 *HL* 19 (1875), 164-166; Schneider, Pionier, 9; Preisner, Schneider, 55-56.

13 *HL* 19 (1875), 165.

14 Roth, Preussen, 48-49; Hanselmann, Mission, 61-106; Elan, Deutsche, 10-13; Sinno, Interessen, 45-163; Lückhoff, Anglikaner, 119-120; Carmel, Community.

zum Abschluss gebracht. Die Russen hingegen »beherrschten die Landschaft« durch die Anlage des so genannten »russischen Komplexes« und der »Himmelfahrtskapelle« auf der Kuppe des Ölbergs. Das große österreichische Pilgerhospiz wiederum dominierte die Altstadt. Frankreich verfügte bereits über die Kirche St. Anna, die Einrichtungen Pater Ratisbonne und andere mehr, ehe die Franzosen kurz darauf groß angekündigt mit der Errichtung eines neuen imposanten Bauwerks begannen, dem Krankenhaus St. Louis außerhalb der nordöstlichen Ecke der Altstadt. Schneider hatte die ersten Gebäude der Templer sehen können, die 1868 ins Land gekommen waren. Fünf Jahre später machten sie sich daran, das erste Haus ihrer Kolonie im Refa'im-Tal im Südwesten der Stadt zu errichten.[15] Die verschiedenen katholischen Einrichtungen, die mehrheitlich entweder zum Patriarchat oder zur Kustodie gehörten, wurden mit anderen katholischen Nationen in Europa identifiziert, vor allem Frankreich und Italien. Demgegenüber war die fehlende Vertretung des katholischen Teils Deutschlands und vor allem Preußens augenfällig, denn ungeachtet der beträchtlichen Summen, die der »Verein vom Heiligen Grabe« den katholischen Institutionen zukommen ließ, waren die Deutschen bis dahin in den katholischen Aktivitäten im Heiligen Land vollkommen bedeutungslos geblieben. Nicht von ungefähr also bemerkte Schneider wiederholt:

> »Bei meiner großen Liebe für das heilige Land, mit der ich durch 15 Jahre gern und eifrig für die schönen Zwecke des Vereins vom heiligen Grabe wirkte und seit 1875 auch in Palästina sorgfältige Aufmerksamkeit allen Verhältnissen schenkte, konnte ich mich dem Gedanken nicht verschließen, für die Lage der mir als *deutschem Missionar* so nahestehenden *Deutschen eine bessernde Abhülfe* zu versuchen.«[16]

Ja schlimmer noch, in den französischen und italienischen Berichten wurden die deutschen Spenden an ihre Einrichtungen nicht einmal erwähnt. Darüber war nur aus den Berichten und Artikeln in *Das Heilige Land* etwas zu erfahren. Schneider selbst bekundete, auf seinem Weg nach Palästina habe er nach jedem deutschen Glaubensmann gesucht, nach jeder Einrichtung, die eine Verbindung zu Deutschland und Polen hatten. So vergaß er nicht, die polnische Nonne zu erwähnen, die zur Schwesternschaft des Klosters der St. Joseph in Jaffa zählte, und einer seiner ersten Schritte nach dem Eintreffen in Jerusalem war ein Besuch

15 Roth, Preussen, 94-103; Elan, Deutsche, 24-31; Carmel, Siedlungen, 44-46; Sauer, Tempelgesellschaft, 60.

16 Schneider, Wort, 133.

bei Gatt.[17] Die einzige Einrichtung, die zum damaligen Zeitpunkt in Palästina existierte und mit dem katholischen Deutschland zu identifizieren war, war die winzige Schule Theresa Saxes, die zwei Jahre zuvor gegründet worden war.

Schneider war zwar Franziskanermönch, war jedoch nicht als Mitglied der Kustodie ins Heilige Land gekommen. Unklar ist auch, ob er unmittelbar zur Belegschaft des Patriarchats gehörte, und wenn ja – inwieweit. Die Quellen definieren seinen Status wohl zutreffend, wenn sie davon sprechen, er sei »für die Ziele des Vereins« geschickt worden, sprich sei eine Art örtlicher Repräsentant des »Vereins vom Heiligen Grabe« gewesen.[18] Mithin lässt sich in ihm zweifelsohne ein Vertreter des Vereins sehen, dessen Aufgabe darin bestand, zu prüfen, wie die Spenden verwendet wurden, und die dortige Lage und die Bedürfnisse einzuschätzen. Kein Zweifel auch, dass sich Schneider in diesem Rahmen ein großes Maß an Eigenständigkeit und Handlungsfreiheit herausnahm.

Doch Schneiders Wirken deckte sich vollständig mit den Weisungen des Vereinsvorstandes. Gleich nach seiner Ankunft begab er sich auf eine Rundreise zu den katholischen Einrichtungen in Palästina, Ägypten, dem Libanon und auf Zypern. Seine laufenden Berichte schickte er regelmäßig nach Köln, wo sie in aller Regel in der Vereinszeitschrift unter der Rubrik »Nachrichten aus dem Heiligen Land (und der Türkei)« veröffentlicht wurden. Mit seiner Ankunft wurde ihm finanzielle Unterstützung von Seiten des Vereins zuteil, die in den ersten Jahren seines Wirkens auch aufrechterhalten wurde.[19] Demgegenüber gibt es so gut wie keine Zeugnisse über eine Tätigkeit im Rahmen der Kustodie, wenn auch eine Quelle andeutet, der Orden habe die Kenntnisse und das Wissen zu nutzen verstanden, welche sich der Pater im Bereich der Bauplanung und Durchführung erworben hatte.[20] In den deutschen Quellen finden sich darüber hinaus keine weiteren Belege, wohingegen ein Versuch, den Sachverhalt im Archiv der Kustodie selbst zu klären, ergab, dass keine Anhaltspunkte für eine derartige Bautätigkeit Schneiders vorliegen.

Unter den ersten Früchten der Inspektionstour Schneiders war eine Auflistung der katholischen Einrichtungen, aufgeschlüsselt nach deren

17 *HL* 19 (1875), 164-165.

18 Schneider, Pionier, 9; Preisner, Schneider, 55-56. Zu einer Liste der deutschen Franziskaner, die nach Palästina gelangten, siehe Kleinschmidt, Auslandsdeutschtum, 286-289.

19 Im Januar 1876 etwa erhielt Schneider 985 Mark für »verschiedene Zwecke«: *HL* 20 (1876), 133. Vergleiche Goren, Society, 162.

20 Rücker, Schneider, 5.

Organisationszugehörigkeit. Schneider fertigte diese auf Grundlage einer Veröffentlichung in der Zeitschrift des Franziskanerordens an, erweiterte und aktualisierte diese jedoch, wobei er von sich bekundete, die meisten der genannten Einrichtungen selbst besucht zu haben.[21] Zum Patriarchat gehörten drei Einrichtungen in Jerusalem, zwei in Beit Jallah, zehn weitere Orte in Palästina und einer in Larnaka auf Zypern. Schneider machte genaue Angaben über die an jedem Standort verzeichneten Aktivitäten: Kirche, Priester, Waisenhaus, Schule und Ähnliches mehr. Die Kustodie gebot insgesamt über vierzig Einrichtungen, davon sechzehn in Jerusalem, vier in Bethlehem, sechs beim Heiligen Johannes (gemeint ist Ein Karem), fünf in Nazareth, zwei in Jaffa, zwei in Ramallah und zwei in Akko. Zudem betrieb die Kustodie drei Einrichtungen auf Zypern, sechzehn in Syrien (einschließlich des Libanons), drei in Armenien (in der heutigen Südtürkei) und zwanzig in Ägypten. Ratisbonne hatte zum damaligen Zeitpunkt bereits fünf Einrichtungen und genauso viele wie die Schwestern von Nazareth, während die Schwestern des Heiligen Joseph sich bereits mit fünfzehn Einrichtungen in Palästina, Ägypten und sogar dem Sudan angesiedelt hatten.

Schneider fügte an verschiedenen Stellen auch statistische Angaben hinzu, hauptsächlich hinsichtlich der Größe der Gemeinde. Doch seine Reisen warfen auch eine andere, allem Anschein nach einmalige Untersuchung ab, in der sich Angaben über die Schulen – Jungen- wie Mädchenschulen gleichermaßen – finden, die in Palästina, Syrien, auf Zypern und in Ägypten unter der Leitung von Franziskanerpatern standen, wobei die Liste der Mädchenschule auch jene des Ordens vom Heiligen Joseph umfasst. In den Tabellen sind folgende Werte festgehalten: Anzahl der Lehrer (Ordensmitglieder und andere), jährliches Salär für Lehrer, die nicht dem Orden angehören (und Schneider vermerkt hier, dass an Orten, an denen höhere Gehälter gezahlt wurden, vor allem maronitische Priester beschäftigt wurden), Anzahl der Schüler und Schülerinnen, Kosten für die Bedürfnisse eines Schülers, die diesem nicht berechnet wurden, für die Unterrichtung eines Schülers anfallende Kosten sowie andere Unterhaltskosten für Essen und Kleidung. In einer weiteren Tabelle finden sich die in jeder Einrichtung gelehrten Fächer aufgeschlüsselt. Um es dem Leser leichter zu machen und vor allem dem Vereinsvorstand einen Überblick zu ermöglichen, lieferte Schneider auch Bilanzen: Insgesamt 73 Lehrer und Lehrerinnen unterrichteten 2.106 Schüler, was sich zu jährlichen Gesamtausgaben in Höhe von 72.317 Francs summierte. Darüber hinaus versorgten die Franziskaner in ihren

21 Schneider, Anstalten; basierend auf Patrem, Statistique.

Einrichtungen mehr als 300 Waisenkinder. In Bezug auf jährliche externe Unterstützung konnten sie mit 5.000 Francs rechnen, die aus französischen Quellen kamen, sowie auf weitere 2.000 Francs an Spenden durch den »Verein vom Heiligen Grabe«.[22]

Diese beiden Auflistungen fanden ihren Platz in den Ausgaben von *Das Heilige Land* der Jahre 1876 und 1878 und stellen ohne jeden Zweifel Quellen von höchstem Stellenwert dar für jeden Historiker unserer Tage bezüglich Ausmaß und konkreter Form der lateinisch-katholischen Aktivitäten in Palästina in der zweiten Hälfte der 70er Jahre des 19. Jahrhunderts.

Schneider maß auch der Erfüllung der zweiten Aufgabe, mit der der Verein ihn betraut hatte, große Bedeutung bei: dem Erwerb von Land und der Errichtung deutsch-katholischer Brückenköpfe. Wobei er jedoch seine Schritte vorsichtig abwog und sich zunächst ein Bild von den Gegebenheiten vor Ort machte. Erst ein Jahr nach seiner Ankunft im Land schickte er ein Schreiben an die Redaktion der Zeitschrift, in dem er seine Ansichten resümierte, wie sie sich in Bezug auf »die politische, gesellschaftliche und religiöse Frage Palästinas« herauskristallisiert hatten. In diesem Brief gibt Schneider einen Überblick über die Entwicklungen bei der Besiedlung des Landes im Verlauf der 70er Jahre, wie zum Beispiel den Aktivitäten von Henry Dunant (1828-1910), Gründer des Roten Kreuzes, der in Paris einen Verein zur Kolonisierung des Orients gegründet hatte, mit dem auch die Templer in Verbindung standen.[23] Zudem beschrieb er die Unternehmungen Bellonis und Ratisbonnes, 1870 dann die Gründung der jüdischen Agrarschule Mikwe Israel, die Siedlungsprojekte der Templer, ja sogar die Ansiedlung der russischen Menoniten im Wadi Chanin, die Schneider im Mai 1875 besucht hatte. All dies führte ihn zu dem Schluss, die Katholiken müssten in Palästina Land erwerben, es besiedeln und bebauen, damit »also mit Vertrauen auf den Herrn, mit Muth, mit Rath und That möchten auch katholische Colonien in Palästina gegründet werden.«[24] Interessant ist, dass Schnei-

22 Schneider, Verzeichniß. Zu einer äußerst ausführlichen Beschreibung von Schneiders Reisen (einschließlich der nach Oberägypten) und seinen Berichten davon siehe Preisner, Schneider, 55-92.

23 Zu Dunant, den Templern und den Siedlungsprojekten in Palästina siehe Quellmalz, Dunant, 178-207; Carmel, Siedlungen, 17-24; Carmel, Chronik 1, 92-93, 123.

24 Schneider, Gedanken (Zitat, 152). Der Artikel ist mit dem Kürzel »Sch« gezeichnet, wie auch das Schreiben aus Jerusalem vom 20. August 1875. Nach eigener Aussage (Schneider, Pionier, 9), traf er jedoch erst Anfang September in Jerusalem ein. Auch Preisner (Schneider, 55) gibt kein genaues Datum an und schreibt

der die frühen europäischen Siedlungsversuche in Palästina der 50er und 60er Jahre unerwähnt lässt, denen zwar keine lange Dauer beschieden war, deren Hinterlassenschaften er jedoch gewiss in Jaffa etwa hatte sehen können.[25]

Doch offenbar teilte der Vereinsvorstand Schneiders Euphorie nicht. In einer Begleitnote zu seinem Schreiben in *Das Heilige Land* rufen sie zu äußerster Vorsicht bei der Durchführung einer Ansiedlung in Palästina auf. Das Klima, so ihre Warnung, sei geeigneter für die Angehörigen der romanischen Völker denn für uns, die aus dem Norden, weshalb es besser wäre, wenn jene Spanier zum Beispiel, die gerade in Scharen nach Brasilien auswanderten, ganze Dörfer und der Priester an ihrer Spitze, ihre Schritte auf ein sehr viel näher gelegenes Ziel richten würden, nämlich auf das Heilige Land.[26]

Doch Schneider schenkte den Warnungen keine Beachtung und begann zu handeln. Das erste Grundstück erwarb er im Herbst (anderen Quellen zufolge zu Beginn) des Jahres 1876 für 4.500 Francs (rund 5.400 Mark), einen Betrag, der in Raten durch deutsche Spendengelder beglichen wurde. Die Parzelle befand sich im Dorf Kubeibe, eineinhalb Stunden Fußmarsch nordwestlich von Jerusalem gelegen, und umfasste landwirtschaftliche Anbauflächen und Pflanzungen von gut einhundert Obstbäumen – Feigen, Oliven und Mandeln. Allem Anschein nach wurde in der ersten Phase eine relativ kleine Fläche erworben. Die Idee, die die Quellen dem Patriarchen Valerga zuschreiben, war, dort eine Farm zu errichten, die die Einrichtungen in der Stadt mit Nahrungsmitteln versorgen sollte.[27] Die auf dem Gelände befindlichen Ruinen wurden in deutschen Quellen als römische identifiziert, da man geneigt war, in Kubeibe das im Lukas- und im Markusevangelium erwähnte Emmaus zu sehen, jenen Ort, an dem Jesus nach seinem Tod zum ersten Mal wie-

lediglich, dass Schneiders Kloster »am 3. August 1875 als Folge des Kulturkampfes geräumt werden [musste].« Dessen ungeachtet jedoch und eingedenk des Kürzels und des Inhalts des Schreibens tendiere ich persönlich dazu, diesen Brief sehr wohl Schneider zuzuschreiben und den Irrtum hinsichtlich der Datierung seiner Erinnerung anzulasten (seine Biographie sollte erst sechsunddreißig Jahre später verfasst werden) oder aber einem Fehler beim Druck, womit der Brief allem Anschein nach am 20. September abgeschickt worden sein dürfte.

25 Kark, Millenarism; ders., Jaffa, 76-89; Eisler, Jaffa, 77-83.

26 Schneider, Gedanken, 152-153.

27 Kubeibe, Gästebuch, 4.1.1908 (Besuch Schneiders); Verhältniße in Jerusalem, 95-96; Schneider, Pionier, 10; Rücker, Schneider, 6; Schmitz, Deutschtum, 13-14; Cramer, Jahrhundert, 18; Preisner, Schneider, 95-97.

der gesehen wurde.[28] Die Deutschen hatten sich die traditionelle Auffassung der Franziskaner zur biblischen Tradition des Ortes zu eigen gemacht und ihr bereits 1861 durch eine Ansiedlung vor Ort Nachdruck verliehen. Das deutsche Anwesen grenzte im Westen an die Fläche, die die Franziskaner erwarben und auf der sie schon bald ein Kloster zu errichten begannen. Bei Ausgrabungen, die parallel zu den Bauarbeiten verliefen, wurden die Überreste eines Dorfes und einer Kirche aus der Kreuzfahrerzeit freigelegt. Eine der Quellen behauptet sogar, es sei der Kustos gewesen, der Schneider vorgeschlagen habe, dort Land zu erwerben, da er das Kloster aus seiner Isolation habe befreien wollen.[29]

Der zweite von Schneider getätigte Kauf indes war bedeutsamer. Diesmal handelte es sich um ein Grundstück in Jerusalem, außerhalb der Altstadtmauern zwar, aber nicht weit davon entfernt gelegen. Es war klar, dass die Preise in der Altstadt Schneiders begrenzte Mittel bei weitem überstiegen, weshalb er offenbar von vorneherein auf einen Grundstückskauf innerhalb der Mauern verzichtet hatte. Zudem jedoch war in jenen Jahren bereits eine rege Bautätigkeit außerhalb der Altstadtmauern zu verzeichnen, so dass die Vorzüge eines Standortes westlich des Jaffatores leicht zu erkennen waren. Das Grundstück wurde im Sommer 1877 unweit des Mamillabeckens erworben und hatte eine Größe von 4.6 Dunam.[30] Schneider verpflichtete sich, dafür 26.000 Francs (rund 31.200 Mark) zu zahlen. Auf dem Grundstück, das in den Quellen als »Gartenfläche« definiert wurde, mit üppiger Vegetation und Wassergruben, standen zwei kleine Gebäude. Die Absicht war, dort ein Hospiz zu errichten, das in erster Linie deutschen Pilgern dienen sollte und ebenso jungen deutschen Handwerkern, die ihr Glück und ihre Zukunft im Heiligen Land suchten, eine Wohngelegenheit bieten könnte.[31] Da Schneider nicht über die nötigen Mittel zum Erwerb des Grundstücks verfügte,

28 Mark 16,12-13; Luk 24,13. Siehe auch Vincent, Emmaus, 356-402; Sandoli, Emmaus, 3-22.

29 Ebd., 3-28; Verhältniße in Jerusalem, 95-96; Düsterwald, Pilger, 353-356; Preisner, Schneider, 93-94. Zur historischen Einordnung des Ortes und den dort durchgeführten Vermessungen und Ausgrabungen siehe auch Schick, Emmaus; Zschokke, Emmaus.

30 1 Dunam = 1.000 m^2 = 0,1 Hektar; 1 Aar = 0.1 Dunam.

31 ISA, 244, Auswärtige Amt, 619, 26.2.1898; Verhältniße in Jerusalem, 95-96; Schmidt, Hospiz, 1-3; Cramer, Jahrhundert, 18. Auf der von Charles W. Wilson im Jahre 1864/65 angefertigten Karte tauchen die Gebäude auf dem Grundstück nicht auf (Wilson, Survey), wenn auch auf dem Gelände ein arabisches Wohnhaus gestanden zu haben scheint (Preisner, Schneider, 99). Auf einer Aufnahme aus dem Jahre 1886 hingegen sind vier Gebäude zu sehen (Cramer, Jahrhundert, 27).

übernahm Patriarch Bracco die Bürgschaft für die Zahlungen eines Jahres.[32] Der angesichts der Umstände im Land und der damaligen Zeit relativ hohe Kaufpreis, rund 6.800 Mark für einen Dunam, kam zum einen durch die Gebäude und die Wasserstellen, zum anderen durch die relative Nähe zur Altstadt zustande.

Doch das Grundstück hatte in der Tat Vorzüge. Es grenzte an einen gut dränierten Abhang sowie an die wichtigsten Zugangswege zum Haupttor der Altstadt, dem Jaffator, so dass die nach Jerusalem strömenden Pilger dort vorübermussten. Das gesamte Gebiet erlebte ab den 70er Jahren einen Entwicklungsschub. Es wurden dort die beiden ersten jüdischen Viertel (abgesehen von Mishkenot Sha'ananim) errichtet: Machane Israel der maghrebinischen Landsmannschaft, auf Initiative des Rabbiners David Ben Shimon, und Nachalat Shiw'a.[33] Die deutschen Protestanten hatten bereits 1868 das Gebäude der Mädchenschule »Talitha Kumi« errichtet und fünf Jahre später das erste Krankenhaus »Jesus Hilfe« – das heute das »Alte« genannt wird – zur Behandlung von Aussätzigen, gleichbedeutend mit dem lazaristischen Kloster in der Agronstraße.[34] Das am äußersten Rand der sich entwickelnden Mamillastraße gelegene Haus, jenes des lutheranischen Missionars Ferdinand Vester, wurde 1868 erbaut. In der ersten Hälfte der 70er Jahre begann man unweit von dieser Stelle mit dem Bau des »Palais der holländischen Prinzessin«.[35] Noch im selben Jahr – 1876 – in dem Schneider mit seinen Grundstückskäufen begann, erwarb Ratisbonne dort ein Grundstück zur Errichtung seines großen Klosters und begann mit dessen Bau. Erst in den 80er Jahren verlagerte sich das Zentrum der prestigeträchtigen europäischen Bautätigkeit ein wenig nach Norden, in die sich längs der Wasserscheide erstreckenden Prophetenstraße.[36]

Schneider war auf eine Genehmigung des Patriarchen wie des Kustos für die beiden Kaufgeschäfte angewiesen, und tatsächlich kommen die meisten Quellen zu der Feststellung, die beiden Würdenträger hätten sie wohlwollend betrachtet. Wie bereits erwähnt war es der Kustos, der geraten hatte, die Parzelle in Kubeibe zu erwerben, da sie an den Besitz der Franziskaner grenzte und klar war, dass die Ordensführung hierin eine Möglichkeit wähnte, das Gelände unter ihrer Kontrolle auszuweiten.

32 Schneider, Pionier, 10.

33 Kark/Oren, Jerusalem, 74-112; Ben-Arieh, New City, 101-107.

34 Ebd., 132-137; Sinno, Interessen, 90-91, 148-149; Schwake, Entwicklung, II, 603-621.

35 Ben-Arieh, New City, 145-146.

36 Karmon, Changes, haupts. 48-51.

Wie bereits ausgeführt hatte der Patriarch persönlich für den Kauf in Jerusalem gebürgt. Die benötigten Gelder sammelte Schneider in Eigeninitiative, vor allem in der Heimat und vermittels einer »unabhängigen Kommission«, deren Beschaffenheit unklar blieb.[37] Meine Vermutung ist, dass Schneider zu diesem Zweck ihm nahestehende Personen und den von ihm in Oberschlesien aufgebauten Spendenapparat aktivierte, auch wenn sich dafür kein Anhaltspunkt in *Das Heilige Land* finden lässt. Der »Verein vom Heiligen Grabe« stellte Schneider die Summen auf jeden Fall nicht zur Verfügung, die er benötig hätte. Der Vorstand war sogar peinlichst darauf bedacht, den Verein nicht mit Schneider und dessen Projekten in Verbindung bringen zu lassen, indem immer wieder betont wurde, man sei von vorneherein dagegen gewesen.[38] Die Spendengelder, die Schneider in den Jahren 1876 bis 1878 erhielt, waren zum Teil für andere Zwecke bestimmt und reichten nicht einmal aus, seine weiteren Pläne auf den von ihm erworbenen Grundstücken abzudecken, geschweige denn deren Abzahlung und andere Unternehmungen Schneiders. Hier ist vor allem der Versuch zu nennen, Grundstücke und Gebäude in Jericho zu erwerben. 1878 machten sich Schneider und einige seiner Mitstreiter sogar in die »Palmenstadt« auf und verbrachten dort einige Wochen, um sich ein Bild von den Bedingungen vor Ort zu machen. Die akute Knappheit an Bargeld jedoch machte diesen Versuch schon bald zunichte, begleitet von der strikten Weigerung des Vereins, Mittel für diese Unternehmung bereitzustellen, und sei es auch nur auf Darlehensbasis.[39]

In seinen beiden Einrichtungen sammelte Schneider eine Gruppe von rund zehn jungen deutschen Katholiken um sich. Bei der Beschreibung dieser Gruppe bedienen sich alle Quellen des Begriffs wandernde »katholische deutsche Handwerker«.[40] Tatsächlich gab es das Phänomen junger Deutscher, die nach Jerusalem gelangten, sei es um nach Arbeit zu suchen oder auf Pilgerschaft, und – willentlich oder notgedrungen – für längere Zeit in der Stadt blieben. In den 60er Jahren und vor allem zu Beginn der 70er Jahre erreichte die Auswanderung aus Deutschland ihren Höhepunkt und betraf im Verlauf des gesamten 19. Jahrhunderts Millionen

37 Cramer, Jahrhundert, 18.

38 Pingsmann an Patriarch Bracco, APL, J5, Q/42, 4.7.1878.

39 Schneider, Pionier, 14-15; Rücker, Schneider, 6. Schneider besuchte Jericho erneut im Jahre 1908 und schrieb bei der Gelegenheit über den Anteil anderer an der Entwicklung der Stadt.

40 Schmitz, Deutschtum, 12.

von Menschen.[41] Unter den Deutschen gab es manche, die Palästina als potentielles Ziel einer deutschen Auswanderung betrachteten. Zu dieser Gruppe gehörten selbstverständlich die Templer, deren organisierte Einwanderung nach Palästina nur wenige Jahre zuvor begonnen hatte, doch nicht allein sie. Ab 1868 trafen Gruppen von Templern im Lande ein, und im selben Jahr wurde die bereits zuvor erwähnte Schrift des Wiener Geographen Bernard Kuhlmann veröffentlicht. Kuhlmann forderte, den gewaltigen Auswandererstrom aus Deutschland von Amerika in den Orient umzulenken und dort insbesondere nach Palästina, wo es seiner Behauptung nach ausreichend Land für Millionen von Siedlern gäbe und die Kolonien in engem Kontakt mit dem Mutterland blieben.[42]

In Jerusalem herrschte in jener Phase ein massiver Mangel an Beschäftigungsmöglichkeiten, so dass Schneider zwei Probleme auf einmal lösen konnte: Jenen jungen »Wanderburschen« Anstellung und Auskommen zu geben und seine Einrichtungen mit Leben und Inhalt zu füllen und dergestalt zu fördern. In Kubeibe wurden die jungen Männer beim Bau eingesetzt, bei der Urbarmachung der Anbauflächen und in der Landwirtschaft; in Jerusalem in der Unterhaltung der Gebäude, in Bau und Handwerk, vor allem in der Tischlerei. Alles, so berichten die Quellen, wurde mit Hilfe von Spendengeldern und der Hände Arbeit geschaffen. Die Farm lieferte landwirtschaftliche Produkte und die Tischler fertigten Devotionalien aus Olivenholz, die in Deutschland vertrieben würden.[43] Allem Anschein nach lebte man in einer Art »Kommune« unter schwierigsten und primitivsten Bedingungen und bei ständiger Geldknappheit zusammen. Besondere Bedeutung kam unter diesen Umständen der Persönlichkeit des Priesters zu, der Führer und Leiter der Gemeinschaft war. Dies war die erste organisierte deutsch-katholische Gemeinde in Jerusalem und im Heiligen Land.

Einiges spricht dafür, dass Schneider die Idee und das Modell seiner Gemeinschaft von jenen Einrichtungen zur Verbesserung der ökonomischen und sozialen Lebensbedingungen der Industriearbeiter in Deutschland übernommen hatte. Diese begannen sich Ende der 40er Jahre zu

41 Townsend, Empire, 36-43; Wehler, Bismarck, 155-157; Walker, Germany, 175-187. Obgleich Walker seine Studie der Auswanderung nach Amerika gewidmet hat, lassen sich daraus auch Schlüsse auf die Dimension der Auswanderung nach dem Orient ziehen. Die Auswanderungswelle aus Deutschland erreichte in den Jahren 1872 und 1873 ihren Höhepunkt. Sechzig Prozent der Auswanderer kamen zum damaligen Zeitpunkt aus ländlichen Regionen (ebd., Tabellen, 176 u. 185).

42 Kuhlmann, Palästina, 23-50. Zu den Templern siehe Carmel, Siedlungen; Sauer, Tempelgesellschaft; Ben Artzi, Germany.

43 Verhältniße in Jerusalem, 96.

organisieren als Resultat der Bemühungen zweier Kirchenmänner, die zu den herausragenden Theoretikern der katholischen Soziallehre in Deutschland zählen, Adolph Kolping (1813-1865) und Bischof Wilhelm Emmanuel von Ketteler (1811-1877), der wichtigste religiöse Führer des Katholizismus im Deutschland seiner Generation, der auch als »der echte Begründer der deutsch-katholischen Sozialbewegung« bezeichnet worden ist. Ketteler, der seine politische Laufbahn als einer von einunddreißig Mitgliedern des Klerus unter den insgesamt 822 Abgeordneten in der Frankfurter Nationalversammlung begann, legte in seiner Rede vor dem Parlament im September 1848 seine Auffassung von den Beziehungen zwischen den drei Gravitationszentren dar: dem Staat, der Erziehung und der Kirche. Eine Rede, in deren Folge er als Kämpfer für soziale Belange öffentliche Bekanntheit erlangte.[44] Kolping hingegen war es, der in Elberfeld bei Wuppertal den ersten »Katholischen Gesellenverein« gründete. 1849 dann gründete er in Köln einen ebensolchen Verein, und von dort breiteten sich die Vereine aus und wurden zu katholischen Zentren in ganz Deutschland. In einem solchen Zentrum lebten junge, unverheiratete Gesellen und an ihrer Spitze ein Priester, der dort seinen festen Wohnsitz hatte. Er war der geistige Führer der Gruppe, hielt Vorträge und organisierte Fortbildungen und berufliche Schulungen. Die Zentren boten auch Unterkunft und Verpflegung für Mitglieder wie Durchreisende gleichermaßen.[45]

Nicht zu übersehen ist die Ähnlichkeit zwischen Schneiders Gemeinschaft und dem protestantischen »Brüderhaus«, das von 1847, dem Zeitpunkt, an dem Konrad Schick (1822-1901) und Ferdinand Palmer (1816-1892) in Jerusalem eintrafen, bis zum Jahre 1856 betrieben wurde. Die beiden jungen Männer hatten die »Pilgermission« durchlaufen, eine Gründung Christian Friedrich Spittlers (1782-1867), und waren dort unterwiesen worden, als Vorbild sowohl jenen christlichen Handwerkern zu dienen, die ihr Haus in Jerusalem errichten würden, als auch der ört-

44 Morsey, Prelaten, 232; Roos, Ketteler; Goldmann, Ketteler; Kracht, Kolping. Zu Kettelers Rede siehe Fenske, Vormärz, 346-350. Zu Kettelers Meinung hinsichtlich einer »echten und einer falschen Demokratie« siehe Morsey, Katholizismus, 45-49.

45 Kracht, Kolping, haupts. 112-149; Pinson, Germany, 181-184; Windell, Catholics, 5-6, 30-31; Alexander, Church, 410-417. Zu Kolping siehe Kracht, Kolping; Conzemius, Kolping; Schmolke, Kolping. In den Jahren 1846 bis 1865 wurden in Preußen 513 Gesellenvereine gegründet, von denen 429 überdauerten; auf dem Höhepunkt der Vereinstätigkeit hatten diese rund 100.000 Mitglieder und 1865 noch gut 60.000 (Kracht, Kolping, 527).

lichen Bevölkerung.[46] Darüber hinaus hatte Christian Friedrich Spittler die Idee einer passiven Missionspräsenz entwickelt, die unter anderem in der Gestalt von Handwerkern bestehen sollte, die ihrem Handwerk inmitten der Bevölkerung nachgehen würden, die man zu missionieren gedachte.[47] Die Lebensweise, die im schweizerischen St. Chrischona und im »Brüderhaus« in Jerusalem gepflegt wurde, ähnelte zwar frappierend Schneiders Ideen, doch die zeitliche Distanz zwischen der Existenz des »Brüderhauses« und Schneiders Projekten sowie die Tatsache, dass an der Spitze der protestantischen Einrichtung kein Geistlicher als Leiter stand, stellen die Behauptung in Frage, es sei möglich, dass Schneider auch durch Spittler beeinflusst worden sei. Dennoch und obgleich Spittler und sein Werk in den katholischen Quellen keinerlei Erwähnung finden, wohl auch, weil sie Schneiders Initiative um dreißig Jahre vorausgingen, fällt es schwer, die Analogie der Ziele und Wege (›Mission in der Stille‹) ganz außer Acht zu lassen, wie sie für die katholischen Einrichtungen Schneiders definiert wurden:

> »Das gute Beispiel eines echt christlichen Lebens, die Arbeitsamkeit nicht aus Eigennutz, sondern für einen höheren Zweck, die Anleitung junger Eingeborener zu solcher Thätigkeit, manche Hülfeleistung und der nothwendige menschliche Verkehr – dies alles inmitten der armen verblendeten Nichtchristen und Muhamedaner ist unstreitig eine wirksame Vorbereitung zur Annäherung der Ungläubigen an Christen, ein mächtiger Hebel zur Abschwächung des Fanatismus und somit eine Stärkung für das in einem Missionslande sich mehr und mehr festsetzende Christentum.«[48]

»Warum übersieht man vollständig die deutschen Katholiken im Heiligen Lande?« Schneider wird nach Alexandria ausgewiesen

Genoss Schneider in den ersten beiden Jahren seines Wirkens noch das Wohlwollen und sogar die Unterstützung der obersten katholischen Re-

46 Zu Spittler und seinen »Jerusalemer« Unternehmungen siehe Carmel, Christen; ders., Spittler; Sinno, Interessen, 45-55; Lückhoff, Anglikaner, 165-190.

47 Blaser, Mission, haupts. 134-135 u. Anm. 30; Foerster, Spittler.

48 Verhältniße in Jerusalem, 97-98; siehe Schick, Autobiographie, 16-20; Carmel, Schick, 121-123; Goren, Schick; Sinno, Interessen, 48-50 und haupts. Foerster, Spittler.

präsentanten in Jerusalem, so schlug diese Haltung 1878 in vollkommene Ablehnung um und ließ das katholische Establishment konkrete Schritte gegen Schneider und dessen Initiativen ergreifen. Denn sowohl der lateinische Patriarch als auch der Kustos der Franziskaner begannen, sich der Absichten Schneiders und des Charakters bewusst zu werden, den dieser seinen Einrichtungen zu verleihen suchte. Sie begriffen, dass er nicht vorhatte, die Vorgehensweise des »Vereins vom Heiligen Grabe« beizubehalten, auch wenn er in dessen Auftrag nach Palästina gekommen war. Wobei es ein wenig Mühe macht, auf Grundlage der Quellen eine Chronologie der Vorgänge zu rekonstruieren, die sich in den zwei Jahren ab Ende 1878 und bis 1880 um Schneider und dessen Projekte rankten. Anscheinend ereigneten sich einiges zum Teil gleichzeitig.

Schneider hatte offenbar nie einen Hehl aus seinem Ziel gemacht, in Palästina Ansiedlungen nach dem Vorbild der Templerkolonien zu errichten, mittels derer (und weiterer Maßnahmen) eine feste Verwurzelung der deutschen Katholiken im Land ermöglicht werden sollte. Zum Beispiel unterbreitete er in einer bestimmten Phase den Franziskanern den Vorschlag, sein Anwesen in Kubeibe zu erwerben, knüpfte dies jedoch an die Bedingung, dessen nationalen deutschen Charakter zu bewahren. Die Franziskaner, die (zumindest nach außen) dem internationalen Charakter ihrer Politik treu bleiben wollten, lehnten unter dieser Bedingung selbstverständlich ab.[49] Von dort war es nur ein kurzer Weg bis zu weiteren Vermutungen ihrerseits: Sollten diese Einrichtungen tatsächlich entstehen, würde der Löwenanteil der Gelder aus Deutschland ihnen zufließen, da die höchste katholische Repräsentanz im Heiligen Land gewiss ein Ohr für die Herzenswünsche der Öffentlichkeit in Deutschland haben würde. Der »Kulturkampf« war gerade erst beendet worden, doch er geriet schnell in Vergessenheit. Die »Maigesetze« waren noch nicht einmal sämtlich außer Kraft gesetzt, doch die Katholiken begannen, wie bereits beschrieben, sich von dem nationalen und sogar nationalistischen Strudel mitreißen zu lassen, der Deutschland seit dem Sieg über Frankreich und der Reichseinigung erfasst hatte. Ja mehr noch,

49 Alonzo, Allemands, 51. Zu einem ähnlichen Fall, ebenfalls charakteristisch für den nationalen Kampf zwischen den Großmächten in Palästina, kam es in der Kreuzfahrerkirche im Dorf Abu Ghosh. Die französische Regierung hatte diese 1873 von den Osmanen erhalten, fand jedoch bis 1901 niemanden, der bereit gewesen wäre, sich dort anzusiedeln. Vor diesem Hintergrund sahen sich die Franzosen massiven Drucks von Seiten der Franziskaner ausgesetzt, die die Kirche übernehmen wollten, welche ihrer eigenen Überlieferung zufolge sich ohnehin schon seit gut einhundert Jahren in ihren Händen befand (Goren, Abu Ghosh, 86-89). Zu den Beziehungen Franziskaner–Franzosen s. Zschokke, Aufschwung, 21-22.

nach Bismarcks Erfolgen auf dem Berliner Kongress des Jahres 1878 begann Deutschland, eine gewichtige Stellung im Osmanischen Reich einzunehmen, während parallel dazu die Nichteinmischungspolitik Bismarcks immer mehr in den Hintergrund trat.[50]

Trotz der Spendengelder, die Schneider vom Verein erhielt, litt er an einem ständigen, alarmierenden Mangel an Geldmitteln, der es ihm unmöglich machte, den Kauf zu tätigen und den Bau voranzutreiben. Das Verhältnis des Vereins zu seiner Person und seinen Projekten war unzweifelhaft ambivalent. Theodor Wilhelm Pingsmann (1832-1905) etwa, Mitglied des Vereins seit dessen Gründung, später Vorstandsmitglied und ab 1877 auch Herausgeber der Vereinszeitschrift,[51] beriet sich wiederholt mit Patriarch Bracco, wie man mit Schneider verfahren solle. Pingsmann, der Herbert Jacob (Jaime) Müller abgelöst hatte, Schneiders wichtigsten Mentor, sah in dem Pater zwar einen zutiefst religiösen Mann, dessen Absichten lauter und gut waren, betrachtete dessen Unternehmungen jedoch als finanzielles Risiko für den Verein, da niemand eine Vorstellung von deren Solidität habe und sie zudem nicht im mindesten den Zielen des Vereins entsprächen. »Unsere Absicht ist es«, schloss Pingsmann, »bereits vor Ort existierende Einrichtungen zu unterstützen, nicht aber solche, bei denen überhaupt nicht klar ist, was dort tatsächlich geschieht«.[52]

Um das Problem zu lösen, machte sich Schneider, der bereits ein weit verzweigtes Netz zur Rekrutierung von Geldern in seiner Heimatregion betrieb,[53] auf eine private Spendensammelreise durch Deutschland. Dazu bat er nicht den Kustos, sondern den Vorsteher seines Klosters in Schlesien um Erlaubnis, der zu jenem Zeitpunkt noch immer im Exil in in den Niederlanden saß. Im Herbst 1878 reiste Schneider per Schiff nach Marseille und von dort weiter nach Aachen, wo er Mitstreiter fand, ehe er seinen Weg in die Niederland fortsetzte. In den Wintermonaten tourte er durch das Rheinland, Westfalen, Schlesien und das ostpreußische Ermland. Überall trat er in der Kutte seines Ordens auf, referierte, predigte und sammelte Spenden. Aus seinen Ansichten machte er dabei nicht den geringsten Hehl, im Gegenteil. Immer wieder wandte er sich in unumwundener Rede an die patriotischen Gefühle der Katholiken, ihre Verbundenheit mit dem Heiligen Land und die Rückkehr der deutschen Christenheit dorthin.

50 Siehe Katholische Deutschland, 76-78; Carmel, Siedlungen, 137-139; Sinno, Interessen, 278-289.

51 Cramer, Jahrhundert, 65-66.

52 Pingsmann an Patriarch Bracco, APL, J5, Q/42, 13.1.1880; Q/43, 11.4.1879; Q/44, 4.7.1878. Siehe auch die Erörterung bei Preisner, Schneider, 101-102.

53 Ebd., 102-107.

Dies schien ihm der beste und effektivste Weg, die Meinung der Öffentlichkeit zu wecken und ihre Taschen zu öffnen. Wiederholt übte er scharfe Kritik am Mangel an Patriotismus, den seiner Meinung nach der »Verein vom Heiligen Grabe« an den Tag lege. Diese Kritik indes hatte auch einen unmittelbaren Grund, da die Gelder, die Schneider in Deutschland zu sammeln vermochte, nicht ausreichten, insbesondere nicht für den Unterhalt und Ausbau des Zentrums in Jerusalem. Aus diesem Grund flehte er den Verein regelrecht um eine Unterstützung in Höhe von 2.000 Mark an, kein besonders großer Betrag mithin. Doch die Vorstandsmitglieder hielten an ihrer Politik fest, die sie als vorsichtig beschrieben, und erhörten Schneiders eindringliche Bitte nicht, obgleich sie eingestanden, dass dessen Reden und Predigten geholfen hätten, den Spendenfluss in ihre eigene Kasse zu verstärken.[54] Das Ergebnis all dessen war klar. Der Bruch zwischen ihm und dem Verein, insbesondere zwischen ihm und dem Vorstand, vertiefte sich, so dass Schneider bewusst davon absah, der Vereinszentrale in Köln einen Besuch abzustatten. Von da an findet man seinen Namen nicht mehr auf den Seiten von *Das Heilige Land*. Das wichtigste, mit Palästina in Verbindung stehende Presseorgan sollte ihm fortan verschlossen bleiben. Nach Jerusalem kehrte er zu Ostern 1879 mit dem festen Vorsatz zurück, so behaupten die Quellen, seine jungen Einrichtungen weiter auszubauen und zu fördern.[55]

Doch war dies tatsächlich der Fall? Im Laufe seines Aufenthalts in Deutschland hatte Schneider einige Schritte unternommen, die sich einzig und allein damit erklären lassen, dass er sich der Schwere des Problems, das in seinen Beziehungen zu dem Patriarchen, dem Kustos und dem »Verein vom Heiligen Grabe« entstanden war, und dessen möglichen Auswirkungen wohl bewusst war. Der Patriarch und der Kustos wurden, wie bereits erwähnt, von der Sorge getrieben, eine Entwicklung von Schneiders Projekten in die Richtung, die er plante, könnte zum Verlust einer Geldquelle von höchstem Stellenwert führen, weshalb sie begannen, gegen ihn zu intrigieren. Aus den Quellen ist nicht klar ersichtlich, wann genau dies geschah. Erste Folge des von ihnen ausgeübten Drucks war die Einstellung der Zahlungen des »Vereins vom Heiligen Grabe« an Schneider, und dies zu einem Zeitpunkt, da er sich mitten in den Bautätigkeiten in Jerusalem befand und höchstwahrscheinlich noch nicht einmal alle Zahlungen für das von ihm erworbene Grundstück geleistet hatte.

54 APL, J5, Q/43, 11.4.1879; Preisner, Schneider, 107-109.

55 Schneider, Pionier, 10-11; Katholische Deutschland, 78; Schmitz, Deutschtum, 12-13; Cramer, Jahrhundert, 17-18, 25-26.

Doch der eigentliche Schlag sollte ihn nach seiner Rückkehr nach Palästina zu Ostern 1879 treffen, als die unverhohlenen Bemühungen, ihn aus Jerusalem zu vertreiben, begannen Früchte zu tragen. Es waren vor allem Frankreich und sein Konsul, Salvatore Patrimonio (1836-?, Konsul in den Jahren 1873-1881), die wiederholt Schneiders Ausweisung forderten.[56] Derjenige Staat, der für sich das Protektorat über sämtliche katholischen Einrichtungen in Palästina beanspruchte, wollte nicht seinen ärgsten Konkurrenten in Europa, der gerade Anstalten machte, die Führungsposition unter den Nationen des alten Kontinents einzunehmen, auch im Heiligen Land zu Machtbasen kommen sehen. Eine derartige Entwicklung hätte unweigerlich eine Reduzierung des französischen Ansehens und Einflusses nach sich gezogen, die auch so schon einen Niedergang erfuhren aufgrund der französischen Annäherungspolitik an Russland. Man schrieb das Jahr des Berliner Kongresses, jener diplomatischen Initiative, die dem Russisch-Türkischen Krieg ein Ende bereitet hatte, was Bismarcks Renommee und Deutschlands Ansehen im Orient in bis dato ungekannte Höhen schnellen ließ. Zwar nennen die Quellen nicht ausdrücklich die beiden obersten katholischen Kleriker in Jerusalem als diejenigen, die an dem Druck beteiligt waren, doch kann kein Zweifel bestehen, dass sie hinter dem Vorschlag oder der Bitte des Generalministers des Franziskanerordens in Rom standen, Schneider nach Alexandria zu entsenden, um dort für eine begrenzte Zeit den für die deutsche Gemeinde Verantwortlichen abzulösen, der gezwungen war, einen Genesungsurlaub in der Heimat anzutreten.

Es spricht einiges dafür, dass Schneider bereits vor seiner Abreise nach Europa von diesem Ränkespiel wusste und sogar annahm, die Aussichten stünden gut, es könnte Früchte tragen. Er ergriff daher Maßnahmen, die von seiner Warte aus als äußerst radikal betrachtet werden müssen und für die es faktisch kein Zurück mehr gab. Unmittelbar nach seiner Rückkehr nach Jerusalem wandte er sich an den deutschen Konsul in Jerusalem, Thankmar von Münchhausen (1835-1909, Konsul in den Jahren 1874-1881), und stellte seine Einrichtungen unter deutschen konsularischen Schutz. Die Bedeutung dieses Schrittes war allen beteiligten Seiten klar: Die betreffenden Grundstücke würden zu Deutschland gehören! Nicht zur Kustodie und nicht zum Patriarchat und ganz gewiss nicht zu Frankreich. Es war dies ein fundamental neuer und radikaler Schritt, wie

56 Zu Patrimonio und seiner Amtszeit in Jerusalem siehe Almaliah, Representatives, 8, 64-71, 120-124.

Schneiders Biograph treffend bemerkt: »Bis dahin hatten wir von einem solchen Schritt noch nie etwas gehört.«[57]

Wie erwähnt machte Schneider bei seiner Reise durch Deutschland auch Station in Aachen. Gegen Ende seines Besuches, bereits im Jahre 1879, kehrte er noch einmal dorthin zurück. Nicht klar ist, wann genau und wie der Kontakt zwischen ihm, Schneider, und dem pensionierten hohen Beamten Wilhelm Leopold Janssen (1830-1900) aus dem Städtchen Burtscheid unweit von Aachen zustande kam. Janssen, der Jura an der Universität Bonn studiert hatte, konnte bereits eine lange und wechselvolle Karriere im öffentlichen Dienst der Justiz vorweisen und galt in der Zeit der bismarckschen Kriege sogar als »erwünschte Person« (*persona gratissima*), ungeachtet seines katholischen Glaubens. Während der Kämpfe von 1870/71 hatte er als Assistent des Kanzlers gearbeitet und wurde nach Ende des Krieges abkommandiert, in verschiedenen Funktionen in den Zivilbehörden der Besatzungsmacht im Saarland und in Straßburg zu dienen, um »die Zivilverwaltung in den heimgeholten Gebieten« (von Frankreich, selbstverständlich) zu organisieren. Diese Aufgabe meisterte Janssen mit großem Erfolg, doch 1875, als er zum ersten katholischen Bürgermeister der Stadt Aachen gewählt wurde, nützten ihm all seine Meriten nicht. Die Wahl wurden von Behördenseite nicht anerkannt und Janssen aus dem öffentlichen Dienst in den Ruhestand versetzt. In den verbleibenden fünfundzwanzig Jahren seines Lebens bekleidete er verschiedene Ämter, saß für die Zentrumspartei eine Zeitlang im preußischen Abgeordnetenhaus, war Mitglied des Stadtrates von Burtscheid und ab 1897, aufgrund der Eingemeindung Burtscheids, Mitglied des Rates der Stadt Aachen.[58]

Doch darüber hinaus spricht vieles dafür, dass die beiden letzten Lebensjahrzehnte Janssens vornehmlich im Zeichen deutsch-katholischen Wirkens im Heiligen Land gestanden haben, dem er das meiste seiner Zeit und Energie opferte. Seine Begegnung mit Schneider führte, offenbar bereits zum Zeitpunkt von Schneiders zweitem Besuch im Frühling 1879, zur Gründung eines in der ersten Phase voluntaristischen und gänzlich nichtoffiziellen Zusammenschlusses, der sich selbst die Bezeichnung »Das Palästinakomitee« verlieh. Es handelte sich dabei allem Anschein nach um eine Gruppe von Leuten, »katholische Aktivisten«, wie sie in

57 Schneider, Pionier, 11.

58 Janssen, Nekrolog; Cramer, Jahrhundert, 98 Anm. 60; Kissling, Kulturkampf, III, 156. Siehe auch die vom Vorstand des »Deutschen Vereins vom Heiligen Land« herausgegebene Trauerannonce, *HL* 45 (1901).

Landrath a. D. Janssen, Vicepräsident, † 16. XII. 1900 – Bankdirektor Elkan, Schatzmeister – Domkapitular Dr. Pingsmann, Schriftführer – Geh. Regierungs-Rath Klein, Vicepräsident – Hütten, Domvikar, II. Schriftführer

des Deutschen Vereins vom hl. Lande.

den Quellen bezeichnet werden, die in ihrer Sichtweise des deutsch-katholischen Interesses in Palästina mit Schneider übereinstimmten.

Schneider seinerseits hatte die – für ihn äußerst dringliche – Notwendigkeit erkannt, in der Heimat eine Körperschaft zu errichten, die ihn und seine Einrichtungen unterstützen, sich an das Akquirieren von Geldern machen und ihm bei seinen zahlreichen Kämpfen Rückendeckung geben würde. Der Vorstand unter Vorsitz Janssens nahm die beiden noch jungen Einrichtungen unter seine Obhut. Parallel dazu suchte man nach einer Organisation, die – und sei es nur formal – das Protektorat über diese übernehmen würde, weshalb man sich an die maltesische Gemeinde wandte.[59] Diese Gemeinde war eine moderne Organisation, der »Souveräne Ritter-Orden vom Hospital des Heiligen Johannes zu Jerusalem, genannt von Rhodos, genannt von Malta«. Er war einer der Folgeorden der Hospitaliter des Mittelalters, die von Palästina aus nach Zypern wanderten, nach Rhodos und Malta, wo sie sich aufhielten, bis Napoleon 1798 die Insel eroberte. Der exterritoriale Sitz des Ordens in seiner Neuauflage war Rom, und seine Aktivitäten konzentrierten sich auf Krankenpflege und Sozialarbeit. Die Angehörigen des Ordens zeichneten sich besonders in der Pflege der Verwundeten jener Schlachten aus, in denen Preußen Dänemark besiegte (1864), Österreich-Ungarn (1866) und Frankreich (1870). Anzunehmen ist, dass Janssen sich an den rheinisch-westfälischen Zweig dieser modernen katholischen Organisation wandte.[60] Erwähnenswert ist, dass der evangelische Nachfolgeorden, die »Balley Brandenburg des Ritterlichen Ordens Sankt Johannis vom Spital zu Jerusalem, genannt Johanniterorden«, bereits seit 1858 in Palästina tätig war, nachdem er auf Empfehlung König Friedrich Wilhelms IV. die Leitung des preußischen Hospizes in Jerusalem übertragen bekommen hatte.[61]

Wie aber kamen Schneider und Janssen auf die Idee, die Besitzungen unter die Obhut des Ordens zu stellen? Erstens begann der Malteserorden im Jahre 1867 in Schlesien tätig zu werden, zeitgleich mithin zu Schneiders Wirken für den »Verein vom Heiligen Grabe« dort, und zweitens hatten einige der Ordensmitglieder auch in den von Schneider gegründeten Krankenhäusern gearbeitet.[62] Bei seiner Ankunft in Jerusalem hatte Schneider zudem enge freundschaftliche Kontakte zu dem österreichischen Konsul geknüpft, dem Grafen Bernard von Caboga-Cerva (1823-1882, amtierte in den Jahren 1867 bis 1882 in Jerusalem). Über die freundschaftliche Verbundenheit hinaus leitete beide Männer jedoch offenbar auch ein gemeinsames Interesse. Caboga, der mit dem Bau des österreichischen Hospitals in Tantur beschäftigt war, versuchte ebenfalls, sich aus der Umklammerung der katholischen Nomenklatur in Palästina zu befreien, und wollte zudem den Franzosen beweisen, dass es noch

59 Janssen, Nekrolog, 39-40.

60 Zweyl, Malteser, 75-76, 92-95; Stransky, Tantur, 267-268. Zur Geschichte des Ordens siehe Karmon, Johanniter.

61 Sinno, Interessen, 143-144; Krüger, Rom, 64-66, 68-69. Zum Hospiz und seinem ersten Leiter Gustav Thiel siehe Eisler, Kolonisten.

62 Schalscha, Verein.

weitere katholische Mächte gab, die in Jerusalem aktiv waren.[63] Caboga war auch langjähriges und stolzes Mitglied im Malteserorden. Er pflegte in seinen Ordensmantel gekleidet aufzutreten, und alle seine Handlungen waren von doppelter Loyalität bestimmt, sowohl gegenüber dem österreichischen Kaiser als auch gegenüber dem Orden.[64] So waren es die Malteser, wahrscheinlich angeregt durch Caboga, die Schneider Anfang 1878 in den Sinn kamen, als seine finanzielle Lage nahezu aussichtslos schien. Es macht den Eindruck, schrieb Pingsmann zu jenem Zeitpunkt an Bracco, dass sie sich des Werks bemächtigen wollten.[65] Im darauf folgenden Jahr verfasste Caboga ein Memorandum, in dem er feststellte, die einzige Möglichkeit für eine Fortexistenz der Einrichtungen Schneiders in Jerusalem sei deren Übergabe an die Malteserritter. Ein weiteres Jahr verging, und Pingsmann schrieb, diesmal unverkennbar mit ein wenig Schadenfreude, an Bracco, dass die Malteserritter bis jetzt noch nichts für Schneiders Projekte getan hätten und es auch nicht den Anschein habe, dass sie künftig etwas zu deren Gunsten unternehmen würden.[66]

Bereits 1879 jedoch unternahm Janssen einen einschneidenden formalen Schritt und ließ sich als Eigentümer der beiden Grundstücke in Jerusalem und Kubeibe eintragen.[67] Schneider, der ohne jeden Zweifel hinter dieser Übertragung stand, stellte damit erneut und unmissverständlich seine Absicht klar, die Besonderheit und den Charakter seiner Einrichtungen zu wahren und diese nicht unter die Patronage einer der im Land existierenden religiösen Körperschaften zu stellen. Doch die Übertragung hatte noch eine weitere Bedeutung: Sie entzog die Besitzungen der Kontrolle oder Patronage des »Vereins vom Heiligen Grabe«. In der Tat, der Pater, der seit nunmehr fünfzehn Jahren aktives und prominentes Mitglied des Vereins gewesen war, von diesem nach Palästina entsandt worden war und für diesen seine Grundstückskäufe getätigt hatte, vollzog hiermit einen radikalen Schritt, der ihn für immer von dem Verein entfernte. Denn dies war das Fanal für einen offensichtlichen und kompro-

63 Eliav, Österreich, 65, 70-71, 241-243; Stransky, Tantur, 267-268; Karmon, Johanniter, 195.

64 Zweyl, Malteser, 78-82; Twickel, Malteser, 487-488; Breicha-Vauthier, Österreich, 68-73; Stransky, Tantur, 268-269.

65 Pingsmann an den Patriarchen Bracco, APL, J5, Q/42, 4.7.1878.

66 APL, J5, Q/43, 11.4.1879; Q/44, 13.1.1880.

67 Ein Teil der Fläche war noch 1898 auf seinen Namen eingetragen: Deutscher Verein vom Heiligen Land, Außenministerium, 619, ISA, 244, 26.2.1898; Bericht von Friedrich Rosen, dem deutschen Konsul in Jerusalem, über den Besitz des Heiliglandvereins, ISA 305, 1899; Konsul Schmidt an den Gouverneur von Jerusalem (auf Französisch), ISA 267, 12.10.1901.

misslosen Feldzug, den Schneider gegen den »Verein vom Heiligen Grabe« und dessen Politik zu führen begann. Die Diskussion indes brach erst in voller Intensität nach seiner Versetzung nach Ägypten aus.

Schneider traf im November in Alexandria mit der erklärten Hoffnung ein, so schnell als möglich nach Palästina zurückkehren zu können. Ein Beleg dafür lässt sich darin finden, dass er keinen Nachfolger ernannte, den österreichischen Konsul als seinen Repräsentanten in Jerusalem zurückließ und seine Einrichtungen fortan auf schriftlichem Wege überwachte. Doch der Aufenthalt in Alexandria zog sich hin, und Schneiders Hoffnung, schon bald nach Jerusalem zurückzukehren, schwand. Als er erkennen musste, dass er nicht in seine vorherige Position zurückbeordert werden würde, legte er alle Hemmungen ab und erklärte dem »Verein vom Heiligen Grabe« den offenen Krieg. Eine der Quellen bemüht sogar den Ausdruck »Kreuzzug«.[68] Hatte er sich bislang auf mündliche Äußerungen beschränkt, die nur eine begrenzte Anzahl von Ohrenzeugen erreichten, so begann er nun, sich auch an die Presse zu wenden. Sein Kampf drehte sich um ein einziges Thema, ein Prinzip, bei dem er zu keinerlei Zugeständnissen bereit war: Die Schaffung einer deutsch-katholischen Präsenz in Palästina und das Recht, ja sogar die Pflicht, die allen Katholiken in den Staaten Deutschlands obliege, für die Umsetzung dieses Zieles einzutreten. Immer wieder brachte er das Thema in die Schlagzeilen, erzählte von seinen Unternehmungen vor Ort und predigte in mündlicher oder schriftlicher Form von jeder Bühne, die sich ihm bot. Dabei verstand er die national-patriotische Stimmung wohl zu nutzen, die sich nach dem Ende des »Kulturkampfes« unter den Katholiken in Deutschland auszubreiten begann. Das natürliche Sprachrohr für seine Kampagne, die Zeitschrift des »Vereins vom Heiligen Grabe«, stand ihm naturgemäß nicht mehr zur Verfügung. Daher wandte sich Schneider an die katholische Presse und veröffentlichte in ihr im April 1880 seine Sendschreiben. In einem Artikel etwa beschuldigte er den Verein der vorsätzlichen Diskriminierung der von ihm in Jerusalem gegründeten Einrichtung, deren Definition als »industrielles Unternehmen« dazu geführt habe, dass sie aus dem Rahmen der Einrichtungen, die nach der Vereinssatzung unterstützungswürdig waren, herausgefallen sei. Aber was sei schlecht an der Tatsache, dass junge Deutsche auch für ihren Lebensunterhalt arbeiten wollten und nicht bereit seien, nur auf Spendengelder zu vertrauen? In Wahrheit sei es so, dass die Leitung und Führung der Einrichtung in den Händen eines Geistlichen lägen, der seinem Glauben gemäß handele, weshalb die Einrichtung in nichts einem Industrieunter-

68 Schmitz, Deutschtum, 14.

nehmen ähnle. Sie sei vielmehr definiert als »Missionsgemeinde deutscher Laien« und ihr Ziel nicht bloße Gewinnmaximierung. Schließlich stünden auch die »Sionsschwestern« und das Waisenhaus in Bethlehem in enger Verbindung zu Fertigungsbetrieben und Ratisbonne habe eine landwirtschaftliche Farm im Kloster »St. Johannes im Gebirge« errichtet, die seine Einrichtungen in Jerusalem mit Lebensmitteln versorge. Doch all diese unterstütze der Verein mit beträchtlichen Summen.[69] Schneiders emphatischer Aufruf, der oft zitiert werden sollte, wurde hingegen in einer anderen Zeitung veröffentlicht:

> »*Warum übersieht man vollständig die deutschen Katholiken im Heiligen Lande und macht es ihnen somit zur Unmöglichkeit in irgend einer Weise sich da an den Aufgaben zur Christianisierung des Landes oder zur Stütze der bestehenden katholischen Anstalten betheiligen zu können?* Warum wird ausschließlich das bedeutende deutsche Almosen unabänderlich auch jetzt noch nur den verschiedensten katholischen Instituten *anderer* Nationalität übergeben, bei denen der deutsche Katholik einmal nicht Zugehörigkeit und nöthigen engern Anschluß finden kann? […] Die Ursache einer im Vergleich zu anderen Nationen so eigentümlichen Verwendung *deutschen* Almosens, es gleichsam wie eine Weihrauchwolke dem Herrn hinopfernd, mit Verzichtleistung auf jede Spur eines nationalen Andenkens und die Vorenthaltung desselben für jeden guten Zweck, falls er durch *Deutsche* ausgeführt werden soll; ist gewiß zumeist auch darin anzunehmen, *daß die neuesten Zustände in Palästina an maßgebenden Stellen in Deutschland nicht vollkommen genug gekannt sein dürften* …«[70]

Tatsächlich sei es an dem Verein, sich selbst der neuen Realität anzupassen. In der gegenwärtigen Lage sei das deutsche Engagement bestimmt, gewiss bald in Vergessenheit zu geraten, denn:

> »Nebenströme verlieren sofort ihren Namen, sobald sie vom Hauptstrome aufgenommen sind, und man kennt sie nicht mehr, man spricht nicht mehr von ihnen, sie sind vergessen. So geht es mit den Strömen

69 Schreiben Schneiders, *Deutsche Reichszeitung* 9/112 (24.4.1880), 2-3.
70 Schneider, Wort, 131-132. Schneiders Originaltext wurde in der Wochenzeitung *Leo, Sonntagsblatt für das katholische Volk* 17, 1880, veröffentlicht, erschien dann mit wenigen Änderungen in *Das Heilige Land* (Unternehmen Schneider, 13) und fand von dort, wiederum mit einigen Abänderungen, Eingang in spätere Forschungsarbeiten wie etwa: Katholische Deutschland, 78; Sinno, Interessen, 207-208; Schmitz, Deutschtum, 13. Siehe auch die Erörterung bei Preisner, Schneider, 111-115.

deutscher Almosen und Liebesgaben für das Heilige Land, nachdem sie hier in den französischen und italienischen Hauptstrom eingelaufen sind.«[71]

In dem langen Artikel nimmt Schneider etliche Einschätzungen vor, die ihren Ursprung in seiner Skepsis bezüglich der Präsenz und des Wirkens der deutschen Katholiken in Palästina haben, für die Gegenwart wie für die Zukunft. Unter den gegenwärtigen, derart elenden Bedingungen sei es besser, dass jeder katholische Deutsche Palästina verlasse oder erst gar nicht dorthin gelangte. Es gäbe niemanden, der einem deutschen Pilger helfen würde, weshalb dieser sich nicht eingewöhnen könne, wenn er nicht vermögend sei. Die wenigen deutschen Katholiken, die für andere in Palästina arbeiteten, seien schon nicht mehr als Deutsche anzusehen.

Dabei seien den deutschen Katholiken, nach Meinung Schneiders, einige Sonderaufgaben in Palästina bestimmt. Die anderen Gruppierungen und Akteure seien zumeist auf dem Gebiet der Erziehung junger Menschen und Pflege von Kranken tätig und hätten bereits Institutionen errichtet, die diese Bedürfnisse befriedigten. Doch seien sie angewiesen auf Handwerker, die Fertigungsbetriebe errichten und betreiben würden wie Kornmühlen, Backstuben, Schlossereien, Tischlereien und Buchbindereien. In all diesen Dingen seien die Katholiken heute von den Protestanten abhängig. Zudem könnten die deutschen Katholiken in weitere Bereiche vordringen, in denen das katholische Wirken noch begrenzt sei, wie zum Beispiel die Errichtung von Musterkolonien, die Anhebung des landwirtschaftlichen Niveaus in Palästina oder die Gründung von Hospizen für Alte und Witwen. Letztendlich, so schreibt Schneider, würde die Förderung der deutsch-katholischen Einrichtung in Jerusalem zur Verwirklichung von drei Zielen führen:

»Einmal das Verbleiben bei auskömmlich gesicherter Existenz einer mäßigen Anzahl deutscher Katholiken, dann ein Einigungspunkt, ein nationales Haus […] Zum zweiten würde den katholischen Anstalten durch die von braven, katholischen Handwerkern geleisteten Arbeiten ihr Bedarf an materiellen und industriellen Sachen gewiß billiger kommen, wie es auch dem Missionszwecke entsprechender sein würde […] überdies würde *auch das gute Beispiel deutscher Arbeitsamkeit auf die Eingeborenen wirken und manche Knaben würden in die Lehre genommen.* Zuletzt würde eben eine Institution dasein, die neben den vielen Anstalten anderer auch die Katholiken deutscher Länder oder die deutsche Nation sichtbar und im heiligen Lande praktisch mitthätig

71 Ebd.

representierte und an einem solchen Centralorte wie Jerusalem [...] würde auch das Katholische Deutschland nicht ferner ungekannt bleiben.«

Schneiders Kritik war mithin in allererster Linie gegen die, wie er es bezeichnete, »unpatriotische Politik« des Vereins gerichtet. Der Hauptgrund für diese Kritik war die Weigerung des Vorstands, weiter Mittel zur Förderung von Schneiders Projekten zur Verfügung zu stellen, die er als deutsch in jeder Beziehung betrachtete. Das Stellen seiner Einrichtungen unter konsularischen Schutz und ihre Überschreibung an das »Palästinakomitee« fügen sich gut in diese Kritik ein. Entsprechend wandte sich Schneider auch weiterhin mehrfach an den Verein mit der Forderung nach einer Finanzierung seiner Einrichtungen, um sich dann über die zögerliche und abschlägige Reaktion auf seine Vorschläge zu praktischem deutschen Handeln zu beklagen.

Die umgehende Antwort erfolgte auf den Seiten der Vereinszeitschrift, in einem elaborierten Artikel, der die Überschrift »Das Unternehmen des P. Ladislaus Schneider und der Verein vom h. Grabe« trug und hinter dem selbstverständlich der Vorstand stand.[72] Darin wurde unmissverständlich festgestellt, dass Projekte wie die Schneiders vollkommen außerhalb der Mittel und Ziele des Vereins stünden, dessen Hauptziel ja, laut Satzung, das Wirken zugunsten katholisch-christlicher Missionsanstrengungen allgemein sei und bleiben werde. Der Verein sei ausdrücklich nicht darauf ausgerichtet, für nationale deutsche Interessen einzutreten. Schneider, so der Artikel, habe unnötige Risiken auf sich genommen. Er habe es nicht verstanden, im Vorhinein die finanzielle Last des Erwerbs, der Errichtung und Unterhaltung seiner Einrichtungen abzuschätzen, habe nicht um die tatsächlichen, komplizierten und schwierigen Bedingungen im Lande gewusst und Aufgaben übernommen, die über seine Kräften gingen. Der Verein sei es, der nun in die Bresche springen und ihm Einhalt gebieten müsse. Ja mehr noch, Schneider selbst habe seine Absichten nicht zu definieren verstanden. Anfangs habe er seine Initiative als »deutsches Colonisierungsprojekt« definiert, dann als »deutsches Hospiz« und schließlich, in letzter Zeit, als »Missionsverein der deutschen Laien«. In dem Artikel waren längere Zitate aus Schneiders Briefen angeführt, in denen sich jene Passagen hervorgehoben fanden, die dem Vorstand von Bedeutung schienen und als wichtig oder absurd angesehen wurden. Die eindeutige, aus dem Artikel sich ergebende Schlussfolgerung lautete, dass die Mittel des Vereins auch weiterhin allen

72 Unternehmen Schneider.

Katholiken zukommen müssten und der Blickwinkel des Vereins ein allgemein christlicher zu sein habe. Mithin würde der Verein auch künftig seine Mittel bereits bestehenden Einrichtungen und Organisationen zukommen lassen. Der Gedanke einer deutschen Kolonisierung jedoch weiche von den Zielen des Vereins ab, gar nicht davon zu sprechen, dass die Mittel zu ihrer Realisierung das Vermögen des Vereins bei weitem überstiegen. Der Artikel endet mit der Zusicherung, sollte Schneider die Idee der Besiedlung aufgeben und sich der Missionsarbeit in einem der existenten Rahmen zuwenden, dann werde ihn der Verein auch wieder mit ganzem Herzen unterstützen. Die Angelegenheit indes sollte den Vorstand auch weiterhin beschäftigen und auf seinen Sitzungen Gegenstand der Erörterungen sein, was auch in dem Briefwechsel zwischen Pingsmann und Patriarch Bracco zum Ausdruck kommt.[73] So wurde zum Beispiel am 15. November 1879 beschlossen, dass der Vorstand an seiner bisherigen Haltung in Bezug auf die Unternehmungen Schneiders festhalten sollte.[74]

An dieser Einstellung war nichts Neues. Bereits 1878, als sich Schneider noch in der Anfangsphase seiner Aktivitäten in Jerusalem befand, veröffentlichte Pingsmann, zum damaligen Zeitpunkt Chefredakteur der Vereinszeitschrift, einen Artikel, der die unterschiedlichen Wege erörterte, das Bewusstsein für Palästina unter den Katholiken allgemein und nicht nur in Deutschland zu stärken, in dem er dazu aufrief, die Mittel aufzustocken, die für den Unterhalt sämtlicher kirchlicher Einrichtungen an den heiligen Stätten angewiesen würden. Dabei nahm er ausdrücklich nicht auf den deutschen Charakter dieser Einrichtungen Bezug.[75]

Um den Standpunkt des Vereins zu untermauern, zitierte man zudem aus dem Schreiben des Jerusalemer Patriarchen Bracco vom 8. Februar 1880, in dem dieser unmissverständlich schrieb:

> »*Meines Erachtens, ist es nicht Aufgabe des Vereins vom h. Grabe, an diesem Colonisations-Projecte activen Antheil zu nehmen.* Die Colonie ist nämlich ihrer Natur nach ein industrielles Unternehmen, das freilich im Verlaufe der Zeit indirecter Weise für die Mission von einigem Nutzen sein wird, der Verein vom h. Grabe hat jedoch die *directe unmittelbare Förderung* der religiösen Interessen in Palästina zum Ziele. Darum halte ich es nicht für thunlich, der Colonie materiellen Zu-

73 Pingsmann an Patriarch Bracco, APL, J5, Q/42, 13.1.1880; Q/43, 11.4.1979; Q/44, 4.7.1878.

74 Protokolle, 5.11.1879.

75 Pingsmann, Interesse.

schuß aus den Mitteln des Vereins zu leisten [...] *Der Vorstand des Vereins hat nun genau dieses Verfahren inne gehalten, und ich glaube, er kann auch in Zukunft so handeln.*«[76]

Die Einmischung des Patriarchen in die Aktivitäten des »Vereins vom Heiligen Grabe«, insbesondere in der Frage der Bestimmung von Geldern für Einrichtungen von deutschnationalem Charakter, resultierte höchstwahrscheinlich aus seiner Furcht vor einer drastischen Reduzierung des Umfangs der Zahlungen, die jedes Jahr an ihn flossen. Denn das katholische Deutschland hat sich als reicher, konstanter und verlässlicher Quell finanzieller Unterstützung erwiesen, und dies beinahe ohne jegliche damit einhergehenden Bedingungen und Auflagen. Diese Beträge verschafften dem Patriarchen zusätzliche Macht, unter anderem in seinem Kampf mit den Franziskanern, denen im Unterschied zu ihm auch andere Gelder zur Verfügung standen. Selbstverständlich konnte der Patriarch nicht die nationale Stimmung ignorieren, die auch unter den Katholiken in Deutschland herrschte, ebenso wenig wie den schwindenden Einfluss Roms auf diese, weshalb er sich mit allem Nachdruck gegen die Bestrebungen deutscher Katholiken zu faktischem Handeln und der Errichtung eigener Institutionen innerhalb seines Einflussbereiches verwahrte.

Der Vereinsvorstand vollzog auch einen praktischen Schritt, indem er sich an den Generalminister des Franziskanerordens in Rom mit der Bitte wandte, man möge doch Schneider verbieten, Spenden zu sammeln. Natürlich war die Befürchtung, diese könnten zu Lasten des Vereins erfolgen, da beide – Schneiders »Palästinakomitee« und der »Verein vom Heiligen Grabe« – sich an ein und dieselbe Zielgruppe wandten. Schneider reagierte, indem er der Ordensspitze gegenüber seine Schritte verdeutlichte, und tatsächlich hören wir nichts von einem derartigen Verbot. Tatsache ist jedoch auch, dass Schneider aufhörte, selbst Spenden einzuwerben, und diese Aufgabe auf die Mitglieder seines »Palästinakomitees« in Aachen überging. In Schneiders mit einiger zeitlicher Distanz verfasster Biographie wird zudem behauptet, just zu jenem Zeitpunkt sei der Schatzmeister des Vereins verschieden, »Schneiders Mann« im Vorstand, der ihn und seine Unternehmungen stets unterstützt hatte, und dessen Nachfolger habe sich weniger wohlgesinnt gezeigt. Allerdings fungiert der Kaufmann Carl Josef Schmitz-Leven (gest. 1891) als Schatzmeister des Vereins von dessen Gründung bis zu seinem Tod, weshalb die Bemerkung von Schneiders Biograph missver-

76 Unternehmen Schneider, 65.

ständlich ist.[77] Doch wie auch immer, faktisch waren Schneider fortan alle Agitationsmöglichkeiten versperrt. In der Folge zog er sich fast völlig von der öffentlichen Bühne zurück und überließ diese den Mitgliedern des »Palästinakomitees« und vor allem Janssen.

Missionar in Ägypten und Priester in Schlesien

Die Versetzung Schneiders nach Ägypten erreichte ihr Ziel. Er wurde physisch von seinen Projekten abgeschnitten, und die räumliche Distanz, die verstreichende Zeit und der mit seiner neuen Stelle verbundene erhebliche Arbeitsaufwand taten das ihre. Zwar veröffentlichte er in den Jahren 1880/81 seine Artikel und Sendschreiben gegen den Verein, doch das Wissen, dass er nicht nach Palästina würde zurückkehren können, und die Erkenntnis, welche Schwierigkeiten es bereitete, seine Einrichtungen auf schriftlichem Wege und mittels Repräsentanten zu leiten, machten Schneider klar, dass das Kapitel Jerusalem in seinem Leben zu einem unerwartet schnellen Ende gelangt war. Daher begann er, sich in die Arbeit in seiner neuen Gemeinde in Alexandria zu stürzen, die rund dreihundert Mitglieder stark war und aus Deutschen und Polen gebildet wurde.[78]

Bald kamen die Jahre 1881-1882 und ihre Wirren: der Volksaufstand unter Führung Ahmad Urabi Paschas, der im September 1881 ausbrach und Höhepunkt einer nationalen Erhebung in Ägypten war, die bereits zwei Jahre zuvor begonnen hatte. Der Aufstand wird in einigen Quellen auch als »Geburtsstunde der antikolonialen Befreiungsbewegung Ägyptens« bezeichnet,[79] da in seiner Folge im Februar 1882 eine nationalistische Regierung errichtet wurde, in der Urabi Pascha als Kriegsminister diente. Der Konflikt eskalierte, als französische und britische Kriegsschiffe vor der ägyptischen Küste auftauchten und in Alexandria im Juni jenen Jahres Unruhen ausbrachen, in deren Verlauf die Menge rund vierzig Europäer lynchte. Die englische Flotte belegte die Stadt daraufhin

77 Schneider, Pionier, 12; Cramer, Jahrhundert, 22. Gemeint ist selbstverständlich Herbert Jacob Müller, der Herausgeber der Zeitschrift war, an verschiedenen Stellen jedoch irrtümlicherweise auch als »Schatzmeister« auftaucht (Preisner, Schneider, 101 Anm. 135).

78 Für eine detaillierte Darstellung zu Schneiders Wirken in Alexandria siehe Preisner, Schneider, 115-117.

79 Rathmann, Arabi, 5. Diese Studie wurde 1967 vor der Berliner Akademie der Wissenschaften vorgestellt und 1968 veröffentlicht, auf dem Höhepunkt der Beziehungen mithin zwischen der DDR und Ägypten.

mit schwerem Geschützfeuer, das zu einer Vielzahl von Bränden und der Plünderung der Stadt durch die Ägypter selbst führte. Die nachfolgende Landoffensive endete mit der vernichtenden Niederlage Urabis und seiner Armee in der Schlacht von Tel el-Kebir am 13. September und der Kontrolle Englands über Ägypten.[80] Die meisten der christlichen Geistlichen waren gezwungen, die Stadt bereits in einem frühen Stadium der Auseinandersetzungen zu verlassen, und Schneider, der mit den Exilanten am 9. Juli 1882 in Jaffa ankam, beeilte sich, die sich ihm bietende Gelegenheit zu einer Rundreise durch Palästina zu nutzen. Auf seiner Reise wurde er von dem Arzt und Mönch Philip Benitius Wagner begleitet, der in Begriff war, sich Pater Otmar Mayr anzuschließen, seinem Kriegskameraden aus dem Jahre 1870, der bereits seit einem Jahr in Nazareth saß und dort ein Krankenhaus eröffnet hatte. Es liegt nahe, dass Schneider die beiden bayrischen Ordensbrüder bereits zuvor kennengelernt hatte, da sie im Laufe der 70er Jahre im österreichischen Hospital in Tantur gedient hatten, ehe sie dieses infolge heftiger Meinungsverschiedenheiten mit Caboga verließen.[81] Schneider nutzte seinen Aufenthalt in Jerusalem auch, um dem »Palästinakomitee« seine Besitzungen zu übertragen, die fortan auf den Namen Janssens eingetragen waren.

Die Ereignisse des Jahre 1882 und Schneiders Engagement hernach führten offenbar zu einer »Reinwaschung« seines Namens und einer Erneuerung seiner Kontakte zum »Verein vom Heiligen Grabe«. Den Anfang machten seine Berichte über die Ereignisse in Alexandria, die Ausweisung und die Rundreise durch Palästina, die zunächst in der *Schlesischen Volkszeitung* erschienen und 1882 dann in *Das Heilige Land* nachgedruckt wurden.[82] Mitte jenes Jahres erkannte die Vereinszeitschrift Schneiders Einrichtungen in Palästina bereits wieder als »deutsche Unternehmungen« an und rief in einem langen und elaborierten Artikel ihre Leser sogar auf, diese zu unterstützen und zu entwickeln. Der Gründer dieser Einrichtungen sei »ein Franziskanerpater aus Deutschland, der in Jerusalem ansässig« gewesen sei, wobei dessen Name jedoch nicht genannt wurde.[83] Schon bald begann Schneider wieder, seine Artikel direkt an die Redaktion der Vereinszeitung zu schicken. Im ersten dieser Artikel, einer Art von Kapitulation und Rückkehr ins Glied, überzog Schneider den Verein mit Lobeshymnen, als Schutzengel und Retter der Einrichtungen der Deutschen in Alexandria, denen einzig und allein aus dieser Quelle

80 Ebd.; Anderson, Eastern Question, 243-245.

81 Schwake, Hospital, 282-283; Preisner, Schneider, 118-120. Siehe auch S. 395-399.

82 Schneider, Schicksale.

83 Verhältniße in Jerusalem, 95.

Hilfe zuteil geworden sei. »Unsere hiesige Schule hat bis jetzt nur noch allein auf den h. Grabes-Verein mit ganzer und vollster Dankbarkeit als auf unseren Schutzengel und Retter hinzublicken; denn nirgends sonst woher kam uns die geringste Hülfe zu.«[84]

Schneider kehrte Anfang August nach Alexandria zurück. Zunächst widmete er sich einer Bestandsaufnahme der Schäden, die seiner Gemeinde und den anderen katholischen Einrichtungen in der Stadt im Verlauf der Unruhen entstanden waren, um sich dann der Hilfe für die betroffenen deutschen Familien zuzuwenden. Zu diesem Zweck war er natürlich auf erhebliche finanzielle Mittel angewiesen, deren einzige Quelle der Kölner Verein darstellte. Und tatsächlich findet man Schneider ab 1883 wieder auf der Liste der Spendenempfänger. Bis 1894 erhielt er im Schnitt rund 1.000 Mark jährlich für die deutschen Schulen in Alexandria.[85] Denn im Mai 1883 hatte Schneider auf Verlangen der Familienvorstände und mit Hilfe einer Lehrerin aus Deutschland eine katholische Schule für die Kinder der deutschen Einwohner Alexandrias eröffnet. Zunächst eine eher bescheidene Einrichtung, entwickelte sich die Schule schnell zu einer beachtlichen Lehranstalt, worauf Schneider dafür sorgte, dass die katholische Elternschaft eine Bitte an den Orden der Borromäerinnen richtete, sie mögen kommen und die Leitung und den Betrieb der Schule übernehmen. Und tatsächlich trafen am 30. Juli 1884 die ersten drei Ordensschwestern in Alexandria ein, an ihrer Spitze Schneiders leibliche Schwester Katharina (1837-1923). Dies war der Beginn einer ausgedehnten und viele Jahre währenden Tätigkeit. Die Einrichtung wuchs stetig. 1884 lernten dort 40 Schüler, ein Jahrzehnt später bereits 160 und ein weiteres Jahrzehnt darauf sogar 268 Schüler, ehe im Jahre 1909 die Schülerschaft auf 339 Schüler angewachsen war.[86]

Der Vereinsvorstand hatte mehrere gute Gründe, Schneider und dessen Einrichtungen von neuem anzuerkennen. So konnte man nicht länger sowohl die patriotischen Gefühle ignorieren, die unter den Katholiken in Deutschland aufwallten, als auch das umtriebige »Palästinakomitee«, das begann, in zunehmendem Maße Unterstützer zu gewinnen. Zudem war man sicher beunruhigt über die rapide zurückgegangene Zahl deutscher Katholiken in Jerusalem und deren Stellung. Einem Bericht Patri-

84 *HL* 27 (1883), 229.

85 Schneider, Schicksale, 140-142. Zu Schneider und der Gründung der Schule siehe Türffs, Borromäerinnen, 3-4; Preisner, Schneider, 124-131.

86 Türffs, Borromäerinnen, 3-4; Zur Stiftung Messe; Borromäerinnen Schule; Vierzig Jahre, 5-19; Bericht Alexandrien, 5-8; Dunkel, Katharina; Mann, Borromäerinnen, 113-114; Frauenorden, 65-66; Preisner, Schneider, 124-131.

arch Braccos zufolge zählte die deutsche Gemeinde in der Stadt 1880 noch fünfundzwanzig bis dreißig Mitglieder, war jedoch 1884 auf lediglich fünf Personen zusammengeschrumpft, denn »die Deutschen seien ohne Leitung, da P. Ladislaus die Verwaltungen von Alexandrien aus nicht intensive genug gestalten könne.«[87] Wieder und wieder wurde den Vorstandsmitgliedern zudem das fehlende Bewusstsein für ihre Spendentätigkeit und ihren Anteil am katholischen Wirken im Heiligen Land vor Augen geführt, insbesondere der beinahe vollkommene Mangel an Wertschätzung durch den Vatikan. Diese Ignoranz erreichte 1881 ihren schmerzlichsten Ausdruck, als Papst Leo XIII. in Rom Pingsmann, seines Zeichens Generalsekretär des Vereins, der auf dem Weg nach Palästina war, empfing und bei einer öffentlichen Audienz gestand, er habe nicht das Geringste von den deutschen Zuwendungen an Palästina gewusst: »Das wußte ich nicht, daß auch aus Deutschland so viel für die heiligen Stätten einkommt; daß aus Frankreich und Amerika Unterstützungen fließen, war mir bekannt.«[88]

Die veränderte Einstellung des Vereins kam auch in einem Artikel zum Ausdruck, der 1882 in *Das Heilige Land* erschien und die Schaffung deutsch-katholischer Einrichtungen in Jerusalem rechtfertige, zumindest mit Blick auf deren Notwendigkeit:

> »Wer nur seine Muttersprache kennt, der ist in fremdem Lande, auch wenn er unter tausend Katholiken lebt, die ihn nicht verstehen, doch einsam und verlassen; er sucht als Jemanden, mit dem er sich verständigen kann und es ist gleichgültig, welchem Lande etwa dieser politisch angehört. Von Politik und Nationalitätssucht kann nur in constituirten Staaten die Rede sein, – aber unter einzelnen in fremden Ländern ihre Existenz Suchenden ist Politik gar nicht, auch nicht das Band der Religion, sondern allein das Band der Sprache allein das Maßgebende.«[89]

Dieser wichtige Artikel, der die Aktivitäten der Vergangenheit einer Überprüfung unterzog und die Perspektiven für die Zukunft aus Sicht des Vereins beleuchtete, ist einer genaueren Betrachtung wert, da er einige Sachverhalte aufdeckt, die zuvor noch nicht zutage getreten waren. Der Artikel wurde eindeutig verfasst, um die Errichtung eines deutsch-katholischen Hospizes in Jerusalem zu rechtfertigen. Mit einem Mal hatte sich der Verein die Begrifflichkeiten Schneiders zu eigen gemacht:

87 Cramer, Jahrhundert, 25 u. Anm. 41.

88 Audienz, 65, mit nicht wenigen Änderungen zitiert bei Schmitz, Deutschtum, 14.

89 Verhältniße in Jerusalem, 97.

Die Belegschaft und Einrichtungen der Franziskaner in Palästina hätten ganz natürlich den Charakter ihrer Mutterländer übernommen – Italien, Frankreich und Spanien –, während die Deutschen auf gutkatholischem Weg gehandelt und sich dem allgemeinen Ziel gebeugt hätten. Das österreichische Hospiz sei zwar gut, befriedige aber die Bedürfnisse der Deutschen nicht, die für einen längeren Zeitraum nach Jerusalem kämen, und biete ihnen kein Zentrum, das ihnen helfen würde, sich im Hinblick auf Arbeit und Unterkunft zu organisieren. Daher seien viele der deutschen Katholiken gezwungen, unverrichteter Dinge in ihre Heimat zurückzukehren, und ihre Zahl in Jerusalem sei deshalb unbedeutend geblieben.[90]

Der Artikel rechtfertigte zwar die deutschen Aktivitäten in Jerusalem, enthielt sich jedoch einer Überbetonung, deren nationaler Grundlage. Wiederholt verkündete der Verein entsprechend, sein Ziel sei einzig und allein, bessere Bedingungen für die Kolonisten zu ermöglichen. Der Verfasser des Artikels ging auch auf die Vergangenheit ein, die negative Behandlung Schneiders und seiner Einrichtungen. So behauptete er, Schneiders gesamtes Projekt sei heimlich, ja sogar im Verborgenen erfolgt, da dessen Gründer Angst vor einem Scheitern und den Konsequenzen daraus gehabt hätte. Zwar seien die Ziele von Anfang an klar, der Weg dorthin jedoch mit Schwierigkeiten und Enttäuschungen gepflastert gewesen. Erst jetzt, da eine relative Beständigkeit der beiden kleinen Einrichtungen gegeben sei, sei die Zeit gekommen, sie öffentlich zu machen.[91] So und ähnlich gestalteten sich die sich windenden Versuche der Vereinsführung, ihren Affront gegen Schneider und die eigene Nachgiebigkeit gegenüber den Kirchenoberen in Jerusalem zu rechtfertigen.

Bei ihren Bemühungen, Rechenschaft über das eigene Verhalten abzulegen, bemühte der Vorstand auch jenen deutsch-historischen Kontext, der nachweislich bereits seit Beginn des 19. Jahrhunderts die Herzen der Deutschen ansprach. Gemeint ist selbstverständlich der Anteil, den die Deutschen an den Kreuzzügen hatten, und daher der Versuch des katholischen Verfassers eines Artikels über die protestantischen Missionen in Palästina, einen Vergleich zu ziehen zwischen dem Mittelalter und seiner eigenen Zeit:

> »In den Kreuzzügen zur Befreiung des heiligen Landes sind unsere katholischen Vorfahren hinter den übrigen Nationen nicht zurückgestanden […] Soll denn nicht auch in der Gegenwart wieder eine umfassendere und lebhaftere, allgemeine Betheiligung des katholischen

90 Ebd., 93-95.
91 Ebd., 96.

Deutschlands an dem katholischen Missionswerk in Palästina erwartet werden dürfen? Bisher hat deutsch und protestantisch im Orient fast als ganz identisch gegolten [...] Wäre es nicht an der Zeit, daß auch der *katholische deutsche* Name dort zu Ehren käme!«[92]

Das Hospiz habe dementsprechend genau genommen drei wesentliche Ziele: Es solle Anziehungspunkt für die deutschen Katholiken in Jerusalem und Umgebung sein, solle ein Zentrum darstellen, in dem die neuen Kolonisten wohnen könnten, bis sie ihren Platz im Lande gefunden hätten, und es solle als Zentrum für die Förderung der Mission unter den Einheimischen dienen, vor allem auf dem Wege der Erziehung zur Liebe zur Arbeit und einem Leben in echt katholischem Geiste.

»Die Aufgabe: die orientalischen Völker von Trägheit mehr und mehr zur Arbeitsamkeit zu führen, das Vorurtheil, daß Arbeit entehrend fort zu brechen, ist für die Missionen eine große und nicht bald gelöste; jede Mithülfe hierin kann also nur erwünscht sein.«[93]

In derselben Nummer von *Das Heilige Land* erschien auch Schneiders nur mit seinen Initialen gezeichneter Bericht über das Fest der Heiligen Anna in der ihr geweihten Kirche in Sepphoris, eine Zeremonie, derer bei seiner Rundreise durch Palästina 1882 beigewohnt hatte. Und im sich daran anschließenden Artikel derselben Ausgabe wurden die Missionsanstrengungen der Protestanten im Heiligen Land beschrieben, offenbar um die Katholiken zu ähnlichen Aktivitäten zu bewegen. Am Ende dieses Artikels wurde abermals Schneiders »Glaubensbekenntnis« zitiert, und zwar in dessen Frage: »Wann wird die Zeit kommen, wo auch die deutschen Katholiken im heiligen Lande nicht bloß durch ihre Almosen, wie bisher, sondern auch durch ihre Person und persönliche Wirksamkeit vertreten sein werden?«[94]

Im Herbst 1887, nach vier Jahren Tätigkeit in Palästina und acht Jahren in Ägypten, kehrte Schneider nach Schlesien zurück. Was eigentlich nur der Auftakt eines zeitlich begrenzten Genesungsaufenthalts sein sollte, wurde, durch die herrschenden Umstände erzwungen, aber bald zu einem Dauerzustand. Die Reichsregierung begann in jenem Zeitraum die Klöster zurück in die Obhut der Ordensgemeinschaften zu geben, und diese waren auf zahlreiche Arbeitskräfte angewiesen, um die Klöster zu unterhalten und baulich wiederherzustellen. Dies war ein langwieriger Prozess,

92 Protestantische Mission, 200.
93 Verhältniße in Jerusalem, 100-101.
94 Schneider, Sephoris; Protestantische Mission, 200.

der etliche Jahre in Anspruch nahm, wobei die Lage de facto nie wieder so wurde, wie sie sich zur Blütezeit vor 1872 dargestellt hatte.[95] Schneider wurde gebeten, bei der Errichtung des monumentalen Sakralbaus in Deutsch Piekar behilflich zu sein, und tatsächlich sollte er die Planung und den Bau der neugotischen Kirche mit Kreuzwegstationen und Rosenkranzkapelle auf dem Kalvarienberg bis zu deren Weihung im Jahre 1896 begleiten.[96] Er diente in verschiedenen Funktionen in Klöstern und Gemeinden Schlesiens, ehe er 1903 nach Sankt Annaberg zurückkehrte und seine letzten Lebensjahre dort verbrachte. Nach dem Besuch Kaiser Wilhelms II. im Heiligen Land wurde Schneider ein Orden in Anerkennung seiner Verdienste im Orient verliehen. Er starb 1919 im Alter von 87 Jahren.

In den Jahren seines Wirkens in Schlesien fuhr Schneider fort, Interesse am Geschehen in Palästina zu zeigen und sich nach Kräften für den Verein und seine Sache zu engagieren. So hatte er zum Beispiel Anteil an der Ernennung des Lazaristen Wilhelm Schmidt (1833-1907), den er allem Anschein nach während seines Aufenthalts in Jerusalem kennengelernt hatte, zum Koordinator der Aktivitäten in Palästina. Im Winter 1907/08 war es Schneider vergönnt, seinen Wunsch zu verwirklichen und noch einmal den Orient zu besuchen. In seinem Eintrag vom 4. Januar 1908 im Gästebuch von Kubeibe hat er in aller Kürze sein Eintreffen in Palästina beschrieben, den Erwerb des Anwesens, die Nutzbarmachung der Böden und Errichtung der ersten Gebäude – all jene Arbeiten, die er bis zum Oktober 1879 durchgeführt hatte. Von seiner letzten Reise brachte Schneider einige »archäologische Andenken« mit, die ihm als Grundlage für ein kleines »Palästina-Museum« dienten, welches er in seinem Kloster in Sankt Annaberg einrichtete.

»Palästinakomitee« und »Palästinaverein der Katholiken Deutschlands«, 1879-1895

Janssen und das »Aachener Comité zur Wahrnehmung der Interessen der deutschen Katholiken im h. Land«

Das Komitee in Aachen war noch vor Veröffentlichung von Schneiders flammenden Appellen für ein greifbares deutsch-katholisches Engage-

95 Braunsberger, Ordenswesen, 39-44. Zum Beispiel lebten von den 489 Einrichtungen der Jesuiten, die im Verlauf des »Kulturkampfes« abgeschafft worden waren, nur 296 hernach wieder auf.

96 Preisner, Schneider, 164-170.

ment in Palästina und vor seinen Angriffen gegen den »Verein vom Heiligen Grabe« gegründet worden und selbstverständlich vor dem Ausbruch der großen Kontroverse zwischen ihm und dem Verein. Der Chronologie der Ereignisse ist zu entnehmen, dass Schneider sein Vorgehen zumindest schon kurz vor seiner Reise nach Deutschland geplant hatte. Er bereitete mithin den Boden für das Zerwürfnis zwischen ihm und dem »Verein vom Heiligen Grabe« vor, das er allem Anschein nach voraussah.

Schneider war zweifelsohne derjenige, der für die ursprüngliche Initiative und deren Umsetzung verantwortlich zeichnete. Ebenso muß man ihm den Umschwung in der Haltung des Vereins und in der Vorgehensweise der deutschen Katholiken im Heiligen Land anrechnen. Den weiteren Verlauf jedoch, die Aktionen, die dieser Neuorientierung folgten, sowie das Vorantreiben jener Prozesse, die innerhalb eines Jahrzehnts zur Vereinigung der deutsch-katholischen Vereine und zu umfangreichen Aktivitäten in Palästina führten – all dies ist Janssen zuzuschreiben. Wie bereits erwähnt widmete Janssen in den letzten beiden Jahrzehnten seines Lebens den Großteil seiner Zeit und Energie Palästina und dem praktischen, Fakten schaffenden deutsch-katholischen Engagement dort. Gemeinsam mit Schneider gründete er 1879 das »Aachener Comité zur Wahrnehmung der Interessen der deutschen Katholiken im h. Land«,[97] das noch weitere Mitglieder zählte, die in den Quellen jedoch nicht namentlich genannt werden. Die Quellen lassen sich auch nicht über die Tätigkeit des Komitees in den fünf Jahren seiner Existenz aus. Ja nicht einmal der genaue Name des Komitees ist zweifelsfrei bekannt, da eine spätere Quelle die Bezeichnung »Palästinaverein zur Errichtung deutsch-katholischer Unternehmungen im h. Land und deren Förderung« nennt.[98] Sicher ist, dass das Komitee bestrebt war, Bestehendes zu bewahren, weshalb, wie bereits dargestellt, im Jahre 1882 sogar die im *Tabu* – im osmanischen Grundbuch – auf Schneiders Namen eingetragene Besitzungen auf den Namen Janssens übertragen wurden. Janssen versuchte in der Folge, Körperschaften zu finden, die die Einrichtungen unter ihren Schutz stellen, sie weiterentwickeln und betreiben würden. Sein Erfolg, wie im Weiteren die Darstellung der Geschichte des »Deutsch-katholischen Besitzes vor dem Jaffator« zeigen wird, war relativ begrenzt. Doch Stillstand war nicht nach seinem Geschmack. Anzunehmen ist, dass während dieser »Phase der Ruhe« Janssen seine Stellung als prominentes

97 Diese Bezeichnung habe ich lediglich in einer einzigen Quelle gefunden (Statut PV, 205), mithin offenbar der volle und offizielle Name des Komitees.

98 Karge, Schulen, 18.

Mitglied der Zentrumspartei und Abgeordneter im Parlament des Rheinlandes nutzte, um für seine Sache zu werben und den Boden zu bereiten für sein geplantes Großprojekt: die Errichtung eines nationalen, gesamtdeutschen Vereins, reich an Mitgliedern und Mitteln, der maßgeblich in Palästina tätig werden, eigene Projekte ins Leben rufen und fördern konnte, oder, in seinen eigenen Worten, »einzutreten für die Stärkung deutschen katholischen Wesens auf dem geheiligten Boden Palästinas!«.[99]

Fünf Jahre sollten vergehen, ehe es Janssen gelang, seinen Plan in die Tat umzusetzen. Für diese Phase, in deren Verlauf er sich um den Fortbestand der Einrichtung in Jerusalem sorgen, die Differenzen mit dem »Verein vom Heiligen Grabe« und dem lateinischen Patriarchen aus dem Weg räumen und all jene Kontakte unterhalten musste, die zur Gründung des neuen Vereins führen sollten, konnte bislang so gut wie kein Material ermittelt werden. Im Archiv des Erzbistums Köln, in dem eine Vielzahl von Dokumenten aufbewahrt wird, die den »Verein vom Heiligen Grabe« betreffen, gibt es keinerlei Schriftstücke für die Jahre 1880 bis 1886. Erst 1887 setzt ein Schriftwechsel zwischen Janssen und dem Verein ein,[100] in dessen Gefolge sich auch Dokumente mit Janssens Unterschrift finden. Anscheinend ist auch dieses Fehlen schriftlicher Dokumente ein Beleg für die geringen Aktivitäten in jenem Zeitraum. Dennoch kann dies keine befriedigende Erklärung für die relativ lange Zeit sein, die von der Schaffung des »Aachener Comité« bis zur Gründung des neuen Vereins verstreichen musste.

»Echt katholisch und gut deutsch«
»Der Palästina-Verein der Katholiken Deutschlands« – Gründung, Satzung und Ziele

1884 schließlich gelang Janssen der Durchbruch, womit er zu dem Mann wurde, der »ein großes Bauwerk auf diese kleinen Anfänge stellte«.[101] Er vermochte dreiundsechzig Persönlichkeiten für seine Sache zu gewinnen, Kleriker und Säkulare, Kaufleute, Rechtsanwälte, Verleger und Politiker, die zu den profiliertesten im katholischen Deutschland und der Zentrumspartei zählten. Zu den Prominentesten unter ihnen gehörten der aus Aachen stammende General Graf Alfred von Hompesch-Rurich

99 Aufruf Katholiken, 202.
100 HAEK, CR 22. 11, 1.
101 Janssen, Nekrolog, 40.

(1826-1909), ein katholischer Politiker, Mitbegründer der Konservativ-freiheitlichen Partei im Reichstag und einer von Bismarcks Gefolgsleuten,[102] und Ludwig Windthorst selbst. Da erst beschloss Janssen, den ersten Schritt zu tun: einen Aufruf zur Gründung eines »Palästina-Vereins der Katholiken Deutschlands« in der katholischen Presse zu veröffentlichen.[103]

Janssen entschied sich, seinen Aufruf mit einem Überblick zur Geschichte des Komitees zu beginnen, das gegründet worden war, um Schneiders Unternehmungen zu fördern. Er behauptete, dass jetzt, mehr als sieben Jahre nach ihrer Gründung, diese Einrichtungen bereits gefestigt genug seien und daher zu einer Beteiligung aller Katholiken in Deutschland an ihrem Unterhalt und ihrem Ausbau aufgerufen werden könne. Der Patriarch habe seine Meinung geändert und unterstütze die Projekte, der »Verein vom Heiligen Grabe« spende zu ihren Gunsten und unlängst sei ein Beauftragter des Komitees entsandt worden, um sie zu leiten. Und tatsächlich gelang es Janssen, jene Hindernisse zu überwinden, die sich Schneider in den Weg gestellt hatten, die Zwistigkeiten beizulegen und die Ausgangsbasis für die Gründung des neuen Vereins zu schaffen.

Was aber wollte er erreichen? Zunächst einmal wurden alle Katholiken in der Heimat aufgerufen, dem neuen Verein mit einem jährlichen Beitrag von mindestens einer Mark beizutreten, damit dieser die deutsche Präsenz auf dem geheiligten Boden Palästinas würde festigen und stärken können.

> »Schaffen wir einen kirchlichen und socialen Sammelort für unsere Landsleute, die sich im h. Lande ansässig machen oder als Pilger einen vorübergehenden Aufenthalt daselbst nehmen wollen, damit ihnen christliche Unterweisung in ihrer Muttersprache, Krankenpflege, gastliche Aufnahme und verständige Berathung und Hülfe in wirtschaftlichen Dingen nicht fehle!«[104]

102 Windell, Catholics, 66, 153-154, 247. Zu Hompesch-Rurich siehe Kosch, Katholische Deutschland, I, 1728.

103 Neue Verein, veröffentlicht in der letzten Nummer von *Das Heilige Land*, 1884; Aufruf Katholiken (Liste der Unterzeichner, 203); Statut PV. Siehe auch Janssen, Nekrolog, 39-40 (Zitat); Cramer, Jahrhundert, 26. Die Behauptung wiederum, der Verein sei bereits 1879 gegründet worden, wie sie in einer Quelle auftaucht (Katholische Deutschland, 78), entspricht allem Anschein nach nicht den Tatsachen.

104 Aufruf Katholiken (Zitat 202).

Doch Janssen definierte noch ein weiteres missionarisches Ziel: Die Verbreitung des katholischen Glaubens und »der echten christlichen Kultur« unter den Einheimischen, sprich den christlichen, nichtkatholischen Arabern. Es bedürfe einer Hebung – so der von deutschen Quellen häufig verwendete Begriff – des kulturellen und sozialen Niveaus dieser Bevölkerung und ihrer Erziehung zur Religion bei gleichzeitiger wirtschaftlicher Unterstützung und Einführung gesellschaftlicher Ordnung. Beabsichtigt war folglich, soziale Hindernisse zu beseitigen, die der Entwicklung und dem Fortschritt des Landes und seiner Bewohner im Wege standen. Auf diesem Wege sollte der christlichen Religion ihre Stellung als Glaubensbekenntnis der Bevölkerung des Heiligen Landes zurückgegeben werden.[105]

Dass zahlreiche Mitglieder des »Vereins vom Heiligen Grabe« und sogar Mitglieder des Vorstandes zu den Unterzeichnern von Janssens Aufruf zählten, muss nicht überraschen. Drei der Vorstandsmitglieder und unter ihnen auch der Schatzmeister sollten schließlich dem Vorstand des »Palästina-Vereins« angehören.[106] Denn auch im »Verein vom Heiligen Grabe«, dem älteren und etablierten, mehrten sich die Stimmen, die zu praktischer Arbeit in Palästina aufriefen, weshalb der neu zu gründende Verein viele Unterstützer in den eigenen Reihen fand. So wurde in *Das Heilige Land* die Meinung des Vorstands zur Vereinsgründung veröffentlicht in dem offensichtlichen Versuch, die Gräben zu überbrücken. Angesichts seines Hauptanliegens, der Förderung der allgemeinkatholischen Missionseinrichtungen in Palästina, könne der »Verein vom Heiligen Grabe« jede Anstrengung nur begrüßen, die auch das deutsch-katholische Element ins Heilige Land bringen würde. Man zeigte sich erfreut über die Initiative des neuen Vereins, die Bedingungen für die Deutschen in Jerusalem zu verbessern. Tatsache sei schließlich, dass der Verein bislang mehr als 40.000 Mark jenen Institutionen habe zukommen lassen, die als deutsch angesehen würden. Der Artikel schloss mit einem Appell zur Zusammenarbeit. Mit vereinten Kräften sollten die beiden Vereine und alle übrigen katholischen Einrichtungen, die im Lande unter dem Schutz des Patriarchats standen, tätig sein.[107] Das Wichtigste sei, schrieb die Führung des »Vereins vom Heiligen Grabe«, eine Vereinigung aller deutschen Kräfte, die in Palästina wirkten, wobei es jedoch gebührend wäre, dass auch eine solche Vereinigung unter der Ägide des Patri-

105 Pflanz, Arbeit, 154.
106 Cramer, Jahrhundert, 29.
107 Neue Verein; Siehe auch Cramer, Jahrhundert, 28-29.

archen erfolgte, denn der neue Verein sollte nicht wie Schneider einen völlig unabhängigen Weg einschlagen.

> »Viribus unitis, mit vereinten Kräften! Sei das Panier der beiderseitigen Bestrebungen. Viribus unitis auch mit den übrigen katholischen Anstalten des heiligen Landes unter Oberleitung des von Gott bestellten Hirten, des Patriarchen! Nur so wird es möglich sein, unser im letzten Grunde gemeinsames, wenn auch zum Theil auf verschiedenen Wegen erstrebtes Ziel zu erreichen.«[108]

Dennoch behauptete der Verein auch weiterhin, die Einrichtungen der Kustodie, des Patriarchats, der uniierten Griechen und anderer seien nicht als zu Frankreich gehörig zu betrachten, weshalb der Vorwurf jeglicher Grundlage entbehre, der Großteil der Spenden aus Deutschland sei für Institutionen bestimmt, die mit Frankreich identifiziert würden. »Der Verein vom hl. Grabe kennt überhaupt keine *französischen*, sondern nur *katholische kirchliche* Anstalten im hl. Lande.«[109] Womit Cramer ins Schwarze trifft, wenn er schreibt: »Man war gewillt, getrennt zu marschieren, aber vereint zu schlagen.«[110]

Im Rahmen seiner Vorbereitungen für die Gründung des neuen Vereins schickte Janssen ein Schreiben an den Kaiser, in dem die Geschichte, die Ziele und Besitzungen des Vereins im Heiligen Land dargelegt wurden. Janssen präsentierte zudem die vorgeschlagene Satzung des Vereins und bat um hoheitliche Protektion für seine Unternehmungen. Das Außenministerium sprach die Empfehlung aus, dieser Bitte stattzugeben, und tatsächlich erging im Mai 1885 die Bestätigung, die Einrichtungen des Vereins in Palästina befänden sich künftig unter der Obhut des Deutschen Reiches.[111]

Die erste Generalversammlung des neuen Vereins war auch zugleich die Gründungsversammlung, auf welcher die Satzung verabschiedet wurde. Sie fand im Rahmen des gesamtdeutschen Katholikentages in Münster/Westfalen am 1. September 1885 statt. Janssen stellte den Verein und seine Satzung vor und begrüßte den Appell des »Vereins vom Heiligen Grabe« zu gemeinsamer Arbeit, dem sich auch Pingsmann, der Generalsekretär des Vereins, noch einmal ausdrücklich anschloss.

108 Neue Verein, 201.

109 Sachen (Zitat 195).

110 Cramer, Jahrhundert, 28.

111 Janssen an den Kaiser, ISA, 267, I2153, Berlin 30.4.1885; internes Schriftstück des Außenministeriums, 5.5.1885, dort; Vorstand des Vereins an den Kaiser, ISA, 244, 12.5.1890.

Janssen wurde zum Präsidenten des Vereins gewählt. Ihm waren ein Vorsitzender für Repräsentationsaufgaben und achtzehn weitere Vorstandsmitglieder zur Seite gestellt. Allesamt wurden auf drei Jahre gewählt. Die Mehrheit der Gewählten waren Laien, Angehörige der obersten Schichten aus Politik und katholischem Adel, unter ihnen auch etliche Reichstagsabgeordnete und hochrangige Offiziere.[112] Doch die Vereinsaktivitäten konzentrierten sich um das Wirken und die Persönlichkeit des Präsidenten, der jedes Mal wieder gewählt wurde. Ab Anfang 1886 gab der Verein eine eigene Vierteljahresschrift heraus, *Das Palästinablatt*, in der die eingegangenen Spendenbeträge aufgelistet wurden und über die aktuelle Mitgliederzahl und die laufenden Vereinsaktivitäten berichtet wurde. Die kurze und knappe Definition der Vereinsziele bestand aus nur drei Paragraphen, die nach Bedeutung geordnet vorgestellt wurden:

> »Der Palästina-Verein der Katholiken Deutschlands verfolgt gemäß seinem Statut den Zweck:
> durch geeignete Einrichtungen die kirchlichen und socialen Interessen der deutschen Katholiken im hl. Lande wahrzunehmen;
> zu diesem Behufe zunächst in Jerusalem ein Hospiz, verbunden mit Kirche, Schule und Spital, einzurichten, in welchem die Katholiken deutscher Nationalität, welche als Pilger in's hl. Land kommen, gastliche Aufnahme und in Bedarfsfällen Unterstützung und Pflege finden, und wo auch denjenigen deutschen Katholiken Rath und Hülfe wird, welche sich im hl. Lande ansässig machen wollen;
> die Ausbreitung des katholischen Glaubens, die Liebe zur Arbeit und wahre christliche Cultur bei den Eingeborenen Palästinas zu fördern.«[113]

Die erklärten Ziele des Vereins waren folglich auf drei Bereiche gerichtet: Die Wahrnehmung von Interessen der deutschen Katholiken in Palästina, die Einrichtung eines Hospizes mit Kirche und Schule für deutsche Pilger und Kolonisten in Jerusalem sowie die Verbreitung des katholischen Glaubens und der katholischen Kultur im Lande. »Er [der Verein] will den Namen Deutschlands auch durch ein katholisches Werk im Orient bekannt werden lassen«, schrieb Janssen an den Kaiser. Diesem patri-

112 Siehe zum Beispiel die Liste der Vorstandsmitglieder aus dem Jahre 1890, Bericht Janssens an den Kaiser, Burtscheid bei Aachen, 12.5.1890, ISA, 244; Cramer, Jahrhundert, 29.

113 Statut PV, 204; Neue Verein, 198 (dieselbe Satzung mit kleinen Unterschieden). Das Statut war auch in Janssens Schreiben an den Kaiser enthalten, Berlin, 30.4.1885, ISA, 267, I2153.

otischen Geist entsprechend verewigte der Verein auf seinem Banner das Ziel »gut katholisch doch treu deutsch« zu sein.[114]

Die übrigen Paragraphen der Satzung waren hauptsächlich technischer Natur. So wurde in Paragraph 2 bestimmt, dass der Vereinssitz Aachen sein sollte; Paragraph 3 befasste sich mit Spendenbeiträgen und Mitgliederstatus (wer mehr als 500 Mark spendete, erhielt den Titel »Ehrenmitglied«); und in Paragraph 7 hieß es, die alljährliche Mitgliederversammlung solle am Ort und zum Zeitpunkt des deutschen Katholikentages stattfinden. Paragraph 12 schließlich bestimmte, dass bis zum nächsten Katholikentag, auf dem ein erster Vorstand gewählt werden würde, das »Aachener Comité«, sprich das »Palästinakomitee«, die Belange des Vereins führen solle.[115]

Seine Überzeugungen und Pläne trug Janssen detailliert in einer furiosen Rede auf dem Katholikentag in Breslau im darauf folgenden Jahr 1886 vor, wo er als Vizepräsident agierte.[116] Seine Rede hielt er vor dem Hintergrund, dass es zwischen den beiden Vereinen ungeachtet aller Aufrufe zur Kooperation bereits zu ersten Differenzen gekommen war. Immer wieder wurde dabei zum einen der »Verein vom Heiligen Grabe« eines fehlenden Bewusstseins für seine patriotische Verpflichtung beschuldigt, während andererseits so mancher Zweifel an der bloßen Notwendigkeit des neu gegründeten Vereins anmeldete.[117]

Die Rede begann mit einem kurzen historischen Abriss, ehe Janssen hernach erneut die Lage des lateinischen Christentums in Palästina darlegte, wie er sie sah: Die katholische Bevölkerung im Heiligen Land setze sich zusammen aus Franzosen, Italienern, Spaniern und Einheimischen; die Protestanten seien hingegen vertreten durch Deutsche, Engländer, Amerikaner und Schweizer. Es fehle eigentlich nur der deutsch-katholische Faktor. Dann zählte Janssen die Aktivitäten Frankreichs und Russlands auf, der Protestanten und Templer, wobei er deren jeweilige staatliche Zugehörigkeit und Verpflichtung hervorhob. Da die Katholiken aber, seiner Behauptung nach, über genau dieselben Veranlagungen verfügten wie die Templer aus Deutschland, könnten auch sie Erfolg haben, wenn ihnen nur ähnliche Bedingungen ermöglicht würden, was bisher jedoch nicht der Fall gewesen sei. Worauf Janssen die Frage aufwarf: Welche Unternehmen hätten die Katholiken bis dato in Palästina errichtet, die sie zur Schau stellen könnten? Doch nur die Missionsstation in

114 Ebd.; Schmitz, Deutschtum, 13.
115 Statut PV.
116 Janssen, Rede. Der Text ist auch archiviert in ISA, 267.
117 Katholische Deutschland, 81-82.

Gaza, das Krankenhaus in Nazareth und ein kleiner Anfang in Jerusalem. Lediglich dies und mehr nicht! Und dann der dramatische Appell:

> »Aber, sagt man, es ist ja nicht nöthig, daß der deutsche Katholik *besondere* Werke in Palästina errichtet; die Franzosen und Italiener haben ja schon so manche Schule und Kirche gebaut. Kann denn der Deutsche sich diese Einrichtungen nicht zu Nutze machen? Kann er nicht zu deren Unterhaltung beitragen, und kommt er nicht auch dadurch seinen Pflichten nach? Ich sage: Nein! Und tausendmal Nein! Unsere Pflichten in Hinsicht auf das heilige Land gehen unendlich viel weiter [...]. Andererseits haben die deutschen Katholiken durch ihre mannhafte, heldenmüthige Vertheidigung der Freiheiten der Kirche sich das Recht erworben, mindestens gleichwerthig in die Reihe der Nationen einzutreten, welche sich den Schutz und die Wiederaufrichtung des Landes unsres göttlichen Erlösers zu einer hohen Ehre rechnen.«[118]

Auch der weitere Verlauf von Janssens Rede erfolgte in dieser energischen und unmissverständlichen Diktion. Es sei nicht richtig, dass die Einrichtungen anderer Nationen die der Deutschen ersetzen könnten, da im Orient der nationale Unterschied besonders scharf sei und jedes Volk seine Einzigartigkeit suche. Mehr noch, im Orient werde der Katholik ausgerechnet mit dem Franzosen gleichgesetzt, dem Angehörigen jener Nation, die die Katholiken verfolge! Daher habe Frankreich sein Anrecht auf das Protektorat verwirkt, während Deutschland die Nation sei, die dieses in den letzten Jahren erworben hätte. Folglich müssten die deutschen Katholiken danach streben, in Palästina wenigstens das Niveau der Protestanten zu erreichen. Und erst wenn sie einen solchen Zustand erzielt hätten, erst dann stünde den deutschen Katholiken das Recht zu, auch für sich selbst hoheitlichen Schutz und Beistand zu verlangen. Nach Meinung von Janssen waren die alteingesessenen Vereine nicht ausreichend, um diese Ziele zu verwirklichen. Erforderlich sei vielmehr eine neue, speziell dafür gebaute und darauf ausgerichtete Organisationsform und beim »Palästina-Verein« handele es sich um ebendiese. Der Unterschied zwischen den beiden Vereinen erschöpfe sich in der Tatsache, dass der »Verein vom Heiligen Grabe« bestehende Einrichtungen unterstütze, während sein – Janssens – Verein neue Einrichtungen schaffen werde. Das Hauptwerk, das Hospiz in Jerusalem, werde »ein deutsches Haus« für Pilger, Forscher, für Handwerker und Ansiedlungswillige sein und ein Ausgangspunkt aller künftigen Initiativen des Vereins in Palästina. Denn der Verein beabsichtige, eine Siedlungspolitik zu betreiben und im

118 Janssen, Rede, 35.

Lande deutsche Kolonien nach dem Beispiel der Templeransiedlungen zu errichten. Für diese Kolonien lägen bereits fertige Pläne vor.[119] Die Kolonien wiederum würden den Einheimischen als Vorbild dienen ähnlich den katholischen Missionseinrichtungen in anderen Staaten und auf anderen Kontinenten. Hieraus würde Deutschland sogar ein Vorteil erwachsen, da in ökonomischer und politischer Hinsicht Palästina sicherlich eine verheißungsvolle Zukunft beschieden sei. Denn dann, wenn die »orientalische Frage« erst eine Lösung gefunden hätte, würden die Macht und der Einfluss jeder Nation nach ihrem Halt im Heiligen Lande bemessen werden, welcher faktisch in den Kolonien und Besitzungen zum Ausdruck käme, in denen ihre Bürger säßen.

Janssen, der profilierteste Repräsentant der katholischen Aktivisten, präsentierte in dieser Rede also offen jene Maximen, die ihn in seinen auf Palästina bezogenen Aktionen leiteten. Doch auch wenn seine Rede äußerst vehement ausfiel, hütete er sich, den »Verein vom Heiligen Grabe« anzugreifen, da dieser der Hauptfinanzier aller geplanten Maßnahmen werden sollte. Stattdessen betonte Janssen den Vergleich mit den Aktivitäten und Erfolgen der deutschen, nichtkatholischen Konkurrenz einerseits und denen der Franzosen andererseits.

Dies waren die beiden Hauptthemen in Janssen Argumentation. Gewiss war es ihm ein Dorn im Auge, dass – während sein Verein noch hehre Worte machte – der deutsche Protestantismus bereits in Palästina bestens eingeführt war, von der Gunst des Herrscherhauses getragen und durch dessen Gelder finanziert wurde und daher das Heilige Land als seine Domäne betrachtete. Der evangelische »Jerusalemverein« in Berlin initiierte und forcierte die Errichtung einer Reihe von Bauwerken, wobei ihm äußerst großzügig bemessene Finanzmittel zur Verfügung standen. Nicht von ungefähr sind die Seiten der Vereinszeitschrift voller Beschreibungen von deutsch-protestantischen Missionsunternehmen in Palästina.[120] Es war dies genau die Zeit, in der Deutschland begann, gegen Frankreich und dessen Interessen in Palästina zu agieren, und Janssen machte keinen Hehl aus seiner Befriedigung darüber. Auf dem folgenden Katholikentag, der 1887 in Trier abgehalten wurde, hielt er erneut eine

119 Janssen schickte etwa einen detaillierten Plan für eine Kolonie in Tabgha. Nicht auszuschließen ist, dass ihm Schicks Aufsatz zugängig war, der 1881 in Wien erschien und Vorschläge enthielt über die erforderlichen Mittel für Maßnahmen, die es zu ergreifen gälte, um eine europäische Ansiedlung in Palästina zu ermöglichen (Schick, Studien, 99-100).

120 Katholische Deutschland, 79; Cramer, Jahrhundert, 25-26. Siehe zum Beispiel, Protestantische Mission.

flammende Rede, in der sich die deutschnationalen Fundamente hervorgehoben finden:

> »In Folge des Baus des Suez-Canals liegt das heilige Land jetzt an der verkehrsreichsten Straße zwischen Orient und Occident. Da hier ist das Stelldichein aller Bekenntnisse und Nationen, die christliche Macht, die dereinst im Lande der Verheißung herrschen wird, ist die erste der Welt! Sorgen wir daher, daß wir am Tage der Entscheidung über Wehr und Waffen gebieten, daß wir auf einen ansehnlichen Besitzstand hinweisen können, damit man uns nicht als die bisher Unthätigen mit Verachtung bei Seite schiebt.«[121]

Im darauf folgenden Jahr erläuterte Janssen den Lesern der Vereinszeitschrift seine Absichten. Jedem Gymnasiasten sei klar, dass die gegenwärtige Neigung Frankreichs und Russlands von großem Einfluss auf die Lage der katholischen Kirche im Orient sei und genau genommen den deutschen Katholiken den Weg ebenen werde. Auf die Veränderung im Zuge der Französischen Revolution anspielend schrieb Janssen, es sei nun eine Situation entstanden, da »es nicht mehr die Söhne des hl. Ludwig, sondern die Jünger Voltaires [sind], welche die Geschicke dieses unglücklichen Landes leiten«.[122] Jetzt, so Janssens Resümee, bestehe Hoffnung auf ein von doppelter Unterstützung getragenes Engagement der deutschen Katholiken: zum einen durch den Heiligen Stuhl in Rom und zum anderen durch die deutsche Reichsregierung in Berlin.

Einen der Belege für den Erfolg des neuen Vereins, sich einen Platz auf der Karte christlicher Aktivitäten zu erobern, lieferten ausgerechnet die protestantischen Deutschen, die bereits im Juni 1888 schrieben, dem neuen katholischen Verein sei es gelungen, in Judäa festen Fuß zu fassen, und nun sei er dabei, seine Anstrengungen auch auf Galiläa und Haifa auszuweiten. Die Zeitschrift des evangelischen »Jerusalemvereins« verwendete 1889 erneut das Bild von den »deutsch-katholischen Missionsunternehmungen zugunsten des Heiligen Landes«, beschrieb die Entwicklung der beiden Vereine und ihres Wirkens und schloss mit einem Ausdruck der Freude darüber, dass sich die katholische Kirche in Deutschland nun auch dem »deutschen Nationalempfinden« angeschlossen und sich von dem französischen Protektorat im Orient befreit habe. Ja mehr

121 Versammlung Trier, 204-205. Die Templer zitierten ihrerseits diese wichtige Rede in *Die Warte* vom 17.11.1887 (Carmel, Chronik 1, 102). Meinertz (Kampf, 245) hat sie als »eine prophetische Rede« bezeichnet, hauptsächlich aufgrund der darin enthaltenen nationalen Elemente.

122 Katholische Deutschland, 198, laut *PB* 1 (1888), 96.

noch, fügten die Herausgeber hinzu, »die neuen Anstrengungen unserer katholischen Landsleute verpflichten uns Protestanten dazu, uns zu sputen, damit wir nicht zurückbleiben«.[123]

Tatsächlich sah es der »Palästina-Verein« als sein Ziel an, nicht nur der Bannerträger der Kirche im Kampf um Jerusalem zu sein, sondern sich auch faktisch an die Spitze der katholischen Bewegung in Palästina zu setzen, in vorderster Front bei den Anstrengungen um eine Förderung der Interessen der lateinischen Kirche im Heiligen Land. Und all dies sollte unter besonderer Betonung der deutschen Grundlage des eigenen Tuns erfolgen, wobei die Franzosen und die Italiener, die bislang an der Spitze des katholischen Lagers gestanden hatten, ebenso zurückgedrängt werden sollten wie die Widersacher aus den konkurrierenden anderen christlichen Kirchen.[124]

»Es spende der Mann für das Heilige Grab und die Frau für Palästina, oder umgekehrt«

Das Wirken des Vereins in Deutschland

Der »Palästina-Verein« war eine Schöpfung Janssens, der fortan auf allen Ebenen die dominierende und bestimmende Persönlichkeit blieb, wie es der Verfasser seines Nachrufes treffend umschrieben hat: »So war Janssen über zehn Jahre der Präsident und die Seele seines Werkes.«[125] Der von ihm vorgegebenen Linie folgend bemühten sich die Mitglieder des Vereins und dessen Führungsspitze von Anfang an nach Kräften, zu einer Zusammenarbeit mit dem älteren »Verein vom Heiligen Grabe« zu gelangen. Einen einflussreichen Unterstützer fanden sie dabei im Vorsitzenden der katholischen Zentrumspartei Windthorst, der auf seiner Abschlussrede vor der Gründungsversammlung im Rahmen des Katholikentages in Münster ausrief: »Es spende der Mann für das Heilige Grab und die Frau für Palästina, oder umgekehrt«, womit er das ganze Gewicht seines Ansehens zugunsten einer Verschränkung von religiösem und nationalem Engagement in die Waagschale warf.[126] Windthorst gehörte zu den aktivsten Mitgliedern des Vereines, war auch Beisitzer im Vorstand und ließ keine Gelegenheit ungenutzt, seine Unterstützung für

123 Missionsunternehmungen; Kirchliche Nachrichten, *AELK* 21 (1888), n. 26, 631.

124 Zu diesem Thema siehe zum Beispiel das Resümee von Lübeck, Mission, 56-58.

125 Janssen, Nekrolog, 40.

126 Katholische Deutschland, 80; Schmitz, Deutschtum, 80; Goetz, Deutschtum, 318; Cramer, Jahrhundert, 29.

den Verein und dessen Wirken zu verkünden. Weshalb es nicht erstaunt, dass sein Tod im Jahre 1891 auch durch Trauerfeierlichkeiten in Jerusalem angezeigt wurde.[127]

Der Aufruf zur Zusammenarbeit der beiden Vereine fand Gehör, wenn auch nur teilweise. Der Vorsitzende und der Generalsekretär des »Vereins vom Heiligen Grabe« nahmen ab 1886 regelmäßig an den Vorstandssitzungen des »Palästina-Vereins« in Aachen teil, während Janssen und sein Schatzmeister im Gegenzug bei den Vorstandssitzungen in Köln zugegen waren. Der Erzbischof von Köln wiederum gewährte auch dem neuen Verein seine religiöse Obhut, während er in Palästina den Schutz des Patriarchen Bracco genoss.[128] Damit trugen Janssens Anstrengungen Früchte, die zwischen Schneider und dem Patriarchen entstandene Kluft zu überbrücken. Ende des Jahres 1887 verkündete der Erzbischof von Köln eine Sonderkollekte zugunsten des »Palästina-Vereins« und definierte diesen als unlängst in der Diözese gegründeten Tochterverein des »Vereins vom Heiligen Grabe«.[129] Diese Darstellungsweise indes sollte sich in keinem weiteren Dokument wiederholen, und es ist sehr zweifelhaft, ob sie Janssens Meinung entsprach, auch wenn es ihm in finanzieller Hinsicht gewiss geholfen haben dürfte.

Die Mitgliederzahl des neuen Vereins wuchs stetig und mit ihr das Spendenaufkommen. Von rund 22.000 im Jahre 1880 stieg die Zahl der Vereinsmitglieder innerhalb der nächsten acht Jahre auf gut 30.000. Schon bald wurden Tochtervereine in mehreren deutschen Städten gegründet, vor allem in solchen mit katholischer Bevölkerungsmehrheit. Die Einnahmen – sämtlich aus Mitgliederspenden – nahmen kontinuierlich zu: Von 10.000 Mark 1885 auf 37.000 Mark im Jahre 1888. Der »Verein vom Heiligen Grabe« stellte einen jährlichen Betrag von weiteren 6.000 Mark zur Verfügung und unterstützte zudem die noch jungen Einrichtungen des »Palästina-Vereins« im Lande. Dennoch befand sich der Verein in permanenter Geldnot, da seine Mittel weder für die Unterstützung bestehender noch für die neuen Einrichtungen ausreichten. Daher wurde 1889 ein weiterer Aufruf veröffentlicht, der hauptsächlich auf eine Vergrößerung des Spendenvolumens abzielte.[130] Janssen, praktisch denkend wie

127 *HL* 35 (1891), 73-74.

128 Cramer, Jahrhundert, 30.

129 *Kirchlicher Anzeiger für die Erzdiöcese Köln* 27 (1.12.1887), Nro. 23, HAEK, CR 22. 11, 1.

130 Janssen an die Führung der Polizeikräfte seiner Majestät, Aachen, 2.8.1889, ISA, 267; *PB* 4 (1889), 117; Cramer, Jahrhundert, 27-28.

stets, verstand es, indem er unter anderem die Losung der Benediktiner bemühte, die Situation treffend zu beschreiben, vor der sein Verein stand:

> »Die Reichsregierung wird uns gerne moralisch unterstützen, aber materielle Hilfe ist von ihr nicht zu erwarten. Wir müssen die Mittel, deren wir zum Unterhalt des Geschaffenen und zur Errichtung neuer Werke bedürfen, aus eigenen Kräften leisten. Und das ist in der Tat eine Aufgabe, deren Schwierigkeit vielfach unterschätzt wird. Für den Palästina Verein heißt es eigentlich: Ora et labora!«[131]

1891 schließlich erkannte die Reichsregierung den Verein als juristische Person und öffentliche Körperschaft an. Diese Anerkennung war aus steuerlichen Gründen und für den Fall einer Vereinsauflösung notwendig. Im Gegensatz zum »Verein vom Heiligen Grabe« verfügte der neue Verein in Palästina über Besitzungen von nicht unerheblichem Wert, und ohne eine solche Anerkennung wären sowohl diese Besitzungen als auch die Einnahmen aus Spenden besteuert worden. Deshalb hatte Janssen bereits Ende 1889 dem »Leiter der Polizeikräfte Seiner Majestät« in Aachen über das Eigentum des Vereins und dessen Einkünfte sowie über die ihm zur Verfügung stehende Kredithöhe Bericht erstattet. Hieraus geht hervor, dass der Besitz in Palästina zum damaligen Zeitpunkt einen Schätzwert von 330.000 Mark hatte.[132]

Wie zu erwarten wurde der Verein auch in Sachen Pilgerreisen selbstständig initiativ, doch erst 1892 – ergo sechs Jahre nach Eröffnung des Hospizes in Jerusalem für Besucher – wurde die Entscheidung verkündet, ein Komitee einzusetzen, dessen Aufgabe darin bestehen sollte, die organisierte Betreuung der Heilig-Land-Pilger voranzutreiben. Dieses Komitee setzte sich zum Ziel, Reisekosten zu senken und die Zahl der Pilger zu steigern. Und tatsächlich machte sich im April 1893 eine erste, fünfundfünfzig Personen starke Pilgergruppe auf den Weg, ehe zwei Jahre später zwei weitere Gruppen die Reise antraten. Parallel dazu fuhr Geiger von München aus mit der Organisation der Gruppen fort.[133]

131 Schreiben Janssens an Sepp, BSB, Seppiana 65 (Janssen), 15.4.1892.

132 Ebd., Schreiben Janssens an den Staatssekretär des Auswärtigen Amtes, Chlodwig Fürst Hohenlohe-Schillingsfürst, Berlin, 29.11.1894, ISA 38305, III 35717; Katholische Deutschland, 82; Cramer, Jahrhundert, 37-38. Siehe auch Kohler, Dormitio, 41.

133 Ebd., 35-36; Meinertz, Pilgerreisen, 57.

»Lazaristen-Krise« und »Kampf um die Banner« Erste Auseinandersetzungen und der französische Einfluss

Am 18. Januar 1871 wurde der preußische König Wilhelm I. (1797-1888, herrschte ab 1861) im Spiegelsaal von Versailles zum deutschen Kaiser gekrönt. Fünf Monate später, am 10. Mai, erfolgte die Unterzeichnung eines Friedensvertrages zwischen Deutschland – der Siegermacht – und dem im Krieg unterlegenen Frankreich, der verbunden war mit einem Verzicht Frankreichs auf das Elsass und auf Lothringen, die von Deutschland annektiert wurden. In Frankreich entstand die Dritte Republik, während das vereinte Deutschland unter Führung Bismarcks, der das Amt des Reichskanzlers für die nächsten zwanzig Jahre innehaben sollte, weiter wuchs und erstarkte, bis es zur alles bestimmenden Hegemonialmacht auf dem europäischen Kontinent wurde. Die Feindschaft und Konkurrenz zwischen diesen beiden Staaten, die mit ganzer Macht im Ersten Weltkrieg zum Ausbruch kam, beeinflusste auch in starkem Maße ihr Engagement und ihre Aktivitäten in Palästina.

Die ersten Anzeichen dieser Rivalität lassen sich bereits Ende der 80er Jahre ausmachen, als der katholische Apparat in Palästina alles in seiner Macht Stehende unternahm, um dem »Verein vom Heiligen Grabe« seine Spendengelder abspenstig zu machen und diese auf direktem Wege zu sich zu leiten. Ein Gutteil der Einnahmen des Vereins stammte aus den Karfreitagskollekten, die in der Mehrzahl aller Diözesen üblich waren. 1887 jedoch erließ Papst Leo XIII. ein Verdikt, dem zufolge sämtliche an jenem Tag gesammelten Gelder über Rom in die Kasse der Kustodie fließen sollten – ohne Vermittlung oder Mitspracherecht des Vereins. Dem Vorstand war klar, wer hinter dieser Änderung stand, weshalb man sich beeilte, den Schutzherrn des Vereins einzuschalten, den Erzbischof von Köln. In einem Schreiben an den Vatikan behauptete der ranghöchste katholische Geistliche in Deutschland, gut ein Drittel der Einnahmen des Vereins habe seinen Ursprung in diesen Kollekten und es sei nicht plausibel, wenn das Geld vollständig an die Franziskaner ginge. Der Vorschlag aus Rom, der Verein solle einen anderen Tag für die Kollekte bestimmen, wurde umgehend abgelehnt, da der Vorteil einer Beibehaltung der traditionellen Kollekten offenkundig war. Am Ende schließlich gab der Papst nach, und die Situation blieb, wie sie war.[134]

Doch die Franziskaner gaben sich nicht geschlagen und konnten tatsächlich einen Teilerfolg verbuchen. Ab 1892 wurden alle Spenden, die bei der Kollekte am Palmsonntag gesammelt worden waren, an den Fran-

134 Katholische Deutschland, 33; Cramer, Jahrhundert, 19-20.

ziskanerpater Gregory Janknecht in Paderborn geschickt, der den Titel eines »Kommissars für das Heilige Land« trug. Praktisch bedeutete dies, dass die Franziskaner, die auch weiterhin ihre bisherigen Bezüge durch den Verein erhielten, von nun an einen noch größeren Anteil des Spendenaufkommen bekamen. Der Vorstand des »Vereins vom Heiligen Grabe«, der versuchte, sich im Vorfeld gegen das Urteil zur Wehr zu setzen, und dem Thema zahllose Erörterungen widmete, wurde 1891 vor vollendete Tatsachen gestellt und gezwungen, die bittere Pille zu schlucken.[135] Mit großer Gewissheit lässt sich vermuten, dass diesem Ereignis großes Gewicht bei der Entscheidung des Vereins zufiel, sich 1895 mit dem »Palästina-Verein« zusammenzuschließen. In beiden Fällen deuten die deutschen Quellen den großen Einfluss Frankreichs beim Vatikan als entscheidenden Faktor beim Zustandekommen der Entscheidungen an.

Bereits zuvor hatten sich, wie schon erwähnt, der Kustos und der Patriarch in die Angelegenheiten des Vereins eingemischt, da ihnen klar war, dass Einrichtungen mit deutschem Charakter die zu vergebenden Gelder an sich ziehen würden. Ihnen konnte auch nicht der schwindende Einfluss Roms auf die deutschen Katholiken entgangen sein, weshalb sie sich vehement gegen die deutsch-katholischen Bestrebungen zu praktischem, Fakten schaffendem Handeln im Heiligen Land verwahrten. Und als sie begriffen, dass sie diesen Prozess nicht würden aufhalten können, und feststellen mussten, dass der »Palästina-Verein der Katholiken Deutschlands« sich tatsächlich daranmachte, neue deutsche Einrichtungen in Palästina zu gründen und bestehende zu erweitern, beschlossen sie, es sei nun an ihnen, sich die Finanzquelle zu sichern. Daher ließen die Franziskaner nichts unversucht, dem Verein das Recht abspenstig zu machen, Spenden zu sammeln, um dieses selbst in Anspruch nehmen zu können.

Der Kampf zwischen den Repräsentanten Frankreichs und den deutschen Katholiken in Palästina erreichte 1892 einen ersten Höhepunkt infolge der wiederholten, vehementen Forderung des französischen Konsuls Charles Fortune-Louis-Alexander Xavier Ledoulx (1844-?, amtierte in den Jahren 1885-1898) nach einem erweiterten Protektorat über alle Einrichtungen des »Palästina-Vereins«.[136] Bereits 1887 hatte der deutsche Konsul in Jerusalem einen Bericht versandt, in dessen Folge Bismarck

135 Protokolle, 18.6.1891, 20.8.1891. Heider-Wilson behauptet, das Amt des Kommissars für das Heilige Land habe zum damaligen Zeitpunkt in Wien Pater Franz Sales Angeli innegehabt (Heider-Wilson, Generalkommissariat, 138).

136 Zu Ledoulx, dem französischen Konsul (ab 1893 Generalkonsul) in Jerusalem, der länger im Amt war als jeder andere Konsul, siehe Almaliah, Representatives, 9, 14-21.

ihn resolut anwies, »bitte dem dortigen deutschen Hospiz und seinem Personal auch fernerhin geeigneten Schutz und Beistand zu gewähren. Im Falle eines tatsächlichen Eingriffs in Ihre Schutzrechte wollen Sie den Vorgang [...] nach Konstantinopel und hierher melden.«[137]

1888 dann ließ Papst Leo XIII. dem lateinischen Patriarchen in Jerusalem Piavi ein Dokument überstellen, in dem er den Fortbestand der traditionellen Protektorate verkündete, derjenigen Frankreichs (in den asiatischen Teilen des Osmanischen Reiches) und jener Österreichs (in Albanien und in Ägypten). Bismarck machte sich die Empfehlung Joseph Maria von Radowitz' (1839-1912), des deutschen Botschafters in Konstantinopel in den Jahren 1882 bis 1892, zu eigen und stimmte einem Kompromiss zu: ein deutsches Schutzrecht nur über die Priester und die Deutschen unter Verzicht auf deren Einrichtungen und Klöster.[138] Doch der französische Konsul wollte sich damit nicht begnügen. Er verlangte Schutzrechte über sämtliche katholischen Einrichtungen und ausnahmslos alle Ordensleute, ohne Berücksichtigung von deren Nationalität.

Die immense Spannung, die vor Ort herrschte, belegt ein Zwischenfall, zu dem es Anfang 1889 in Nazareth kam. Der bayrische Arzt und Ordensbruder Otmar Mayr wurde von den Franziskanern in ihrem Kloster gefangen gesetzt. Sie schlugen und vertrieben ihn gemeinsam mit seinen Ordensbrüdern aus der Stadt. Mit Hilfe des Dragomans des französischen Konsulats brachten die Franziskaner dann das Hospital der Deutschen unter ihre Kontrolle, so dass ein energisches diplomatisches Eingreifen durch Friedrich »Fritz« Keller (1838-1913) dem stellvertretenden deutschen Konsul in Haifa und Mitglied der Templer erforderlich war, um die Vertriebenen zurück nach Nazareth zu bringen.[139]

Eine weitere Eskalation des Konflikts um das Protektorat im Verlauf des Frühjahres 1892 machte die Intervention der betroffenen Regierungen notwendig. In Jerusalem bestand Ledoulx auf der Entfernung der beiden deutschen Lazaristenpater Schmidt und Edmund Richen (?-1909), die sich weigerten, seinen Schutz zu akzeptieren.[140] Der französische Konsul brachte die Sache vor den Generalsekretär des Ordens, der in Paris saß. Die französische Regierung wandte sich sogar in einem Schrei-

137 Bismarck, Berlin, 15.7.1887, PAAA, I A Bq 126, A 8653.

138 Gatz, Auslandsarbeit, 13, nach Aktenlage im Archiv des deutschen Auswärtigen Amtes.

139 Carmel, Chronik 2, 120-123 (*Warte*, 21.2.1899).

140 Richen traf kurz nach Schmidt in Jerusalem ein und arbeitete mit diesem einige Jahre lang zusammen, solange seine Gesundheit dies zuließ (Richen, Nekrolog). Als Beispiel für die von Richen aus Jerusalem versandten Berichte siehe Richen, Klima.

ben an Schmidt, in dem sie verlangte, er solle sich und seine Einrichtungen unter ihren Schutz stellen, und ihm mit Ausweisung aus dem Land drohte, sollte er sich weigern. Die Deutschen wiederum behaupteten, was umgehend von den Franzosen abgestritten wurde, der französische Außenminister habe den Generalsekretär des Lazaristenordens angewiesen, seine Leute aus Jerusalem abzuberufen, falls diese nicht den französischen Schutz anerkannten.[141] Janssen seinerseits ersuchte sogleich Marschall von Biberstein um Hilfe, den damaligen Staatssekretär im Auswärtigen Amt. In seiner Adresse drängte Janssen seine Regierung, in den offenen Kampf gegen Frankreich und dessen Haltung zu ziehen, denn »es handelt sich in der Tat um das Ansehen des deutschen Namens im Morgenland, es handelt sich um den ungehinderten Fortbestand eines Werkes, welches fruchtbringend nach vielen Seiten gewirkt und namentlich das nationale Selbstgefühl der Deutschen im Orient gehoben und ihre Stellung unter den dortigen europäischen Elementen gestärkt hat.«[142]

Marschall von Biberstein erwies sich als begeisterter Unterstützer des Vereins und seiner Unternehmungen. Indem er den eigenen Botschafter in Konstantinopel umging, wandte sich von Biberstein direkt an den Konsul in Jerusalem, Dr. Paul von Tischendorf (1847-1914, amtierte in den Jahren 1886-1899), verlangte von diesem umgehenden Bericht und wies ihn an, keinen Zweifel daran aufkommen zu lassen, dass der deutsche Schutz auch künftig gelte.[143] Gleichzeitig intervenierte Deutschland beim Vatikan, um das Urteil aufzuheben. Zu diesem Zweck wurde Mieczysław Kardinal Halka Ledóchowski (1822-1902) aktiviert, ehemals Erzbischof von Gnesen und Posen, der während des »Kulturkampfes« sogar für zwei Jahre inhaftiert gewesen war. Nun diente er in Rom in der Funktion des Verantwortlichen für die Missionsstationen im Orient und war der einzige deutsche Kurienkardinal beim Heiligen Stuhl. Die Deutschen drohten mit einer Einstellung der Hilfe für den französischen Verein in Lyon und mit einem Verbot der Sammlung von direkten Spenden

141 Gatz, Auslandsarbeit, 29-31; Gründer, Kaiserfahrt, 372; Kohler, Dormitio, 73-74. Archivmaterial: ISA, 244, No. 619; ISA, 305 enthält die umfangreiche Korrespondenz zwischen dem Auswärtigen Amt in Berlin und dem Konsulat in Jerusalem, dazu den Bericht in der *Kölnischen Volkszeitung* vom 23. Mai 1892, das französische Dementi und die Erwiderung der Herausgeber, die weiter an ihrer Version festhielten. Für weitere Dokumente siehe Lepsius et al., Politik, 589-597, Nr. 3351-3357.

142 Gatz, Auslandsarbeit, 27, zitiert aus Janssens Schreiben an Marschall von Biberstein, PAAA, Türkei 175a, B 5.

143 Ebd.; ISA, 305, 888 Telegramm.

zu seinen Gunsten in Deutschland, vor allem aber in Bayern, das dem Verein traditionell großzügige finanzielle Unterstützung gewährte. Außerdem wurde hinzugefügt, ein solcher Schritt würde extreme Reaktionen unter der katholischen Bevölkerung im eigenen Land – sprich: Frankreich – nach sich ziehen, und ohnehin bestünde nicht die geringste Aussicht, dass der »Palästina-Verein« in eine französische Patronage einwilligen würde. Der massive Druck war schließlich mit Erfolg gekrönt. Am 26. Juni konnte der deutsche Gesandte beim Vatikan Reichskanzler Georg Leo von Caprivi (1831-1899) mitteilen, Ledóchowski habe entschieden, dass die beiden Lazaristen gleichermaßen in Amt und Würden und in Jerusalem bleiben könnten.[144]

Unterdessen entbrannte in Haifa und in Alexandria ein Streit um die Gepflogenheit der Borromäerinnen, an nationalen deutschen Feiertagen die deutsche Fahne über ihren Einrichtungen zu hissen, insbesondere am Geburtstag des Kaisers. Diesmal war es der französische Vizekonsul in Haifa, der von der Mutter Oberin des Klosters verlangte, anstelle der deutschen die Fahne seines eigenen Landes zu hissen – die Trikolore. Diese Forderung wurde just auf dem Höhepunkt der diplomatischen Krise um die beiden Lazaristen vorgebracht und daher von der deutschen Regierung umgehend und nachdrücklich zurückgewiesen.[145]

Es waren dies die letzten Versuche Frankreichs, direkte Kontrolle über die deutsch-katholischen Einrichtungen in Palästina mittels diplomatischer Anstrengungen auf lokaler Ebene zu erlangen. Möglich, dass diese Vorstöße bestimmt waren, die Reaktion der deutschen Regierung zu prüfen und das Interesse, das sie an diesen augenscheinlich doch kleinen und wenig bedeutenden Einrichtungen zeigte. Die Geschwindigkeit, mit der die Reaktion erfolgte, und deren Heftigkeit ließen gewiss keinen Zweifel an der Ernsthaftigkeit der Absichten der deutschen Reichsregierung in Bezug auf ihre Einrichtungen und Bürger im Ausland sowie die Verpflichtung ihnen gegenüber – auch wenn es sich dabei um Katholiken handelte.

144 Sinno, Interessen, 288; Gatz, Auslandsarbeit, 28.
145 Ebd.; Sinno, Interessen, 287-288.

5. »Der deutsche Verein vom Heiligen Lande«, 1895-1910

Die parallele Existenz zweier deutsch-katholischer Vereine, deren Ziel es war, in Palästina und zu dessen Gunsten tätig zu sein, stellte eine Art Duplizität dar. Ungeachtet aller prinzipiellen und grundlegenden Unterschiede in den Zielen und Verfahrensweisen und trotz der wiederholten, zum Teil ziemlich gekünstelt wirkenden Versuche, miteinander zu kooperieren oder sich zumindest nicht gegenseitig zu beeinträchtigen, wurde immer deutlicher, dass für beide nebeneinander kein Platz war. Darüber hinaus hatte die Situation auch durchaus negative Auswirkungen auf die deutsch-katholische Tätigkeit in Palästina. Beide Vereine wandten sich an ein und dieselbe Zielgruppe, weshalb bald klar war, dass beide gleichermaßen in Bezug auf das Spendenaufkommen Schaden trugen. Der latente Konkurrenzkampf führte letztendlich bei beiden Vereinen zu einer erheblichen Einbuße ihrer faktischen Potenz, der Fähigkeit, zu beeinflussen und zu handeln. Naturgemäß entstand zwischen beiden eine Konkurrenzsituation, und je bemühter man sich zeigte, diese zu überspielen und zu verbergen, desto häufiger kam es zu atmosphärischen Störungen. Dennoch herrschte schon kein Kräftegleichgewicht mehr zwischen den beiden Vereinen. Im Deutschland der 90er Jahre, dem Deutschland der Wilhelminischen Epoche, war kein Platz mehr für einen karitativen Verein wie den »Verein vom Heiligen Grabe«, der daran festhielt, sämtliche katholischen Einrichtungen mit Unterstützung zu bedenken. Diese Maxime führte jedoch dazu, dass in Deutschland gespendete Gelder ihren Weg zu Einrichtungen fanden, die in Verbindung gebracht wurden mit Nationen, welche mit Deutschland um Macht und Einfluss konkurrierten – und dies auf dem Höhepunkt eines mit harten Bandagen ausgetragenen internationalen Wettstreits in Sachen Kolonialismus, Einfluss und Status in Europa sowie Kontrolle über internationalen Handel und Wirtschaft.

Wie bereits angedeutet war es der Kaiser, der die neue Richtung der deutschen Politik vorgegeben hatte, die Politik einer Weltmacht. Der deutsche Katholizismus und vor allem der »politische Katholizismus«, ein Begriff, den etliche Autoren ungeachtet der Uneinheitlichkeit seiner Bedeutung und seiner Vielschichtigkeit bemühen, erfuhr wie beschrieben einen äußerst rapiden Prozess nationalistischer Extremisierung. Ab Mitte der 90er Jahre vollzog die Zentrumspartei einen Schwenk nach rechts, während die deutschen Katholiken kontinuierlich ein positives Verhältnis und Treue zum Kaiser demonstrierten. Die katholischen Bischöfe und der konservative Flügel der Zentrumspartei gaben ohne jeden Zweifel einer protestantischen Monarchie den Vorzug vor einer Demokratie nach Beispiel Frankreichs oder Großbritanniens.[1] Daher war ihrer Meinung nach dem katholischen Deutschland von jeher die Verpflichtung auferlegt, den Einfluss des katholischen Frankreichs in der Welt zu bekämpfen und diesem seinen Anteil am katholischen Missionswerk abzuringen, um so den Namen Deutschlands auf Kosten des benachbarten Erbfeindes zum Ruhm zu verhelfen. Der Krieg gegen »die katholische Funktion Frankreichs in der Welt« wurde zu einem zentralen Motiv in der Presse, ja sogar in der deutschen Forschung, wobei die erhebliche deutsche Spendentätigkeit zugunsten französischer Missionseinrichtungen betont wurde sowie der Umstand, dass eine umgekehrte Situation wohl unmöglich wäre.[2]

Allerdings sträubten sich die Katholiken gegen einen Kolonialismus bismarckscher Schule, dessen Motive ausschließlich politischer und ökonomisch-merkantiler Natur waren. Sie verlangten, der Kanzler solle auch im sozialen und religiösen Sinne tätig werden, ja seine Anstrengungen auf diese Felder konzentrieren. In den 80er Jahren, als die Erinnerungen an den »Kulturkampf« noch frisch waren, hatte sich die Zentrumspartei unter Führung Windthorsts gegen expansive kolonialistische Unternehmungen gesperrt, auch wenn sie hier und da kleinere Unternehmungen unterstützt hatte.[3] Erst gegen Ende des Jahrzehnts konnte sich Bismarck die Unterstützung der Zentrumspartei für seine Politik sichern, nachdem er vor aller Welt dem Vatikan bei dessen Kampagne gegen den arabischen Sklavenhandel in Afrika zur Seite gestanden hatte. Dieser Feldzug wurde angeführt durch den französischen Kardinal Charles Lavigerie als Teil des »Kreuzzugs« der Kirche, Afrika wieder für das Christentum zurückzuerobern.[4]

Als Bischof von Algier hatte Lavigerie den Orden der »Pères Blancs«, der Weißen Väter, gegründet, deren Mitglieder sogar nach Jerusalem gelangten, um die Kirche St. Anna zu übernehmen, die die Türken Frankreich als Zeichen des Dankes für dessen Unterstützung während des Krimkrieges überließen. 1882 wurde Lavigerie in den Rang eines Kardi-

1 Alexander, Church, 435-466; Morsey, Katholiken, 166-170; Gollwitzer, Katholizismus, 226-227 u. die Quelle Anm. 8; Zeender, Center, 442-444.

2 Schmidlin, Heidenmission, haupts. 477, 482; Sinno, Interessen, 286-288.

3 Townsend, Origins, 124-125; ders., Empire, 96-97; Hoffmann, Katholiken, 39-40.

4 Gründer, Gott. Siehe auch Neill, Colonialism, 278, 348-350; Townsend, Empire, 117-118; *NCE*, III, 541-542.

nals erhoben und zwei Jahre später zum Erzbischof von Karthago und Primas von ganz Afrika ernannt. In dieser führenden klerikalen Persönlichkeit, vor allem aufgrund von Lavigeries unbeirrbarem Kampf gegen die Sklaverei, fanden die Katholiken in Deutschland eine Gestalt zur Verehrung und Nachahmung. Tatsächlich war ihre Reaktion auf die Kampagne begeistert und drückte sich insbesondere in Spenden von gewaltigem Umfang aus. Bereits Mitte der 80er Jahre war es zu einer Übereinkunft zwischen Windthorst und Bismarck hinsichtlich der Kolonialpolitik gekommen, doch sollte die katholische Mission bis Anfang der 90er Jahre auch weiterhin im Vergleich zu ihrem protestantischen Pendant benachteiligt bleiben.[5] Die Missionsarbeit, die »christliche Verpflichtung« der Mission, unter den »Götzendienern« zu wirken, sie war es, die das katholische Deutschland mit der deutschen Kolonialpolitik verband und es dazu brachte, sich mit der national-imperialistischen Machtpolitik des deutschen Kaiserreiches zu identifizieren.[6]

Der Historiker Koppel S. Pinson hat die Siedlungsanstrengungen in den deutschen Kolonien als »bestimmt von einem Verhaltensmuster des ›ich-auch‹« definiert. Diese Definition spiegelt sich auch im deutsch-katholische Wirken in Palästina. Ab Mitte der 80er Jahre des 19. Jahrhunderts lässt sich der Einfluss des deutschen Kolonialismus auf das deutsche Engagement im Heiligen Land nachweisen. Die Bezeichnung »echt katholisch und gut deutsch«, die für die Mitglieder des »Palästina-Vereins« geprägt worden war, erhielt eine neue Dimension, da sich jetzt darin der Katholizismus Roms und der Patriotismus Berlins miteinander verbanden.[7]

Es leuchtet ein, dass in einer solchen Stimmung der »Verein vom Heiligen Grabe« zusehends wie eine Körperschaft wirkte, die sich überlebt hatte, weshalb der Verein schnell an Einfluss und Stärke verlor. So war ein schmerzhafter Rückgang der Einnahmen zu verzeichnen. Von einem jährlichen Spendenaufkommen von 120.000 Mark Mitte der 80er Jahre sank das Spendenvolumen auf 100.000 Mark und in den Jahren 1888 bis 1893 sogar darunter. 1892 verlor der Verein zudem die Karfreitagskollekte, die einen beträchtlichen Teil seiner Einnahmen ausgemacht hatte. Die Gelder aus dieser Kollekte wurden fortan auf Anweisung Roms direkt an den Repräsentanten der Kustodie in Paderborn geschickt. Der Verein versuchte zwar über mehrere Jahre, gegen den Verlust dieser Gelder anzukämpfen, und erfuhr dabei Unterstützung durch seinen Präsidenten, den Kölner Kardinal Phillipus Krementz (1819-1899), der seit 1885 Bi-

5 Gründer, Gott, 216; Hoffmann, Katholiken, 40.
6 Gründer, Kaiserfahrt, 372.
7 Pinson, Germany, 298; Morsey, Katholiken; Gatz, Auslandsarbeit.

schof von Köln war.[8] Der Vatikan schlug 1889 sogar einen Kompromiss vor, dem zufolge dem Verein erlaubt sein sollte, am selben Tag Spenden zu sammeln, jedoch getrennt von der Kollekte zugunsten der Franziskaner. Doch auch dieser Vorschlag war den Deutschen nicht genehm, so dass die Situation blieb, wie sie war.[9] Auch die Reichsregierung signalisierte eindeutig, welcher von beiden Vereinen in ihren Augen den Vorzug genoss. Die Verleihung des Privilegs, als öffentliche Körperschaft zu gelten, war gleichbedeutend mit einer Anerkennung des »Palästina-Vereins« von Regierungsseite.[10]

Auch Janssen war alles andere als zufrieden mit der Situation, die ihn weiterhin zu so etwas wie einem armen Bruder machte, der durchgefüttert wurde an der Tafel des reichen »Vereins vom Heiligen Grab«, welcher nicht immer erfreut war, die Summen zur Verfügung zu stellen, auf die Janssen für seine Zwecke angewiesen war. Denn diese Beträge wuchsen immer stärker an, je mehr Einrichtungen und Projekte der »Palästina-Verein« betrieb, während sich parallel dazu die finanzielle Lage des Vereins zusehends dramatischer gestaltete und seine Verpflichtungen gegenüber den Banken anschwollen. Wie bereits gesehen waren die Jahre des Übergangs Ende der 80er und zu Beginn der 90er Jahre eine Phase, in der die Aktivitäten des Vereins aufblühten und expandierten, was wiederum selbstverständlich mit erheblichen Investitionen verbunden war. Eine genauere Betrachtung der Bilanzen über jene Gelder, die durch den »Verein vom Heiligen Grabe« zur Verfügung gestellt wurden, erhellt das Bild. So kam Janssen erst ab 1892 in den Genuss von Spenden »für Ziele des Vereins«; Schmidt erhielt eine Finanzierung für seine Tätigkeit im Hospiz in Jerusalem erst ab 1891 und Zephyrin Biever direkte Zuwendungen für Tabgha erst ab 1894! In den vier Jahren von 1892 bis 1895 wurden an alle Einrichtungen des »Palästina-Vereins« zusammen rund 40.000 Mark angewiesen, was nur zehn Prozent aller Spendengelder ausmachte, die der »Verein vom Heiligen Grabe« im selben Zeitraum eingenommen hatte – und dies zu einen Zeitpunkt, da bereits Kontakte für ein Zusammengehen beider Vereine geknüpft worden waren! Klar, dass derartige Sum-

8 Cramer, Jahrhundert, 56 Anm. 92.

9 Verschiedene Berichte im *Kirchlichen Anzeiger für die Erzdiöcese Köln* 29, 8, 47 (15.4.1889), (»Zur Aufklärung in Sachen Verein vom Heiligen Land«); ebd., 48 (»Die Karfreitagskollekte zugunsten des Heiligen Landes«), die in der Akte HAEK, CR 22. 11, 1, 43-46 aufbewahrt werden, sowie weitere Dokumente aus derselben Akte.

10 Cramer, Jahrhundert, 37-38.

men weit davon entfernt waren, den Bedürfnissen Janssens zur Realisierung seiner Pläne gerecht zu werden.

»Insbesondere die kirchlichen und socialen Interessen der deutschen Katholiken wahrzunehmen« Der Zusammenschluss der Vereine, Satzung und Ziele

Eine Reihe von Ereignissen und Prozessen in den Jahren 1892 und 1893 führten zum unvermeidlichen Umschwung, indem sie die beiden Vereine zu der Erkenntnis brachten, dass kein Raum für die eigenständige Existenz jedes einzelnen von ihnen bestand. Die klar zu bezeichnenden Auslöser für dieses radikale Umdenken waren der »Lazaristen-Krise« und der »Kampf um die Banner«, die den Deutschen die Tiefe des Abgrunds zwischen ihnen und Frankreich vor Augen führten und die Unversöhnlichkeit des Kampfes zwischen beiden Staaten in Palästina. Die kompromisslose Haltung Frankreichs führte zu einer entschiedenen Reaktion der Katholiken in Deutschland. Diese verweigerten nicht nur ihren Glaubensgenossen in Frankreich weitere Unterstützung, sondern stellten sich demonstrativ hinter den »Palästina-Verein« und dessen nationalistische Ziele, so dass auch der »Verein vom Heiligen Grabe« gezwungen war, sich dem anzuschließen. Vollkommen klar war, dass künftig kein Raum mehr gegeben sein würde für eine finanzielle Unterstützung französischer Einrichtungen welcher Art auch immer. Nun galt es, alle verfügbaren Mittel für die möglichst schnelle Förderung der deutschen Ziele zu rekrutieren und bereitzustellen.

Die Kontakte zur Vereinigung der beiden Vereine setzten bereits 1893 ein. Von Anfang an war man allgemein bestrebt, eine Verschmelzung der Vereine herbeizuführen, damit keiner von beiden zugunsten des anderen würde zurücktreten müssen. Die erste Verhandlung zwischen den Vorständen der Vereine mündete in eine offizielle Aussprache auf der Generalversammlung des »Palästina-Vereins« in Aachen am 27. November 1893, auf der die Leitlinien eines Fusionierungsvertrages verabschiedet wurden. Janssen war wie zu erwarten der tätige Geist hinter dem ganzen Vorgang. Er berichtete über die stattgefundenen Gespräche und unterstrich dabei, dass kein Sinn und keine Notwendigkeit mehr bestünden für die Existenz zweier »Schwestervereine, eines jungen und eines alt gedienten«.[11] Auf seine Empfehlung hin nahm sein Verein einstimmig den Aufruf zur Fusionierung an. Deren Umsetzung jedoch wurde an die

11 Ebd., 38.

Bedingung geknüpft, die neue Satzung so abzuändern, dass sie in Einklang mit den Privilegien des »Palästina-Vereins« als juristische Person stünde. Im April 1894 teilte der Vorstand mit, es sei in allen Punkten Übereinstimmung zwischen den Verhandlungsführern der beiden Vereine erzielt worden und dass von staatlicher Seite die neue Satzung gebilligt worden sei, einschließlich der Übertragung der Körperschaftsprivilegien auf den neuen Verein. Das Abkommen über die Fusionierung wurde schließlich am 7. April 1894 unterzeichnet. In Aachen setzte Janssen seine Unterschrift darunter und in Köln Hermann Josef Schmitz die seine.[12]

Die erste Ausgabe der Vereinszeitschrift brachte auf der Titelseite einen feierlichen Artikel über die Fusionierung der beiden Vereine, versehen mit dem 137. Psalm aus dem Psalter als Motto: »Vergesse ich dein, Jerusalem, so werde meiner Rechten vergessen.«[13]

Am 11. März 1895 bestätigte Wilhelm II. mit seiner Unterschrift die Auflösung des »Palästina-Vereins«, dessen Fusionierung mit dem »Verein vom Heiligen Grabe« sowie die Satzung des neuen Vereins, der den Namen »Der deutsche Verein vom Heiligen Lande« erhielt.[14] Der »Verein vom Heiligen Grabe« stand nicht unter hoheitlichem Schutz und besaß auch keinerlei offiziellen Status, weshalb der Kaiser seine Auflösung ohnehin nicht hätte verlautbaren müssen. Am 30. Juli trat die konstituierende Generalversammlung in Köln zusammen, das als Zentrum des neuen Vereins und Tagungsort seines Vorstandes bestimmt wurde. Den Vorsitz hatte der Patron der beiden alten Vereine inne, Kardinal und Erzbischof Krementz. Er übernahm auch die Obhut über den neuen Verein und wurde zu dessen Präsidenten ernannt. Die feierliche Unterzeichnung fand an seinem Amtsitz statt. Die Unterzeichnenden waren Hermann Josef Schmitz, Vizepräsident des »Vereins vom Heiligen Grabe«, und Janssen, der Vorsitzende des »Palästina-Vereins«.

Die neue, zwanzig Paragraphen umfassende Satzung wurde 1896 in der ersten Ausgabe von *Das Heilige Land* veröffentlicht.[15] Die Zeitschrift, ehedem Vereinsorgan des »Vereins vom Heiligen Grabe«, erschien weiter als Publikation des neuen Vereins, während *Das Palästinablatt*, die Vereinszeitschrift des »Palästina-Vereins«, ihr Erscheinen einstellte. Der erste Paragraph, ein Paragraph technischer Natur, befasste sich mit dem Na-

12 Bosse (preußischer Kultusminister) an Fürst Hohenlohe-Schillingsfürst, ISA, 305, III 35717, 25-31. Siehe zu diesem Thema auch die Darstellung bei Kohler, Dormitio, 42-45.

13 Vereinigung des Vereins.

14 Ebd.; ISA, 305, III, 303.

15 Ebd.; Statut HL.

men des Vereins und seinem Status. Im zweiten Paragraphen wiederum fanden sich die Ziele des neuen Vereins definiert: Schutz der heiligen Stätten und Förderung der katholischen Mission im Heiligen Land (Hauptziel des »Vereins vom Heiligen Grabe«); Wahrung der kirchlichen und sozialen Interessen der deutschen Katholiken im Heiligen Land (Hauptziel des »Palästina-Vereins«).

Weitere Paragraphen der Satzung: (3) Der Verein befindet sich unter dem Schutz des Deutschen Reiches und hat seinen Sitz in Köln; (4) die dem Verein zur Verfügung stehenden Mittel, womit Spenden und die Besitzungen in Palästina gemeint waren, haben den in Paragraph 2 genannten Zielen zu dienen; (7) der Präsident; (8) der Vorstand, seine Wahl und Zusammensetzung; (9) der Vorsitzende und seine Aufgaben; (10) Entscheidungsfindung; (11) der Schatzmeister; (12) die Generalversammlung und ihre Aufgaben; (13) Tagesordnung auf der Generalversammlung; (14) Ehrenmitgliedschaft und weitere Paragraphen.

Schmitz und Janssen saßen gemeinsam der konstituierenden Generalversammlung vor, die Ende Juli 1895 zusammentrat. In ihrem Verlauf fanden die Wahlen zum Vorstand statt, bei denen Schmitz zum Vizepräsidenten und Janssen sowie ein weiteres Mitglied zu Rechtsberatern gewählt wurden. Außerdem wurden zwei Sekretäre, ein Schatzmeister und dreiunddreißig weitere Personen gewählt, von denen jeder Mitglied in einem der beiden vorherigen Vorstände gewesen war. Kardinal Krementz hielt selbstverständlich die zentrale Begrüßungsrede. Im Dezember erfolgte der Segen Papst Leos XIII. für den neu gegründeten Verein.

Missionsarbeit oder Erwerb von Grundbesitz und Bauprojekte

Personelle Veränderungen und Grundzüge der Vereinstätigkeit

Eine der ersten Änderungen, die der neue Verein vornahm, war eine Abtrennung der Generalversammlungen von den deutschen Katholikentagen. Dennoch fand die Tätigkeit des Vereins unverändert starken Widerhall bei diesen Anlässen. So wurden zum Beispiel die Anträge, dem neuen Verein beizutreten, bei dem Katholikentag des Jahres 1895 in München einstimmig angenommen, ebenso wie auf dem im darauf folgenden Jahr, der in Dortmund abgehalten wurde.[16] 1899 verstarb Kardinal Krementz und kurz nach ihm Schmitz. Der Bischof von Paderborn, Erzbischof

16 Cramer, Jahrhundert, 41.

Hubertus Theophil Simar (1835-1902), wurde als Nachfolger Krementz' zum Bischof von Köln ernannt, womit er gleichzeitig auch zum Präsidenten des Vereins wurde. Beide Ämter übte er drei Jahre lang aus. Mit seinem Tod im Jahre 1902 ging die Präsidentschaft erneut auf den gewählten Bischof von Köln über, den Kardinal und Erzbischof Antonius Fischer (1840-1912), der bereits zuvor zu den Mitgliedern des Vereinsvorstandes gezählt hatte.[17]

Schmitz war überraschend im Alter von nur sechzig Jahren verstorben, und am Tage seiner Beisetzung wurde Janssen einstimmig in das Amt des Vizepräsidenten des »Vereins vom Heiligen Lande« gewählt, was einen Präzedenzfall darstellte. Denn dies war das erste Mal seit Gründung des »Vereins vom Heiligen Grabe«, dass ein Laie und kein Mitglied des Klerus in ein solches Amt gewählt wurde! Doch kaum ein Jahr nach Erwerb der Dormitio und auf dem Höhepunkt einer furiosen Spendensammeltour für den Bau der Kirche und des Klosters war Janssens Wahl nur natürlich und naheliegend, hatte er doch an all diesen Unternehmungen entscheidenden Anteil gehabt (und sollte später sogar bekunden, dass er den Erwerb des Grundstücks als größte Errungenschaft seines Leben betrachtete).[18] Sein persönliches Ansehen hatte zum damaligen Zeitpunkt seinen Höhepunkt erreicht, gab es doch keinen Kandidaten, der würdiger und prädestinierter für diese wichtigste Exekutivfunktion des Vereins gewesen wäre. Ja mehr noch, diese neue »Personalpolitik« ergab sich auch beinahe zwingend aus der neuen Richtung, die der »Verein vom Heiligen Lande« in seinem Wirken einschlug. Zwar führte der neue Verein die Arbeit seiner beiden Vorgänger weiter, übernahm jedoch den eher weltlichen, nicht-kirchlichen Charakter des »Palästina-Vereins«. Dabei sollte angemerkt werden, dass keinerlei Widerspruch darin liegt, dass der Verein zweifelsohne auch zum Kreis der Organisationen gehörte, die den Empfehlungen der Kirche folgten und sich sogar unter deren Aufsicht und Schutz befanden.

In den ersten vier Jahren nach dem Zusammenschluss versuchte der Verein, Janssens Ideen zu verwirklichen, die eine Verstärkung der Kolonisierungsanstrengungen und der weltlichen Arbeit in Palästina vorsahen, hoffte indes, dass es ihm gleichzeitig gegeben sein würde, auch weiterhin den ersten Teil des zweiten Paragraphen der Satzung zu realisieren (die Wahrung der Interessen der deutschen Katholiken im Heiligen Land und im Orient). Allgemein herrschte die Erwartung, dass der Zusammenschluss der beiden Vereine zu einem höheren Spendenaufkommen

17 Ebd., 57, 62.
18 Kaiser Geschenk, 4.

in Deutschland führen würde, so dass der neue Verein den Umfang der Zahlungen an die bestehenden katholischen Einrichtungen generell aufrechterhalten und gleichzeitig seinen Beitrag zu einer forcierten Entwicklung weiterer deutscher Projekte beisteuern könnte.

Offenbar hegten die Vereinsgründer die ehrliche Absicht, die Einnahmen zu gleichen Teilen für diese beiden Ziele aufzuwenden, doch die Realität machte alle Planungen zunichte. Denn die finanzielle Lage in den ersten Jahren war katastrophal, da der »Palästina-Verein« als Mitgift neben einigen angefangenen Bauprojekten und bereits existierenden Einrichtungen in Palästina auch erhebliche Schulden mit eingebracht hatte. So hieß es im Jahresbericht für 1896, zum 31. Juli jenen Jahres hätten sich die Verpflichtungen des Vereins gegenüber der »Aachener Bank für Handel und Handwerk« auf die nicht eben geringe Summe von 182.496,20 Mark belaufen, was beinahe der Höhe der in zwei Jahren gesammelten Spendenbeträge entsprach.[19] So war der neue Verein in den ersten Jahren gezwungen, erhebliche Summen für den Schuldendienst zu opfern. Der »Verein vom Heiligen Grabe« seinerseits pflegte keine Barbeträge in derartiger Höhe in seiner Kasse zu horten und verfügte auch über keine größeren finanziellen Rücklagen, die bei der Lösung des Problems hätten hilfreich sein können. Daher war der neue Verein gezwungen, Gelder aus den laufenden Spendensammlungsaktionen für die Tilgung der Kredite bereitzustellen, was wiederum auf Kosten der Zuwendungen an die nichtdeutschen Einrichtungen in Palästina ging. In den ersten Jahren nach der Fusionierung war deshalb ein permanenter und gravierender Mangel an Finanzressourcen spürbar, und erst 1899 konnte der Schatzmeister den Abtrag aller Schulden verkünden.[20]

Der finanzielle Druck war auch bald schon in Palästina zu spüren, ja sogar in den dortigen deutschen Einrichtungen selbst: Dies war eine »sehr schmerzliche Zeit« für Schmidt, der hart darum kämpfen musste, nicht all das zu verlieren, was er in den ersten fünf Jahren seines Wirkens aufgebaut hatte.[21] Und als sei dies noch nicht genug, zeigte sich schnell, dass die Einnahmen aus Spenden in keiner Weise hatten gesteigert werden können. Im Gegenteil. Die Einnahmen des neuen Vereins fielen deutlich geringer aus als die der beiden Altvereine zusammen, da viele in beiden Vereinen Mitglied gewesen waren und, wenn sie zuvor zweimal gespendet hatte, es jetzt bei einer Spende beließen. Auf diesen Umstand hatte die Vereinsführung bereits bei der Generalversammlung im Jahre

19 *HL* 40 (1896), 136.

20 Katholische Deutschland, 196; Cramer, Jahrhundert, 42.

21 Nachruf auf Schmidt, ISA 268, *Kölnische Zeitung*, 6.11.1907.

1897 hingewiesen.[22] Zwar war daraufhin ein leichter Anstieg der Mitgliederzahl zu verzeichnen, doch führte auch dieser nicht zu einer wirklichen Verbesserung der Einnahmensituation.

Deshalb war der Verein gezwungen, seine Zuwendungen zu reduzieren, und die Ersten, die diese Kürzungen zu spüren bekommen sollten, waren wie zu erwarten die nichtdeutschen Einrichtungen. So erhielt das Patriarchat 1890 rund 33.000 Reichsmark und ein Jahr darauf 1891 sogar noch einmal 1.000 Mark zusätzlich; 1895 jedoch ging die ihm zugewiesene Summe auf nur noch 10.500 Mark zurück. 1896 erhielt das Patriarchat gut 16.000 Mark, 1897 waren es 20.000 Mark und in den Jahren 1900 bis 1902 abermals jeweils 16.000 Mark jährlich.[23] Der Vereinsvorstand machte dabei nie einen Hehl aus seinen Präferenzen. Die antifranzösische Linie kam bereits Ende des Jahres 1894 auf einer Vorstandssitzung des »Vereins vom Heiligen Grabe« zum Ausdruck, auf der die Empfehlung des lateinischen Patriarchen Piavi zur Sprache gebracht wurde, die Zuwendungen an die nichtdeutschen Einrichtungen und insbesondere an die französischen zu reduzieren,[24] eine Linie, die sukzessive auch die Arbeit des neuen Vereins bestimmte. So war es nur natürlich, dass die stärker nationalistische Ausrichtung des »Palästina-Vereins« von nun an den Ton angab. Einige der Faktoren, die wechselseitig die Tätigkeit des neuen Vereins in diese Richtung lenkten, sind bereits aufgezählt worden, darunter die Annäherung Frankreichs an Russland, das dabei faktisch den aktiven Schutz der katholischen Interessen in Palästina aufgab. Eines der Resultate dieser veränderten Politik waren vermehrte Übergriffe der Orthodoxen gegen die Katholiken, ein Phänomen, das seinen Höhepunkt am 4. November 1901 bei dem Hinterhalt erreichte, den griechisch-orthodoxe Mönche den Franziskanern in der Grabeskirche legten und bei dem sechzehn Mönche verletzt wurden.[25] Die Deutschen kamen bald zu der Erkenntnis, dass sie die Einzigen waren, die in Frage kamen, Frankreich in seiner Rolle als Repräsentant der römisch-katholischen Welt im Heiligen Lande abzulösen. Dieser Ansatz wiederum deckte sich grandios mit der Machtpolitik des wilhelminischen Kaiserreiches.

Zudem musste die Vereinsführung die Tatsache akzeptieren, dass ihre Hoffnungen, in Palästina dauerhafte, lebensfähige Ansiedlungen zu er-

22 Versammlung Düsseldorf, 88; Katholische Deutschland, 198; Schmitz, Deutschtum, 19.

23 Katholische Deutschland, 197.

24 Protokolle, 28.11.1894.

25 Vorgänge Grabeskirche.

richten, zunichte geworden waren, dass ihre kolonialistischen Aspirationen sich nicht hatten erfüllen lassen. Die Siedlungsversuche scheiterten ein ums andere Mal und verschlangen dabei Unsummen, die gewiss die Möglichkeiten des Vereins bei weitem überstiegen. Es war klar, dass der Aktionsmodus in Palästina einer Änderung bedurfte, und diese Änderung kam tatsächlich gegen Ende des Jahrhunderts mit dem Besuch des deutschen Kaisers im Heiligen Land. Der Vorstand und sein Präsident, Erzbischof Krementz, hatten unabhängig voneinander unmissverständlich erklärt, auf dem Berg Zion werde keine weltliche Ansiedlung errichtet werden, nicht einmal ein Hospiz. Stattdessen sollten dort einzig und allein eine Kirche und ein Kloster erbaut werden, allerdings groß und ihres Namens würdig. Damit sah sich der Verein vor eine neue Aufgabe von einer Tragweite gestellt, wie er sie bis dahin noch nicht gekannt hatte.[26]

Die Schwierigkeiten und Probleme weckten Kontroversen innerhalb des Vorstandes. Einer der beiden Sekretäre, Pingsmann, einer der Veteranen des »Vereins vom Heiligen Grabe« und Herausgeber von *Das Heilige Land*, widersetzte sich Janssens Linie und behauptete, der Schutz der heiligen Stätten sei das entscheidende und wichtigste Ziel des neuen Vereins. Pingsmann, ein Geistlicher aus Köln, der Sekretär des »Vereins vom Heiligen Grabe« und seit 1877 Herausgeber des Vereinsorgans war und beide Funktionen bis zu seinem Tode 1905 innehaben sollte, gehörte zu den wichtigsten und profiliertesten Mitgliedern der beiden Vereine. In allen Jahren seiner Tätigkeit hielt er an seiner Meinung hinsichtlich des Schutzes der heiligen Stätten fest. Bereits bei seiner Amtsübernahme im Jahre 1882 hatte Pingsmann einen Artikel veröffentlicht, in dem er sich zugunsten einer Unterstützung beim Unterhalt kirchlicher Einrichtungen in Palästina allgemein aussprach.[27] Anfang 1900 dann übermittelte er dem neuen Bischof Simar ein Memorandum, in dem er seinen Standpunkt zu den Präferenzen in der Arbeit des »Vereins vom Heiligen Lande« verdeutlichte:

> »Der anfängliche Plan des Palästinavereins, deutsche katholische Siedler nach Palästina zu bringen, ist jetzt mehr in den Hintergrund getreten wegen der grossen Schwierigkeiten, die teils im Klima, teils jetzt wohl auch im Mangel an geeigneteren Terrain liegen. Tatsächlich ist auch die Zahl der katholischen, im Hl. Lande ansässigen Deutschen eine geringe [...] Seit fünf Jahren wirkt nun der neue Verein. Die

26 Kaiser Geschenk, 8-9; Krementz, Aufruf, 23.

27 Versammlung Düsseldorf, 90-91; Pingsmann, Interesse. Zu dessen Biographie siehe Cramer, Jahrhundert, 65-66 u. Anm. 107; Düsterwald, Pingsmann.

> Zwecke des Vereins vom Hl. Grabe sind in dieser Zeit mehr in den Hintergrund getreten, weil die Abtragung der Schulden und die Konsolidierung der Anstalten im Hl. Lande zunächst die Aufgabe des Vereins bildeten und bilden mußten. Eine herrliche Aufgabe ist dem Verein geworden durch das katholische Geschenk der Dormitio [...] Gerade für diese ideellen Zwecke und für die Missionstätigkeit ist die Teilnahme der Gläubigen viel leichter und energischer zu erwirken als für die Erbauung von Hospizen und Erwerbung von Grundbesitz.«[28]

Pingsmann zielte damit auch auf die neuen hohen Schulden ab, die der »Verein vom Heiligen Lande« mit dem Erwerb des Grundstücks für das St.-Paulus-Hospiz gemacht hatte, eine Investition, die sich zu den erheblichen Investitionen in Tabgha gesellte. Er rief sogar dazu auf, nicht gänzlich auf die Zuwendungen an einige Einrichtungen des Patriarchats zu verzichten, vor allem für Gatts Missionshaus in Gaza und die Missionsstation in Nablus, die seit Jahrzehnten nur dank der Gelder aus Deutschland existierten.

Diese Grundsatzdebatte von weitreichenden praktischen Auswirkungen gebar eine erste Krise in der Tätigkeit des »Vereins vom Heiligen Lande«. Die Sache wurde zur Abstimmung auf der Sitzung des Vorstands vorgelegt, und die Befürworter der Linie des »Vereins vom Heiligen Grabe« fanden sich in der Minderheit. Pingsmann schlug eine Arbeitsteilung vor zwischen den »Aachenern« unter Führung von Janssen und seinen eigenen »Kölnern«, mit der Bitte, letztgenannten zu ermöglichen, auch weiterhin die kirchlichen und missionarischen Interessen zu vertreten und zu fördern. So, hoffte er, würden die nationalen Interessen nicht gänzlich die religiösen verdrängen. All dies jedoch waren Rückzugsgefechte, die nicht dem Zeitgeist und nicht den Ereignissen in Deutschland und Palästina entsprachen. Pingsmanns einziger Erfolg war, dass es ihm gelang, Antonius Fischer an die Spitze dieser Gruppe zu stellen und ihn in den Vorstand zu befördern. Fischer, später Kardinal, war einer der Vertreter des Bischofs von Köln und sollte innerhalb eines Jahres in das Amt eines Erzbischofs aufsteigen. Faktisch betrachtet jedoch siegte Janssen in diesem Machtkampf auf ganzer Linie. Zwar war der Verein fortan auch auf dem Berg Zion tätig, verzichtete jedoch nicht ohne weiteres auf »weltliche« Unternehmungen, alte wie neue.[29]

Dann jedoch erschütterte den Verein eine neue, tiefgreifende Krise, hervorgerufen durch den Tod Janssens, der zentralen und führenden Per-

28 Zitiert bei Cramer, Jahrhundert, 59.
29 Ebd., 59-60.

sönlichkeit des Engagements in Palästina seit über zwei Jahrzehnten. Der letzte öffentliche Auftritt des siebzigjährigen Janssen erfolgte auf der fünften Generalversammlung seines Vereins, die im Jahre 1900 in Aachen stattfand, auf der er mit unverhohlenem Stolz auf die Vielzahl von Aktivitäten und Erfolgen blicken konnte. So konnte Janssen verkünden, dass bereits 570.000 Reichsmark für die Errichtung der Kirche auf dem Berg Zion gesammelt worden seien und das Hab und Gut der Benediktiner aus Beuron, jener prachtvollen und berühmten Abtei in Süddeutschland, schon unterwegs sei, die in Begriff waren, sich in dem neuen, in Jerusalem zusehends entstehenden Kloster anzusiedeln.[30] Auch seine weiteren Ausführungen belegten eine Initiative, wie es sie in der Geschichte der beiden Vorgängervereine nicht gegeben hatte. Die Dormitio befand sich im Bau, eine Fläche für das neue Hospiz war erworben, die Aktivitäten in Kubeibe waren erneuert worden, die Anlage in Tabgha war erweitert und ihre Belegschaft aufgestockt worden und für Haifa lagen Planungen für weitere Baumaßnahmen vor. Tatsächlich konnte Janssen mit offensichtlichem Stolz sagen, »und gegenwärtig erfreuen wir uns in Palästina eines Ansehens und eines Einflusses, dass man uns jetzt an erster Stelle nennt«.[31]

Am 16. Dezember 1900 jedoch, weniger als einen Monat nach dieser Rede, verstarb Janssen an einem Herzinfarkt. Damit ging eine weitere Epoche des deutsch-katholischen Engagements in Palästina zu Ende. Ohne jeden Zweifel war Janssen dessen Schlüsselfigur. Es lässt sich nur schwer vorstellen, dass es ohne ihn in Palästina zu einem wie auch immer gearteten praktischen, organisierten Handeln seiner katholischen Landsleute gekommen wäre, zumindest nicht bis zum Ende des 19. Jahrhunderts. Damit wäre es auch nicht übertrieben zu sagen, dass Janssen, der niemals das Heilige Land besuchte, der beinahe alleinige Verantwortliche für die Aktivitäten dort war.

Die Vollendung des ganzen auf Hochtouren laufenden Vorgangs wurde in die Hände des aus Düsseldorf stammenden pensionierten Regierungsrates Wilhelm Klein (1834-1908) gelegt, eines Juristen und Staatswissenschaftlers, der auf eine lange Karriere in der öffentlichen Verwaltung zurückblicken konnte. Klein hatte bis dahin nicht dem Vorstand angehört, weshalb nach Paragraph 16 der Satzung die Notwendigkeit bestand, ihn anstelle Janssens in den Vorstand zu wählen. Erst als dieser wieder vollständig war, konnte Klein einstimmig zum amtierenden Vorsitzenden gewählt werden. Er füllte diese Funktion während all der Jahre

30 Krüger, Rom, 219-224.
31 Generalversammlung V, 9-13 (Zitat 9).

intensiver Bautätigkeit in Palästina aus, so dass die Vollendung dieser zahlreichen Projekte in erster Linie ihm zuzuschreiben ist. 1904 unternahm Klein sogar eine Pilgerreise nach Palästina und konnte mit eigenen Augen den Fortgang in allen dem Verein gehörenden Einrichtungen inspizieren.[32] Er verstarb Ende 1908. An seiner Stelle wurde Prinz Alfred zu Salm-Reifferscheidt (1863-1924) gewählt, der zwar gelernter Jurist war, den Großteil seiner Zeit jedoch der Verwaltung seiner Güter widmete. Er behielt das Amt des Vorsitzenden bis zu seinem Tode inne, womit sich sein Wirken im Wesentlichen über einen Zeitraum erstreckte, der nicht mehr Gegenstand dieser Untersuchung ist.[33]

Die finanziellen Schwierigkeiten, die in den ersten Jahren nach dem Zusammengehen der Vereine auftraten, blieben auch nach dem Besuch des Kaisers in den ersten Jahren zu Beginn des 20. Jahrhunderts unverkennbar. In ihrem Gefolge trat auch die öffentliche Kritik an dem Verein erneut zutage. Diese erreichte einen weiteren Höhepunkt 1902 und fand ihren Ausdruck in zwei Artikeln, der erste davon im Vereinsorgan und der zweite in einer deutsch-katholischen Tageszeitung. Gatt war zum damaligen Zeitpunkt derjenige deutsche Geistliche, der am längsten in Palästina tätig war. Er war zwar von Geburt Österreicher, wurde aber in all den Jahren durch den Verein uneingeschränkt als Deutscher betrachtet. Daher konnte niemand stillschweigend den Artikel des verdienstvollen, seit dreiunddreißig Jahren in Palästina tätigen Geistlichen übergehen, der in der Ausgabe vom April 1902 in *Das Heilige Land* erschien.[34] Kein Zweifel, schrieb Gatt, dass die katholischen Christen, die Russen und Protestanten viel unternähmen, um den Lebensstandart des Volkes in kultureller, sozialer und materieller Hinsicht zu erhöhen. Doch wenn ihnen in den ersten beiden Bereichen auch gewisse Erfolge beschieden gewesen seien, so hätten sie in materieller Hinsicht die Lage der Einheimischen nur verschlechtert. Die jährlichen Kosten für die einhundert Missionseinrichtungen der Katholiken, die vierzig der Protestanten und dreißig der Russen in Palästina hätten Riesensummen erreicht. Allein die katholischen Missionseinrichtungen kosteten rund 2 Millionen Francs jedes Jahr![35]

Gatt entwickelte im Laufe der vielen Jahren, die er in Palästina verbrachte, ein gesteigertes Maß an Abneigung und Intoleranz gegenüber der örtlichen Bevölkerung. Aus diesem Grund widmete er sich in seinem

32 Vorstandssitzung 1901, 51-52; Cramer, Jahrhundert, 60-61, 67-68.

33 Vizepräsident; Richen, Alfred; Cramer, Jahrhundert, 72, 108 Anm. 179.

34 Gatt, Ziel.

35 Ebd., 78-79.

Artikel ausführlich einer wenig schmeichelhaften Betrachtung einiger Eigenschaften der Einheimischen, wie er sie sah. Dabei galten seine Klagen vor allem deren zahllosen, niemals endenden Forderungen und der fehlenden Bereitschaft, irgendeine Gegenleistung zu erbringen, woraus Gatt schlussfolgerte, dass ihnen nicht geholfen werden sollte, es sei denn im Fall äußerster Dringlichkeit. »Das Volk, welches dieses Land bewohnt, ist dieser Gabe nicht wert, wohl aber das heilige Land, in dem es wohnt. Aus Liebe zum heiligen Lande nehmen wir uns auch der Bewohner desselben an, denen wir sonst ohne Bedauern den Rücken kehren würden.«[36]

Gatt ging auch auf den externen und den internen Wettbewerb ein, den *intra muros et extra muros*, wie er es bezeichnete. Der externe Konkurrenzkampf finde zwischen den Missionseinrichtungen einer Kirche und denen der anderen statt, wohingegen der interne Konkurrenzkampf unter den Katholiken selbst tobe, da jede Missionsstation sich eine eigene Gemeinde errichte, die ihre Existenz rechtfertigen könne. Jede Wohlfahrtseinrichtung, jede medizinische oder schulische Initiative biete ihre Leistungen kostenfrei an, um eine eigene »Kundschaft« zu gewinnen. Welch Wunder also, dass »der Araber nicht zu zahlen weiß?«.[37]

Doch Gatt hielt auch einige Vorschläge zur Verbesserung und Lösung der von ihm aufgezeigten Missstände parat. Vor allem müsste der Betrieb der Missionseinrichtungen in die Hände der örtlichen Einwohnerschaft gegeben werden. Zudem gälte es, möglichst viel Land in Palästina zu erwerben und wieder dafür zu sorgen, dass es durch Einheimische bestellt würde. Vor allem jedoch solle auf keinen Fall versucht werden, europäische Ansiedlungen in Gegenden vorzunehmen, in denen von vorneherein bekannt sei, dass die Kolonien dort keinen Erfolg haben würden, wie etwa jene in der Jordansenke. Das Problem der permanenten Bargeldknappheit schlug Gatt vor durch die Gründung einer lokalen katholischen Bank zu lösen, ähnlich jener, die die Juden errichtet hätten. Um schließlich mit einer Art resignierendem Stoßseufzer zu enden, indem er feststellte: »Doch wer wird sie errichten? Wahrscheinlich niemand. Die Kinder der Welt sind leider viel klüger als die Kinder Gottes.«[38]

36 Ebd., 79.

37 Ebd., 80. Auch Biever, der Leiter von Tabgha, entwickelte ähnliche Ansichten im Laufe seiner langen Dienstzeit.

38 Ebd., 82-83. Gatt meinte höchstwahrscheinlich die Anglo-Palestine Bank, die 1902 als Ableger der 1899 gegründeten Ersten Zionistischen Bank errichtet wurde.

Der zweite Brandbrief erschien am 7. Oktober 1902 und erstreckte sich über zwei jeweils dreispaltige Seiten in der Beilage der schlesischen *Neisser Zeitung*. Der Artikel trug die Überschrift »Deutschlands Katholiken und ihre Interessen in Jerusalem«. Er enthielt die Ergebnisse und Schlussfolgerungen einer gründlichen journalistischen Recherche, die in einer in ihrer Schärfe bis dato beispiellosen Kritik am »Verein vom Heiligen Lande« und seiner Arbeit mündete.[39] Drei Tatsachen belegen die Bedeutung, die diesem Artikel beigemessen wurde: Zum einen vermerkte die Redaktion unter der eigentlichen Überschrift: »Zur besonders aufmerksamen Lektüre empfohlen«. Zum anderen hielt Marschall von Bieberstein, der deutsche Botschafter in Konstantinopel, es für angebracht, ein Exemplar des Artikels an den Konsul in Jerusalem zu schicken mit der Bitte um diskrete Stellungnahme zu dem Vorwurf, Pater Schmidt sei den Lazaristen verpflichtet. Und drittens machte sich jemand in der Reaktion sogar die Mühe, in der oberen Ecke der Ausgabe einen Stempel in Form einer geballten Faust hinzuzufügen, deren einer Finger auf die Überschrift wies und mit der Inschrift »Bitte lesen Sie!« versehen war.[40]

Die Frage, die dem Artikel zugrunde lag, lautete, wie die Bautätigkeit in Jerusalem vorangehe, vier Jahre nach dem Besuch des deutschen Kaisers und der Schenkung des Grundstücks auf dem Berg Zion an den Verein und drei Jahre nach Beginn der Arbeiten dort, denn

> »sowohl die großmüthige Schenkung Sr. Majestät des deutschen Kaisers, wie auch die Sammlungen und die Erbauungen der neuen Kirche auf Sion nebst Kloster für deutsche Benediktiner, sind Gegenstand allgemeinen Interesses der Katholiken besonders Deutschlands und treten wohl aus dem Rahmen einer privaten Vereinssache in den Horizont der Oeffentlichkeit.«[41]

In der Tat, dies war keine interne Angelegenheit des Vereins mehr, sondern ein nationales Thema! Den Verfassern des Artikels lag natürlich Gatts Brandrede aus *Das Heilige Land* vor, und sie zögerten nicht, ausgiebig Gebrauch von seinen Argumenten zu machen. Sie stützten sich zudem auf die Berichte der Pilgerkarawane, die im Jahre 1900 zur Grundsteinlegung der Dormitio nach Palästina gereist war, und auf die Berichte der Generalversammlung des Vereins im Jahre 1902. Der plötzliche Tod Theodor Sandels (1845-1902), des Architekten, der den Bau geleitet hatte, eines Mitglieds der Templerkolonie, steigerte noch die Sorge um die Zu-

39 Deutschlands Katholiken.

40 Marschall an Schmidt, Pera, ISA, 268, 6.11.1902.

41 Deutschlands Katholiken.

kunft des Projektes, das ohnedies sehr langsam vorankam.[42] Parallel dazu hatte der Verein mit der Errichtung des Hospizes begonnen, obgleich dies nicht einer Vorgabe der Vereinsführung entsprach, sondern allein auf Schmidts Privatinitiative zurückging.[43]

Der Verein wurde prinzipiell beschuldigt, dass, zum Zeitpunkt der Abfassung des Artikels, Paragraph 1 der Satzung – die Hilfe für alle katholischen Einrichtungen – Paragraph 2, welcher die deutsch-katholischen Aktivitäten im Heiligen Land zum Ziel erhebe, verdrängt habe. Die Lazaristen, die Mitglieder von Schmidts Orden, der im Wesentlichen ein französischer Orden war, würden gegenüber den deutschen Benediktinern bevorzugt. Wichtig ist, an dieser Stelle zu verdeutlichen, dass im Gegensatz zu den Benediktinern, deren Gemeinschaften autonom waren, die Lazaristen sämtlich dem Mutterhaus des Ordens in Paris unterstellt waren. Schmidt, der in erster Linie als Repräsentant der Lazaristen in Jerusalem zu gelten habe, sei der starke Mann vor Ort und sein Wort Gesetz. Als Allererstes habe er »sein« Hospiz erbaut, habe hernach in das Erholungsheim und weitere Gebäude für die Lazaristen in Emmaus (Kubeibe) investiert, ja sogar in eine Erschließung des Weges von Jerusalem dorthin, und sich erst hernach um die Benediktiner gekümmert. Den Fakten und den vor Ort vorgenommenen Arbeiten nach habe es den Anschein, als würde mit deutschem Geld ein Zentrum für eine Gemeinschaft errichtet, die unter der Kontrolle eines französischen Mutterhauses stehe, auch wenn dieses Zentrum künftig gleichfalls deutsche Pilgergruppen beherbergen sollte.

Und wer genau sei gemeint, wenn über die deutschen Katholiken im Heiligen Land geschrieben würde? Jene, die schon relativ lange dort lebten, seien ausschließlich die Lazaristenpater und die Schwestern der Borromäerinnen. Hinzu kämen Gruppen von Pilgern, die ein-, zweimal im Jahr ins Land kämen. Der Leser solle nun versuchen, dies mit den deutschen Protestanten und den Angehörigen anderer Nationen zu vergleichen, die im Lande lebten und dort ihr Auskommen fänden. Einst sei der Versuch unternommen worden, ein kleines Haus für die deutschen Katholiken in Jerusalem zu unterhalten, doch sei dieser eingestellt worden, so dass es nun ungeachtet aller hehren Worte keine deutsch-katholische Präsenz dort mehr gäbe. Und das Hospiz, das nähme nur Reiche auf, jene, die im Stande seien zu zahlen. Es habe nicht das Geringste ge-

42 Lange, Sandel, 113.

43 Zu einer ausführlichen Betrachtung der einzelnen Projekte und Bauvorhaben siehe Kapitel 6 dieser Studie.

mein mit einer wohltätigen Einrichtung, wie es die übrigen Hospize in Jerusalem seien.

Zwar berichte *Das Heilige Land* regelmäßig über die Aktivitäten in Palästina und aus diesen Berichten erstehe ein rosiges Bild, doch sei dies nur die eine Seite der Medaille, und zwar die glänzende. Die dunkle, matte Seite dagegen werde so gut wie nie gezeigt. Eine der wenigen Ausnahmen sei ein Artikel aus der Feder des Priesters Gatt aus Gaza, der tatsächlich ein bei weitem weniger euphorisches Bild gezeichnet habe. Der Verfasser des Artikels für die *Neisser Zeitung* machte wie bereits erwähnt ausgiebig Gebrauch von Gatts Argumenten, um seinerseits noch hinzuzufügen, die Einrichtungen des Vereins hätten sich nicht einen der Vorschläge des verdienten Priesters aus Gaza zu eigen gemacht. Eindeutiges Resultat all dessen sei:

> »Was aber in Jerusalem seit der selbstbewußten bei dem Vereine erlangten Einflussmacht der Hospizleitung thatsächlich immer erkennbarer hervortritt, ist das Hinschwinden katholischer *deutscher* Existenzen dort und der Aeußerung ihres Zusammenhaltes, so daß deren gänzliches Nichtvorhandensein daselbst gleichfalls als ein erwünschtes Ziel erscheint.«[44]

Die bitteren persönlichen Angriffe gegen Schmidt und dessen Auftreten, vor allem die Behauptung, er sei der deutschen Sache nicht ausreichend verpflichtet, ziehen sich wie ein roter Faden durch den gesamten Artikel. Und als Resümee wird an seinem Ende die Hoffnung zum Ausdruck gebracht, es fänden sich in Deutschland die geeigneten Männer, das Bild zu ändern.

Es ist dies der bei weitem kritischste Artikel gegen den »Verein vom Heiligen Lande«, der sich in den Quellen findet. Überrascht die Tatsache, dass er ausgerechnet in der schlesischen Stadt Neisse erschien, der Hochburg Schneiders? Auch wenn dafür jeder Beweis fehlt, wäre es nicht sonderlich überraschend herauszufinden, dass der greise Priester in diesem oder jenem Maße am Zustandekommen des Artikels und seiner Veröffentlichung beteiligt war.

Der Verein blieb selbstverständlich nichts schuldig und antwortete, wenn auch in relativer Kürze, in der darauf folgenden Ausgabe von *Das Heilige Land* mit einem eigenen Artikel unter genau derselben Überschrift – »Deutschlands Katholiken und ihre Interessen in Jerusalem« –, in dem die Vorwürfe gegen Schmidt einer nach dem anderen zurückgewiesen wurden. Der Ankläger wurde der Einseitigkeit bezichtigt, der

44 Deutschlands Katholiken.

Oberflächlichkeit sowie des Umstands, dass er, ungeachtet des aus seinem Artikel sich ergebenden Eindrucks, nicht persönlich in Jerusalem gewesen sei, um das Thema vor Ort einer Überprüfung zu unterziehen. Die erste Frage hingegen, die sich aus dem Artikel ergebe, sei doch, so behauptete der Verein, was genau Schmidt dem Artikelschreiber angetan habe, denn klar und bekannt sei: »Einen wärmeren Freund der deutschen Interessen gibt es ganz gewiß in ganz Jerusalem nicht. [...] Wer dem P. Schmidt Mangel an deutschem Patriotismus vorwirft, der kennt ihn schlecht. An dem Herrn ist nicht bloß der Bart deutsch, sondern sein Herz.«[45]

Ein weiterer Gegenstand, auf den der Verein in seinem Artikel einging, war der nur langsame Fortschritt beim Bau der Dormitio und die Präferenz, die dem Projekt des Hospizes durch den Verein und seine Repräsentanten angeblich in Jerusalem eingeräumt würde. Die kritischen Behauptungen in dem fraglichen Artikel seien indes nicht im Mindesten zutreffend, da in dem Augenblick, in dem der erforderliche Ferman eingetroffen sei, Theodor Sandel sich gemeinsam mit siebzig Arbeitern auf die Arbeit gestürzt hätte. Auch die Anschuldigung, als Templer habe dieser nicht strikt darauf geachtet, deutsch-katholische Arbeiter zu beschäftigen, wodurch er diese um ihr Auskommen gebracht hätte, sei beckmesserisch. Eine kurze Betrachtung seiner Vergangenheit zeige, dass er bereits einige Projekte für die Katholiken ausgeführt habe. Darüber hinaus sei mitnichten klar, ob es in Jerusalem überhaupt junge deutsche Katholiken gegeben habe, die bei ihm um Arbeit nachgesucht hätten. Und grundsätzlich, der verantwortliche oberste Leiter des Bauvorhabens sei der Architekt Heinrich Renard (1868-1928) und nicht etwa Sandel oder dessen Sohn Benjamin, die sich in der Bauüberwachung vor Ort abwechselten.[46] Was jedoch den erwähnten Artikel Georg Gatts betreffe, so versuche der Verein absolut, dessen Empfehlungen so weit als möglich umzusetzen. Der Besitz in Emmaus wiederum sei nicht bloß ein Genesungsheim der Lazaristenpater, wie in dem Artikel behauptet, sondern gehöre dem Verein und diene allen: den Priestern, Schwestern und den Novizen. Den Weg von Jerusalem nach Emmaus jedoch besserten die Franziskaner aus (denen das Kloster in Kubeibe gehörte) und nicht etwa Mitglieder des »Vereins vom Heiligen Lande«. Und zum Abschluss verlangte der Verein, der Herausgeber der *Neisser Zeitung* müsse eine Richtigstellung veröffentlichen. Was jedoch den Verfasser des nämlichen

45 Deutschlands Katholiken Interessen, 37.

46 Vater und Sohn Sandel waren zudem nicht die einzigen Templer, die beim Bau der Dormitio beschäftigt wurden. Siehe Heiligtum Maria, xxxvii.

Artikels betreffe, so sei wohl klar, dass dieser nicht zu den Freunden des Vereins und zu den Förderern des deutsch-katholischen Engagements in Palästina zähle.

Tatsächlich hielt sich auch Klein weiterhin an die von Janssen vorgegebenen Richtlinien. Eine wichtige Korrektur, die er noch vor seinem Tode 1908 vollenden konnte, lag in einer Änderung der Vereinssatzung, ihrer Kürzung und Anpassung an die seit Gründung des Vereins wesentlich veränderten Bedingungen. Die endgültige Fassung wurde der Reichsregierung am 1. Juli 1908 zur Genehmigung vorgelegt.[47] Die neue Satzung war kürzer, dabei jedoch gründlicher und präziser als ihre Vorgängerin. Paragraph 1 behandelte den Namen des Vereins und seinen Sitz, Paragraph 2 dessen Verpflichtung, den Weg der beiden Vorgängervereine fortzuführen, während Paragraph 3 den Vereinszielen gewidmet war. Diese blieben so definiert wie zuvor: Schutz der heiligen Stätten und Förderung der katholischen Mission im Heiligen Land sowie die Wahrung der kirchlichen und gesellschaftlichen Interessen der deutschen Katholiken dort. Paragraph 4 definierte den Status der Mitglieder und den der Ehrenmitglieder; Paragraph 5 die Vertretung des Vereins und das Amt seines Vorsitzenden. Die Paragraphen 6-9 behandelten den Vorstand (in dem fünfzig auf der Generalversammlung gewählte Mitglieder saßen), seine Befugnisse und Aufgaben. Mit der Generalversammlung selbst wiederum waren die Paragraphen 10-13 befasst. Diese Versammlung stand neuerlich nicht mehr allen offen, sondern nur noch bestimmten Vertretern. Dies waren sämtliche Vorstandsmitglieder und jeweils zwei Mitglieder aus jedem »Diözesanverein« mit Ausnahme Bayerns, das acht Mitglieder entsandte, sowie speziell für die Versammlung gewählte Vertreter. Die Befugnisse der Versammlung wurden exakt in elf Unterparagraphen des Paragraphen 13 definiert. Zudem sollte der Verein zu offenen Versammlungen einladen (Paragraph 14), auf denen seine Ziele erläutert werden würden. Paragraph 15 behandelte die Wahlen zum Vorstand und Paragraph 16 galt den hauptamtlichen Angestellten des Vereins. Paragraph 17 hatte die Änderung der Satzung zum Thema, und Paragraph 18 schließlich regelte die Vereinsauflösung.

Die größte Neuerung allerdings lag in Paragraph 19, der zur Errichtung von »Diözesanvereinen« aufrief, mit einer weiteren Unterteilung in »Regionalgruppen«, die jeweils einen eigenen Vorsitzenden, Vereinssekretär und Schatzmeister haben sollten. Dies war eine grundsätzliche organisatorische Neustrukturierung des Vereins, gedacht, dessen Arbeit zu erleichtern und effizienter zu gestalten. Jeder »Diözesanverein« sollte in

47 Statut, Koblenz 25.4.1909, ISA, 1749, Nr. 549/23; Cramer, Jahrhundert, 68-71.

seinem Bereich eigenverantwortlich in seinen Aktivitäten und im Sammeln von Spenden sein, wobei die eingeworbenen Gelder an den Schatzmeister des Vereins zu schicken waren. Zudem würde sich der »Bayrische Pilgerverein« dem »Verein vom Heiligen Lande« als »Bayrischer Verband« anschließen, indem er jedes Jahr eine Spende in selbst zu bestimmender Höhe für die Ziele des Vereins zur Verfügung stellte. Darüber hinaus sollte er seine Unabhängigkeit behalten.

Das neue Vereinsstatut, das deutlich fundierter und besser organisiert als sein Vorläufer war und dem erweiterten Aktionsradius und der gestiegenen Mitgliederzahl des Vereins entsprach, fand Bestätigung und wurde im April 1909 verabschiedet, doch seine Umsetzung verzögerte sich. Die Einrichtung des ersten »Diözesanvereins« wurde bis 1911 immer wieder verschoben.

Das Hauptproblem, mit dem der neue Vizepräsident Alfred zu Salm-Reifferscheidt zu kämpfen hatte, betraf die enorme Schuldenlast des Vereins. Die beiden Großprojekte, an denen er beteiligt war, hatten ihn abermals beträchtliche Kredite bei verschiedenen Banken in Deutschland aufnehmen lassen, während die Einnahmen aus Spendenzahlungen und zusätzlichen Quellen weit davon entfernt waren, diese Schulden abzudecken, die sich Ende des Jahres 1908 auf 535.000 Mark beliefen und im darauf folgenden Jahr lediglich um 20.000 Mark abgebaut werden konnten.[48]

Der fusionierte Verein legte besonderes Augenmerk auf eine Förderung der Pilgerreisen ins Heilige Land. Es wurde ein Komitee eingesetzt, dessen Aufgabe darin bestehen sollte, die Pflege der Pilgerreisen zu koordinieren, wozu mit dem Geistlichen Schiffers ein prominentes Mitglied des Vorstandes an seine Spitze gestellt wurde. Dieser verstarb jedoch, nachdem er die Pilgergruppe des Jahres 1906 geführt hatte, und seine Stelle nahm der Priester und Missionar Ludwig Richen ein, der später auch zum Generalsekretär des »Vereins vom Heiligen Lande« gewählt werden sollte. Die Gruppen bestanden fast ausschließlich aus deutschen Pilgern. Einen besonderen Aufschwung erfuhren die Pilgerreisen der Jahre 1900-1910, in denen große Gruppen zu den Ereignissen in der Dormitio und dem neuen Hospiz nach Palästina kamen. Dennoch waren die

48 Cramer, Jahrhundert, 72. Bereits 1904 wurde auf dem allgemeinen deutschen Katholikentag verlautbart, die finanzielle Situation sei alles andere als glänzend, wie unter den entstandenen Umständen allerdings auch nicht anders zu erwarten (Versammlung Bingen, 16).

Gruppen, die mit dem »Bayrischen Pilgerverein« ins Land kamen, nach wie vor größer als jene des Kölner Vereins.[49]

Erworben oder als Geschenk erhalten? Die Verhandlungen um die »Übereignung der Dormitio«

Die Idee, eine Stätte zu erwerben, die durch das Leben Jesu und seiner Mutter geheiligt war, und darauf ein monumentales Gebäude als Kirche und religiöses Zentrum zu errichten, war weder ausgefallen noch neu. Die Bedeutung eines solchen Vorgehens war klar. Auch verstand sich von selbst, dass ein solches Projekt allen übrigen Unternehmungen der deutschen Katholiken in Palästina besonderen Impetus verleihen würde.

Im Juni 1883 hatte ein Repräsentant des »Vereins vom Heiligen Grabe« vor dem Eucharistischen Kongress gesprochen, einem internationalen Treffen, das die römisch-katholische Kirche im belgischen Lüttich zur Belebung und Verbreitung der eucharistischen Anbetung organisiert hatte. In seiner Rede rief er zum ersten Mal zu einer Erneuerung der christlichen Verbindung mit dem Ort des letzten Abendmahls auf dem Berg Zion auf. 1860 hatten die lateinischen Christen bereits die Erlaubnis erhalten, einmal im Jahr dort eine Messe zu feiern. Noch im selben Jahr hielt der Kustos an Ort und Stelle sogar eine Messe für die Prinzessin Katharina zu Hohenlohe-Waldenburg (1817-1893) aus dem Hause Hohenzollern-Sigmaringen und ihre Begleiter, die Benediktinermönche und Brüder Maurus und Placidus Wolter (1825-1890; 1826-1908), deren Bekanntschaft sie in Rom gemacht hatte, ab. 1863 hatten die beiden, gestützt auf eine Stiftung der Prinzessin, das Benediktinerkloster in Beuron neu gegründet, zu dem später Wilhelm II. enge Verbindungen unterhalten sollte und dessen Mitglieder die Benediktinergemeinschaft in Jerusalem errichteten.[50] Doch der Brauch der Messefeier war nach einigen Jahren abgeschafft worden. In seiner Rede vor dem Eucharistischen Kongress konstatierte nun der Repräsentant des »Vereins vom Heiligen

49 Meinertz, Pilgerreisen, 57-58; Cramer, Jahrhundert, 93-95. Siehe auch Pilgerführer 1906, Pilgerführer 1907.

50 Hohenzollern. Siehe Krüger, Rom, 220 u. Anm. 9. Katharina, eine Tochter des Prinzen Karl Albrecht III., verlor 1853 ihren zweiten Mann, Prinz Karl aus dem Hause Hohenzollern-Sigmaringen, und entschied sich später, ins Kloster zu gehen.

Das Gebäude des Coenaculum

Grabe«: »Die Befreiung und Wiedererlangung des hl. Coenaculum – das ist wahrhaftig ein Werk, würdig eines eucharistischen Congresses!«[51]

Das Gebäude, in dem sich die überlieferte Stelle des Saals des letzten Abendmahls befand, war durch den König von Neapel Robert von Anjou (ca. 1278-1343) und seine Gattin Yolande von Aragon zu Beginn des 14. Jahrhunderts erworben und der Obhut der Franziskaner unterstellt worden. Diese errichteten an Ort und Stelle ihr Kloster und siedelten sich dort an, nachdem ihnen im Jahre 1333 erlaubt worden war, als *custodia terrae sanctae* ins Heilige Land zurückzukehren, als diejenigen, die von Rom mit dem Schutz der Präsenz und Rechte der lateinischen Katholiken an den heiligen Stätten beauftragt waren. Im 15. Jahrhundert verstärkte sich die Tradition, die an jenem Ort auch das Grab Davids sah, weshalb es zu einer Serie von Auseinandersetzungen um das Gebäude kam, die sich vom Ende der mamelukischen Herrschaft bis in die Anfangsphase der osmanischen Herrschaft zog. Das Gebäude über dem angeblichen Grab Davids wurde bereits 1524 zu einer Moschee, ehe es im Verlauf der ersten Hälfte der 50er Jahre des 16. Jahrhunderts zur endgültigen Vertreibung der Franziskaner vom Berg Zion kam. Die Mönche

51 Eucharistischer Congress I, 110-111; Cross, Dictionary, 477.

ließen sich daraufhin in einem verlassenen georgischen Kloster in der Altstadt nieder, unweit der Grabeskirche, wo sich noch heute ihr Konvent befindet, das Kloster San Salvatore.[52]

Mit Gründung des »Palästina-Vereins« war im Vereinsorgan des »Vereins vom Heiligen Grabe« ein langer Artikel erschienen, der unter anderem Ideen für Aktionsformen aufwarf, die der Verein in Palästina ergreifen konnte, ohne dabei seine eigenen Statuten zu verletzen.[53] So wurde dort angemerkt, der letzte Erwerb einer dem Christentum heiligen Stätte in Jerusalem sei ein Verdienst der französischen Dominikaner gewesen. Sie hätten die Ruine der in byzantinischer Zeit durch Eudokia (401-460), die Gemahlin des Kaisers Theodosius II. (401-450), errichteten Basilika des Heiligen Stephanus in ihren Besitz gebracht und sich 1884 dort niedergelassen.[54] Ja mehr noch, bereits Karl der Große hatte den Ort, an dem Maria der Überlieferung nach entschlafen sein sollte, erworben und dort eine Kirche, ein Hospiz und ein Benediktinerkloster erbauen lassen. Auch *Das Heilige Land* befasste sich mit dieser Angelegenheit der Errichtung eines monumentalen Sakralbaus auf dem Zion.[55] Der Verfasser des Artikels kam darin zu der Feststellung, der Verein müsse eine andere, mit der Mutter Jesu verbundene Stätte erwerben und dort eine neue Kirche errichten, welche die Santa Maria Latina ersetzen würde, die Hauptkirche der Hospitaliter während der Kreuzfahrerzeit, in der Gegend des Muristans gelegen, deren Überreste freigelegt und beim Bau der protestantischen Erlöserkirche miteinbezogen worden waren.[56] Diese neue katholische Kirche müssten deutsche Benediktiner aus der Gemeinschaft des Klosters Beuron beziehen, der Erzabtei der Beuroner Kongregation,

52 Zu einer Auswahl der umfangreichen Literatur über die Vertreibung der Franziskaner vom Berg Zion siehe etwa Simon, Struggle; Schein, Custodia; Cohen, Expulsion; Jacoby, Franciscans. Genauere Angaben zur Tradition des Davidsgrabes und seinen Beschreibungen durch Reisende im 19. Jahrhundert siehe Kohler, Dormitio, 479-484.

53 Neue Verein. Siehe auch Katholische Deutschland, 199. Zur Geschichte nach christlichem Verständnis siehe Collin, Questione.

54 Heidet, Sion 1, 146-154, 168-178. Über das Kloster St. Etienne und die Geschichte der Ansiedlung dort siehe Trimbur, École biblique.

55 Karl der Große; zu Karl dem Großen und dem Heiligen Land siehe Buckler, Harun, 27-31; Wilkinson, Pilgrims, 11-12, 142 (in der Beschreibung durch den Mönch Bernhard »der Weise«, ungefähr 870). Ein altes französisches Poem erzählt von der legendären Wallfahrt Karls des Großen nach Jerusalem (Aebischer, Versions).

56 Schick, Muristan; Schwake, Entwicklung, 21-39; Patrich, Muristan; Krüger, Rom, 64-85.

einer großen Gruppe deutscher Benediktinerklöster im Land der Hohenzollern.

Offenbar hatte sich diese Idee auch bei Janssen festgesetzt, doch erst 1890 bot sich ihm ine Gelegenheit zum Versuch, diese zu realisieren. In einem langen und detaillierten Schriftsatz, von ihm unterzeichnet und im Namen des Vorstandes verfasst, breitete Janssen vor dem neuen Kaiserpaar seinen Vorschlag aus, sich an den osmanischen Sultan zu wenden und ihn zu bitten, dem Verein zu ermöglichen, das Gelände des »Abendmahlsaals« zu erwerben und dort eine Kirche zu errichten.[57] Das Dokument beinhaltete einen Abriss zur Geschichte des Vereins, eine Auflistung seiner Ziele und Besitzungen in Palästina, wobei der antifranzösische Aspekt seiner Arbeit betont wurde. Danach gingen die Verfasser dazu über, die Bedeutung des Ortes und seiner Geschichte, insbesondere seinen Stellenwert für die christliche Welt zu beschreiben. Janssen wusste von den vorangegangenen Versuchen, die allesamt gescheitert waren, doch er appellierte, trotz allem nicht zu kapitulieren, denn

> »während man aber anderswärts die Hoffnung auf Erfüllung dieses sehnlichen Wunsches zur Zeit aufzugeben scheint, hegt der Vorstand des Palästina-Vereins die feste Ueberzeugung, daß in dem Eintreten Eur. Kaiserl. und Königl. Majestät für den Wunsch der Katholiken bei Sr. Majestät dem Sultan des türkischen Reiches der Weg zu finden sei, um zu dem ersehnten Ziel zu gelangen.«

Janssen, der wie üblich bereits alle notwendigen Erkundigungen eingeholt hatte, fügte dem Schriftsatz auch eine Skizze des Geländes bei. Und er vermerkte, dass das Gebäude, in dem sich der Saal des letzten Abendmahls und das Davidsgrab befänden, Eigentum des *Waqf* sei, weshalb die Entscheidung, es zu veräußern, nur von Seiten des Sultans erfolgen könne. Auch versicherte Janssen, die Muslime würden berechtigt sein, einen neuen Eingang zum Davidsgrab zu öffnen, das in ihrem Besitz verbleiben könnte. Den Christen sei »nur« das Coenaculum von Bedeutung sowie der Saal der Fußwaschung darunter und eine Fläche von 2.006 Quadratmetern daneben, das Grundstück der Dormitio nämlich. Es war dies das erste Mal, dass der Ort, an dem Maria der Überlieferung nach entschlafen war, der Ort des Todes der Mutter Jesu und ihrer Auf-

57 Vorstand des Palästina-Vereins der Katholiken in Deutschland an Seine Majestät den Kaiser und König, Burtscheid bei Aachen, 12.5.1890, ISA, 244, Abschrift 961/90 (Zitat aus dem Dokument). Siehe auch die äußerst detaillierte Beschreibung bei Kohler, Dormitio, 47-71, und außerdem zu den Traditionen des Coenaculum, ebd., 487-507.

erstehung, der Ort, an dem ihr Leib und ihre Seele gen Himmel erhoben wurden, in unmittelbarer Nähe zum angeblichen Grab König Davids und dem Saal des letzten Abendmahls gelegen – dass dieser Ort im Kontext eines möglichen Erwerbs durch einen christlichen Akteur erwähnt wurde.[58]

Die genaue Überprüfung der ganzen Angelegenheit wurde wie üblich den diplomatischen Vertretern übertragen, so dass Botschafter von Radowitz in Konstantinopel Konsul von Tischendorf in Jerusalem anwies, diskret die Eigentumsfrage und Möglichkeiten eines Erwerbs zu eruieren, und ob ein solcher Vorgang nicht die religiösen Gefühle der Muslime und den Status des Sultans als »Kalif der Gläubigen« verletzten würde.[59] Die Nachforschungen vor Ort führte der Dragoman des deutschen Konsulats in Jerusalem Fadallah Marrum (1859-1927) durch, so dass Tischendorf am 18. Oktober 1890 seine Schlussfolgerungen an Radowitz schicken konnte. In einer Depesche, die Radowitz daraufhin an das Auswärtige Amt in Berlin schickte, hieß es, ein Erwerb des Abendmahlsaals stehe nicht zur Disposition, da sich das dem Islam heilige Davidsgrab im selben Gebäude befinde, das Grundstück der Dormitio jedoch sei auf Intervention von Regierungsseite möglicherweise zu erhalten.[60] Dann jedoch verschwand das Thema von der Tagesordnung. Auch Janssen brachte es nicht weiter zur Sprache, wahrscheinlich weil er realisiert hatte, dass sein Verein noch nicht im Stande war, ein Unternehmen in dieser Größenordnung durchzuführen, das von einem komplizierten diplomatischen Tauziehen begleitet sein würde.

Erst 1897 kam das Thema wieder aufs Tapet. Die beiden Vereine hatten sich inzwischen zusammengeschlossen und waren ein neuer, größerer und einflussreicherer Verein geworden. Auch die Beziehungen zwischen Deutschland und dem Osmanischen Reich waren enger geworden, weshalb einige zu der Schlussfolgerung gelangten, nun sei die Zeit reif, den Versuch zu unternehmen, diese lang gehegte Idee tatsächlich zu verwirklichen. Die Idee, den »Saal des letzten Abendmahls« wieder für die Christenheit zu gewinnen, wurde von neuem in der Öffentlichkeit diskutiert, diesmal auf dem deutschen Katholikentag in Landshut im Jahre 1897. Julius Bachem (1845-1918), Schriftsteller, Verleger, katholischer Politiker und Herausgeber der wichtigen katholischen Tageszeitung *Kölnische*

58 Cross, Dictionary, 98-99, 420; Kohler, Grundstück, 140. Ausführlich zur Tradition und Geschichte des Ortes siehe ders., Dormitio, 507-518.

59 Radowitz an Tischendorf, Therapia, 26.9.1890, ISA, 244, Abschrift 961/90, S. 20-24.

60 Ebd.; Bensinger, Palestine, 110-111.

Volkszeitung griff diesen Appell in seiner Zeitung Ende November jenes Jahres abermals auf.[61] Der Vorstand des »Vereins vom Heiligen Lande« beeilte sich, den Handschuh aufzunehmen. Bachems Artikel wurde in *Das Heilige Land* zitiert, versehen mit einer Replik des Vizepräsidenten Hermann Josef Schmitz, der behauptete, die Absicht zum Erwerb des Grundstücks sei nicht eine Sekunde vernachlässigt worden, jede Veröffentlichung zu der Angelegenheit jedoch sei nur geschaffen, der sensiblen Ausgangslage zu schaden.[62]

Die erste Bitte um einen Erwerb der Fläche überreichte Georg von Kopp im Namen Janssens an von Bülow. Das Timing war perfekt: Kopp war zu jenem Zeitpunkt, vor seiner Abreise nach Rom, mit den Verhandlungen befasst, den Patriarchen Piavi im Amt zu belassen, während von Bülow interessiert war, jeden nur möglichen Schritt zu unternehmen, um die Unterstützung der Katholiken und der Zentrumspartei für die sich entwickelnde Weltmachtpolitik der Reichsregierung zu gewinnen.[63] Der Verein bat, sowohl den Abendmahlsaal als auch das Grundstück der Dormitio erwerben zu dürfen, und verpflichtete sich, sämtliche entstehenden Kosten zu tragen. Das Grundstück sei den deutschen Katholiken und nicht etwa den Protestanten zu übergeben, da dies den Zorn Österreichs wecken und es in die Arme Frankreichs treiben könnte, behauptete der Verein.[64] Der Bitte des Vereins schloss sich auch die Gemeinschaft der Malteserritter im Rheinland und in Westfalen an, die bereits in andere Aktivitäten in Jerusalem involviert war. Kopp erhielt den Segen des Papstes für den Erwerb und auch den des österreichischen Außenministers, mit dem er auf dem Rückweg nach Berlin in Wien zusammenkam. Janssen erhielt Kopps Bericht dazu am 18. April und übermittelte daraufhin der Reichsregierung seine offizielle Anfrage mit der Bitte um Vermittlung und Hilfestellung bei dem Erwerb.[65] Das Ersuchen war an von

61 Gatz, Auslandsarbeit, 29 u. Anm. 31-32; Kohler, Grundstück, 141-142; Ders., Dormitio, 78-81. Siehe auch Windell, Catholics, 34, 44. Sämtliche Veröffentlichungen des Vereins bis in die 50er Jahre des 20. Jahrhunderts erschienen im Bachem-Verlag. Zu Bachem siehe *NDB*, I, 493-494.

62 Nochmals.

63 Siehe zum Beispiel Richter, Orientreise, 159-160; Benner, Strahlen, 196-197.

64 Gatz, Auslandsarbeit, 35; ISA, 244, Nr. 619. Die Abschrift des Dokumentes trägt einen Stempel, der belegt, dass es am 26. Februar 1898 durch Kopp an von Bülow geschickt wurde. Die Originaldokumente finden sich im Archiv des Auswärtigen Amtes (PAAA, Türkei 175g, I, A.J. 619). Siehe außerdem Kohler, Grundstück, 142.

65 PAAA, Türkei 1759, I, A 4779, Aachen, 18.4.1898; Mommert, Dormitio 1, 3; Schroeder, Benediktinerabtei, 5; Gatz, Auslandsarbeit, 37. Kohler (Dormitio, 86-

Bülow adressiert, und diesmal erfolgte die Behandlung schnell und sachlich. Der Kaiser seinerseits konstatierte, den Plan damit bereits genehmigend, der Erwerb werde dem Ansehen Frankreichs in der Levante schaden und die in den letzten Jahren zwischen den Katholiken in Deutschland und ihren Glaubensbrüdern in Frankreich gewachsene Rivalität neu entfachen. Die Durchführung allerdings knüpfte der Kaiser an die Bedingung, dass es nicht zu einer Verletzung der Beziehungen zu den Muslimen kommen dürfe und der Sultan auf keinen Fall ersucht werden sollte, etwas zu tun, das er nicht tun könne.[66]

Daraufhin wies von Bülow Marschall an, der nun Gesandter in Konstantinopel war, erneut zu überprüfen, ob der Erwerb des Grundstücks durchführbar sei. Die ganze Idee entsprach der aggressiven Herangehensweise des neuen Botschafters, der hier einen Weg wähnte, das Prestige seines Landes auf Kosten Frankreichs zu steigern, und höchstwahrscheinlich die Auswirkungen eines solchen Schrittes auf die Einforderung des französischen Rechts auf das Protektorat voraussah.[67] Marschall begann, in immer kürzeren Abständen Telegramme mit Tischendorf in Jerusalem auszutauschen. Indem sie zum Ausgangspunkt von 1890 zurückkehrten, machten die beiden Diplomaten sich abermals daran, Fragen der Eigentumsrechte, der Zugangsmöglichkeiten zu dem Grundstück und andere mit dem Kauf in Zusammenhang stehende Sachverhalte zu überprüfen.[68] Seine ausführliche abschließende und elaborierte Einschätzung überstellte Marschall am 28. Mai nach Berlin. Darin stellte er unmissverständlich fest, es sei schlicht unmöglich, den Abendmahlsaal zu erwerben, da der religiöse und historische Wert des Davidsgrabs im selben Gebäude derart hoch für die muslimische Welt sei, dass es den Sultan wahrscheinlich Thron und Kopf kosten würde, überließe er es den »Ungläubigen«. Das Grundstück der Dormitio indes, auf dem sich keine Gebäude befän-

96) behandelt das Thema in seinem Buch mit großer Ausführlichkeit und wartet mit langen Zitaten aus den verschiedenen Dokumenten auf.

66 Lepsius et al., Politik, 610-611 (Dokument 3367), Anmerkung des Kaisers auf S. 611; Bensinger, Palestine, 112; Benner, Strahlen, 198; Kohler, Grundstück, 143-144.

67 Lepsius et al., Politik, 607-608, Nr. 3366 vom 23.4.1898; Gatz, Auslandsarbeit, 38; Richter, Orientreise, 159-160.

68 Siehe zum Beispiel das Telegramm Marschalls an den Konsul in Jerusalem, ISA, 305, Nr. 814, 19.5.1898, und die zwei Tage später folgende Antwort, die sich auf den Zugang und Eingang zum Gebäude des Davidsgrabs und des Abendmahlsaals bezog. Kohler zeigt in seiner Untersuchung, wie die Verhandlungen von 1890 die Grundlage bildeten für den weiteren Verlauf und die Pläne des Jahres 1898.

den, lasse sich jedoch ohne weiteres erwerben. Die Verhandlungen aber seien nicht mit den eigentlichen Eigentümern zu führen, da diese gewiss einen astronomischen Preis verlangen würden. Der richtige Weg vielmehr sei, auf einen Erwerb des Grundstücks durch den Sultan hinzuwirken, um es hernach dem Kaiser zu übertragen. Von Bülow bestätigte diese Einschätzungen und leitete sie an den Kaiser weiter, versehen mit einer Randnotiz über den Machtzuwachs, der dem Reich durch den Erwerb erwachsen würde. Der Preis des Grundstücks wurde auf 120.000 Francs geschätzt, und Janssen verpflichtete sich umgehend, diesen zu bezahlen. Daraufhin wies von Bülow Marschall an, die Verhandlungen fortzuführen, sie aber diesmal auf den Erwerb der Dormitio allein zu beschränken. Mit Einverständnis des Kaisers, jedoch »nur wenn die Muselmanen nichts gegen den Kauf haben«, wurde beschlossen, die Frage des Abendmahlsaals nicht erneut aufzubringen.[69] Das offizielle deutsche Ersuchen wurde dem türkischen Außenminister am 23. Juli überreicht, worauf es zu einer ersten, recht schleppenden Kontaktaufnahme kam. Erst am 2. Oktober konnte Marschall an das Auswärtige Amt vermelden, der Sultan habe den Statthalter von Jerusalem telegraphisch angewiesen, das fragliche Grundstück für die türkische Regierung zu erwerben, wobei Marschall es nicht für nötig hielt, dieser Mitteilung irgendwelche Erklärungen beizufügen. Nach Auffassung des Botschafters würde der Kaufpreis 6.000 Napoleon d'or betragen, was in etwa den veranschlagten 120.000 Francs entsprach.[70] Das Grundstück gehörte zu einem familieneigenen *Waqf* im Besitz der Familie Sallah Wahabe aus der Sippe der al-Da'udis und war daher Gemeinschaftseigentum einer Vielzahl von Fami-

69 Verschiedene Schriftstücke in PAAA, Türkei 175g, I: Marschalls Bericht, 28.5.1898, Pera, A.J. 1592; Bülow an den Kaiser, Berlin, 4.6.1898, A.J. 1592/J. Siehe auch Bensinger, Palestine, 111; Gatz, Auslandsarbeit, 37-38; Sinno, Interessen, 222-223; Richter, Orientreise, 160-161; Kohler, Grundstück, 144-145; Benner, Strahlen, 198-200. Kohler widmet dabei in seinem Buch naturgemäß allen Einzelheiten der Verhandlungen breiten Raum (121-135). Das deutsche Scheitern indes hielt die italienische Regierung nicht davon ab, 1908 den Versuch zu unternehmen, die Kontrolle über das Gebäude des Abendmahlsaals zu erlangen mit der Begründung, der König von Neapel habe den Ort im 14. Jahrhundert erworben. Die Italiener sollten ihre erfolglosen Bemühungen, die Stätte zu erwerben, noch bis Anfang der 20er Jahre des 20. Jahrhunderts fortsetzen. Siehe Minerbi, Italian, 38-39, 64.

70 Lepsius et al., Politik, 611-612, Nr. 3369, 619, Nr. 3376; Bensinger, Palestine, 112; Benner, Strahlen, 202-202.

lienangehörigen.[71] Diese Tatsache erschwerte natürlich die Verhandlungen um den Erwerb der Fläche.

Von dem Augenblick an, da klar war, dass der Kaiser auch dem katholischen Anteil am deutschen Wirken im Heiligen Land besondere Aufmerksamkeit widmen würde, war eine angemessene katholische Vertretung auf seiner Reise vonnöten. Daher entschied das Präsidium des Vereins, eine dem Anlass würdige Delegation nach Palästina zu entsenden mit Bischof Schmitz an der Spitze, dem Vizepräsidenten und hochrangigsten Kirchenvertreter des Vereins nach dem Erzbischof von Köln. Doch Schmitz war für seine Reise auf die Erlaubnis des Vatikans angewiesen und stieß dort auf vollkommene Ablehnung, die ihren Ursprung offenbar in der Krise der Beziehungen zwischen dem Vatikan und Deutschland um die Frage des Protektorates hatte, die just in jener Phase ihren Höhepunkt erreichte. Daher sah sich die Vereinsspitze genötigt in Deutschland zu bleiben und schloss sich nicht der kaiserlichen Entourage an.

Der Kaiser wiederum verließ Potsdam am 11. Oktober zu nächtlicher Stunde, als die Verhandlungen um die Dormitio gerade in die entscheidende Phase getreten waren. Erst nach seiner Abreise tat Wilhelm II. seine Absicht kund, die Übergabe des Grundstücks an die Katholiken mit einem Staatsakt nach allen Regeln des Protokolls zu vollziehen. Die Gründe sowohl für die zunächst gewahrte Diskretion wie auch für die dann plötzlich erfolgende und unvorbereitete Entscheidung sind klar. Die Deutschen konnten sich nicht erlauben, das Geschäft in letzter Sekunde aufgrund irgendeines Drucks von außen auf den Sultan und seinen Hof zu verlieren. Und andererseits wäre es für den deutschen Kaiser undenkbar, diese seltene Gelegenheit, seinen eigenen Namen und den seines Landes in der katholischen Welt aufzupolieren, nicht weidlich auszunutzen. Ja mehr noch, gerade aufgrund der Frankreich immer wieder zuteil werdenden Bestätigung seines Protektoratsprivilegs war es doppelt wichtig zu beweisen, welcher Staat es war, der im Heiligen Land tatsächlich für die Katholiken eintrat, zu beweisen, dass Deutschland Frankreich auch in diesem Kräftemessen überlegen war. Der Vorgang sollte, wie etliche Zeitungen weltweit im Nachhinein behauptet haben, de facto den französischen Anspruch auf das Privileg des Protektorats ein für alle Mal entkräften. Ohne jeden Zweifel verstand der Kaiser die Bedeutung und den Symbolgehalt, welche die Errichtung einer deutsch-katholischen

71 Telegramm von Tischendorf vom 8.10.1898, ISA, 244, 1495. Tischendorf lässt darin noch immer anfragen, ob auch ein Kauf des Abendmahlsaals in Erwägung zu ziehen sei. Siehe auch Lepsius et al., Politik, 609, Nr. 3367, 62, Nr. 3380.

Kathedrale an derart exponierter Stelle in Jerusalem haben musste, und dies neben der bereits existierenden protestantischen Kirche, die er im Verlaufe seiner Reise weihen würde. Beide Gotteshäuser zusammen würden mehr als alles andere das Deutschland der zwei Kirchen symbolisieren, die unter den Auspizien der Hohenzollern vereint waren.[72]

Als die Nachricht von der Entscheidung des Kaisers die Vereinsspitze erreichte, war es bereits zu spät, einen der ihren – zum Beispiel Janssen – nach Jerusalem zu schicken. Der Verein war daher gezwungen, sich mit den beiden Priestern zu begnügen, die als seine Gefolgsleute in Palästina tätig waren, so dass am 28. Oktober, drei Tage vor der geplanten feierlichen Übergabe des Grundstücks der Dormitio, Janssen eiligst ein Telegramm an Wilhelm Schmidt schickte mit einer fahrigen Mitteilung an »Direktor schmidt deutsches katholisches hospiz jerusalem. Im auftrage des auswaertigen amtes ersuche ich sie, sich sofort mit herrn biever event. dunkel oder klingenberg als meine vertreter beim herrn minister von buelow zu melden. Diese depesche dient ihnen zur legitimation.«[73] Eine Kopie der Depesche wurde an Arenberg geschickt, den Verbindungsmann zum Auswärtigen Amt. Es sollten daher der deutsche Lazarist Schmidt aus Jerusalem und der Luxemburger Zephyrin Biever (1849-1915), der Leiter des Hospizes in Tabgha, sein, die das katholische Deutschland bei den verschiedenen Feierlichkeiten im Verlauf des Kaiserbesuchs vertreten würden und natürlich auch bei dem für den »Verein vom Heiligen Lande« wichtigsten Ereignis – der feierlichen Schenkung der Dormitio.

Der Vorgang erfuhr folglich im Verlauf der Reise des Kaisers während der zweiten Hälfte des Monats Oktober intensivste Behandlung. Der Kaiser selbst und seine Begleiter brachten einige Ideen auf, die den ganzen Prozess beeinflussten. Arenberg, der selbstverständlich an allen Kontakten beteiligt war, äußerte die Befürchtung, sollte der Verein die Besitzung erhalten und diese auf seinen Namen eingetragen werden, würde er letztendlich gezwungen sein, sie unter fremden Schutz zu stellen oder sogar einem Akteur zu übertragen, der nicht deutsch wäre. Um eine solche Möglichkeit zu verhindern, beschloss Wilhelm II., die Fläche persönlich zu erwerben, um so über deren Bestimmung entscheiden zu können: Es sollte darauf eine große Kirche errichtet werden und daneben

72 Richter, Orientreise, 172-174.

73 Janssen, Berlin, 28.10.1898, PAAA, Türkei 175g, I, A.J. 3048. Siehe auch die Telegramme aus Haifa und die handschriftliche Fassung von Bievers Rede. Biever vertrat den Verein beim Empfang im Garten des deutschen Konsulats in Haifa, ebd., Preußen No. 1. 1 No. 4v. Kohler (Dormitio, 126-130, 146-147) lässt vollkommen unerwähnt, dass Biever gar kein Deutscher war.

eine klösterliche Ansiedlung deutscher Benediktinermönche.[74] Wichtig war zudem, absolute Diskretion zu wahren und das Thema bis zur eigentlichen Zeremonie geheim zu halten, um so alle Versuche zu unterbinden, das Vorhaben im letzten Augenblick durch muslimischen Druck auf den Sultan scheitern zu lassen. Daher wies der Sultan seinerseits den Gouverneur von Jerusalem an, das erworbene Grundstück auf seinen Namen einzutragen und Geheimhaltung über das Geschäft zu wahren.[75] Tatsächlich gelang es dem Statthalter des Sultans, die Kontakte zu einem Abschluss zu bringen, so dass, als der Kaiser nach Jerusalem gelangte, das fragliche Grundstück übergeben werden konnte.

Die Administration in Jerusalem und Konsul Tischendorf ließen ungewöhnliche Vorsicht walten. Der Eigentumseintrag und die Ausstellung des *Koçan* wurden gleichzeitig vollzogen mit der Änderung des Status des Grundstücks vom *Waqf*-Land zu *Mulk*, die unter Vermittlung des Qadis von Jerusalem zustande kam.[76] Doch die Prozedur zog sich in die Länge, so dass die formale Überführung in deutschen Besitz erst nach der Zeremonie erfolgte: Am 5. November wurde das Grundstück zunächst auf den Namen Tischendorfs registriert und erst am 29. des Monats im Kataster endgültig auf den Namen des Kaisers eingetragen. Dieser Vorgang wurde wie gesagt begleitet von der Änderung des Grundstücksstatus von *Waqf*- zu *Mulk*-Land.[77] Diese Form der Übertragung hatte noch eine weitere Dimension. Die Tatsache, dass das Grundstück auf den Namen des Kaisers eingetragen war, verschaffte ihm – so die Lesart der Deutschen – eine Art exterritorialen Status, ähnlich dem des Muristans. Dieser Umstand kam dem Verein zugute, da es nun deutlich einfacher war, Genehmigungen zur Errichtung der Gebäude zu erhalten, als es der Fall gewesen wäre, hätte man das Grundstück auf den Namen des Vereins registrieren lassen.[78]

74 Gatz, Auslandsarbeit, 42 u. Anm. 111, 113.

75 Telegramm an das Konsulat in Jerusalem vom 25.10.1898, ISA, 244, Nr. 1637.

76 Zu diesen Dokumenten einschließlich betreffender Landkarten: PAAA, Türkei 175g, III. Siehe zum Beispiel Janssens Brief vom 9. Dezember 1898, ebd., A14380. *Waqf* – sakrosanktes Land; *Mulk* – Land in Privatbesitz, das in einem Grundbuchdokument – dem *Koçan* – verzeichnet und frei von Besitzansprüchen einer anderen Körperschaft ist, wie zum Beispiel dem Staat.

77 Tischendorf an Marschall, Jerusalem am 30. November 1898, PAAA, Türkei 175g, II, Anhang zu Bericht 241; ISA, 244, Nr. 1732; ebd., Schriftstück ohne Kennnummer mit Datum vom 30.11.1898, Übersetzung ins Deutsche in »Kaiserliches Grundstücksverzeichnis«, ISA, 244. Siehe auch Kohler, Dormitio, 236-243.

78 Cramer, Jahrhundert, 47 Anm. 48. Kurz vor Beginn des Jahres 1925 wurde das Grundstück dann auf den Erzbischof von Köln umgeschrieben.

Dem Dokument des *Koçan* wurde eine handgezeichnete Karte mit vielen Einzelheiten zur Beschaffenheit des Grundstücks beigefügt. Die Fläche von 2.006 Quadratmetern hatte in etwa die Form eines Trapezes. Sein Grenzverlauf kann jedoch nicht als regelmäßig bezeichnet werden, da über ein Dutzend Ecken in die eine oder andere Richtung ragten (s. Plan S. 263). Im Norden verlief ein Weg, der es vom armenischen Grundstück trennte, dessen Ostteil an den Ort des Hauses des Kaiphas grenzte und dessen westlicher Bereich ein Friedhof war. In der nordwestlichen Ecke des Dormitio-Grundstücks war ein amerikanischer Friedhof verzeichnet, der an diesen Weg angrenzte. Die westlich des Weges gelegenen Flächen hingegen waren frei. Von Süden grenzte das Grundstück an den Komplex an-Nabi Da'ud und im Südosten an das Gebäude des Coenaculum und des Davidsgrabes. Der Rest der Ostflanke wurde durch einen Weg begrenzt, der zu diesem Gebäudekomplex führte.[79] Eine weitere Karte der Stätte wurde bereits in der Ausgabe des Jahres 1898 der *Zeitschrift des Deutschen Palästina-Vereins (ZDPV)* veröffentlicht, der wissenschaftlichen Zeitschrift des Deutschen Vereins zur Erforschung Palästinas. Diese genaue Vermessungskarte, angefertigt von dem Jerusalemer Architekten Paul Palmer (1856-1935), fügt der von Hand skizzierten Karte einige wichtige Details hinzu. So zum Beispiel: »Parzelle der Franziskaner, zuvor amerikanischer Friedhof«.[80]

Tatsächlich findet die Geschichte der Konflikte und Anfeindungen zwischen den amerikanischen Konsuln in Jerusalem, Selah Merrill (Konsul in den Jahren 1882-1885, 1891-1894, 1898-1907) und Edwin Sherman Wallace (Konsul im Zeitraum 1894-1898), und den Siedlern der American Colony mit dem Ehepaar Horacio und Anna Spafford an ihrer Spitze, ihren Ausdruck in allen Abhandlungen, die sich mit der Colony befassen.[81] Die Toten dieser Gemeinschaft utopistischer amerikanischer Christen wurden ab 1885 auf dem Berg Zion beigesetzt, auf einer Parzelle, die – den Quellen der Colony zufolge – amerikanische Missionare bereits 1838 erworben hatten. Diese Tatsache ist einigermaßen erstaunlich, da der angebliche Kauf sich rund dreißig Jahre vor Erlass jenes Gesetzes vollzogen haben soll, das Personen, die nicht osmanische Untertanen waren, erst gestattete, unbeweglichen Besitz innerhalb des Osmanischen Reiches zu erwerben. Wie dem auch sei, ab Anfang der 90er Jahre des

79 Beschreibung Dormition.

80 Mommert, Dormitio 1, Pl. 12. Erst im Nachhinein ging den Deutschen auf, dass diese Fläche nicht den Franziskanern gehörte, die versucht hatten, sich dieser und der Dormitio zu bemächtigen (Kohler, Dormitio, 361-367).

81 Vester, Jerusalem, 119-128, 168-184, 212-221; Kark, Consuls, 323-326; Dudman/Kark, Colony.

19. Jahrhunderts begann Konsul Merrill archäologische Grabungen auf dem Friedhof durchzuführen, wobei er Särge öffnen und die Gebeine verstreuen ließ. In der zweiten Hälfte des Jahre 1897 dann teilte der Konsul den Angehörigen der Colony mit, die Stätte sei verkauft und die sterblichen Überreste seien eingesammelt und auf dem nahen anglikanischen Friedhof beigesetzt worden.[82]

Es stellt sich indes die Frage, ob das Terrain auf dem Berg Zion nun erworben oder aber als Geschenk empfangen worden war? Der Gouverneur von Jerusalem jedenfalls erwarb das Grundstück regulär und vermachte es hernach dem deutschen Kaiser. Doch der Kaiser war es, der dem osmanischen Gouverneur das Geld für den Kauf zur Verfügung stellte, das er selbst wiederum von dem »Verein vom Heiligen Lande« erhalten hatte. Die offizielle Übertragung der Besitzrechte erfolgte wie beschrieben erst in den Wochen nach der feierlichen Zeremonie. Die vormaligen Besitzer der Fläche selbst erhielten den Kaufbetrag aus jener Summe von »sechstausend Napoleon d'or«, die Tischendorf dem Gouverneur bereits am 17. Oktober anvertraut hatte.[83] Tischendorf selbst bezeugte, mit Abschluss des Geschäftes seien 3.000 Napoleon d'or an die früheren Besitzer gegangen für »die Hälfte der *Waqf*-Fläche, die in *Mulk*-Land umgewandelt worden war«. Eine ähnliche Summe sei auch für die zweite Hälfte bezahlt worden, die *Waqf*-Grund geblieben sei. Zudem erwähnt Tischendorf einen weiteren Betrag von 3.290,23 Napoleon d'or – Gebühren, die an das religiöse Gericht gezahlt wurden.[84] Verschiedene Quellen hingegen bezeugen, der Betrag, der in die Hände der Grundstückseigentümer gelangt sei, sei deutlich niedriger als der angeblich bezahlte gewesen. Im *Koçan* ist ein Betrag von 520.050 Piastern verzeichnet, was ungefähr 104.000 Francs entsprach und plausibel erscheint, da das osmanische System und seine Gepflogenheiten bekannt sind. Deutschen Quellen wiederum ist zu entnehmen, dass den Besitzern des Grundstücks 55 Mark für jeden Quadratmeter gezahlt worden seien und sie dafür auf alle weitergehenden Forderungen verzichteten. Bei einem Wechselkurs von 1,20 Mark für einen Franc müssten ihnen damit rund 92.000 Francs gezahlt worden sein.[85] Demgegenüber weiß eine französische Quelle vom Anfang des 20. Jahrhunderts, die nicht übermäßiger Objektivität zu be-

82 Vester, Jerusalem; Dudman/Kark, Colony, 83-84, 128-144.

83 Eine auf Französisch abgefasste Quittung mit der Unterschrift des Gouverneurs von Jerusalem vom 17.10.1898, ISA, 244.

84 Tischendorf an Marschall, Jerusalem, 30.11.1898, PAAA, Türkei 175g, II, Anhang zum Bericht 241. Vergleiche Kohler, Dormitio, 133-134.

85 Heiligtum Maria, xxxiii; Sinno, Interessen, 244.

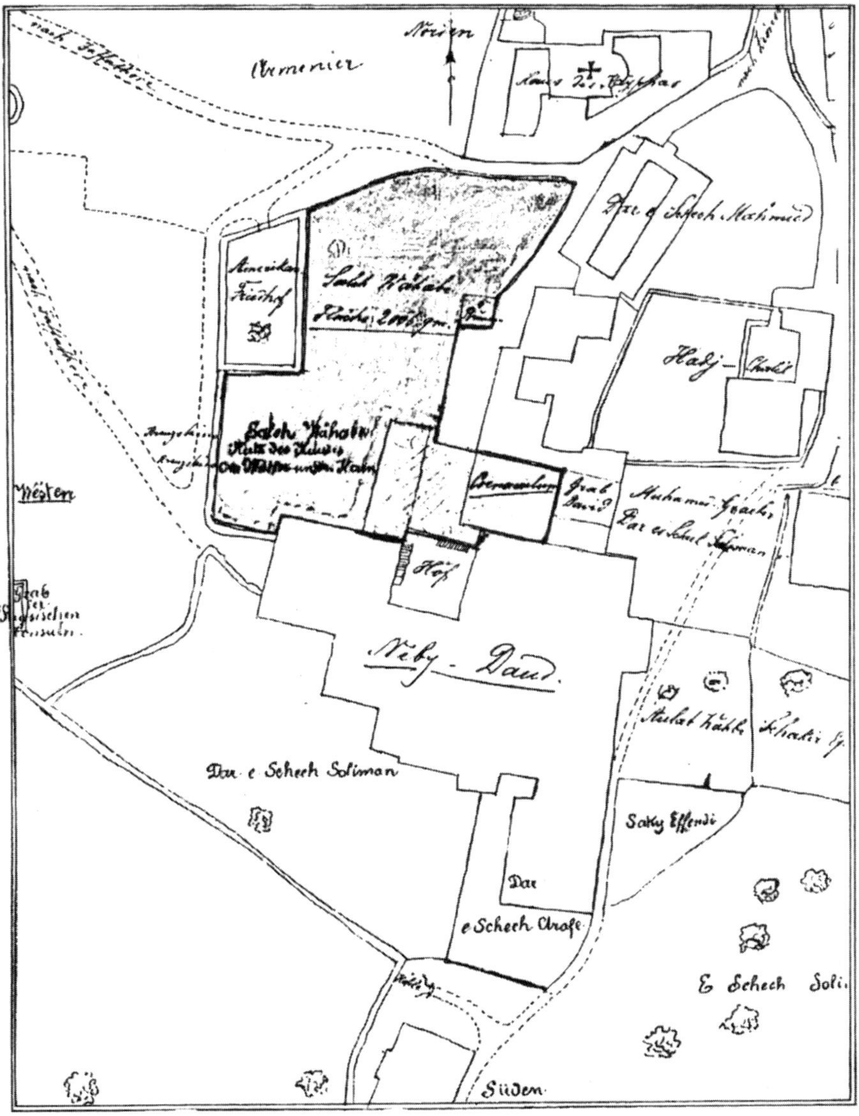

Grundstück der Dormitio

zichtigen ist, vom Wunsch des Kaisers zu berichten, die gesamte Himmelfahrtsstätte auf dem Ölberg nach seinem Besuch vor Ort zu erwerben. Allerdings seien

> »die Eigentümer unter keinen Umständen bereit zu verkaufen, nachdem von den 125.000 Francs, die der Kaiser für die Dormitio bezahlt hatte, kaum 4.000 in die Hände der Verkäufer gelangt waren. Dies ist durchaus üblich im Orient, wo der Sultan ein absolutistischer Herrscher ist und ein Heer von Funktionsträgern einzig und allein von Bestechung und Unterschlagung lebt.«[86]

Abschließend lässt sich feststellen, dass die Osmanen es vorzogen, den Ausdruck »Gratifikation« zu verwenden, während die Deutschen, einschließlich des Kaisers, den Termini »Übertragung« und »Erwerb« den Vorzug gaben.[87] De facto war es von beidem etwas: Der Sultan vermachte dem Kaiser kraft seiner Stellung als »Kalif der Gläubigen« die Besitzrechte, während die Deutschen, in diesem Fall der »Verein vom Heiligen Lande«, eine erkleckliche Summe für ein relativ kleines Stück Land bezahlten.

»Damit einen dringenden Wunsche Meiner katholischen Unterthanen erfüllen zu können«

31. Oktober 1898

> »Am Nachmittag [des zweiten Wochentages, 31. Oktober 1898] gingen Seine Majestät und Begleiter zum ›Berge Zion‹, um seine Beschaffenheit zu betrachten und jenes Grundstück zu erfassen, das Unsere Majestät der Sultan geneigt war Ihm als Geschenk zu geben. Dieses Grundstück ist nicht groß in seinen Ausmaßen, da seine Fläche nur ungefähr 800 Ellen misst. Jedoch ist es gewichtig in seiner Besonderheit für die Geschichte der Christenheit, da nach ihrer Tradition dort das Haus gestanden, in dem die Mutter ihres Glaubensstifters ent-

86 Huerre, Enquêtes, 176. Ein Sonderdruck, dessen Original sich im Archiv des französischen Benediktinerklosters in Abu Ghosh befindet. Die Mönche haben sich dort zu Beginn des 20. Jahrhunderts auf einem Anwesen niedergelassen, das die Osmanen der französischen Regierung 1873 übereignet hatten und das die Kreuzfahrerkirche aus dem 12. Jahrhundert umgibt. Siehe Goren, Abu Ghosh, haupts. 86-94.

87 Zu weiterführenden Erörterungen dieser strittigen Frage siehe Heiligtum Maria, xxxii-xxxiii; Sinno, Interessen, 244; Kohler, Dormitio, 130-131.

schlief, und noch im fünften Jahrhundert der profanen Zählung stand dort eine von Kaiser Justinian erbaute Kirche. [...] Um das nämliche Grundstück standen die Männer der Armee des Kaisers ihre Waffen in den Händen, und der Kaiser hob an und sagte: Vor gut dreißig Jahren hatte Seine Majestät der Sultan Abd al-'Aziz die Güte, die Ländereien – auf denen die Kirche erbaut wurde – als Geschenk meinem Vater zu geben, der damals Seine Majestät besuchte, und jetzt ist Eure Majestät der Sultan Abd al-Hamid geneigt, mir dieses Grundstück zum Geschenk zu machen, das ich von nun an den Häuptern der katholischen Kirche anvertraue. Damit befahl er seinen Soldaten, ihre Waffe abzusetzen, und erhob selbst die deutsche Fahne über dem Grundstück. Danach steckte er jedem Mann seiner Armee als Erinnerungsmedaille ein rotes Palästinakreuz an, eingelegt in Bronze, mit dem Datum und den Initialen des Kaiser gestempelt, ehe die Häupter der katholischen Kirche ihren Dank an Seine Majestät den Kaiser für dieses Geschenk zum Ausdruck brachten.«[88]

Der am Nachmittag des 31. Oktober stattfindenden Zeremonie war ein Telegrammwechsel zwischen dem Kaiser, der sich bereits in Jerusalem aufhielt, und der Spitze der katholischen Kirche in Rom und in Deutschland vorausgegangen. Auch hier war Baron Arenberg an der Ausformulierung und Festlegung der Reihenfolge beteiligt. Am Sonntag, dem 30. des Monats, erhielt Janssen ein Telegramm mit der offiziellen Mitteilung an den Vorstand seines Vereins:

»Seine Majestät der Sultan haben Mir das Grundstück ›La dormition de la St. Vierge‹ hierselbst übereignet und Ich habe beschlossen, dasselbe dem Deutschen Verein vom heiligen Lande zur freien Nutznießung im Interesse der Deutschen Katholiken zu überweisen. Ich freue Mich, damit einen dringenden Wunsche Meiner katholischen Unterthanen erfüllen zu können. Dieselben mögen hierin einen neuen Beweis Meiner landesväterlichen Fürsorge erblicken, mit welcher Ich, obwohl anderer Confession, stets bestrebt bin, über ihre religiösen Interessen zu wachen.«[89]

88 Luncz, Emperor, 139. Zu weiteren zeitgenössischen Beschreibungen der Zeremonie der Übergabe der Dormitio siehe Verlauf der Schenkung; Schneller, Kaiserfahrt, 142-146; Mirbach, Reise, 257-259; Carmel, Chronik 2, 227 (*Warte* 12.1.1899). Zu späteren Beschreibungen siehe zum Beispiel Roth, Preussen, 187-189; Benner, Strahlen, 301-306; sowie die zuletzt erschienene und sehr ausführliche Darstellung bei Kohler, Dormitio, 190-195, 189-201.

89 PAAA, Türkei 175g, II, A12575. Dieses Telegramm und andere werden (mit leichten Variationen) in etlichen jener Schilderungen der Zeremonie selbst wie auch

Der Vorstand antwortete selbstverständlich umgehend mit einem Dankestelegramm, in dem er sich verpflichtete, »sein Besitz wird dem Deutschen Verein vom heiligen Lande ein unschätzbares Mittel für immer sein, um im Orient katholische und deutsche Interessen zu fördern«. Das Telegramm trug die Unterschriften von Erzbischof Krementz, von Schmitz und Janssen.[90] Am darauf folgenden Tag ging ein Telegramm mit ähnlichem Wortlaut, jedoch auf Französisch, vom deutschen Kaiser an den Papst, worin nochmals die Sorge des Kaisers für die religiösen Interessen der Katholiken betont wurde. Ein weiteres Telegramm wurde vom Kaiser an Kardinal Kopp gesandt, den höchsten religiösen katholischen Würdenträger in Deutschland, der seinerseits mit bewegten Worten dankte. Der Vorstand des Vereins wiederum übersandte dem Papst ein langes Telegramm auf Latein, in dem die feste Überzeugung zum Ausdruck gebracht wurde, er – der Papst – teile die Gefühle der Dankbarkeit, die der Vorstand gegenüber dem Kaiser empfinde.[91]

Die Zeremonie auf dem Zion war zwar kurz und relativ bescheiden im Vergleich zu der einige Stunden zuvor stattgefundenen Weihung der evangelischen Erlöserkirche, hinterließ aber zweifelsohne nachhaltigen Eindruck bei allen daran Beteiligten, an erster Stelle Patriarch Piavi. Offenbar trifft Oliver Kohlers Einschätzung zu, dass die Entscheidung, die Zeremonie am Nachmittag des 31. Oktobers abzuhalten, obschon sich der Kaiser noch für ein paar Tage in Jerusalem aufhalten sollte und die feierliche Übergabe somit auch zu einem anderen, vielleicht angenehmeren Zeitpunkt hätte stattfinden können, dass diese Entscheidung erfolgte, um den Eindruck zu erzeugen, beide Seiten – die protestantische wie die katholische – würden durch den Herrscher und den Staat gleichberechtigt behandelt. Gegen eine Abhaltung der Zeremonie noch am selben Tag sprach, dass sie sonst zu einer Randnotiz geworden wäre, so aber erhielt sie die vom Kaiser gewünschte symbolische und dramatische

in anderen Abhandlungen zitiert, die der Dormitio gewidmet sind. Siehe zum Beispiel Verlauf der Schenkung, 10; Schmitz, Deutschtum, 19-20; Heiligtum Maria, xxvi-xxxii. Wie zu erwarten, führt Kohler in seinem Buch (Dormitio, 203-221) gleich den gesamten Telegrammwechsel an.

90 Verlauf der Schenkung, 10; Mommert, Dormitio 1, 3.

91 Mirbach, Reise, 260; Verlauf der Schenkung, 10-16; Gatz, Auslandsarbeit, 43. In Bezug auf das Telegramm Kardinal Kopps vom 29. November herrscht Uneinigkeit, da es in *Das Heilige Land* hieß, es sei erst am 1. November verschickt worden (Verlauf der Schenkung, 12).

Zeremonie auf dem Gelände der Dormitio am 31. Oktober 1891

Dimension.[92] Diese Tatsache fand auch in den Telegrammen und Worten des Kaisers Bestätigung.

Selbstverständlich fand die Zeremonie im Beisein einer Ehrengarde von Matrosen der kaiserlichen Flotte statt, ja sogar für musikalische Untermalung war gesorgt. Die Zeremonie begann mit einer Erklärung des Kaisers, deren Eckpunkte dem Inhalt des bereits zitierten Telegramms entsprachen. Der Bericht des blinden Jerusalemforschers Abraham Moshe Luncz, mit dem dieses Unterkapitel beginnt, beschreibt alles Wesentliche. Der Kaiser betonte mehrmals den Anteil des Sultans an dem Zustandekommen des Geschäftes und stellte fest, das Geschenk zeuge sowohl von der engen Freundschaft zwischen ihnen wie auch vom großen Interesse des Kaisers an allen seinen Untertanen und seinen warmen Gefühlen ihnen gegenüber.[93] Im weiteren Verlauf der Feierstunde wurde

92 Kohler, Grundstück, 145-150; ders., Dormitio, 130-132, 189-190; Richter, Orientreise, 172-175.

93 Nicht unterzeichnetes Schriftstück, ISA, 244, 31.10.1898; Verlauf der Schenkung, 19; Mommert, Dormitio 1, 4.

die kaiserliche Fahne vor dem Zelt gehisst, vor dem die Zeremonie abgehalten wurde. Fotografien dieses Ereignisses zeigen einen ungewöhnlich hohen Fahnenmast von ungefähr neun Metern Höhe.[94] Das Hissen der Fahne an diesem weit sichtbaren Mast war unter anderem sicher für die neidischen Augen der Repräsentanten Frankreichs und ihrer Landsleute in Jerusalem bestimmt, unter ihnen wahrscheinlich auch jene Gruppe französischer Pilger, denen gegenüber der Papst wenige Wochen zuvor die Gültigkeit des französischen Protektorats noch bestätigt hatte.

Patriarch Piavi dankte auf Französisch im Namen der örtlichen katholischen Kirchenvertretung und betonte, wie berührt und dankbar der Papst über die Schenkung sei. Nach ihm hielt Pater Schmidt als Repräsentant des Vereins eine kurze Rede. In seinen Dankesworten bemühte er den alttestamentarischen Kontext des Bergs Zion und wünschte dem Kaiser: »Gott gebe Eurer Majestät die Weisheit Salomons und zudem eine glorreiche und kraftvolle Regierung wie diejenige König Davids.«[95] Pater Schmidt beeindruckte den Kaiser, der ihm für seine Rede mit einem Händedruck dankte und ihm später zwei Aufnahmen zum Andenken schickte, die im Hospiz aufgehängt wurden. Die Verbindung zwischen diesen beiden Männern sollte bis zu Schmidts Tod Bestand haben.[96] Die katholische Presse indes vergaß nicht, auf den Symbolgehalt dieser Konstellation zu verweisen: Pater Schmidt war genau fünfundzwanzig Jahre nachdem er während des »Kulturkampfes« aus seinem Heimatland hatte fliehen müssen, damit große Ehre zuteil geworden. Sein Lazaristen-Orden jedoch habe in Deutschland noch immer nicht seine damalige Stellung wiedererlangt.[97]

In verschiedenen Forschungsarbeiten wird Bezug genommen auf die überraschende Rede des Kaisers zum Abschluss der Weihezeremonie der Erlöserkirche, eine Rede, die allem Anschein nach nicht vorbereitet war und in der der Kaiser seine religiösen Gefühle auf eine Art zum Ausdruck brachte, die unbekannt an ihm war und deshalb so überraschte. Die Beschreibung jener Minuten, in denen der Kaiser im Gebet vor dem Altar in der Erlöserkirche kniete, um sich dann zu erheben und der Menge zuzuwenden, lassen keinen Zweifel hinsichtlich des Eindrucks, den er bei denjenigen hinterließ, die ihn sahen. »Eine wahrhaft kaiserliche Erschei-

94 Schätzung aufgrund des Fotomaterials. Verlauf der Schenkung, 19; Mommert, Dormitio 1, 5 Pl. 1; Carmel/Eisler, Der Kaiser, 150-155 Bild 114.

95 Roth, Preussen, 187-188; Verlauf der Schenkung, 18-20; Kohler, Grundstück, 148.

96 Gatz, Auslandsarbeit, 45; Kohler, Grundstück, 149; ders., Dormitio, 195-198.

97 Richter, Orientreise, 182.

nung, die Brust von goldenen Küraß umpanzert, eine leuchtende Siegfriedgestalt, der ganze Mann wie von Gold gebaut«, so beschrieb ihn einer der bei der Zeremonie Anwesenden. Und dann begann der Kaiser seine Rede, die er mit dem Satz eröffnete: »Gott hat in Gnaden uns verliehen, daß wir in dieser alle Christen heiligen Stadt, an einer durch ritterliche Liebesarbeit geweihten Stätte, das dem Erlöser der Welt zur Ehren errichtete Gotteshaus haben weihen können.«[98]

Doch Ähnliches, wenn auch in deutlich kleinerem Maßstab, geschah auch zum Abschluss der Zeremonie auf dem Grundstück der Dormitio. Denn in seiner »offiziellen« Rede versagte sich der deutsche Kaiser, die christlichen Überlieferungen zu erwähnen, die den Ort umgaben, weshalb Kohler die Vermutung äußert, es sei möglich, dass er die religiösen Gefühle der Muslime, die an der Zeremonie teilnahmen, nicht verletzen wollte. Ausgerechnet Schmidt war es dann, der in seinen Worten auf die religiöse Bedeutung des Ortes einging. Unmittelbar vor dem Ende der Zeremonie jedoch wandte sich der Kaiser an die Ehrenformation seiner Marinesoldaten und erklärte ihnen in zwei Sätzen, wie bedeutsam die ihnen gegebene Gelegenheit sei, an diesem Ereignis teilzuhaben, um dann seine Hoffnung auszudrücken, sie könnten bei der Rückkehr nach Hause berichten, sie hätten »den Ort, an dem unser Heiland gelebt und für uns gelitten hat« gesehen.[99]

Die Übertragung des Grundstücks, die mit äußerster Geheimhaltung geplant worden war, rief nach ihrer Durchführung natürlich beträchtliche Resonanz hervor und versetzte, wie nicht anders zu erwarten, sowohl die muslimische als auch die orthodoxe Welt in Aufruhr. So weigerte sich zum Beispiel der Besitzer des Grundstücks, dieses zu verlassen, und war erst durch massive Drohungen von Seiten der Behörden dazu zu bewegen. Doch er lehnte es ab, den Kaufbetrag entgegenzunehmen, der in den Händen des Gouverneurs von Jerusalem verblieb.[100]

An Dissonanzen fehlte es jedoch auch unter den Katholiken nicht. Die Generalversammlung der katholischen Bischöfe in Deutschland etwa kam Anfang November zusammen. Zwar hatten die Bischöfe Kopp und Krementz, jeder von ihnen persönlich, dem Kaiser bereits ihren Dank ausgesprochen, doch war zu erwarten, dass auch diese Versammlung ein Dankesschreiben an Seine Majestät schicken würde. Von Bülow ver-

98 Schneller, Kaiserfahrt, 136-139 (»Dies war der bewegende Höhepunkt der Tage des Kaisers [in Jerusalem]«). Zum Text der Rede siehe Carmel/Eisler, Der Kaiser, 146.

99 Kohler, Grundstück, 149-150.

100 *Neue Freie Presse*, 10.11.1898.

langte sogar telegraphisch eine Stellungnahme der Versammlungsteilnehmer zu dem Ereignis, doch schaffte es die Angelegenheit nicht einmal auf die Tagesordnung der Konferenz, da die Bischöfe mit der Erörterung wichtigerer Themen befasst waren, darunter etwa die Beschwerden des Papstes über die dem Vatikan feindselig gesinnte Haltung, welche die deutsche Presse an den Tag lege. So ging die Versammlung auseinander, ohne dass etwas geschehen wäre, und erst später kam es zu weiteren Entwicklungen, welche die Erstellung eines gemeinsamen, von Kopp formulierten Dokumentes ermöglichten, das allen Bischöfen zur Unterschrift vorgelegt und Ende November dem Kaiser überstellt wurde.[101] Nicht vergessen jedoch sollte man, dass keiner der katholischen Bischöfe in Deutschland zu der feierlichen Übergabe eingeladen worden war, nicht einmal der Erzbischof von Köln, von Amts wegen Präsident und Schutzherr des Vereins.

Im Unterschied zu diesem demonstrativen auf Distanzgehen der Geistlichkeit betonte der säkulare Franz Ludwig von Arenberg in seiner Rede auf der Generalversammlung der deutschen Katholiken im März 1899 in Frankfurt wiederholt den Anteil Seiner Majestät des Kaisers an dem Erwerb der Dormitio. Auch verkündete er, die Zeit des traditionellen Protektorats sei vorüber, da es die natürliche Pflicht eines jeden Landes sei, seine Bürger stets und überall zu verteidigen. Die Dormitio würde fortan als geistliches Zentrum dienen, als Zentrum der Missionstätigkeit und politischer Stützpunkt für alle bereits existierenden deutschen Kolonien und jene, die künftig im Heiligen Land und seiner Umgebung entstehen würden. Schließlich ging auch von dieser Versammlung ein weiteres Dankestelegramm an den Kaiser.[102] Auch der Verein nahm mit großer Zufriedenheit die Entscheidung des Kaisers auf, die Besitzrechte über das Grundstück für sich selbst zu behalten und dieses den Katholiken nur zur Nutznießung zu übertragen, da so der exterritoriale Status der Fläche gewahrt wurde. Dieser Umstand konnte dem Verein bei seinen weiteren Unternehmungen von großem Nutzen sein.

Doch der Verein sah sich nun vor eine Aufgabe von einer Größenordnung gestellt, die er nicht kannte, nicht er und auch nicht seine beiden Vorläufer. Der Besitz, den er jetzt in den Händen hielt, gehörte zu den wichtigsten und bedeutungsvollsten Besitzungen, die sich in Jerusalem in deutschen Händen befanden. Er hatte diesen nun auf die beste und ef-

101 Gatz, Auslandsarbeit, 43-45.

102 Generalversammlung Frankfurt, 80-83. Kohler (Dormitio, 214-219) betont den zentralen Beitrag Arenbergs.

fektivste Weise zu nutzen, was gemäß der Absicht des Kaisers auch bedeutete – auf die vor Ort am deutlichsten sichtbare, spektakulärste Art.

Der Erwerb des Grundstücks der Dormitio und die Errichtung des monumentalen Bauwerks darauf steigerten nur den deutschen Appetit auf »angesehene und würdige Stätten, deren Erwerb von Interesse für uns sein könnte«, wie es in dem Vorschlag hieß, den Pater Maurizius Gisler, Vorsteher des Klosters der Dormitio, 1917 an den deutschen Botschafter in Konstantinopel sandte. Zu den Orten von Interesse zählte er den Berg Nebo, Machaerus und Kalirohi östlich des Jordans, den Herodesberg, das Josephgrab in Nablus, das Gebiet der Davidstadt, den Schiloahteich, das Lazarusgrab in Bethanien, verschiedene Stätten nördlich und östlich von Hebron und die Taufstätte am Jordan.[103]

103 Gisler, Für einen Erwerb würdige Stätten, unterbreitet als deutsche Besitzung, Anhang eines Schreibens des kaiserlichen deutschen Generalkonsulats in Jerusalem an den Botschafter Richard von Kühlmann, 23.7.1917, PAAA, 175e, mehrere Schreiben und Schriftstücke (vertraulich).

6. »Ein großes Gebäude aus diesen kleinen Anfängen fügen« Die Einrichtungen im Heiligen Land

Der Beginn des Fakten schaffenden, praktischen Kapitels im institutionalisierten Engagement der deutschen Katholiken in Palästina ist in den beiden Grundstückskäufen zu sehen, die Schneider im Jahre 1876 tätigte. Diese Ankäufe in Jerusalem und Kubeibe wurden zur Grundlage des Aufbaus und der Entwicklung der beiden Einrichtungen, die im Folgenden behandelt werden sollen. Später, ab den ausgehenden 80er Jahren und bis zum Beginn des 20. Jahrhunderts fuhren die deutsch-katholischen Vereine fort, eigene Einrichtungen in Tabgha, in Haifa und erneut in Jerusalem zu errichten (die Kirche und das Kloster der Dormitio und das St.-Paulus-Hospiz). Das sechste Kapitel meiner Untersuchung ist diesen Einrichtungen und ihrer Geschichte gewidmet.

Darüber hinaus gab es weitere Einrichtungen, die ebenfalls als deutsch-katholisch definiert wurden, doch gehörten diese nicht den Vereinen, sondern waren eher private Initiativen Einzelner oder von Organisationen. Ein Teil von ihnen, wie etwa die Mädchenschule der Anna Theresa Saxe in Jerusalem, waren »vereinseigenen« Einrichtungen angegliedert, weshalb sie nicht gesondert in einem eigenen Kapitel behandelt werden. Demgegenüber sollen auch einige andere, »autonome« Einrichtungen in diesem Buch nicht unerwähnt bleiben: Die beinahe private Missionsstation Gatts in Gaza, das von den Borromäerinnen für sich selbst errichtete Zentrum in Jerusalem, das Hospital in Nazareth sowie der kurzlebige Versuch, eine landwirtschaftliche Siedlung in Migdal am Ufer des Sees Genezareth zu errichten.

Dieses Kapitel ist einer geographisch-historischen Analyse der Errichtung und Entwicklung dieser Projekte gewidmet, deren Zahl beschränkt, deren Bandbreite aber groß war. Im Hintergrund dieser Bestandsaufnahme steht die politische und gesellschaftliche Entwicklung in Palästina, die westlich-katholischen Aktivitäten im Land, die politischen und gesellschaftlichen Prozesse in Deutschland und unter den Katholiken dort, sowie das Wirken der deutsch-katholischen Institutionen, das auf Palästina gerichtet war.

Die »vereinseigenen« Einrichtungen

»Ein Ehrenmal, im Heiligen Lande errichtet zugunsten der deutschen Katholiken«
Die deutsch-katholische Anstalt vor dem Jaffator

Ich habe nur bruchstückhafte Informationen über die Geschichte dieser Grundstücke bis zum Ende von Schneiders Arbeit in Palästina. Auf dem »deutsch-katholischen Grundstück vor dem Jaffator«, wie die Einrichtung in Jerusalem bezeichnet wurde, begannen bereits 1877 die Bauarbeiten an der südwestlichen Ecke der Parzelle. Eine der Quellen behauptet, das Gebäude sei nach den Plänen Schneiders und von diesem beaufsichtigt errichtet worden.[1] Die Jahre 1880 bis 1884 waren für das Projekt in Jerusalem wie für das gesamte deutsch-katholische Engagement im Heiligen Land eine Durststrecke. Schneider wurde nach Alexandria abgeordnet und wies den von ihm ernannten Leiter an, der in Jerusalem verblieb, ihm regelmäßig schriftlich über das Geschehen in den Einrichtungen Bericht zu erstatten. Doch dieser wie auch jene, die ihm in dieser Funktion nachfolgten – Schmitz nennt mindestens drei Namen –, scheiterten aus verschiedenen Gründen, so dass die Lage immer kritischer wurde. Die Franzosen ihrerseits sahen darin eine Gelegenheit, die Einrichtungen in Jerusalem und Kubeibe unter ihre Kontrolle zu bringen, und zeigten sich nicht gerade zimperlich in der Wahl ihrer Mittel, dieses Ziel zu erreichen.[2] Doch die Deutschen kapitulierten nicht und suchten stattdessen nach einer organisierten Körperschaft, welche die Leitung und Unterhaltung der Einrichtungen übernehmen würde. Janssen hatte zum damaligen Zeitpunkt offenbar noch nicht das Gefühl, in der Lage zu sein, sich ihrer anzunehmen. Daher wurde der im vierten Kapitel dieser Untersuchung bereits beschriebene Versuch unternommen, die Einrichtungen unter den Schutz des Malteserordens und hernach des deutsch-katholischen »St.-Johannes-Ordens« zu stellen. Das Gebäude vor dem Jaffator sollte den Namen »Missionskolonie der deutschen Katholiken oder St.-Johannes-Haus in Jerusalem« erhalten. Die Vereinszeitschrift *Das Heilige Land* stellte mehrfach stolz fest, es sei »auch für die Katholiken Deutschlands selbst ein ihnen im hl. Lande erstandenes Ehrendenkmal neben

1 Rosen [Konsul in Jerusalem], Jerusalem, 12.10.1899, ISA, 305, 38; Schmitz, Deutschtum, 14; Schneider, Pionier, 10; Thalmann, Influence, App. A, 22; Preisner, Schneider, 99-100. Heute beheimatet das Gebäude im Wesentlichen das Museum der Geschichte des italienischen Judentums.

2 Schmitz, Deutschtum, 15.

den großen Schöpfungen deutscher Protestanten und Juden«.[3] In der Zwischenzeit jedoch wurde das Gebäude im Grundbuch auf den Namen Janssens eingetragen, der damit gleichermaßen zu dessen faktischem wie offiziellem Eigentümer wurde.

Die Vereinszeitschrift des »Palästina-Vereins« brachte 1882 eine »Absichtserklärung« in Bezug auf das neue Missionshaus, dessen Ziele und seinen zu erwartenden Wirkungskreis:[4]

Es solle ein Sammelort für die deutschen Katholiken in Jerusalem und Umgebung sein, indem es ein »Vereinshaus« für diejenigen sei, die sich im Heiligen Lande ansässig machen wollten und für einen langen Zeitraum dort lebten, eine »Arbeiterherberge« für Pilger, die ins Land kämen, aus Mangel an Mitteln dort blieben und Arbeit suchten, sowie ein Ort, die sozialen und religiösen Beziehungen der Deutschen untereinander zu fördern.

Es solle Anlaufpunkt für diejenigen deutschen Katholiken sein, die nach Palästina kämen, um sich dort anzusiedeln, und denen die Sprache und die Bedingungen noch fremd seien. Gemeint waren damit vor allem ein Schutz vor betrügerischen Machenschaften, Zusicherung echter Hilfe und Beratung, christliche Unterweisung in ihrer Muttersprache und Gemeindeaktivitäten. Die Existenz dieser Voraussetzungen sei die Basis für die erfolgreiche Ansiedlung der Protestanten und Juden gewesen und ihre Nichtexistenz entsprechend das, was einen ähnlichen Erfolg der katholischen Kolonisierungsanstrengungen bislang verhindert habe.

Es solle mittels persönlichen Beispiels »*die Liebe zur Arbeit* und wahre christliche Cultur bei den Eingeborenen in Palästina« fördern und ebenso als Zentrum der Missionsarbeit unter den jungen Männern dienen, die in seinem Rahmen eine Ausbildung erhielten. Den Arabern katholischen Glaubens wiederum solle es Beschäftigung, Unterweisung und Schulung bieten, da die Aufgabe darin bestehe, »die orientalischen Völker von Trägheit mehr und mehr zur Arbeitsamkeit zu führen und sie zu befreien von dem Vorurtheil, daß Arbeit entehrend«.

Janssen versuchte, die Einrichtung mit allen ihm zur Verfügung stehenden Mitteln zu fördern. Dennoch ist unklar, in welchem Ausmaß dieser Plan tatsächlich realisiert wurde, da uns keinerlei Zeugnis darüber vorliegt, dass die Einrichtung zu irgendeinem Zeitpunkt tatsächlich durch die Malteserritter geleitet wurde. Die Arbeit des Vereins aus dem Rheinland und Westfalen in Palästina fand erst mit der Errichtung der

3 Verhältniße in Jerusalem, 98.
4 Ebd., 98-101.

Deutsch-katholische Anstalten in Palästina
1838-1910

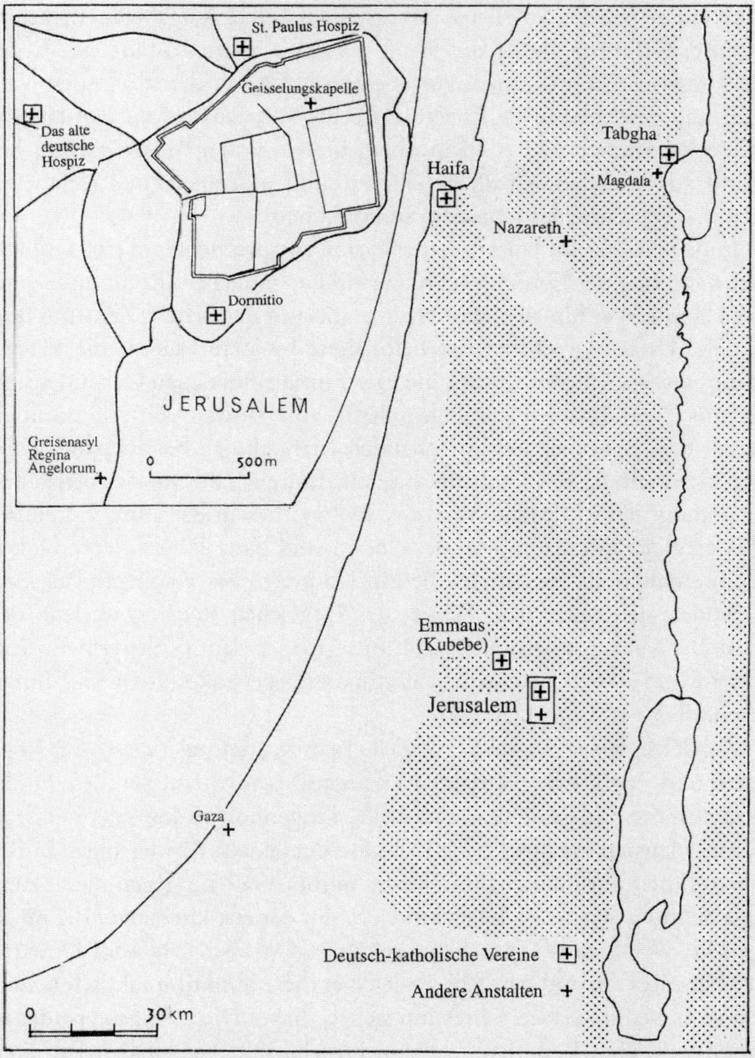

Dormitio-Kirche einen Neuanfang.[5] Auf der Vorstandssitzung des »Vereins vom Heiligen Grabe« Anfang 1883 hieß es, die Malteser behaupteten, die Einrichtung würde nur erfolgreich sein, wenn der Verein die Leitung übernähme. Der Vorstand zeigte sich gewogen und begann, nach einem geistlichen Hirten zu suchen, der diese Aufgabe übernehmen könnte. Offenbar verlief die Suche erfolglos, denn Anfang des Jahres 1884 kam das Thema erneut auf, diesmal in Gestalt der Idee, unter Vermittlung des Vereins die Eigentumsrechte von Janssen auf den lateinischen Patriarchen in Jerusalem übergehen zu lassen.[6] Das Problem bestünde, darin waren sich alle Beteiligten einig, im Fehlen eines geeigneten Leiters, seit Schneider Jerusalem verlassen hatte.

Ende 1884 begann Janssen seiner Vision entsprechend auf eine schnelle Umwandlung der Einrichtung hinzuwirken, von jener »Kommune« junger Handwerker hin zu einem Hospiz mitsamt deutschem Zentrum und Schule. Diese Vorgehensweise beinhaltete mehrere Stufen: die Ernennung eines geeigneten Leiters, die Errichtung eines neuen Gebäudes und das ins Land Bringen der Belegschaft. Von Janssens Entschlossenheit zeugt, dass er mit den entsprechenden Maßnahmen bereits parallel zur Veröffentlichung des »Aufrufs« begann, fast ein Jahr vor der offiziellen Gründung des »Palästina-Vereins«, die wie beschrieben im September 1885 erfolgte. Bereits im Mai desselben Jahres hatte Janssen jenes Dokument erhalten, das bestätigte, die Einrichtungen des Vereins in Palästina befänden sich unter dem Schutz des Deutschen Reiches, weshalb der deutsche Konsul in Jerusalem vom Auswärtigen Amt Order erhielt, dem Verein und seinen Leuten in Palästina entgegenzukommen und ihnen »freundlich« zu begegnen.

Zunächst wurde ein Leiter auf Zeit ernannt, ein junger deutscher Konvertit und Zögling des Patriarchats namens Joseph Stein, der diese Funktion ausübte, bis Ende des Jahres 1884 Lingenhoff in Jerusalem eintraf, der von Janssen ernannte neue Direktor, der genaue Anweisungen in Bezug auf die Führung der Einrichtung mitbrachte.[7] Entgegen dieser Aussage Schmitz' hat Cramer behauptet, Stein, der erst kurz zuvor die priesterliche Weihe empfangen habe, sei am 1. Oktober 1887 zum Direktor des Hospizes ernannt worden, obgleich er diese Funktion faktisch bereits seit dem Mai desselben Jahres innegehabt habe. Diese Angabe findet in Janssens Briefen Bestätigung. Denn im Mai 1887 bat Janssen Patriarch Bracco, Stein die Priesterweihe zu verleihen, damit dieser das Gebet in

5 Twickel, Malteser, 488.

6 Protokolle, 3.1.1883, 19.2.1884, 20.5.1884.

7 Schmitz, Deutschtum, 15.

der Kapelle des Hospizes leiten konnte, und fügte hinzu, diese Autorisierung sei vonnöten, damit er den jungen Geistlichen zum Generaldirektor der Einrichtung ernennen könne.[8] Doch allem Anschein nach war die Ernennung dem Patriarchen nicht genehm, der Steins Eignung anzweifelte und Janssen eindringlich aufforderte, einen anderen Kandidaten zu suchen. Janssen antwortete mit einem Schreiben, in dem er seine Versuche, einen geeigneten Leiter zu finden, ausführte. Seinen Worten nach seien diese allesamt gescheitert.[9] Mit erkennbarem Widerwillen ließ sich der Patriarch schließlich überzeugen, so dass bald darauf die Autorisierung tatsächlich erfolgte, da Janssen Ende Oktober ein Ernennungsschreiben für den katholischen Priester Josef Ignatz Aronstein ausfertigen ließ, in dem dieser zum Direktor des Hospizes vor dem Jaffator und zum Repräsentanten des Vereins in Palästina ernannt wurde.[10] Die Verwendung unterschiedlicher Formen des Namens darf nicht erstaunen, da auf jeden Fall Stein gemeint ist, der Theologie studiert und seine Ausbildung zum Priester im Priesterseminar des Patriarchats in Beit Jallah erhalten hatte.[11] Offenbar war er auch schon in der ersten Phase mit dem Hospiz verbunden gewesen, wurde jedoch erste 1887 mit dem Ende von Lingenhoffs Amtszeit zum Leiter der Stätte berufen.

Die Bauarbeiten hingegen wurden bereits 1885 begonnen, wozu *Die Warte* berichtete, dies sei »ein Werk der Katholiken Deutschlands, die eben damit an der katholischen Mission in Palästina selbstständig Hand anlegen«.[12] Die Planung war Theodor Sandel übertragen worden, dem Architekten und Baumeister der Templerkolonie, der auch den Bau leitete.[13] Ende 1886 war der Rohbau des Hauptgebäudes fertiggestellt, das sich am südwestlichen Ende des Grundstücks erhob. Im Oktober 1887 wurden auch die Arbeiten am Innenausbau beendet. In dem zweigeschossigen Gebäude des neuen Hospizes befanden sich insgesamt dreißig Zimmer, von denen ein Teil Frauen vorbehalten war. Die erste (mir bekannte) Abbildung des Anwesens ist eine aus dem Jahr 1886 datierende Radierung, die offenbar aber nicht ganz genau ist. Auf dem von einer Mauer umgebenen Gelände sind zwei Hauptgebäude zu sehen – das neue, quadratische, dreigeschossige Gebäude (wobei aus den Quellen klar zu ent-

8 Janssen an den Patriarchen, 12.5.1887, APL, J5, Q/60.

9 Patriarch Vincente Bracco an Janssen, 27.7.1887, APL, J5, Q/98; Janssen an den Patriarchen, 14.8.1887, APL, J5, Q/61.

10 Patriarch Vincente Bracco an Janssen, 12.10.1887, APL, J5, Q/98; Janssen, Burtscheid bei Aachen, 24.10.1887, ISA, 267; Cramer, Jahrhundert, 31.

11 Gatt, Mission, 125.

12 Carmel, Chronik 2, 100-102 (*Warte* 17.11.1887).

13 Ebd.; Lange, Sandel, 110; Cramer, Jahrhundert, 31.

nehmen ist, dass dieses nur zweigeschossig war) in die südwestliche Ecke der Mauer integriert und das andere, größere, eingeschossige Gebäude in deren südöstliche Ecke. Zwei weitere, kleinere Bauwerke sind entlang der nördlichen Mauerflanke positioniert.[14]

Im Oktober 1887 weihte der neue Direktor, Abbé Stein, die neue Kapelle im zweiten Stock des Gebäudes. Diese diente fortan als zentraler Gebetsort der deutschen Katholiken in der Stadt. Sandel hatte auch dieses Projekt geplant und geleitet. Den Altar erbauten »mit Erfolg« Kunsthandwerker, die ebenfalls der Templerkolonie in Jerusalem angehörten, der Bildhauer Chr. (Christoph) Paulus und der Steinmetz Gottlieb Friedrich Goll. Das Fenster und die Glocke der Kapelle hingegen wurden in Deutschland bestellt, während das Gestühl von einem deutschen Tischler in der Werkstatt des Hospizes gebaut wurde.[15] In diesem Gebäude kam es also zum ersten Mal zu einer Zusammenarbeit zwischen den deutschen Katholiken in Palästina und Bauhandwerkern aus den Reihen der Templer, einer Zusammenarbeit, die fortdauern und ihren Höhepunkt beim Bau der Dormitio erreichen sollte. Bemerkenswert erscheint, dass die Katholiken ganz offenbar den Templern den Vorzug gaben gegenüber den protestantischen Planern und Bauherren in der Stadt, an ihrer Spitze natürlich Conrad Schick.

Die Deutschen wollten auch das zweite Gebäude erweitern, das in den Quellen als »älteres Gebäude, das von dem Hospiz durch einen Garten getrennt ist und sich zu einer Höhe von einem Stockwerk erhebt« beschrieben wird, um dort drei Schulräume und drei Krankenzimmer zu bauen. Doch sie stießen auf Schwierigkeiten, den notwendigen Ferman zu erhalten.[16]

Janssen wandte sich unterdessen der Suche nach einer Ordensgemeinschaft zu, die die Einrichtung betreiben würde, da unmittelbar nach dem Abschluss der Bauarbeiten die Gebäude mit Inhalt und Aktivitäten gefüllt werden sollten. 1886 dann trafen die ersten Pilger als Gäste in dem neuen Hospiz ein. In den ersten Jahren sollte ihre Zahl klein und alles andere als beeindruckend bleiben.[17] Noch im selben Jahr wurde die Schule Theresa Saxes auf das Gelände am Jaffator verlegt. Ihre Versuche, eine unabhängige Einrichtung zu betreiben, waren trotz der Unterstüt-

14 Sinno, Interessen, 212; Radierung bei Cramer, Jahrhundert, 27.

15 Lange, Sandel, 110; Carmel, Chronik 2, 100 (*Warte* 17.11.1887).

16 Ebd.

17 Bericht über das Hospiz an Bismarck, 27.6.1887, ISA, 267, Nr. 72(4). In dem Bericht werden insgesamt 37 Pilger aufgezählt, die bis zu jenem Zeitpunkt in der Einrichtung beherbergt worden waren. Siehe auch Cramer, Jahrhundert, 32.

Das Hospiz, 1886

zung durch den »Verein vom Heiligen Grabe« und ihre Spendensammelreise durch Deutschland im Jahre 1884 erfolglos geblieben. Saxe selbst schloss sich dem Mitarbeiterstab an und übernahm 1890 die Leitung des Internats für arabische Waisenmädchen.[18] Nach langen Verhandlungen zwischen dem Vereinsvorstand und der Leitung des Ordens in Düsseldorf trafen im Oktober 1886 drei Borromäerinnen aus dem Stammhaus im schlesischen Teschen in Jerusalem ein. Von dort waren bereits zwei Jahre zuvor die ersten Borromäerinnen nach Alexandria gekommen. Jerusalem wurde damit zur ersten Tochtergemeinde Alexandrias, und die dort errichtete Einrichtung erhielt schnell den Status eines »regionalen Mutterhauses«, an deren Spitze über Jahrzehnte bis zu ihrem Tode im Jahre 1923 Katharina Schneider stand. Die Schwestern waren bestimmt, die Leitung und Unterhaltung des Hauses zu leisten und sich darüber hinaus der Schule und dem ihm angegliederten Internat zu widmen. Nach kurzem Aufenthalt im österreichischen Hospiz bezogen die Borromäerinnen ihre Unterkünfte im oberen Stockwerk des Neubaus, unweit der Kapelle.[19] Damit hatten die deutschen Katholiken fünfunddreißig Jahre nach dem Eintreffen der ersten vier Diakonissinnen aus Kaiserswerth in Jerusalem eigene Nonnen mit gleicher Funktion und Zielsetzung in der Stadt.[20]

18 Schmitz, Deutschtum, 16; Boos, Schmidt, 35-36; *HL* 28 (1884), 22, 106.

19 Vierzig Jahre, 19; Dunkel, Katharina; Cramer, Jahrhundert, 31; *HL* 30 (1886), 201-202; Preisner, Schneider, 146-149. Der Aufnahme zufolge, die Keppler (Wanderfahrten, 301, Abb. 118) seinem Buch aus dem Jahre 1892 beigefügt hat, hatte das Gebäude zum damaligen Zeitpunkt noch immer nur zwei Stockwerke.

20 Zu den Diakonissinnen, ihrem Eintreffen in Jerusalem und ihrem Wirken siehe Felgentreff, Diakonissinnen; Carmel, Fliedner; Eisler, Talitha.

Ein Menetekel auf Kommendes war der »Flaggenstreit« oder »Kampf um die Banner«, der um die Flagge entbrannte, die auf dem Gebäude zu hissen war. Der französische Konsul verlangte weiterhin, die Einrichtung unter seinen Schutz gestellt zu bekommen, und verwahrte sich dagegen, dass die deutsche Fahne an den Nationalfeiertagen gehisst wurde, wie es die Borromäerinnen taten. Diese wiederum wandten sich an den deutschen Konsul und hielten demonstrativ weiter die Fahne ihres Landes hoch. Der französische Konsul beschwerte sich daraufhin beim lateinischen Patriarchen, erfuhr von diesem jedoch keine Hilfe. Dies war nur der erste Akkord in einem Kräftemessen zwischen den deutschen Katholiken und den Franzosen in Palästina, das sich bald zu einer diplomatischen Krise auswuchs, in die nicht nur die beiden betroffenen Regierungen, sondern auch der Vatikan, die »Hohe Pforte«, das Patriarchat und andere Akteure mehr verwickelt wurden.[21]

Bereits Ende 1887 war die Belegschaft der Einrichtung auf fünfzehn Personen angewachsen. Und es war mit der Erweiterung des östlichen Gebäudes begonnen worden, abermals auf Janssens Initiative hin und unter Planung und Aufsicht Sandels. Das Gebäude erhielt ein zweites Stockwerk, das nach Fertigstellung von den Nonnen bezogen wurde, weshalb es fortan die Bezeichnung »Gebäude des Klosters der Borromäerinnen« erhielt. Die zu dem Komplex gehörende Schule zählte 1888 einundzwanzig Schülerinnen.[22] 1890 erreichte ihre Zahl sechsunddreißig, Araberinnen und Deutsche, die von zwei Nonnen und einem einheimischen Lehrer unterrichtet wurden. 1894 betrug die Anzahl der Schülerinnen bereits 50 und stieg bis zum Jahre 1901 auf 100 an. Im selben Gebäude war zudem das Mädcheninternat untergebracht, das Theresa Saxe bis zu ihrem Tod im Jahre 1891 leitete.[23]

Die nächste Phase in der Geschichte der Einrichtung begann im Oktober 1890, zu einem Zeitpunkt, der genau genommen den Beginn einer neuen Epoche in der Geschichte des deutsch-katholischen Wirkens in Jerusalem und in ganz Palästina bezeichnet. Bereits im Juni 1889 schrieb Janssen an den Konsul in Jerusalem und verkündete ihm:

> »Beehre ich mich die ergebendeste [Mitteilung] zu [machen], daß heute zwei *deutsche* Geistliche, die Herrn Wilhelm Schmidt und Julius

21 ISA, 267, 643 Nr. 2, 29.6.1887. Siehe auch Goren, Conflit, und oben S. 225-227.

22 Lingenhoff an den Konsul in Jerusalem, ISA, 267, Nr. 855, 26.10.1887; Bericht Steins, 14.9.1887, ISA, 267, Nr. 978. Das östliche Gebäude dient heutzutage dem Stadtoffizier von Jerusalem.

23 Müller, Schule, 197; Cramer, Jahrhundert, 31; Sinno, Interessen, 213; *HL* 36 (1892), 116-117.

Lemaitre, von hier nach Jerusalem reisen, um die Stelle des seither mit der Verwaltung des deutschen katholischen Hospizes daselbst betrauten Abbé Stein [und] die Leitung dieser zu übernehmen.«[24]

Denn Janssen plante einen Aufgabenwechsel in seinen Einrichtungen: Schmidt würde die Leitung in Jerusalem erhalten, während Stein als Leiter der neuen Ansiedlungen in Tabgha und Haifa bleiben und Julius Künzer von Haifa nach Alexandria wechseln sollte.[25] Umgesetzt aber wurde faktisch nur der erste Schritt.

Geistliche als Repräsentanten des Vereins zu entsenden stellte natürlich keine Neuerung dar. Genau genommen wurde das Gros der europäisch-katholischen Aktivitäten in Palästina von Mitgliedern des Klerus und Angehörigen verschiedener Ordensgemeinschaften bestritten. Aber im Unterschied etwa zu den Templern oder anderen protestantischen Gruppierungen war bei den Katholiken keinerlei Ansiedlung katholischer Laien zu finden. So war auch Janssen für die Leitung seiner Unternehmungen und deren Förderung auf einen religiösen Orden angewiesen, doch stellte er dafür zwei Bedingungen: Die Geistlichen mussten Deutsche sein, und sie mussten über Erfahrung bei der Arbeit im Orient verfügen. Auf Schneiders Empfehlung hin wurde schließlich Pater Wilhelm Schmidt ausgewählt, das deutsch-katholische Engagement im Heiligen Lande zu führen.

Schmidt war aus Westfalen gebürtig, hatte Theologie und orientalische Sprachen studiert, war 1857 zum Priester geweiht worden und hatte sich vier Jahre später dem Orden der Lazaristen in Köln angeschlossen.[26] Diese Ordensgemeinschaft, deren offizielle Bezeichnung Congrégation de la Mission lautet, wurde 1652 auf Initiative des Hl. Vinzenz von Paul (ca. 1581-1660) gegründet, weshalb ihre Mitglieder im deutschen Sprachraum auch als »Vinzentiner« bezeichnet werden. Der Orden fand sein Zentrum im Kloster St. Lazare in Paris, woher sich sein gängiger Name ableitet. Ziele des Ordens sind bis heute religiös-missionarische Unterweisung des einfachen Volkes, Ausbildung junger Priester für religiöspädagogische Aufgaben, Errichtung von Missionseinrichtungen, Verbreitung des Christentums unter den Ungläubigen und andere mehr.[27]

24 Janssen an den Konsul, 15.6.1889, ISA, 267, Nr. 982; eine französische Fassung von Janssens Schreiben, APL, J5, Q/68, 7.10.1890. Siehe auch Dunkel, Lazaristen, 143-144.

25 Janssen an den Patriarchen, 18.1.1889, APL, J5, Q/66.

26 Nekrolog Schmidt, *Kölnische Zeitung*, 6.11.1907, ISA, 268; Cramer, Jahrhundert, 67, Anm. 108.

27 Cross, Dictionary, 392, 1442.

Im Verlauf des »Kulturkampfes« wurde die Tätigkeit der Jesuiten und »ihnen ähnlicher Ordensgemeinschaften« verboten, darunter auch die der Lazaristen. Die fünf Klöster, über die der Orden in Preußen verfügte, wurden geschlossen.[28] Schmidt entschied sich, ins libanesische Tripoli zu gehen, um dort unter den Maroniten zu arbeiten, eine Funktion, die er sechzehn Jahre in Folge ausüben sollte, abgesehen von einer dreijährigen Unterbrechung, in der er in Belgien eingesetzt wurde. Im Verlaufe seiner Tätigkeit gelangte er zu einer hervorragenden Beherrschung des Arabischen und Hebräischen. Janssen, der zum ersten Mal 1888 von Schmidt hörte, bat dessen Ordensvorsteher, ihn für die Aufgabe in Jerusalem freizustellen. Schmidt tat sich zunächst schwer, die Ernennung anzunehmen, und begann eine intensive Korrespondenz mit Janssen. In deren Verlauf wurde er nach Europa geschickt und trat dort in direkten Kontakt mit dem Vereinsvorstand. Diese Kontakte zogen sich über ein ganzes Jahr hin und umfassten unter anderem auch Schmidts Erscheinen vor dem versammelten Vorstand in Aachen. Eines der Haupthindernisse war Janssens Forderung, die Einrichtung solle unter dem Schutz des Deutschen Reiches stehen, obgleich die Klöster der Gemeinschaft in Deutschland noch immer geschlossen waren, so dass die Lazaristen der Meinung waren, in dieser Lage wäre es nicht angemessen, ein Zentrum in Jerusalem zu errichten. Erst im Oktober 1889 hatte es den Anschein, als seien alle Probleme gelöst und Schmidts Reise nach Jerusalem in Begleitung eines weiteren Priesters wäre endlich möglich, doch sollte noch ein weiteres Jahr verstreichen, bis sie tatsächlich erfolgen konnte. In der Zwischenzeit jedoch hatte der Patriarch gewechselt, so dass im März 1890 Janssen den Verlauf der bisherigen Verhandlungen in einem vertraulichen Schreiben dem neuen Patriarchen Piavi darlegte und ihn um Hilfe bat. In Schmidts Ernennungsschreiben betonte er zusammenfassend ausdrücklich, dass nach Ansicht aller beteiligten Parteien die Priester und das Hospiz weiterhin unter dem Schutz des Deutschen Reiches stehen würden.[29]

Bei seinem Eintreffen in Jerusalem sollte Schmidt eine dem deutschkatholischen Engagement gewogenere Atmosphäre vorfinden, als sie in den vorangegangenen Jahren geherrscht hatte, eine Veränderung, die im Wesentlichen aus dem Wechsel an der Spitze des Patriarchats herrührte. 1889 war Patriarch Bracco gestorben, der all die Jahre gegen ein praktisches, greifbare Fakten schaffendes deutsch-katholisches Wirken in der

28 Braunsberger, Ordenswesen, 38; Schulte, Orden, 15.

29 Janssen an den Konsul, Burtscheid, 15.6.1889, ISA, 267, Nr. 982; Janssen an Patriarch Piavi, »vertraulich«, 4.3.1890, APL, J5, Q/67; Sinno, Interessen, 211-212; Dunkel, Lazaristen, 144-148.

Stadt angekämpft hatte. An seiner Stelle wurde Luigi Piavi berufen, ein Franziskaner, der fließend Arabisch sprach und bereits mehr als dreißig Jahre Dienst im Orient hinter sich hatte. Er entpuppte sich schnell als den Deutschen gegenüber positiv und gewogen eingestellt, und diese veränderte Einstellung begann sogleich, sich bemerkbar zu machen.[30] Auch die Einstellung der osmanischen Behörden wandelte sich zum Positiven. Schmidt brachte in der Folge sogar die Hoffnung zum Ausdruck, eine Anerkennung als »Wohltätigkeitseinrichtung« zu erhalten, was eine Befreiung von der Steuerpflicht bedeutet hätte, doch sollte diesem Ersuchen trotz mehrjähriger diplomatischer Bemühungen kein Erfolg beschieden sein.[31]

Pater Wilhelm Schmidt

Innerhalb kurzer Zeit begann Schmidt mehrere Schritte einzuleiten, die jenen Handlungsdirektiven entsprachen, die er und Janssen in Bezug auf den Charakter der Einrichtung abgesteckt hatten. So betonte er die Trennung zwischen der Schule und dem Hospiz, die ohnehin in unterschiedlichen Gebäuden untergebracht waren. Die Einrichtung nahm dabei in immer stärkerem Maße die persönliche Handschrift des Lazaristenpaters an und begann unter der Bezeichnung »Schmidt-Schule« bekannt zu werden. Einer der wichtigsten Gäste des Hospizes in jenem Zeitraum, der prominente Geistliche Paul Wilhelm von Keppler (1852-1926), der 1898 zum Bischof von Rothenburg ernannt werden sollte, traf Schmidt während seines Besuches in Jerusalem im Jahre 1892. Keppler, der sich tief beeindruckt zeigte sowohl von der Persönlichkeit als auch

30 Piavi, Nekrolog, 46-47.
31 Janssen an das Auswärtige Amt, Burtscheid, 2.3.1894, ISA, 267.

von der äußeren Erscheinung Schmidts, fügte hinzu: »Freuen wir uns, dass wir nunmehr ein Haus in der heiligen Stadt unser nennen können.«[32] Der Charakter der Einrichtung bis zum Ersten Weltkrieg wurde in jenen Jahren geprägt, während im weiteren Verlauf nur noch wenige Veränderungen zu verzeichnen sind, darunter hauptsächlich Erweiterungsmaßnahmen. Die Schule arbeitete unter Leitung der Borromäerinnen sehr erfolgreich, doch das Hospiz bereitete unverändert Probleme, da es nur eine begrenzte Kapazität hatte und zudem relativ ungünstig gelegen war. Daher war die geringe Anzahl von Pilgern, die es nutzten, augenfällig. Diesen standen mehrere Hospize inner- oder außerhalb der Altstadt, jedoch in unmittelbarer Nähe zur Altstadtmauer, zur Verfügung. Um den Spendenfluss zu steigern und die Zahl der Gäste zu erhöhen, veröffentlichte Pater Schmidt eine Broschüre über das »deutsch-katholische Hospiz in Jerusalem« und legte darin sein Glaubensbekenntnis bezüglich der Einrichtung ab:[33]

1. Das Hospiz befinde sich zwar in einiger Entfernung von der Altstadt, doch der Boden, auf dem es stehe, sei nicht weniger heilig, da innerhalb der Altstadtmauern eine Schutt- und Ruinenschicht von mindestens einem Meter den Gläubigen und sein Heiligtum trenne. Der Standort des Hospizes sei zudem ruhig und still, seine Luft klar und es sei von Gärten umgeben. Im Hospiz würden deutschsprachige katholische Pilger Aufnahme finden, jedoch nicht ausnahmslos alle. Dies sei keine Absteige für Durchreisende, für Nomaden oder Glücksritter aller Art, die gut daran täten, sich eine andere Bleibe zu suchen. Hier würden nur »gute und disziplinierte Menschen« Aufnahme finden, echte Pilger und Reisende mit Empfehlungen oder Personen, die sich »in einem angesehenen Beruf« mit Palästina befassten. Wichtig sei, dass alle eine gewisse Summe zahlten, da das Hospiz nicht in den Ruf einer kostenlosen Absteige kommen dürfe, der ihm das Ansehen eines in jeglicher Hinsicht billigen Ortes bescheren würde.[34]

An dieser Stelle soll auf die Diskrepanz zwischen der Einstellung Schneiders und der Schmidts hingewiesen werden, die ihren Ursprung möglicherweise in den sich verändernden Bedingungen der Zeit und Realität hatte, unter denen jeder von beiden in Jerusalem tätig war. So beklagte sich Schmidt über die vielen Schwierigkeiten, die er hatte bei der »Säuberung des Hospizes von unerwünschten Elementen«, womit gewiss jene Dauermieter gemeint waren, die sich bereits in den Tagen Schneiders dort angesiedelt hatten und das Hospiz als ihr Zuhause betrachteten.

32 Keppler, Wanderfahrten, 298.

33 Schmidt, Hospiz, 14-15. Längere Passagen daraus finden sich zitiert bei Keppler, Wanderfahrten, 302-306.

34 Schmidt, Hospiz, 2-4.

2. Die Schule sei mit dem Hospiz fest verbunden und beide unterstünden sie derselben religiösen Autorität. Es sei dies die einzige katholische Einrichtung in der Stadt, welche die deutsche Sprache lehre. Diese Sprache habe zuletzt zunehmende Bedeutung erfahren durch die wachsende Zahl von Deutschen im Lande und die Annäherung zwischen Deutschland und der Türkei. Dennoch handele es sich auf keinen Fall um eine deutsche Schule: »Man kann, ja darf sogar nicht die Einheimischen zwingen, zu Europäern zu werden, und jene, die dies tun, irren.« Die Orientalen müssten zu guten orientalischen Christen werden, jedoch nicht zu Zwittern, die nach außen den Eindruck vermittelten, schon keine Orientalen mehr zu sein, jedoch niemals echte Deutsche würden. Die Natur des Menschen lasse sich nun mal nicht austauschen. Die Erziehung der Kinder in der Schule des Hospizes zum Wohle ihres eigenen Landes, sie sei es, die die Wertschätzung der Einheimischen erfahre. Ziel der Einrichtung sei, den Orientalen in seiner Sprache und seinen einfachen Bräuchen zu erziehen und heranwachsen zu lassen, in ihm das religiöse Element zu erbauen und zu stärken, um ihn zu einem orientalisch-katholischen Christen werden zu lassen. Die Verwandlung der jungen Menschen in Deutsche indes sei zum Scheitern verurteilt. Sie müssten erzogen werden, orientalische Katholiken zu sein, um damit die Hauptaufgabe zu leisten, das wesentliche Ziel der deutsch-katholischen Mission zu erreichen, das im letzten Jahrzehnt des 19. Jahrhunderts darin bestehe, das Ansehen des deutschen Namens im Orient zu steigern.[35]

Die deutschen Katholiken achteten streng darauf, diesen Grundsätzen der Schmidt'schen Doktrin in all ihren Erziehungseinrichtungen treu zu bleiben. Ihnen war klar, dass die Erziehung die Basis ihrer missionarischen Arbeit war, denn »die Schule ist das *Hauptmittel*, durch welches alle in Palästina und Syrien wirkenden christlichen Missionsgesellschaften ihr Ziel zu erreichen suchen«.[36] Die Deutschen hatten die verstärkten Anstrengungen der anderen Gruppierungen vor Augen – der Russen, der Griechisch-Orthodoxen, der britischen und deutschen Protestanten, der französischen und italienischen Katholiken – und fanden, dass deren Hauptproblem in der Tatsache bestand, ihre Einrichtungen seien nicht ausschließlich religiöser Natur, »sondern auch *Propagandamittel für nationale und politische Ziele* ihrer Staaten«.[37] Schmidts Grundsätze, dem es nach eigener Aussage in erster Linie um das Wohl der Schüler ging, leite-

35 Ebd., 5, 12-13; Keppler, Wanderfahrten, 304; Müller, Schule, 199; Katholische Deutschland, 218.

36 Karge, Schulen, 1.

37 Ebd., 2-11 (Zitat S. 2).

ten das gesamte deutsch-katholische Wirken im Nahen Osten und insbesondere natürlich das seiner Schule. Diese umfasste wie bereits erwähnt auch ein Internat, in dem achtzehn Mädchen aus allen Teilen des Landes lebten, sowie eine »externe« Schule, in der Mädchen lernten, die in Jerusalem oder der näheren Umgebung der Stadt wohnhaft waren. Beide Teilbereiche des Schulbetriebs waren kostenlos. Der Unterricht wurde von den Borromäerinnen gemeinsam mit lokalen Lehrkräften bewältigt. Die Belegschaft bestand in der ersten Phase aus dem Rektor der Einrichtung, zwei Schwestern, die theoretischen Unterricht gaben, und einer Ordensschwester, die Handarbeiten unterrichtete, sowie einer einheimische Lehrerin für Arabisch.[38]

3. Für das religiöse Wirken trage ein Priester Sorge. Die Kapelle des Hauses, die der Öffentlichkeit offenstehe, diene den Katholiken der Umgebung als religiöses Zentrum, vor allem den Bewohnern der neuen Wohnviertel in Jerusalem außerhalb der Altstadtmauern, der Prophetenstraße, der Jaffa-Straße und Umgebung. Das Gebet werde auf Deutsch und auf Arabisch abgehalten.[39]

4. Die fortgeschrittenen Studien, welche sich mit der Erforschung und Auslegung der Heiligen Schrift befassen, mit der Kenntnis des Neuen und des Alten Testamentes und der Grundlage der christlichen Wahrheit, seien die wichtigsten für einen Katholiken. Die Notwendigkeit, solche Studien zu betreiben, sei gewachsen aufgrund der Vielzahl »ungläubiger« – protestantischer – Gelehrter, die aus Deutschland nach Palästina gekommen seien und Gebrauch von ihren Forschungsarbeiten machten auf der Suche nach Beweisen gegen die Wahrheiten der Heiligen Schrift. Der bevorzugte Ort für derartige Studien sei zweifelsohne Jerusalem.

Schmidt war mithin bestrebt, in dem Hospiz ein Zentrum zu errichten, das Wissenschaftler, Landsleuten und Glaubensgenossen, eine Anlaufstation bieten sollte, jungen Akademikern, die sich der Erforschung des Heiligen Landes und dem Freilegen von Überresten seiner Vergangenheit widmen würden. Zu diesem Zweck richtete Schmidt eine große Bibliothek ein, eine Studienbibliothek für diese Wissenschaftler und eine Lesebücherei für das Hospiz und die Schule. Seinem Aufruf folgten mehrere Verleger in Deutschland ebenso wie die Redaktionen katholischer Zeitschriften und Zeitungen, so dass die Bibliothek bald schon einige Tausend Bände umfasste. Die Wissenschaft war Schmidt ein tiefes Bedürfnis, der daher jede Forschungsinitiative nach Kräften praktisch

38 Müller, Schule, 198; Cramer, Jahrhundert, 32.
39 Schmidt, Hospiz, 6-7; Katholische Deutschland, 217.

unterstützte.[40] Zudem musste er genau zu jenem Zeitpunkt mit ansehen, wie die französischen Dominikaner ihre *École pratique d'études bibliques* gründeten und ein Gebäude dafür auf dem Gelände ihres Klosters St. Etienne an der Straße nach Nablus errichteten.[41]

Schmidt schloss seine Broschüre mit einem emphatischen Aufruf an die Leser, in dem er die aktuellen Pläne für die Einrichtung, deren Bestimmung und vor allem ihre dringendsten Bedürfnisse darlegte:

> »Es bedarf des Baues eines Kirchleins; das Hospiz muß vergrößert werden, damit bei dem stets wachsenden Andrange der Besucher und Pilger deutscher Zunge diesen ein geziemender Aufenthalt geboten werde; die Mädchenschule müssen wir erweitern und damit die Räume vergrößern für diejenigen Kinder, sowie auch für die, [die] die Wirtschaft führen und die Kinder zu leiten haben. Die höchst wichtige Knabenschule endlich muß neu hinzukommen.«[42]

Offenbar belastete Schmidt diese letztgenannte Angelegenheit, das Nichtvorhandensein der physischen Voraussetzungen, die auch die Eröffnung einer Knabenschule ermöglicht hätten, mehr als alle anderen Probleme. So legte er den Charakter der Arbeit der Einrichtung bereits Anfang der 90er Jahre fest, unter anderem den Zwängen des Ortes geschuldet: Die Institution sollte Hospiz, religiöses und wissenschaftliches Zentrum und Mädchenschule einschließlich eines Internats sein.[43] Der Umfang der Aktivitäten wurde wegen der nur begrenzt zur Verfügung stehenden Fläche und beengten Gebäude von vorneherein eingegrenzt. Das Hospiz konnte maximal fünfundzwanzig Gäste beherbergen und die Schule bis zu einhundert Schülerinnen aufnehmen. 1898 besuchten gut sechzig Schülerinnen die Schule, wie verschiedenen Quellen zu entnehmen ist.

Zwei Jahre später war ihre Zahl bereits auf einhundert angestiegen, wenn auch eine andere Quelle nur von achtzig spricht. Im Juli 1902 schickte Schmidt einen Bericht an das Konsulat, in dem er zweiundvier-

40 Schmidt, Hospiz, 8-9; Nekrolog Schmidt, *Kölnische Zeitung*, November 1908, ISA, 268; Keppler, Wanderfahrten, 301-302; Cramer, Jahrhundert, 32; Sinno, Interessen, 212. Schmidt führte zum Beispiel einen intensiven Briefwechsel mit Sepp mit der Bitte, die Bibliothek des Münchener Wissenschaftlers für sein Hospiz zu erhalten. Einer der Gründe für Sepps Ablehnung war die Furcht vor der osmanischen Zensur, wie aus den Briefen Schmidts an Sepp hervorgeht, BSB, Seppiana 65 (Schmidt), 25.7.1895, 1.9.1895, 12.5.1903.

41 Trimbur, École biblique.

42 Schmidt, Hospiz, 13-14.

43 Ebd., 3-9.

zig Schülerinnen im Internat und eine ähnliche Zahl »externer« Schülerinnen bezifferte.[44]

Über die beiden Gebäude, die Aufteilung der Räume und ihre Funktion lassen sich Eindrücke aus den Beschreibungen von Zeitgenossen finden.[45] Zudem finden sich im Archiv des St.-Paulus-Hospizes einige Pläne des Gebäudes, die Heinrich Renard, der Architekt der Dormitio und des Hospizes, im Jahre 1921, ein Jahr vor seinem Tod, gezeichnet hat. Die Skizzen tragen die Bezeichnung »Jerusalem, Palestine, P. Schmidt's Girls-School, Completion of the Boardinghouse«. Diese Pläne waren die Grundlage für die spätere Aufstockung des Gebäudes 1927 um ein weiteres, drittes Stockwerk zu den bereits existierenden zwei Stockwerken, die dem Gebäude seine bis heute erhaltene Form geben sollte.

Im Erdgeschoß des westlichen Gebäudes, dem Hospiztrakt, befanden sich insgesamt acht Räume: eine Empfangshalle, ein Speisesaal für die Belegschaft und die Gäste im zentralen, vorspringenden Teil der Frontansicht, ein Speisesaal für die Mädchen, Küche und Vorratsraum, das Zimmer des »Prokurators« (des für Bewirtschaftung und Unterhalt der Gebäude Verantwortlichen), ein Arbeitszimmer und ein Abstellraum. Im Obergeschoß gab es elf Räume. Die Kapelle befand sich im Zentrum des Gebäudes, über dem Hauptspeisesaal, mit zwei Altären und einer Vitrage – einem Motivfenster –,[46] und ihr gegenüber der Diwan, der Gästesalon. Zu beiden Seiten der Kapelle lagen die Zimmer des Hospizes und am Ende des Traktes die Wohnräume des Direktors und das Bibliothekszimmer. Die Decke des zentralen Speisesaals war mit Malereien zu religiösen Themen bedeckt, angefertigt von mittellosen Gästen, die auf diesem Weg für ihren Aufenthalt im Hospiz bezahlt hatten. Das östliche Gebäude, das Schulgebäude, umfasste vier Unterrichtsräume und zwei Waschräume im Erdgeschoß sowie fünf Schlafräume für die im Internat wohnenden Mädchen, einen Unterrichtsraum, einen Arbeits- und einen Gesangsraum im Obergeschoß.

Gegen Ende der 90er Jahre, nach mehr als einem Jahrzehnt seines Bestehens, konzentrierte sich das Hospiz auf die Beherbergung deutscher Pilger, vor allem solcher, die in organisierten Gruppen kamen und deren

44 Bericht Kaiserbesuch, 41; Eröffnung Knabenschule, 169; Generalversammlung V, 10; Schmidt an Konsul, ISA, 276, 24.7.1902.

45 Katholische Hospiz, 69-72; Bericht über die Mädchenschule, ISA, 276, August 1912.

46 Heute steht in der Kapelle eine hölzerne Synagoge aus dem 18. Jahrhundert, die vollständig aus dem Städtchen Conegliano Veneto bei Venedig nach Jerusalem gebracht wurde und der italienisch-jüdischen Gemeinde als Gebetsort und Museum dient.

Das Hospiz, vor 1927

Zahl beständig zunahm. Schmidt, der die Einrichtung ins Bewusstsein der katholischen Öffentlichkeit in Deutschland bringen wollte, gab die erwähnte Broschüre über das Hospiz heraus und verbreitete sie. Auch darin vergaß er nicht sein langjähriges Bestreben zu erwähnen, vor Ort eine Knabenschule und eine Kirche zu errichten, wozu jedoch zahlreiche Spenden notwendig seien. Daher wandte er sich an die Leser mit dem Appell, sie mögen die erforderlichen Gelder über den Verein spenden.[47] In den Reiseberichten vieler Pilger finden sich Beschreibungen der Einrichtung. Diese konzentrieren sich zumeist auf ihre Erlebnisse, auf die angenehme Atmosphäre, den warmen Empfang und die gute Behandlung. Als weiteres zentrales Thema ist durchgängig eine Schilderung der strahlenden Persönlichkeit Schmidts zu finden, des Mannes »mit dem schönsten Bart in Palästina«, der den Pilgern sogar bei ihren Touren durch Jerusalem als Führer diente. Angesichts dieser begeisterten Berichte voller Komplimente ist nur schwer zu erklären, warum die Ausgaben der Vereinszeitschrift so wenige Informationen über das Hospiz selbst liefern. Bis 1895 ist beispielsweise kein einziger Bericht von Schmidt zu fin-

47 Bericht Schmidt, ISA, 267, 1.2.1898; Schmidt, Hospiz.

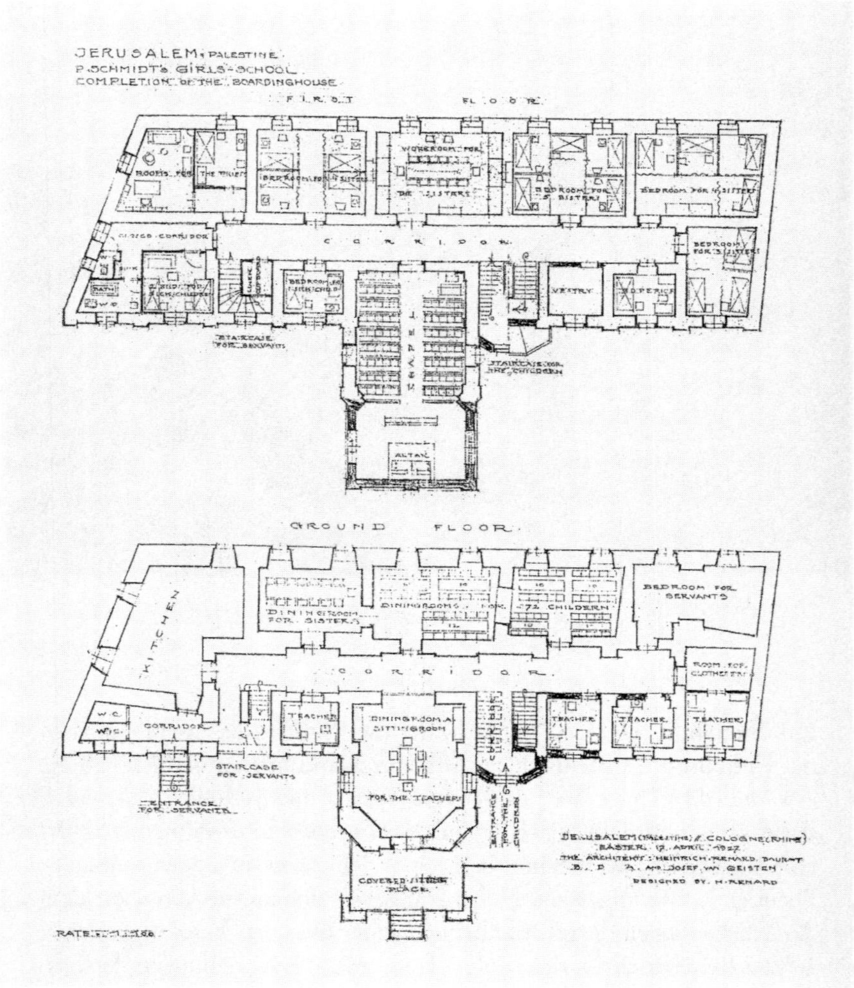

Das Hospiz, Pläne von Heinrich Renard und Situationsplan 1927

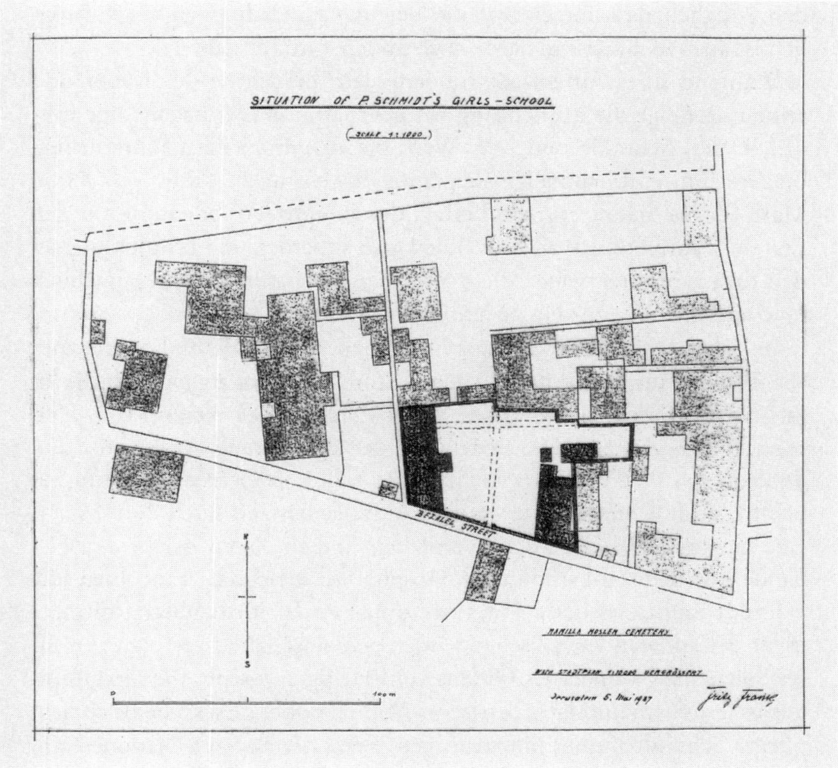
SITUATION OF P. SCHMIDT'S GIRLS-SCHOOL
(SCALE 1:1000)
BEZALEL STREET
N
S
0
100 m
MAMILLA MOSLEM CEMETERY
Jerusalem 5. Mai 1927
Fritz Franke

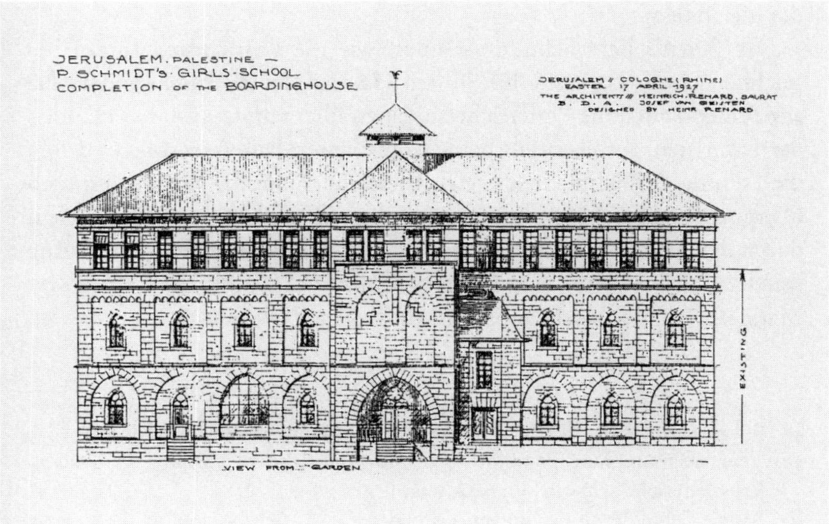
JERUSALEM. PALESTINE —
P. SCHMIDT'S GIRLS-SCHOOL
COMPLETION OF THE BOARDINGHOUSE
JERUSALEM // COLOGNE (RHINE)
EASTER 17 APRIL 1927
THE ARCHITEKTS /// HEINRICH. RENARD. BAURAT
B. D. A. JOSEF VAN GEISTEN
DESIGNED BY HEINR RENARD
EXISTING
VIEW FROM THE GARDEN

den. Möglich, dass ihm einfach die Neigung zum Schreiben fehlte. Möglich ist aber auch, dass es dafür noch andere Gründe gab.

Während ihres Aufenthalts in Jerusalem besuchten der Kaiser und seine Entourage die Einrichtung vor dem Jaffator. Der nachhaltige Eindruck, den Schmidt und sein Werk bei den Besuchern hinterließen, brachte ihm eine einmalige Regierungszuweisung in Höhe von 8.000 Mark für die Schule ein; ein Betrag, der von großer Bedeutung für den Etat der Einrichtung war. Von Bülow gab außerdem die Empfehlung an den Kultusminister weiter, diese Schule zu unterstützen, und tatsächlich fand sich ein Weg zur Finanzierung.[48]

Im Jahre 1908 zog das Hospiz in ein neues Gebäude und wurde zum »St.-Paulus-Hospiz vor dem Damaskustor«. Mit ihm zogen auch die lazaristischen Geistlichen und das Aktionszentrum des »Vereins vom Heiligen Lande« dorthin. Die Bedeutung der Einrichtung am Jaffator und ihr Status sanken auf einen Schlag, die Schule jedoch konnte nun auf beide Gebäude ausgedehnt werden. Anfangs bestand noch die Absicht, eine lang gehegte Idee zu verwirklichen und in einem der beiden Gebäude ein deutsch-katholisches Hospital zu errichten. Eine Idee, die Schmidt immer wieder aufbrachte, zumal er das medizinische Engagement der anderen katholischen Ordensgemeinschaften verfolgte, an ihrer Spitze die Nonnen des Ordens vom Heiligen Joseph, die die Hospitale in Jerusalem und Jaffa betrieben. Wenn er über dieses Thema sprach, pflegte Schmidt immer hinzuzufügen: »Was die anderen Nationen tun – wollen wir auch tun.«[49] Der Verein jedoch kam zu der Einsicht, ein solches Unternehmen würde seine Möglichkeiten übersteigen, und ließ die Idee fallen.

Der Betrieb der »Schmidt-Schule«, wie die Einrichtung fortan bezeichnet wurde, lag weiterhin in den Händen der Borromäerinnen, die zunehmend auch die Unterrichtsaufgaben übernahmen. In den Händen der Lazaristen, die ebenfalls beim Unterrichten halfen, verblieb bis 1913 die Leitung der Schule, ehe diese offiziell auch auf die Borromäerinnen überging. Finanzielle Unterstützung erhielt die Schule im Wesentlichen durch den »Verein vom Heiligen Lande«. Die Ausgaben der Einrichtung waren recht hoch und wurden von Schmidt 1897 auf mehr als 12.000 Mark im Jahr veranschlagt.[50] Die jährlichen Zuwendungen durch den

48 Bülow an Schmidt, ISA, 267, 20.1.1899; Eröffnung Knabenschule, 169.

49 Generalversammlung Frankfurt, 76. Zum französischen Hospital St. Louis in Jerusalem siehe Schwake, Entwicklung, I, 372-378.

50 Bericht Schmidts an Konsul von Tischendorf, ISA, 267, Nr. 169, 10.1.1897.

Verein wiederum schwankten in den Jahren 1895 bis 1898 zwischen 5.000 und 20.000 Mark.[51]

Ab der ersten Hälfte der 90er Jahre liegen nur noch Zeugnisse über Schmidt allein vor, obgleich er durch einen weiteren Geistlichen unterstützt wurde, allerdings herrschte hier großer Wechsel. Erst im November 1894 trafen zwei junge Lazaristen in Jerusalem ein. Sie vollendeten ihre Ausbildung im lateinischen Patriarchat, wurden im Mai 1896 zu Priestern geweiht und begannen dann, an Schmidts Seite zu arbeiten. Bei den beiden handelte es sich um die Pater Friedrich Klinkenberg (1870-1910) und Franz Dunkel (1872-1930).[52] Klinkenberg wurde bereits im Oktober 1900 nach Tabgha versetzt und diente dort mit Unterbrechungen bis zu seinem Tod im Jahre 1910, nach einer ganzen Reihe von Krankheiten, die ihn in Palästina befallen hatten. Dunkel hingegen arbeitete weiter an der Seite Schmidts, wurde zu dessen Stellvertreter und übte auch das Amt des Prokurators des Hospizes aus. Ende des Jahres 1899 schloss sich dann Pater Wilhelm Müller (1866-1942) der Belegschaft an, um 1904 nach Emmaus-Kubeibe zu wechseln und dort das Erholungsheim zu leiten und auszubauen. Dafür stießen die Pater Johannes Sonnen (1876-1957) und Peter Linzen im Jahre 1901 zu Schmidts Team.[53]

Das fünfzigjährige Jubiläum von Schmidts Priesterweihe wurde Ende 1907 in Jerusalem feierlich begangen.[54] Unmittelbar danach trat Schmidt einen Heimaturlaub an, in dessen Verlauf er mehrere Regionen in Deutschland besuchte. Sogar der Kaiser, der ihn bei seinem Besuch in Jerusalem kennen- und schätzen gelernt hatte, gewährte ihm eine Audienz.[55] Während seines Aufenthalts in Köln, wo er selbstverständlich an der Vorstandssitzung »seines« Vereins teilnahm, geriet Schmidt unter einen Straßenbahnwagen und erlag Ende November den Folgen dieser Verletzung.[56] Der plötzliche, unerwartete Tod des greisen Priesters er-

51 1895 erhielt die Schule lediglich 4.750 Mark, da das Gros der eingegangenen Spenden zur Deckung der Schulden des »Palästina-Vereins« aufgewendet werden musste. 1896 dann stieg der Betrag auf 20.000 Mark, während 1897 18.000 Mark und 1898 13.000 Mark nach Jerusalem flossen.

52 Klinkenberg, Nekrolog; Täpper, Dunkel; Cramer, Jahrhundert, 90 Anm. 143, 118 Anm. 197.

53 Goldenes Jubiläum; Sonnen, Nekrolog; Abschied Sonnen; Cramer, Jahrhundert, 132 Anm. 256.

54 Goldenes Jubiläum.

55 Persönlichen Schreiben des Kaisers und von Bülows an Schmidt zufolge, die am 11.2.1905 in der *Münchener Allgemeinen Zeitung* veröffentlicht wurden, und gestützt auf Kohlers (Dormitio, 195-196 Anm. 160) Liste.

56 Schmidt, Nekrolog,1-2.

Pater Ernst Schmitz

schütterte den Verein und traf ihn zum denkbar ungünstigsten Zeitpunkt, da die Arbeit in Palästina eine bis dato nicht gekannte Intensität erreicht hatte: Die Dormitio und das neue Hospiz standen beide kurz vor der Vollendung; in Tabgha war die Epoche Bievers zu Ende gegangen, und der Verein beabsichtigte, die Entwicklung des Anwesens zu forcieren, und auch in Kubeibe befanden sich die Bautätigkeiten auf ihrem Höhepunkt.

Das Ausmaß der Popularität, die Schmidt genoss, bezeugen die Telegramme, die ihn an seinem Krankenbett erreichten, darunter besonders die Genesungswünsche des Kaisers, seiner Gattin und von Bülows, sowie die Beileidsbekundungen, die nach seinem Tod eintrafen.[57] Auf der nächsten Generalversammlung des Vereins, die 1908 in Paderborn stattfand, ergingen sich sämtliche Redner in Nachrufen und Elogen. Dabei tat sich besonders Dr. Lausberg, Vorstandsmitglied aus Köln, hervor, der über Schmidt sagte:

> »Alles das kann ich nur vorübergehend streifen, um hinzuweisen auf das mit landeskundigem Blick und zäher Ausdauer, manchmal sogar mit überschwänglichem Eifer angestrebte Ziel, im Dienste des ›Deutschen Vereines vom hl. Lande‹ an den hl. Stätten neben den anderen christlichen Nationen auch den *deutschen Namen* geachtet, *deutsche Art* bekannt, *deutsche Kraft* entfaltet, und *deutschen Frommsinn zum wahren Wohle der nicht christlichen Eingeborenen* betätigt zu sehen.«[58]

Schmidts Nachfolger wurde auf der Vorstandssitzung in Köln im April 1908 gewählt, Pater Ernst Schmitz (1845-1922), ein altgedienter Lazaristenpriester, der Deutschland während des »Kulturkampfes« verlassen

57 Ebd., 3; Kohler, Dormitio, 195-200. Einige dieser Telegramme werden in einem nicht näher bezeichneten Umschlag im Archiv des St.-Paulus-Hospizes aufbewahrt.

58 Generalversammlung Paderborn, 56.

und sich acht Jahre lang in Portugal aufgehalten hatte, ehe er die Leitung der theologischen Hochschule und des Priesterseminars in Funchal übernahm, der Hauptstadt der Insel Madeira, eine Funktion, die er siebenundzwanzig Jahre innehatte.[59] Die rasante Entwicklung und die auf hohen Touren laufende Bautätigkeit in Palästina bewogen den Vorstand, der sich offenbar fürchtete, die Last dieser Aufgaben einem der jungen Priester aus Schmidts Umfeld aufzubürden, einem Kandidaten mit reichem Erfahrungsschatz den Vorzug zu geben, der sich bereits in verschiedenen Aufgaben bewiesen hatte. Der zum damaligen Zeitpunkt dreiundsechzig Jahre alte Schmitz traf unmittelbar nach seiner Wahl in Jerusalem ein.

Ein »Landgut«
Emmaus-Kubeibe

Während die Einrichtung in Jerusalem in den zehn Jahren, in denen der »Palästina-Verein der Katholiken in Deutschland« existierte, eine forcierte Entwicklung erlebte, stagnierte die Situation der Besitzung im Dorf Kubeibe – oder Emmaus-Kubeibe, wie die Deutschen den Ort unter Bezugnahme auf dessen neutestamentarische Tradition zu nennen pflegten. Bis Anfang der 80er Jahre des 19. Jahrhunderts erfolgten lediglich weitere Landzukäufe und Bautätigkeit in begrenztem Maße. Die Fläche des Anwesens wurde 1878 mit dem Erwerb einer Pflanzung von 300 Feigenbäumen aufgestockt. 1880 dann wurden auch die Hänge des Hügels erworben. In den verschiedenen Dokumenten ist die Größe des Anwesens unterschiedlich angegeben, dennoch lassen sie Rückschlüsse auf die etwaige Dimension zu. Nach dem Zukauf erreichte die Fläche des Grundstücks eine Größe von vierzehn Morgen, was rund fünfunddreißig Dunam entspricht.[60] Diese Angabe deckt sich mit dem Bericht des Vereins zu seinen Aktivitäten und Besitzungen, der anlässlich des Besuchs des Kaisers erstellt wurde und in dem die Rede ist von einem gro-

59 Schreiben Kleins an das Auswärtige Amt, in dem die Ernennung mitgeteilt wird, ISA, 268, Abschrift 5872, Köln, 23.3.1908. Schmitz verfasste 1914 seine Autobiographie, die sein Leben bis zum Eintreffen in Palästina beschreibt: Schmitz, Leben. Weitere biographische Angaben zu Schmitz: Ders., Deutschtum, 7-8; ders., Nekrolog; Cramer, Jahrhundert, 106-107 Anm. 176.

60 Janssen an die Führung der Polizeikräfte seiner Majestät, ISA, 267, Nr. 169, Burtscheid, 1.8.1889; Cramer, Jahrhundert, 33. Der Morgen war ursprünglich die Größenangabe einer Fläche, die sich an einem Morgen umpflügen ließ. Ein preußischer Morgen entsprach 2.553,23 Quadratmetern. 1 Aar = 100 Quadratmeter = 0.1 metrischer Dunam; 1 Hektar = 10 Dunam.

ßen Garten mit Wirtschaftsgebäuden, dessen Fläche drei Hektar und neunundvierzig Aar betrage, was ebenfalls rund fünfunddreißig Dunam gleichkommt. Diese Größenangabe erhält zudem durch einige spätere Quellen Bestätigung, so etwa durch die 1896 veröffentlichte Satzung des »Vereins vom Heiligen Lande«.[61] Auch weitere Quellen, die mit dem Besuch des Kaisers 1898 in Verbindung stehen, sprechen von einem fünfunddreißig Dunam großen Grundstück.[62] Demgegenüber gibt ein Dokument aus dem Jahre 1899, das seinen Ursprung in einem Bericht des Konsuls nach einer Unterredung mit Wilhelm Schmidt hat, eine Größe von fünfundsiebzig Dunam an. Möglich, dass diese Angabe auf weitere Landzukäufe hindeuten könnte, möglich ist aber auch, dass es sich dabei schlicht um eine Fehlinformation handelt.[63]

1879 wurde mit dem Bau eines Steingebäudes auf den Resten einer vor Ort sich befindenden Ruine begonnen. Das Gebäude war als Wohnunterkunft für vier bis fünf Personen bestimmt. Denn das Anwesen diente einzig und allein als landwirtschaftlicher Versorgungsbetrieb für die Einrichtung in Jerusalem. Der Verein mit seinem nationalen Charakter maß der Förderung der Einrichtung in der Heiligen Stadt schließlich höchste Priorität bei, da in Jerusalem eine deutsch-katholische Präsenz deutlich spürbar war – und nicht nur um ihrer selbst willen betrieben würde. Kubeibe dagegen war ein abgelegenes, nur schwer zu erreichendes Dorf, dem keine besondere Bedeutung beigemessen wurde. Auf jeden Fall war Schneiders Plan, dort eine Kolonie für Handwerker und Bauern zu errichten, von vorneherein zum Scheitern verurteilt und geriet bald in Vergessenheit. Die Gründe dafür lagen auf der Hand: Zum einen gab es nicht genügend deutsch-katholische Handwerker im Lande, und zum anderen standen die hohen Kosten der Urbarmachung und Bearbeitung der Böden dem entgegen.[64]

Auf der besagten Fläche wurde anfangs Getreide, Gemüse und Obst angebaut, doch mit der Zeit erfolgte ein Übergang zu Plantagenpflanzen, die der Region und ihren klimatischen Bedingungen eher entsprachen: Oliven, Feigen, Orangen und Weintrauben. Schmidt konzentrierte die wenigen ihm möglichen Investitionen auf diese letztgenannte Sparte, da

61 Schmidt an den Konsul (Verzeichnis der Besitztümer des Vereins), ISA, 305, 29.11.1897; Statut HL, 9; Roth, Preussen, 207.

62 Auswärtiges Amt an den Verein vom hl. Lande, ISA, 244, 26.2.1898; Roth, Preussen, 207.

63 Nekrolog Schmidts in der *Kölnischen Zeitung*, ISA, 268, November 1908; Cramer, Jahrhundert, 22-23.

64 Sinno, Interessen, 218; Thalmann, Influence, App. A, 22-23.

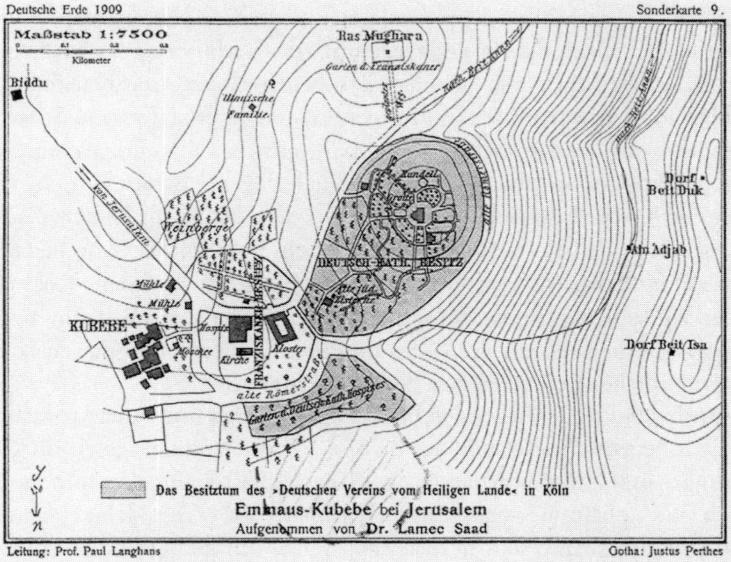

er die Absicht hegte, den Ort zu einem großen Weingut zu machen.[65] Möglich, dass er dabei die Kolonien der Templer und vor allem die noch jungen jüdischen Siedlungen, die sich in starkem Maße auf den Weinbau stützten, vor Augen hatte und meinte, diese seien einer Nachahmung würdig. Wie auch immer, die tatsächlichen Einnahmen entsprachen nicht den Erwartungen, weshalb Emmaus-Kubeibe bis 1890 einer jährlichen Finanzspritze in Höhe von 3.000 Francs bedurfte. Auch der Gegenwert des Anwesens war niedrig. Sein Wert wurde 1889 auf 14.000 Mark geschätzt, während das kurz zuvor erworbene Tabgha mit 40.000 Mark und der Besitz in Jerusalem gar mit 276.000 Mark veranschlagt wurden.[66]

65 Nekrolog Schmidt in der *Kölnischen Zeitung*, ISA, 268, November 1908; Cramer, Jahrhundert, 22-23.
66 Janssen an die Führung der Polizeikräfte seiner Majestät, ISA, 267, Nr. 169, Burtscheid, 2.8.1889.

Sogar in den Berichten in *Das Heilige Land* und auf den Versammlungen des Vereins fand die Besitzung in Kubeibe nur selten Erwähnung. Zu den bereits aufgezählten Gründen kamen noch die isolierte Lage des Ortes und die Schwierigkeit einer regelmäßigen Verbindung zu Jerusalem. Trotz der relativen Nähe zwischen den beiden Standorten bereitete das Fehlen von Verkehrsmitteln und annehmbaren Straßen derartige Schwierigkeiten, dass es sich nicht lohnte, das geerntete Obst und Gemüse zu den Märkten in der Stadt zu bringen. Auch Pilger verirrten sich nur wenige dorthin, und diejenigen, die dem Ort dennoch einen Besuch abstatteten, taten dies in der Regel im Rahmen eines Aufenthaltes im benachbarten Franziskanerkloster. Ihre Beschreibungen der »Ladislaus-Kolonie« fallen allesamt sehr kurz aus und beinhalten in der Regel nur eine Betonung der Fruchtbarkeit des Ortes und den Eindruck, den dessen landwirtschaftlicher Erfolg bei den Besuchern hinterließ.[67]

Dank des dort herrschenden bevorzugten Klimas und ihrer Abgeschiedenheit begann die Kolonie der Belegschaft aus Jerusalem auch für Genesungs- und Erholungszwecke zu dienen, selbst wenn dies nur sporadisch und nicht in organisierter Form erfolgte. Von daher war die Bedeutung des Anwesens in der ersten Phase nur gering und seine Entwicklung gleich null, ja es existieren sogar Zeugnisse über die Absicht des Vereins, gänzlich auf sie zu verzichten, allem Anschein nach im Jahre 1895. Dass es so weit nicht kam, war dem hartnäckigen Widerstand Schmidts geschuldet, der nicht auf das, wie er es nannte, »Stiefkind« der deutschen Katholiken in Palästina verzichten wollte.[68]

Eine Zeichnung aus dem Jahre 1886, die Cramer anführt, zeigt die Besitzung mit lediglich zwei Steingebäuden, dem zentral gelegenen, offenbar zweistöckigen Bau und daneben einem weiteren eingeschossigen Gebäude. Das Anwesen ist von einer Mauer umgeben mit einem mittig platzierten Tor und zwei Türmen zu seinen Seiten. An der südöstlichen Ecke der Mauer, die an die Hauptstraße und die Parzelle der Franziskaner grenzte, erhob sich ein rundes, turmähnliches Bauwerk.[69]

Zwar gab der Verein Schmidt gegenüber nach und verkaufte den Besitz in Kubeibe nicht, doch gegen Ende des Jahrhunderts und sogar zum Zeitpunkt des Besuchs des Kaisers war das Grundstück an örtliche Bauern verpachtet. Die Pachteinnahmen flossen in den Etat des Hospizes in Jerusalem ein. Der eine Teil der Fläche war im Grundbuch auf Schneider

67 Drammer, Emmaus, 201; Sinno, Interessen, 218.

68 Ebd.; Thalmann, Influence, App. A, 22-23.

69 Cramer, Jahrhundert, 27. Bei einem Besuch vor Ort 101 Jahre später waren noch immer die Überreste dieser Gebäude auszumachen.

Emmaus-Kubeibe, 1886

und der andere Teil auf Janssen eingetragen. Der Verein hatte für das Anwesen, wenn auch in geringer Höhe, Grundbesitzsteuern zu entrichten.[70] Janssen begann, auf eine Veränderung dieses Zustandes hinzuarbeiten, nachdem er im August 1899 zum amtierenden Präsidenten des Vereins gewählt worden war. Dabei sollte in Erinnerung behalten werden, dass dieses Anwesen eines von zweien war, die Janssen von Schneider erhalten hatte und über etliche Jahre pflegte. So waren etwa in den Jahren 1884 und 1890 dort zwei Gebäude errichtet worden. Der Druck der »größeren« Projekte in Jerusalem jedoch und die sehr labile finanzielle Lage des Vereins führten dazu, dass auch Janssen die Weiterentwicklung von Kubeibe zurückstellte. Erst Ende 1900 verkündete er zum ersten Mal, dass das Anwesen in nächster Zeit zu einem Genesungsheim werden würde, einem Sanatorium, wie er es bezeichnete. Die Verpachtung wurde beendet, und allem Anschein nach kehrten die Deutschen im Jahre 1901 dorthin zurück. Zudem wurde eine Übertragung der Eigentumsrechte vorgenommen und der Besitz im Grundbuch auf Müllers Namen eingetragen, der die Leitung und Pflege des Ortes übernommen hatte. Parallel dazu wurden mit Hilfe des Konsulats gegen alle möglichen Übergriffe Maßnahmen ergriffen. Zum einen beanspruchten die arabischen Bewohner des nahen Dorfes einen Teil der Fläche, zum anderen errichtete ein arabischer Bauer sogar einen Unterstand für sein Vieh auf

70 Rosen [Konsul in Jerusalem], ISA, 305, 38-41, Jerusalem, 12.10.1899.

dem Grundstück.[71] Das Anwesen wurde durch den Zukauf des Hügels erweitert, der von Westen an das Areal grenzte. Der sich von hier bietende Ausblick in die Landschaft brachte Schmidt dazu, die Hügelkuppe als den »schönsten Punkt in der gesamten Umgebung« zu bezeichnen. Auf der an der Nordflanke der Fläche gelegenen Erhebung wurde mit der Errichtung eines Gebäudes mit Türmchen begonnen, das zum Hissen der deutschen Fahne und der des Papstes bestimmt war. Dieses Gebäude war anfangs als Wohnunterkunft für die Borromäerinnen gedacht, welche die Leitung der Einrichtung übernehmen sollten.[72] Pater Müller, der die Entwicklungs- und Anpflanzarbeiten beaufsichtigte, zog 1904 auf das Anwesen, dessen Name fortan mit dem seinen verbunden sein sollte.

Schmidt gelang es, aller Schwierigkeiten schnell Herr zu werden, und bereits gegen Ende des Jahres 1902 war der Fortschritt so gewaltig, dass es nach einer Unterbrechung von vielen Jahren wieder möglich war, in *Das Heilige Land* über »Emmaus-Kubeibe« zu berichten. Um der Leserschaft wieder in Erinnerung zu rufen, wovon die Rede war, begann der nämliche Artikel mit einem Exkurs zu den Überlieferungen, die den Ort mit dem Alten und dem Neuen Testament verbinden, und den Beweisen für diese. Es folgt eine Beschreibung des Ausblicks, der sich von der Spitze des Hügels bot, sowie der reinen und gesunden Luft daselbst. Den Deutschen sei daher empfohlen, den Ort als Sanatorium zu nutzen und dort die Ferien zu verbringen.[73] In einem weiteren Artikel wurde von den Mitarbeitern der Schule in Jerusalem berichtet, die in den Ferien dorthin kämen und die Zeit damit verbrächten, das Gebäude zu vollenden und die Fläche für Anpflanzungen vorzubereiten. Dies mache das Anlegen von Terrassen notwendig, um jedes Stückchen Land des Hügels nutzen zu können, und hernach auch das Anlegen von Kanälen – über- und unterirdischen –, um das Wasser von den Quellen und aus den Reservoirs heranzuführen.[74]

Bereits 1902 wurde die dringende Notwendigkeit zur Sprache gebracht, das Gebäude auf dem Hügel durch das Hinzufügen eines zweiten Stockwerkes zu komplettieren, da im Winter das Dach Schaden genommen

71 Brief aus Therapia an Konsul Schmidt in Jerusalem, ISA, 268, Nr. 1269, 12.6.1902; Konsul Schmidt an Djawad Bey, Gouverneur Palästinas in Jerusalem, ISA, 267, Nr. 1168, 17.8.1901.

72 Generalversammlung Münster, 14-15; Ferien Emmaus, 171; Katholische Deutschland, 222; Cramer, Jahrhundert, 44. Heute trägt das Gebäude die Bezeichnung »das alte Haus«.

73 Emmaus-Kubebe; Ferien Emmaus.

74 Ebd., 171-172; Müller, Emmaus, 62.

Emmaus-Kubeibe, Hospiz

Emmaus-Kubeibe, Schneiders Niederlassung, Eingangstor (1987)

hatte und seine Reparatur eine merkliche Investition erforderlich mache, ein Vorgang, der sich im Laufe der Jahre mehrfach wiederholen sollte. Der Verfasser äußerte daher den Wunsch, der Verein, der sich so großzügig bei seinen Spenden für andere Einrichtungen zeige, würde einen Weg finden, auch diese Aufstockung zu finanzieren. 1908 wurde das Dach des Gebäudes bei einem Schneesturm weggefegt, so dass Müller und Dunkel gezwungen waren, um Spenden für eine Reparatur zu bitten.[75] Auf jeden Fall standen im Jahre 1910 auf der Hügelkuppe nach wie vor nur zwei eingeschossige Bauten: das Sanatorium und das Wohnhaus der Nonnen. Franz Düsterwald (1842-1920), eine der führenden Persönlichkeiten des Vereins, der fünfundzwanzig Jahre Mitglied des Vorstands und ab 1905 bis zu seinem Tod Herausgeber der Vereinszeitschrift war,[76] besuchte 1910 den Ort und pries diesen als begehrtes Sanatorium, fügte aber hinzu:

> »Und doch hat auch dieses Idyll sein aber. Es müßte unbedingt noch ein Stockwerk auf das Gebäude, wie es jetzt da steht, aufgeführt werden. Und da kommt das aber – aber der Deutsche Verein vom hl. Lande ist augenblicklich noch so mit Schulden belastet, daß er von der Hand an diese Aufgabe nicht herantreten kann.«[77]

Müller blieb in Kubeibe für die gesamten restlichen Jahre, die er in Palästina verbrachte, abgesehen nur von einer Unterbrechung von zwei Jahren (1907-1909), in denen er mit der Wiederherstellung der Gärten von Tabgha beschäftigt war. Er kümmerte sich mit Hingabe um die Pflege der Anlage in Emmaus, weshalb die Resultate schnell sichtbar wurden und in der Begeisterung der Besucher über das Anwesen und dessen Gärten zum Ausdruck kamen.[78] Ein weiteres Beispiel für den Eindruck, den das Hospiz auf seine Besucher hinterließ, war der Eintrag des Schriftstellers S. Ben-Zion (1870-1932) im Gästebuch aus dem Jahre 1910:

> »Da stritten die Weisen: Wo liegt der Ort des Garten Eden? S. Ben-Zion sagte: Einmal gelangte ich in Gesellschaft zu diesem Ort, Emmaus ist sein Name. Und ich war überzeugt, der Garten Eden sei dort, nur […] daß in der heiligen Stadt Jerusalem nichts davon erzählt wurde. Man fragte den Pater Müller: Was tut ein Mensch, daß ihm ein solcher Garten Eden in unserem Heiligen Land zuteil wird? Er sagte: Der Mensch bringe den Baum der Weisheit – Klugheit und guten

75 Ferien Emmaus, 173-174; *HL* 52 (1908), 78-79.

76 Düsterwald, Nekrolog; Cramer, Jahrhundert, 105 Anm. 171.

77 Düsterwald, Pilger, 354 (Abb.), 356.

78 Schmitz, Deutschtum, 24.

Pater Müller in seinem Garten

Geschmack – und den Baum des Lebens – Liebe zur Natur und den Geschöpfen Gottes – und er schafft einen Garten Eden an jedem Ort, sogar in einer Felswüste.«

Nicht von ungefähr war später von »zwei Wundern der Schönheit in Palästina« die Rede: dem Garten Eden des Johannes Täpper am Ufer des Sees Genezareth und dem Garten Eden Pater Müllers in Emmaus.[79]

Das Anwesen in Kubeibe begann nun als Sanatorium zu dienen, als Erholungs- und Genesungsheim für die Belegschaft der Schulen in Jerusalem und deren Schüler. 1906 jedoch wurde entschieden, es zu einem regelrechten Hospiz zu machen, was auch Dienstleistungen an Besuchern und Gästen von außerhalb beinhalten sollte, um so Gelder in die spärlich gefüllte Kasse zu spülen. So wurden zunächst drei Schwestern der Borromäerinnen dorthin entsandt, deren Aufgabe die Unterhaltung des Hospizes und der Aufbau einer kleinen Apotheke mitsamt Krankenstation zum Dienst an der örtlichen Bevölkerung sein sollte – natürlich

79 De-Haas, Galilee, 198.

unentgeltlich. Dies war die Weiterführung der Kontakte, die die Schwestern über die Jahre, in denen sie ihre Ferien in Kubeibe zu verbringen pflegten, zu den Einheimischen geknüpft hatten.[80]

Zu Weihnachten 1906 kam Schmidt in Begleitung eines Gefolges von Geistlichen aus Jerusalem zu Besuch. Er nutzte die Gelegenheit, das Gästebuch zu eröffnen und offiziell die Einweihung des Hospizes zu verkünden.[81] Bald schon wurde der relativ nah bei Jerusalem gelegene Ort von Angehörigen unterschiedlicher Nationalitäten und Konfessionen frequentiert – und nicht unbedingt nur von deutschen Katholiken. 1910 dann standen dem Verein die notwendigen Mittel zur Verfügung, eine Erweiterung der Anlage zu finanzieren, deren Kosten auf 20.000 bis 30.000 Mark geschätzt wurden. Das Hauptgebäude erhielt ein zweites Stockwerk mitsamt Kapelle und Saal und nun insgesamt sechs Gästezimmern.[82] Die Anlage dient bis auf den heutigen Tag als Seniorenwohnheim, auch wenn sie seit 1954 für den Verein durch die Schwestern vom Göttlichen Heiland oder von den Salvatorianerinnen geleitet wird.[83] Die Borromäerinnen ihrerseits erwarben eine Ersatzfläche, östlich des Anwesens gelegen, hinter dem Besitz der Franziskaner, wo sie bis heute ein Kloster, eine Schule und eine Apotheke betreiben.

Im Sommer 1906 konnte Schmidt bereits zufrieden die Leistungen und Erfolge auf dem Anwesen von Emmaus resümieren:

> »In dem obengenannten Kubeibe haben wir unter Schweiß, persönlicher Grundanlegung und geduldiger Arbeit ein schönes, großes Landgut herankultiviert. Wir haben daselbst gepflanzt, kleine Waldanlagen gemacht, Weinberge, Gärten angelegt – eine Art Musterwirtschaft und künftiges deutsches Sanatorium.«[84]

»Die Perle der Landgüter«
Tabgha am Ufer des Sees Genezareth

Janssen und der Verein begnügten sich jedoch nicht mit der Förderung und Pflege der von Schneider gegründeten Institutionen, sondern mach-

80 Katholische Deutschland, 24; Cramer, Jahrhundert, 92; Borromäerinnen Schule, 14; Vierzig Jahre, 24.
81 Roth, Preussen, 259-260.
82 Müller, Nach Jerusalem, 151-152; Cramer, Jahrhundert, 92.
83 Heimbucher, Orden, II, 414-416; Dgani, Churches, 203.
84 Schreiben Schmidts an Sepp, BSB, Seppiana, Jerusalem, 15.8.1906.

ten sich auch an eigene Projekte in Palästina. Die erste dieser Initiativen war der Erwerb einer Fläche zur Besiedlung im am nordwestlichen Ufer des Sees Genezareth gelegenen Tabgha. Tabgha, eine arabische Entstellung des griechischen Namens Heptapegon (Siebenquell), ist ein Schwemmgebiet, das die Mündung des Flusses Kinnar (Wadi Djammus) in den See Genezareth darstellt. Der Ort ist von großer Bedeutung für das Christentum, da sich der Überlieferung nach dort und in unmittelbarer Nähe mehrere Ereignisse im Leben Jesu zugetragen haben: Dort speiste er 5.000 Menschen mit fünf Laiben Brot und zwei Fischen, dort zeigte er sich nach seinem Tod seinen Jüngern, die erfolglos vom nächtlichen Fischfang zurückkehrten, und füllte ihr Netz, um beim nachfolgenden gemeinsamen Mahl das Primat auf Petrus zu übertragen (»Weide meine Schafe«). Dort hielt er seine Predigt der Seligpreisungen und berief seine zwölf Apostel.[85] Aus schriftlichen Zeugnissen und archäologischen Funden geht hervor, dass bereits im vierten Jahrhundert in diesem Gebiet drei Kirchen erbaut wurden, die zum ersten Mal bei Egeria in der zweiten Hälfte jenes Jahrhunderts erwähnt werden. Diese Gotteshäuser wurden bei der persischen Invasion im Jahre 614 beschädigt, wurden ausgebessert und bei der muslimischen Eroberung des Jahres 638 wieder zerstört. In einem Dokument aus dem Jahre 808 wird ein Kloster mit Namen »Heptapegon« erwähnt und ein daneben gelegenes Hospiz. In der Kreuzfahrerzeit wurde unweit davon eine kleine Feste erbaut, doch beide Bauwerke wurden 1187 zerstört, während die Kirche 1263 ausbrannte und aufgegeben wurde.[86] Von da ab bis ins 19. Jahrhundert tendierten die christlichen Quellen dazu, diese Region auszusparen. Es fand sich so gut wie keine Erwähnung in der Literatur der Wallfahrer hierzu.

Im besagten Mündungsgebiet entspringen einige Quellen, deren Wasser zur Bewässerung landwirtschaftlicher Anbauflächen dort und im südlich angrenzenden Ginossartal dienten.[87] Die beiden Täler trennt eine Anhöhe mit dem Namen Tel el-'Oreme, welche die moderne Forschung als Ort der biblischen Stadt Kinnrot identifiziert zu haben glaubt.[88] An ihrem Fuße, nördlich des Ginossartals, entspringt eine weitere Quelle,

85 Mt 5-7; 14,13-21; Mk 6,30-44; Joh 6,1-15; 21,1-17; Luk 6,17-49.

86 Zur Geschichte des Ortes und seinen christlichen Überlieferungen siehe Heidet, Tabgha, 211-228; Loffreda, Tabgha, 18-61; Kopp, Sites, IV, 35-68; Pixner, Tabgha, 18-23; Senés, Tabgha, 874-881; Wilkinson, Pilgrims, 169-170. Zu frühen Quellen siehe ebd., 188 Nr. 44; ders., Egeria, 196-200; Limor, Travels, passim.

87 Die größte dieser Quellen ist Ein Tabgha, die auch Ein Nur oder Ein 'Ali ad-Daher genannt wird. Die anderen sind: Ein al-Khatzil und Ein Ayyub.

88 Fritz, Ausgrabungen.

die als Ein at-Tina (Feigenquell) bekannt ist.[89] In derselben Gegend finden sich zudem Überreste einer prächtigen Umayyadenfestung aus den Tagen des Kalifen al-Walid II. (724-743), die auch als Chirbet el-Minyeh bezeichnet werden. Nördlich der Burg, am Fuße des Hügels, wurde in der Mameluckenzeit eine Karawanserei errichtet, die eine wichtige Station auf dem Weg nach Damaskus darstellte.[90]

Im 19. Jahrhundert war die Gegend nur sehr dünn besiedelt und nur zum kleinsten Teil landwirtschaftlich genutzt. Dennoch waren die in ihr schlummernden Möglichkeiten für Ackerbau und Viehzucht dank der Vielzahl geeigneter Anbauflächen und Wasserquellen bekannt, und ebenso die Möglichkeiten des Fischfangs. Jüdische Bewohner Galiläas waren die Ersten, die Flächen in den Tälern von Ginossar und Tabgha in den Bittbriefen nannten, welche sie Moses Montefiore in den Jahren 1838/39 und 1849 unterbreiteten und in denen die Aussicht erwähnt wurde, dort Ländereien zu erwerben, sowie Pläne für deren Nutzung durch Juden, die sich von der Feldarbeit ernähren würden.[91] Ein weiterer jüdischer Versuch, dort Land zu erwerben, erfolgte durch Shimon Berman und seine Mitstreiter, Mitglieder der »Kolonisierungsgesellschaft des Heiligen Landes«, in Tiberias im Jahre 1871.[92] Der erste Ankauf jedoch, den ein nicht lokaler Akteur realisierte, war der der deutschen Katholiken.

Die Ansiedlung deutscher Katholiken in dieser Region ging im Wesentlichen auf zwei Initiatoren zurück.[93] Die starke Verbundenheit Sepps mit dem Nordteil des Landes und vor allem mit den nördlichen Ufer des Sees Genezareth und seinen Ausläufern wurde bereits erwähnt. Als Kapernaum hatte Sepp die Überreste des Chirbet el-Minyeh am Fuße des Tel Kinnrot nördlich des Tals von Ginossar identifiziert. Auf seiner zweiten Reise (1874) verkündete er seine Absicht, Informationen zu sammeln, wie sich das gesamte Gebiet von Ein at-Tina bis nach Tabgha für das katholische Deutschland erwerben ließe.[94] Doch Sepp waren Grenzen gesetzt, was die schriftliche Ausarbeitung und Verbreitung dieser Idee

89 Siehe zum Beispiel die Beschreibung bei Mastermann, Galilee, 61.

90 Kopp, Sites, III, 20-34; Puttrich-Reignard, Grabung; Schneider, Mosaiken; Mastermann, Galilee, 59-61.

91 Bartal, Plans, 112, 132; Kark, Land, 83, 86-87, 89.

92 Berman, Journey, 85-91.

93 Die Hauptquellen für die Errichtung und Ansiedlung von Tabgha in den ersten Jahren sind (abgesehen von Archivmaterial): Tabgha, 78-93; Täpper, Tabgha; Cramer, Jahrhundert, 34-35; Pixner, Tabgha, 24-26. Als resümierende Studie siehe Goren, Catholics.

94 Sepp, Jerusalem, 239-252; Mader, Ausgrabungen, 2-3; Goren, Catholics.

betraf. Die letztendlich entscheidende Initiative für den Erwerb des Grundstücks und die Errichtung ging von Franz Sales Keller (?-1916) aus, einem aus Württemberg stammenden Maurer, der 1879 nach Palästina gekommen und mit Renovierungsarbeiten an Klöstern beschäftigt war. Da er ein glühender Verehrer der »Nonne aus Dülmen«, der selig gesprochenen Anna Katharina Emmerich (1774-1824), war, hatte er ihre Visionen gelesen und studiert und aus diesen Informationen über die Geographie des Heiligen Landes gesammelt. Emmerich lebte in einem Kloster der Augustinerinnen im westfälischen Dülmen und bekam infolge einer schweren Erkrankung die »Stigmatisation der Passion Christi«, litt also jeden Freitag die Leiden Christi und bekam jene Wundmale der Kreuzigung. Ihr Leiden ging einher mit Visionen und telepathischen Fähigkeiten bei gleichzeitigem fast vollständigem Verzicht auf Nahrungsaufnahme und Schlaf. Der deutsche Dichter und Romantiker Clemens Brentano (1778-1842) schrieb die Visionen Emmerichs auf, die 1833 zum ersten Mal als Buch erschienen.[95]

Keller fand in den Jahren 1885-1886 hauptsächlich bei den Franziskanern in Tiberias Beschäftigung und pflegte in seiner Freizeit die heiligen Stätten des Christentums rund um den See Genezareth zu besuchen. Nach einem Besuch der Überreste der Stadt Korazim, die in den Schriften Emmerichs mit dem biblischen Kapernaum gleichgesetzt werden, beschloss Keller zu versuchen, den Ort für den noch jungen »Palästina-Verein« zu erwerben. Sein langes und wohlbegründetes Schreiben, das die Errichtung einer deutschen Kolonie an jenem Ort vorschlug, richtete er an Janssen.

Der Vorschlag faszinierte den Vereinspräsidenten, der nach einem »Prestigevorhaben« in Palästina suchte. Jetzt bot sich ihm die Gelegenheit, als Pionier dem Lager voranzuschreiten und mit der Besiedlung eines Gebietes zu beginnen, das bislang – ungeachtet seiner immensen Bedeutung für die christliche »Sakralgeographie« – verlassen und vernachlässigt lag. Er unterzog das vorgeschlagene Areal einer Prüfung und bat Keller um weitere Erläuterungen, um dann einen Betrag für den Erwerb des Grundstücks bereitzustellen, allem Anschein nach 20.000 Mark. Zu diesem Zweck ernannte Janssen ein Verhandlungsteam, dem neben Keller auch Joseph Miklasiewicz (1825-1906), der österreichische konsularische Vertreter in Safed, und Friedrich (Fritz) Keller, Mitglied der Templerkolonie und Stellvertreter des kaiserlichen Konsuls in Haifa, angehörten.[96] Doch die Verhandlungen zogen sich ohne Ergebnis hin,

95 Brentano, Leiden.

96 Eliav, Österreich, 78, 185; Carmel, Chronik 2, 232-233 (*Warte*, 28.12.1876).

bis der Vorschlag aufkam, eine andere, rund 100 Morgen große Parzelle am nordwestlichen Ufer des Sees Genezareth zu erwerben. Diese Fläche umfasste Tabgha und seine Quellen sowie »Petri Schiffsstelle«, eine Bezeichnung, die auf keiner der Karten des Gebietes auftaucht. Franz Sales Keller, der den Ausdruck mit Sicherheit bei Emmerich entliehen hatte, meinte damit die Überreste des antiken Hafens am Ufer von Tabgha, welche auf der Karte eingezeichnet sind, die Gottlieb Schumacher (1857-1925), Ingenieur, Vermesser und Archäologe aus Reihen der Templer, im Jahre 1889 anfertigte. Dieser kleine Hafen wurde mit der Überlieferung von jenem Anlegeplatz, an dem Jesus seine Jünger empfangen hatte, in Verbindung gebracht.[97] Janssen schätzte, dass die Gelder, welche dem Verein zur Verfügung standen, auch noch für den Erwerb von Korazim ausreichen würden, und sah im Kauf der Fläche von Tabgha ein Sprungbrett, den Gesamtbesitz nach Norden zu erweitern. Die Verhandlungen um Korazim zogen sich noch weitere zwei Jahre hin, wurden am Ende aber abgebrochen aufgrund der sich mehrenden Schwierigkeiten, Spenden zu akquirieren und die erforderliche Erlaubnis vom Hof des Sultans zu erhalten.[98]

Die *Allgemeine Zeitung*, die seinerzeit größte und auflagenstärkste Tageszeitung in Deutschland, berichtete am 17. Juli 1887 vom Kauf, und die *Warte* beeilte sich, diese Meldung aufzugreifen. Das Vereinsorgan der Templer berichtete, »der ›Palästina-Verein‹, der die Gründung katholischer deutscher Vereine im Heiligen Lande betreibt, hat nämlich bereits ein Grundstück am See Genezareth erworben [...] Das Grundstück liegt am Nördlichen Ende des Sees und ist unter dem Namen ›Petri Schiffsstelle‹ bekannt, umfaßt aber auch den ›Apostelberg‹.«[99]

In der Tat, dies war ein mit dem Wirken Jesu aufs engste verknüpftes Terrain. Den »Apostelberg«, jenen Ort, an dem Jesus seine zwölf Apostel ausgewählt[100] und seine »Predigt der Seligpreisungen« gehalten hatte, meinte Sepp in dem Tel el-'Oreme ausgemacht zu haben. Seiner tiefen emotionalen Verbundenheit zu diesem Landstrich folgend, die vierzig Jahre zuvor bei seiner ersten Reise dorthin entstanden war, zeigte Sepp aktive Anteilnahme an allen Phasen des Erwerbs und der Besiedlung, begann mit großer Intensität über die Region und ihre Überlieferungen zu schreiben und versuchte von neuem die geheiligten Stätten zu loka-

97 Joh 21,4.
98 Schmitz, Deutschtum, 16-17. Zum Problem der Bodenrechte unter der Herrschaft der Osmanen aus deutscher Sicht siehe Imberger, Kolonien, 49-51.
99 Sepp, Entdeckungen, 168; zitiert auch bei Carmel, Chronik 2, 97.
100 Luk 6,12-20.

lisieren: Kapernaum, Korazim und Bethsaida. Auch legte er, gestützt auf Anna Katharina Emmerich, seine Ansichten zur Geographie dieser Region dar. Wie üblich fielen diese zuweilen recht unkonventionell aus und wurden in vielen Fällen von anderen Forschern nicht akzeptiert oder sogar widerlegt.[101]

Auf der Generalversammlung, die Ende 1886 in Trier abgehalten wurde, beeilte sich Janssen, den Erwerb einer Fläche von 100 Morgen zu verkünden. Sepp hingegen schrieb über den Ankauf eines Areals von 150 Morgen (was rund 41 Hektar entspricht) für einen Preis von 16.000 Francs.[102] Zudem liegen einige Quellen vor, die andere, abweichende Versionen in Bezug auf Kaufdatum, bezahlte Summe und Größe der erworbenen Fläche liefern. Eine dieser Quellen etwa berichtet vom Kauf eines Grundstücks für 9.000 Francs im Herbst 1888. Eine andere verlegt den Abschluss des Geschäftes auf Anfang 1887, und dieser Quelle zufolge habe Keller 5.000 Mark für eine Fläche von 160 Morgen bezahlt, wobei der Abschluss jedoch unter der Bedingung erfolgt sei, die entsprechende Genehmigung von den Behörden zu erhalten.[103] Franz Sales Keller schrieb im Juli 1887 aus Safed, wo er sich seinen Worten zufolge mit dem Geld aufhielt, das der Konsul zur Verfügung gestellt hatte, es gäbe zahlreiche Verzögerungen, hauptsächlich aufgrund der Erschwernisse, welche die osmanischen Beamten in Akko und in Damaskus anhäuften. Diese verlangten derart hohe Zahlungen für die Genehmigung des Geschäftes und die Eintragung des Grundstücks auf Janssens Namen, dass Keller bereits erwog, sich in der Angelegenheit an den Botschafter in Konstantinopel zu wenden. Auch der Konsul in Jerusalem berichtete von Schwierigkeiten, die der Gouverneur von Akko bereite, in dessen Zuständigkeitsbereich das erworbene Grundstück in Galiläa fiel.[104]

101 Handschriften: BSB, Seppiana 14, »Kapharnaum«; BSB, Seppiana 16, »Die Lage von Kapharnaum nach Erzählung der von Gott gesegneten Anna Katharina Emmerich«; BSB, Seppiana 15, »Kapharnaum und die deutsche Kolonie am See Genezareth«; und in *Das Heilige Land* siehe zum Beispiel Sepp, Kapharnaum; ders., Tabgha.

102 Versammlung Trier, 204; Sepp, Entdeckungen, 168. Schumachers Vermessungen beweisen, dass Sepp sich in Bezug auf die Größe der Fläche nicht getäuscht hatte. Allem Anschein nach machte Schumacher von dem in Baden gebräuchlichen Morgen Gebrauch, der 3.600 Quadratmetern entsprach (oder 0.36 Hektar).

103 Täpper, Tabgha, 68; Tabgha, 74.

104 Keller an Lingenhoff, ISA, 267, Nr. 101, Safed, 18.7.1887; Konsul in Jerusalem, ISA, 267, Abschrift 1064, 9.12.1887. Auch Fahrngruber (Jerusalem, II, 190) berichtet von einer Reise, die er 1888 unternommen hatte, über eine Fläche von

Der in Haifa ansässige Schumacher begann auf dem Anwesen unmittelbar nach dessen Errichtung tätig zu werden, worin abermals die besondere Verbindung zum Ausdruck kam, welche sich in Palästina zwischen den Katholiken und den Templern herausgebildet hatte. Bereits im Juli 1889 gab Schumacher eine detailreiche »Karte der deutschen Besitzungen am See Genezaret von Kapharnaum (Kafr Minÿe) bis Tabka (Ein Tabga)« im Maßstab 1:25.000 heraus, auf der natürlich auch die angenommenen Grenzen des Anwesens verzeichnet waren.[105] Sepp jedoch war es, der unverdrossen für die Identifizierung des neutestamentarischen Kapernaum mit Chirbet el-Minyeh südlich des Tel Kinnrot kämpfte. Später allerdings sollten die an diesem Ort tatsächlich durchgeführten archäologische Grabungen zutage fördern, dass es sich bei der Ruine um Überreste eines umayyadischen Palastes aus dem 8. Jahrhundert handelt.[106] Die Anfertigung einer zweiten Karte vollendete Schumacher am 25. März 1890. Ihr Maßstab betrug 1:2.000. Sie wurde als Entwurf (Brouillon) einer Parzellierungskarte definiert, die ausschließlich die parallel zum Seeufer gelegenen Flächen beinhaltete. Schumacher schlug eine Parzellierung vor und nahm eine genaue Landvermessung vor, in der er auf einundvierzig Hektar kam.[107] In verschiedenen Auflistungen seiner Besitztümer berichtete der Verein von einer Fläche in ähnlicher Größenordnung.[108]

Offenbar zahlte Franz Sales Keller Mitte des Jahres 1887 nur einen Teil der Kaufsumme, vielleicht als Vorschuss, da das Geschäft erst gegen Ende des darauf folgenden Jahres vollständig abgeschlossen wurde. Schumachers Berechnung bezog sich zudem nicht auf die gesamte erworbene Fläche, die ein Ausmaß von 56 Hektar oder 160 Morgen hatte. Davon waren 35 Hektar landwirtschaftliche Anbaufläche entlang der Küstenlinie und

100 Morgen, die für Siedlungszwecke angekauft werden solle, doch sei der Abschluss gefährdet durch Erschwernisse, welche die Behörden in den Weg legten.

105 Schumacher, Karte. Eine farbige Kopie dieser Karte habe ich in einem nicht näher gekennzeichneten Umschlag gefunden in HAEK, CR 22. 11,1. Diese wurde an mehreren Stellen veröffentlicht, so etwa bei Sepp, Entdeckungen, auf der letzten Seite. Zu Schumacher siehe Metzger, Forscher, 159-161; Ben Artzy, Schumacher. Zur Identifizierung von Kapernaum siehe im weiteren Verlauf der vorliegenden Arbeit.

106 Puttrich-Reignard, Grabung; ders., Minje.

107 Schumacher, Brouillon. Die Originalkarte wird in der Kartensammlung des Technions in Haifa aufbewahrt. Siehe Peled/Gat, Maps.

108 Schmidt an den Konsul, ISA, 305, Jerusalem, 29.11.1897; und ebenso bei Mader, Ausgrabung, 5. In späteren Dokumenten ist von einer Fläche von 42 Hektar die Rede: Auswärtiges Amt, 26.2.1898; Der Verein vom Heiligen Lande, ISA, 244; Statut HL, 9.

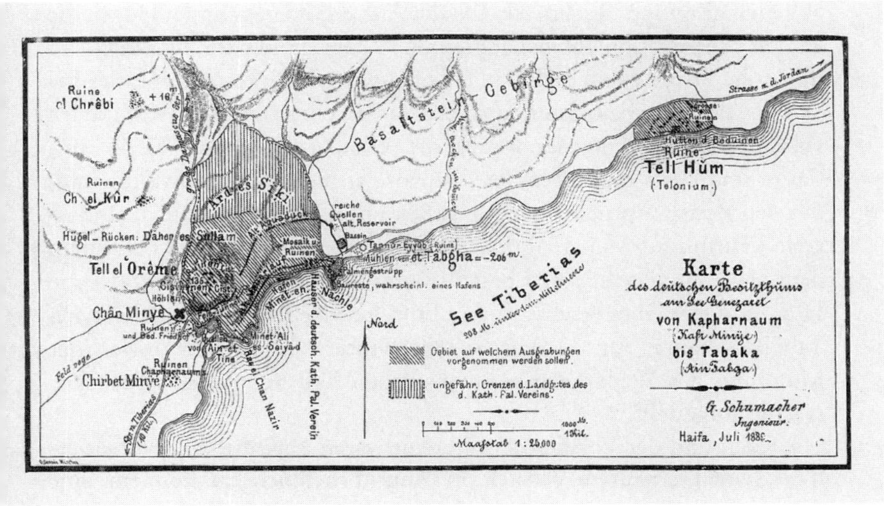

Gottlieb Schumacher, Karte von Tabgha, 1889

Hans Maass in Safed, 1909

21.5 Hektar felsiger Boden, ein Teil der Ard as-Saki genannten Hügel, die an den Talkessel von Tabgha angrenzen.[109] Der diplomatische Druck auf die Hohe Pforte zahlte sich schließlich aus, und der Ferman mit der Erlaubnis, das Grundstück auf Janssens Namen eintragen zu lassen, traf im Februar 1889 ein.[110] Janssen war es, der offenbar auch hinter Kellers Initiative stand, das Eintreffen des Fermans gar nicht erst abzuwarten und, um den Besitzanspruch am Grundstück unter Beweis zu stellen, eine eigene »Turm-und-Mauer-Aktion« auf den Weg zu bringen. Bei einem deutschen Tischler in Safed bestellte er zu diesem Zweck zwei hölzerne Hütten, die er eines Nachts in ihre Einzelteile zerlegt auf Kamelen nach Tabgha schaffte. Am 6. Februar 1889 wurden die Hütten unweit der Mündung des Wadi Djamus im östlichen Teil der Bucht Minat an-Nachle aufgestellt.[111]

Janssen und der Vorstand des Vereins waren über die Gelegenheit erfreut, einen erneuten Versuch in Angriff nehmen zu können, eine deutsch-katholische landwirtschaftliche Kolonie zu errichten, nachdem ihr erster Versuch in Emmaus-Kubeibe wie beschrieben gescheitert war. Die Tatsache, dass die Kolonien der Templer, die in allem, was die Siedlungstätigkeit in Palästina betraf, mit den Protestanten gleichgesetzt wurden, derart erfolgreich waren, während die Versuche der Katholiken kläglich scheiterten, sorgte beim Vorstand für große Frustration. Janssen, der verstand, dass er vor keiner einfachen, vielmehr einer komplexen Aufgabe stand, versah Keller mit klaren Anweisungen in Bezug auf die Errichtung und Gestalt der geplanten Kolonie. Diese Direktiven sind ein historisches Dokument von höchstem Interesse und zugleich ein faszi-

109 Schmitz (Deutschtum, 16) und Cramer (Jahrhundert, 34-35) berichten beide von 160 Morgen.

110 Dr. Julius Loytved-Hardegg, Vize-Konsul in Haifa, an Pater Täpper in Tabgha, ISA, 1749, Nr. 549/27 (Abschrift), 16.2.1914; Tabgha, 74; Cramer, Jahrhundert, 34.

111 Der Name dieses Tischlers taucht in verschiedenen Quellen in unterschiedlicher Form auf: Maass, Maß, Mais. Den Aufzeichnungen des LJS zufolge (Local Committee Minute Book, Res 697 M&F 7 December 1877) waren er und seine Frau bereits seit Ende 1877 durch den englischen Verein beschäftigt. Mein Dank an Kelvin Crombie für diese Informationen. Fotoaufnahmen, die sich im Gustaf-Dalman-Institut in Greifswald befinden, belegen, dass der Tischler und seine Familie noch 1905 und 1909 in Safed lebten. Dalman fotografierte »Maass' Haus in Safed« während seines Besuches dort. Die drei Hütten sind auf Schumachers Karte gut zu sehen. Eine von ihnen brannte im Jahre 1912 nieder (Täpper, Tabgha, 68) und eine weitere im Krieg von 1948 (Pater Hieronymus, Tabgha, mündliches Zeugnis). Zu einer interessanten Beschreibung bei den Templern siehe Carmel, Chronik 2, 128-129 (*Warte*, 21.6.1889).

nierendes Beispiel einer Auflistung von Grundregeln für die Errichtung einer europäischen Siedlerkolonie auf dem Boden Palästinas zum Ende des 19. Jahrhunderts.[112] Janssens Anweisungen kommen auch genauestens auf Schumachers Parzellierungskarte zum Ausdruck. Der erste Teil dieser Weisungen benennt die Flächen, die zum einen als Parzellen der Kolonisten und zum anderen für öffentliche und sakrale Bauten vorgesehen waren:

> »Der ganze Besitz soll provisorisch umzäunt werden bis zur Aufteilung an Kolonisten. Ein genügend großer Platz soll abgetrennt werden zum Bau einer Kirche und Rektorenwohnung sowie einer kleinen klösterlichen Gemeinde barmherziger Schwestern. Das Land wird verpachtet an Kolonisten in ›Portionen‹ von je 1 Hekter Größe, und zwar so, daß ein drittel der Portion in der Ebene, die andern zwei in dem bergigen und steinigen Teile liegen. Der unverheiratete Kolonist muß sich mit einer Portion begnügen, eine verheiratete Familie kann zwei und selbst drei erhalten. Die Pachtzeit dauert 9 Jahre; in den drei ersten zahlt der Ansiedler keine Pacht, sondern nur den Zehnten an den Steuerfiskus. Zum Bau einer Wohnung erhält er auf Wunsch eine Unterstützung des Vereins. Nach Ablauf der drei ersten Jahre zahlt der Ansiedler eine billige Jahrespacht an den Verein, entsprechend dem bis dahin auf der Parzelle erzielten Ertrage.
> Als Kolonisten werden nur solche Leute zugelassen, deren religiöse und sittliche Haltung und deren Vorleben erwarten lassen, daß sie mit Nutzen an dem Werke des Vereins mitarbeiten werden. Mittellose, kränkliche, schwache, ältere Leute und solche, welche entweder keine bestimmte Profession verstehen oder aber eine solche, die in Palästina nicht verwertet werden kann, bleiben streng ausgeschlossen. Die Kolonie wird örtlich geleitet durch einen aus drei Mitgliedern bestehenden Vorstand, nämlich den geistlichen Rektor und zwei von dem Vereinsvorstand zu bezeichnenden Ansiedlern.«

Keller schlossen sich drei weitere Siedler an, so dass den Quellen zufolge jetzt auf dem Anwesen »zwei Bayern und zwei Westfalen« lebten.[113] Sie begannen sogleich mit der Erschließung der Fläche, pflanzten Bäume, legten Gemüsegärten an und zogen Mauern hoch. Die unterschiedlichen Beschreibungen machen keinen Hehl aus den Schwierigkeiten, vor de-

112 Zitiert nach Schmitz, Deutschtum, 16; siehe auch Sinno, Interessen, 220-221.
113 Schreiben Sepps an Kaiser Wilhelm II., BSB, Seppiana. Die Namen der Kolonisten lauteten: Leonidas Zellner, Anton Wessel sowie ein gewisser Hoffmann. Zusätzliche Informationen über diese Männer liegen mir nicht vor.

nen die deutschen Pioniere standen. Im Grunde genommen lässt sich jedes jener Hindernisse, die uns aus den Anfängen der jüdischen Besiedlung im ausgehenden 19. Jahrhundert bekannt sind, auch hier finden – und zwar in nicht geringem Maße. Von Abgeschiedenheit, Einsamkeit und Isolation berichteten Besucher wie etwa der Pilger Francis Romano Oliphant, der über seinen vereinsamten Gastgeber schreibt, der über das Eintreffen der Fremden, die der Sprache seines Heimatlandes mächtig waren, hoch erfreut gewesen sei.[114] Ein Teil der Kolonisten zeigte sich den extremen klimatischen Bedingungen nicht gewachsen und erkrankte. Keiner der Siedler von Tabgha, das von offenen Bassins, Sumpfflächen und Schwemmland umgeben war, konnte der Malaria entkommen.[115] Hinzu kamen die Unkenntnis der örtlichen Lebensbedingungen, Unwissenheit in Bezug auf die einheimische Bevölkerung und ihre Sprache, der großenteils felsige Boden auf jenem lange Zeit nicht bestellten Teil der Fläche sowie die geringe Anzahl der Kolonisten. Denn es gelang dem Verein nicht, Personen zu finden, die sowohl den geforderten strengen Kriterien entsprochen hätten als auch bereit gewesen wären, sich in Tabgha anzusiedeln. Über zwei Jahre kamen keine weiteren Kolonisten hinzu. Ja gravierender noch, bereits im Oktober 1889 starb einer der vier Männer an einem Hitzschlag. Den Berichten nach, selbst wenn diese manche Übertreibung aufweisen sollten, um das Projekt zu verherrlichen, müssen die Schwierigkeiten gewaltig und die Probleme zahllos gewesen sein. Es war ein großes Maß an Starrsinn, Entschlossenheit und Aufopferungsbereitschaft nötig, um den Ort weiter zu halten. Sepp unternahm daher den Versuch, sich an den Kaiser mit der Bitte zu wenden, dieser möge die junge Kolonie unter seinen Schutz stellen. Janssen seinerseits, praktisch denkend wie immer und sich des Geschehens bewusst, versuchte die enttäuschten Siedler in zahlreichen Briefen zu ermutigen, in denen er unter anderem schrieb, »daß Gottes Werke ohne Opfer und Täuschungen nicht zustande kommen«.[116] Auch sah er sich genötigt, Keller daran zu erinnern, vernünftig mit seinen Kräften zu haushalten und entsprechend seinem Vermögen zu arbeiten. In einem der Briefe fügte

114 Oliphant, Pilgrimage, 107-108.

115 Laut Ashbel (Climate, 25) waren die letzten zwei Jahrzehnte des 19. Jahrhunderts relativ regenreich, so dass der Wasserspiegel in den Brunnen und den anderen Wasserquellen anstieg und mehr Sümpfe entstanden. Auch sollte angemerkt werden, dass der direkte Zusammenhang zwischen dieser Krankheit und der weiblichen Anopheles erst 1898 entdeckt wurde und man die Malaria bis dahin einfach mit »schlechter Luft« in Verbindung brachte (Katz, Furrow, 74-75 Anm. 3).

116 Schreiben Sepps an Kaiser Wilhelm II., BSB, Seppiana 70; Tabgha, 74.

Janssen hinzu, es bestünde keine Notwendigkeit, gleich eine übermäßig große Fläche zu bestellen. Es reiche aus, mit einem Garten zu beginnen, der auf einem kleinen, von einer Mauer umgebenen Terrain angelegt wäre. Zudem hatte Janssen vor, einen Teil des Anwesens Mitgliedern des Trappistenordens zu überlassen, die nach einem geeigneten Standort zur Errichtung eines Klosters suchten, um ihre Arbeit in Palästina aufzunehmen. Janssen knüpfte die Überlassung jedoch an die Bedingung, die Mönche und Nonnen hätten allesamt Deutsche zu sein.[117]

Zu den zahllosen Schwierigkeiten gesellte sich zudem ein Problem, das offenbar sämtliche Unternehmungen des Vereins in Palästina in ihrer Anfangsphase beeinträchtigte. In allen Quellen findet sich immer wieder eine Bezugnahme auf die Erschwernisse, welche hervorgerufen würden durch die »Leitung aus der Ferne«, die »Leitung in schriftlicher Form« durch die »Herren Vorstände in Aachen«. Keller zeigte sich bald schon als nicht geeignet, die Kolonie zu führen, da er genauso schnell, wie er sich für etwas begeistern ließ, auch durch Enttäuschungen und Frustration zu entmutigen war. Janssen verstand, dass ohne eine schnelle Aufstockung der Mittel und Verbesserung der Bedingungen die noch junge Unternehmung zu baldigem Scheitern verurteilt war. Um dem Problem der Versorgung und Verbindung nach Tiberias beizukommen sowie das Gefühl der Abgeschiedenheit und die Gefahr von Überfällen unterwegs zu minimieren, wurde bereits 1890 Gebrauch von einem Boot gemacht, das die Strecke auf eineinhalb Stunden Segelzeit verkürzte. Im selben Jahr wurde zudem beschlossen, mit dem Bau eines Komplexes aus Wohn- und Wirtschaftsbereich, Gästezimmern, Kapelle und Wohnunterkünften für die Geistlichen zu beginnen.[118]

Das erste Gebäude wurde an den nordöstlichen Ausläufern des Tel el-'Oreme errichtet, entgegen den ursprünglichen Planungsvorschlägen Schumachers, wie sie in seiner Parzellierungskarte zum Ausdruck kommen. Auf dieser Karte ist die Parzelle 17 im Tal von Tabgha, dort wo Kellers Hütten errichtet worden waren, als »reserviert als Baufläche für den Verein« definiert, während Parzelle XVII auf der Spitze der Erhebung mit dem Vermerk »reserviert als Baufläche für eine Kirche oder ähnliches« versehen ist. Der Grund für diese Änderung der Planung bestand, wie aus einem Schreiben Janssens hervorgeht, im Fund zahlreicher archäologischer Überreste bereits während der Arbeiten bei der Errichtung der Hütten und der ersten Nutzbarmachung des Bodens. Schuma-

117 Schmitz, Deutschtum, 16-17, zitiert ein Schreiben Janssens vom 3. April 1890.

118 Sepp, Entdeckungen, 169; Schmitz, Deutschtum, 17-18; Cramer, Jahrhundert, 34-35.

cher selbst sprach 1890 von Mauersteinen aus Basalt, Grundmauern, einem Mosaik und einer Umfriedungsmauer und vermerkte in seiner Karte vom Juli 1890 »Mosaik u. Ruinen«. Sepp, der behauptete, er sei es gewesen, der Schumacher geraten habe, dort zu graben, erhielt einen umgehenden Bericht über die Entdeckungen und zögerte nicht zu schreiben, dies seien gewiss die Überreste jener Kirche zu Ehren Petri, die an jener Stelle errichtet worden sei, an der das Haus des Heilands gestanden habe, woher auch die Bezeichnung »Jesu Schiffstelle« rühre – eine Identifizierung, die sich im Nachhinein als falsch erweisen sollte. Janssen wiederum schrieb, es sei angebracht zu versuchen, den genauen Grundriss der antiken Kirche zu finden, so dass es möglich wäre, darauf einen großen Kirchenbau zu errichten.[119] Denn die Deutschen maßen dem Nachweis der sakralen Verbindungen des Ortes höchste Bedeutung bei, und ihnen war klar, dass jede Bautätigkeit künftige archäologische Grabungen verhindern oder zumindest einschränken würde. Klar war aber auch, dass sie nicht unverzüglich Grabungen durchführen konnten, denn dies machte keinen Sinn, da die Behörden jeden wichtigen Fund unweigerlich beschlagnahmen würden.

Die Errichtung des Gebäudes, von dem Janssen Sepp bereits im Februar geschrieben hatte, wurde wegen bürokratischer Schwierigkeiten immer wieder verschoben, so dass erst am 18. August 1890 mit dem Aushub der Fundamente begonnen wurde. Die Arbeiten überwachte Schumacher, während als Bauunternehmer Christian Beilharz jun. (1857-1945) fungierte, auch er ein Templer aus Haifa. Die Zusammenarbeit mit den Templern setzte sich auch hernach fort, da Schumacher die Baufirma der Familie Beilharz beauftragte, mit der er bereits zahlreiche andere Bauwerke errichtet hatte. Darunter finden sich die Weinkelter in Zichron Ya'akov, das Hospital von David Watt Torrance (1862-1923), des Arztes der schottischen Mission in Tiberias, Bauten auf dem Carmel, Stationen entlang der Strecke der Eisenbahnlinie im Jesreelebene und der Hedjaz-Bahn sowie andere mehr.[120] Der Bau in Tabgha indes wurde gestoppt,

119 Sepps Schreiben an Kaiser Wilhelm II., BSB, Seppiana 70; Schreiben Janssens an Sepp, BSB, Seppiana 65, 20.2.1890 (Janssen); Schumacher, Karte; ders., Brouillon; Ders., Tiberias, 69-70; Sepp, Entdeckungen, 170.

120 Sauer, Beilharz, 89-107. Auf Seite 95 seines Buches präsentiert Sauer zwei Fotoaufnahmen, die obere vom »Bauplatz des Hospitals der schottischen Mission in Tiberias (Dr. Torrance) 1892/93« und die andere vom »Privathaus des Leiters der schottischen Mission in Tabgha bei Tiberias, das am 18.8.1890 vollendet wurde«. Und Sauer fügt hinzu, dass es »heute deutschen katholischen Pilgern dient«. Klar ist, dass diese zweite Aufnahme vom ersten Haus in Tabgha stammt und keinerlei Bezug zu den Gebäuden der schottischen Mission in Tiberias hat. Zu

weil die Arbeiter sich der in der Region im Sommer herrschenden Hitze nicht gewachsen zeigten, erkrankten und nach Haifa zurückkehren mussten. So wurde das erste Gebäude erst im Folgejahr fertiggestellt.

Parallel dazu versuchte Janssen, einen geeigneten Kandidaten zu finden, der Keller bei der Leitung des Anwesens ablösen sollte. Diesmal jedoch wusste er bereits um die Eigenschaften, die er beim künftigen Leiter der Kolonie finden wollte. Dieser musste von geeigneter physischer Konstitution sein, musste über praktisches Leitungsvermögen verfügen, Arabisch sprechen, die Einheimischen und ihre Bräuche kennen, landwirtschaftliche Kenntnisse und religiöse Organisationsfähigkeit mitbringen. Die gewünschten Kandidaten machte Janssen nach intensivem Studium der Vereinszeitschriften *Das Heilige Land* und *Palästina-Blatt* ausfindig. Der letztlich ausgewählte Kandidat war zwar kein Deutscher, doch aus Sorge um das Schicksal der jungen Ansiedlung in Tabgha war Janssen gezwungen, auf diesen ihm so wichtigen Grundsatz zu verzichten. Anfang des Jahres 1890 wandte er sich an den Direktor des Hospizes in Jerusalem und bat ihn, beim neuen Patriarchen, der gerade erst sein Amt angetreten hatte, vorstellig zu werden, um Pater Zephyrin Biever von seinen Verpflichtungen entbinden zu lassen, damit er diese Aufgabe in Tabgha übernehmen könnte.[121] Der aus Luxemburg stammende Biever war 1872 zum Priester geweiht worden und vier Jahre später, siebenundzwanzigjährig, als Mitglied der Ordensgemeinschaft Ratisbonnes nach Palästina gekommen. Biever leitete für einige Zeit sogar dessen Waisenhaus und war bestimmt, die Nachfolge des konvertierten französischen Geistlichen anzutreten, doch als Ratisbonne im Mai 1884 und sein Bruder bald darauf im Januar 1885 verstarben, übertrug die neue Ordensleitung die Aufgabe einem anderen, worauf Biever in seine Heimat zurückkehrte. Zwei Jahre später war er hoch erfreut, der Anfrage durch Patriarch Bracco Folge leisten zu können, und machte sich erneut auf nach Palästina, diesmal als Mitarbeiter des Patriarchats. Er wurde als Missionar in der Station in Madaba in Transjordanien eingesetzt. Dieses Amt bekleidete »Abuna Da'ud« (›Vater David‹), wie ihn die Beduinen nannten, über ein Dutzend Jahre. 1888 erreichte er den Höhepunkt seiner Popularität, als er seine Gemeinde zur Selbstverteidigung gegen die Übergriffe bedu-

Torrance und der schottischen Mission siehe Livingstone, Torrance. Die Originalaufnahme findet sich in einem nicht gekennzeichneten Umschlag in HAEK, CR 22. 11,1.

121 Zur Biographie Bievers siehe Biever, Amis; Medebielle, Biever. Zu seinen ersten Jahren in Tabgha siehe Tabgha 76-82; Cramer, Jahrhundert, 19, 35; Biever, Amis, 92-99. Zu seiner Arbeit in Madaba siehe Biever, Madaba; ders., Schreiben.

inischer Nomadenstämme organisierte.[122] In den späten 80er Jahren steuerte Biever, der selbstverständlich auch durch den Verein aus Köln alimentiert wurde, zahlreiche Artikel und Berichte zur Veröffentlichung in *Das Heilige Land* bei.[123] Janssen sah in ihm einen Mann nach seinem Herzen und unternahm bereits 1887 den Versuch, die Erlaubnis des Patriarchen zu erhalten, Biever zum Leiter des Hospizes in Jerusalem zu ernennen. Doch Bracco antwortete, er habe keinerlei Möglichkeit, Biever in der Funktion, die dieser in Madaba ausfülle, zu ersetzen.[124]

Doch im Juni 1889 verstarb Bracco, der zweite lateinische Patriarch im Jerusalem der Neuzeit. Bedingt durch das Unvermögen der Franzosen und Italiener, sich zu einigen, zogen sich die Diskussionen um die Findung eines Nachfolgers aus dem örtlichen Klerus in die Länge, so dass Bievers Name schließlich als möglicher Kandidat ins Spiel gebracht wurde. Der absehbar zu erwartende Widerstand dagegen kam ausgerechnet aus Rom, da traditionell das Amt des Patriarchen einem Italiener vorbehalten war. Daher wurde der Vorschlag, Biever zu ernennen, abgelehnt und stattdessen der Franziskaner Luigi Piavi für die Aufgabe bestellt, ein Geistlicher, der zwar zuvor im Heiligen Land noch keinen Dienst geleistet hatte, jedoch dreizehn Jahre lang in Syrien tätig gewesen war. Der neue Patriarch war nicht eben erfreut, auf den altgedienten Missionar zu verzichten, der mit Erfolg eine der problematischsten Missionsstationen des Patriarchats geleitet hatte, doch ein langes Schreiben Janssens überzeugte ihn schließlich, sein Einverständnis zu geben. Anzunehmen ist, dass die Interventionen vor Piavis Ernennung Teil der letztendlich gewährten Einwilligung waren. Auch ist davon auszugehen, dass Piavi hoffte, so den Spendenfluss aus Deutschland wieder anschwellen zu lassen, der zusehends spärlicher geworden war. Denn Tatsache ist, dass die Einrichtungen des Patriarchats und vor allem die Missionsstation in Madaba in den Genuss aufgestockter finanzieller Unterstützung durch den »Verein vom Heiligen Grabe« kamen, nachdem Biever versetzt worden war.[125]

Biever und sein Gehilfe und Freund M. Weynandt, auch er Luxemburger, trafen am 2. Februar 1891 in Tabgha ein, bis auf eine Woche genau zwei Jahre nach jenem Tag, an dem Keller und seine Mitstreiter die

122 Medebielle, Biever, 19-26; Medebielle, Madaba, 227-246; Mission Madaba; Biever, Nekrolog.

123 Biever, Schreiben; ders., Madaba.

124 Janssen an den Patriarchen, APL, J5, Q/61; Patriarch Vincente (Bracco) an Janssen, APL, J5, Q/98, 27.7.1887.

125 Janssen Patriarch Piavi, APL, J5, Q/67, »vertraulich«, 4.3.1890; Tabgha, 76.

Pater Zephyrin Biever

Einrichtung gegründet hatten. Beide Männer hofften, dort ein wenig Ruhe nach der turbulenten Zeit in Madaba zu finden und ihre angeschlagene Gesundheit festigen zu können. Doch »Biever fand in Tabgha weder Ruhe noch Gesundheit«, wie einer seiner Biographen schreibt.[126] In der ersten Phase mussten sich die Neuankömmlinge auf drei Bereiche konzentrieren: Die Bautätigkeit, die Kultivierung der Böden und deren Bewässerung. Weynandt, der die Verantwortung für die Nutzbarmachung der Böden und die landwirtschaftlichen Arbeiten übernahm, begann mit einer Säuberung des Bewässerungssystems und seiner Verbesserung, doch die immer wiederkehrenden Fieberanfälle zwangen ihn bereits 1893, Tabgha zu verlassen und in seine Heimat zurückzukehren.[127] Unterschiedliche Arten von Gemüse wurden ausgesät, Bananensetzlinge und Weinstöcke angepflanzt und mit dem Aufbau einer Viehwirtschaft begonnen. Das Gebäude des Hospizes wurde innerhalb von vier Monaten fertiggestellt und war im Mai 1891 bereit für die Aufnahme von Besuchern, die auch tatsächlich schnell eintrafen.[128] Janssen seinerseits gab die Idee der Kolonie nicht auf und schickte auch weiterhin Siedler nach Tabgha, doch zeigte sich keiner von ihnen länger als nur für kurze Zeit den Strapazen dort gewachsen. Ja mehr noch, bald kam es zu Reibereien zwischen Biever, Keller und dessen Mitkolonisten. Letztere verließen Tabgha im Sommer 1892. Der Maurer aus Westfalen, dank dessen Hartnäckigkeit und Enthusiasmus die Kolonie errichtet worden war, besaß nicht mehr die nötige Geduld und Fähigkeit, diese voranzutreiben und zu entwickeln. Keller zog nach Jerusalem und verbrachte die meiste Zeit bis zu seinem Tod im Jahre 1916 im österreichischen Hospiz.[129]

Biever begann, auf der Farm lokale Arbeitskräfte zu beschäftigen, und da er ihre Sitten und Bräuche kannte und ihre Sprache beherrschte, verstand er es, mit ihnen umzugehen und ihr Vertrauen zu erwerben. Die Kombination aus Milde und Resolutheit, die er walten ließ, führte dazu, dass die Einheimischen begannen, ihm mit Respekt zu begegnen, ja ihn sogar zu verehren – und im selben Maße zu fürchten. Dies war der einzig mögliche Weg, der Heimsuchung durch Raubüberfälle, Diebstahl und

126 Medebielle, Biever, 27.

127 Biever, Amis, 102.

128 Ebd., 99; Becker, Kreuzzug. Dieser letztgenannte besuchte Tabgha zusammen mit dem Arzt David Torrance.

129 ISA, 713. Die Akte enthält einige Schriftstücke, die mit seinem Tod in Verbindung stehen: Das Testament vom 20. August 1898, in dem Keller seine wenige Habe Verwandten im badischen Lottstetten vermacht; die Auflistung des von ihm hinterlassenen Besitzes wiederum nahm das deutsche Konsulat in Jerusalem vor, und zwar am 20.10.1916.

Grenzverletzungen zumindest teilweise Herr zu werden. Mitte der 90er Jahre war Tabgha ein landwirtschaftliches Anwesen am Beginn seiner Konsolidierung, mit einem Hospiz von zehn Zimmern. Die Belegschaft bestand aus Biever, dessen französischem Gehilfen, einem deutschen Gärtner und lokalen arabischen Arbeitskräften.[130]

1895 gelang es Biever, den ersten Teil des Plans zu einer Erweiterung des Anwesens zu realisieren. Kaufverhandlungen, die allem Anschein nach bereits zwei Jahre zuvor begonnen worden waren, wurden zum Abschluss geführt, und Biever erwarb von den Bewohnern des Dorfes ar-Rama eine Fläche von 150 Morgen, im Norden des Tals von Ginossar und südlich des Tel Kinnrot gelegen. Sepp, der die ganze Zeit über unbeirrbar daran festhielt, das neutestamentarische Kapernaums in den Ruinen der umayyadischen Karawanserei von Minyeh zu identifizieren, beteiligte sich besonders rege daran, Janssen und dessen Leute im Lande zu ermutigen, das Geschäft abzuschließen.[131] Die Hälfte der Summe von 6.000 Mark, welche für die Fläche bezahlt wurde, ging an die eigentlichen Landeigentümer, während der Rest seinen Weg in die Taschen von Verwaltungsbeamten fand. Die Fläche, die – da es sich dabei um *Waqf*-Land handelte – von der *Waqf*-Verwaltung in Akko erworben werden musste, umfasste auch die Ruinen der Karawanserei von Minyeh und des Umayyadenpalastes aus dem 8. Jahrhundert.[132] Ein Problem ergab sich, als der Besitzer einer Mühle am Ort einen besonders hohen Betrag für diese verlangte. Doch es gelang Janssen, auch diese Schwierigkeit aus der Welt zu schaffen.[133] 1898 dann wurde über eine weitere Fläche verhandelt, deren ursprüngliche Größe 1.350 Morgen betrug. Doch offenbar wurde gegen Ende des Jahres 1900 ein kleineres Grundstück angekauft. Der Verein stellte Biever für diesen Landerwerb über 28.000 Mark zur Verfügung, doch faktisch wurden nur 18.000 Francs bezahlt, was einem Gegenwert von rund 21.600 Mark entsprach. Die Fläche, die sich im Tal von Ginossar in den Händen der Deutschen befand, belief sich nun auf

130 Meyers, Palästina, 199; Gonzenbach, Pilgerritt, 210-211.

131 Siehe zum Beispiel das Schreiben Julius Künzers, des Leiters des deutsch-katholischen Hospizes in Haifa, an Sepp, BSB, Seppiana 70.

132 Tabgha (1934), 79; Sepp, Entdeckungen, 170.

133 Schreiben Janssens an Sepp, BSB, Seppiana 65 (Janssen), 8.9.1891, 15.4.1892, 27.12.1892.

600 bis 700 Morgen.[134] Anderen Zeugnissen zufolge jedoch maß die Fläche gut 550 Acker, was 2.200 Dunam oder 860 Morgen entspräche.[135]

Unter anderem erwarteten die Deutschen einen rasanten Anstieg der Bodenpreise in der Region, da der geplante Abschnitt der Eisenbahnlinie von Haifa nach Damaskus über Tabgha führen sollte. Sie nahmen an, eine solche Bahnverbindung, wenn sie denn erst einmal in Betrieb wäre, würde Tabgha den potentiellen Märkten näher bringen und den Vertrieb frischer landwirtschaftlicher Produkte von der Farm ermöglichen. Sepp, der die ganze Zeit über weiter um die Gleichsetzung Kapernaums mit der Chirbet el-Minyeh kämpfte, feierte den Kauf des Landes mit einem langen Artikel, der die Überschrift »Kapharnaum: Jetzt unser Besitz!« trug. In diesem Artikel behauptete er sogar, er habe die Veröffentlichung seines Buches *Neue hochwichtige Entdeckungen* bis zum Abschluss des Kaufs bewusst hinausgezögert, damit die russische Konkurrenz ihnen nicht hätte zuvorkomen und die Fläche hätte erwerben können.[136]

1895 dann eröffnete Biever die ersten beiden Unterrichtsklassen in den Dörfern Eilabun und Deir Hanna in Zentralgaliläa.[137] Damit war der Grundstein gelegt für das große und viele Jahre bestehende Bildungswerk katholischer Schulen in den Dörfern Galiläas und des Südlibanons, das die Geistlichen aus Tabgha koordinierten und leiteten. Zudem bildeten sie auch einheimische Lehrkräfte aus. Der unmittelbare Beweggrund für die Schaffung dieser Einrichtungen war der Kampf gegen den russischen Einfluss und den der griechisch-orthodoxen Kirche (die unter russischem Schutz stand), denn die Repräsentanten dieser Kirche versuchten beständig und mit nicht wenig Erfolg, ein paralleles Bildungswesen aufzubauen.

Biever war mit Schmidt einer Meinung, was seine Einstellung zur Erziehung der Einheimischen anbetraf: Die Erziehung von Kindesbeinen an sei das beste Mittel, die jungen Menschen für den »echten Katholizismus« zu gewinnen. Und entsprechend zählte Biever die zu erwartenden Vorteile auf, die der Missionsarbeit des Vereins aus der Gründung der Schulen erwachsen würden: Unterweisung ungebildeter Kinder und deren richtige religiöse Erziehung, direkter Einfluss auf diese Kinder in den Kapellen und Beichtstühlen, Kontakt zu Eltern und Erwachsenen und

134 Sepp, Tabgha, 87; Generalversammlung V, 12; Cramer, Jahrhundert, 88; Generalversammlung Münster, 17.

135 Worsfold, Palestine, 187; Interview mit Pater Hieronymus, Tabgha. Zu den Flächenmaßen siehe oben, Anm. 60.

136 Sepp, Kapharnaum, 15.

137 Täpper, Fünfzig, 302; Medebielle, Biever, 27-28.

langfristige Investition in die kommende Generation der lokalen Beamtenschaft.[138] Das neue Bildungswerk erforderte über die Jahre hinweg erhebliche finanzielle Aufwendungen. Um dies zu rechtfertigen, pflegten die Deutschen es als philanthropische Anstrengung zugunsten der lokalen Bevölkerung einerseits darzustellen und als den bevorzugten Weg, bei der missionarischen Arbeit erfolgreich zu sein, andererseits. In den Schulen kam jener erzieherische Ansatz zum Tragen, den Schmidt bei seiner Arbeit in Jerusalem geprägt hatte. Zwar bestand der gesamte Lehrkörper aus ortsansässigen Kräften, doch die Geistlichen aus Tabgha sorgten für die Finanzierung und waren verantwortlich für Organisation und Überwachung des Lehrbetriebs.

Anfang 1899 begann die zweite Phase in der Entwicklung der Schulen. In diesem Zeitraum, in dem der Verein mit gravierenden finanziellen Schwierigkeiten zu kämpfen hatte, sah sich Biever beinahe gezwungen, die Schulen zu schließen, und nur die entschiedene und nachhaltige Unterstützung, die ihm durch den griechisch-katholischen Bischof von Akko zuteil wurde, ermöglichte es ihm, das Engagement zu erneuern, mit Nachdruck fortzusetzen und sogar Klassen in weiteren Dörfern zu eröffnen.[139] So eröffnete Biever nach eigenem Gutdünken in dem großen Dorf Maghar unweit von Tabgha eine Klasse als direkte Antwort auf eine Klasse, die dort kurz zuvor bei den Russen eingerichtet worden war. Wegen des zeitlichen Drucks stellte er den Verein dabei vor vollendete Tatsachen, doch dieser akzeptierte sein Vorgehen. Innerhalb kurzer Zeit wurden parallel dazu Einrichtungen auch in Eilabun, in ʿArabeh und Sachnin, allesamt in Zentralgaliläa gelegen, eröffnet.[140] Auch wenn die Initiative zur Eröffnung einer solchen Klasse in der Regel von den Bewohnern der Dörfer selbst ausging, war die Errichtung der Schulen und deren Betrieb mit etlichen Schwierigkeiten verbunden, nicht nur »externen« wie zum Beispiel finanziellen und organisatorischen Problemen, sondern auch »internen« Erschwernissen, die ihren Ursprung bei den Dörflern selbst hatten. So fällt die Diskrepanz zwischen den ruhig-sachlichen und sogar enthusiastischen Berichten ins Auge, die Biever an den Verein schickte, und seiner Verbitterung, wie sie sich in Privatbriefen an Freunde in der Heimat widerspiegelt. Denn in diesen letztgenannten wurde er nicht müde, die Dörfler zu kritisieren, die seiner Behauptung nach erpicht waren, alles zu bekommen, ohne auch nur das Geringste

138 Klinkenberg, Katholiken, 120; Nachrichten 1899, 53.

139 R[osen], Jerusalem, an den Generalkonsul in Beirut, ISA, 305, J. No. 29, 7.10.1899.

140 Ebd., Nachrichten 1899, 53; Biever, Schreiben; Cramer, Jahrhundert, 44-45.

dafür zu geben. Biever entwickelte daher eine Methode, nach der er die Geldmittel und Materialien zur Verfügung stellte, die für die Abhaltung des eigentlichen Unterrichts erforderlich waren, während die Dorfbewohner auferlegt bekamen, die dafür notwendigen Gebäude zu stellen oder zu errichten. Zudem beklagte er sich immer wieder über die notwendigen Inspektionsreisen, die so lang und Kräfte zehrend seien, dass sie in ihm sogar den Gedanken an ein Ausscheiden aus dem Dienst weckten.[141]

Im Oktober 1900 jedoch wurde zu seiner Unterstützung der Lazaristenpriester Klinkenberg entsandt, der perfekt Arabisch sprach und die Leitung des Schulwesens übernahm. Schnell wurde Klinkenberg zu einem Mann, der fest an Tabgha und seine Bestimmung als Zentrum der deutsch-katholischen Aktivitäten in der gesamten Region glaubte, und begann regelmäßig und umfassend in *Das Heilige Land* darüber zu berichten.[142] Auch leitete er eine feste, in regelmäßigen Abständen stattfindende Inspektionstour aller Schulen, die für gewöhnlich drei Tage dauerte und in deren Verlauf die Pater den Zustand der Einrichtungen kontrollierten, das Niveau der Lehrerschaft und auch die Schüler zu prüfen pflegten. Zum Durchbruch kam es in Maghar, als die dortige Schule auch von Mädchen besucht zu werden begann, die von Schwestern der Borromäerinnen unterrichtet wurden.[143] Die Anzahl der Bildungseinrichtungen jedoch blieb bis 1907 so gut wie unverändert, als Klinkenberg Biever vorübergehend in der Leitung von Tabgha ablöste. Gegen Ende jenen Jahres war er gezwungen, einen Teil der Klassen zu schließen, und daher höchst erfreut über das Angebot des griechisch-katholischen Bischofs von Tyrus, die Leitung der Schulen im Gebiet seines Bistums zu übernehmen, die sich bis dahin unter der Leitung der Jesuiten befunden hatten. Seine Bitte an den Verein um Finanzierung wurde unverzüglich bewilligt, was Klinkenberg in die Lage versetzte, auch die Unterrichtsklassen in den Dörfern des Südlibanons unter seine Obhut zu nehmen.[144] In Zentralgaliläa hingegen existierten nur in zwei Dörfern weiterhin Schulen fort. Die Ausdehnung der Fläche machte natürlich auch die Inspektionsreisen beschwerlicher, deren Route jetzt bis nach Tyrus und Sidon reichte. Hatte eine Inspektionstour zuvor drei Tage gedauert, so nahm sie

141 Biever, Amis, 103-106.

142 Klinkenberg, Katholiken, 120.

143 Generalversammlung V, 11-12; Cramer, Jahrhundert, 89.

144 Als Beispiel für offizielle Berichte und statistische Erfassungen siehe Franz Dunkel, Anfrage hinsichtlich der Schulen des Deutsch-katholischen Vereins vom hl. Lande, ISA, 218, A XXVII 26ii, 26.4.1915; Dunkel an den Konsul, ISA, 268, J, No. 6 16, 6.6.1916; Tabgha, 119.

jetzt acht bis zehn Tage in Anspruch, wobei im Winter die Wetterverhältnisse die Reisedauer noch zusätzlich verlängern konnten.[145]

Mit der Verwendung des Begriffes »Schule« bezeichneten die Deutschen in der Regel eine einzelne Unterrichtsklasse in einer bestimmten Ortschaft. Im Jahre 1909 gab es derartige Schulen in zehn Dörfern, Kleinstädten und Städten. Ein Jahr darauf war ihre Zahl auf ein Dutzend angestiegen. Ein Dokument aus dem Jahre 1915 wiederum zählte Lehreinrichtungen in vierzehn Ortschaften, in denen zwischen 550 und 670 Schüler lernten und von denen drei Einrichtungen auch Mädchen offenstanden, die rund achtzig Schülerinnen besuchten. Ein weiteres Dokument aus dem Jahre 1916 zählte Lehreinrichtungen in fünfzehn Ortschaften, in denen insgesamt dreiundzwanzig oder vierundzwanzig Lehrkräfte beschäftigt wurden. Kurz vor Ausbruch des Ersten Weltkriegs begannen Absolventen des Lehrerseminars des St.-Paulus-Hospizes in Jerusalem in den Schuldienst zu treten. Es bestand starke Nachfrage nach Lehrern, da diese zum Großteil mit Ausbruch des Krieges eingezogen wurden und viele von ihnen den Kommandeuren der deutschen Einheiten, die zum Kampf an der nahöstlichen Front eintrafen, als Dolmetscher dienten.[146]

Parallel zu diesen externen Entwicklungen blieb jedoch auch das Anwesen in Tabgha nicht auf dem Erreichten stehen. Die Zahl der Besucher dort wuchs stetig und damit auch die Anzahl der Beschreibungen von Tabgha in schriftlicher Form, als Zeichnungen oder Fotografien. 1893 wurde ein Gästebuch eingeführt, in dem sich eine Fülle schriftlicher und graphischer Beschreibungen des Hospizes, seiner Bewohner und der dort üblichen Verhaltensregeln findet. Das Buch wurde am 9. Mai 1893 mit dem Eintrag von einundvierzig Teilnehmern der »Ersten Pilgerkarawane des Palästina-Vereins« eröffnet.[147] Die organisierten Gruppen deutschkatholischer Pilger besuchten den Ort regelmäßig, da er als Station auf der sorgfältig geplanten Route lag. Zu Beginn der 90er Jahre betrug die Zahl der Einträge im Gästebuch pro Jahr noch einige Dutzend, schnellte aber schon bald in den Hunderterbereich hoch. Das Hospiz bestand aus einem einzelnen Steingebäude, umgeben von Gärten, die durch ein Kanalsystem bewässert wurden. Es begann sich einen Namen zu machen als angenehmer, freundlicher und entgegenkommender Ort, der ganz im Zeichen der atemberaubenden Landschaft und Ruhe stand. Unter den Reisenden, die über das Hospiz schreiben, finden sich manche, die sich

145 Cramer, Jahrhundert, 92. Zu Schilderungen dieser Inspektionsreisen siehe Linzen, Schule; Klinkenberg, Besuch.

146 Linzen, Schule, 92; Nähere Angaben zu diesen Dokumenten siehe Anm. 140.

147 Fremdentagebuch Tabgha; Tabgha, 73-82.

ausführlich auch über die archäologischen Funde in der Umgebung auslassen, und natürlich auch etliche, die über Biever berichten, den Mann, der alle durch sein äußeres Erscheinungsbild und seinen Lebenswandel beeindruckte. Doch auch an Problemen mangelte es nicht, wobei das schwerwiegendste selbstverständlich die kaum zu ertragende Hitze während der Sommermonate war.[148]

Doch neben solchen objektiven, naturgegebenen Erschwernissen setzten sich auch jene Probleme fort, deren Ursprung menschlicher Natur war, so vor allen Dingen die ständige Geldknappheit, ein permanenter Mangel an Arbeitskräften sowie Sicherheitsprobleme und die nicht immer unbelasteten Beziehungen zu den Einheimischen. Bereits ab 1894 waren auf den Generalversammlungen des Vereins Stimmen zu vernehmen, die behaupteten, die »Kolonie« sei nicht rentabel. Auch die Nichtrealisierung des Plans, die Eisenbahntrasse bis nach Damaskus zu führen, verdeutlichte, dass der Wert der Ländereien nicht wie erwartet steigen würde. Doch der Vereinsvorstand antwortete den Kritikern auf zwei unterschiedlichen Wegen: zum einen durch die fortgesetzten Anstrengungen, Kolonisten zu rekrutieren, und zum anderen mit dem unzählige Male wiederholten Diktum – was den Deutschen offenbar schwerfiel zu akzeptieren –, von der Kolonie seien keine Gewinne zu erwarten, da deren vornehmliche Bestimmung darin bestehe, ein Ausgangspunkt für deutsch-katholische Aktivitäten im Heiligen Land zu sein. Daher sei die Kolonie an sich wichtiger als jeder Gewinn oder jedes ertragreiche Geschäft.[149] Dieser Leitlinie entsprechend fuhr der Verein fort, Gelder nach Tabgha zu transferieren, wenn auch in verhältnismäßig moderatem Umfang. Das gesamte letzte Jahrzehnt des 19. Jahrhunderts über wanderten so jährlich einige tausend Mark an die Kolonie. 1898 zum Beispiel erhielt Tabgha lediglich neun Prozent des Gesamtfinanzvolumens, das der Verein nach Palästina fließen ließ, was allerdings auch schon ein relativ hoher Anteil im Vergleich zu anderen Jahren war.[150]

Die Hauptursache indes, dass Tabgha »ein Fass ohne Boden« darstellte, war die Umtriebigkeit Bievers und seiner Mitstreiter und ihre Weigerung, es beim Erreichten zunächst einmal bewenden zu lassen. Sie legten eine vorübergehende Unterbrechung der Erweiterungen und ein verlangsamtes,

148 Zu einigen Beispielen dieser Beschreibungen von Gästen des Hospizes siehe Loti, Galilée, 94-96 (1894); Gonzenbach, Pilgerritt, 210-211 (1894); Heidet, Tabgha, 210 (1896); Boddy, Galilee, 62-63 (1896); Soden, Reisebriefe, 159-160 (1898).

149 Sinno, Interessen, 219-220.

150 Cramer, Jahrhundert, 41-42.

maßvolles Wachstums der Kolonie als Rückschritt aus und verlangten deshalb fortgesetzt die Unterstützung des Vereins. Alle paar Jahre sorgte einer von ihnen dafür, einen langen Artikel in der Vereinszeitschrift zu platzieren, in dem wiederholt die Bedeutung weiteren Landerwerbs für das katholische Deutschland erklärt wurde, damit Tabgha bei den Spendern und Geldgebern nicht womöglich noch in Vergessenheit geriete.[151]

Diese Sorge war nicht unbegründet. Tabgha lag weit von Jerusalem entfernt, der Weg dorthin war beschwerlich und nahm relativ viel Zeit in Anspruch, und das ganze Unternehmen dort sprach die Herzen und Spendenfreudigkeit der Vereinsmitglieder weit weniger stark an als etwa Projekte in Jerusalem. So war es nur natürlich, dass ein Gutteil der Aufmerksamkeit und der zur Verfügung gestellten Mittel auf die Heilige Stadt entfiel. Die Leute von Tabgha ihrerseits behaupteten wiederholt, der Verein stelle nicht genug Geld für ihre Bedürfnisse zur Verfügung und bevorzuge seine Unternehmungen in Jerusalem und Umgebung so eindeutig, dass dies einer kompletten Vernachlässigung der Stätte am See Genezareth gleichkomme. Biever etwa äußerte sich beständig zu dem Thema und war dabei alles andere als wählerisch in seiner Diktion, zumindest wenn er auf Französisch schrieb. »Die Herren aus Köln interessiert rein gar nichts außer dem Hospiz in Jerusalem; wir anderen in Tabgha, wir existieren für sie nicht.«[152] Je größer die Unternehmungen und Investitionen in Bauten in Jerusalem wurden, desto mehr verschlechterte sich die Lage aus Sicht derjenigen in Tabgha.

Sachlich jedoch hatten die Kritiker recht. Die Kolonie litt an einem breiten Spektrum ökonomischer und struktureller Probleme, und der landwirtschaftliche Betrieb erreichte niemals wirkliche Rentabilität. Ja, es gab sogar Jahre, in denen überhaupt keine Einnahmen zu verzeichnen waren. Biever verschleierte nichts von alldem und legte im Gegenteil dem Verein gegenüber immer minutiös Bericht ab. So schrieb er etwa über den Ort und über sich selbst:

> »Das entworfene Bild ist nicht weniger tröstlich, am wenigsten für den armen Director von Tabgha, der all' sein Können und guten Willen daran gesetzt hatte, um dieses Jahr Tabgha hervorzustreichen und dem hochl. Vorstande eine günstige Meinung von dessen Rentabilität beizubringen. Ich kann weiter nichts sagen, als: hoffentlich werden wir das nächste Jahr glücklicher sein.«[153]

151 Klinkenberg, Katholiken.
152 Biever, Amis, 107-108.
153 Nachrichten hl. Lande, 43.

Sicherheitsprobleme rührten vor allem von den wiederholten Aufständen der Drusen im Hauran her. Nach einem Erlass des Sultans sollten alle Flächen, auf denen sich historisch wertvolle Gebäude befänden, beschlagnahmt werden, was erheblich zu den Erschwernissen in den letzten Jahren des 19. Jahrhunderts beitrug. Es gelang Biever, sich diesem Verdikt, das erst 1896 beigelegt wurde, zu entziehen. Demgegenüber erhielt er die Erlaubnis, einen Grundbucheintrag über die gesamte unter seiner Befugnis stehende Fläche zu bekommen.[154] Auch das Wasserproblem und das der Bewässerung der landwirtschaftlich genutzten Flächen verschärften sich zusehends. Der andauernde Streit mit den Franziskanern, die unter italienischem Schutz Eigentums- und Nutzungsrechte über die Wasserquellen genossen, potenzierte diese Probleme noch. Im August 1898 schickte Hermann Josef Schmitz, der stellvertretende Vereinsvorsitzende, ein Schreiben an Patriarch Piavi und schlug ihm ein acht Paragraphen umfassendes Abkommen zur Beilegung des Konflikts vor. Doch dieser Schlichtungsversuch blieb ohne Erfolg, so dass der Streit, obgleich beide daran beteiligten Seiten Europäer waren, vor osmanische Instanzen kam.[155] Um das Hospiz und die umliegenden Flächen mit Wasser zu versorgen, begann Biever seinerseits, die Quelle zu nutzen, die im Garten südlich der Gebäude gefunden worden war, unweit der Stelle, an der die Ausläufer des Hügels bis zum Ufer des Sees reichen. Er überbaute die Quelle mit einem Gebäude und stellte dort eine Pumpe auf.[156]

Der Besuch des deutschen Kaisers in Palästina war auch für den Direktor von Tabgha ein Augenblick der Euphorie. Die Gründe, welche die Vereinsspitze daran hinderten, rechtzeitig in Palästina zu sein, um an den verschiedenen Zeremonien teilzunehmen, wurden bereits dargelegt. So kam es, dass der luxemburgische Pater Biever an jenem Mittwochmorgen, dem 26. Oktober, beim Empfang, den der Kaiser im Garten des deutschen Konsulats in Haifa gab, das katholische Deutschland repräsentierte. Schmidt blieb in Jerusalem, erschien aber nicht zu der Feierstunde. Möglicherweise hatte er sich angesichts der letzten Vorbereitungen für die Zeremonie der Dormitio nicht freimachen können, da die Reise nach Haifa und zurück zu viel Zeit in Anspruch genommen hätte. Möglich aber auch, dass Janssen auf das eindrucksvolle Erscheinungsbild Bievers vertraute, auf dessen zwanzigjährige missionarische Arbeit im

154 Ebd.; Nachrichten 1896; Cramer, Jahrhundert, 44-45.

155 Schmitz an Piavi, APL, J5, Q/82, 1.8.1898; Vincent, Note, 8-14; Sinno, Interessen, 220-221.

156 Nachrichten hl. Lande; Cramer, Jahrhundert, 45.

Orient und rhetorisches Talent.[157] Biever begrüßte den Kaiser kurz und brachte die Hoffnung zum Ausdruck, der kaiserliche Schutz, den die Güter der Katholiken in Palästina genössen, würde auch in Zukunft Bestand haben und dass die Katholiken auch weiterhin im Heiligen Land unter den Schwingen des deutschen Adlers würden agieren können. Der Kaiser, so wissen alle Quellen zu berichten, zeigte sich zutiefst beeindruckt, wiederholte in seiner Erwiderung seine Verpflichtung gegenüber seinen katholischen Untertanen, »zu jeder Zeit und an jedem Ort, da sie dieser bedürfen«, und verlieh Biever einen deutschen Orden.[158]

Im Oktober 1900 stieß, wie bereits erwähnt, Pater Klinkenberg zu Biever und übernahm die Betreuung der Schulen. Biever konnte sich nun verstärkt dem Hospiz zuwenden, denn bereits 1898 war mit der Errichtung eines weiteren Gebäudes begonnen worden, des zweigeschossigen Baus an der nordwestlichen Ecke der Anlage.[159] Der Strom der Besucher schwoll an und erforderte viel Zuwendung, und mit ihm stieg auch die Zahl derjenigen, die über das Hospiz schrieben, fast ausnahmslos voll des Lobes. So konnte etwa Keppler beim Anblick der Kolonie seine Ergriffenheit nicht verbergen, als er vom See Genezareth in Richtung Norden bergan reiste. Leider war es ihm aufgrund von Zeitknappheit nicht möglich gewesen, diese zu besuchen. Ein Umstand, der ihn jedoch nicht daran hinderte, sich nach seiner Rückkehr in einem emphatischen Aufruf an die Katholiken in Deutschland zu wenden und sie inständig zu bitten, »helfet weiter, daß hier auch eine Heimat erblühe in der Heimat eures Heilandes, daß euer Anteil am See des Herrn euch gesichert bleibe, daß da, wo seine Stadt stand, wieder eine Stadt erstehe, eine Stadt deutscher Katholiken!«[160]

Ein weiterer Besucher beschrieb das Hospiz als angenehmer, bequemer und freundlicher als jeden anderen Ort, an dem er sich im Orient aufgehalten habe.[161] Und ein Gast aus Haifa schrieb in das Gästebuch: »Nowhere have I been so restful and peaceful as here.« Biever seinerseits beschritt jeden nur möglichen Weg, um die Zahl der Besucher und Gäste weiter zu steigern. Er bemühte sich, den Aufenthalt möglichst angenehm werden zu lassen, und suchte beständig nach neuen Ideen, diesen abwechslungsreich zu gestalten, um den Gästen ein Gefühl von Herzlich-

157 Biever, Amis, 103; Gatz, Auslandsarbeit, 42.

158 Bericht Besuch Haifa, 44; Roth, Preussen, 166; Carmel, Chronik 2, 204 (*Warte*, 1.12.1898); ders., Siedlungen, 160-161; Carmel/Eisler, Der Kaiser, 72.

159 Cramer, Jahrhundert, 44.

160 Keppler, Wanderfahrten, 394.

161 Rohrbach, Im Lande, 300; Limberg, Pilgerfahrt, 158-159; Goodrich-Freer, Saddle, 287-289.

Impressionen aus Tabgha

keit und Erholung zu vermitteln und ihnen eine Verbindung zu dem Ort und seiner historischen Atmosphäre zu ermöglichen. So pflegte er zum Beispiel prominentere Gäste mit einem Laib Brot und zwei Fischen willkommen zu heißen.[162]

Mit Vollendung des Landerwerbs im Tal Ginossar (Genesareth) war Biever zunehmend gezwungen, gegen die Übergriffe örtlicher Landbesitzer anzukämpfen, die begannen, auch seine Böden umzupflügen, um so ein Besitzrecht daran zu erwerben. Deutsche Quellen etwa berichten, dass »am 28. Dezember 1903 mehr als fünfzig Kurden und Beduinen unter Waffengewalt auf unsere Flächen vordrangen und diese sechs Tage lange mit Hilfe von fünfzig Pflügen umpflügten.«[163] Das Problem konnte erst einige Jahre später gelöst werden, nachdem das Auswärtige Amt sich eingeschaltet hatte und Bülow persönlich bei der Hohen Pforte interveniert hatte. Diese wies die örtlichen Statthalter an, Härte zu zeigen, um die Rechte der Deutschen zu schützen. »und seit dieser Zeit wagte kein Araber mehr, die Eigentumsrechte des Vereines anzutasten.«[164]

In den ersten Jahren des 20. Jahrhunderts befand sich das Hospiz in einem andauernden Zustand der Geldmittelknappheit. Biever macht vermehrt von der Drohung Gebrauch, sein Amt niederzulegen, um nach eigener Aussage mehr Spenden einzuwerben. In Briefen, die er im Verlauf des Jahres 1904 an Freunde in der Heimat schickte und die selbstverständlich nicht in *Das Heilige Land* abgedruckt wurden, beklagte er sich, »es tut mir leid zu betteln, doch geschieht dies nicht für mich persönlich, das wißt ihr nur zu gut.«[165] Seiner Behauptung zufolge lenkte der Verein das Gros der Mittel an das St.-Paulus-Hospiz in Jerusalem, während Tabgha nur mit einen für sein bloßes Überleben notwendigen Minimum abgespeist würde. Die amerikanischen Protestanten (Missionare im Libanon) hätten seine Ohnmacht bereits ausgenutzt und eine Mädchenschule in einem der Dörfer eröffnet, in denen auch er tätig sei. Um ebenfalls eine solche Einrichtung zu betreiben und die Amerikaner zurückzudrängen, benötige er lediglich einen marginalen Betrag von 240 Mark im Jahr. Doch »Tabgha interessiert die Herren aus Köln ja nicht«, die es nicht einmal für nötig befänden, direkt auf seine Eingaben zu reagieren. Im Vereinsorgan hingegen wurde mit deutlichem Missfallen angemerkt,

162 Vom Mittelmeer, 158.

163 Beduinen.

164 ISA, 305, j No. 608, S. 50, *Kölnische Zeitung*, 21.3.1904 (Rede Kleins auf der Generalversammlung in Koblenz, 1904); Biever, Amis, 106; Tabgha, 170; Cramer, Jahrhundert, 88-89 (Zitat).

165 Biever, Amis, 107.

dass Tabgha zu einem Ort geworden sei, der unbegrenzte Geldsummen verlange, und in den Jahren 1887 bis 1900 seien dort rund 80.000 Mark investiert worden.[166] Zwar stellte diese Summe für sich genommen keinen unerheblichen Betrag dar, doch ergibt sie über den ganzen Zeitraum aufgeteilt nur eine jährliche Zuwendung von 6.000 Mark, was gewiss kaum für den Unterhalt von Tabgha ausgereicht haben dürfte und keinerlei Entwicklung ermöglichte. Auch die nicht enden wollenden Kämpfe, die Biever um Land und Wasserrechte gezwungen war mit den Franziskanern auszufechten sowie mit den Einheimischen, die immer wieder in seine Besitzungen eindrangen, trugen sicher nicht zu seiner Sorglosigkeit bei. Auch machte Biever keinen Hehl daraus, dass er sich mit diesem kriegsähnlichen Zustand nicht abzufinden gedachte, den der Vorstand ihm aufgezwungen hatte.

Doch zur Mitte des Jahrzehnts begannen in Tabgha personelle Veränderungen einzusetzen. Zunächst erkrankte Klinkenberg schwer, wurde ohne Erfolg operiert und im Mai 1905 zur Genesung nach Deutschland geschickt. Sein Nachfolger war Pater Johannes Sonnen, der bis dahin in Jerusalem beschäftigt gewesen war.[167] Dort jedoch war der Bruch, der zwischen Biever und dem Vorstand entstanden war, nicht mehr zu kitten gewesen, weshalb er wiederholt gebeten hatte, aus dem Anstellungsverhältnis ausscheiden zu dürfen.

Der physisch und psychisch ausgelaugte Biever hatte die Grenze seiner Belastbarkeit erreicht. Das Verhältnis zu seinen Arbeitgebern, dem Vereinsvorstand wie den Geistlichen in Jerusalem, war an einem absoluten Tiefpunkt angelangt. Die Mitglieder des Vorstands sahen demonstrativ davon ab, Tabgha einen Besuch abzustatten. Besonders augenfällig ist, dass Pater Schmidts Name im Gästebuch von Tabgha nach seinem Besuch dort im Jahre 1890 nicht auftaucht, während etliche Angehörige des katholischen Kirchenapparats in Jerusalem das Hospiz in Tabgha mit großer Regelmäßigkeit besuchten. Die deutschen Quellen zählen zu den Gründen, die zum Statusverlust Bievers mit beitrugen, auch die immer wiederkehrenden Malariaanfälle, die seine Gesundheit erschütterten. Auch wissen sie darüber hinaus zu berichten, seine Erkrankungen hätten zu häufiger Abwesenheit von Tabgha geführt, was wiederum zu nicht wenigen »Missklängen« in der Leitung der Kolonie geführt habe. Klar

166 Sinno, Interessen, 219 u. die Quelle 383 (Anm. 107).

167 In Abschied Sonnen, 39 heißt es, er sei bereits 1901 nach Tabgha gekommen, was jedoch nicht zutreffend ist. Es war dies das Jahr, in dem er nach Palästina kam. Sonnen diente mit kurzen Unterbrechungen bis 1915 in Tabgha. Dann kehrte er nach Jerusalem zurück und arbeitete dort bis zu seinem Tod 42 Jahre später.

war, dass Bievers Zeit dort zu Ende ging und er den Ort verlassen musste.[168]

Die französischen Quellen hingegen warten hinsichtlich der Gründe mit einer anderen Version auf, die zu Bievers Abschied führten. So habe Biever im Jahre 1905 darum gebeten, einen mehrmonatigen Heimaturlaub antreten zu dürfen. Über zwei Jahre jedoch habe es der Vorstand nicht für nötig befunden, auch nur zu antworten, worauf Biever mit unendlicher Verbitterung schrieb:

> »Zwar habe ich bereits im vergangenen Jahr mein Anliegen vorgetragen, doch hielten es die Herren vom Vorstand nicht für nötig mir zu antworten. Was in der Tat ein recht angenehmes Mittel war 800 Francs zu sparen! Um ihnen für ihre Großherzigkeit zu danken, wünsche ich ihnen, einmal gezwungen zu sein, einen Sommer in Tabgha bei einer Hitze von 35 Grad im Schatten zu verbringen.«[169]

Auch bat er seine Freunde im Vorstand, ihn zur Generalversammlung einzuladen, damit er dort sprechen könne. Tatsächlich traf die Einladung am 15. August jenes Jahres in Tabgha ein, doch war die Versammlung für den 23. desselben Monats einberufen, weshalb klar war, dass Biever es in so kurzer Zeit nicht von Tabgha nach Köln schaffen konnte. Daher sei es leicht zu verstehen, dass seine Antwort weder »ein Muster an Höflichkeit noch herzlicher Ausdruck meiner aufrichtigen Gefühle« war. Und verbittert fügte er hinzu: »Aber die Preußen, selbst, wenn sie aus dem Rheinland kommen, haben eine dicke Haut.«[170]

Um sich selbst, und sei es auch nur in bescheidenem Maße, zu entschädigen, begab sich Biever auf eine ausgedehnte Rundreise durch seine alte Gemeinde in Madaba. Ende 1906 dann reichte er, folgt man seiner Biographie, seine Kündigung ein oder bat, so die deutschen Quellen, um seine Freistellung. Der Verein entsprach seinem Gesuch Mitte des Jahres 1907. Am 1. Juli übergab er die Leitung an Sonnen. Der Verein seinerseits verpflichtete sich, Biever eine Rente in Höhe von 1.500 Francs zu zahlen, ein relativ bescheidener Betrag für sechzehn Dienstjahre. Zudem wurde er zum Priester im Dorf Beit Sahur ernannt. 1913 vermochte er noch, einen langen Artikel unter dem Titel »An den Gestaden des Sees Tiberias« in der Zeitschrift der französischen *École pratique d'étude biblique* zu veröffentlichen, der sich wie ein Abschiednehmen von diesem Ort liest. Im

168 Tabgha, 82; Täpper, Fünfzig, 69; Tabgha Genesareth, 16.
169 Biever, Amis, 108.
170 Ebd.

selben Jahr ernannte ihn der Patriarch zum Generalvikar von Larnaka auf Zypern, wo er schließlich am 27. März 1915 verstarb.[171]

Kein Zweifel, dass Franz Keller Tabgha gründete, doch Biever muss als der eigentliche Begründer des Ortes gelten, als Vater aller Anfänge und Initiativen und als derjenige, der den Charakter und die Marschrichtung von Tabgha festlegte: den konsequenten Zukauf von Flächen und parallel dazu die Vergrößerung der bestellten Böden, um einen rentablen landwirtschaftlichen Betrieb zu errichten; die Aufgabe der Idee einer Agrarkolonie und stattdessen den Betrieb Tabghas als Pilgerhospiz und seine Erweiterung in diesem Geiste; die Gründung eines Netzwerks von Schulen in Galiläa und die Ausdehnung der missionarischen Aktivitäten – um nur die wesentlichen Projekte dieses tatkräftigen Gottesmannes aufzuzählen. Alles, was in Tabgha in späteren Jahren realisiert wurde, war bloß eine Vergrößerung, Ausweitung und Vertiefung dieser Pionierleistungen.

Doch der Vereinsvorstand war alles andere als glücklich über den Stillstand der Entwicklung in Tabgha zu Beginn des 20. Jahrhunderts, offenbar ein Resultat der tief greifenden Meinungsverschiedenheiten zwischen den Mitgliedern des Vorstandes und Biever hinsichtlich der Einrichtung am See Genezareth selbst und den Prioritäten, die sich der Verein in Bezug auf seine Aktivitäten und Investitionen in Palästina gesetzt hatte. Nach Bievers Abschied achtete man sorgsam darauf, in Tabgha fortan nur noch eigene Landsleute zu stationieren, von denen der Verein mehr Disziplin und Loyalität und weniger Kritik erwarten konnte. Fast schon demonstrativ begann der Vorstand nun, den Ort sowohl personell als auch finanziell nachdrücklich zu unterstützen. Letztendlich gestand sich der Verein damit das Scheitern all seiner Versuche ein, in Tabgha – wie auch an anderen Orten (Kubeibe, Haifa und Migdal) – deutsch-katholische Kolonisten anzusiedeln. Auch die Idee, in Tabgha eine Kolonie einheimischer Kleinbauern zu errichten, die zum ersten Mal im Jahre 1900 aufkam, sollte nicht realisiert werden.[172] Tabgha begann, sich nach dem Muster eines Hospizes mit angeschlossenem landwirtschaftlichem Versorgungsbetrieb zu entwickeln, ein Prozess, der seinen Höhepunkt und Abschluss erst nach dem Ersten Weltkrieg erreichen sollte.

Gegen Ende des Jahres 1907 wurde Klinkenberg aus Deutschland herbeigerufen und übernahm die Leitung in Tabgha. In den folgenden sechs Jahren erlebte die Einrichtung eine hohe Fluktuation deutscher Lazaristenpater. Klinkenberg selbst blieb rund zweieinhalb Jahre in Tabgha, bis

171 Biever, Tiberiade; Ders., Nekrolog; Tabgha, 82; Biever, Amis, 109-127; Medebielle, Biever, 29-31.

172 Sinno, Interessen, 206.

Tabgha, »Windmotor«

er erneut erkrankte und nach Deutschland zurückkehrte, sich jedoch nicht wieder erholte und im Alter von nur 42 Jahren am 8. August 1910 in Köln verstarb.[173] Mit und nach ihm lebten in Tabgha Sonnen, Linzen und Täpper. Beständigkeit hielt auf dem Anwesen erst 1913 wieder Einzug, als Johannes Täpper (1881-1946) die Leitung übertragen wurde. Täpper war 1903 nach Palästina und 1911 nach Tabgha gekommen. Er diente dort ohne Unterbrechung, legte einen prachtvollen Garten an, der gemeinsam mit Müllers Garten in Emmaus zu den schönsten Gärten des Landes gezählt wurde, und leitete das Anwesen, bis die Mandatsbehörden ihn 1939 des Landes verwiesen. Mehr als jeder andere wurde Täpper mit dem Anwesen und seinem Hospiz identifiziert, was ihm unter anderem den Titel »Kaiser von Tabgha« einbrachte.[174]

Klinkenberg jedoch war es, der die ersten Verbesserungen initiierte. So lud er etwa Pater Müller aus Emmaus nach Tabgha ein, der mit Anpflanzungen und der Anlage des Gartens begann, so dass ein Jahr später Tabgha nicht mehr wiederzuerkennen war. Weitere Gebäude waren errichtet worden und auf Initiative der osmanischen Behörden eine Mole zum Anlegen von Booten.[175] Deren Bau stand in Verbindung mit der Fertigstellung der Eisenbahnlinie von Haifa nach Dera'a und der Errichtung der Station in Samak (Zemach) Ende 1905. Die Eisenbahnanbindung machte die Märkte in den Städten zugänglicher und steigerte damit die

173 Klinkenberg, Nekrolog, 162.

174 De-Haas, Galilee, 198. Zu Täppers Amtszeit in Tabgha siehe Täpper, Fünfzig; ders., Tabgha; Tabgha Genesareth.

175 Zum Beispiel Schmitz, Tabgha, 164; *HL* 53 (1909), 219.

Pater Johannes Täpper

Rentabilität der Farm, was wiederum den Wert der Ländereien erhöhte.

Der Arzt David Torrance, Gründer und Leiter des Hospitals der Schottischen Mission in Tiberias, der Tabgha seit seiner Gründung begleitet hatte, schrieb 1908, »die deutschen Katholiken bestellen ihr Stück Land im Tal von Ginossar auf eine Art, wie sie wahrscheinlich seit Jahrhunderten dort nicht mehr zu sehen gewesen ist.« Die Herausgeber von *Das Heilige Land* waren selbstverständlich nur zu erfreut, eine Übersetzung dieser lobenden Worte abdrucken zu können.[176] Doch Torrance' Urteil traf zu. Denn zur selben Zeit wurde gerade ein Unternehmen in Angriff genommen, das die Krönung von Klinkenbergs Verbesserungen werden sollte: die Installation einer Wasserpumpe an der Quelle Ein at-Tin, die von einem »Windmotor« auf der Kuppe des Tel el-'Oreme angetrieben wurde. Ziel war, das Quellwasser auf eine Höhe zu pumpen, die es ermöglichte, das Wasser von dort auf die Flächen im Tal Ginossar fließen zu lassen, und zwar in einer Menge, die für die Bewässerung der Böden ausreichte. Die gesamte Anlage wurde aus Deutschland herbeigeschafft und 1909 montiert. Die Höhe des Turms betrug zweiundzwanzig Meter und die Länge eines der Flügelblätter acht Meter. Diese waren in den Farben Rot, Schwarz und Weiß gestrichen – den Farben der deutschen Nationalflagge. Die Spitze des Turmes konnte sich auf einer Achse drehen, so dass die Flügel sich immer nach der Windrichtung justierten. Die Inbetriebnahme dieser Pumpanlage machte es möglich, die Anbauflächen signifikant zu erweitern und mit dem Anbau neuer Pflanzenarten wie etwa Baumwolle zu experimentieren.[177]

176 Torrance, Notes; *HL* 53 (190), 110. Zu Torrance und seinem Wirken siehe Livingstone, Torrance.

177 Tabgha, 118; Mastermann, Galilee, 58. Die ersten »Windmotoren« hatten Anfang der 80er Jahre des 19. Jahrhunderts die Templer von Sarona ins Land ge-

In seiner dreieinhalbjährigen Amtszeit als Direktor von Tabgha, von April 1910 bis September 1913, handelte Sonnen weiter in Klinkenbergs Sinne. Auf dem Gut kümmerte er sich um die Pflege des Hospizes, um die Verbesserung seines Angebots wie auch um eine Erweiterung der Landwirtschaft und deren Konsolidierung. In den Schulen arbeitete er auf eine Ausdehnung des Netzes und eine Erhöhung der Schülerzahlen hin. Parallel zu diesem »Brotberuf« erforschte Sonnen in Tabgha das Leben der Beduinen sowie traditionelle Formen der Landwirtschaft.[178] Im April 1910, einundzwanzig Jahre nach seiner Gründung, wurde dem Anwesen von Tabgha ein erster offizieller, angekündigter Besuch durch die Vereinsführung zuteil. Die Vorstandsmitglieder gehörten zu jenen Ehrengästen, die zu den Feierlichkeiten der Einweihung der Dormitio, des St.-Paulus-Hospizes und des Auguste-Victoria-Hospizes und Kirche nach Palästina gekommen waren. Diesmal machten sie sich die Mühe, nach Tabgha zu fahren, »um es mit eigenen Augen zu sehen«. Auch wenn sie sich mit einem Aufenthalt von nur wenigen Stunden begnügten, war dieser Besuch dennoch Zeichen eines Wandels in der Einstellung des Vorstands gegenüber der Einrichtung am See Genezareth.

Der Strom der Pilger und Touristen schwoll unterdessen stetig an, und Reiseführer jener Tage empfahlen das Hospiz wärmstens. Pilgergruppen waren weiterhin regelmäßig zu Gast und übernachteten dort. Einige der Europäer, die in Palästina lebten, begannen zudem, Tabgha als Ferienort zu nutzen, allerdings nicht während des Sommers. Zu dieser Jahreszeit war es unmöglich, in den Zimmer zu schlafen, und im Freien stellten die Mücken und andere Insekten eine ständige Plage dar. Im Gästebuch finden sich Angehörige alle Religionen, Klassen und Nationen verewigt. Das Hospiz selbst wurde auf zahllosen Fotografien festgehalten. Eine der bemerkenswertesten und interessantesten ist eine deutsche Luftaufnahme vom 20. Januar 1918, auf der sich die Gebäude des Hospizes gut erkennen lassen, die beiden Molen (eine deutsche und eine türkische), die landwirtschaftlichen Anbauflächen und anderes mehr.[179]

Das kleine Hospiz begann auch als Zentrum weit verzweigter wissenschaftlicher Aktivitäten im östlichen und nördlichen Galiläa, im Hauran

bracht. Wie die Anlage von Tabgha waren auch diese in Dresden gefertigt. Zu derartigen technologischen Neuerungen und ihrem Einfluss auf das Land und seine Wirtschaft siehe Avitsur, Daily Life, 322-323; ders., Influence, 491-493; Thalmann, Agriculture.

178 Diamantenes Jubiläum. Zu Sonnens Publikationen siehe Sonnen, Landwirtschaft (1921); ders., Beduinen (1952).

179 Dalman, Fliegerbilder, 62, Aufnahme 54, Genezareth und at-Tabgha, UR. Südost. V. 973.

Tabgha, Luftaufnahme 1918

und auf dem Golan zu dienen, die sich zum damaligen Zeitpunkt am Beginn ihrer Entwicklung befanden. Gruppen von Wissenschaftlern stiegen regelmäßig dort ab, ebenso wie Lehrer und Schüler aus den Schulen und Seminaren der großen Städte, vor allem aus Jerusalem. Unter den Wissenschaftlern, die in jenen Jahren dort zu Gast waren, sind an erster Stelle Gustav Dalman (1855-1941) und Paul Karge (1881-1922) zu nenen. Dalman ist Gründer und Direktor des »Deutsch evangelischen Instituts für Altertumswissenschaft des Heiligen Landes zu Jerusalem«, das 1902 ebenda errichtet wurde. Karge hingegen, der Begründer des ebenfalls in Jerusalem angesiedelten orientalischen Instituts der »Görresgesellschaft zur Pflege der Wissenschaft im katholischen Deutschland«, begann in der Region archäologische Erhebungen durchzuführen.[180]

180 Zu Dalman und seiner Arbeit siehe Männchen, Dalman; siehe auch *HL* 62 (1918), 93-94; Goren, Zieht hin, 347-354.

Bei den Templern
Haifa

Auf dem Katholikentag 1877 in Trier verkündete Janssen, die Karmeliter, die in ihrem Kloster auf dem Berg Carmel saßen, hätten dem Verein ein großes Stück Land zur »Generalpacht« angeboten, das der Verein nun für eine deutsche Besiedlung bestimmt habe.[181] Dieser Vorschlag der Karmeliter ist vor dem Hintergrund ihres andauernden Kampfes mit den Templern zu sehen, der 1870 um ein »Geschenk des Carmel« genanntes Stück Land auf der Anhöhe des Bergrückens und den Zugang zu diesem entbrannt war. Der Konflikt erreichte 1885 seinen Höhepunkt, als die Sache vor die osmanischen Behörden in Haifa gebracht wurde. Der Abt des Ordens wurde in die Stadt geschickt, um den Versuch zu unternehmen, zu einem Kompromiss mit Fritz Keller zu kommen, dem deutschen Vizekonsul und Sprecher der Templer. Massiver diplomatischer Druck von Seiten der Deutschen auf Rom mündete in einem Telegramm des Papstes und führte zu einem Abkommen, dessen Kern gegen eine winzige Entschädigung und Übergangsregelungen in einer Abtretung der Fläche an die Templer im Jahre 1887 bestand. Die Karmeliter beabsichtigten offenbar, indem sie dem Verein das genannte Grundstück anboten, hier einen deutschen Akteur ins Spiel zu bringen, der ein Gegengewicht zu den Templern darstellen sollte. »Dieselben [Mönche] beschlossen nun, ihren ausgedehnten Besitz dem katholischen Palästinaverein zur Generalpacht anzubieten, damit der Verein seinerseits diese Ländereien an tüchtige, bewährte deutsche Landwirte in Parzellarpacht gebe.« Letztendlich kam das Geschäft dann aber doch nicht zustande aufgrund des französischen Drucks, der die Mönche Abstand von ihrem Angebot nehmen ließ.[182]

Janssen, der das in Haifa schlummernde Potential als Verkehrsknotenpunkt und ökonomisches Zentrum des nördlichen Landesteils erkannt hatte und wollte, dass der Verein ein Standbein in der Stadt hätte, ließ nicht von dem Plan ab und fand schließlich Unterstützung durch die Borromäerinnen. So verkündete er seine Absicht, in Haifa eine Niederlassung des Ordens zu errichten, wobei die dort anzusiedelnden Nonnen sich der Krankenpflege und dem Unterrichten widmen würden. Das erste Ziel, das Janssen vor Augen hatte, war die Einrichtung eines Novi-

181 Cramer, Jahrhundert, 33.

182 Katholische Deutschland, 222. Das Zitat – *PB*, I, 67, 94. Zur Geschichte des Kampfes zwischen den Karmelitern und den Templern um das »Geschenk des Carmels« siehe Carmel, Haifa, 90-103; ders., Siedlungen, 105-109; Ben Artzi, Map; ders., Creation, 7-9.

ziats – einer Ausbildungsstätte für Nonnen –, welches die Schwestern für die weitere Ausbreitung des Ordens im Orient heranbilden würde. Die Borromäerinnen ihrerseits gewannen die Unterstützung des Patriarchen für ihren Plan, in Haifa ihr »Provinzial-Mutterhaus« zu errichten. Doch beide Pläne scheiterten. Das Noviziat wurde 1894 in Alexandria eröffnet zusammen mit der Ernennung des Schwesternheims dort zum »Deutschen orientalischen Provinzial-Mutterhaus« mit Katharina Schneider als Provinzialoberin an seiner Spitze. Erst 1922 wurde die Einrichtung nach Jerusalem verlegt.[183]

Am 15. Februar jedoch bezogen drei Ordensschwestern, die aus Alexandria eingetroffen waren, ein Haus, das der Verein in der Altstadt von Haifa angemietet hatte. Innerhalb kurzer Zeit schlossen sich ihnen der Priester Julius Künzer (?-1894) und vier weitere Schwestern aus Deutschland an. Gemeinsam weihte man eine Kapelle im Haus ein. Um diesen Kern bildete sich schon bald eine kleine Gemeinschaft von Kolonisten vor allem aus Süddeutschland. Diese fanden hier sowohl ihren katholischen Glauben vertreten als auch andere Deutsche aus ihren Heimatregionen – die Templer nämlich.[184] Die Ziele der Ansiedlung wurden sehr zurückhaltend formuliert: Ein Hospiz für deutsche Pilger zu bieten und im Rahmen des Möglichen auch noch weitere wohltätige Aufgaben zu erfüllen. Dies fand schon bald Ausdruck in einer Krankenstation und einer Deutschklasse für die Kinder deutscher Familien, die versuchten, sich in der Nachbarschaft der Borromäerinnen anzusiedeln.[185]

Die Schwestern wussten auch die offenkundige Sympathie und das Entgegenkommen zu nutzen, welches die Katholiken durch die Bewohner der deutschen Kolonie in Haifa, ihre Landsleute und Nachbarn, erfuhren. Denn die Templer, über die die Katholiken zwar schrieben, »im Grunde genommen fällt es sogar schwer, sie Christen zu nennen«, legten von Anfang an ausgerechnet ebendiesen Katholiken gegenüber eine geneigte – oder wie sie selbst es ausdrückten, »nicht abgeneigte« – Haltung an den Tag. Die Katholiken ihrerseits schätzten die sozialen Errungenschaften der Templer und deren Beitrag zur Entwicklung des Heiligen Landes und zur Steigerung des Ansehens des deutschen Namens in die-

183 Barl, Geschichte, 11-12; Kopp, Haifa, 17-18; Cramer, Jahrhundert, 33, 37; Mann, Borromäerinnen, 116; Preisner, Schneider, 152-159.

184 Carmel, Chronik 2, 113 (*Warte*, 12.7.1888); Bericht Alexandrien, 23-24; Katholische Deutschland, 222; *HL* 33 (1889), 132-133.

185 Vierzig Jahre, 20; Katholische Deutschland, 222-223; Cramer, Jahrhundert, 33; Sinno, Interessen, 328.

sem, fügten jedoch hinzu, dass »von ihnen keine Christianisierung des Landes zu erwarten« sei.[186]

1891 dann erwarb der Verein ein langes, schmales Stück Land von sieben Morgen Größe, das sich von der Jaffa-Straße bis zum Fuße des Carmels erstreckte und an die deutsche Kolonie angrenzte. Im nördlichen Teil des Grundstücks, nahe der Jaffa-Straße, standen zwei kleine Gebäude, die von den Borromäerinnen bezogen wurden. Nach zwei Jahren begannen die Ordensschwestern mit der Errichtung eigener Gebäude parallel zur Jaffa-Straße, die für ein Hospiz und eine Schule bestimmt waren. Wie zu erwarten wurde auch dieser Bau von Schumacher geleitet, während man die Ausführung den Baumeistern der Templer übertrug.[187] Die Gebäude wurden erst nach dem Tode Künzers 1894 fertiggestellt und beherbergten fortan das Hospiz und eine Mädchenschule. Künzers Platz an der Spitze der Gemeinschaft nahm ein gewisser Kaufmann ein, »der Arzt des deutschen Hospitals«, womit niemand anderes gemeint war als der Direktor des Krankenhauses der Templer, das auch der katholischen Gemeinde in der Stadt diente. Ein Umstand, der als weiteres Indiz für die guten Beziehungen zwischen den beiden Gruppen in Haifa dienen kann. Bald zeigte sich, dass auch das neue Gebäude, von dem man gehofft hatte, es würde vielfältig zu nutzen sein, zu klein für das Hospiz war. Zwar hatte der Verein ursprünglich vorgehabt, in Haifa auch eine deutsch-katholische Kolonie zu errichten, nahm dann aber Abstand von diesem Plan und überließ das Grundstück den Ordensschwestern der Borromäerinnen zur Bestellung und Nutzung.[188]

186 Katholische Deutschland, 222, Anmerkung der Redaktion, zitiert von Keppler, Wanderfahrten, 188.

187 Ruff, Templer, 2. Diese schmale Broschüre, die 1977 in Australien erschien und ihren Ursprung in den Lebenserinnerungen des aus Haifa gebürtigen Gottlieb S. Ruff hat, liefert die Mehrheit aller Informationen über die Geschichte der Ansiedlung, viel was er von seinem Vater, Gottlieb Wihelm Ruff (1857-1946), bekommen hatte. In allen Fällen von Nichtübereinstimmung, etwa bei Jahreszahlen, habe ich den Angaben in *Das Heilige Land* den Vorzug gegeben. Die Gebäude finden in dem Buch über die Familie Beilharz, jene Templerfamilie von Maurern und Baumeistern (Sauer, Beilharz), zwar keine Erwähnung, doch deutet Schumachers Beteiligung, der ihr Geschäftspartner bei zahlreichen Bauaufträgen war, darauf hin, dass die Familie, die kurz zuvor das erste Gebäude in Tabgha fertiggestellt hatte, auch die beiden Gebäude für die Borromäerinnen errichtete.

188 Generalversammlung I, 99; Katholische Deutschland, 222. Zur Größe des Anwesens siehe Janssen und der Bischof von Köln an das Auswärtige Amt, ISA, 305, 11.2.1895. Über Kaufmann siehe Levy, History, 363-367. Leider ist es mir nicht gelungen, noch weitere Informationen über diesen zu finden, so dass die

1895 bestand die Belegschaft der Station in Haifa aus dem Arzt und Leiter Kaufmann sowie sechs Schwestern der Borromäerinnen. Ihr Engagement lag in der Krankenpflege, vor allem in der Krankenstation, in der Erziehung im Kindergarten (der in anderen Quellen auch als »Schule« bezeichnet wird), in dem sich auch ein kleines Internat befand, sowie in der Unterbringung von Pilgern im Hospiz. Der Kindergarten war in einem gesonderten Gebäude unweit des Hauptgebäudes untergebracht und wurde von zwölf bis sechsundzwanzig Kindern besucht. Dieses Gebäude wurde 1898 erweitert und in dem neuen Flügel eine Knabenschule eröffnet. Das Hospiz war und blieb winzig und beherbergte im Verlauf jenen Jahres etwa nur 84 Pilger, doch die Krankenstation blühte auf. Bis 1898 wurden dort mehr als 10.000 Kranke behandelt, von denen einige Hundert stationär versorgt wurden. Der Erfolg der Station war de facto der Auslöser für die später folgende Errichtung eines ordentlichen Krankenhauses.[189] Dennoch blieb die Situation zunächst über drei Jahre unverändert, und erst Ende 1898 wurde ein regelrechtes Krankenhaus eröffnet, nachdem die Schwestern ein großes Gebäude, das an ihr Grundstück grenzte, angemietet und entsprechend ausgestattet hatten.[190] Dabei handelte es sich um das Gebäude des »Hardegg-Instituts«, das der Leiter der Templer-Gemeinde in Haifa Anfang der 70er Jahre hatte erbauen lassen, damit es als Schulungsstätte und Berufs- und Landwirtschaftsschule für die Templer diene. Dieser Bestimmungszweck des Gebäudes jedoch wurde niemals realisiert.[191] Natürlich überging der Kaiser bei seinem Besuch auch das katholische Hospiz in der Stadt nicht. Nach dem Empfang im Garten des deutschen Konsulats in Haifa begab er sich in Begleitung Bievers dorthin.[192]

Der Ansturm von Kranken und Schülern wuchs weiter, doch es vergingen einige Jahre bis zur nächsten Erweiterung. Der Kindergarten entwickelte sich zusehends und wurde ergänzt durch die Einrichtung von Grundschulklassen, so dass die Anzahl der Schüler auf über einhundert anstieg. Hunderte von Kranken wurden jedes Jahr im Hospital behandelt, und viele mehr harten davor aus und warteten geduldig und ergeben darauf, dass eines der Betten frei würde. Nicht von ungefähr finden

Frage, wie ein Arzt aus der Glaubensgemeinschaft der Templer (ebd., 267) eine katholische Gemeinde führen konnte, unbeantwortet bleiben muss.

189 Wirksamkeit des Hospizes; Ruff, Templer, 2.

190 Katholische Deutschland, 222-223; Vierzig Jahre, 20; Kopp, Haifa, 20; *HL* 42 (1898), 181.

191 Carmel, Siedlungen, 31-32; Ruff, Templer, 4-7.

192 Bericht Besuch Haifa.

Haifa – Die Besitzungen der Borromäerinnen

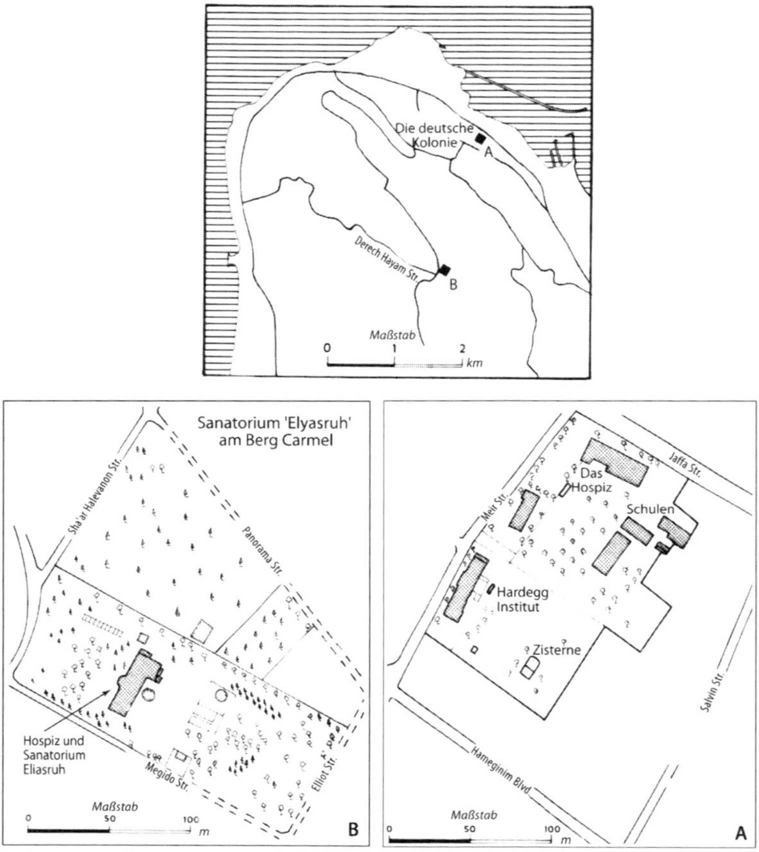

Nach Karten von Haifa, Kartographische Abt., 1948

sich in den Patientenlisten Angehörige aller Religionen.[193] Erst zu Beginn des neuen Jahrhunderts gelang es den Schwestern, die nötigen Mittel aufzubringen und das Gebäude des Krankenhauses zu erwerben, um es dann zu renovieren und zu erweitern. 1905 schließlich war es ihnen möglich, auch den restlichen Teil von Hardeggs Grundstück, das durch die damalige Hospital-Straße und heutige Me'ir-Rottberg-Straße zweigeteilt war und an ihr eigenes Grundstück grenzte, zu erwerben. Hier befand

193 Generalversammlung Paderborn, 54.

Eliasruhe

sich das renovierte Institutsgebäude, in dem unverzüglich eine zusätzliche Krankenstation eröffnet wurde. Im darauf folgenden Jahr 1906 traf der Arzt Dr. Peters aus dem westfälischen Münster ein, womit die Einrichtung offiziell zu einem Krankenhaus wurde.[194] Parallel dazu erwarben die Borromäerinnen auch das angrenzende Stück Land, das sich in Besitz des Vereins befand, so dass die Fläche, über die sie nun geboten, acht Morgen (rund 20 Dunam) betrug.[195] Beide Transaktionen wurden mit Geldern des Ordens bestritten, da die Beträge, welche der Verein in den ersten Jahren des 20. Jahrhunderts an die Einrichtungen in Haifa schickte, unbedeutend waren und sich auf ein paar tausend Mark beschränkten.

Dieser Erweiterung des Grundstücks in der Unterstadt von Haifa ging jedoch eine Ansiedlung der Borromäerinnen an ganz anderer Stelle voraus. »Dank der großzügigen Spenden einiger Pilger« waren die Schwestern nämlich in der Lage, 1902 ein Stück Land auf dem Rücken des Carmels zu erwerben.[196] Von dem jahrelangen Tauziehen zwischen den Karmelitern und den Templern um jene »Geschenk des Carmel« ge-

194 Vierzig Jahre, 20; Ruff, Templer, 2; Kopp, Haifa, 20; Sinno, Interessen, 238. Levy (History, 363) verlegt die Ankunft Peters' in Haifa auf »Ende des 19. Jahrhunderts« vor, ja es sei »sogar möglich, dass er bereits 1896 in Haifa tätig war«. Peters habe sich mindestens bis 1914 in der Stadt aufgehalten (ebd., 366). Ruff fügt in seinen Lebenserinnerungen hinzu, die Holzarbeiten für das Gebäude seien in der Tischlerei seines Vaters bestellt worden.

195 Generalversammlung Köln, 26; Cramer, Jahrhundert, 93.

196 Kopp, Haifa, 23; *HL* 46 (1902), 140.

nannte Besitzung, das 1887 mit einem Sieg der Templer geendet hatte, war bereits die Rede. Gegen Ende jenes Jahres legten die Deutschen einen Weg zur Anhöhe des Bergrückens an und machten sich daran, erste Wohnhäuser zu errichten, um ein neues Viertel zu gründen. Die »Karmelheim« genannte Siedlung wuchs mit Beginn des neuen Jahrhunderts stetig, und weitere Glaubensgemeinschaften und Nationalitäten schlossen sich den Templern an.[197] Zu diesen zählten auch die Borromäerinnen, die bereits 1902 ein kleines Gebäude von drei Räumen auf ihrem Grundstück errichteten. Das Haus trug den Namen »Eliasruh« und war anfangs für die Quarantäne von Kranken bestimmt, die im Kloster stationär behandelt wurden und die frische Höhenluft benötigten. Bald jedoch wurde das Gebäude erweitert und zu einem Erholungsheim für die Schwestern und die Belegschaft, die in den am Fuße des Berges gelegenen Einrichtungen ihren Dienst versahen. Gleichzeitig wurde begonnen, das Haus als Hospiz zu nutzen, so dass sein ursprünglicher Bestimmungszweck nach und nach gänzlich in Vergessenheit geriet.

»Eine Kirche zu Ehren Mariens«
Die Dormitio und das Benediktinerkloster auf dem Zion

»Ein Sturm der Begeisterung ergriff den katholischen Teil des deutschen Volkes, das mit freudigem Dank seinem Fürsten zujubelte und in kurzer Zeit ganz bedeutende Mittel für den Bau der auf dieser heiligen Stätte zu errichtenden Marienkirche bereitstellte.«[198] In der Tat, die Herausgeber

197 Carmel, Haifa, 98-100, 131; ders., Siedlungen, 56; Ben Artzy, Creation, 8-9.

198 Marienkirche, 156. In der ersten Ausgabe von *Das Heilige Land* des Jahres 1900 veröffentlichte Renard einen ersten ausführlichen Artikel, der der Stätte gewidmet war, den biblischen Überlieferungen dazu und deren örtlicher Bestimmung sowie ihrem Einfluss auf den Planungsprozess des Sakralbaus (Renard, Marienkirche). Im Zeitraum von 1903 bis 1906 lieferte er zudem eine Serie von Berichten, die den Baufortgang beschrieben (ders., Vom Bau). Zur Fertigstellung des Gebäudes und seiner Weihung veröffentlichte Renard in Fachzeitschriften zwei weitere Artikel, welche alle Aspekte der Planung und späteren Bauausführung resümierten und von Plänen, Skizzen, Zeichnungen und Fotoaufnahmen komplettiert wurden. Der erste dieser Artikel erschien in mehreren Teilen in einer Fachzeitschrift der Baubranche und 1910 dann als gesonderte Broschüre mit einer Widmung Renards, die als Geschenk an die Teilnehmer der Reise zur Weihe der Kirche im April 1910 verteilt wurde (ders., Bau). Der zweite Artikel wiederum erschien im darauf folgenden Jahr in der *Deutschen Bauzeitung* als Teil eines langen Aufsatzes, der sich mit den drei Gebäuden befasste, die im April 1910 eingeweiht worden waren (Neuen Bauten). Zusätzlich zu diesen Artikel

von *Das Heilige Land* übertrieben nicht in ihrer Einschätzung. Eine nie da gewesene Welle der Begeisterung erfasste alle Teile des katholischen Deutschlands. Die Nachricht verbreitete sich schnell bis in jede Ecke des Reiches und wurde als Krönung der Leistungen Deutschlands beim modernen Kreuzzug zu einer friedlichen Rückeroberung der für das Christentum heiligen Stätten präsentiert, einer Eroberung, die für die gesamte christliche Welt geschah.[199]

Ihren unmittelbaren Ausdruck fand diese Begeisterung in der ungewöhnlich großen Resonanz auf den Aufruf des Vereins, Spenden zum Bau einer Kirche auf dem Gelände der Dormitio zu leisten: »Arm und Reich haben Gaben gespendet, um den Mariendom auf Sion herrlich zu erbauen.«[200] Denn der Vorstand hatte keinerlei Zweifel hinsichtlich der Bestimmung der Fläche: Auf dem Berg galt es eine Marienkirche, eine Kirche zu Ehren Mariens zu errichten. Zwar sah sich der Verein mit einer Vielzahl anderer Herausforderungen konfrontiert, die zum Teil äußerst dringlich waren, wie etwa der Aufbau eines Hospizes, einer Schule und eines Krankenhauses, doch war den Vorstandsmitgliedern vollkommen klar, dass all dies nicht die im Bau der Dormitio sich manifestierende Rühmung von Gottes Namen würde aufwiegen können.[201]

Der Verein gab daher einen Aufruf heraus, der in der ersten Nummer des Vereinsorgans für das Jahr 1899 veröffentlicht wurde und die Unterschrift von Kardinal Phillipus Krementz trug, des Erzbischofs von Köln und Patrons des Vereins. Der Aufruf sollte Begeisterung entfachen und das noch heiße Eisen schmieden. Entsprechend war der Text des Aufrufs mit euphorischen und den Enthusiasmus der Mitglieder weckenden Bibelversen durchsetzt, welche das ihrige bewirken sollten. Zudem wurde noch im selben Jahr eine Liste der deutsch-protestantischen Einrichtungen im Heiligen Land veröffentlicht, unnötig zu erwähnen zu welchem Zweck.[202] Doch der Vorstand begnügte sich nicht mit einem Appell an seine Mitglieder und deren Spendenfreudigkeit, sondern beschloss, sich

habe ich beim Thema der Dormitio als Quellen auf Archivmaterial, auf die Meldungen in *Das Heilige Land* und auf folgende Monographien zurückgegriffen: Marchand, Bauten, 101-109; Heiligtum Maria xxxii-xlii; Schroeder, Benediktinerabtei, 21-24. Und selbstverständlich auf nachfolgende wissenschaftliche Untersuchungen unserer Tage: Meyer, Dormition; Kohler, Grundstück; ders., Sancta Zion; und vor allem auf Kohlers detaillierte und umfangreiche Arbeit Kohler, Dormitio.

199 Kaiser Geschenk, 1.

200 Aufruf 1900, 2.

201 Kaiser Geschenk; Anstalten der Protestanten.

202 Krementz, Aufruf; Anstalten der Protestanten.

mit einem unmissverständlichen Aufruf an alle Katholiken in Deutschland zu wenden, weshalb er sich auch um die Hilfe des obersten Gremiums bemühte, um die Unterstützung der Generalversammlung der deutschen Katholiken. Das ständige Komitee der Generalversammlungen, dem die prominentesten Vertreter des deutschen Katholizismus und der Zentrumspartei angehörten, schloss sich der Initiative an. Auf der konstituierenden Sitzung am 17. November 1898 riefen seine Mitglieder dazu auf, diese erhabene Aufgabe zu einer Sache aller Katholiken zu machen, auch jener, die nicht Mitglieder des Vereins waren.[203]

Denn der Verein war bereits in den ersten Tagen nach dem Erwerb des Grundstücks auf erhebliche Beträge angewiesen, etwa um die Übertragungsgebühr zu bezahlen und die Zeremonie vorzubereiten, wozu unter anderem der Kauf der Fahnenstange und eines Gestells für das kaiserliche Wappen zählte.[204] Und die Spenden begannen zu fließen, in einer Größenordnung, wie sie der Verein bis dahin nicht gekannt hatte. Drei Monate nach Veröffentlichung des ersten Spendenaufrufs wurde bereits über Spenden von mehr als 200.000 Mark berichtet.[205] Im ersten Jahr wurden gut 400.000 Mark gesammelt, jedoch befürchtete man, dieser Betrag würde noch nicht ausreichen, da sich nach einer ersten Schätzung die Baukosten auf rund 500.000 Mark belaufen würden. Daher wandte sich der Vereinsvorstand in einem zweiten dramatischen Aufruf an potentielle Spender, diesmal unterzeichnet von der Vereinsspitze, von Janssen und Pingsmann:

> »Die Gottesmutter, zu deren Ehre die Spenden geflossen, wird dafür Ströme göttlichen Segens vom himmlischen Sion auf alle ihre Verehrer herabflehen […] Kein deutscher Katholik sollte mit seiner Gabe zurückbleiben. Ein jeder muß sich sagen, daß auch er mitgewirkt habe beim Baue des Heiligtums, das auf dem Sionsberge von den deutschen Katholiken erbaut werden soll zum Segen des heiligen Landes, des geliebten deutschen Vaterlandes und der ganzen heiligen katholischen Kirche.«[206]

203 An die Katholiken.

204 Anmerkungen in Akte ISA, 244, J No. 344: Zahlungen für Eintragung, an den *Kaimakam* – den Gouverneur –, für die Reinigung der Fläche, deren Bewachung und anderes mehr insgesamt 8.678 Piaster.

205 Generalversammlung Frankfurt, 71; rund ein Viertel der Spenden kam aus Schlesien.

206 Aufruf 1900, 2.

1899 dann wurden zwei außerplanmäßige Generalversammlungen des Vereins einberufen, beide in Frankfurt, um über den Spendenstand und die Bauvorbereitungen zu berichten.[207] Auf der nächsten Versammlung im November 1901 konnte der Vorstand bereits berichten, dass die Spenden die Marke von einer halben Million Mark überschritten hätten, während weitere fünf Jahre später schon insgesamt 681.000 Mark an Spenden aufgelaufen waren.[208] Doch auch diese Summe war noch weit davon entfernt die tatsächlichen Kosten zu decken. Der Kölner Architekt Jakob Marchand, der vom Vorstand und Renard entsandt worden war, um die Arbeiten in Jerusalem zu überwachen, berichtete, bis zum 31. März 1904 seien die Kosten bei 270.000 Francs angelangt, was in etwa 324.000 Mark entsprach. Später allerdings sollte sich zeigen, dass die Baukosten eine Million Mark übersteigen würden und sich nach der Kalkulation Benjamin Sandels letztendlich sogar auf 1.2 Millionen Mark beliefen.[209] Auch vereinsinterne Quellen berichten, bis zum Jahre 1912 seien 1.1 Millionen Mark ausgegeben worden, während sich die Verbindlichkeiten zum damaligen Zeitpunkt auf 440.000 Mark belaufen hätten. Ein Jahr danach waren diese auf 300.000 Mark zurückgegangen.[210]

Der Verein begnügte sich nicht mit diesen Aufrufen. Der Vorstand verstand es, das Eisen lange Zeit heiß zu halten. Über fast drei Jahre, bis 1901, nahmen der Zionsberg, seine heiligen Stätten und das auf ihm geplante Bauwerk eine zentrale Stellung in den Ausgaben von *Das Heilige Land* ein. Dies drückte sich in der Vielzahl der Artikel und Reportagen aus, die sich mit der Heiligkeit des Ortes und seiner Bedeutung für das Christentum beschäftigten, mit den unterschiedlichen Überlieferungen dazu und seiner Geschichte, vom Zeitalter der Kanaaniter bis zum Augenblick der Niederschrift, sowie mit den Eindrücken der Pilger, die die Stätte über die Jahrhunderte besucht hatten.[211] Den umfassendsten Gebrauch dieser Quellen machte dabei offenbar der Priester Karl Mom-

207 Generalversammlung Frankfurt; Versammlung Frankfurt.

208 Generalversammlung Münster, 17; Generalversammlung Köln, 22.

209 Marchand, Bauten, 109; Neue Bauten, 26. Siehe auch Marchands handschriftlichen »Auszug aus dem Bericht«, HAEK, CR 22. 11, 1, 2.8.1898. Benjamin Sandel bezifferte die reinen Baukosten, ohne Innenausbau, auf 991.451,18 Francs, was einen Gegenwert von fast 1.200 000 Mark entsprach (Schreiben eines Verwandten Sandels an den Vorstand in Köln, 3.9.1925, Historisches Stadtarchiv Köln, zitiert bei Meyer, Dormition).

210 Cramer, Jahrhundert, 81-82 Anm. 133, 84 Anm. 137.

211 Siehe zum Beispiel Heidet, Sion 1; ders., Sion 2. Der Deutsche Ludwig Heidet war im Sekretariat des lateinischen Patriarchats in Jerusalem angestellt. Siehe auch Eubel, Erwerbung; Renard, Marienkirche.

mert, dessen fundierte Studie 1898 in der wissenschaftlichen Zeitschrift des »Deutschen Palästina-Vereins« erschien und ein Jahr später als eigenständige Publikation textlich etwas abgeändert und in ihrem Umfang erweitert herausgegeben wurde. Mommert bediente sich dabei einer akribischen Überprüfung älterer Texte sowie der Arbeiten von Jerusalemforschern des 19. Jahrhunderts wie Sepp und Tobler, um die exakte Lage der beiden heiligen Stätten zu bestimmen, des Abendmahlsaals und des Ortes, an dem Maria entschlafen sei, sowie eine Aussage über die Beziehung zwischen beiden treffen zu können.[212]

War es nur ein Zufall, dass 1899 eine weitere Auflage in Druck ging, die insgesamt siebte, erweiterte und »mit 195 Bildern und Karten« versehene Auflage des Pilgerbuches, das Paul Wilhelm von Keppler im Jahre 1892 herausgegeben hatte? Dessen Ernennung zum Bischof von Rothenburg 1898 machte es auf jeden Fall möglich, den neu erworbenen Titel auf den Einband zu setzen. Dieses auflagenstarke Buch einer der prominentesten katholischen Persönlichkeiten in Deutschland fand reißenden Absatz und trug zur Kenntnis des Heiligen Landes und seiner Bedürfnisse bei, ließ den Namen des Vereins in aller Munde sein und sorgte für einen erneuten Anstieg des Spendenaufkommens.[213]

Rund die Hälfte des Vereinsetats des Jahres 1898 wurde auf Vorbereitungen und erste Arbeiten an der Stätte verwendet, die selbstverständlich gleich nach Ende des Kaiserbesuches eingesetzt hatten. Schmidt jedoch ließ es dabei nicht bewenden, sondern beklagte sich bei seinem Auftritt vor der Generalversammlung des Vereins, zu der er extra aus Palästina angereist war, über einen Mangel an Geldmitteln. Klar war, dass für die Planung eine genaue Vermessung der Fläche vonnöten war. Gleichzeitig war man verpflichtet, vor Beginn der Bauarbeiten archäologische Grabungen durchzuführen. Außerdem war es wichtig, so bald als möglich mit dem langwierigen Planungsprozess des Bauwerks zu beginnen. Anfangs beabsichtigte der Verein, einen offenen Wettbewerb unter mehreren Architekten auszuschreiben, doch aufgrund des zeitlichen Drucks und höchstwahrscheinlich nach internen Absprachen übergab man schließlich Planung und Entwurf ohne vorherigen Wettbewerb an den Kölner Architekten Renard. Ein Jahr zuvor hatte Erzbischof Krementz Renard zum »Bauberater der erzbischöflichen Diözese« ernannt, da er

212 Mommert, Dormitio 1; ders., Dormitio 2.

213 Keppler, Wanderfahrten. Siehe hierzu Gollwitzer, Palästinafahrten, 315-316; Wolf-Crome, Pilger, 528.

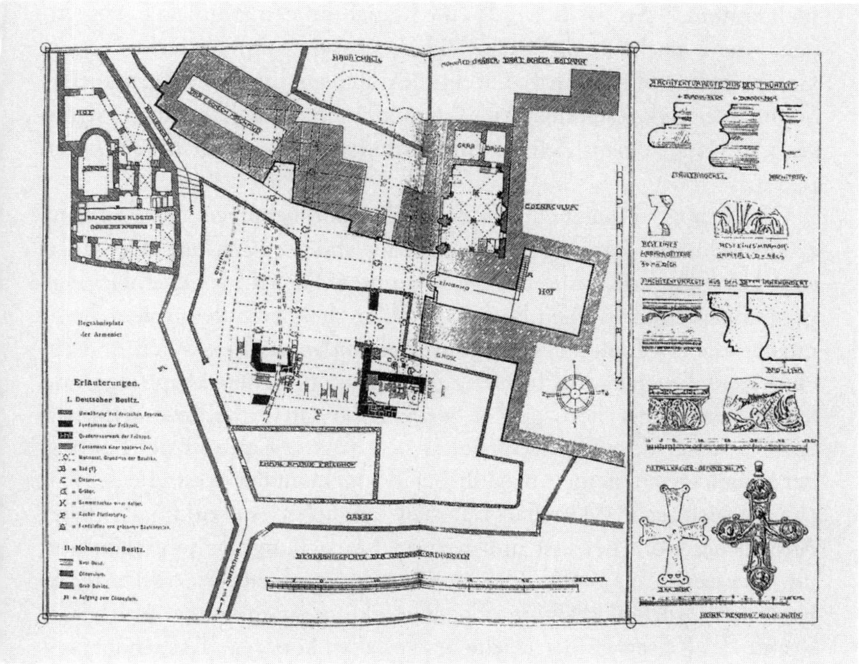

Heinrich Renard, Dormitio: Karte der archäologischen Ausgrabungen

unter anderem für die Planung mehrerer katholischer Kirchen im Rheinland und in Köln verantwortlich zeichnete.[214]

Renard brach im April 1899, nachdem er einige Entwürfe fertiggestellt und sie dem Erzbischof präsentiert hatte, nach Palästina auf. Er traf Anfang Mai in Jerusalem ein und stieß zu der Mannschaft, die bereits vor Ort mit den Arbeiten begonnen hatte. Schmidt war es, der als Erster die archäologischen Grabungen in Angriff genommen hatte, doch bereits seit Januar wurden diese von Theodor Sandel geführt, dem Baumeister der Templerkolonie, der auch schon bei früheren Bauprojekten der Katholiken beteiligt gewesen war. Sandel trug den Titel eines »königlich-württembergischen Baurats« und war, abgesehen von Schick, seinem Freund, Kollegen und Partner bei etlichen Unternehmungen, der bereits am Ende seines Lebens stand, der Einzige aus der deutschen Gemeinde in Jerusalem, der eine Aufgabe von derartiger Größenordnung überneh-

214 Renard, Nekrolog; Meyer, Dormition, 152; Kohler, Dormitio, 299-304.

men konnte.[215] Als Erstes wurde eine Mauer um den Bauplatz hochgezogen, »denn nach überliefertem türkischem Gewohnheitsrecht ist eine Grenze nur dann unantastbar, wenn sie durch ein mit Mörtel gemauertes Steinmauerwerk festgestellt ist«.[216] Unterdessen ermöglichte man Pilgern vor Ort, unter einem Zelt an einem transportablen Altar die Messe zu feiern.[217]

Obgleich es so schien, als sei es Deutschland gelungen, alle Probleme zu überwinden, erwachte Widerstand aus anderer Richtung. Der russische Gesandte in Konstantinopel behauptete bereits im Dezember 1898 gegenüber dem deutschen Botschafter Marschall, zwei der großen Steinquader, die am Rande des Bauplatzes gefunden worden waren und ein eingemeißeltes Kreuz aufwiesen, seien byzantinischen Ursprungs und hätten zur »Hagia Sion« gehört, weshalb sie der Orthodoxie heilig seien.[218] In einer dem Grundbuchblatt beigefügten Karte ist der Fundort der beiden »Kreuzsteine« im südlichen Segment an der Westseite der Fläche verzeichnet.[219] Marschall war sich möglicher Auswirkungen dieses Anspruches wohl bewusst und bat um Klarstellung aus Jerusalem und um Weisungen aus Berlin. Die Antwort, die er erhielt, war eindeutig: Er habe sich jeglicher Reaktion oder Bemerkung zu enthalten, welche die Rechte des Kaisers an der Fläche beschränken könnten. Tischendorf seinerseits wurde umgehend tätig, um alle größeren Steinquader zusammentragen zu lassen und das gesamte Grundstück mit einer Mauer zu umgeben. Alle weiteren russischen Versuche, das Thema zur Sprache zu bringen, wurden umgehend mit der Begründung zurückgewiesen, hierbei handele es sich um den Privatbesitz Wilhelms II. Am Ende einigte man sich zu beiderseitiger Zufriedenheit auf die Lösung, die Steine in die Westmauer der Kirche zu integrieren, so dass sie von außen zu sehen sein würden. Dort kann man sie heute tatsächlich noch bewundern.[220]

215 Lange, Sandel; Kohler, Dormitio, 253-255.

216 Neue Bauten, 14. Das Auswärtige Amt stellte einen Betrag von 300-400 Francs für ein verzinktes Eisentor zur Verfügung: Richthofen an Tischendorf und von diesem an Dunkel, Berlin, 12.5.1899, ISA, 244, J No. 926.

217 Limberg, Pilgerfahrt, 154-165.

218 Verschiedene Dokumente, darunter zum Beispiel der Bericht Tischendorfs an den Reichskanzler Fürst Hohenlohe-Schillingsfürst, PAAA, Türkei 175g, III, 8.12.1898, A14628; Bensinger, Palestine, 114-115. Kohler (Dormitio, 257-273) widmet sich ausführlich diesen Quadern, ihrer religiösen Bedeutung, den diplomatischen Verwicklungen um sie und der letztendlichen Lösung des Problems.

219 Übersetzung aus dem »kaiserlichen Grundbuch«, ISA, 244.

220 Marschall an Konsul Schmidt, Perra, 19.4.1901, ISA, 244, Nr. 890. Bensinger (Palestine, 115-116).

Doch auch die »Wächter vom Heiligen Land« waren nicht geneigt, so ohne weiteres auf den Ort zu verzichten, wo sie jahrhundertelang gesiedelt hatten. So teilten die Franziskaner dem Verein ihre Bereitschaft mit, das Grundstück des amerikanischen Friedhofs, das sich in ihrem Besitz befand, dem Anwesen der Dormitio hinzuzufügen, wofür im Gegenzug die Leitung der neuen Kirche, so sie denn errichtet wäre, in ihre Hände gegeben würde. Tatsächlich einigte sich der Verein mit den Franziskanern auf einen Vorvertragsentwurf.[221] Ein Blick auf die Karte der Anlage macht deutlich, warum der Vorschlag den Verein so faszinierte. Er hätte zu einer Begradigung der Grundstücksgrenzen geführt und damit Planung und Bau erheblich erleichtert. So beeilte man sich von Vereinsseite Zustimmung zu signalisieren, aber nur unter der Bedingung, dass in dem neuen Gotteshaus Glaubensmänner dienen würden, die deutsche Staatsangehörige wären.[222] Die Franziskaner in Rom wie in Jerusalem wiesen diese Forderung zurück und erregten damit das Misstrauen Bülows, der die Verhandlungen verfolgte und eine nähere Untersuchung anordnete. Diese brachte zutage, dass die Franziskaner nicht den vollen Betrag für das Friedhofsgelände gezahlt hatten, weshalb sich dieses de facto gar nicht in ihrem Besitz befand. Bülow erstatte dem Kaiser Bericht über die – wie er es bezeichnete – »französische Falle« und schlug vor, den Kontakt zu den Franziskanern abzubrechen. Die Antwort, die er erhielt, lautete: »Ja, und zwar sofort!«

Von Seiten der deutschen Regierung und innerhalb des Vereins wurde die Entscheidung getroffen, die Kirche und das Kloster auf dem Zion offiziell den deutschen Benediktinern aus dem Kloster Beuron zu übergeben. Beuron war die erste Ansiedlung des Ordens außerhalb Bayerns und die erste katholische Ordensgemeinschaft, die sich auf dem Gebiet der Hohenzollern angesiedelt hatte. Die Benediktiner hatten sich 1863 in Beuron niedergelassen und dort ein reformatorisches Kloster errichtet mit dem Ziel, alte Traditionen zu erneuern, weshalb das Kloster ganz dem Marienkult geweiht war. 1892 zogen sie von dort aus, um sich in der Abtei Maria Laach anzusiedeln. Wilhelm II., der große Bewunderung für die Leistungen der Benediktiner auf künstlerischem und wissenschaftlichem Gebiet zeigte, fühlte sich mit beiden Klöstern gleichermaßen verbunden, ließ ihnen wiederholt Unterstützung zukommen und nahm sogar in starkem Maße persönlichen Anteil an den architektoni-

221 Verschiedene Dokumente, PAAA, Türkei 175g, IV, A2364; Bensinger, Palestine, 116-118.

222 ISA, 244, J No. 663, 30.8.1899.

schen Arbeiten und schmückenden Ausgestaltungen, die während seiner Regierungszeit dort ausgeführt wurden.[223]

Entsprechend wollte der Kaiser auch größtmögliche Anteilnahme an dem Projekt in Jerusalem zeigen. Bereits im Januar 1899 rügte Bülow den Konsul in Jerusalem und fragte, wie es habe geschehen können, dass der Kaiser erst aus der Presse von den auf seinem Anwesen freigelegten Überresten erfahren habe, deren Ursprung möglicherweise in der Basilika des Saals des letzten Abendmahls und der Kapelle der Dormitio läge.[224] Innerhalb zweier Tage erstellte Theodor Sandel daraufhin einen ersten Bericht über die Ausgrabungen, und fortan wurde penibel darauf geachtet, alle paar Wochen einen solchen Rapport herauszugeben. Zusätzlich zu den Überresten fand man auch, dass der Felsen, auf dem die Fundamente ruhen sollten, unter einer 2,7 bis 4,5 Meter dicken Schicht aus Erde, Mauerresten und Geröll begraben lag, was bedeutete, dass zunächst einmal eine gewaltige Menge an Schutt und Steinen beseitigt werden musste, was wiederum die Aushebung der Fundamente erheblich zu verteuern drohte.[225]

Die Prinzipien, nach denen Renard das neue Bauwerk planen wollte, waren ihm bereits bei seinem Eintreffen in Jerusalem klar. Im Gegensatz zu dem seinerzeit weit verbreiteten Brauch, Bauten, die an Stätten antiker Kirchen errichtet wurden, nach deren Vorbild zu rekonstruieren und zu kopieren, hatte Renard nicht im mindesten vor, eine der altertümlichen Kirchen nachzuempfinden, die sich einst an der Stätte befunden hatten, auch wenn – wie er hoffte – deren Umrisse entdeckt werden sollten. Er wollte eine möglichst eindrucksvolle Kirche nach den Grundsätzen, die er sich selbst gesetzt hatte, erbauen und ihr ein großes Kloster beifügen. All dies musste er auf einer Baufläche von exakt 1.809 Quadratmetern bewerkstelligen, deren ungleichmäßige Form ihm die Arbeit bestimmt nicht erleichterte.[226] Renard verwandte viel Zeit darauf, das

223 Krüger, Rom, 219-224; Kohler, Dormitio, 361-367.

224 Bülow an Konsul Schmidt, ISA, 244, Nr. 175, 22.1.1899.

225 ISA, 244, erster Bericht Sandels aus Jerusalem, 24.1.1899, und zweiter Bericht, 25.3.1899; Bericht Schmidts über Sandels Funde, PAAA, Türkei 175g, IV, A4333, 29.3.1899; Bericht Renards zu den Ausgrabungen, ebd., 13.6.1899. Und siehe auch Meyer, Domition, 154; *HL* 43 (1899), 100-101; Kohler, Dormitio, 278-294.

226 Siehe die Karten bei Mommert, Dormitio 2, 189 Abb. 12; Renard, Marienkirche, 18-19; Vincent/Abel, Jerusalem, 434. Renards Nachlass, der Skizzen, Pläne, Karten, Zeichnungen und Schriftstücke umfasst, war bislang zu finden unter HASK, Abt. 1084b. Dieser Nachlass beinhaltet reichhaltiges Material in Bezug auf die Dormitio, und Edina Meyer hat für ihre Studie (Meyer, Dormitio) davon reichlich Gebrauch gemacht. Die wichtigsten Akten sind Akte 4, welche

Wechselspiel aus den unterschiedlichen religiös-ethischen Aspekten der Aufgabe, die ihm übertragen worden war, und den Gegebenheiten der Baufläche zu analysieren. Hierüber ließ er sich auch wiederholt in schriftlicher Form aus, wie auch über die Herausforderung und das große Interesse, das er in der vor ihm liegenden Aufgabe sah. Unter anderem galt es, die seitlich liegenden Gebäude, die muslimischen Einheimischen als Wohnraum dienten, abreißen zu lassen, da an ihrer Stelle – in unmittelbarer Nähe zu der neuen Kirche – der Komplex des Benediktinerklosters entstehen sollte.[227] Doch die Deutschen waren sich des Aufruhrs bewusst, den die ganze Angelegenheit innerhalb der muslimischen Welt wecken konnte. Denn sie fürchteten sich vor dem Zorn, der mit dem Bau der Kirche, welche die dem Islam heilige Stätte in ihren Schatten stellen würde, zu erwachen drohte. Man strebte ein gutes nachbarschaftliches Verhältnis an und suchte nach Möglichkeit Konflikte zu vermeiden. Aus diesem Grund plante Renard den Kirchenbau von Anfang an so, dass dessen Schatten nicht auf das Gebäude an-Nebi Da'ud fallen würde.

In den fünf Monaten, die er in Jerusalem verbrachte, befasste sich Renard neben anderem mit der Vollendung der archäologischen Grabungen. Seinen abschließenden Bericht und die Schlussfolgerungen der von ihm geleiteten Grabungen veröffentlichte er am Neujahrstag des Jahres 1900. Seiner Auffassung nach hatte einst an der Stelle eine Basilika mit den Maßen 40 auf 60 Meter gestanden, die im vierten Jahrhundert erbaut und mehrere Male zerstört und wieder errichtet worden war, bis sie endgültig durch die Kreuzfahrer abgetragen worden sei. Diese hätten an ihrer Stelle eine neue Kirche errichtet, die im Jahre 1244 ebenfalls der Zerstörung anheimgefallen war. Der deutsche Teil der Anlage umfasste nach Renards Meinung lediglich den westlichen Teil der byzantinischen Kirche, so dass der Ort der Dormitio in der nördlichen Hälfte des bei den Grabungen freigelegten Fundamentes zu suchen sei.[228] Damit war klar, dass dies der Standort der neuen Kirche sein musste. In den Plänen,

den Großteil des schriftlichen Materials sowie die Rechnungen beinhaltet, Akte 10, in der sich das handschriftliche Resümee Renards aus dem Jahre 1910 befindet, sowie die Akte »Pläne«, die sämtliche Zeichnungen und Illustrationen in sich vereint.

227 Renard, Entwurf, 68

228 Renard, Marienkirchen, 14-15, 23, u. Karte 18-19. Tsafrir (Zion, 182-197) behauptet, Renards Rekonstruktion sei näher an der Wahrheit als die des französischen Priesters und Archäologen Vincent. Siehe dazu sein ausführliches Resümee. Tsafrir stimmt auch den Abmessungen der Kirche zu, wie sie Renard nach einer Beschreibung aus dem 9. Jahrhundert berechnet hat (Wilkinson, Pilgrims, 138, Nr. 55).

die er im Verlauf des Jahres 1900 zeichnete, änderte Renard folglich die Standorte von Kirche und Kloster, wie sie in den Plänen des Jahres 1899 eingezeichnet waren, und vertauschte sie gegeneinander.[229] Dennoch war klar, dass die Errichtung einer neuen, freistehenden Kirche nach dem Grundriss ihrer historischen Vorgängerin unmöglich sein würde und sich auch nicht alle Teile der byzantinischen Basilika in den Neubau würden integrieren lassen.[230] Für seine Arbeit führte Renard eine exakte und minutiöse Vermessung der Fläche durch und fertigte einige Landschaftsskizzen von dem Grundstück und den umliegenden Stätten an: dem armenischen Kloster in Beit (Haus) Kaiphas, dem Davidsgrab, dem Coenaculum, den Kirchen und Torgängen sowie den vier Friedhöfen, dem amerikanischen, dem griechisch-orthodoxen, dem armenischen und dem muslimischen.[231] Da es zudem sein Wunsch war, einen allgemeinen Eindruck von der landschaftlichen Umgebung zu gewinnen und vor allem so weit ihm möglich deren Einflüsse, Besonderheit und Atmosphäre in sich aufzunehmen, unternahm Renard zahlreiche Ausflüge. Er wollte die Szenerie studieren und verinnerlichen, die architektonischen Grundlagen begreifen, welche den orientalischen Baustil beherrschten, und sich vom Erscheinungsbild der Stadt Jerusalem insgesamt beeindrucken lassen.

Seine dritte Aufgabe bestand in der Untersuchung, Vermessung, Zeichnung und fotografischen Dokumentation des Gebäudes des Abendmahlsaals. Es gelang ihm, auch diese durchzuführen, trotz aller Schwierigkeiten und »der Unfreundlichkeit, welche die Inhaber des Davidgrabs an den Tag legten«. Renard kam zu der Feststellung, der obere Saal des Gebäudes müsse seinen Ursprung zwangsläufig in der Zeit der Kreuzfahrer haben.[232]

Das Baumaterial, das ihm zur Verfügung stand, war ebenfalls Gegenstand eingehender Prüfung. Renard studierte die unterschiedlichen Arten des Jerusalemsteins, seine Färbung und Eigenschaften und verschaffte sich einen Überblick über mögliche Steinbrüche. Das von ihm gesammelte Material diente der Planung des Gebäudes, bei dem Renard vielfältigen Gebrauch von der Kombination unterschiedlicher Färbungen des

229 HASK, Abt. 1084, ›St. Marienkirche auf dem Sion (Abtei) 1900-1906‹, Plan 92; HASK, Abt. 1084, verschiedene Zeichnungen und Skizzen, Plan 93; Meyer, Dormition, 154-155 Abb. 5a, 6.

230 Krüger, Rom, 225-226.

231 Verschiedene Karten und Zeichnungen in HASK, Abt. 1084, Pläne 92; Renard, Marienkirchen, 18-19.

232 Ebd., 4-8 Abb. 1-5.

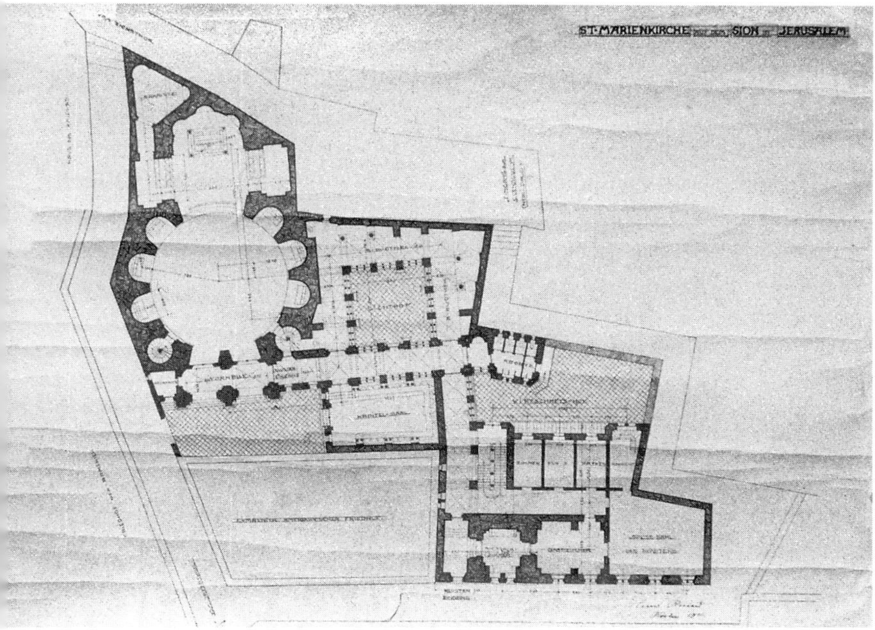

Dormitio, Plan von Heinrich Renard

Kreidesteins machte und auf unterschiedliche Techniken der Behauung des Steins bedacht war.[233]

Im Oktober 1899 kehrte Renard nach Deutschland zurück und wurde bereits im Januar 1900 zusammen mit Janssen vom Kaiser empfangen, dem er seine Pläne präsentierte. Diese machte er im April desselben Jahres in *Das Heilige Land* öffentlich.[234] Seine Grundidee indes hatte sich nicht geändert: Das Gebäude bestand nach wie vor aus zwei großen, trutzigen Baukörpern, die miteinander verbunden waren, der Kirche und dem Kloster, doch basierten Renards Pläne zu jenem Zeitpunkt bereits auf den vor Ort gewonnenen Eindrücken. Renard nahm weiterhin Änderungen vor und fertigte detaillierte Zeichnungen an, so dass die letzten Pläne 1902 vollendet waren.[235]

Der erforderliche Ferman traf im Oktober 1901 ein. Zwar enthielt er lediglich die Erlaubnis, auf der Fläche ein Hospiz von 100 Meter Länge, 93 Meter Breite und 12 Meter Höhe zu errichten, doch Marschall schlug

233 Renard, Entwurf, 71-72; Meyer, Dormition, 160-161.

234 Renard, Entwurf, 67-69; Meyer, Dormition, 160-161; *HL* 44 (1900), 95.

235 Meyer, Dormition, 154-157.

Konsul Schmidt vor, dieses sekundäre Problem fürs Erste zu übersehen und mit dem Bau zu beginnen.[236] Von der 1.809 Quadratmeter großen Fläche wurden zunächst rund 7.000 Kubikmeter an Schutt und Geröll geräumt. Wie üblich bei Bauvorhaben in Jerusalem musste als Erstes das Problem der Wasserversorgung gelöst werden. Daher begann man mit der Ausschachtung und Mauerung von zwei großen Zisternen, die traditionell mit einer Kuppel abgeschlossen wurden.[237] Etliche Schwierigkeiten waren bei der Beschaffung von Baumaterialien und deren Verbringung zum Bauplatz zu erwarten. Das einheimische Material – vor allem der Stein – musste mit Kamelen von den Steinbrüchen herangeschafft werden. Die importierten Materialien und Bauelemente trafen auf dem Seeweg in Jaffa ein, wurden gelöscht und mit der Eisenbahn nach Jerusalem transportiert.

Das erste feierliche Ereignis – die Zeremonie der Grundsteinlegung – wurde für den Herbst des Jahres 1900 geplant. Der Verein hegte auch diesmal entsprechend der Schenkungszeremonie nicht im mindesten die Absicht, mit eigenen Repräsentanten vertreten zu sein. Daher verkündete der Vorstand bereits zu Jahresbeginn die Zusammenstellung einer besonders großen Gruppe von Pilgern, die durch ihre Anwesenheit die geplanten Feierlichkeiten beehren würde. An der Spitze der Gruppe sollte mit Franz Düsterwald einer der prominentesten Vertreter des Vorstands und Heiliglandfahrer seiner Zeit stehen, der als Gründer und Mitherausgeber des *Rheinischen Merkurs* und des *Rheinischen Sonntagsblatts* weithin bekannt war, achtzehnmal Palästina besucht und drei Bücher verfasst hatte, die sich mit der Pilgerschaft beschäftigen. Tatsächlich wurde eine mehr als fünfhundert Personen starke Gruppe organisiert, in der Fürsten, Bischöfe und mehr als einhundert Priester zu finden waren.[238] Theodor Sandel, Dunkel und Müller übernahmen die Organisation der Zeremonie und ihre Vorbereitung. Am 7. Oktober wurden die Feierlichkeiten eröffnet. Die gesamte Gruppe marschierte vom Platz vor dem Hospiz »Notre Dame de France«, wo sie untergebracht war, los und wurde von Schmidt und Biever geleitet. An der Baustelle warteten die Häupter des katholischen Establishments in Palästina unter Führung des Kustos auf die deutschen Pilger. Die Umrisse der Kirche waren mit Kreide auf den

236 Marschall, Pera, 19.4.1901, ISA, 244; Unsere Bauten, 183; Cramer, Jahrhundert, 77.

237 Heiligtum Maria, xxxv; Renard, Marienkirchen, 156-158; Meyer, Dormition, 158-159.

238 Düsterwald, Bericht; Roth, Preussen, 255. Zu Düsterwalds Biographie siehe Düsterwald, Nekrolog; Cramer, Jahrhundert, 105 Anm. 171.

Dormitio, Grundsteinlegung

Boden gezeichnet, und der Grundstein wurde an der geplanten Stelle der Apsis in die Erde eingelassen.[239]

In der ersten Phase gingen die Arbeiten nur langsam voran. Die Zisternen, von denen jede 900 Kubikmeter Wasser fassen konnte, wurde 1902 mit Kuppeln überbaut. Im Juni jenen Jahres jedoch verstarb plötzlich Sandel, und der Verein stand vor einem Desaster. Der Baumeister der Templer war der richtige Mann am rechten Ort gewesen. Er brachte die passenden Begabungen und Fertigkeiten mit, darunter große Erfahrung in der Bauplanung und Leitung in Jerusalem, perfekte Beherrschung des Deutschen und des Arabischen sowie vorbildliche deutsche Genauigkeit.[240] Entsprechend war der Verein gezwungen, die Arbeiten zu unterbrechen und nach einem geeigneten Ersatz zu suchen.

Dieser Baustopp löste eine Welle der Kritik in Deutschland aus, die sich auf sämtliche Unternehmungen und Vorgehensweisen des Vereins bezog. Diese Kritik fand ihren schärfsten Ausdruck in dem oben genann-

239 ISA, 244, Rosen an Marschall, 7.10.1900; PAAA, Türkei 175g, IV, verschiedene Dokumente; Grundsteinlegung; Schroeder, Benediktinerabtei, 22; Heiligtum Maria, xxxvi; Kohler, Dormitio, 321-328.

240 Meyer, Dormition, 159; Lange, Sandel, 112-114; *HL* 46 (1902), 135.

Dormitio, Pläne von Heinrich Renard

Geometrische Aufrisse der Marienkirche auf dem Berge Sion vor Jerusalem.

Ansicht von Osten.

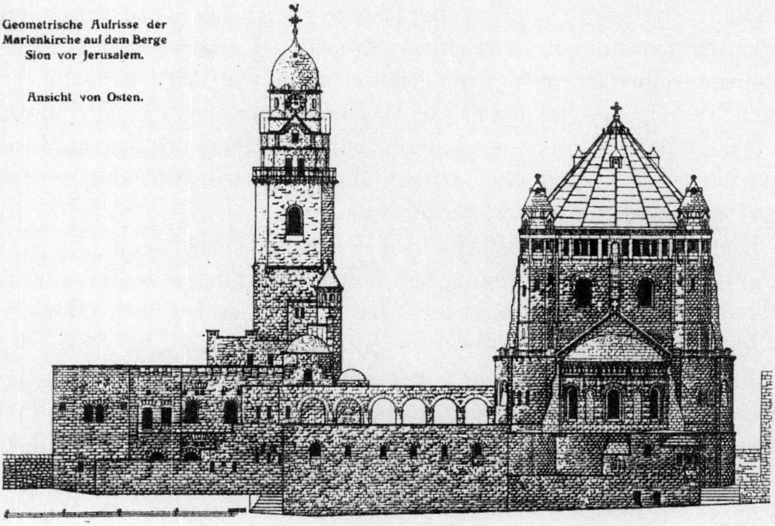

Ansicht von Westen.

Architekt:|
Diözesanbaumeister
Heinrich Renard
in Cöln a. Rh.

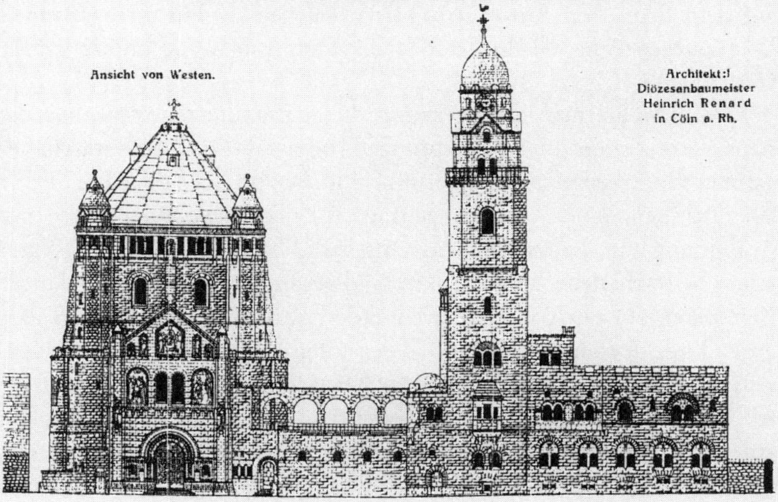

ten Artikel der *Neisser Zeitung* vom 1. Oktober 1902.[241] So fragte sich dessen Verfasser, warum über drei Jahre so gut wie kein Fortschritt beim Bau der Dormitio zu verzeichnen gewesen sei, ungeachtet der erheblichen Geldbeträge, die dorthin geflossen seien. Der Verein betrachte, so seine weitere Anschuldigung, das Projekt als seine Privatangelegenheit, ohne an die Gesamtheit der Katholiken in der Heimat zu denken. Und warum sei die Leitung der Unternehmung ausgerechnet Sandel übertragen worden, dem Templer? Seien etwa keine katholischen Baumeister zu finden gewesen? Denn bei all seinen Vorzügen habe Sandel bei den von ihm geleiteten Unternehmung nur äußerst selten deutsche Katholiken, die sich ihr Brot verdienen wollten, beschäftigt. Darüber hinaus führe er alle Arbeiten in Jerusalem und im ganzen Land nach dem Willen des »allmächtigen« Paters Schmidt aus, der in Jerusalem eine lazaristische Gemeinde errichten wolle, die naturgemäß unter französischem Einfluss stünde. So widme Schmidt seine Aufmerksamkeit im Wesentlichen dem Bau »seines Hospizes«, des St.-Paulus-Hospizes, und auch in Emmaus baue er an einem Erholungsheim für die Lazaristenpatres, jedoch nicht auf dem deutschen Anwesen sondern daneben, wohin er sogar einen Weg anlegen ließe. Allein der Bau der Dormitio werde immer wieder verschoben.

Fast als wollte man dem Verfasser dieser Brandrede zeigen, dass alle seine Vermutungen und Behauptungen von Grund auf falsch waren, begannen die Arbeiten an der Dormitio mit Beginn des Jahres 1903 Fahrt aufzunehmen. Sandels Nachfolge trat sein Sohn Benjamin an, der seine Ausbildung zum Baumeister in Deutschland beendet und seinem Vater schon bei vorherigen Anlässen zur Hand gegangen war. Innerhalb kurzer Zeit waren auf der Baustelle zweihundert Arbeiter beschäftigt, so dass gegen Ende des Jahres 1903 der Bau der unterirdischen Trakte abgeschlossen, die Krypta bedeckt war und die Mauern des Erdgeschosses aufragten.[242] Die Weihe der Krypta, des heiligsten Ortes des Gebäudes, erfolgte am 31. März 1904 im Beisein einer dreihundertköpfigen Pilgergruppe unter Führung des Pfarrers Ludwig Richen, der ebenfalls zu den Veteranen unter den Heiliglandfahrern des Vereins zählte und später dessen Generalsekretär werden sollte. Unter den Teilnehmern war auch Mar-

241 Siehe oben, S. 244-246, zur Erörterung dieses Artikels und der Reaktionen darauf.

242 Renard, Vom Bau. Dessen Archiv (HASK, Abt. 1084) enthält Abschriften der von Benjamin Sandel zum Nachweis seiner Qualifikation vorgelegten Dokumente.

chand, der wie erwähnt vom Vorstand und von Renard nach Jerusalem geschickt worden war, um die Arbeiten vor Ort zu überwachen.[243]

Pater Willibrord Benzler (1853-1921), ein Mitglied des Benediktinerordens, Abt des Klosters von Maria Laach und späterer Bischof von Metz, war bei der Grundsteinlegung der Dormitio im Jahre 1900 zugegen und nahm fortan regen Anteil am Baugeschehen, eine Tatsache, die belegt, dass schon zu diesem frühen Zeitpunkt der Kontakt zwischen dem Verein und den Benediktinern aus dem Stammhaus Beuron, denen das entstehende Kloster zugedacht war, hergestellt war.[244] Auch Benzler unterhielt ein enges Verhältnis zum Kaiser, da in seiner Amtszeit als Abt des Klosters sämtliche von Wilhelm II. angeregten Veränderungen in Maria Laach durchgeführt wurden.[245] Nach seinem ersten Besuch indes hatte Benzler noch behauptet, es sei »unmöglich ein Kloster auf der geplanten Fläche auf dem Sion zu errichten«. Gleichzeitig kamen Pläne auf, das Kloster der Benediktiner in Kubeibe oder alternativ auf der Fläche zu errichten, auf der später das St.-Paulus-Hospiz vor dem Damaskustor entstehen sollte. Klein jedoch, der Vorsitzende des Vereins, veröffentlichte einen langen Schriftsatz, in dem er eine ganze Reihe von Argumenten gegen diese beiden Vorschläge vorbrachte. Zu den »Standortschwierigkeiten« zählte er dabei die Entfernung Kubeibes von Jerusalem und zu den »finanziellen Schwierigkeiten« die leere Vereinskasse, die keine weitere Investition in ein großes Gebäude zuließe. Am stärksten jedoch betonte Klein die »nationalen und kirchlichen Schwierigkeiten«. So erinnerte er seine Leser daran, dass die Franzosen sich beeilt hätten, es den Deutschen gleichzutun, und eine Fläche auf dem Zion erworben hätten, wo sie französische Benediktiner anzusiedeln gedächten. Daher sei es eminent wichtig, dass sich das deutsche Benediktinerkloster nicht an irgendeinem Ort im Heiligen Land befände, sondern an dieser mit der Überlieferung des Todesschlafs Mariens in Verbindung stehenden Stätte.[246]

Die Benediktineransiedlung wurde am 21. März 1906 mit einer Zeremonie eingeweiht, die im Klostergebäude stattfand, dessen zweites Stockwerk bereits im Bau war. An den Feierlichkeiten nahm für den »Verein vom Heiligen Lande« dessen Vizepräsident Klein teil, der auch an der

243 Marchand, Bauten, 102; ders., Kölner Dom, 32-33 u. Abb. 33; Versammlung Bingen, 14-16; Cramer, Jahrhundert, 78.

244 PAAA, Türkei 175g, V, verschiedene Dokumente; Ebd., VI, Klein, Bericht zur Errichtung eines deutschen Benediktinerklosters in Jerusalem, und weitere Dokumente in derselben Akte. Vergleiche Kohler, Dormitio, 308-340.

245 Krüger, Rom, 220-223.

246 Bericht Klein (s. o., Anm. 244).

Spitze der Gratulanten stand.[247] Die Benediktiner, drei an der Zahl mit Pater Cornelius Kniel (1860-?) an der Spitze, einem der führenden Köpfe der Beuroner Kongregation, wohnten anfangs im deutschen Hospiz und bezogen erst im September jenen Jahres das Gebäude auf dem Zionsberg, obgleich dessen Innenausbau noch nicht vollendet war. Die Ordensgemeinschaft wurde schnell aufgestockt, und bereits 1907 nahm Marchand in Rom Kontakte auf, um das Kloster in den Rang einer Abtei erheben zu lassen, doch führte dieser Vorstoß im in der vorliegenden Arbeit untersuchten Zeitraum zu keinem Erfolg.[248]

Im Oktober 1907 war der Glockenturm vollendet. Eine Aufnahme von Ende 1908 zeigt, dass genau genommen das gesamte Gebäude bis auf die Kuppel der Kirche fertiggestellt war. Im selben Jahr noch wurde mit der Montage der eisernen Dachkonstruktion begonnen, mit der Vollendung der Pflaster- und Innenarbeiten, der Einrichtung einer Bibliothek und eines kleinen archäologischen Museums. Auch die Glocken für den Turm wurden bestellt. Es setzten bereits erste Diskussionen darüber ein, welche Form der Zeremonie der Weihung des Gebäudes würdig sein würde. Im Juli 1909 dann waren die Arbeiten an der Kuppel vollendet und damit im Grunde genommen die gesamte Bautätigkeit.[249]

Zunächst war die Weihe für den Herbst des Jahres 1909 geplant, wurde jedoch auf Bitte des Kaisers verschoben, um sie mit der Einweihung des zweiten deutschen Monumentalbaus, der zur selben Zeit in Jerusalem entstand, des Auguste-Victoria-Hospizes, zu verbinden. Die Initiative für den Bau beider Gebäude lag im Palästinabesuch des Kaisers, weshalb dessen Wunsch leicht zu verstehen ist, ihre Einweihung als Symbol für die Präsenz und Stellung Deutschlands im Heiligen Land insbesondere und im Osmanischen Reich generell zeitnah zu zelebrieren. Im Februar 1909 wurde ein Vertrag unterzeichnet von Vertretern des »Vereins vom Heiligen Lande« und Repräsentanten der »Auguste-Victoria-Stiftung«, der bestimmte, dass das Hospiz auf dem Mount Skopus am 9. April 1910 eingeweiht werden würde und die Zeremonie in der Dormitio am darauf folgenden Tag stattfinden sollte.[250] Die offizielle Bekanntgabe des Programms und der Konzeption einer damit einhergehenden Pilgerreise erfolgte auf der Generalversammlung des Vereins, die im Rahmen des

247 Renard, Vom Bau; Cramer, Jahrhundert, 78-79.

248 Ebd., 81. Zu Kniel, der bis 1914 in Jerusalem diente, siehe Kosch, Katholische Deutschland, II, 2208; Kohler, Dormitio, 410-414.

249 Schroeder, Benediktinerabtei, 22-28; *HL* 53 (1909), 165; Mayr, Dormitio, 22-28; Kohler, Dormitio, 344-360.

250 Mirbach, Festtage, 1; *HL* 53 (1909), 173.

Dormitio und Zeppelin, März 1929

Katholikentages in Breslau im August 1909 abgehalten wurde. Es war Ludwig Richen, der den Mitgliedern die frohe Kunde überbrachte. Und er fügte hinzu, jetzt sei die Zeit gekommen, auf die Tausende deutscher Katholiken sehnsüchtig gewartet hätten, da »jedes katholische Herz erzittert in stiller Wehmut und heißer Sehnsucht bei dem Gedanken ans hl. Land, und jeder deutsche Katholik weiß, dass er gegen seine Tradition als Nachkomme der alten Kreuzfahrer sündigen würde, wenn er nicht mithelfen wolle bei der geistigen Eroberung Jerusalems«.[251]

Die Deutschen bereiteten sich mithin auf eine Pilgerreise vor, doch wurde diese in erster Linie zu einem Kreuzzug, einem – im Geiste des modernen Zeitalters – Kreuzzug auf friedlichem Wege zur »geistigen Eroberung Jerusalems«.

Nicht von ungefähr wurde die Osterwoche, die in der ersten Hälfte des April 1910 anbrach, als »die deutschen Festtage in Jerusalem« bezeichnet. Dies war auch der Titel des offiziellen Berichts, den Ernst Otto Karl Ludwig Adolf Freiherr von Mirbach (1844-1925) zu den Ereignissen verfasste, Vertrauter und Intimus des Kaiserpaars, der die Titel »Stabschef Seiner Majestät des Kaisers und Königs und Oberhofmeister Ihrer Obersten Majestät der Kaiserin und Königin« trug. Mirbach war auch derjenige gewesen, der den offiziellen Bericht über den Besuch des deutschen

251 Versammlung Breslau, 225-226.

Postkarte zur Einweihung

Kaisers im Heiligen Land im Jahre 1898 verfasst hatte.[252] In seinem Bericht aus dem Jahre 1910 jedoch ist Mirbachs Tendenz zu erkennen, sich auf die Beschreibung der Ereignisse auf der evangelischen Seite und insbesondere jener um das »Auguste-Victoria-Hospiz« zu konzentrieren. Die katholische Seite wiederum wurde umfassend und detailliert im offiziellen Bericht des Gesandtschaftsleiters Düsterwald behandelt.[253] An der Spitze der Feiernden standen die Vertreter der Königshäuser: Wilhelm Eitel Friedrich Christian Karl Prinz von Preußen, Sohn Wilhelms II. und Kronprinz des Hauses Hohenzollern (1883-1942), die Prinzen Georg (1880-1943) und Konrad (1883-1969) von Bayern, Repräsentanten ihres Königs Otto I. (1848-1916, regierte formell von 1886 bis 1913), der 1872 für unzurechnungsfähig erklärt worden war. Die katholische Gruppe bestand aus insgesamt 726 Pilgern und wurde angeführt von den Mitgliedern des Vereinsvorstands und hohen Kirchenvertretern.

Die Zeremonie der Weihe von Kloster und Kirche war eindrucksvoll wie zu erwarten. Der Patriarch von Jerusalem, Bischöfe aus Deutschland und der Abt des Klosters von Beuron segneten acht verschiedene Altäre

252 Mirbach, Festtage; ders., Reise. Siehe auch die Dokumente in PAAA, 175d, II.
253 Düsterwald, Wallfahrt.

in der Kirche.[254] Alle Anwesenden betrachteten mit unverhohlenem Stolz das Bauwerk, die Krönung der deutsch-katholischen Aktivitäten im Heiligen Land, dessen Glockenturm und Kuppel den Berg Zion und den Süden Jerusalems beherrschten. So resümiert etwa Edina Meyer treffend:

> »Letztlich fordert jedoch die Dormition nicht so sehr den Vergleich mit anderen Kirchen heraus, als vielmehr mit den um die Jahrhundertwende so zahlreichen Denkmalsbauten. [...] Die wuchtige Zentralform, die aus dem Fels zu wachsen scheint; die unkonventionelle, markante Steinbearbeitung, die Verwendung ähnlicher Symbolik, [...] all dies verstärkt den Eindruck, dass die Dormition nicht nur eine Klosterkirche ist, sondern, in Zusammenhang mit den anderen deutschen Bauten in Jerusalem, eine Denkmalskirche Wilhelms II. bzw. des deutschen Kaiserreiches sein sollte.«[255]

Das Gebäude an sich trägt zwar die planerische Handschrift des Architekten Renard, doch die dekorative Ausgestaltung, die innere wie äußerliche, steht eher in der Bautradition der örtlichen Handwerker und ihren orientalisch inspirierten Motiven. Das runde Kirchengebäude erinnert an die Schlosskapelle Karls des Großen in Aachen und an die Kirche St. Gereon in Köln, beides Städte, die den »Verein vom Heiligen Lande« geprägt hatten.[256] Die architektonischen Stile und die Ausschmückung des Bauwerks waren in vielfacher Hinsicht durch die deutsche Romantik

254 Fest-Pilgerfahrt; Beyer, Lauda Sion, v, Brief aus Jerusalem, 11.4.1910; Düsterwald, Wallfahrt, 177-210; Mirbach, Festtage, 42-43; Heiligtum Maria, iv-ix; Roth, Preussen, 253-254; Cramer, Jahrhundert, 80-81. Zu einem Resümee Kohler, Dormitio, 449-456.

255 Meyer, Dormition, 169-170.

256 Ebd., haupts. 155, 167; Neue Bauten, 14.

beeinflusst. So wurde in einer deutschen Architekturzeitschrift etwa festgestellt, in der von ihm gewählten »Formensprache« habe der Architekt auf den erhabenen Geist der Kreuzthemen abzielen wollen, der den Gebäuden die Inschrift deutscher Macht und Würde in solcher Vollendung eingeprägt habe. Gleichzeitig sei er gezwungen gewesen, stets die Harmonie mit der Landschaft des Orients zu wahren.[257]

Von einem kleinen Vorplatz führt eine Doppeltür in die Kirche. Der Hauptraum besteht aus einem runden Kuppelsaal mit einem Durchmesser von 14,5 Metern, in dessen östlicher Achse eine Empore und die große Apsis zu finden sind und sechs kleinere Kapellen in den weiteren Achsen. Die Vielzahl von Kapellen, auch in der Krypta, ermöglicht das gleichzeitige Abhalten von Messen für mehrere Gruppen. Zwei Treppen führen zur Empore und der Orgel, und von dort, durch die vier Türme, die rund um den zentralen Kirchenraum angeordnet sind, gelangt man zur so genannten »Zwerg-Galerie«, die den gesamten Kirchenbau überblickt. Zwischen der Kirche und dem Kloster verbindet ein Gang, auf dessen einer Seite ein kleiner Kreuzgang liegt und auf der anderen ein Saal. Neben dem Kreuzgang gruppieren sich die Räume der Bibliothek und das Museum. Der Gang führt zum zweigeschossigen Klostergebäude, in dem sich die Wohnräume des Abtes und der Mönche befinden, ein Empfangszimmer für Gäste, ein großes Refektorium sowie die Wirtschaftsräume. Der unterirdische Teil beherbergt heute die Krypta, in der auch einige Kapellen und Altäre zu finden sind. Die Zisternen unter dem Kloster wurden in neuer Zeit so umgebaut, dass sie als Vorratsräume für die Küche dienen können.

Es lässt sich nicht bestreiten, dass Renard die ihm gestellte Aufgabe in eindrucksvoller Weise zu lösen verstanden hat. Auf einem Baugrundstück, das aufgrund seiner eigentlich zu geringen Größe zunächst gänzlich ungeeignet für diese Bestimmung zu sein schien, gelang es ihm, zwei hoch aufragende Gebäudekörper zu errichten, die durch ihre besondere Gestaltung und ihren architektonischen Stil ins Auge stechen, gleichzeitig jedoch in Einklang mit den muslimischen Heiligtümern stehen und ihrem Anspruch gerecht werden, ein Denkmal deutsch-katholischen Engagements im Heiligen Land zu sein. Ebenso ist jedoch daran zu erinnern, in welchem Maße der deutsche Kaiser Anteil hatte an dem monumentalen Bauwerk, das auf dem Zionsberg entstanden war, ebenso wie an dem Hospiz, das zur gleichen Zeit nördlich des Damaskustores errichtet wurde. Denn Wilhelm II. dachte nicht einen Augenblick lang daran, sich nur mit der Schenkung des Baugrundstücks zu begnügen. Er beglei-

257 Ebd.

tete die Planung und den Bau in all ihren Phasen und »fühlte sich daher als der echte Bauherr, genau wie bei den evangelischen Unternehmungen in Jerusalem«.[258]

Pläne und ihre Umsetzung
Das St.-Paulus-Hospiz

In der Ausgabe von *Das Heilige Land*, die Anfang Oktober 1899 erschien, konnten die Vereinsmitglieder zum ersten Mal vom Abschluss eines Geschäfts lesen, das Schmidt eingefädelt hatte: dem Erwerb eines Stück Landes unweit des Damaskustores, nördlich der Altstadt gelegen. Die Erläuterung dazu fiel kurz und sachlich aus: Für das Grundstück seien 50.000 Mark bezahlt worden; es sei bestimmt, einen alten Traum Pater Schmidts Wirklichkeit werden zu lassen, die Errichtung einer Knabenschule mitsamt einer beruflichen Schule und eines Lehrerseminars. Man hoffe auf Spendenzahlungen für diese Einrichtung, da klar sei, dass es dem Verein an den nötigen Mitteln dazu fehle.[259]

Welchen Sinn sahen Janssen und Schmidt im Erwerb dieses Grundstücks? Und warum erfolgte er so konspirativ? Wie bereits gesehen, hatten beide wiederholt auf die Nachteile des alten Hospizes verwiesen, in dem nur maximal fünfundzwanzig Gäste untergebracht werden konnten und keinerlei Möglichkeit bestand, es zu erweitern. Daher konnte das alte Hospiz die Bedürfnisse der stetig wachsenden Pilgergruppen nicht erfüllen. Auch gab es dort keinerlei Raum, Gebäude für zusätzliche Einrichtungen zu errichten, welche der Verein zu gründen beabsichtigte. In einem Pilgerführer etwa fand sich zudem vermerkt, das Hospiz liege zu weit von der Stadt – der Altstadt – entfernt, »so daß es kaum möglich ist, diese zu besuchen«.[260] Und nun begann man mit dem Bau des großen religiösen Zentrums auf dem Zion, das gewiss zu einem weiteren Anschwellen des Pilgerstroms führen würde.[261] Wo sollten all diese Gläubigen wohnen? Die beinahe einzig plausible Möglichkeit, die ihnen offen-

258 Krüger, Rome, 227.

259 *HL* 43 (1899), 160.

260 Pilgerführer 1907, 121. Die Entfernung vom Jaffator beträgt in etwa 1,25 Kilometer.

261 Cramer (Jahrhundert, 94) führt eine Statistik an zu den Teilnehmerzahlen an organisierten Pilgerreisen des Vereins in den Jahren 1896-1914 und fügt an anderer Stelle hinzu: »Im ganzen kamen im Jahre 1910 aus Deutschland und der Donaumonarchie allein 2.550 Pilger nach Jerusalem und dem Sion.« (Ebd., 81 Anm. 131)

stand, war peinlicherweise, sich im französischen Hospiz »Notre Dame« einzumieten. Vielleicht würden so ja die religiösen Bedürfnisse des deutschen Pilgers befriedigt werden, was aber wäre mit dessen sozialen und weltlichen Bedürfnissen?

Die Vorteile des Standortes des neu erworbenen Grundstücks lagen auf der Hand. Es war unweit der Altstadt gelegen, jedoch außerhalb davon, in unmittelbarer Nähe zu einem der beiden Haupttore und nur ein paar Minuten zu Fuß entfernt von den heiligsten Stätten der Christenheit. Die Parzelle selbst grenzte ebenfalls an einige geheiligte Stätten: den Ort, an dem der Erzmärtyrer Stephanus gesteinigt worden war, die halbausgetrocknete Zisterne, in die der Prophet Jeremia geworfen wurde, sowie die Stätte, in der ein Teil der Protestanten bis heute den Hügel Golgatha, den Ort der Kreuzigung, sehen, bekannt auch als das Gartengrab. Das Grundstück lag zudem an einer der wichtigsten Wegkreuzungen, dem Treffpunkt zwischen der Nablusstraße, die nach Norden führte, dem Eingang zur Altstadt durch das Damaskustor nach Süden, und der Straße, die nach Osten zum Tal Josaphat und zum Ölberg und nach Westen zur Neustadt führte.[262] Die gesamte Umgebung erfuhr zum damaligen Zeitpunkt einen Entwicklungsschub, der rein christlicher Natur war: Die französischen Dominikaner waren mit der Errichtung einer Basilika auf den Überresten der byzantinischen Kirche auf dem Grundstück des Klosters St. Etienne beschäftigt, das sie bereits eineinhalb Jahrzehnte zuvor erworben hatten. Der englische Bischof George Francis Popham Blyth (1832-1914) seinerseits hatte bereits Anfang der 90er Jahre begonnen, ein Gebäudeensemble auf dem nach dem Heiligen Georg benannten Anwesen zu errichten, dessen Bebauung sich bis zum Beginn des 20. Jahrhunderts fortsetzen sollte.[263]

Die Verhandlungen zum Kauf des Grundstücks wurden wie gesagt unter größtmöglicher Geheimhaltung geführt. Janssen wie Schmidt befürchteten, jedes Gerücht würde weitere Interessenten auf den Plan rufen und die Preise in die Höhe treiben, womit sie in der Tat recht hatten. Kurz nach dem ersten Kaufabschluss beschloss der Vorstand, noch eine weitere, in unmittelbarer Nähe gelegene Parzelle zu erwerben, die zum Kauf angeboten war. Nur, dass jetzt Vertreter der Organisation Alliance Israélite Universelle sich an den Verhandlungen beteiligten, hinter denen ursprünglich der jüdische Philanthrop Baron Moritz Hirsch (1831-1896) stand und deren finanzielle Mittel, so die Behauptung der Deutschen zumindest, unbegrenzt waren. Dennoch entschied der Vorstand auf sei-

262 *Kölnische Zeitung*, 27.10.1899.

263 Trimbur, École biblique; Tibawi, Interests, 252-262; Perry, Mission, 131-133.

ner Sitzung vom 26. August, das Grundstück um jeden Preis zu erwerben, und tatsächlich konnte einen Monat später *Das Heilige Land* den Abschluss des zusätzlichen Geschäfts verkünden.[264] Der deutsche Konsul Friedrich Rosen (1856-1935, amtierte in Jerusalem in den Jahren 1899-1900) beteiligte sich aktiv an den Kontakten. Er nutzte seine Verbindungen und seine Stellung, um den Kauf zu einem erfolgreichen Abschluss zu bringen. Janssen vergaß nicht, ihm dafür zu danken, und schrieb:

> »Euer Hochwohlgeboren haben vom Beginn Ihrer Consulartätigkeit in Jerusalem an in einer Reihe von schwierigen Angelegenheiten, insbesondere in der jüngst erfolgten Terrain Acquisition am Damaskusthore, dem Deutschen Verein vom Hl. Lande so unschätzbare, große Hilfe und Förderung angedeihen lassen, daß es mich drängt, namens des Vereins Ihnen hierfür den lebhaftesten und innigsten Dank auszusprechen.«[265]

Janssen wiederholte seinen Dank an Rosen in einem Schreiben an das Auswärtige Amt, in dem er sich über die näheren Umstände des Kaufs ausließ:

> »Vertrauend auf die Gnade Sr. Majestät des Kaisers und gestützt durch die starke Regierung des deutschen Reiches, werden wir mit Gottes Hülfe eifrigst weiterwirken in Ausbreitung deutschen Einflusses im Palästinaland. Haben wir erst den im nächsten Jahre in Angriff zu nehmenden Kirchenbau auf dem Berge Sion vollendet und können wir alsbald an die Errichtung des deutschen Baues am Damaskusthore gehen, so ist das Katholische Deutschland an den drei bedeutsamsten Stellen in Jerusalem durch hervorragende Werke vertreten, und das gepriesene französische Prestige wird sich eine Konkurrenz gefallen lassen müssen, welche die Machthaber der Republik bewegen dürfte, den noch in den letzten Tagen angeschlagenen hohen Ton stark herabzustimmen.«[266]

In der Tat, künftig würde der deutsche Katholizismus an drei großen Bauprojekten in Jerusalem beteiligt sein, würde das französische Ansehen eine würdige Konkurrenz zu ertragen haben. Von nun an sollten die Franzosen gezwungen sein, in allen Belangen ihrer Stellung im Heiligen Land mehr Bescheidenheit an den Tag zu legen.

264 *HL* 43 (1899), 202-203; Rosen an das Auswärtige Amt, 19.9.1899, ISA, 305.
265 Janssen an den Generalkonsul Dr. Rosen, Aachen, 25.11.1899, ISA, 267.
266 Janssen an »Seine Majestät«, Aachen, 30.11.1899, ISA, 267, Abschrift.

Denn jenseits aller oben genannten wohlbegründeten Argumente hatten der Erwerb des Grundstücks und die Errichtung des Gebäudes darauf noch ein weiteres Motiv. Vis-a-vis und in nicht allzu großer Entfernung thronte jenes Gebäude, das mehr als jedes andere als Symbol der französischen Präsenz im Palästina der spätosmanischen Periode galt, das Hospiz »Notre Dame de France«. Denn Frankreich war der Rivale und Konkurrent der deutschen Katholiken in jener Phase, weshalb der Erwerb dieses Grundstücks, zwischen dem und der »Notre Dame« kein weiteres Gebäude lag, als eine dezidiert antifranzösische Aktion betrachtet werden kann.[267]

Zunächst wurde der südliche Teil der Fläche erworben, auf dem das Gebäude heute steht. Das Grundstück gehörte dem armenischen Patriarchen, der ursprünglich ein Kloster darauf hatte errichten wollen; der nördliche Teil wiederum wurde von einem ortsansässigen Juden gekauft. Die Fläche der beiden Grundstücksteile zusammen betrug 15.154 Quadratellen, was rund 8,5 Dunam entspricht.[268] Das Grundstück wurde übergangsweise auf den Namen Fadallah Marums eingetragen, des Dragomans des Konsulats, ehe die beiden Anwesen 1902 dann auf den Namen Dr. Hesses, eines Mitarbeiters des Konsulats, verzeichnet wurden. Mitte desselben Jahres wurde ein drittes Teilgrundstück von weiteren 3,2 Dunam erworben, das von Norden an die beiden anderen Flächen angrenzte.[269] Die Gesamtfläche betrug jetzt 4,5 Morgen oder rund 11,25 Dunam.[270]

Die Karte des Grundstücks zeichnete Theodor Sandel im November 1901.[271] Es wird von Süden und von Westen durch breite Wege begrenzt (laut seiner Bezeichnung »der Weg nach Gethsemane und nach Jericho« und »der Weg von Damaskus und Nablus nach Jerusalem«) und von Osten durch einen schmalen Pfad, der zu einem arabischen Haus und zur Fläche des »englischen Gartens« oder des »heiligen Grabes von Charles George Gordon« führt, das das deutsche Anwesen auch von

267 Gatz, Auslandsarbeit; Goren, Conflit. Zur Notre Dame als Symbol französischer Präsenz in Palästina siehe Trimbur, Notre Dame, haupts. 121-126.

268 Sandel verwendete hier das Längenmaß der Elle, das 75 Zentimetern entspricht.

269 Telegramm aus Jerusalem, Hesse [unterzeichnet], ISA, 267; Schriftstücke vom 11. Februar bis zum 14. März 1901, ISA, 305, 46, 47; Wangenheim, Botschaft, an Konsul Schmidt, Terapia, ISA, 268, J. No. 1269, 12.6.1902; Bericht, ebd., 8.8.1902. Zu Marum siehe *NB* 1 (1927), 62-63.

270 Renard, Hospiz.

271 Grundstück des Vereins vom hl. Lande vor dem Damaskustore, Jerusalem, HASK, Abt. 1084, Plan 90; Rosen an den Reichskanzler, Jerusalem, 25.9.1899, ISA, 305, Nr. 1357.

Norden begrenzt. Im nördlichen Teil des Grundstücks steht ein eingeschossiges Haus, in dessen Hof zwei Zisternen und daneben Überreste eines Gartens liegen. Im Zentrum der Fläche ist eine rechteckige »antike Ruine« verzeichnet.

Schmidt hatte aus der Erfahrung mit dem Grundstück der Dormitio gelernt und gab Anweisung, das gesamte Anwesen sogleich mit einer hohen Mauer zu umfrieden. Auch brachten die Deutschen ihre Hoffnung zum Ausdruck, die von Sandel eingezeichnete »antike Ruine« würde sich als die Überreste eines Gebäudes entpuppen, das mit dem Erzmärtyrer Stephanus in Verbindung zu bringen wäre, was dem Anwesen zusätzliche Heiligkeit verschafft hätte.[272] In der Folge stellten sich jedoch schon bald auch die zu erwartenden Schwierigkeiten beim Erhalt einer Baugenehmigung ein. Zwar wies Marschall bereits im April 1901 den neuen Konsul Edmund Schmidt (1855-1916, amtierte in Jerusalem 1901-1916) an, er solle dem osmanischen Statthalter von Jerusalem gegenüber behaupten, die für die Dormitio erteilte Genehmigung besitze auch für das Hospiz Gültigkeit. Doch die endgültige Baugenehmigung konnte er erst im März 1902 an Schmidt schicken. Die Genehmigung wurde unter der Bedingung erteilt, dass sich das zu errichtende Gebäude in gebührendem Abstand von etwaigen muslimischen Stätten befände.[273]

Pater Wilhelm Schmidt seinerseits bewies die Ernsthaftigkeit seiner Absichten, indem er sich unmittelbar nach Erwerb des Grundstücks daranmachte, das alte, eingeschossige Gebäude mit seinen drei Räumen zu renovieren, das sich auf dem Anwesen befand. Das Gebäude sollte als Knabenschule dienen, jene Einrichtung, die Schmidt schon seit Jahren hatte eröffnen wollen, woran ihn die Beschränkungen des alten Hospizes aber stets gehindert hatten. Die Renovierungsarbeiten, Reparaturen und Ergänzungen führte Müller durch. Bereits am 14. Mai 1900 wurde die Schule in Anwesenheit von sechs Schülern eröffnet, deren Zahl sich innerhalb von eineinhalb Monaten verdoppelte. Den Unterricht übernahmen Dunkel und Müller, zudem wurde ein einheimischer Lehrer für Arabisch eingestellt. 1902 wurde die Einrichtung bereits von siebzig bis achtzig Schülern besucht.[274]

272 *HL* 44 (1900), 94-95.

273 Marschall an Wilhelm Schmidt, Perra, 19.4.1901, ISA, 244, Nr. 890; Marschall an Schmidt, 17.3.1902, ISA, 268, Nr. 570, und angefügt Verlautbarung Nr. 46371/8 der Hohen Pforte. Akte 268 enthält zudem eine Vielzahl weiterer Dokumente, die sich mit dem Vorgang des Erhalts des Fermans befassen.

274 Rosen, 25.7.1900, ISA, 267; Schmidt an das Konsulat, Eröffnung der Knabenschule, 24.7.1902, ISA, 299, 172-173 (der Artikel enthält auch einen Bericht über Unterrichtsstunden und Lehrplan); Katholische Hospiz, 75-77, enthält Aufnah-

Der Verein stieß auf erhebliche Schwierigkeiten, als man sich daranmachte, Gelder für die Errichtung des neuen Hospizes zu sammeln. Der erste Anstoß kam diesmal Ende des Jahres 1900 aus den Reihen jener fünfhundertköpfigen Pilgerkarawane, deren Mitglieder zur Grundsteinlegung der Dormitio nach Palästina gereist waren und die zu ihrem großen Ärgernis im französischen Hospiz »Notre Dame« untergebracht worden waren. Aus Protest gründeten sie ein Komitee zum Bau eines deutschen Hospizes und sammelten nach der Rückkehr in die Heimat gut 15.000 Mark. Auch veröffentlichten sie einen Aufruf an alle deutschen Katholiken »im In- und Auslande«, für das Gebäude zu spenden. Mehr als dreihundert der Teilnehmer dieser Pilgerreise erklärten sich zudem bereit, als Spendenwerber zur Verfügung zu stehen. Doch ungeachtet all dieser Bemühungen machte die Sammlung nur langsam Fortschritte. Bis zum Juli 1901 waren gerade einmal 34.000 Mark eingegangen.[275]

Die Planung des Hospizes wurde ebenfalls Renard übertragen, der seinen Erstentwurf bereits Mitte des Jahres 1901 in *Das Heilige Land* vorstellte, nachdem dieser vor den Augen des Kaisers und des Papstes Gnade gefunden hatte. Das geplante Gebäude, zweigeschossig mit Keller, hatte die Form eines nach Westen hin offenen U. Die beiden seitlichen Trakte bildeten dabei die massiven Teile des Gebäudes, wobei der südliche die doppelte Länge des nördlichen aufwies. Verbunden wurden sie durch einen offenen Gang, in dessen Mitte sich der Kirchenbau einer Basilika befand mit einer konischen Kuppel und kleinen Säulchen an allen vier Seiten. Der südliche Flügel des Gebäudes war für das Hospiz und die Wohnräume der Nonnen bestimmt. Die Zimmerausstattung variierte zwischen einem bis vier Betten, so dass insgesamt 160 Betten zur Verfügung standen. Der nördliche Trakt sollte der Schule dienen, im Bedarfsfall jedoch auch als Übernachtungsmöglichkeit für Pilger zu nutzen sein, so dass es möglich wäre, bis zu 300 Personen zu beherbergen. Die Schule war für 100 Schüler ausgelegt. Das Dach des Gebäudes war flach, um eine künftige Aufstockung zu ermöglichen.[276]

Die Baukosten sollten nach Renards Schätzung 500.000 Francs betragen, was rund 600.000 Mark entsprach. Da bereits allen klar war, dass der Verein sich schwertun würde, die erforderliche Summe durch Spen-

men der Priester mit den Schülern, des Gebäudes und des Klassenzimmers. Limberg (Pilgerfahrt, 150) beschreibt einen Besuch dort im Jahre 1900.

275 Pilgerhaus; Düsterwald, Pilger, 282; *HL* 45 (1901), 135-136.

276 Verschiedene Pläne, HASK, Abt. 1084, Plan 89, 90; erste Skizze, 1:800, ISA, 276.

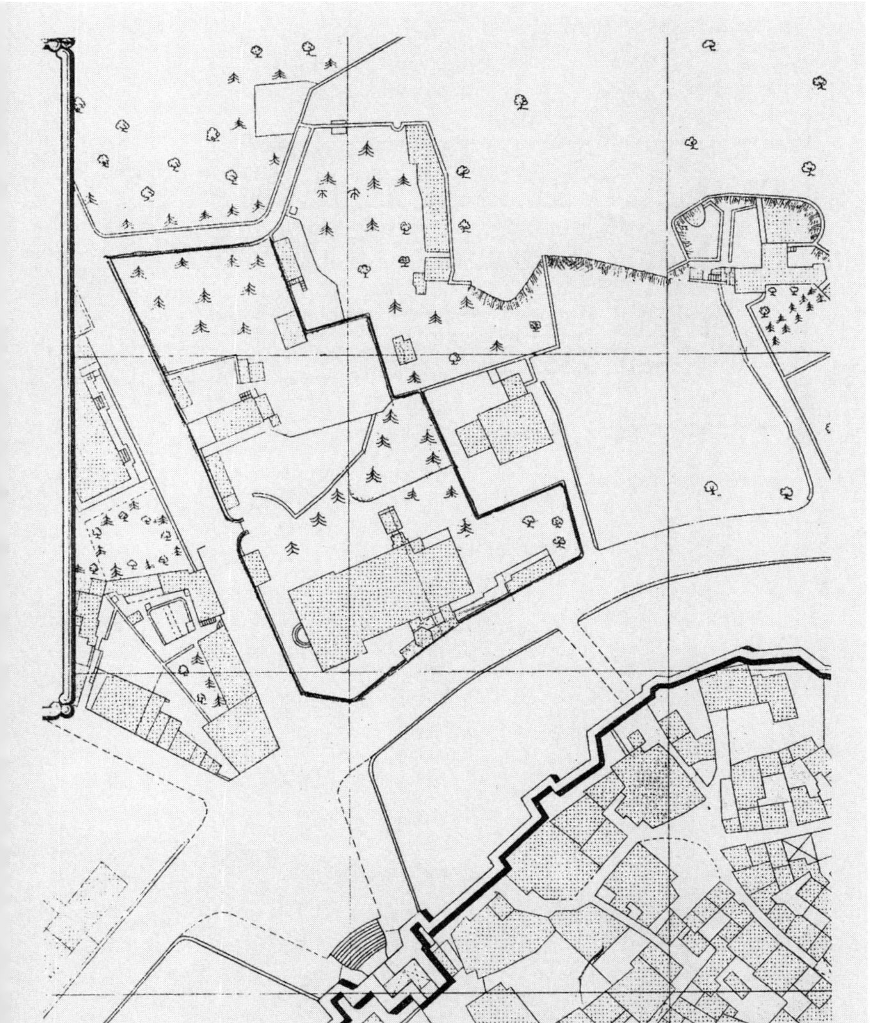

St.-Paulus-Hospiz, Plan des Grundstücks

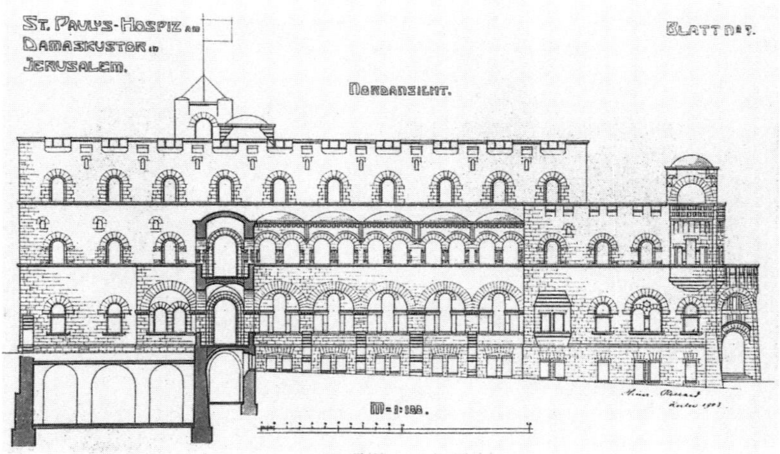

St.-Paulus-Hospiz, Pläne und alter Bau (erste Schule)

rechte Seite: St.-Paulus-Hospiz, Ansicht und Pläne

St. Paulus Hospiz

Gesamtansicht

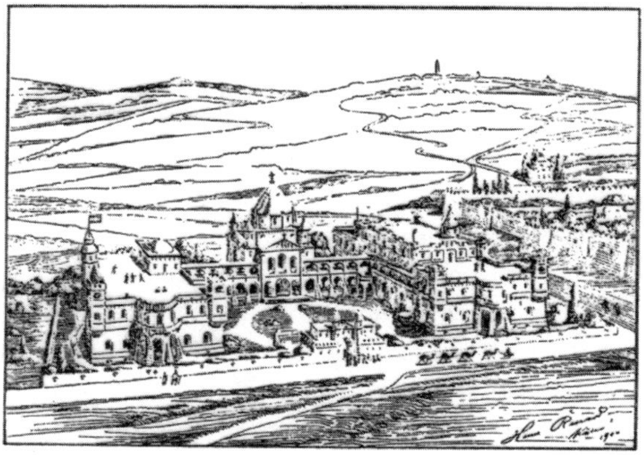

DHL 45(161)H.2, p.83

Plan

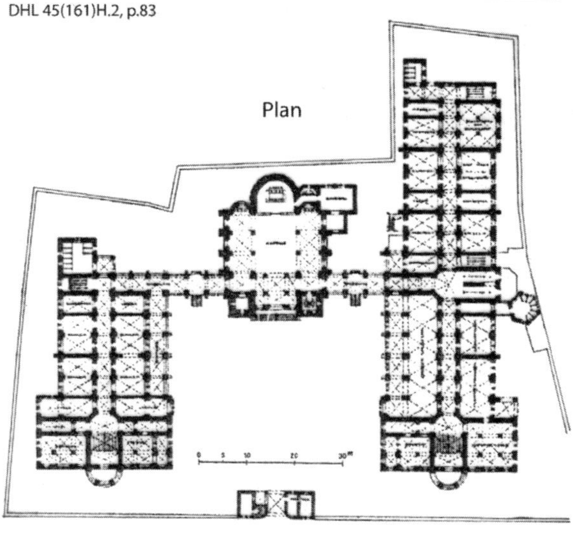

Davon tatsächlich gebaut

Erdgeschoss

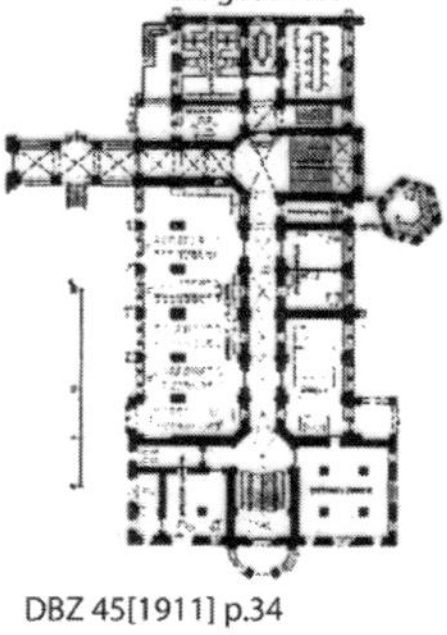

Stock

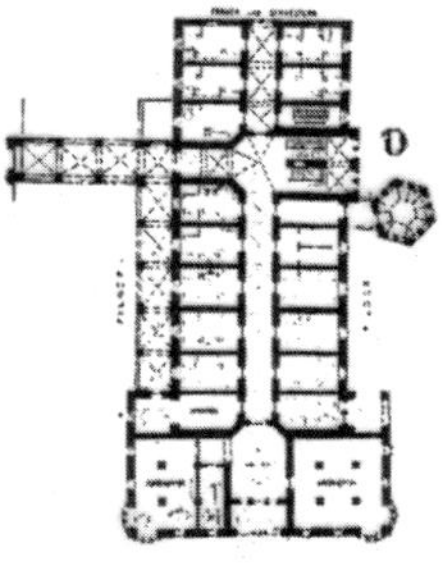

DBZ 45[1911] p.34

den aufzubringen, war auch klar, dass man mit dem Bau des südlichen Traktes würde beginnen müssen, für den nur vierzig Prozent der Gesamtsumme erforderlich wären, und dass der weitere Bauverlauf entsprechend den finanziellen Möglichkeiten erfolgen musste. Tatsächlich wurde schon 1902 mit dem Bau begonnen, obgleich die Grundsteinlegung erst im März 1904 erfolgte.[277] Bereits zu diesem Zeitpunkt bestand eine Finanzierungslücke von 180.000 Mark. 1905 stand endgültig fest, dass nur der südliche Flügel gebaut werden würde und dieser zudem etwas kürzer als ursprünglich geplant. Dieser Gebäudetrakt war vorgesehen für eine Schule für einhundert Knaben, ein Hospiz für sechzig Pilger, für Wohnräume von vier Geistlichen sowie die Wohnräume der Nonnen. Bis zu jenem Zeitpunkt hatten für den Bau lediglich 90.000 Mark von einem geschätzten Kostenvolumen von 260.000 Mark gesammelt werden können. Im Verlauf der Arbeiten steigerten sich die Kosten um weitere 100.000 Mark.[278] Wie bereits erwähnt verstarb Pater Schmidt Ende 1907 in Köln, und 1908 wurde Pater Ernst Schmitz als sein Nachfolger ausgewählt. Dieser kritisierte scharf den Prunk des Gebäudes, welcher der Hauptgrund für die hohen Kosten darstelle, weshalb sich die Fertigstellung bis jetzt verzögert habe. Wäre das Gebäude nach dem einfachen und soliden Stil Schmidts erbaut worden, behauptete Schmitz, wäre es möglich gewesen, von demselben Betrag einen dreiflügligen Bau zu errichten,[279] nur sei Schmidt eben mit vollendeten Tatsachen konfrontiert worden und habe Renards pompöse Planungen sicher nicht mehr abändern können.

Schmidt war der Erste gewesen, der bereits im Jahre 1900 vorschlug, den Ort nach Paulus zu benennen mit der Begründung, dort sei Paulus zum ersten Mal durch das Gebet des Stephanus gesegnet worden[280] und später auf seinem Weg nach Damaskus dort vorübergekommen. »Und wie in Rom so wird es auch hier sein: Der Heilige Paulus außerhalb der Mauern.« Der Vorstand machte sich Schmidts Vorschlag auf seiner Sitzung vom März 1902 zu eigen.[281] Im selben Jahr wurden auf dem Anwesen erste archäologische Grabungen durchgeführt, die Überreste von Mauern zutage förderten, Münzen aus spätbyzantinischer Zeit, Öllampen und Kruzifixe. Die Bauausführung wurde auch in diesem Fall Sandel übertragen, dessen Tod den Beginn der Arbeiten verzögerte. Erst im Juni

277 Marchand, Bauten, 109-116.
278 Versammlung Bingen, 16; Pflanz, Arbeit, 161; Cramer, Jahrhundert, 82
279 Schmitz, Deutschtum, 23-24.
280 Taten der Apostel 58-59.
281 *HL* 46 (1902), 92; *Kölnische Volkszeitung*, 15.8.1900.

1903 wurde mit dem Ausheben der Fundamente für den südlichen Trakt und der Anlage einer Zisterne begonnen.[282]

Die Grundsteinlegung wurde am 28. März 1904 in Gegenwart einer Pilgergruppe unter Führung Richens und Marchands, die zur Weihe der Krypta der Dormitio nach Jerusalem gekommen war, feierlich begangen. Piavi fehlte aufgrund von Krankheit, so dass es Schmidt war, der die Zeremonie leitete. Marchand oblag es, den Stand der Bauarbeiten zu kontrollieren und dem Vorstand darüber Bericht zu erstatten.[283] In den darauf folgenden beiden Jahren machte der Bau gute Fortschritte. Im März 1906 war der Rohbau des zweigeschossigen Gebäudes so weit fertiggestellt, dass es bei einer feierlichen Zeremonie unter Vorsitz des Vizepräsidenten des Vereins Klein an Pater Schmidt »zur Verwaltung und Obhut« und zur Vollendung der Inneneinrichtung übergeben werden konnte. Auch bei diesen Feierlichkeiten waren jene Pilger zugegen, die zur Übergabe der Dormitio an die Benediktiner nach Palästina gereist waren. Dunkel fuhr hernach nach Deutschland, um die Beschaffung der Einrichtung für das neue Hospiz zu organisieren. Ende 1907 kehrten Renard und Marchand nach Jerusalem zurück, um die letzten Arbeiten zu überwachen, ehe das Gebäude im Februar endgültig vollendet war.[284]

Anfang August 1908 wurde das Hospiz für Pilger eröffnet, um als erste Gäste die Mitglieder der dreißigsten bayrischen Pilgerkarawane zu beherbergen. Den Betrieb des Hauses und die Bewirtschaftung übernahmen die Borromäerinnen. Innerhalb kurzer Zeit erhielt das Gebäude einige zusätzliche Funktionen. Im Dezember 1908 weihte Schmitz das Lehrerseminar ein, dessen Ziel sein sollte, Lehrkräfte für das Netz katholischer Schulen in Galiläa auszubilden. Ein Dutzend Studenten wurde über vier Jahre in Religionslehre, Geographie, Naturwissenschaften und den Sprachen in Arabisch, Deutsch, Türkisch und Französisch unterwiesen.[285]

Sofort nach seinem Eintreffen widmete sich Schmitz der Einrichtung der Bibliothek und des naturkundlichen Museums. Der wissenschaftlich gebildete Pater hatte ein ähnliches Museum bereits an seinem vorherigen Dienstort in Funchal, der Hauptstadt Madeiras, geschaffen. Für eine erste Abteilung dieses Museums brachte er 47 ausgestopfte Vögel und 157

282 *HL* 46 (1902), 91-92.

283 Klein in Bonn an Konsul Schmidt, 18.3.1904, ISA, 268, J. No. 532; Marchand, Kölner Dom, 21-24; Cramer, Jahrhundert, 82.

284 Renard, Hospiz; Generalversammlung Köln, 24; Dunkel, Paulus; Düsterwald, Pilger, 283; Cramer, Jahrhundert, 82-83.

285 Telegramm aus Jerusalem, 17.12.1908, ISA, 268, No. 2268; Dunkel an den Konsul, Jerusalem, 6.6.1916, ISA, 268, J No. 1270; *HL* 53 (1909), 114; Cramer, Jahrhundert, 84-85.

Miniaturbäume nach Jerusalem mit. Diese nicht aus Palästina stammenden Exponate wurden durch eine Mineraliensammlung aus Deutschland ergänzt. Eine zweite Abteilung umfasste Exponate aus dem Heiligen Land selbst und basierte auf kleinen Sammlungen seiner Vorgänger wie etwa Sonnens Schmetterlings- und Schlangensammlung, die Schmitz durch alles erweiterte, was er finden konnte. Schnell erkannten die lokalen Araber, dass hier für Tierkadaver und Vögel in gutem Zustand gut bezahlt würde, so dass das Museum zusehends wuchs.[286]

Im November 1908 gab die »Görresgesellschaft zur Pflege der Wissenschaft im katholischen Deutschland« die Absicht bekannt, eine wissenschaftliche Niederlassung zu Forschungszwecken in Jerusalem zu gründen. Ein Ausschuss wurde eingesetzt, der empfahl, ein »Institut für Orientstudien« in Jerusalem zu errichten, welches das Gebäude des St.-Paulus-Hospizes nutzen sollte, die dort vorhandene Bibliothek sowie das Vereinsorgan des »Vereins vom Heiligen Lande« für die unterschiedlichen Publikationen. Die Einrichtung war bestimmt, sich mit der Erforschung des antiken Orients zu befassen, vor allem mit topographischen, archäologischen und philologischen Themen sowie mit einer Erforschung des christlichen Orients, die sich vornehmlich auf Handschriften und archäologische und kunsthandwerkliche Funde stützen sollte.[287] Bei den Zielen (für die Errichtung) des Instituts ging es nach Ansicht der Initiatoren »nicht bloß um die Bereicherung von Museen, sondern um Aufklärung über prinzipielle religionsgeschichtliche Fragen, die für unsere Weltanschauung von großer Bedeutung sind«.[288]

Die Etatschätzung des Instituts belief sich auf 5.000-6.000 Mark jährlich, unter der Maßgabe, dass diese Summe mit der Zeit verdoppelt würde. Für die Jahre 1908 und 1909 ergab sich die Notwendigkeit, einen Betrag von 4.000 Mark zur Verfügung zu stellen. Die Arbeitsweise des Instituts, wie sie im Bericht des Ausschusses formuliert war, ähnelte denen, die Dalman bereits seit sechs Jahren in seinem »Evangelischen Institut für Altertumswissenschaften des Heiligen Landes zu Jerusalem« pflegte.[289] Das »Orientalische Institut der Görresgesellschaft« wurde am 23. März 1909 in Jerusalem gegründet, als der Breslauer Priester Paul Karge (1881-1922), Professor für Archäologie an der Universität Münster, eintraf, der später die Erkenntnisse seiner Studien aus Palästina in seinem

286 Schmitz, Mein Leben; ders., Nekrolog; Thalmann, Associations, 179.
287 Denkschrift über Förderung orientalischer Studien bzw. Gründung eines Instituts für orientalische Studien zu Jerusalem, HAEK, CR 22, 11,1.
288 *HL* 53 (1909), 40-41.
289 Männchen, Dalman, 3-62, haupts. 31-42.

St.-Paulus-Hospiz

Werk *Rephaim* veröffentlichen sollte. Das Institut wurde in jenem alten Gebäude im Hof des St.-Paulus-Hospizes untergebracht, in dem zuvor die Knabenschule betrieben worden war. Karge war verantwortlich für die Erforschung antiker Epochen, während sein Kollege Konrad Lübeck (1873-1952) aus Fulda, der zwei Monate später eintraf, sich mit den Anfängen des Christentums im Orient befasste.[290] Über ihre wissenschaftlichen Publikationen hinaus steuerten diese beiden Wissenschaftler Schriften bei, die von großer Bedeutung für den vorliegenden Untersuchungsgegenstand sind. So veröffentlichte Karge 1916 im Eigenverlag den Abdruck eines von ihm gehaltenen Vortrages, in dem er sich mit den Missionsschulen in Palästina befasst, während Lübeck 1917 ein detaillier-

290 Cramer, Jahrhundert, 86; Thalmann, Associations, 179-180; *HL* 53 (1909), 40-41. Zu Karge siehe Karge, Nekrolog; ders., Rephaim.

tes Werk über die Entwicklung der katholischen Missionsarbeit im Orient herausgab.[291]

Auch der Kaiser trug das seine zur Vollendung des Hospizes bei, indem er das Mobiliar für einen der großen Räume stiftete, der daraufhin die Bezeichnung »Kaiserzimmer« erhielt. Die Spende des Kaisers umfasste ein überlebensgroßes Porträt Wilhelms II., einen achteckigen Tisch und zwölf Stühle mit dem kaiserlichen Wappen in der Rückenlehne.[292] Das Gebäude, in dessen Bau letztendlich 690.000 Mark investiert worden waren, wurde am Nachmittag des 10. April 1910 in Gegenwart der Prinzen von Bayern, der Vertreter des Vereinsvorstandes und der Teilnehmer der Pilgerkarawane eingeweiht. Mit dieser dritten Einweihung im Rahmen der »deutschen Festtage in Jerusalem« kamen diese Festlichkeiten zu ihrem Abschluss.[293]

Renards Entwurf, von dem wie gesagt lediglich der südliche Trakt realisiert wurde, ist bestimmt durch das Verhältnis zum französischen Pilgerhospiz »Notre Dame«. Es bedarf nicht viel Phantasie, um das demonstrative politische Ziel des von ihm geplanten deutschen Hospizbaus zu erkennen. Doch die Mittel des Vereins sollten sich als nicht ausreichend erweisen, um das Gebäude nach Renards Vorstellungen zu vollenden. Dennoch, auch so handelt es sich dabei um ein großes, imposantes und seine Umgebung dominierendes Gebäude, das zu den modernsten seiner Zeit in Jerusalem zählte und durch seine architektonische Eigenart besticht. Im Erdgeschoß befanden sich die Wohnräume, das Empfangszimmer, der Speisesaal und die Kapelle; im Obergeschoß die Gästezimmer und im Keller die Wirtschaftsräume und das Museum.[294]

Mit der Vollendung des Gebäudes des St.-Paulus-Hospizes und seiner Einweihung ging eine Periode von zwölf Jahren im Wirken des »Vereins vom Heiligen Lande« in Palästina zu Ende, die nach dem Besuch des Kaisers begonnen hatte. Diese Jahre waren bestimmt von intensivierter Arbeit und Investitionen in nie da gewesener Größenordnung, welche die deutschen Katholiken auf einen Schlag in den Rang eines beinahe gleichwertigen Akteurs im Konzert der anderen Nationen und Konfessionen im Heiligen Land aufsteigen ließen.

291 Karge, Schulen; Lübeck, Mission.

292 Kaiserzimmer; *HL* 53 (1909), 173-174.

293 Mirbach, Festtage, 50-51; Düsterwald, Wallfahrt, 210-222; Beyer, Lauda Sion, v, 11.4.1910.

294 Neue Bauten, 34-35; Düsterwald, Pilger, 284-285.

Andere deutsch-katholische Einrichtungen

Hakurat el-latin
Georg Gatt und »seine« Mission in Gaza

Das erneuerte christliche Engagement im 19. Jahrhundert und vor allem die katholischen Bemühungen erreichten die Stadt Gaza erst mit Verspätung. Die Franziskaner hatten bereits in den 50er Jahren ohne Erfolg versucht, sich dort anzusiedeln, und im Verlauf der 70er Jahre wurde ein vom Patriarchat in Jerusalem entsandter Missionar nur einmal im Jahr dort vorstellig. Dennoch war klar, dass es galt, eine ständige und tätige Missionsstation in einer Stadt zu errichten, die zu den größten im Lande mit einem dicht bevölkerten Umland zählte.[295]

Der aus dem österreichischen Tirol gebürtige Georg Gatt traf 1869 in Palästina ein. Zunächst gehörte er zum Mitarbeiterstab des österreichischen Hospizes, in dem er in den Jahren 1871-1874 als Vizerektor fungierte, um hernach für Ratisbonne zu arbeiten. Gatt sollte über fünfzig Jahre in Palästina tätig bleiben. Die lange Liste seiner Publikationen zu geschichtlichen und archäologischen Themen, zu biblischen und religiösen Aspekten, zur Topographie Jerusalems, zum Gebiet der Philister und insbesondere zu Gaza umfasst mehrere Bücher sowie Dutzende von Berichten und Artikeln hauptsächlich in *Das Heilige Land*.[296]

Nach Gaza gelangte Gatt zum ersten Mal 1878, wo er sich schwertat, eine Herberge zu finden. Ein Jahr später entschied er sich, anstatt in seine Heimat zurückzukehren, Patriarch Bracco den Vorschlag zu unterbreiten, in Gaza eine Missionsstation zu eröffnen, die als Zentrum für die Arbeit von Weltpriestern dienen sollte, Geistlichen also, die keiner Ordensgemeinschaft angehörten. Bis zu jenem Zeitpunkt gab es in Palästina keine solchen Weltpriester, weshalb Gatts Vorschlag ein vollkommenes Neuland darstellte, da nach seinen Worten »ohne Konsulatsschutz nichts zu erzielen sei und dass vereinzelte Missionen nicht gedeihen«.[297] Bracco übermittelte ihm Anfang Juli 1879 in schriftlicher Form seinen Segen und beauftragte ihn, in Gaza eine Missionsstation sowie eine Knaben- und eine Mädchenschule zu eröffnen. Über all die Jahre legte Gatt Wert darauf zu betonen, dass die Gründung in Gaza einzig und allein auf

295 Zu Gaza im 19. Jahrhundert siehe Meyer, Gaza, 102-105.

296 Gatt, Bericht, 80-81; Breicha-Vauthier, Österreich, 36, 66; Heider, Anspruch, 69-70; Goren, Zieht hin, 313-314; *HL* 62 (1918), 41-42. Zu einer Liste von Gatts Veröffentlichungen siehe Röhricht, Bibliotheca, 577-578; Generalregister, lxviii.

297 Zitiert bei Medebielle, Gaza, 70-71; Heider, Anspruch, 69.

ihn zurückgehe, seine Privatinitiative sei, für deren gesamte Finanzierung er Sorge getragen habe. Seine Verbindung zum Patriarchat war entsprechend lose und unverbindlich. Eines der Ergebnisse dieser »Unabhängigkeit« bestand darin, dass sowohl Deutsche wie Österreicher in ihm einen der ihren sahen.[298]

Die Missionsstation wurde im Herbst 1879 errichtet, als Gatts Gehilfe, ein maronitischer Priester namens Na'amatallah Dumith, nach Gaza kam und dort ein Haus anmietete. In diesem Haus wurde die Station in den ersten fünf Jahren betrieben. Parallel dazu begannen Gatts Mitarbeiter nach einem passenden Grundstück zum Kauf zu suchen. Die starke Konkurrenz von Seiten der Protestanten, die in der Stadt bereits vier Schulen und eine Apotheke betrieben, zwang Gatt, sich zunächst auf eine Spendensammlungsreise durch Europa zu begeben, ehe er sich selbst in Gaza niederlassen konnte. Die bescheidene Summe, die er schließlich von seiner Reise mitbrachte, 1.500 Francs, die er durch weitere 4.000 Francs aus persönlichen Ersparnissen aufstockte, ermöglichte es ihm, seine Pläne in die Tat umzusetzen. Der Patriarch wiederum empfahl ihn dem Vorstand des »Vereins vom Heiligen Grabe«, worauf Gatt nach und nach in den Genuss von Spendengeldern durch die verschiedenen Vereine in Deutschland und Österreich kam.[299]

Im Jahre 1880 erwarb Gatt für 2.500 Francs ein Stück Land von einem halben Hektar (fünf Dunam) mit Obstpflanzung und einer Quelle im Südwesten der Stadt. Doch mit dem Kauf sah er sich vor erneute massive finanzielle Probleme gestellt, da die tatsächlichen Kosten, die unter anderem durch Bakschischzahlungen und das Umfrieden des Grundstücks mit einer Mauer entstanden, mehr als den doppelten Kaufpreis ausmachten und sich auf rund 6.000 Francs summierten. Gatt blieb nichts anderes übrig, als sich abermals auf eine Sammlungsreise durch Europa zu machen. Seine Anfragen bei hochrangigen Kirchenvertretern im Vatikan stießen auf unterkühlte und enttäuschende Reaktionen, so dass er auf seiner gesamten Reise lediglich 10.000 Francs akquirieren konnte.[300] Bei seiner Rückkehr nach Gaza zwang in die Geldknappheit, seine beiden Mitarbeiter, den Geistlichen Dumith und einen einheimischen Lehrer, zu entlassen. Doch allem Anschein nach gelang es Gatt innerhalb kurzer Zeit, diese finanzielle Krise zu überwinden, da er in den Jahren 1882-1883 die Errichtung eines Gebäudes in der nordöstlichen Ecke des Grund-

298 Gatt, Bericht, 81-82; Carmel, Chronik 2, 326-327 (*Warte*, 25.3.1912).

299 Protokolle, 5.11.1879; Dumith/Gatt, Bericht; Gatt, Bericht, 82; Katholische Deutschland, 247.

300 Dumith/Gatt, Bericht, 173; Gatt, Bericht, 83, 87.

Georg Gatt vor seinem Missionshaus

stücks veranlasste, was rund 40.000 Francs verschlang. Das Gebäude war ein quadratischer, dreigeschossiger Bau, entworfen von dem aus Baden stammenden Baumeister Franz Sales Keller, dem späteren Gründer von Tabgha, der auch die Leitung des Baus übernahm. Das fertige Haus hatte fünfzehn Räume und eine improvisierte Kapelle.[301]

Doch nun stand Gatt vor einem Problem. Würde er »im üblichen Stil« – wie er es nannte – fortfahren und sogleich eine Schule und vielleicht auch noch ein Waisenhaus eröffnen, hätte er bald schon sein Geld bis auf den letzten Groschen ausgegeben. Daher entschied er sich, einen unkonventionellen Weg einzuschlagen und an seinem Ziel festzuhalten, eine Station für deutsche Geistliche zu errichten, die als Gemeindepriester in der Stadt arbeiten sollten. Die Missionsarbeit unter der Bevölkerung, für sich genommen schon eine schwierige und heikle Aufgabe, war für Gatt nur sekundär. Dies wird auch aus dem weiteren Verlauf seiner Tätigkeit ersichtlich, die in zunehmendem Maße einen ökonomischen, auf Zugewinn bedachten Charakter annahm. Denn zunächst einmal fuhr Gatt fort, Land zu erwerben. Die Fläche, die von Westen an den »Garten der Lateiner« angrenzte und auf der einige Gebäude standen, kostete ihn

301 Gatt, Ankauf, 81; ders., Kurzer Bericht, 88; Medebielle, Gaza, 73-75.

7.000 Francs und wurde zunächst auf den Namen eines Ortsansässigen eingetragen. Gatt hatte diese Fläche für die Errichtung einer Kirche und einer Schule vorgesehen. Außerhalb der Stadt wurde zudem ein Stück Land von einem Drittel Hektar Größe erworben, auf dem Obstbäume gepflanzt werden sollten. Während Gatt sich 1882 in Europa aufhielt, erwarb Dumith, der wieder für ihn zu arbeiten begonnen hatte, für einen Betrag von »139 türkischen Goldmünzen« eine Fläche von zwei Hektar im Hafen von Gaza, der zum damaligen Zeitpunkt noch vollkommen außerhalb der Stadt gelegen war, in der Hoffnung, das Gebiet würde künftig zum Bau von Hafengebäuden freigegeben, was seinen Wert zu steigern verspräche. Die Hälfte dieser Fläche, ein Hektar, kostete Gatt 2.500 Francs, wovon fünfzig Prozent an den englischen Konsularagenten in Gaza gingen, der Gatt bei verschiedenen Fällen behilflich gewesen war.[302]

Gatt sammelte Gelder aus jeder nur möglichen Quelle – von weltlichen und religiösen Mäzenen, von Vereinen und Privatpersonen in Deutschland, in Österreich und anderen Ländern. Tatsächlich entspannte sich seine finanzielle Lage und ermöglichte ihm, eines der alten Gebäude zu renovieren und in eine Kapelle umzuwandeln, die von einem aus Innsbruck stammenden Künstler unentgeltlich ausgeschmückt wurde. Mitte der 80er Jahre dann konnte Gatt bereits eine Knabenschule im Missionshaus eröffnen, das gleichzeitig auch als Hospiz für katholische Deutsche und Österreicher diente. Allein medizinische Dienstleistungen war ihm nicht gegeben anzubieten, weshalb er und seine Gemeinde in diesem Punkt vollkommen von der anglikanischen Missionsstation in Gaza abhingen, die sie kostenlos mitversorgte. Gatts Gemeinde bestand aus katholischen Arabern und auch aus einigen Familien, die aus der orthodoxen Kirche konvertiert waren, laut Gatt aus eigenem Antrieb und willentlich, ohne jegliche missionarische Tätigkeit seinerseits.

Die Karte von Gaza, die Gatt 1888 in der *ZDPV* mit Erklärungen versehen veröffentlichte, ist eines der wichtigsten Resultate seiner Forschungen. Auf der Karte ist im Südwesten der Stadt der *hakurat el-latin* verzeichnet, der »kleine Gemüsegarten der Lateiner«, und darin der *maqbarat el-latin* (Friedhof der Lateiner), der *dar el-latin* (Wohnhaus der Lateiner) und die *keniset umedresa el-latin* (Kirche und Schule der Lateiner).[303] Die umfangreichen Besitzungen, die Gatt in Gaza erworben hatte, blieben bis zu Beginn des 20. Jahrhunderts in seinem Besitz. Im

302 Gatt, Kurzer Bericht, 86-89; Ders., Bericht, 75-76; Medebielle, Gaza, 76; *HL* 33 (1889), 138.

303 Gatt, Plane.

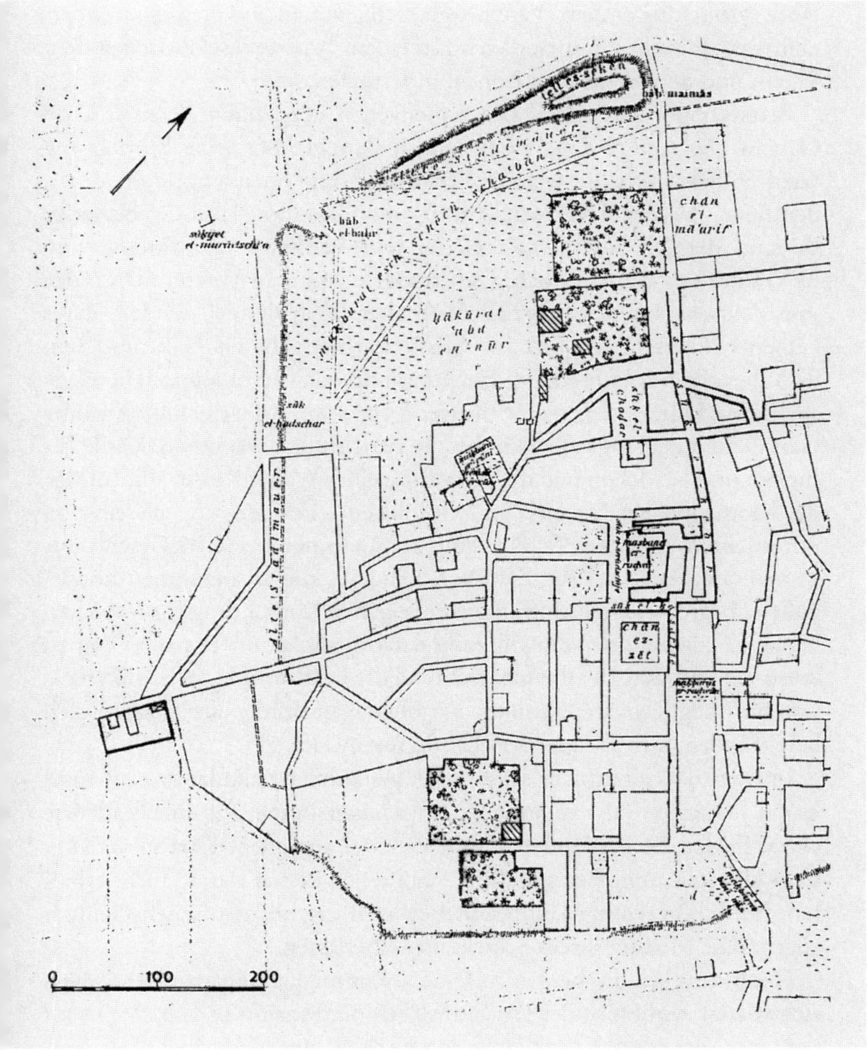

Georg Gatt: Karte von Gaza

Jahre 1910 schlug er dem »Verein vom Heiligen Lande« vor, diese zu übernehmen, worauf es in dieser Sache zu einem Briefwechsel zwischen dem Verein und dem deutschen Konsul in Jerusalem kam.[304]

Bereits 1896, nach dem Zusammengehen der beiden Vereine, hatte Gatt in *Das Heilige Land* einen langen Bericht über seine Einrichtung veröffentlicht, um die weitere Versorgung mit Spendengeldern durch den neuen Verein sicherzustellen, da »die Gründung und der bisherige Bestand der Mission Gaza zunächst ein Verdienst des Vereins vom hl. Grabe« sei. Ja mehr noch, Gatt forderte von dem Verein, man möge ihm deutsche Priester (ausschließlich aber Weltpriester!) senden, da es keinen bedeutsameren Ort für Missionsarbeit gebe als Gaza und sein dicht bevölkertes Hinterland, fruchtbar und reich an ökonomischen Perspektiven. Unter dem, was er dringend für seine Arbeit benötige, zählte Gatt den Bau einer großen Kirche, die Errichtung einer guten Schule für Jungen und Mädchen und die Schaffung eines Waisenhauses auf. Infolge des katastrophalen Mangels an Lehrkräften sei er gezwungen, selbst zu unterrichten, und zwar Schüler und Schülerinnen beiderlei Geschlechts gemeinsam. Auch sei die Zahl von Kindern, die er annehmen könne, äußerst begrenzt. Die Eröffnung einer eigenen Einrichtung für Mädchen hänge gänzlich an der Einwilligung der Borromäerinnen, nach Gaza zu kommen und dort zu arbeiten, während die Eröffnung einer Krankenstation nur möglich wäre, wenn die Barmherzigen Brüder aus Nazareth sich bereitfänden, ihre Tätigkeit im Lande auszuweiten.[305]

In finanzieller Hinsicht sei er, nach genauester Kalkulation, auf rund 4.000 Francs im Jahr angewiesen, ein kleiner Betrag für eine Stadt wie Gaza, in der die Engländer zehnmal so viel ausgäben. Und so verlangt Gatt klar und unmissverständlich: »Sollte ich diesen Betrag nicht erhalten, bin ich gezwungen, innezuhalten und die mit deutschen Geldern gegründete Mission ihrem Schicksal zu überlassen.«

Doch nun, da die beiden Vereine zusammengegangen waren, zeigte sich wieder »ein Stern der Hoffnung« für die Mission in Gaza.[306] Denn der neue Verein sollte Gatt nicht enttäuschen, zumindest nicht in finanzieller Hinsicht. Auch 1909 führte der Verein die Liste der Spender für seine Einrichtung mit einem Betrag von 58.000 Francs (der fortan jährlich um ungefähr 2.000 Francs anwuchs) an, gefolgt vom bayrischen »Ludwigsmissionsverein« mit 22.250 Francs. Demgegenüber erhielt Gatt aus Rom und vom Patriarchat nur lediglich 2.000 Francs. In den neun-

304 ISA, 305, verschiedene Dokumente.

305 Gatt, Bericht, 76-78 (Zitat 78).

306 Ebd., 77.

undzwanzig Jahren, in denen seine Einrichtung existierte, wurde Gatt mit insgesamt 162.500 Francs unterstützt.[307]

Gatt fuhr auch in der Folge fort, Grundstücke und Gebäude in Gaza zu erwerben. Auf einem der Grundstücke etwa erhob sich ein großes, zweistöckiges Gebäude mit einer Länge von vierzig Metern, in dem Gatt plante die Schule zu eröffnen. Doch zum Zeitpunkt seines Berichts 1909 war Gatt bereits sechsundsechzigjährig und hatte vierzig Jahre Tätigkeit in Palästina, davon dreißig Jahre in Gaza, hinter sich. Erschöpft und auch ein wenig deprimiert schrieb er, seine Kraft sei aufgebraucht und es gälte auch denjenigen, die nach ihm kämen, noch etwas tun zu lassen.[308] Dennoch ging Gatt noch in jenem Jahr eine Partnerschaft mit einem Deutschen namens Jakob Schmid[309] ein, der über Erfahrung mit dem Betrieb von Dampfmaschinen und über technisches Wissen verfügte. Gemeinsam erwarb man die einzige Kornmühle im Bereich der Stadt Gaza und plante, zudem zwei der drei im Umkreis der Stadt gelegenen Mühlen zu kaufen. Das Getreidemahlen sollte zu einem Geschäftszweig ausgebaut werden, der einen Teil der Kosten der Mission decken würde. In Ashdod, an der Küste nördlich von Gaza, erwarben Gatt und Jakob Schmid eine weitere Fläche mit zwei Obstplantagen, einem neuen zweigeschossigen Gebäude mit acht Zimmern, einem Brunnen mitsamt Pumpe sowie einem großen Gebäude, in dem sich eine dampfbetriebene Kornmühle befand. Der Gesamtpreis betrug 45.000 Francs, wovon Gatt zwei Drittel aufbrachte.[310]

Zum Ende jenes Zeitraums, mit dem sich dieses Buch befasst, gebot Gatt über erheblichen Besitz in Gaza und Ashdod und plante bereits die Errichtung von Missionsniederlassungen an weiteren Orten, darunter Beer Sheva und el-Arish. Doch von all den Aufgaben, um derentwillen die Missionsstation in Gaza ursprünglich errichtet worden war, erfüllte sie nur wenige. Genau genommen diente sie fast nur als religiöses Zentrum mit angeschlossener kleiner Knabenschule. Auf jeden Fall entbehrt es jeglicher Grundlage, ihre Arbeit mit jener der englischen »Church

307 Ders., Kurzer Bericht, 84-86.

308 Ebd., 88; ders., Ankauf, 81-82.

309 Über diesen selbst liegen mir keine Informationen vor, doch gab es eine Templer-Familie namens Schmidt, die in Gaza ansässig war.

310 Kurzer Bericht, 90-91; Medebielle, Gaza, 76. 1912 befanden sich zwei Mühlen in Gaza in ihrem Besitz (Carmel, Chronik 2, 327). Auf seiner Karte hat Gatt außerhalb der Stadtmauern von Gaza ein *beit al-babur* – ein Haus der Dampfmaschine – verzeichnet, was eine Mühle meint. Und im Süden seines Anwesens ist eine Fläche eingezeichnet mit der Bezeichnung *hakurat el-hadad* – Garten des Schmieds.

Missionary Society« (CMS) in Gaza zu vergleichen, die 1907 vor Ort eine Schule mit über zweihundert Schülern und ein Krankenhaus betrieb. In diesen beiden Einrichtungen wurden »sieben aus Britannien gebürtige Missionare« beschäftigt.[311]

Bereits zum Ende des ersten Jahrzehnts des 20. Jahrhunderts begann Gatt Kontakte aufzunehmen, deren Ziel darin bestand, seinen gesamten Besitz dem »Verein vom Heiligen Land« zu übertragen. Doch dieser beugte sich dem Druck des Patriarchen, der die Missionsstation in Gaza für seine Diözese forderte. Die Kontakte mit dem Verein waren schon so weit gediehen, dass auf konsularischer Ebene die Umschreibung im Grundbuch vorbereitet wurde. Der deutsche Konsul riet sogar, die Verhandlungen zu beschleunigen und zu einem Ende zu bringen, ehe Gatt, der im Grundbuch eingetragene rechtmäßige Eigentümer, seine geplante Reise nach Deutschland anträte, eine Reise, die aufgrund seines fortgeschrittenen Alters als gefährlich eingestuft wurde.[312] Der Erste Weltkrieg trug das seine zur Unentschlossenheit des alten Priesters bei, an der allerdings auch der Patriarch nicht unerheblichen Anteil hatte. Im März 1915 kehrte Gatt nach Jerusalem zurück mit dem Ziel, dort die Kriegsjahre zu verbringen. Seine Bitte, im Jahre 1920 nach Gaza zurückkehren zu dürfen, wurde abschlägig beschieden. 1924 verstarb er in Jerusalem.[313] Was jedoch seine Missionsstation in Gaza anbelangt, so hat es den Anschein, der Verein, der in der Zwischenzeit mit dem Abschluss der gewaltigen Projekte in Jerusalem befasst war, mit der Erweiterung des Anwesens in Tabgha und der Entwicklung von Emmaus-Kubeibe, habe es letztendlich vorgezogen, auf diese für ihn zweitrangige Einrichtung zu verzichten.

»Aber nach allem ein schöner Anfang«
»Regina Angelorum« und die Borromäerinnen in Jerusalem

Die Borromäerinnen waren es, auf deren Initiative hin die letzte deutsch-katholische Einrichtung in Jerusalem vor dem Besuch Wilhelms II. entstand, eine Einrichtung, die in keinerlei Weise an den »Verein vom Heiligen Lande« gebunden war. Verständlich, dass auch diese Ordensgemeinschaft ihr eigenes Zentrum in der Stadt errichten wollte, denn, wie

311 Gatt, Kurzer Bericht, 90-91; Eliav, Britain, 346.
312 Ebd. Mehrere der Dokumente in ISA, 305 (S. 79ff) befassen sich mit Gatts Besitz und dessen Übertragung an den Verein. Siehe auch Cramer, Jahrhundert, 108.
313 Medebielle, Gaza, 78-79.

es ihre Chronik begründete, »auch in Jerusalem gibt es Ziele für die Arbeit, die nicht an das Hospiz gebunden sind«, womit das deutsche katholische Hospiz gemeint war, in dem die Borromäerinnen seit 1886 tätig waren. Die Schwestern wollten ein Altenpflegeheim nach dem Beispiel einer ähnlichen Einrichtung errichten, die zwei Jahre zuvor in Alexandria gegründet worden war, allerdings mit zusätzlichen wohltätigen Aufgaben und Krankenpflege »nach Bedarf«.[314] 1898 jedoch schrieb Elisabeth Kummer, die Oberin des Ordens in Jerusalem (1894-1921), die Einrichtung sei geschaffen worden, um die Templer zum wahren Glauben zurückzuführen! Sprich zum Zwecke der katholischen Mission unter den Bewohnern der Templerkolonie in Jerusalem.[315] Doch die Borromäerinnen hatten sich zuvor noch nie mit Missionsarbeit abgegeben, da sich ihr gesamtes Wirken auf Wohltätigkeit und vor allem auf Altenpflege konzentrierte. Die neue Einrichtung nahm Angehörige aller Nationalitäten und Religionen auf, denn die Bedingungen lauteten »Alter von wenigstens sechzig Jahren oder Arbeitsunfähigkeit sowie die Verpflichtung zu einem angemessenen Lebenswandel.«[316]

Großen Anteil an der Initiative hatte Patriarch Piavi, doch derjenige, der das Unternehmen letztendlich in Gang brachte, war Martin Chwaliszewski (1838-1901), ein polnischer Geistlicher im Dienste des Patriarchats. Er diente in Palästina als Leiter des Priesterseminars des Patriarchats, welches den Borromäerinnen sogar die Miete für das erste Jahr stellte und ihnen half, verschiedene Schwierigkeiten zu überwinden.[317]

Im Oktober 1893 bezogen drei Schwestern der Borromäerinnen die Räume, die im Haus von Christian Imberger (1850-1918) angemietet worden waren, einem Bewohner der Templerkolonie in der Emeq-Refa'im-Straße. Nach einem Jahr pachteten die Borromäerinnen ein Grundstück, auf dem ein Wohnhaus und mehrere Hilfsgebäude standen. Das Grundstück gehörte Abraham Fast (1843-1928), der zum damaligen Zeitpunkt gerade mit der Errichtung seines großen Hotels unweit des Mamillabeckens beschäftigt war und innerhalb kürzester Zeit Geld benötigte, weshalb er sein Anwesen veräußern und den Pachtvertrag beenden wollte. Ein russischer Staatsangehöriger, der allem Anschein nach auch an weiteren Bodengeschäften mit den Borromäerinnen beteiligt war, darunter

314 Bericht Alexandrien, 26-27; Vierzig Jahre, 20-22; Barl, Geschichte, 12; Katholische Deutschland, 219.

315 Kummer an den Kaiser, Jerusalem, 9.11.1898, ISA, 293; siehe auch Thalmann, Influence, 40-41.

316 Auswärtiges Amt, Berlin, 9.10.1902, ISA, 293.

317 Niederlassung; Jelitzka, 100 Jahre, 17.

Grundstücke bei Beit Safafa und in Bethlehem, war es, der den Schwestern das Gebäude zum Kauf anbot, worauf das Mutterhaus in Alexandria unter größten Mühen die nötigen Gelder mobilisierte. Das Gebäude und die Fläche, auf dem es stand, wurden in mehreren Stufen erworben, und 1896 waren die Borromäerinnen schließlich Eigentümerinnen des Anwesens.[318]

Offenbar stießen die Schwestern bei ihrer Arbeit auf zahlreiche Schwierigkeiten. Dennoch beharrten sie darauf, keinerlei Verbindung zum »Verein vom Heiligen Lande« und dessen Vertretern in Jerusalem herzustellen, und »hüteten sich Deutsche an sich heran zulassen, die die deutsch-katholische Arbeit repräsentieren«, wie Schmidt es ausdrückte. Daher, so schrieb der über diese Entfremdung erzürnte Direktor des deutschen Hospizes 1898, hätten sie bislang auch nichts erreicht, sei alles, was die Schwestern versucht hätten, missglückt: Die Schule habe aufgehört zu existieren, die Existenz des Altenheims sei nicht zu spüren und zwischen ihnen und der Templerkolonie oder der Bevölkerung ihrer Umgebung bestünde keinerlei Kontakt.[319]

1896 hatten die Borromäerinnen den Erwerb der Fläche und der Gebäude abgeschlossen, doch innerhalb kurzer Zeit sollte sich zeigen, dass diese für ihre vorgesehene Bestimmung schon nicht mehr ausreichend waren. Die Oberin nutzte den Besuch des Kaisers, um Hilfe zum Erwerb einer zusätzlichen Fläche zu erbitten. Das Auswärtige Amt indes benötigte dreieinhalb Jahre, um einen positiven Bescheid dieser Bitte zu empfehlen. In der Zwischenzeit wurde die Einrichtung nicht erweitert. Die Schwestern widmeten sich der Pflege von Kranken, eröffneten eine kleine Apotheke, die Arzneien kostenfrei abgab, und kümmerten sich um die Bewohner des kleinen Altenstifts. Im Jahre 1902 bestand die ganze Einrichtung aus vier Schwestern und acht Bewohnern, die nicht zwangsläufig Katholiken waren.[320]

Im selben Jahr äußerten die Templer den Wunsch, das Gebäude zu erwerben, in dem diese katholische Einrichtung untergebracht war. Im Gegenzug boten sie eine deutlich größere Fläche an, die an ihre Kolonie an der Bethlehem-Straße angrenzte. Zudem boten sie eine Zahlung in

318 Leiter der deutschen Palästinabank, Haifa, 10.6.1912, ISA; Vierzig Jahre, 27; Niederlassung; Jelitzka, 100 Jahre, 17-18.

319 Schmidt an das deutsche Konsulat, 1.12.1898, ISA, 293; Auswärtiges Amt an das Konsulat in Jerusalem, Berlin, 9.10.1902, ISA, 293, J. No. 1744.

320 Kummer an den Kaiser, 9.11.1898, ISA, 293; Auswärtiges Amt an das Konsulat in Jerusalem, Berlin, 9.10.1902, ISA, 293; Bericht des Konsulats an das Auswärtige Amt, Jerusalem, 13.5.1902, ISA, 299.

Greisenasyl „Maria, Königin der Engel“
in Jerusalem. 2.
Greisen

Höhe von 6.000 Mark für die höherwertige Fläche und das Gebäude der Schwestern an. Diese sahen in der Offerte eine Gelegenheit, ihre Einrichtung entscheidend zu vergrößern, und stimmten dem Geschäft zu, obgleich sie zu jenem Zeitpunkt über nicht mehr als zehn Prozent jener 80.000 Mark verfügten, die voraussichtlich für die Errichtung eines Gebäudes auf dem neuen Grundstück aufzubringen waren. Das Geschäft wurde Anfang 1903 abgeschlossen. In den darauf folgenden zwei Jahren wurde die neue Einrichtung erbaut, und bis dahin verblieben die Borromäerinnen zur Miete in ihren bisherigen Gebäuden. Am 1. Januar 1905 bezogen sie das noch unvollendete neue Gebäude,[321] das jedoch genug Raum bot, die Anzahl der betreuten Senioren zu vergrößern, ein Asyl für bedürftige Kinder aus der Umgebung zu eröffnen und eine Mädchenklasse. Das Gebäude war sehr einfach gehalten, rechteckig, zweigeschossig, mit Pfannendach und von einer Mauer umgeben. Es war geprägt durch eine Vielzahl bogenförmiger Fenster an allen Seiten.

Mit dem Umzug ergaben sich Probleme bei der Abgabenzahlung. Der umfangreichen, im israelischen Staatsarchiv aufbewahrten Korrespondenz ist zu entnehmen, dass das Grundstück Anfang 1905 noch immer auf den Namen einer Privatperson eingetragen war, eines Polen russischer Abstammung namens Orlov, weshalb die Schwestern verpflichtet waren, Abgaben an die Behörden zu leisten. Die Oberin wandte sich daraufhin an das Konsulat in Jerusalem in dem Versuch, eine Freistellung von der Zahlungsverpflichtung zu erhalten, ein Privileg, das der Einrichtung der Borromäerinnen ebenso wie jeder anderen wohltätigen Einrichtung in der Stadt zustand. Nach einigen Monaten gelang es den Schwestern, die Besitzung auf ihren Namen überschreiben zu lassen, doch die ersehnte Steuerbefreiung ließ weiter auf sich warten.[322] Es entspann sich ein jahrelanger Rechtsstreit zwischen der Oberin des Klosters und jenem Orlov, der zunächst noch nicht einmal ausfindig zu machen war. In dem Verfahren wurden auch weitere Grundstücke berührt, die die Borromäerinnen in Beit Safafa und in Ein Karem besaßen.

Wir haben es hier also mit einer Einrichtung zu tun, die vollkommen losgelöst vom Verein existierte, wobei die Schwestern größten Wert darauf legten, diese Nichtabhängigkeit zu wahren. Auch die Spenden, die sie trotz allem durch den Verein erhielten, fielen klein und eher zufällig aus. Genau genommen spendete der Verein im Verlauf des gesamten ersten Jahrzehnts des 20. Jahrhunderts ein einziges Mal, und zwar 1905, dem

321 Ebd.; Niederlassung, 132; Vierzig Jahre, 22-23; Jelitzka, 100 Jahre, 19-20.
322 Marschall an Konsul Schmidt, Perra, ISA, 293, J. No. 259, 20.1.1909, J. No. 406, 21.2.1909 und zahlreiche andere Schriftstücke in derselben Akte.

Jahr des Baus, die bescheidene Summe von 1.000 Mark und dann noch einige hundert Mark bei anderen Gelegenheiten. Die Einrichtung in Jerusalem erhielt erst in den 20er Jahren einen erneuten Entwicklungsschub, als das »Provinzial-Mutterhaus« des Ordens von Alexandria dorthin verlegt wurde.

Das bayrisch-österreichisch-italienische Krankenhaus in Nazareth

Im Unterschied zu den meisten in diesem Buch behandelten Einrichtungen ist die Geschichte des Krankenhauses am nordöstlichen Stadtrand von Nazareth bereits Gegenstand einer Studie und Veröffentlichung geworden. Dafür ist Norbert Schwake zu danken, einem Mediziner, der der Ärzteschaft des Krankenhauses mit der heutigen Bezeichnung »Italienisches Hospital der heiligen Familie« angehörte und unter den Forschern, die sich mit der Geschichte Palästinas im 19. Jahrhundert beschäftigten, durch seine umfangreiche Publikation über die Krankenhäuser in Jerusalem bekannt ist.[323]

»Die Gründung des so genannten österreichischen Hospitals in Nazareth«, so beginnt Schwake seine Ausführungen, »war ein Glanzstück im Mosaik der politischen und religiösen Machenschaften des späten 19. Jahrhunderts in Palästina.«[324] Tatsächlich spiegelt die ganze Geschichte dieses Krankenhauses Einzelinitiativen und persönliche Grabenkämpfe wider, die ihren Ursprung in der Rivalität und Feindschaft unter den verschiedenen katholischen Gruppierungen hatten, die in jenem Zeitraum in Palästina tätig waren. Die erste Gruppe waren die Österreicher. Sie errichteten ihr Hospital in Tantur mit Unterstützung des habsburgischen Monarchen Franz Josef I. (1830-1916), der den Titel »König von Jerusalem« trug und gewiss nicht erfreut über die Tatsache gewesen sein dürfte, dass die Preußen ihm zuvorgekommen waren und das Gelände des Muristans in Jerusalem übernommen hatten. Denn der preußische Kronprinz war auf seinem Weg zur feierlichen Eröffnung des Suez-Kanals durch Palästina gereist, während der österreichisch-ungarische Monarch erst nach der eigentlichen Zeremonie dort eingetroffen war und nur noch neidvoll den diplomatischen Erfolg der Preußen zur Kenntnis nehmen konnte.[325]

323 Schwake, Entwicklung; ders., Hospital; ders., Austrian Hospital.

324 Ebd., 281.

325 Ebd. Zum österreichischen Hospital siehe Stransky, Tantur; zum Besuch siehe Böhler, Kaiser.

Graf Bernard von Caboga-Cerva, der energische und umtriebige österreichische Konsul in Jerusalem, sah in dem Krankenhaus in Tantur so etwas wie ein privates Unternehmen und behandelte es als »sein« Hospital. In den ersten Jahren war die Einrichtung in ihrer Reichweite und Arbeit äußerst bescheiden. Der gesamte Betrieb wurde durch den Malteserorden bestritten, zu dessen stolzen Mitgliedern Caboga zählte, ja damit sogar prahlte. Erst 1879 begann er, die Hilfe eines anderen Ordens in Anspruch zu nehmen, der sich der Krankenpflege verschrieben hatte, und zwar des »Order of the Charity for the Service of the Sick«, der auch die Bezeichnung »Barmherzige Brüder vom hl. Johannes von Gott« trug, da er 1537 durch den Heiligen Johannes von Gott (1495-1550) in Spanien gegründet worden war. Die Mitglieder dieser Ordensgemeinschaft verpflichteten sich per Gelübde, ihr Leben der Krankenpflege zu weihen. Im 19. Jahrhundert war der Orden bereits der bedeutendste seiner Art in Europa. Der Orden hat verschiedene populäre Bezeichnungen in den Ländern erhalten, in denen er auch heute noch tätig ist, wie etwa die der »Barmherzigen Brüder« im deutschsprachigen Raum.[326] Die Vertretung des Ordens im Heiligen Land in den 70er Jahren des 19. Jahrhunderts umfasste allem Anschein nach drei Ordensbrüder und Mediziner, die, den eigenen Quellen zufolge, Kranke unter den Beduinen im Gebiet von Bethlehem, von Jericho und Gaza pflegten. Zwei dieser Männer waren Bayern: Otmar Mayr, ein Arzt und Apotheker, und Philipp Benitius Wagner, Arzt und Chirurg. Beide hatten am Krieg gegen Frankreich im Jahre 1870 teilgenommen und eine tiefe Aversion gegen das Land und gegen alles, was es repräsentierte, entwickelt und pflegten entsprechend ihren deutschen Nationalismus. Die Zusammenarbeit mit Caboga ward innerhalb eines Jahres beendet, aus Gründen, die in den Quellen als »Missverständnisse« definiert wurden.[327]

Mayr, der Tantur im Dezember 1880 verlassen hatte und nach Rom zurückgekehrt war, ließ jedoch nicht von seinen Versuchen ab, ein eigenes Krankenhaus in Palästina zu errichten. Der lateinische Patriarch torpedierte zwar seine Absicht, ein solches in Bethlehem zu eröffnen, doch im Herbst 1881 kehrte Mayr alleine zurück, ausgestattet mit eine erklecklichen Summe, welche er für die Gründung eines Hospitals in Nazareth vorgesehen hatte. Das Geld stammte aus einer zweckgebundenen Spende Rudolph Franz Karl Josephs (1858-1889), des österreichischen Kronprinzen, der während seines Besuches in Nazareth im Verlauf seiner Palästinareise 1881 einen schweren Malariaanfall erlitten und dabei gewiss er-

326 Cross, Dictionary, 749; Dgani, Churches, 181; Schwake, Hospital, 281-282.
327 Ebd., ders., Austrian Hospital, 81-83; Eliav, Österreich, 267-268.

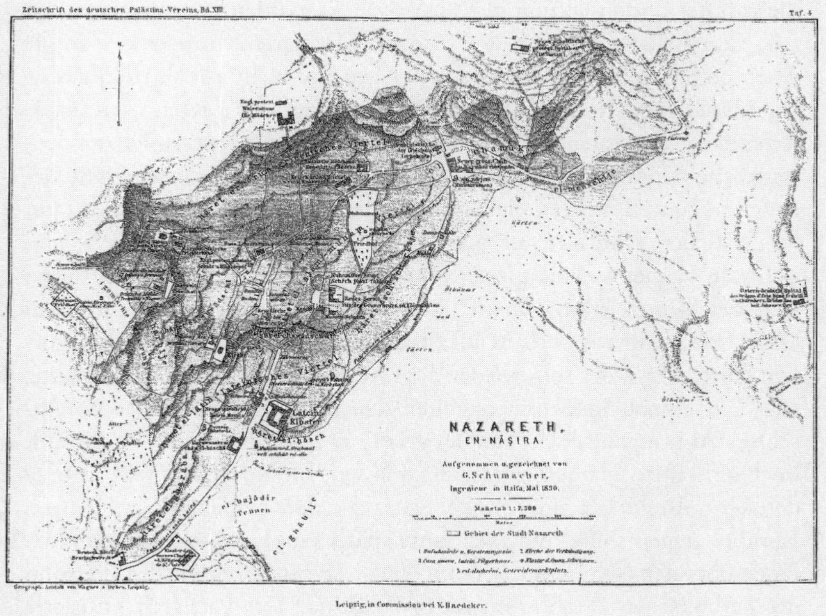

fahren hatte, wie dringend erforderlich eine solche Einrichtung in der Stadt war.[328] Bislang hatte es nur jene bescheidene anglikanische medizinische Einrichtung von Dr. P. Kaloost Vartan (1835-1908) gegeben, einem armenischen Arzt und Mitglied der *Edinburgh Medical Missionary Society*, der bereits 1861 nach Nazareth gekommen war.[329] Mayr mietete ein Haus im Stadtzentrum, unweit der Einrichtung Vartans, und eröffnete dort eine Praxis, brach jedoch nach einigen Monaten erneut zu einer Spendensammelreise nach Europa auf. Diesmal kehrte er mit einer entsprechenden Summe zurück, gespendet von verschiedenen Körperschaften, darunter auch der »Verein vom Heiligen Grabe«.[330] Im Frühjahr 1882 eröffnete Mayr offiziell sein Hospital, das zunächst über sechs Betten

328 Böhler, Rudolph, 220.

329 Zur medizinischen Geschichte Nazareths siehe Tobler, Nazareth, 266-280; Bar-El/Levy, Beginning, 96-98; Levy, History, 308-311.

330 Der Verein gewährte »Bruder Othmar in Nazareth« einen Betrag von 800 Mark im Jahre 1883 (Protokolle, 3.1.1883) und erneut 1884 (ebd., 19.2.1884).

verfügte, ehe im Juli desselben Jahres zwei Ordensbrüder zu ihm stießen, die von der Ordensleitung in Rom geschickt worden waren. Zum einen sein alter Freund Wagner, der in der Zwischenzeit von seiner Familie einen Betrag von 18.000 Mark geerbt hatte und nicht nur als wohlhabender Mann, sondern auch als ranghöchster unter den Ärzten nach Nazareth geschickt worden war; und zum anderen ein Ordensbruder, der dem französischen Ableger der Gemeinschaft angehörte und dessen Stationierung in Nazareth unterstreichen sollte, dass das neue Krankenhaus unter französischen Schutz gestellt war.

Doch Wagner verstarb plötzlich und überraschend im September 1882, nur drei Monate nach seinem Eintreffen in Nazareth, nachdem er ein Grundstück von 205 Dunam auf einer Erhebung östlich der Stadt erworben hatte. Mayr, der nun wieder die Leitung der Einrichtung innehatte, stieß auf erhebliche Schwierigkeiten dabei, das Kaufgeschäft zum Abschluss zu bringen, doch letztlich gelang es ihm, die Fläche im Grundbuch auf seinen Namen eintragen zu lassen. Im November 1882 legte er den Grundstein für ein Krankenhaus, das den Namen »Zur Heiligen Familie« tragen sollte und zwei Jahre später eingeweiht werden konnte. Doch über den gesamten Zeitraum blieb Mayr so etwas wie der Stiefsohn des katholischen Establishments in Palästina: Der Patriarch kritisierte ihn fortwährend und schenkte seinen Berichten keinen Glauben, während in der Einrichtung selbst der verbissene Kampf zwischen Mayr und dem französischen Ordensbruder andauerte, der die Gesellschaft der Franziskaner in Nazareth vorzog. Diese ihrerseits versuchten wiederholt, Mayr und seine Unternehmung zu Fall zu bringen. Sie beklagten sich immer wieder bei der Leitung seines Ordens in Rom über ihn und taten alles in ihrer Macht stehende, ihm das Leben schwerzumachen und ihn zu bewegen, Nazareth »aus eigenem Antrieb« zu verlassen. 1888 dann verstarb das Oberhaupt des Ordens in Rom, der ein Mentor Mayrs gewesen war. Sein Nachfolger beeilte sich, einen Gesandten nach Palästina zu schicken, um die Vorkommnisse in Nazareth einer Prüfung zu unterziehen. Zu allem Unglück verstarb dieser kurz nach seiner Ankunft in Haifa. Die Franziskaner beschlossen, auf keinen Fall länger zu warten, und lauerten am Sonntag, dem 13. Februar 1889, Mayr auf, als dieser zum Gebet in ihre Kirche kam, griffen ihn an, schlossen ihn in einem Raum ein, verprügelten ihn und schickten ihn verwundet und geschunden wie er war nach Haifa.[331] Die Einrichtung ging an die Franzosen über, und der französische Ordensbruder blieb noch bis 1893 in Nazareth, um »das ge-

331 Carmel, Chronik 2, 120-123 (*Warte*, 21.2.1889).

schlossene Krankenhaus zu leiten«.[332] Trotz des wiederholten Versuche des Ordens, dauerhaft einen Leiter für die Einrichtung zu berufen, sollte es keinem der Ordensbrüder gelingen, vor Ort Fuß zu fassen.

Im Juni 1893 ging das Krankenhaus in die Zuständigkeit des österreichischen Ordenszweigs über, der kurz zuvor wieder begonnen hatte, mit den Maltesern in Tantur zu kooperieren, womit der deutsche Abschnitt in der Geschichte des Krankenhauses endete. In den Jahren 1893 bis 1907 wurden dort 2.490 Kranke behandelt, die in den Genuss kostenloser medizinischer Versorgung kamen.[333] Das Krankenhaus blieb bis zum Ende des Ersten Weltkriegs in jenem von Mayr erbauten Gebäude. Ab 1920 diente es über fast vier Jahrzehnte als österreichisches Hospiz, ehe es in seine ursprüngliche Funktion zurückgeführt wurde, und bis auf den heutigen Tag wird es als »Krankenhaus der heiligen Familie« durch eine italienische Ordensgemeinschaft betrieben.

Die neue Siedlungsmethode

Die Ansiedlung in Migdal am Ufer des Sees Genezareth

Wie auf den Generalversammlungen des Vereins üblich, wurde auch auf der Versammlung in Paderborn am 29. November 1908 ein Bericht über das Geschehen in Palästina vorgelegt. Der Generalsekretär, zum damaligen Zeitpunkt der Geistliche Ludwig Richen, referierte über den Fortschritt der Einrichtungen im Lande. Er wusste bei dieser Gelegenheit interessante Neuigkeiten vorzutragen: Am 15. April 1908 seien die ersten Siedler im Lande eingetroffen, die für die Kolonie deutscher Arbeiter und Handwerker in Magdala am Ufer des Sees Genezareth bestimmt seien.[334]

Es war dies ebenfalls keine Initiative des Vereins. Auch findet sich in *Das Heilige Land* kein Hinweis auf irgendwelche Zahlungsanweisungen für dieses Ziel. Die Ansiedlung erfolgte auf Betreiben einer Gruppe katholischer Persönlichkeiten in Deutschland, unter ihnen einige Mitglieder von Fürstenhäusern. An der Spitze dieser Gruppe stand Fürst Wilhelm Karl von Urach (1864-1928), ein Mitglied des württembergischen Königshauses, der 1899 zu den Mitbegründern der »Gesellschaft zur Förderung der deutschen Ansiedlungen in Palästina« in Stuttgart gezählt hatte, sowie der Wilhelm Fürst von Hohenzollern-Sigmaringen (1864-1927). Zu

332 Schwake, Hospital, 285.

333 Geschichte des Klosters.

334 Generalversammlung Paderborn, 54; *HL* 52 (1908), 824.

den Mitgliedern der Gruppe zählte auch Bischof von Keppler.[335] Man organisierte sich und sammelte Geld für die Errichtung einer deutschen Ansiedlung in Palästina. Zu ihrem Repräsentanten und Geschäftsführer wurde der aus Biberach stammende Priester Franz Joseph Vogt ernannt. Vogt wiederum trat in Kontakt zu Rudolph Lendle, einem Deutschen, der bereits seit vierzehn Jahren in Palästina ansässig war, in Nazareth wohnte und dort eine Herberge betrieb, jedoch auch ein kleines Grundstück in der Gegend von Magdala besaß.[336] Vogt erhielt den Auftrag, Land für die Ansiedlung zu erwerben und danach die Kolonisten zu beraten, ihnen zu helfen und sie gegenüber den Behörden zu vertreten. Ende 1906 konnte von einer Großgrundbesitzerfamilie in Akko, den Zaki Bey Bedoun, ein großes Grundstück erworben werden, das in Gänze im Grundbuch auf den Namen Lendles eingetragen wurde.[337]

Die Deutschen verfolgten ein doppeltes Ziel: Die Errichtung einer deutsch-katholischen Kolonie auf einem Areal, das für die Güte seiner Böden bekannt war und über eine Fülle von Wasserquellen verfügte, und das Ausfindigmachen des Grabs von Maria Magdalena, um dort ein Kloster zu erbauen. Die Bedeutung von Magdala für die christlich-biblische Geographie war klar, da unter den Forschern Einigkeit darüber herrschte, dass die Stätte als Geburtsort von Maria Magdalena zu identifizieren sei, wobei ein Teil der Forscher dort sogar die Ortschaft Dalmanutha ausgemacht zu haben glaubte, die ebenfalls im Zusammenhang mit Jesu Wirken am See Genezareth Erwähnung findet.[338]

Der Bericht auf der Generalversammlung des Vereins in Paderborn erfolgte mit ein wenig Verspätung, da die ersten Kolonisten, zehn Einzelpersonen und eine Familie unter Führung Lendles, bereits im Frühjahr 1907 an dem Siedlungsplatz eingetroffen waren. Lendle galt als derjenige, der das Grundstück erworben hatte und verantwortlich war, es an die Siedler weiterzuverkaufen. Den ersten Kolonisten – den »Pionieren« –

335 Hatzer, Kolonie; verschiedene Schriftstücke in ISA, 1729. Zu der Gesellschaft zur Förderung deutscher Ansiedlungen in Palästina siehe Carmel, Siedlungen, 170-173; Sauer, Tempelgesellschaft, 88-93.

336 Kendler aus Haifa an Vogt, 29.7.1909, ISA, 1728, 28 und weitere Dokumente dort; Hatzer, Kolonie, 78-79.

337 Es liegen keine Information über die genau Größe des Grundstücks und die Höhe des Kaufpreises vor. Jüdische Siedler erwarben später von den Deutschen 5.465 Dunam (rund 2.100 Morgen), und dies nach Maßgabe einer Vermessung, die 1908 durchgeführt wurde (Warburg an Tschlenov, 12.7.1909, Schreiben an Notar Schechtel, 30.11.1911, ZZA, L1/142). Katz (Migdal, 136) behauptet, der Name der Eigentümerfamilie sei Bedoum gewesen.

338 Kopp, Sites, III, 344-350; Sickenberger, Dalmanutha; Katz, Migdal, 136.

war ein Morgen zu einem Preis von siebzig Mark versprochen worden, wobei jeder berechtigt war, entweder 25, 50 oder sogar 100 Morgen zu erwerben. Die Hälfte dieser Fläche sollte in der Ebene und die andere Hälfte über die Hügel erstreckt liegen. Die Siedler mussten ein Viertel des Kaufbetrags in bar zahlen und sich verpflichten, den Rest über zwölf Jahre bei einem Zinssatz von vier Prozent zu tilgen. Jeder Kolonist erhielt zudem einen halben Hektar (zwei Morgen) umsonst für ein Wohnhaus mit umliegendem Garten.[339]

Die Kolonisten errichteten zunächst drei kleine Wohnhäuser auf dem Hügel, um sich von dem heißen und malariaverseuchten Seeufer zu entfernen. Parallel dazu begannen sie mit Grabungen zur Lokalisierung der historischen Stätte, die rund ein Jahr in Anspruch nahmen. Als die Stätte gefunden war, wurde eine Mauer darum errichtet. Die von der Mauer umfriedete Fläche betrug rund vierzig Dunam (gut 16 Morgen) und war für die Errichtung des Klosters vorgesehen. Der Großteil der übrigen Ländereien wurde zur landwirtschaftlichen Bebauung an die arabischen Bewohner des Dorfes Majdal verpachtet.[340]

Die Deutschen hatten die Schwierigkeiten des Klimas und das Problem der Malaria vorausgesehen und sich deshalb wie erwähnt auf der Anhöhe niedergelassen. Ihr Ziel war die Errichtung einer Kolonie von fünfzig Familien, wobei sie voller Hoffnung waren, dass nach den Bauern bald schon Handwerker eintreffen würden. Doch die Realität machte ihnen schnell einen Strich durch die Rechnung. Sie sahen sich mit drei Hauptschwierigkeiten konfrontiert. Die Lebensbedingungen in der Umgebung des Sees waren härter, als sie erwartet hatten. Eine der Quellen dokumentiert, drei der Kolonisten seien schon früh an Malaria gestorben. Schnell kam es zu einem akuten Mangel an Bargeld, und bereits im März 1908 veröffentlichte die Korporation einen dringlichen Aufruf an Geistliche in ganz Deutschland, Gelder zugunsten der Kolonie zu sammeln, »um Ausrüstung und Vieh zu erwerben, Wege anzulegen, Kanäle und Häuser zu bauen«. Schließlich kam es auch noch zu Zerwürfnissen und Reibereien bei der »inneren Organisation«, die aus dem unklaren Verhältnis der vier in der Kolonie tätigen Parteien untereinander rührten: Der Korporation, Vogt, Lendle und den Siedlern. Im Frühjahr 1909 verließ die Mehrzahl der Kolonisten Magdala. Nur zwei von ihnen blieben, und Lendle begann, nach einem Käufer oder Pächtern für das Anwesen zu suchen.[341]

339 Hatzer, Kolonie, 78-79. Siehe auch die Dokumente in ISA, 1728.
340 Bericht 28 an das Konsulat in Haifa, 23.4.1909, ISA, 1728.
341 *HL* 53 (1909), 220.

Es war naheliegend, dass verschiedene christliche Akteure Interesse an dem Ort bekundeten. Die Fläche um das Grab verpachtete Lendle an die Franziskaner, die das Grundstück später als ihr Eigentum betrachten und ein Kloster dort errichten sollten. Auch die Trappisten aus dem Kloster Marienstern in Bosnien, die sich bereits 1891 in Latrun angesiedelt hatten, schickten einen Repräsentanten, der sich in Tabgha einquartierte und über einen Kauf des Anwesens zu verhandeln begann. Doch sie kamen zu spät. Bei einer zufälligen Begegnung in Haifa hatte Lendle Joseph Treidel (1876-1929), einem Ingenieur und diplomierten Landvermesser, der im Dienste der *zionistische Organisation* tätig war, von der zum Verkauf stehenden Parzelle erzählt, und dieser gab die Information an Arthur Ruppin (1876-1943), den damaligen Leiter des »Eretz-Israel-Büros« in Jaffa, weiter. Ruppin hatte bereits zuvor vorgeschlagen, im Bereich des Sees Genezareth einen der Hauptsiedlungsschwerpunkte zu setzen, und sogar schon mit dem Ankauf von Land und der Errichtung der Ausbildungsfarm Kinnereth begonnen. Er gab die Informationen an Otto Warburg (1859-1938) weiter, den Vorsitzenden des Komitees und späteren Präsidenten der Zionistischen Organisation, die mit der Sondierung von Möglichkeiten zur Ansiedlung und zur Entwicklung des Landes Israel betraut war. Dieser zeigte sich begeistert von der Idee und behauptete immer wieder, das Geschäft sei von entscheidender Bedeutung, weshalb Sorge zu tragen sei, dass das Land in jüdische Hände überginge. Für die künftige Ansiedlung plante er eine Mischwirtschaft, deren Schwerpunkt auf dem Baumwollanbau liegen sollte. Warburg schlug einer Gruppe zionistischer Aktivisten aus Russland unter Führung von Jechiel Tschlenov (1863-1918) vor, diese sollten eine Gesellschaft zum Erwerb und zur Entwicklung der Ansiedlung Migdal gründen. Auf ihre Bitte hin wurde ein Komitee entsandt, das das Grundstück in Augenschein nehmen sollte. Ihr Resümee fiel optimistisch aus: Die Deutschen hätten zwar an Fieber gelitten, jedoch an gewöhnlichem Fieber und nicht an Gelbfieber; außerdem sei es die Vernachlässigung der Entwässerungsgräben gewesen, die zu einer Anstauung des Wassers geführt hatte; so hätten die Deutschen »ein Leben in Bedrängung und Armut gelebt unter sehr ungeeigneten Bedingungen.«[342]

Lendle verlangte für das Anwesen 209.000 Francs, einen Betrag, mit dem er seine Schulden bei den deutschen Kolonisten und bei Vogt begleichen konnte. Bereits Ende März 1909 wurde ein Vertrag von ihm und Treidel unterzeichnet, in dem Letzterer das Recht zugestanden bekam, innerhalb von vier Monaten über den Kauf zu entscheiden. In diesem

342 Katz, Migdal, 134-137.

Zeitraum verpflichtete sich Lendle, keinerlei Verhandlungen mit anderen Interessenten zu führen. Der endgültige Kaufvertrag wurde im August unterzeichnet, und im Oktober trafen die Urkunden über den Erwerb des Grundstücks auf Warburgs Namen ein. *Das Heilige Land* berichtete vom Verkauf und fügte hinzu, dass »zu unserem Leidwesen die Fläche in ihren Besitz übergegangen ist«.[343]

Wir haben es hier also mit einem weiteren, dem letzten deutsch-katholischen Kolonisierungsversuch zu tun, der nach kurzer Zeit gescheitert war. Doch diesmal stand nicht der Verein als treibende Kraft im Hintergrund, sondern eine private, weltliche Körperschaft. Mehr noch, diesmal hatten die Kolonisten nicht nur das Weite gesucht, sondern auch eilends das Land an einen vollkommen fremden Interessenten veräußert. Das Vereinsorgan äußerte Betrübnis und Ärger darüber, dass durch Lendles Unvermögen der Verkauf an die Trappisten nicht zustande gekommen, und der schwäbisch-katholische Boden in jüdische Hände übergegangen sei.

Deutsche Quellen äußern sich nicht, warum der Verein die Möglichkeit unbeachtet und ungenutzt ließ, das Anwesen in Tabgha südlich des Talgrunds von Ginossar zu erweitern. Dieser Umstand hängt jedoch sicherlich mit der schwierigen Finanzlage des Vereins in jenem Zeitraum zusammen, da die Großbauten in Jerusalem vollendet wurden. Selbst die Kosten für die Anschaffung des »Windmotors« in Tabgha, der genau zur selben Zeit errichtet wurde, konnten vom Verein nicht gedeckt werden, weshalb dieser mit Sicherheit jede weitere finanzielle Verpflichtung versagte.

343 *HL* 53 (1909), 220.

Resümee
Von »echt katholisch und gut deutsch« zu den »deutschen Festtagen in Jerusalem«

Die vorliegende Studie ist vollständig der Beschreibung der kleineren europäischen Gruppen gewidmet, die in dem als »19. Jahrhundert« oder »Beginn der Neuzeit« definierten Zeitraum in Palästina tätig waren. Chronologisch betrachtet betrat diese Gruppe – die deutschen Katholiken – deutlich später die Bühne als die meisten anderen europäischen Akteure. Auch quantitativ gesehen hatten sie, selbst nach ihren gewaltigen Bauanstrengungen im ersten Jahrzehnt des 20. Jahrhunderts, noch immer nicht die Anzahl von Besitzungen, Einrichtungen und Gebäuden erreicht, über welche die Franzosen, die Engländer, die deutschen Protestanten, die deutschen Templer oder die Russen geboten, gar nicht zu sprechen von der Kustode oder dem Patriarchat. Ihre zahlenmäßige Präsenz in Palästina bewegte sich stets in den Grenzen von lediglich einigen Dutzend Personen, zuweilen sogar noch weniger, und erst kurz vor Ausbruch des Ersten Weltkriegs lassen sie sich nach Hunderten zählen. Eine Betrachtung der geographischen Ausbreitung ihrer Unternehmungen zeigt eine eher zufällige Streuung. Alles in allem waren es vier Einrichtungen in Jerusalem und fünf, sechs an anderen Orten in Palästina, die sich als »Unternehmungen der deutschen Katholiken« bezeichnen lassen.

Welche Bedeutung habe ich demnach in einer derart intensiven Beschäftigung mit dieser Gruppe gesehen? Für mich waren mehrere Motive wichtig: wie bereits erwähnt die wissenschaftliche Auseinandersetzung mit einem Akteur, der in dem fraglichen Zeitraum in Palästina tätig war und aktiv Anteil an der Entwicklung des Landes nahm, einem Akteur, der bis dato so gut wie nicht erforscht worden ist und dessen wissenschaftliche Betrachtung zweifelsohne einen wichtigen Beitrag zum Wissen über Palästina im 19. Jahrhundert beisteuert. Doch es gibt noch weitere Gründe, über die eigentliche Monographie hinaus. In den deutsch-katholischen Aktivitäten, so eingeschränkt diese auch gewesen sein mögen, finden wir einige Arten europäischen Engagements in Palästina konzentriert sowie unterschiedliche Herangehensweisen, dieses auszuführen. Aus dem deutsch-katholischen Wirken, aus seinem Hintergrund und seiner Geschichte lassen sich nach meiner Einschätzung mehr Erkenntnisse gewinnen über den Konkurrenzkampf zwischen den unterschiedlichen christlichen und europäischen Akteuren in Palästina als aus dem jeder anderen daran beteiligten Gruppierung. Die größte Bedeutung kommt dabei dem spezifischen Hintergrund und Charakter der deutsch-katholischen Ansiedlung zu.

Aus dem engen inneren Kreis deutsch-katholischer Aktivitäten in Palästina im 19. Jahrhundert habe ich versucht, weitergefasste Kreise aufzuzeigen: Das allgemein deutsche Engagement im Heiligen Land und die Prozesse in der deutschen Heimat, die Aktivitäten der Großmächte und die generellen Entwicklungen in Palästina in dem fraglichen Zeitraum. Was also sind die spezifischen und bedeutsamen Punkte, die sich aus der vorliegenden Studie entnehmen lassen?

Periodisierung nach Aktionsmodi

Die deutschen Katholiken sind die einzige europäische Gruppierung unter all jenen, die im 19. Jahrhundert in Palästina aktiv waren, in deren Wirken zwei klare und konträr zueinander stehende Abschnitte auszumachen sind: Zunächst ausschließlich eine Phase des Sammelns von Spenden und deren Verteilung und hernach ein Zeitraum, in dem praktisches, Fakten schaffendes Engagement im Land hinzutrat, konkretes Tun mit hart erkämpften Früchten und langwierigen Geburtswehen. Im vorliegenden Buch wird die chronologische Einteilung, der Querschnitt, nach dieser Periodisierung vollzogen: Im ersten Kapitel, den Jahren von 1838 bis 1875, existierte einzig und allein philanthropisches Engagement. In den Jahren 1875 bis 1895 gesellte sich praktisches, faktisches Wirken im Lande hinzu, wobei die beiden Tätigkeitsfelder zuweilen miteinander harmonierten – und sich zuweilen auf Konfrontationskurs zueinander befanden. In den Jahren 1895 bis 1910 weitete sich das konkrete Engagement stark aus und stellte das Sammeln von Spendengeldern in den Schatten. Die Studie verdeutlicht die enge Verbindung zwischen den Prozessen, welche den Katholiken in Deutschland widerfuhren, und dieser Unterteilung. In entscheidendem Maße lässt sich dies zurückführen auf die erst mit großer Verspätung eintretende Ausformung der deutschen Katholiken zu einer klar definierten und festen ethnisch-religiös-politischen Gruppe sowie auf den Prozess der Schwerpunktverlagerung vom Katholizismus hin zum Deutschtum. Auch das Fehlen staatlich-hegemonialer Einflussnahme auf die Aktivitäten der deutschen Katholiken ermöglichte diese Verbindung, die fast nicht von äußeren Einflüssen abhing.

Da die Katholiken in Deutschland von jeher eine Minderheit in ihrem Staat waren und ihre Kirche nicht Staatskirche, war ihr Wirken im Wesentlichen öffentlicher Natur. Dennoch findet sich in zwei Fällen eine

Einmischung von staatlicher Seite: zunächst einmal die Initiativen König Ludwigs I., die jedoch in Bayern mit seiner katholischen Bevölkerungsmehrheit zum Ausdruck kamen und zudem nur von kurzer Dauer waren; demgegenüber lässt sich erst 1898 eine Richtungsvorgabe für die deutsch-katholischen Aktivitäten in Palästina durch den Staat als Teil eines gesamtdeutschen Engagements sehen. Doch auch zu jenem Zeitpunkt ist der staatliche Beitrag beschränkt auf ein Anleiten zu sehen, die Vorgabe einer Strategie, nicht jedoch als tätige Hilfe oder Teilhabe an der konkreten Realisierung. So war etwa die staatliche Stiftung, die in Deutschland nach dem Besuch des Kaisers gegründet wurde, einzig und allein für die Errichtung des Auguste-Victoria-Komplexes bestimmt; den Bau der Dormitio hingegen hatten die Katholiken alleine zu schultern. Wichtig ist zu erkennen, dass es viele Beispiele für gezieltes staatliches Handeln in Palästina gab. Nicht umsonst hat Thalmann seine Betrachtung der gesamtdeutschen Aktivitäten in Palästina den staatlichen Entwicklungen in Deutschland zufolge unterteilt; so wurde das evangelische Engagement etwa stark von staatlicher Seite beeinflusst. Dieses jedoch trifft nicht auf die Katholiken zu.

In den deutschen Staaten vor der Reichsgründung hinkten die Katholiken erkennbar hinterher in allem, was die politische und gesellschaftliche Organisation ihrer Bevölkerungsgruppe betraf. Bis zur Reichsgründung lässt sich nicht von irgendwie gearteter staatlicher Unterstützung für das katholische Wirken sprechen: Preußen war ein protestantischer Staat, in Bayern fand sich kein Regent von Rang, der die Stelle Ludwigs I. hätte einnehmen können, und Österreich handelte auf eigene Rechnung. Mit der Reichsgründung entstand die Zentrumspartei als die wichtigste, über eine breite Basis verfügende politische Organisation der Katholiken. Dann jedoch begannen die Jahre des »Kulturkampfes«, und die organisierten Aktivitäten der Katholiken wurden erneut behindert, so dass auch die Erholung nach 1878 nicht unmittelbar einsetzte. Daher ist der Beginn der faktischen, organisierten Arbeit der Katholiken in Palästina erst mit Gründung des »Palästina-Vereins« im Jahre 1885 zu sehen.

Ein weiterer, in diesem Fall lokaler Faktor trug dazu bei, die Kolonisierungsanstrengungen der deutschen Katholiken in Palästina zu behindern. Es war ausgerechnet ihre eindrucksvolle finanzielle Unterstützung, die mit dazu führte, dass die deutschen Katholiken keinen natürlichen Verbündeten hatten, als sie sich daranmachten, selbst in Palästina aktiv zu werden. Denn ich kenne keine andere Gruppe, deren Anhänger über vierzig Jahre Gelder in einer derartigen Größenordnung ins Land hätten strömen lassen, ohne dass ihr auf nationaler Ebene daraus ein Vorteil erwachsen wäre. Nicht von ungefähr fürchteten der Patriarch und der

Kustos, mit künftigen deutschen Einrichtungen um diese Finanzquellen konkurrieren zu müssen und sie womöglich zu verlieren. Zudem fürchteten sie einen zusätzlichen Konkurrenzkampf um die schutzbedürftigen Gemeinden im Lande, weshalb sie bestrebt waren, die deutsch-katholischen Aktivitäten nach Kräften zu behindern und zu torpedieren.

Zu einem späteren Zeitpunkt, als das deutsch-katholische Wirken begann bedeutsam zu werden, erwachte der Widerstand dagegen ausgerechnet unter den Katholiken selbst. Nach dem Patriarchen und dem Kustos, die versucht hatten, Schneider und dessen Nachfolger nach Kräften zu boykottieren, war es Frankreich, die katholische Großmacht, die am aktivsten im Heiligen Land war, die ihr ganzes politisches Gewicht gegen das deutsch-katholische Engagement in die Waagschale warf. Interessant dabei ist, dass wir so gut wie nichts hören über Anfeindungen von Seiten französischer Ordensleute, die in Palästina tätig waren, sondern fast ausschließlich nur von Seiten der verschiedenen Konsuln. Denn als die deutsch-katholischen Aktivitäten begannen, einen dezidiert nationalen Charakter anzunehmen, gingen sie bereits über den bloßen Konkurrenzkampf mit lokalen katholischen Akteuren um Spendengelder und Gemeindemitglieder hinaus und erhielten eine internationale Dimension als Teil der Erbfeindschaft zwischen den beiden Mutterländern.[1]

Träger des Engagements und Ausführende

Bei der Vorbereitung des Hintergrundes, der Initiative, der Verbreitung und Durchführung des deutsch-katholischen Engagements in all seinen Facetten hatten Einzelpersonen und öffentliche Vereine Anteil. Es ist nur natürlich, dass in Abwesenheit eines staatlichen Akteurs sie diejenigen waren, die die Hauptlast der Arbeit trugen. Ähnlich der Herangehensweise, die ich in meinem Buch über die deutsche Palästinaforschung entwickelt habe und die größtes Gewicht auf die handelnden Personen und ihre Verbindungen untereinander legt,[2] habe ich auch in dieser Studie den Akteuren breiten Raum gewidmet. Bei dem deutsch-katholischen Wirken sowohl in Deutschland als auch in Palästina kam einer sehr begrenzten Anzahl von Personen eine zentrale Rolle zu. Diese lassen sich in

1 Alonzo (Allemands, 51), eine französische Quelle vom Beginn des 20. Jahrhunderts, behauptet, dass Schneiders Siedlungsversuche keinerlei Gefahr für die Franzosen darstellten, sich die Situation aber grundlegend änderte, als diese unter die Obhut des nationalistisch sich gerierenden »Palästina-Vereins« kamen.

2 Goren, Zieht hin, 24-27, 355-359. Siehe auch Geldbach, Network.

zwei Gruppen unterteilen: die Urheber und Initiatoren in Deutschland und die Realisatoren in Palästina. Sepp und Janssen waren die herausragenden Vertreter der ersten Gruppe, auch wenn ihr Wirken zeitlich weit auseinanderlag und sich in seinem Charakter stark voneinander unterschied (was miteinander zusammenhängt). So bestand Sepps Anteil vor allem im Propagieren und Predigen der Idee, jedoch nicht in der Arbeit selbst. Janssen hingegen war derjenige, der mehr als jeder andere in Deutschland mit dem deutsch-katholischen Engagement in Palästina zu identifizieren ist, worin er über dreißig Jahre seine Lebensaufgabe sah. Die Tatsache, dass er selbst nie Palästina besucht hat, deutet eines der großen Probleme an, das praktischen, nichtreligiösen Aktivitäten zum Verhängnis wurde, nämlich das Problem »der Leitung aus der Ferne«.

Schneider hingegen war der Einzige, der an beiden Fronten tätig war. Die Bedeutung seiner praktischen Arbeit im Lande, mit allen Problemen und Einschränkungen, ist im Buch ausführlich untersucht. Doch nicht weniger große Bedeutung für die faktische Arbeit in Palästina hatten seine Initiativen zur Weckung der öffentlichen Meinung in seiner Heimat. Er war es, der dem Anfang die beiden für ihn wichtigen Dinge gab: Brückenköpfe in Palästina und breite öffentliche Unterstützung im Mutterland. Indem er seine Besitzungen unter konsularischen Schutz stellte, er zum ersten Mal ein Junktim erzeugte zwischen dem deutsch-katholischen Engagement in Palästina und der Reichsregierung.

In der zweiten Gruppe, der Gruppe der Aktivisten oder Realisatoren, sind die in Palästina praktisch Tätigen gefasst. Hier ist die Tatsache augenfällig, dass diese zur überwiegenden Mehrheit Kleriker waren. Selbst die zahlreichen Versuche weltlicher Ansiedlung erfolgten unter Beteiligung von Ordensleuten. Franz Sales Keller, die einzige Ausnahme, war schon bald wieder von der Bühne deutsch-katholischen Engagements in Palästina verschwunden. Alle übrigen, zu denen ich Biever, Gatt, Kummer (und die anderen Borromäerinnen), Schmidt (und alle weiteren Lazaristen) zähle und mit ihnen alle, die an der faktischen Realisierung der unterschiedlichen Ansiedlungsprojekte im Lande teilhatten, waren allesamt Kleriker. Dies jedoch war nicht Resultat einer gezielten Politik durch die Vereine. Ich habe auch verschiedene Versuche erwähnt, nichtreligiöse Praktiker nach Palästina zu entsenden und sogar im Lande ansässige Deutsche mit einzubeziehen, Versuche, die indes alle scheiterten. Allein den Mitgliedern der verschiedenen Ordensgemeinschaften gelang es, bei der Erfüllung ihrer Aufgaben über lange Zeiträume durchzuhalten. Darin ähnelt das hier untersuchte Wirken dem anderer europäischer Gruppen, mit Ausnahme der Templer, denn abgesehen von einigen vereinzelten, zumeist kurzlebigen Ansiedlungsversuchen wurden sämtliche

Kolonisierungsprojekte von Dauer im besagten Zeitraum durch Angehörige religiöser Ordensgemeinschaften vollbracht.

Die Schaffung von Vereinen zum Sammeln von Spenden, um bereits existierende Einrichtungen im Heiligen Land zu unterstützen und neue Ansiedlungen zu errichten, war natürlich keine deutsch-katholische Erfindung, doch lag die Besonderheit des Auftretens der Katholiken in Palästina im öffentlichen Charakter ihrer Vereine. Im Unterschied etwa zum bayrischen »Ludwigsmissionsverein«, der als typisches Beispiel gelten kann für jene weit verbreitete Art von Vereinen, bei denen die Initiative zu ihrer Gründung von einer zentralen (staatlichen oder religiösen) Persönlichkeit ausging, waren die hier untersuchten anderen drei großen Vereine öffentlich im besten Sinne des Wortes. Ihre Mitglieder und Unterstützer kamen aus allen Schichten der katholischen Öffentlichkeit in den deutschen Staaten, in denen sie tätig waren; in ihren Vorständen waren sowohl Kleriker als auch säkulare Persönlichkeiten vertreten. Die Patronage des Erzbischofs von Köln war allein repräsentativer Natur, während der entscheidende und führende Funktionsträger des Vereins stets der Vorsitzende (dessen Amt unterschiedliche Bezeichnungen trug) war.

In sämtlichen Kapiteln dieser Studie findet sich die Verbindung betont zwischen dem Hintergrund, aus dem die Vereine erwuchsen, und ihren Zielen und ihrer Tätigkeit. So war dem »Verein vom Heiligen Grabe« keinerlei nationale Note zu eigen, da der Begriff »Nationalität« in dieser Phase vor der Reichseinheit noch nicht die katholische Bevölkerung in den Staaten Nord- und Mitteldeutschlands erreicht hatte. Andererseits diente die wachsende nationale Strömung in der Phase nach dem »Kulturkampf« als idealer Nährboden für die Gründung des »Palästina-Vereins« neben dem »Verein vom Heiligen Grabe«. Der neue Verein begann, sich einer Staatlichkeit anzunähern, als er den Status einer juristischen Person zuerkannt bekam. Im wilhelminischen Deutschland mit seiner aggressiven Großmachtpolitik, seinem sich ausweitenden Kolonialismus und dem alles ergreifenden Nationalismus blieb bald kein Platz mehr für den »Verein vom Heiligen Grabe«. Doch dieser wurde nicht etwa liquidiert, sondern verschmolz mit dem jüngeren Verein, wodurch sein Apparat und seine Finanzmittel für ein dem Zeitgeist eher entsprechendes Ziel nutzbar gemacht wurden: Dem praktischen, Fakten schaffenden deutsch-katholischen Engagement in Palästina. Womit nun schon kein Zweifel mehr bestand, dass der neue Verein zuallererst deutsch war – und darüber hinaus auch katholisch.

Das deutsch-katholische Wirken in all seinen Formen war mithin existent durch die Initiative von Einzelpersonen und öffentlichen Zusammenschlüssen. Staatliche Beteiligung daran fand so gut wie nicht statt. Dem Verein, der zentralen und führenden Körperschaft, gehörte die Mehrheit aller Einrichtungen an, doch gab es daneben auch weitere Einrichtungen, die auf private Initiative Einzelner zurückgingen und nicht an einen der Vereine gebunden waren. Diese beiden Arten von Einrichtungen waren zeitgleich in Palästina tätig, arbeiteten Seite an Seite, doch Verbindungen zwischen ihnen mussten nicht zwangsläufig existieren.

Die Verbindung zwischen dem Hintergrund in Deutschland und dem Wirken im Heiligen Land

Die Existenz einer solchen Verknüpfung habe ich im Verlauf des Buches wiederholt nachgewiesen und aufgezeigt. Denn ich behaupte, dass es die Prozesse und Ereignisse im Mutterland waren, die das deutsch-katholische Engagement in Palästina und seine Entwicklung, seinen Verlauf und seine Dimensionen weit stärker bestimmten als der Hintergrund und die Lage vor Ort selbst, Faktoren, die von entscheidender Bedeutung auf das Wirken anderer europäischer Gruppierungen im Heiligen Land zur selben Zeit waren. Die besondere und ein Stück weit sonderbare Vorgehensweise der Katholiken bis 1875 spiegelte ohne jeden Zweifel die Lage in ihrem eigenen Staat wider. Die Verspätung, mit der sie sich schließlich an die praktische Arbeit vor Ort machten, bescherte ihnen ein merkliches Handicap, als sie sich an dem Wettlauf mit den Großmächten beteiligten, der in Palästina bereits in vollem Umfang in Gange war. Denn de facto betraten die deutschen Katholiken als ernsthafter Konkurrent die Bühne der Aktivitäten im Heiligen Land erst zu Beginn der 90er Jahre des 19. Jahrhunderts. Ihr praktisches Wirken in Palästina lässt sich in drei Phasen unterteilen: die Unternehmungen Schneiders in den Jahren 1875-1878, die Aktivitäten Janssens und seines »Palästina-Vereins« in den Jahren 1879-1898 und die Phase der großen Bautätigkeit nach dem Besuch des Kaisers. Im Anfang war das Wirken der deutschen Katholiken zu marginal, um politischen Einfluss zu haben. Erst nach der ersten Expansionsphase, die die Errichtung des Hospizgebäudes in Jerusalem, die Erweiterung des Anwesens in Kubeibe und die Gründungen und Ansiedlungen in Tabgha und Haifa umfasste, erst da begann sich die Aufmerksamkeit anderer Akteure und an ihrer Spitze Frankreichs auf das Wirken der deutschen Katholiken zu richten. Ein erstes Resultat dieser Wahrnehmung waren die Ereignisse, denen ich die Bezeichnung »Krise der Lazaristen« und »Flaggenstreit« gegeben habe. Diese bewirkten eine Radikalisierung der nationalistischen Tendenz der deutsch-katholischen

Aktivitäten und ließen diese sich in vielen Fällen vorsätzlich gegen französische Interessen richten.

Was trieb die deutschen Katholiken bei ihrem praktischen Handeln in Palästina an? Der Wunsch, mit anderen Akteuren, vor allem den eigenen Landsleuten, Templern wie Protestanten, gleichzuziehen, und auch mit Briten, Franzosen und Russen, quantitativ wie qualitativ, sowie das Bestreben, gegen das Wirken und den Einfluss der Russisch-Orthodoxen und der Franzosen zu agieren.

Die dritte Phase in der oben genannten zeitlichen Einteilung, die Hochphase der Bauprojekte, die nach dem Besuch des Kaisers einsetzte und zwölf Jahre währte und in deren Verlauf das Kloster und die Kirche der Dormitio errichtet wurden, das St.-Paulus-Hospiz und die Institutionen der Borromäerinnen in Jerusalem, die Ansiedlung in Haifa ausgeweitet und die auf dem Carmel begründet wurde, das Gut in Tabgha erweitert und die Ansiedlung in Kubeibe und in Migdal erneuert wurde – diese Phase ist im Rahmen all jener Prozesse zu sehen, unter denen das europäische Wirken in Jerusalem sich vollzog. Denn zu jenem Zeitpunkt hatten die deutschen Katholiken zur Konkurrenz aufgeschlossen und beteiligten sich als gleichberechtigte und gleich potente Teilnehmer an dem »Wettlauf [um] Zugang und Präsenz«. Oder wie Pater Schmitz schreibt:

> »Das katholische Deutschtum in Palästina […], wünscht nur seinen Platz an der Sonne, um in friedlichem Wettbewerb mit andern katholischen Nationen wahres Christentum im Heimatland unseres göttlichen Erlösers, und somit in unserer aller Heimat, zu pflegen und auszubreiten. […] Viel weniger will das katholische Deutschtum sich vergleichen mit dem nichtkatholischen, mit Templern und Evangelischen.«[3]

Tatsächlich hatten die deutschen Katholiken zu Beginn des 20. Jahrhunderts eine Stellung erreicht, nach der sie im Rahmen des Wirkens der Großmächte gestrebt hatten, zumindest in den Augen ihrer evangelischen Landsleute. So entschied etwa Anfang 1902 der Vorstand des syrischen Waisenhauses, in Jerusalem eine Knabenschule zu errichten, denn

> »die römische Kirche mache in Jerusalem gerade durch ihre deutschen Vertreter immer gewaltigere Anstrengungen und drohe unsere Arbeit in den Hintergrund zu drängen. […] Wenn von unserer Seite auch nichts geschieht, so werden die Kinder auch der bei uns erzogenen

3 Schmitz, Deutschtum, 26.

Familien eine Beute der römischen Kirche, die dann die Früchte unserer mühsamen Erziehungsarbeit einheimst.«[4]

Die Bandbreite der Standorte und Einrichtungen

An welchen Stätten setzen sich die deutschen Katholiken fest, und welcher Art waren die von ihnen geschaffenen Einrichtungen? Zwar findet sich bei ihnen nichts dezidiert Neues, das nicht zuvor bereits in den europäischen Aktivitäten im Heiligen Land aufgetreten wäre, doch die Bandbreite ihrer Einrichtungen und deren Standortwahl ist frappierend. Wie für alle anderen europäischen Kolonisten auch, die ihnen vorausgegangen waren, waren für die deutschen Katholiken bei der Wahl der Standorte für ihre relativ wenigen Ansiedlungen zwei Gründe ausschlaggebend: ein religiöser Grund – Stätten, die mit der biblisch-christlichen Überlieferung in Verbindung standen (Kubeibe, Tabgha, der Berg Zion, St. Paulus am Damaskustor) und ebenso Orte mit einheimischer Bevölkerung, die versprachen ein fruchtbares Feld für missionarische Arbeit zu sein (Jerusalem, Tabgha, Gaza). Und ein ökonomischer Grund – Standorte in Städten, die von verkehrstechnischer Bedeutung waren und über Entwicklungspotential verfügten, im Brennpunkt der ökonomischer Entwicklungen und des Zustroms von Pilgern zu stehen, und dies unmittelbar nach dem Erwerb oder in näherer Zukunft (Jerusalem, Haifa, Gaza), oder aber andererseits Standorte, die gute Aussichten hatten, sich zu nennenswerten landwirtschaftlichen Ansiedlungen zu entwickeln (Kubeibe, Tabgha, Migdal). Die Besitzungen wurden in vollem Umfang erworben (Tabgha, Migdal) oder aber auf dem Wege diplomatischer Verhandlungen (die Dormitio).

Hinzu kamen natürlich Erwägungen zur ökonomischen, gesellschaftlichen und geographischen Lage, wie zum Beispiel der Preis der Ländereien und ihre Verfügbarkeit, die Entfernung von anderen Siedlungspunkten, die Entfernung von bereits existierenden europäischen Einrichtungen und Fragen der Lebensqualität. Schneider zum Beispiel erwarb das Grundstück westlich des Jaffatores zwar im Wesentlichen, da der Kaufpreis für eine Fläche innerhalb der Altstadt seine Möglichkeiten überstieg, doch hatte sich die Umgebung, in der sich das erworbene Grundstück befand, auch so bereits zu entwickeln begonnen. Ähnlich

4 Protokoll 59 der Vorstandssitzung des syrischen Krankenhauses in Jerusalem, 9.1.1902 (mein Dank an Gil Gordon, der mir dieses Dokument zur Kenntnis gebracht hat).

war es in Tabgha, das zwar aufgrund seines religiösen Kontextes und der wirtschaftlichen Möglichkeiten, die es bot, erworben wurde, dessen Erweiterung jedoch stets mit einem Blick auf die Bahntrasse erfolgte, die dort vorbeiführen sollte, was weitreichende Auswirkungen gehabt hätte. Demgegenüber fällt die Einrichtung der Borromäerinnen neben der Templerkolonie im Emeq Refa'im aus dem Rahmen. Thalmann zitiert zwar aus einem Brief der Oberin aus dem Jahre 1898 und behauptet, der Wunsch, missionarisch unter den Kindern der Templer tätig zu werden, sei es gewesen, der diese Standortwahl diktiert habe. Diese Argumentation indes erscheint mir reichlich gezwungen, zumal eingedenk der Tatsache, dass die Einrichtung bereits sechs Jahre zuvor entstanden war und dem Schreiben eine klare Tendenz innewohnt. Meiner Meinung nach erfolgte die Standortwahl in diesem Falle aufgrund der Verfügbarkeit, der Nähe zur »Landsmannschaft«, sprich dem Wunsch, sich unter Landsleuten niederzulassen, sowie dem Bestreben, sich – und sei es nur ein wenig – vom Zentrum der deutschen Katholiken im Hospiz und dessen Direktor Schmidt zu entfernen.

Auch die Deutschen legten, wie alle anderen katholischen Gruppierungen, den Schwerpunkt auf die Errichtung von Pilgerhospizen, die zugleich als Zentren religiöser Arbeit in Palästina dienten. Daher wies jede solche Einrichtung eine Kapelle als religiösen Mittelpunkt auf und wurde stets durch einen Geistlichen geleitet. Gleichzeitig jedoch wurde eine ganze Bandbreite von Aktivitäten in den Einrichtungen betrieben. Um ihren erklärten missionarischen Auftrag unter der einheimischen Bevölkerung zu erfüllen, wurden Bildungs- und Wohlfahrtseinrichtungen geschaffen. Diese Einrichtungen von unterschiedlicher Größe und wechselnder Bedeutung existierten in jeder einzelnen der Ansiedlungen der deutschen Katholiken. Besonders ragt das Netz von Schulen heraus, welches die Katholiken in Galiläa und im Libanon gründeten und von Tabgha aus leiteten und für das sie sogar in Jerusalem ein Seminar für einheimische Lehrkräfte einrichteten. Wobei sich ihr pädagogischer Weg jedoch von dem der meisten anderen christlichen Landsmannschaften unterschied. Denn die deutschen Katholiken versuchten auch, teil an der wissenschaftlichen Erforschung des Landes zu nehmen, und konnten, obgleich sie wie üblich verspätet damit begannen, einige bemerkenswerte Erfolge für sich verbuchen: Sie gründeten Museen, eröffneten Bibliotheken und schufen Forschungseinrichtungen. So sind bei ihnen sowohl das Kloster und die Kirche zu finden, die an einer heiligen Stätte errichtet wurden, um diese zu bearbeiten und zu erhalten, wie auch Einrichtungen, die aus politisch-nationalen Gründen errichtet wurden, Faktoren, die vor allem die Form und Ausmaße des Gebäudes der Dormitio und des St.-Paulus-Hospizes beeinflusst haben. Zudem wurden Erholungs- und Genesungseinrichtungen für den Mitarbeiterstab geschaffen, für die Schüler der Erziehungseinrichtungen und die Mitglieder der Gemeinde. Wie bereits erwähnt liegt keine Neuerung in den unterschiedlichen Arten dieser Einrichtungen, wie es sie auch zuvor schon in Palästina und der Region insgesamt gab. Eine derartige Bandbreite jedoch existierte zumeist nicht bei einer Landsmannschaft oder bei den Angehörigen einer Nation.

Das Streben nach landwirtschaftlichen Ansiedlungsformen

Dieses Streben hob die deutschen Katholiken von allen anderen katholischen Akteuren, die in Palästina tätig waren, ab, weshalb diese Art von Einrichtungen ein eigener Absatz gewidmet sei. Denn das Engagement der deutschen Katholiken war gekennzeichnet von den wiederholten Versuchen, landwirtschaftliche Ansiedlungen unterschiedlicher Art und in unterschiedlichen Regionen zu gründen. Kein Zweifel, dass sie in diesem Punkt ihre Landsleute vor Augen hatten, vor allem die Templer, die bei dieser Art von Ansiedlung relative Erfolge verzeichnen konnten. In den verschiedenen Quellen taucht immer wieder die Frage auf: Wenn sie es geschafft haben, warum sollten nicht auch wir es schaffen? Und tatsächlich versuchten die deutschen Katholiken, landwirtschaftliche Kolonien in Kubeibe, in Haifa, Tabgha und in Migdal zu errichten, doch die Misserfolge waren total und schmerzlich. Alles, was ihnen am Ende blieb, waren im besten Falle landwirtschaftliche Farmen, mithin abermals eine Form von Ansiedlung, die fast ausschließlich nur bei den nichtkatholischen Gruppierungen gängig war. Alle Versuche agrarischer Ansiedlung jedoch wie auch ihr Scheitern sind im weiteren und allgemeineren Rahmen des fortdauernden Bestrebens zu sehen, die ständige deutsch-katholische Präsenz im Heiligen Land auszubauen, was die deutschen Katholiken durch die Schaffung sowohl städtischer Gemeinden als auch durch landwirtschaftliche Kolonien zu erreichen suchten. Schneider war der Erste, der versuchte, einen besonderen gesellschaftlichen Rahmen in seinen Einrichtungen zu schaffen, die als Nukleus einer Gemeinde in Jerusalem dienen sollten. Und die Borromäerinnen in Haifa wiesen stolz auf die Ansiedlung von Familien aus Süddeutschland im Umkreis ihrer Einrichtung hin. Es gab noch weitere Versuche in den Städten, doch waren diese ebenso wie jene in landwirtschaftlichen Regionen zum Scheitern verurteilt. Fast vierzig Jahre nach dem Beginn von Schneiders Aktivitäten schrieb Pater Schmitz entsprechend:

»Sollen wir auch eine Schattenseite des katholischen Deutschlands in Palästina erwähnen, so ist dies das bisherige Mißlingen jeglicher Ansiedlung deutscher katholischer Familien trotz vielfacher Bemühungen und Versuche. […] Deutsche katholische Familien zählt Jerusalem kaum drei, Jaffa nur eine, Haifa sehr wenige und kaum findet sich noch eine irgendwo anders. […] Während die württembergischen Templerkolonien […] blühen und an 3000 Seelen zählen, während evangelische Gemeinden und Kolonien sich bildeten in den größeren Städten sowie in Bir Salem und bei Nazareth, schlugen leider alle katholischen Unternehmungen in diesem Sinne fehl, gleich als ob ein böser Stern über denselben gewaltet hätte.«[5]

Das Scheitern der deutschen Katholiken in Palästina wird noch augenfälliger im Lichte des Erfolgs landwirtschaftlicher Ansiedlungen deutscher Katholiken in zahlreichen anderen Regionen der Welt. Dabei war ein Zusammenspiel mehrerer Faktoren maßgeblich, welches dazu führte. Zunächst einmal muss betont werden, dass außer den Templerkolonien keinem deutschen Kolonisierungsprojekt im Nahen Osten Erfolg beschieden war, ungeachtet aller feierlichen Erklärungen und trotz der immer wiederkehrenden Versuche. Warburg hat dieses Phänomen und seine Gründe ausführlich in einem 1905 erschienenen Zeitungsaufsatz analysiert. Darin führt er ein Zitat aus der *Kölnischen Zeitung* an, das anschaulich gesprochen zu der Feststellung kommt: »Aber der Gedanke, hier unter mohammedanischem Volk den pommerschen Rittergutsbesitzer und kleinen Herrscher zu spielen, ist für den Durchschnittsdeutschen nicht glücklich.«[6] Alle von Warburg in seiner Analyse aufgezählten Gründe ökonomischer, klimatischer, geographischer, bürokratischer und die Sicherheitslage betreffender Natur gelten auch für die Situation in Palästina. Nur, dass hier noch spezifische Faktoren hinzutraten. Der erste ist, dass die deutschen Katholiken auch in diesem Fall den richtigen Zeitpunkt versäumten und sich verspätet ans Werk machten. In der Phase der Massenauswanderungen aus Deutschland, die bis Ende der 80er Jahre andauerte, verfügten sie noch über keine Siedlungszentren in Palästina und waren de facto dort so gut wie noch nicht tätig. In jener Phase wiederum, in der ihr Wirken seinen Höhepunkt erreichte, war die Massenauswanderung aus Deutschland bereits zum Erliegen gekommen. Denn Tatsache ist, dass die Protestanten und Templer ebenfalls bereits in

5 Schmitz, Deutschtum, 25. De facto zählten die Templer nur 2.100 ›Seelen‹. Die Siedlungen in Bir Salem und Nazareth gehörten zu Schnellers Jerusalem ›Syrischen Weisenhaus‹.

6 Warburg, Bestrebungen, 166-177, 225-227 (Zitat 226).

der Zeit vor der Reichsgründung nach Palästina gekommen waren. Später hingegen sollte es keine deutsche Ansiedlung in großem Maßstab mehr geben.

Ein weiterer Hemmschuh war die »Leitung aus der Ferne«, die nicht immer den Bedingungen vor Ort Rechnung trug und die Entwicklung eines Teils der Einrichtungen verzögerte. Dieses Problem machte indes zahlreichen europäischen Gruppen zu schaffen, die versuchten, sich in Palästina anzusiedeln oder dort aktiv zu werden, wie zum Beispiel die protestantischen Missionsorganisationen oder die wissenschaftlichen Gesellschaften wie der britische *Palestine Exploration Fund* und seine deutsche Schwesterorganisation, der deutsche Verein zur Erforschung Palästinas. Die in vielen Fällen geeignete Lösung bestand in der Errichtung »örtlicher Komitees«, welche die praktische Leitungsfunktion vor Ort übernahmen und die Verbindung zur Muttereinrichtung in Europa hielten.

Die anderen Probleme, welche die Siedlungsversuche behinderten, sie verzögerten oder sogar ihr Scheitern bedingten, hingen mit finanziellen, organisatorischen und gesellschaftlichen Themen zusammen. Solcherlei Probleme begleiteten im Grunde genommen so gut wie alle Siedlungsversuche und Gründungen von Einrichtungen in ihren ersten Phasen, und in vielen Fällen lässt sich nachweisen, dass sie ein entsprechendes Wachstum und eine Entwicklung verhinderten.

All diese Gründe im Zusammenspiel machten jegliche Möglichkeit einer umfangreichen deutsch-katholischen Ansiedlung zunichte, sei es landwirtschaftlicher oder städtischer Natur. Die Einzigen, die nach Palästina gelangten und dort über längere Zeiträume ansässig wurden, waren die Angehörigen geistlicher Ordensgemeinschaften, deren Motivation anders geartet und deren Durchhaltevermögen größer war. Worin noch ein weiterer Faktor zum Ausdruck kommt. Denn die Kirche ihrerseits ermutigte keine landwirtschaftlichen oder auf kleinindustrielle Fertigung ausgerichteten Ansiedlungen, wie aus einem Schreiben des Patriarchen von Jerusalem an den »Verein vom Heiligen Grabe« hervorgeht. Die Vereine waren es, die die Ansiedlung initiierten und förderten. An der Spitze der Einrichtungen in Palästina jedoch standen stets Ordensmänner oder Geistliche, für die die Kolonisierung keine Priorität genoss. Daher war das allgemeine Interesse an Siedlungsbestrebungen unter den im Heiligen Land Tätigen wenig ausgeprägt.

Der ständige und andauernde Konflikt zwischen Deutschtum und Katholizismus, zwischen der Loyalität gegenüber dem Staat und der Treue zur eigenen Kirche, zieht sich wie ein roter Faden durch das gesamte Buch und bedingt zum Teil die zahlreichen Phänomene, welche dem deutsch-katholischen Engagement in Palästina in der Endphase der osmanischen Herrschaft exklusiv zu eigen sind. Denn die Katholiken in Palästina fanden sich gleich zweifach benachteiligt. Sie erhielten keinerlei staatliche Unterstützung vom Mutterland, da Deutschland offiziell in Palästina durch die evangelische Kirche tätig war, und sie erhielten keine Unterstützung durch die katholische Kirche, da das katholische Establishment im Wesentlichen französisch war. Diese Isoliertheit beeinträchtigte ihr Engagement, behinderte und beschränkte es.

Die deutschen Katholiken waren eine kleine Gruppe im Konzert der Europäer, die in Palästina im Verlauf des 19. Jahrhunderts aktiv waren. Eine genaue Betrachtung ihres Wirkens hat dessen Besonderheit und Bedeutung in jenem zeitlichen und räumlichen Rahmen aufgezeigt. Ihre Siedlungsaktivitäten blieben auf einige wenige Orte und eine beschränkte Anzahl von Einrichtungen begrenzt. Von all ihren Unternehmungen ist nur Tabgha, der ersten Ansiedlung am Ufer des Sees Genezareth (außerhalb von Tiberias) in der Neuzeit sowie den Gebäuden der Dormitio und des St.-Paulus-Hospizes eine breitere geographische Bedeutung zuteil geworden, weshalb ihnen in diesem Buch relativ viel Raum gewidmet ist. Die Bedeutung aller übrigen Unternehmungen ist stärker lokaler Natur und begrenzt geblieben. Der Stellenwert der vorliegenden Untersuchung zum Wirken der deutschen Katholiken in Palästina speist sich in erster Linie aus dessen historischen und geographisch-historischen Auswirkungen. Einerseits findet sich in diesem Wirken eine Fülle spezifischer Phänomene, und andererseits ist das deutsch-katholische Engagement ein Spiegelbild des allgemein europäischen Agierens in Palästina in den acht Jahrzehnten vor Ausbruch des Ersten Weltkriegs.

Dank

Im Verlauf meiner Forschungsarbeit erfuhr ich Unterstützung durch eine große Anzahl von Personen, darunter ehemalige Lehrer, Kollegen, Freunde, Bibliothekare und Archivare. An dieser Stelle kann ich lediglich ihrer aller Namen erwähnen, womit ich selbstverständlich nicht nur einer Pflicht Genüge zu tun gedenke. Worte vermögen den Dank nicht auszudrücken, den ich jedem Einzelnen von ihnen schuldig bin: Professor Yehoshua Ben-Arieh, Frau Professor Ruth Kark, Professor Alex Carmel, ehrenvollen Angedenkens, Doktor Naftali Thalmann, Shlomo Elan, ehrenvollen Angedenkens, Professor Moshe Zimmermann, Frau Doktor Edina Meyer-Meril, Professor Yossi Ben-Artzi, Frau Professor Silvia Schein, ehrenvollen Angedenkens, Professor Rechav (Bunny) Rubin, Shlomo Goldberg, den Mitarbeitern des Lesesaals Judentum in der Nationalbibliothek Jerusalem, Shoshana Klein, den ehemaligen Pater Emanuel und gegenwärtigen Abt Benedikt Lindemann, Äbten der Dormitio-Abtei, den in Tabgha Tätigen und an ihrer Spitze der unlängst verstorbene Pater Birgil Pixner, Pater Hironymus und Prior Jeremias, den ehemaligen Pater Düsing und Pater Kerls, die leider beide nicht mehr unter uns weilen, Schwester Ruth und Schwester Paulina, Verantwortlichen des St.-Paulus-Hospizes, Mutter Gerharde Wallberger und Xaviera Jelitzka vom Orden der Borromäerinnen sowie den Mitgliedern des Deutschen Vereins vom Heiligen Lande und an ihrer Spitze dem amtierenden Generalsekretär Heinz Thiel. Zudem haben mich viele Freunde in Deutschland unterstützt, von denen ich namentlich Ludwig Bez, Ursula und Dr. Hinrich Lehmann-Grube, Dieter Petri, Ulrich Gräf, Birgit Frieß, Professor Dietrich Denecke und Michael Reuter nennen möchte. Einen besonderen Dank bin ich dem Simon-Dubnow-Institut für jüdische Geschichte und Kultur in Leipzig und seinem Leiter Professor Dan Diner und seinen Mitarbeiterinnen und Mitarbeitern schuldig, ohne deren Hilfe ich erhebliche Schwierigkeiten gehabt hätte, dieses Buch zu vollenden.

Markus Lemke hat die Übersetzung aus dem Hebräischen übernommen. Tamar Sofer hat gewissenhaft Karten und Grafiken bearbeitet. Bei der Entzifferung deutschsprachiger Handschriften halfen mir mein inzwischen verstorbener Freund Walter Kuhlman aus Haifa, mein verstorbener Vater und meine Mutter. Sie war es auch, möge ihr ein langes Leben beschieden sein, die mir bei der Übersetzung von Zitaten aus dem Deutschen ins Hebräische half, wobei ich auch auf die besondere und unschätzbare Hilfe meiner Schwiegermutter Ada Brodsky vertrauen durfte. Zuletzt möchte ich noch den Mitarbeitern des Akademischen

Kollegs Tel-Hai danken, meinem Zuhause seit nunmehr zwei Jahrzehnten, den Kollegen, Freunden, Studenten und Mitarbeitern in der Administration. Denn Tatsache ist, dass ausgerechnet an einer solch kleinen und abgelegenen Lehreinrichtung wie dieser, von der gemeinhin kein Beitrag zum Fortschritt der Forschung erwartet wird, diese Studie durchgeführt wurde, deren Früchte uns nun vorliegen. Einen speziellen Dank schulde ich Dr. Ejal Jakob Eisler für seine langjährige Freundschaft und großzügige Kooperation und Hilfe. Auch möchte ich an dieser Stelle einem guten Freund danken, der durch seine beispiellose Großzügigkeit bei der Finanzierung der Übersetzung dieses Buches geholfen hat, jedoch darauf besteht, nicht namentlich genannt zu werden. Für die Publikation habe ich zudem finanzielle Unterstützung erhalten von der ICSPC in der Quiryat Shemona, deren Präsident Prof. Mooli Lahad und Leiterin Dorit Elmaliach, von Prof. Zeki Berk, Präsident des Akademischen College Tel-Hai und dessen Forschungs-Autorität, vom Verein für Kirchengeschichte, Stuttgart sowie vom Richard-Koebner-Minerva-Zentrum für Deutsche Geschichte an der Hebräischen Universität Jerusalem, durch die großzügige Förderung der Minerva Stiftung-Gesellschaft für die Forschung, aus Mitteln des BMBF.

Quellen und Literatur

Archive

APL = Archiv des lateinischen Patriarchats, Jerusalem

J5: Société Allemande de bien-faisance pour les missions
J5: Deutscher Verein vom Hl. Lande 1855-1966/1

BSB = Bayerische Staatsbibliothek, Handschriftenabteilung

Seppiana 14: Kapharnaum.
Seppiana 15: Kapharnaum und die deutsche Kolonie am See Genezareth
Seppiana 16: Schriftstücke zu Sepps Palästinareisen
Seppiana 65: Briefe von …
Seppiana 70: Briefe betr. Niederlassungen in Palästina

Fremdenbuch Tabgha = Fremdenbuch Tabgha

I: 1893-1925; II: 1825-1937

HAEK = Historisches Archiv des Erzbistums Köln

CR 22.11, 1: Kirchliche Bruderschaften und sonstige religiöse Vereine, bes: Die Gründung ein ›Verein vom Hl. Grabe‹ in der Stadt Köln

HASK = Historisches Archiv der Stadt Köln

Abt. 1084: Nachlaß Renard
Akte 4. Vertrag, Schriftwechsel und Abrechnungen mit Benjamin Sandel betreffend die Bauten in Jerusalem, 1900-1924
Akte 10 Pläne

ISA = Israel State Archives, Jerusalem, RG. 67: Restbestände der Akten der deutschen Konsulate in Jerusalem und Jaffa 1838-1939

244: Grundstück Dormition 1890-1901
267: Deutsche Katholische Anstalt 1885-1901
268: Deutsch Katholisches Hospiz am Damascustor 1902-1915
276: Umschreibung der Anstalten des Deutschen Vereins vom Heiligen Lande 1907-1908
293: Greisen-Asyl und Schule der Borromäerinnen-Anstalt auf der Tempel-Kolonie 1898-1915
299: Gemeinsame Bestrebungen und Angelegenheiten der Deutschen Anstalten 1899-1907

305: Deutscher Verein vom Heiligen Lande 1892-1914
713: Franz Sales Keller 1916-1917
1728: Verkauf des Landgutes Magdala 1909-1918
1729: Gerichtliche Urkunden 1909-1913
1749: Umschreibung Tabgha 1913-1917 [Vizekonsulat Haifa]

PAAA = Politisches Archiv des Auswärtigen Amtes, Bonn (heute: Berlin)

I A Bq 126 (Türkei): Acta betr. den Schutz der Christen in Palästina
Preußen No. 1. 1 No. 4v: Reisen Seiner Majestät und Kaisers nach dem Orient (Athen, Konstantinopel, Palästina, Egypten), V-X
Türkei 175a: Die Christen in der Türkei (Katholische Kirche), I-XX (1886-1901)
Türkei 175d: Die Protestanten in der Türkei
Türkei 175e: Die heiligen Stätten (auch der Plan der Wiedererrichtung des Königreichs Jerusalem unter einem katholischen Herrscher)
Türkei 175g: Das Coenaculum und die Dormition de la Sainte Vierge, I-VIII (1897-1920)

Protokolle = Deutscher Verein vom hl. Lande, Vorstands-Sitzungs-Protokolle des Vereins vom hl. Grabe, Köln, aus den Jahren 1856-1870, 1871-1895

ZZA = Zionistisches Zentralarchiv, Jerusalem

L1, 141-145: Land- und Plantagen-Gesellschaft ›Tiberias‹ (Medsdischdel) 1910-1912

Zeitungen, Zeitschriften, Lexika

AAAG	Annals of the Association of American Geographers
AAS	Asian and African Studies
ABAZ	Außerordentliche Beilage zur Allgemeinen Zeitung
ADB	Allgemeine Deutsche Biographie, I-LVI, Leipzig 1875-1912
AHR	The American Historical Review
AW	Antike Welt
BAZ	Beilage zur Allgemeinen Zeitung
BBKL	Friedrich W. Bautz (ed.), Biographisch-bibliographisches Kirchenlexikon, I-XXI + supplements, Hamm (Westf.), Nordhausen 1970-[2001]
BHdAD	J. Hürter et al. (eds.), Biographisches Handbuch des deutschen Auswärtigen Dienstes 1871-1945, I: A-F, Paderborn, München, Wien, Zürich 2000
BLO	Constant von Würzbach (ed.), Biographisches Lexicon des Kaiserthums Oesterreich, enthaltend die Lebensskizzen der denkwürdigen Personen, welche seit 1750 in den Österreichischen Kronenländern geboren oder darin gelebt und gewirkt haben, I-LX, Wien 1856-1891
CHR	The Catholic Historical Review
CNI	Christian News from Israel

GWU	Geschichte in Wissenschaft und Unterricht
EHR	English Historical Review
HJ	Historisches Jahrbuch
HL	Das Heilige Land, Organ des Deutschen Vereins vom Hl. Grabe (Köln 1856-1894); Organ des Deutschen Vereins vom Heiligen Lande (Köln 1895-1938, 1951-)
HPB	Historisch-politische Blätter für das katholische Deutschland (München 1838-1922)
HZ	Historische Zeitschrift (München, Leipzig 1859-)
JDEIA	Jahrbuch des Deutschen Evangelischen Instituts für Altertumswissenschaft des Heiligen Landes
JHG	Journal of Historical Geography
JIDG	Jahrbuch des Instituts für Deutsche Geschichte
JouP	Jahrbuch des Österr.-ungar. Pilgerhauses ›Zur heiligen Familie‹ in Jerusalem (Wien 1905-1911)
KM	Die Katholischen Missionen
LBK	H. Vollmer (ed.), Allgemeines Lexikon der bildenden Künstler von der Antike bis zur Gegenwart, I-XXXVII, Leipzig 1907-1950
LTK	J. Höfer und K. Rahner (Hgg.), Lexikon für Theologie und Kirche, I-X, Freiburg im Breisgau 1957-1967
NB	Nachrichten-Blatt für die Teilnehmer und Förderer des Deutschen Vereins vom hl. Lande (Köln 1927-1938)
NCE	New Catholic Encyclopedia: An International Work of Reference on the teachings, Philosophies, and Scientific and Cultural Developments Affecting the Catholic Church from Its Beginning to the Present, I-XV, New York 1967
NDB	Neue Deutsche Biographie, I-XXI, Berlin 1953-
NNM	Neueste Nachrichten aus dem Morgenlande (Vereinsschrift), Zeitschrift des Jerusalemsvereins (Berlin 1857-1939)
OMO	Oesterreichische Monatsschrift für den Orient (Wien 1875-1918)
PB	Palästina-Blatt: Vierteljahresschrift d. Palästina-Vereins der Katholiken Deutschlands (Aachen 1886-1894/5)
PBr	Pilger Briefe
PEFQS	Palestine Exploration Fund, Quarterly Statement (London 1867-)
PMIZ	Protestantische Monatsblätter für innere Zeitgeschichte
PN	Pietismus Und Neuzeit (Göttingen 1974-)
RB	Revue Biblique, Publié par l'École pratique d'étude biblique (Jerusalem, Paris 1892-)
RQS	Römische Quartalschrift
TAJB	Tel Aviver Jahrbuch für deutsche Geschichte
TS	La Terre Sainte
Warte	Die Süddeutsche Warte (Stuttgart 1845-1876); Die Warte des Tempels (Stuttgart 1877-)
ZDPV	Zeitschrift des Deutschen Palästina-Vereins (Leipzig, Stuttgart 1878-)

Gedruckte Quellen

Abeken und Bunsen, Bisthum = Heinrich Abeken/Carl Bunsen, Das Evangelische Bisthum in Jerusalem, Berlin 1842

Ablässe = Ablässe für die Mitglieder des Vereins vom h. Grabe, in: *HL* 2 (1858), 113-114

Abschied Sonnen = Abschied von Pater Sonnen, in: *HL* 90 (1958), 39-44

Aebischer, Versions = Paul Aebischer, Les Versions norroises du ›Voyage de Charlemagne en Orient‹: Leurs sources, Paris 1956

Agstner, Lloyd = Rudolf Agstner, The Austrian Lloyd Steam Navigation Company, in: Wrba, Austrian, 136-157

Agstner, Konsulate = Ders., Österreichs Konsulate im Heiligen Land, in: Böhler, Szepter, 25-39

Akel, Schneller = Samir Akel, Der Pädagoge und Missionar Johann Ludwig Schneller und seine Erziehungsanstalten, Bielfeld 1978

Alexander, Church = Edgar Alexander, Church and Society in Germany: Social and Political Movements and Ideas in German and Austrian Catholicism (1789-1950), in: Joseph Nestor Moody (Hg.), Church and Society: Catholic Social and Political Thought and Movements 1789-1950, New York 1953, 325-583

Alleau, Patriarcat = Theodor Alleau, Patriarcat de Jerusalem: son origine, ses vicissitudes, sa ruine, son retablissement, ses œuvres, ses besoins, son avenir, Monaco 1880

Almaliah, Representatives = Abraham Almaliah, The French Representatives in Eretz-Israel (from 1621 until today), in: *Machberet* (*Les cahiers de l'Alliance Israélite Universelle*) 7 (1958), 16-21, 60-67, 110-115, 164-172, 8 (1959), 15-26, 61-71, 120-126, 9 (1960), 14-21 [Heb.]

Alonzo, Allemands = Alphonse d'Alonzo, Les Allemands en Orient, Bruxelles 1904

An das katholische Volk = An das katholische Volk!, in: *HL* 1 (1857), 2-3

An die Katholiken = An die Katholiken Deutschlands, in: *HL* 43 (1899), 25-27

Anderson, Eastern Question = Matthew Smith Anderson, The eastern Question 1774-1923: A Study in International Relations, London, Melbourne, Toronto 1966

Anglikanisierung = Anglikanisierung des deutschen Protestantismus in Palästina, in: *HPB* 10 (1842), 242-256

Anstalten der Protestanten = Uebersicht über die Anstalten der deutschen Protestanten im heiligen Lande, in: *HL* 43 (1899), 48-51

Aschoff, Windthorst = Hans Georg Aschoff, Ludwig Windthorst: Ein christlicher Politiker in einer Zeit des Umbruchs, Hannover 1991

Ashbel, Climate = Dov Ashbel, The Climate of Eretz Israel and its Regions, Jerusalem 1951 [Heb.]

Audienz = Eine Audienz beim heiligen Vater, in: *HL* 25 (1881), 64-66

Aufruf 1900 = Aufruf, in: *HL* 44 (1900), 1-3

Aufruf Katholiken = Aufruf an die Katholiken Deutschlands, in: *HL* 28 (1884), 201-203

Auvergne, Lola = Edmund B. d'Auvergne, Lola Montez: An Adventuress of the Forties, New York [1924]

Avitsur, Daily Life = Shmuel Avitsur, Daily Life in Eretz Israel in the XIX Century, Jerusalem 1976 [Heb.]

Avitsur, Influence = Ders., The Influence of Western Technology on the Economy of Palestine during the Nineteenth Century, in: Ma'oz, Studies, 485-494
Azarian, Vierte Station = (Stephanus Azarian), Die vierte Station des Kreuzweges zu Jerusalem, in: *HL* 29 (1885), 1-10
Bade, Imperialismus = Klaus J. Bade, Imperialismus und Kolonialismus: Das kaiserliche Deutschland und sein koloniales Imperium, in: ders., Imperialismus und Kolonialismus, 1-28
Bade, Imperialismus und Kolonialismus = Ders., Imperialismus und Kolonialismus: Kaiserliches Deutschland und koloniales Imperium (Beiträge zur Kolonial- und Überseegeschichte, 22), Wiesbaden 1982
Baedeker, Palästina = Karl Baedeker, Palästina und Syrien: Handbuch für Reisende, Leipzig 1876
Bar-El/Levy, Beginning = Yaron Bar-El/Nissim Levy, The Beginning of Modern Medical Practice in Galilean Towns, in: *Cathedra* 54 (1989), 96-106 [Heb.]
Barl, Geschichte = Carolla Barl, Aus der Geschichte der Kongregation der Barmherzigen Schwestern vom hl. Karl Borromäus, in: Boromäerinnen Schule, 8-29
Bartal, Exile = Israel Bartal, Exile in Homeland: Essays, Jerusalem 1994 [Heb.]
Bartal, Plans = Ders., ›The Settlement Plans‹ from the Days of Montefiore's Second Voyage, in: Ders., Exile, 100-160 [Heb.]
Baudri, Geissel = Johann Anton Friedrich Baudri, Die kirchlichen Zustände in Preußen und die Berufung und Thätigkeit des Herrn von Geissel als Kölner Oberhirte, Freiburg im Breisgau 1880
Baudri, Nekrolog = † Dr. Johann Anton Friedrich Baudri, in: *HL* 37 (1893), 87-95
Baumgart, Frage = Winfried Baumgart, Die »Orientalische Frage«: Redivivus? Große Mächte und kleine Nationalitäten 1820-1923, in: *TAJB* 28 (1999), 33-55
Becker, Bunsen = Hans Becker, Christian Carl Josias von Bunsen: Sein politisches und diplomatisches Wirken im Dienste Preußens und des Deutschen Bundes, in: Ruppel et al., Bunsen, 103-154
Becker, Kreuzzug = Wilhelm Becker, Mein Kreuzzug: Ferientage im Abend- und im Morgenlande, Berlin 1892
Becker, Kulturkampf = Winfried Becker, Liberale Kulturkampf-Positionen und Politischer Katholizismus, in: Otto Pflanze/Elisabeth Müller-Luckner (Hgg.), Innenpolitische Probleme des Bismarck-Reiches (Schriften des Historischen Kollegs, Kolloquien, 2), München, Wien 1983, 47-71
Beduinen = Mitteilungen: Ueber einen Beduineneinfall, in: *HL* 48 (1904), 93
Beiser, Enlightment = Frederick C. Beiser, Enlightment, Revolution, and Romanticism: The Genesis of Modern German Political Thought, 1790-1800, Cambridge, Mass. 1992
Belloni, Anstalten = Bericht über die Anstalten des Canonicus don Belloni (Werk der h. Familie) 1889, in: *HL* 33 (1889), 193-199
Belloni, Nekrolog = † Don Antonio Belloni, in: *HL* 48 (1904), 48-50
Ben-Arieh, Jerusalem = Yehoshua Ben-Arieh, Jerusalem in the 19th Century: The Old City, Jerusalem and New York 1984
Ben-Arieh, New City = Ders., Jerusalem in the 19th Century: Emergence of the New City, Jerusalem and New York 1986

Ben-Arieh, Painting = Ders., Painting the Holy Land in the Nineteenth Century, Jerusalem, Tel Aviv, New York 1997
Ben-Arieh, Rediscovery = Ders., The Rediscovery of the Holy Land in the Nineteenth Century, Jerusalem, Detroit 1979
Ben-Arieh, Studies = Ders./Yossi Ben-Artzi/Haim Goren (Hgg.), Historical-Geographical Studies in the Settlement of Eretz Israel, Jerusalem 1987 [Heb.]
Ben-Arieh, Travel Literature = Ders., Nineteenth Century Western Travel Literature to Eretz Israel: A Historical Source and a Cultural Phenomenon, in: *Cathedra* 40 (July 1986), 159-188 [Heb.]
Ben Artzi, Creation = Yossi Ben-Artzi, The Creation of the Carmel as a Segregated Jewish Residental Space in Haifa, 1918-1948, Jerusalem 2004 [Heb.]
Ben Artzi, Germany = Ders., From Germany to the Holy Land: Templer Settlement in Palestine, Jerusalem 1996 [Heb.]
Ben Artzi, Map = Ders., The Map of the Carmelite – Templer Conflict over Mt. Carmel Lands, 1885, in: Yehoshua Ben-Arieh/Elchanan Reiner (Hgg.), Studies in the History of Eretz Israel: Presented to Yehuda Ben-Porat, Jerusalem 2003, 494-506 [Heb.]
Ben Artzi, Schumacher = Ders., Unbekannte Pläne und Landkarten von Gottlieb Schumacher, in: *ZDPV* 107 (1991), 176-192
Benner, Strahlen = Thomas Hartmut Benner, Die Strahlen der Krone: Die religiöse Dimension des Kaisertums unter Wilhelm II. vor dem Hintergrund der Orientreise 1898, Marburg 2001
Bensinger, Palestine = Gad J. Bensinger, Palestine in German Thought and Action, 1871-1914, Diss., Loyola University of Chicago, 1971 (University Microfilm, Ann Arbor 1974)
Bericht Alexandrien = J.M.J.C., Bericht über die erste katholische deutsche Schule in Alexandrien, eröffnet am 1. May 1883, sowie über die deutschen Borromäerinnen im Orient von 1884-1909 [n.p. n.d.]
Bericht Besuch Haifa = Bericht über den Besuch des deutschen Kaisers im Hospiz des Deutschen Vereins vom heiligen Lande in Haifa, in: *HL* 43 (1899), 43-45
Bericht Kaiserbesuch = Bericht über den Kaiserbesuch im deutschen Hospiz zu Jerusalem, in: *HL* 43 (1899), 41-43
Bericht Monnot = Aus einem Bericht des Patres Monnot, Oberer der Mission der Päter Jesuiten in Syrie, über die arabischen Nonnen von Sacre Cœur an die General-Oberin in Paris, in: *HL* 19 (1875), 90-96
Berman, Journey = Shimon Berman, A Journey to the Holy Land – 1870 (Übers. David Niv, Hg. G. Kressel, The Library for the History of the Yishuv in Eretz Israel, 11), Jerusalem 1980 [Heb.]
Bernardet, Missionen = P. Bernardet, Die Missionen der Jesuiten in Syrien, in: *HL* 32 (1888), 161-166
Beschreibung Dormition = Beschreibung des Platzes Dormition in Jerusalem, in: *HL* 43 (1899), 27-28
Besuch im Vorstande = Ein hoher Besuch im Vorstande des Vereines vom h. Grabe, in: *HL* 4 (1860), 57-58
Besuch Würdenträger = Der Besuch der Würdenträger des heiligen Landes in Köln, in: *HL* 11 (1867), 129-133, 159-164

Beyer, Lauda Sion = Max Beyer (Hg.), Lauda Sion! Reisebriefe von der großen Wallfahrt 1910 zur Einweihung der Kirche Mariä Heimgang auf dem Berge Sion in Jerusalem, Berlin 1910

Biever, Amis = Les Amis de la Terre Sainte au Luxembourg, Un Luxembourgeois Prêtre en Terre-Sainte, L'Abbé Zéphyrin Biever, 1849-1915, Luxemburg 1968

Biever, Madaba = Zephyrin Biever, Madaba, in: *HL* 33 (1889), 7-12

Biever, Nekrolog = Zephyrin Biever, in: *HL* 60 (1916), 49-50

Biever, Schreiben = Schreiben des apostolischen Missionars Herrn Z. Biever aus Madaba im Ostjordan Lande an den Schriftführer des Vereins, in: *HL* 33 (1889), 1-7

Biever, Tiberiade = Ders., Au bord du lac Tiberiade, in: *RB* 10 (1913), 54-75

Blackburn, Zentrumpartei = Derek Blackbourn, Die Zentrumpartei und die deutschen Katholiken während des Kulturkampfs und danach, in: Otto Pflanze/Elisabeth Müller-Luckner (Hgg.), Innenpolitische Probleme des Bismarck-Reiches (Schriften des Historischen Kollegs, Kolloquien 2), München, Wien 1983, 73-94

Blaser, Mission = Klauspeter Blaser, Mission und Erweckungsbewegung, in: *PN* 7 (1981), 128-146

Boddy, Galilee = Alexander A. Boddy, Days in Galilee and Scenes in Judaea, London 1900

Böhler, Kaiser = Bernhard A. Böhler, Kaiser Franz Joseph im Heiligen Land: Ein Beitrag zur Erforschung seiner Orientreise im Jahr 1869, in: Ders., Szepter, 161-202

Böhler, Rudolph = Ders., ›Kronprinz Rudolf im Heiligen Land‹, in: Ders., Szepter, 203-224

Böhler, Szepter = Ders. (Hg.), Mit Szepter und Pilgerstab: Österreichische Präsenz im Heiligen Land seit den Tagen Kaiser Franz Josephs, Wien 2000

Bonacker, Moltke = Wilhelm Bonacker, Helmuth Moltkes Beitrag zur kartographischen Erschließung des Vorderen Orients, in: *Erdkunde* 3 (1949), 175-177

Boos, Schmidt = J. M. Boos, Wie kam es zur Schmidt-Schule, in: *HL* 98 (1966), 34-36

Bornkamm, Staatsidee = Heinrich Bornkamm, Die Staatsidee im Kulturkampf, in: *HZ* 170 (1950), 41-72, 273-306

Borromäerinnen Schule = Klaus Schiffer (Hg.), 100 Jahre Deutsche Schule der Borromäerinnen in Alexandrien: 100 Jahre Orientmission, 1884-1984, Rheinberg 1984

Bracco, Nochmals Pius = Vincent Bracco, Nochmals Pius IX. und das heilige Land, in: *HL* 22 (1878), 73-75

Bracco, Pius = [Ders.], Pius IX und das h. Land, in: *HL* 22 (1878), 1-8

Brandenburg, Bismarck = Erich Brandenburg, From Bismarck to the World War: A History of German Foreign Policy 1870-1914 (Übers. Annie Elizabeth Adams), London 1933

Braucht Deutschland = Braucht Deutschland Kolonien?, in: *Warte* 35, no. 22 (1879), 9-11

Braunsberger, Ordenswesen = Otto Braunsberger, Rückblick auf das katholische Ordenswesen im 19. Jahrhundert (Ergänzungshefte zu den Stimmen aus Maria-Laach, 79), Freiburg im Breisgau 1901

Breicha-Vauthier, Österreich = Arthur Breicha-Vauthier, Österreich in der Levante: Geschichte und Geschichten einer alten Freundschaft, Wien, München 1972

Brentano, Leiden = Clemens Brentano, Das bittere Leiden unseres Herrn Jesus Christus: Nach den Betrachtungen der Augustinerin von Dülmen, Stein am Rhein 1996

Brown, Romanticism = Marshall Brown, The Shape of German Romanticism, Ithaca, London 1979

Buckler, Harun = Francis William Buckler, Harun'l Rashid and Charles the Great, Cambridge, Mass. 1931

Butlin, Historical Geography = Robin Alan Butlin, Historical Geography through the Gates of Space and Time, London 1993

Carmel, Activities = Alex Carmel, The Activities of the European Powers in Palestine, in: *AAS* 19 (1985), 43-91

Carmel, Christen = Ders., Christen als Pioniere im Heiligen Land: Ein Beitrag zur Geschichte der Pilgermission und des Wiederaufbaus Palästinas im 19. Jahrhundert (*Theologische Zeitschrift*, Sonderband, X), Basel 1981

Carmel, Chronik 1 = Ders., Palästina-Chronik 1853 bis 1882: Deutsche Zeitungsberichte vom Krimkrieg bis zur ersten jüdischen Einwanderungswelle, Ulm 1978

Carmel, Chronik 2 = Ders., Palästina-Chronik 1883 bis 1914: Deutsche Zeitungsberichte von der ersten jüdischen Einwanderungswelle bis zum Ersten Weltkrieg, Ulm 1983

Carmel, Community = Ders., The German Protestant Community in Palestine, 1840-1914, in: *Cathedra* 45 (1987), 103-112 [Heb.]

Carmel, Fliedner = Ders., Der Missionar Theodor Fliedner als Pionier deutscher Palästina-Arbeit, in: *JIDG* 14 (1985), 191-220

Carmel, Haifa = Ders., Geschichte Haifas in der Türkischen Zeit 1516-1918 (Übers. Clara Zellermeyer, Abhandlungen des deutschen Palästinavereins), Wiesbaden 1975

Carmel, Kaiser = Ders., Der Kaiser reist ins Heilige Land. Realität und Legende, in: Ronecker, Dem Erlöser, 116-135

Carmel, Politik = Ders., Die deutsche Palästinapolitik 1871-1914, in: *JIDG* 4 (1975), 205-255

Carmel, Russia = Ders., Russian Activity in Palestine in the Nineteenth Century, in: Cohen, Vision, 45-77

Carmel, Schick = Ders., Wie es zu Conrad Schicks Sendung nach Jerusalem kam, in: *ZDPV* 99 (1983), 204-218

Carmel, Siedlungen = Ders., Die Siedlungen der württembergischen Templer in Palästina 1868-1918: Ihre lokalpolitischen und internationalen Probleme (Übers. Pinchas Leshem, Veröffentlichungen der Kommission für geschichtliche Landeskunde in Baden-Württemberg, Reihe B Bd. 77), Stuttgart 1973

Carmel, Significance = Ders., The Political Significance of German Settlement in Palestine 1868-1918, in: Jehuda L. Wallach (Hg.), Germany and the Middle East 1835-1939 (*JIDG*, 1), Tel Aviv 1975, 46-71

Carmel, Spittler = Ders., C. F. Spittler and the Activities of the Pilgrims Mission in Jerusalem, in: Gad G. Gilbar (Hg.), Ottoman Palestine 1800-1914: Studies in Economic and Social History, Leiden 1990, 255-286

Carmel, Tobler = Ders., ›Der friedliche Kreuzzug‹: Titus Tobler und ›Der Christenstaat‹, in: Moshe Zimmermann (Hg.), Deutschland und das Land Israel: Eine Kulturbegegnung, Jerusalem 2004, 11-32 [Heb.]

Carmel/Eisler, Der Kaiser = Alex Carmel/Ejal Jakob Eisler (Hgg.), Der Kaiser reist ins Heilige Land: Die Palästinareise Wilhelms II. 1898: Eine illustrierte Dokumentation, Haifa, Stuttgart, Berlin, Köln 1999

Carré, Voyageurs = Jean-Marie Carré, Voyageurs et écrivains Français en Égypte, I: Des pèlerins du Moyen Âge à Méhémet-Ali, Cairo 1956

Cary, Path = Noel Demetri Cary, The Path to Christian Democracy: German Catholics and the Party System from Windthorst to Adenauer, Cambridge, Mass. 1996

Chateaubriand, Itinéraire = François-René de Chateaubriand, Itinéraire de Paris à Jérusalem et de Jérusalem à Paris, en ellant par la Grèce, en revenant par l'Egypte, la Barbarie et l'Espagne, I-II, Paris 1846

Cohen, Expulsion = Amnon Cohen, The Expulsion of the Franciscans from Mount Zion in the Early Ottoman Period – A Reassessment, in: *Cathedra* 22 (1982), 61-74 [Heb.]

Cohen, Vision = Richard I. Cohen (Hg.), Vision and Conflict in the Holy Land, Jerusalem and New York 1985

Colbi, Christianity = Saul P. Colbi, Christianity in the Holy Land: Past and Present, Tel Aviv 1969

Collin, Lieux Saints = Bernardin Collin, Les Lieux Saints, Paris 1948

Collin, Questione = Ders., Questione e problema dei Luoghi Santi, in: Virgilio C. Corbo (Hg.), Custodia di Terra Santa 1342-1942, Jerusalem 1951, 79-86

Congrégation Saint-Joseph = La Congrégation des Sœurs de Saint-Joseph de l'Apparition, Paris 1923

Congregation Schwestern = Die Congregation der Schwestern vom hl. Joseph von der Erscheinung, in: *HL* 17 (1873), 43-44

Conze, Staat = Werner Conze (Hg.), Staat und Gesellschaft im deutschen Vormärz 1815-1848, Stuttgart 1970

Conzemius, Kolping = Victor Conzemius, Adolf Kolping (1813-1865), in: Rheinische Lebensbilder, III (Gesellschaft für Rheinische Geschichtskunde), Düsseldorf 1968, 221-233

Corti, Ludwig = Egon Caesar Corti, Ludwig I of Bavaria (Übers. E. B. Graham-Stampers), London 1938

Cramer, Jahrhundert = Valmar Cramer, Ein Jahrhundert deutscher katholischer Palästinamisssion 1855-1955, Köln 1956

Cramer, Meister = Ders., Meister der Farbe und des Stiftes als Pilger in Jerusalem, in: *HL* 84 (1952), 5-18

Cramer, Ritter = Ders., Der Ritterorden vom Heiligen Grabe seit der Reform durch Papst Pius IX. (Palästina-Hefte des Deutschen Vereins vom Heiligen Lande, 11), Köln 1937

Cramer, Ritterorden = Ders., Der Ritterorden vom Hl. Grabe vom Beginn des 17. Jahrhunderts bis zur Reform durch Pius IX. (1600-1868), in: Ders./Meinertz, Heilige Land, V/40-42 (1950), 97-176

Cramer, Ritterorden vom hl. Grabe = Ders., Der Ritterorden vom hl. Grabe von den Kreuzzügen bis zur Gegenwart, Köln 1952

Cramer, Ritterschlag = Ders., Der Ritterschlag am Heiligen Grabe: Zur Entstehung und Frühgeschichte des Ritterordens vom Heiligen Grabe, in: Ders./Meinertz, Heilige Land, II/24-27 (1940), 137-199

Cramer/Meinertz, Heilige Land = Ders./Gustav Meinertz (Hgg.), Das Heilige Land in Vergangenheit und Gegenwart, I-V: Gesammelte Beiträge und Berichte zur Palästinaforschung (Palästinahefte des Deutschen Vereins vom Heiligen Lande), Köln 1939-1950

Crombie, Love of Zion = Kelvin Crombie, For the Love of Zion: Christian Witness and the Restoration of Israel, London, Sydney, Auckland 1991

Cross, Dictionary = Frank Leslie Cross/Elizabeth A. Livingstone (Hgg.), The Oxford Dictionary of the Christian Church², London 1988

Dalman, Fliegerbilder = Gustav Dalman, Hundert Deutsche Fliegerbilder aus Palästina, Gütersloh 1925

Danksagung = Danksagungsschreiben des Wächters des heiligen Grabes zu Jerusalem und des Ordensgenerals der Minoriten in Rom an die Herausgeber des histor. pol. Blätter für die erste Sendung der dem heiligen Grabe gewidmeten Spenden aus dem katholische Deutschland, in: *HPB* 5 (1840), 705-739

Dawson, Egypt = Werner R. Dawson/Eric. P. Uphill/Morris L. Bierbrier, Who Was Who in Egyptology, London 1995

De Gennes, Ordre = C. de Gennes, L'Ordre de la Chevalerie du Saint Sépulcre de Jérusalem (XIVéme – XIXéme siécles), in: Elm/Fonseca, Militia, 311-326

De-Haas, Galilee = Rudolf De-Haas, Galilee, the Sacred Sea: Historical and Geographical Description, Jerusalem 1933

Deininger, Frankreich = Helga Deininger, Frankreich – Rußland – Deutschland 1871-1891: Die Interdependenz von Außenpolitik, Wirtschaftsinteressen und Kulturbeziehungen im Vorfeld des russisch-französischen Bündnises (Studien zur modernen Geschichte, 28), München, Wien 1983

Dela Seta, Salesians = Simonetta dela Seta, Settling and Building Project of the Italian-Catholic Salesian Order in Eretz-Israel, in: Ben-Arieh Studies, 59-77

Deutsche Kaiser = Der deutsche Kaiser und der Orden vom Heiligen Grabe, in: *HL* 49 (1905), 159-160

Deutsche Kaiserpaar = [Ernst von Mirbach et al. (Hgg.)], Das deutsche Kaiserpaar im Heiligen Lande, im Herbst 1898: Mit Allerhöchster Ermächtigung Seiner Majestät des Kaisers und Königs bearbeitet nach authentischen Berichten und Akten, Berlin 1899

Deutschlands Katholiken = Deutschlands Katholiken und ihre Interessen in Jerusalem, in: *Neisser Zeitung*, Supp. 7.10.1902

Deutschlands Katholiken Interessen = Deutschlands Katholiken und ihre Interessen in Jerusalem, in: *HL* 47 (1903), 37-38

Deutscher Verein = Deutscher Verein vom Heiligen Lande, in: Cramer/Meinertz, Heilige Land, II/24-27 (1940), 332-337

De Vries, Rom = Wilhelm de Vries et al., Rom und die Patriarchate des Ostens (Orbis academicus, 3 [Protestantische Theologie, 4]), Freiburg, München 1963

Dgani, Churches = Rami Dgani, Christian Churches, Congregations and Orders in Israel (Ariel 137-138, Hgg. Gabriel Barka'i/Eli Schiller), Jerusalem 1999 [Heb.]

Diamantenes Jubiläum = Diamantenes Ordensjubiläum von P. Johannes Sonnen, Jerusalem, in: *HL* 88 (1956), 71-73

Ditscheid, Mission = Hermann Ditscheid, Die Heidenmission: Unter besonderer Berücksichtigung der deutschen Colonien ..., Köln 1911

Dodwell, Muhammad Ali = Henry H. Dodwell, The Founder of Modern Egypt: A Study of Muhammad Ali, Cambridge 1967 (1931)

Döllinger, Bisthum = Ignaz von Döllinger, Das anglo-preußische Bisthum zu Jerusalem, in: *HPB* 8 (1941), 621-637

Drammer, Emmaus = Josef Drammer, Nach Emmaus, in: *HL* 31 (1887), 198-202

Dudman/Kark, Colony = Helga Dudman/Ruth Kark, The American Colony: Scenes from a Jerusalem Saga, Jerusalem 1998

Düsterwald, Bericht = Franz Düsterwald, Bericht über die erste deutsche Männer Wallfahrt nach Rom und Jerusalem in Jubiläumsjahre 1900, in: *HL* 45 (1901), 18-22

Düsterwald, Nekrolog = Prälat Dr. Düsterwald, in: *HL* 65 (1921), 3-6

Düsterwald, Pilger = Franz Düsterwald, Der Jerusalempilger, Köln 1910

Düsterwald, Pingsmann = Ders., Domkapitular Dr. Pingsmann: Schriftführer des Deutschen Vereins vom Hl. Lande, in: *HL* 49 (1905), 48-49

Düsterwald, Wallfahrt = Ders., Die deutsche Kirchweih-Wallfahrt zum hl. Berge Sion in Jerusalem im April 1910: Offizieller Bericht des Pilgerkomitees des Deutschen Vereins vom hl. Lande, Köln 1911

Dumith/Gatt, Bericht = M. Dumith/Georg Gatt, Bericht über die Eröffnung der Missions-Station zu Gaza in Palästina, in: *HL* 23 (1879), 172-173

Dunkel, Katharina = Franz Dunkel, Schwester Katharina Schneider, in: *HL* 67 (1923), 78-79

Dunkel, Lazaristen = Ders., Die Berufung des deutschen Lazaristen nach Jerusalem durch den Palästinaverein der Katholiken Deutschlands, in: *HL* 53 (1915), 143-149

Dunkel, Paulus = Ders., Die feierliche Übergabe des St. Paulushospizes zu Jerusalem, in: *HL* 50 (1906), 89-93

Duvignau, Valerga = Pierre Duvignau, Une vie au service de l'Eglise: S. B. Mgr. Joseph Valerga, patriarche Latin de Jérusalem, Jerusalem 1972

Einsiedler, Reisen = Peter Einsiedler, Reisen und Reiseliteratur: Jerusalem und das Heilige Grab, in: *ABAZ* 21.10.1838, 2219-2221

Eisler, Auflösung = Ejal Jakob Eisler, Die Auflösung des englisch-preußischen Bistums und die Errichtung der »Jerusalem-Stiftung«, in: Carmel/Eisler, Der Kaiser, 37-40

Eisler, Bistum = Ders., Das englisch-preußische Bistum in Jerusalem, in: Carmel/Eisler, Der Kaiser, 23-26

Eisler, Jaffa = Ders., Der deutsche Beitrag zum Aufstieg Jaffas 1850-1914: Zur Geschichte Palästinas im 19. Jahrhundert (Abhandlungen des Deutschen Palästina-Vereins, 22), Wiesbaden 1997

Eisler, Kolonisten = Ders., Deutsche Kolonisten im Heiligen Land: Die Familie John Steinbeck in Briefen aus Palästina und USA, Leipzig 2001

Eisler, Talitha = Ders., Talitha Kumi – Geschichte und Gegenwart: Charlotte Pilz und die Anfänge Kaiserwerther Orientarbeit, in: Almut Nothnagle et al. (Hgg.), Seht, wir gehen hinauf nach Jerusalem! Festschrift zum 150jährigen Jubiläum von Talitha Kumi und des Jerusalemsvereins, Leipzig 2001, 78-95

Elan, Deutsche = Shlomo Elan, Deutsche in Jerusalem von der Mitte des 19. Jahrhunderts bis zum Ersten Weltkrieg, Wertheim 1984

Elath, Routes = Eliahu Elath, Britain's Routes to India: British Projects in 1837-1872

for linking the mediterranean with the Persian Gulf by steam navigation on the Euphrates and by Euphrates Valley Railway, Jerusalem 1971 [Heb.]
Eliav, Britain = Mordechai Eliav, Britain and the Holy Land 1838-1914: Selected Documents from the British Consulate in Jerusalem, Jerusalem 1997
Eliav, Consuls = Ders., An Annotated Listing of Foreign Consuls in Jerusalem at the End of the Ottoman Period, in: *Cathera* 28 (1983), 161-176 [Heb.]
Eliav, Eretz Israel = Ders., Eretz Israel and its Yishuv in the 19th Century, 1777-1917, Jerusalem 1978 [Heb.]
Eliav, Juden = Ders., Die Juden Palästinas in der deutschen Politik: Dokumente aus dem Archiv des deutschen Konsulats in Jerusalem, 1842-1914, Tel-Aviv 1973
Eliav, Österreich = Ders./Barbara Heider, Österreich und das Heilige Land: Ausgewählte Konsulatsdokumente aus Jerusalem 1849-1917 (Fontes Rerum Austriacarum: Österreichische Geschichtsquelle, 2te Abt.: Diplomataria et Acta, vol. 91), Wien 2000
Elm, Fratres = Kaspar Elm, Fratres et Sorores Sanctissimi Sepulcri: Beiträge zu fraternitas, familia und weiblichem Religionosentum im Umkreis des Kapitels vom Hlg. Grab, in: *Frühmittelalterliches Studien* 9 (1975), 287-333
Elm, Militia = Ders., Militia Sancti Sepulcri: Idea e istituzioni, in: Elm/Fonseac, Militia, 13-22
Elm/Fonseca, Militia = Ders./Cosimo Damiano Fonseca (Hgg.), Militia Sancti Sepulcri, Idea e instituzioni: Atti del Colloquio Internazionale tenuto presso la Pontifica Università del Laterno 10-12 aprile 1996 (Hierosolimitana: Acta et Monumenta), Città del Vaticano 1998
Emmaus-Kubebe = Emmaus-Kubebe, in: *HL* 46 (1902), 166-169
Eröffnung Knabenschule = [Wilhelm Schmidt/Wilhelm Müller], Eröffnung der deutschen Knabenschule in Jerusalem, in: *HL* 44 (1900), 169-174
Erzbischof Canterbury = Der Erzbischof von Canterbury und das neue Bisthum zu Jerusalem, in: *HPB* 9 (1842), 179-182
Esch/Petersen, Ottocento = Arnold Esch/Jens Petersen (Hgg.), Deutsches Ottocento: Die deutsche Wahrnehmung Italiens im Risorgimento, Tübingen 2000
Eubel, Erwerbung = Konrad Eubel, Die Erwerbung der DORMITIO B.V.M. im 4. Jahrhundert, in: *HL* 45 (1901), 171-178
Eucharistische Congress 1 = Der eucharistische Congreß zu Lüttich und das hl. Cönaculum auf dem Berge Sion zu Jerusalem, in: *HL* 27 (1883), 107-111
Eucharistische Congress 2 = Der eucharistische Congreß in Jerusalem, in: *HL* 37 (1893), 5-21, 33-57
Eucharistische Congress 3 = Der eucharistische Congreß in Jerusalem unter dem Vorsitze Seiner Eminenz des Cardinal Benedict Maria Langénieux, Erzbishofs von Reims, in: *HL* 37 (1893), 126-129
Fabri, Wandering = Felix Fabri, The Wandering of Felix Fabri, I-II (Übers. A. Stewart, Palestine Pilgrims Text Society, 7-10), New York 1971 (London 1896-1897)
Fabri, Beschreibung = Felix Fabri, Eigentlich Beschreibung der hin und wider Farth zu dem Heyligen Landt gen Jerusalem, […] Anno M.D.LVII, [Bautzen] 1557
Fahrngruber, Jerusalem = Johann Fahrngruber, Nach Jerusalem: Ein Führer für Pilgerfahrten und Reisen, I-II, Würzburg, Wien 1890
Famin, Rivalité = Marie César Famin, Histoire de la rivalité et du protectorat des églises chrétiennes en Orient, Paris 1853

Farah, Politics = Ceasar E. Farah, The Politics of Interventionalism in Ottoman Lebanon, 1830-1861, London, New York 2000
Felgentreff, Diakonissen = Ruth Felgentreff, Kaiserswerther Diakonissen in Jerusalem und anderswo im Morgenland, in: Ronecker, Dem Erlöse, 72-80
Felix, Schreiben = Schreiben des Carmelitenpaters Felix, Seelsorger der Nonnen von Nazareth in Shefa Amer, an die Generaloberin in Lyon, in: *HL* 19 (1875), 59-62
Fenske, Auswanderung = Hans Fenske, Die deutsche Auswanderung in der Mitte des 19. Jahrhunderts, öffentliche Meinung und amtliche Politik, in: *GWU* 24 (1973), 221-236
Fenske, Imperialism = Ders., Imperialistische Tendenzen in Deutschland vor 1866: Auswanderung, überseeische Bestrebungen, Weltmachtträume, in: *HJ* 97-98 (1978), 336-383
Fenske, Vormärz = Ders. (Hg.), Vormärz und Revolution: 1840-1849 (Quellen zum politischen Denken der Deutschen im 19. und 20. Jahrhundert, 4), Darmstadt 1976
Ferien Emmaus = Ferienaufenthalt in Emmaus, in: *HL* 46 (1902), 169-174
Fesser, Bülow = Gerd Fesser, Reichkanzler Bernhard Fürst von Bülow: Eine Biographie, Berlin 1991
Fest-Pilgerfahrt = Die Fest-Pilgerfahrt des Deutschen Vereins vom Hl. Lande zur Kirchenweihe auf dem Berge Sion im Frühjahre 1910, in: *HL* 54 (1910), 105-109
Finn, Stirring Times = James Finn, Stirring Times: Records from Jerusalem Consular Chronicles of 1853 to 1856, Hg. Elizabeth Anne McCaul Finn, London 1878
Fischer et al., Arbeitsbuch = Wolfram Fischer/Jochen Krengel/Jutta Wietog, Sozialgeschichtliches Arbeitsbuch, Hg. Jürgen Kocka,, I-II, München 1982
Foerster, Deutschland = Frank Foerster, Deutschland und das Heilige Land im 19. Jh. im Spiegel der Entwicklung des Berliner Jerusalemsvereins, in: *JDEIA* 6 (1999), 49-63
Foerster, Mission = Ders., Mission im Heiligen Land: Der Jerusalems-Verein zu Berlin 1852-1945 (Missionswissenschaftliche Forschungen, 25), Gütersloh 1991
Foerster, Spittler = Ders., Mission in der Stille. Die gewaltlose Missionskonzeption Christian Friedrich Spittlers für Jerusalem und Äthiopien, Ulrich van der Heyden/Jürgen Becher (Hgg.), Mission und Gewalt: Der Umgang christlicher Missionen mit Gewalt und die Ausbreitung des Christentums in Afrika und Asien in der Zeit von 1792 bis 1918/19, Stuttgart 2000, 55-66
Frank, Der Orden = Carl Maria Frank, Der Orden vom heiligen Grabe, dessen Gründung, Wesen und Bestimmung, Augsburg 1898
Französische Protectorat = Der französische Protectorat im Orient, in: *HL* 42 (1898), 135-140
Französische Verein = Der französische Verein der Pilgerfahrten nach dem h. Lande, in: *HL* 19 (1875), 153-154
Frauenorden = Der einzige deutsche Frauenorden im Orient, in: *JouP* 2 (1908), 65-68
Freitag, Pilger = H. Freitag, Preußische Jerusalempilger vom 14. bis 16. Jahrhundert, in: Georg Steinhausen (Hg.), Archiv für Kulturgeschichte, III, 2, Berlin 1905, 129-154
Friedman, Hermits = Elias Friedman, The Latin Hermits of Mount Carmel: A Study in Carmelite Origins, Rome 1979

Fritz, Ausgrabungen = Volkmar Fritz, Kinneret, Ergebnisse der Ausgrabungen auf dem Tell el-Oreme am See Genesareth, in: *AW* 17 (1986), 13-26
Gatt, Ankauf = Georg Gatt, Ankauf einer zerfallenen Hütte mit Hindernissen, in: *HL* 59 (1905), 80-82
Gatt, Bericht = Ders., Bericht über die katholische Mission in Gaza, in: *HL* 40 (1896), 75-78
Gatt, Jerusalem = Ders., Beschreibung über Jerusalem und seine Umgebung, Waldsee 1877
Gatt, Kurzer Bericht = Ders., Kurzer Bericht über die Mission Gaza, in: *JouP* 3 (1905), 80-91
Gatt, Missionare = Ders., Deutsche Missionare in Palästina, in: *HL* 33 (1889), 124-126
Gatt, Plane = Ders., Legende zum Plane von Gaza, in: *ZDPV* 11 (1888), pl. II, 149-159
Gatt, Ziel = Ders., Ziel und Aufgabe der Mission des heiligen Landes, in: *HL* 46 (1902), 77-83
Gatz, Auslandsarbeit = Erwin Gatz, Katholische Auslandsarbeit und deutsche Weltpolitik unter Wilhelm II: Zur Stiftung der Dormition in Jerusalem (1898), in: *RQS* 73, no. 1-2 (1978), 23-46
Gatz, Katholische Deutschland = Ders., Das katholische Deutschland, der Vatikan und Italien, in: Esch/ Petersen, Ottocento, 91-101
Geissler, Nekrolog = Totenliste: P. Aegydius Geißler, in: *PBr* 84, n.s. 12 (1905), 14-15
Geissler, Patriarcat = Aegydius Geißler, Das lateinische Patriarchat von Jerusalem, in: *HL* 34 (1890), 177-198; 35 (1891), 16-33, 41-50
Gelber, Question = Michael Gelber, The Question of Eretz-Israel in the Years 1840 and 1842, in: *Zion* (*Literary Organ*) 4 (1930), 44-64
Gelber, Question 1878 = Ders., The Question of Eretz Israel around the Berlin Congress, 1878, in: Yehudah Leib Meimon (Hg.), Centenary Volume Presented in Honour of Rabbi Dr. Shimon Federbusch, Jerusalem 1960, 117-164 [Heb.]
Geldbach, Network = Erich Geldbach, The German Protestant Network in the Holy Land, in: Moshe Davis/Yehoshua Ben-Arieh (Hgg.), Western Societies and the Holy Land, III: With Eyes Toward Zion, New York 1991, 150-169
Generalregister = Generalregister, Das Heilige Land, 1 bis 75, Jahrgang 1857 bis 1931 (einschließlich Nachrichtenblatt 1 bis 5 Jahrgang 1927 bis 1931), Köln 1936
Generalversammlung I = Die erste Generalversammlung des Deutschen Vereins vom heiligen Lande, in: *HL* 40 (1896), 89-112
Generalversammlung V = Die V. Generalversammlung des Deutschen Vereins vom h. Lande in Aachen am 19. November 1900, in: *HL* 45 (1901), 3-18
Generalversammlung Frankfurt = Die Generalversammlung des Deutschen Vereins vom heiligen Lande in Frankfurt am Main am 5. März 1899, in: *HL* 43 (1899), 61-93
Generalversammlung Köln = Generalversammlung und fünfzigjährige Jubelfeier Deutschen Vereins vom hl. Lande zu Cöln am 16. Dezember 1906, in: *HL* 51 (1907), 20-40
Generalversammlung Münster = Generalversammlung des deutschen Vereins vom heiligen Lande, in Münster, 24. November 1901, in: *HL* 46 (1902), 1-39
Generalversammlung Paderborn = Generalversammlung des Deutschen Vereins vom hl. Lande am 22. November 1908 in Paderborn, in: *HL* 53 (1909), 48-62

Géramb, Pilgerreise = Marie Joseph Géramb, Pilgerreise nach Jerusalem und auf den Berg Sinai in den Jahren 1831, 1832 und 1833, Augsburg 1837
Gerard, Kaiserism = James Watson Gerard, Face to face with Kaiserism, New York 1918
Gerber/Gross, Inflation = Haim Gerber/Nachum T. Gross, Inflation and Deflation in Nineteenth Century Syria and Palestine, Jerusalem 1978
Geschichte des Klosters = Geschichte des Klosters und des Spitals der Fr. Barmherzigen Brüder in Graz und der innerösterreichischen Ordensprovinz zum heiligen Herzen Jesu, in: *HL* 53 (1909), 437-462
Gillow, History = Joseph Gillow, A Literary and Biographical History, or Bibliographical Dictionary of the English Catholics: From the Breach with Rome, in 1534, to the Present Time, I-V, New York [1968]
Giulianelli, Kirche = F. Giulianelli, Die neue Herz-Jesu-Kirche zu Kairo in Ägypten, in: *HL* 26 (1882), 6-7
Goetz, Deutschtum = Karl Goetz, Das Deutschtum in Palästina, in: Mittheilungen der Akademie zur wissenschaftlichen Erforschung und zur Pflege des Deutschtums, München 1931, 291-337
Goldenes Jubiläum = Goldenes Priesterjubiläum des hochw. P. Schmidt, Rektor des deutschen Hospizes in Jerusalem, in: *HL* 51 (1907), 145-148
Goldmann, Ketteler = Bernd Goldmann, Wilhelm Emmanuel von Ketteler (1811-1877), in: Rheinische Lebensbilder, XIII (Gesellschaft für Rheinische Geschichtskunde), Köln 1993, 137-152
Gollwitzer, Ludwig = Heinz Gollwitzer, Ludwig I. von Bayern und Italien, in: Esch/Petersen, Ottocento, 103-110
Gollwitzer, Palästinafahrten = Ders., Deutsche Palästinafahrten des 19. Jahrhunderts als Glaubens- und Bildungserlebnis, in: Bernhard Bischoff/Wolfgang Stammler (Hgg.), Lebenskräfte in der Abendländischen Geistesgeschichte: Dank und Erinnerungsgabe an Walter Goetz zum 80. Geburtstage, Marburg/Lahn 1948, 286-324
Gollwitzer, Katholizismus = Ders., Der politische Katholizismus im Hohenzollernreich und die Außenpolitik: Vaiationen zu einem weltläufigen Thema, Werner Pöls (Hg.), Staat und Gesellschaft im politischen Wandel: Beiträge zur Geschichte der Modernen Welt (Festschrift für Walter Bußmann), Stuttgart 1979, 224-257
Golubovich, Serie = Girolamo Golubovich, Serie cronologica dei reverendissimi superiori di Terra Santa, Jerusalem 1898
Gonzenbach, Pilgerritt = C. von Gonzenbach, Pilgerritt: Bilder aus Palästina und Syrien, Berlin 1895
Goodrich-Freer, Saddle = Ada M. Goodrich-Freer, In a Syrian Saddle, London 1905
Goren, Abu Ghosh = Haim Goren, Early 20th Century Christian Institutions in Abū Ghōsh, in: *Cathedra* 62 (1991), 80-160 [Heb.]
Goren, Catholics = Ders., The German-Catholics: Pioneers of European Settlement on the Shores of the See of Galilee, in: Ben-Arieh, 45-58
Goren, Conflit = Haim Goren, Du »conflit de drapeaux« à la »contestation des hospices«: L'Allemagne et la France catholiques en Palestine à la fin du XIXe siécle, in: Dominique Trimbur/Ran Aaronsohn (Hgg.), De Bonaparte à Balfour: La France, l'Europe occidentale et la Palestine 1799-1917, Paris 2001, 325-344
Goren, Debating = Ders., Debating the Jews in Palestine: German Discourses of

Colonization, 1840-1883, in: *Leipziger Beiträge zur jüdischen Geschichte und Kultur* 1 (2003), 217-238

Goren, German Catholics = Ders., The german Catholics: A Unique Factor Within the European Activity in Nineteenth-Century Palestine, in: Moshe Zimmermann (Hg.), Germany and the Land of Israel: A Cultural Encounter, Jerusalem 2004, 33-52

Goren, Kiepert = Ders., Heinrich Kiepert in the Holy Land, Spring 1870 – Sketches From an Exploration-Tour of an Historical Cartographer, in: Lothar Zögner (Hg.), Antike Welten Neue Regionen: Heinrich Kiepert 1818-1899, Berlin 1999, 45-62

Goren, Ritter = Ders., Carl Ritter's Contribution to Holy Land Research, in: Anne Buttimer/Stanley D. Brunn/Ute Wardenga (Hgg.), Text and Image: Social Construction of Regional Knowledges (Beiträge zur Regionalen Geographie, 49), Leipzig 1999, 28-37

Goren, Schick = Ders., »Undoubtedly, the Best Connoisseur of Jerusalem in Our Times«: Conrad Schick as *Palästinawissenschaftler*, in: Ulrich Hübner (Hg.), Paleastina exploranda: Studien zur Erforschung Palästinas im 19. und 20. Jahrhundert anlässlich des 125jährigen Bestehens des Deutschen Vereins zur Erforschung Palästinas (Abhandlungen des Deutschen Palästina-Vereins, 34), Wiesbaden 2006, 105-128

Goren, Scholar = Ders., The Scholar Precedes the Diplomat: German Science in the Service of Political Involvement in Egypt and Palestine until 1870, in: Ders. (Hg.), Germany and the Middle East: Past, Present, and Future, Jerusalem 2002, 41-60

Goren, Siedlungsversuche = Ders., Erste Siedlungsversuche der deutschen Templer in der Jesreel-Ebene im 19. Jahrhundert, in: *JDEIA* 1 (1989), 100-130

Goren, Society = Ders., The German Catholic »Holy Sepulchre Society«: Activities in Palestine, in: Yehoshua Ben-Arieh/Moshe Davies (Hgg.), Jerusalem in the Mind of the Western World (1800-1948) (With Eyes Toward Zion – V), Westport, Connecticut, London 1997, 155-172

Goren, Sources = Ders., Sources for Germany – Holy Land Studies in the Late Ottoman Period: German Libraries and Archives, in: Moshe Davies/Yehoshua Ben-Arieh (Hgg.), With Eyes Toward Zion, III: Western Societies and the Holy Land, New York, Westport, London 1990, 170-178

Goren, Zieht hin = Ders., Zieht hin und erforscht das Land: Die deutsche Palästinaforschung im 19. Jahrhundert (Schriftenreihe des Instituts für deutsche Geschichte der Universität Tel Aviv, 23), Göttingen: Wallstein 2003

Goren/Ben-Arieh, Austria = Ders./Yehoshua Ben-Arieh, Catholic Austria and Jerusalem in the Nineteenth Century: The Beginnings, in: Wrba, Austrian, 7-24

Gran-Aymerich, Naissance = Ève Gran-Aymerich, Naissance de l'archéologie Moderne 1798-1945, Paris 1998

Graudenz, Kolonien = Karlheinz Graudenz (mit Hanns Michael Schindler), Die deutschen Kolonien: Geschichte der deutschen Schutzgebiete in Wort, Bild und Karte, München 1982

Graves, Bishopric = Robert William Graves, The Jerusalem Bishopric, in: *EHR* 64 (1949), 328-352

Grech, Ordre = Prosper Grech, L'Ordre des Chevaliers du Saint Sépulchre et le Patriarcat Latin, in: Elm/Fonseca, Militia, 305-309

Gründer, Gott = Horst Gründer, »Gott will es«: Eine Kreuzzugsbewegung am Ende des 19. Jahrhunderts, in: *GWU* 28 (1977), 210-224

Gründer, Kaiserfahrt = Ders., Die Kaiserfahrt Wilhelms II. ins Heilige Land 1898: Aspekte deutscher Palästinapolitik im Zeitalter des Imperialismus, in: Heinz Dollinger/Horst Gründer/Alwin Hanschmidt (Hgg.), Weltpolitik, Europagedanke, Regionalismus: Festschrift für Heinz Gollwitzer zum 65. Geburtstag, Münster 1982, 363-388

Gründer, Missionsgesellschaften = Ders, Deutsche Missionsgesellschaften auf dem Wege zur Kolonialmission, in: Bade, Imperialismus und Kolonialmission, 64-102

Grundsteinlegung = Die Grundsteinlegung der Kirche »Maria Heimgang« auf dem Berge Sion‹, in: *HL* 45 (1901), 23-38

Guthe, Gesellschaft = Hermann Guthe, Die orthodoxe Palästina-Gesellschaft in Russland, in: *ZDPV* 7 (1884), 299-305

Guthe, Kirche = Ders., Die griechisch-orthodoxe Kirche im heiligen Lande, in: *ZDPV*, 12 (1889), 81-95 (auch in *HL* 23 [1889], 89-98)

Guthe, Kreuzzug = Ders., Das Ende der friedlichen Kreuzzuges und die Zukunft des heiligen Landes, in: *Die Christliche Welt* 32 (1918), 119-122

Hajjar, Chrétiens = Joseph Hajjar, Les Chrétiens Uniates du Proche-Orient, Paris 1962

Hajjar, Christianisme = Ders., Le christianisme en Orient: etudes d'histoire contemporaine, 1684-1968, Beyrouth 1971

Hanselmann, Mission = Siegfried Hanselmann, Deutsche Evangelische Palästinamission: Handbuch ihrer Motive, Geschichte und Ergebnisse, Erlangen 1971

Harris, Mind = Richard Cole Harris, The Historical Mind and the Practice of Geography, in: David Ley/Marvin S. Sanders (Hgg.), Humanistic Geography: Prospects and Problems, London 1978, 123-137

Hauser, Sozialgeschichte = Arnold Hauser, Sozialgeschichte der Kunst und Literatur, II, München 1958

Hatzer, Kolonie = B. Hatzer, Eine deutsche katholische Kolonie in Palästina, in: *JouP* 2 (1908), 78-79

Hechler, Bishopric = William Henry Hechler, The Jerusalem Bishopric: Documents with Translations, London 1883

Heider, Anspruch = Barbara Heider, Zwischen Anspruch und Wirklichkeit. Kirche und Staat in Österreich(-Ungarn) und das Heilige Land 1843/49-1917, in: Böhler, Szepter, 55-74

Heider-Wilson, Generalkomissariat = Barbara Heider-Wilson, Das Genralkomissariat des Heiligen Landes in Wien – Eine Wiederentdeckung des 19. Jahrhunderts, in: Dominique Trimbur (Hg.), Europäer in der Levante. Zwischen Politik, Wissenschaft und Religion (19.-20. Jahrhundert), München 2004, 123-159

Heidet, Tabgha = Ludwig Heidet, Tabgha und seine Erinnerungen, in: *HL* 40 (1896), 210-228

Heidet, Sion 1 = Ders., Das hl. Sion oder die Stätte Maria Heimgang, in: *HL* 43 (1899), 93-100, 146-154, 168-179

Heidet, Sion 2 = Ders., Das hl. Sion oder die Stätte Maria Heimgang (Neue Folge), in: *HL* 44 (1900), 36-42, 72-78

Heilbronner, Getho = Oded Heilbronner, »Outside of the Gheto«: The German-

Catholics Exit Outside the Walls, in: Ders. (Hg.), »Das Ruhelose Reich«: Das Deutsche Kaiserreich, 1871-1914, Jerusalem 1998, 261-284 [Heb.]
Heilbronner, Morgenland = (Karl von Heilbronner), Morgenland und Abendland: Bilder von d. Donau, Türkei, Griechenland, Aegypten, Palästina, Syrien, d. Mittelmeer, Spanien, Portugal u. Süd-Frankreich. Vom Verfasser der Cartons, I-II, Stuttgart 1845
Heilige Land = Das heilige Land. Organ des Vereins vom h. Grabe, in: *HL* 1 (1857), 31-32
Heiligtum Maria = Das Heiligtum Mariä-Heimgang auf dem Berge Sion: Festschrift zur Kirchweihe am 10. April 1910, Prag 1910
Heimbucher, Orden = Max Heimbucher, Die Orden und Kongregationen der katholischen Kirche, I-II, München, Paderborn, Wien 1965 (Paderborn 1933-1934)
Heinen, Beiträge = Ernst Heinen, Beiträge zur Geschichte des politischen Katholizismus. Festgabe zum sechzigsten Geburtstag, Hg. Carl August Lückerath, Idstein 1993
Heinen, Integration = Ders., Nationale Integration und innere Konflikte des politischen Katholizismus (1887-1914), in: Ders., Beiträge, 203-252
Heinen, Macht = Ders., Staatliche Macht und Katholizismus in Deutschland, I: Dokumente des politischen Katholizismus von seinen Anfängen bis 1867, Paderborn 1969
Heinen, Verein = Ders., Der Kölner Pius-Verein 1848/49: Ein Beitrag zu den Anfängen des politischen Katholizismus in Köln, in: Ders., Beiträge, 3-97
Herre, Moltke = Franz Herre, Moltke: Der Mann und sein Jahrhundert, Stuttgart 1984
Herre, Preusse = Ders., Ein Preuße in der Türkei: Helmut von Moltkes Mission im Osmanischen Reich, in: *Damals* 19, no. 2 (1987), 131-155
Herzberg, Jerusalem = Ders. et al., Jerusalem: Geschichte einer Gemeinde, Kassel 1964
Herzog Max = Reisen und Reiseliteratur: Herzog Max in Jerusalem, in: *ABAZ* 2.9.1838, 1861-1862
Heyworth-Dunne, Introduction = James Heyworth-Dunne, An Introduction to the History of Education in Modern Egypt, London 1968
Hillgruber, Hegemonie = Andreas Hillgruber, Zwischen Hegemonie und Weltpolitik: Das Problem der Kontinuität von Bismarck bis Bethman-Hollweg, in: Michael Stürmer (Hg.), Das Kaiserliche Deutschland: Politik und Gesellschaft 1870-1918, Düsseldorf 1977, 187-202
Hirschfeld, Tendenzen = Yair P. Hirschfeld, Tendenzen der preussisch-deutschen Nahostpolitik von Friedrich Wilhelm III. bis Bismarck, in: *JIDG* 10 (1981), 221-241
Hoeber, Stolz = Karl Hoeber, Alban Stolz und seine Reise ins heilige Land, in: *HL* 80 (1936), 130-139; 81 (1937), 18-23
Höcker, Bunsen = Wilma Höcker, Der Gesandte Bunsen als Vermittler zwischen Deutschland und England (Göttinger Bausteine zur Geschichtswissenschaft, 1), Göttingen 1951
Hoffmann, Katholiken = R. Hoffmann, Die katholische Missionsbewegung in Deutschland vom Anfang des 19. Jahrhunderts bis zum Ende der deutschen Kolonialgeschichte, in: Bade, Imperialismus und Kolonialmission, 29-50

Hoffmann, Orient = Christoph Hoffmann, Orient und Occident: Eine culturgeschichtliche Betrachtung vom Standpunkte der Tempelgemeinden in Palästina, Stuttgart 1875

Hofman, Administration = Yitzhak Hofman, The Administration of Syria and Palestine under Egyptian Rule, in: Ma'oz, Studies, 311-333

Hohenzollern = Die Hohenzollern und das h. Land, in: *HL* 45 (1901), 73-77

Hohn, Borromäerinnen = Wilhelm Hohn, Die Nancy-Trierer Borromäerinnen in Deutschland 1810-1899: Ein Beitrag zur Statistik und Geschichte der barmherzigen Schwestern, Trier 1899

Hohn, Schwestern = Ders., Barmherzige Schwestern vom heiligen Karl Borromäus 1652-1900: Bilder aus der Geschichte der katholischen Charitas, Trier 1900

Hornung, Nekrolog = Dr. Caspar Hornung, in: *HL* 19 (1875), 11-21

Hotzelt, Patriarchat = Wilhelm Hotzelt, 100 Jahre Lateinisches Patriarchat von Jerusalem, in: Meinertz, Palästinabuch, 9-29

Huerre, Enquêtes = Denis Huerre (Hg.), Enquêtes sur la Pierre-qui-Vire, I-III, Nouveuilie 1974-1998

Hurewitz, Diplomacy = Jacob Coleman Hurewitz (Hg.), Diplomacy in the Near and Middle East, I, Princeton 1956

Imberger, Kolonien = Karl Imberger, Die deutschen landwirtschaftlichen Kolonien in Palästina, Ohringen 1938

Incelli, Scuola = G. Incelli, Le scuole di Terra Santa, in: Virgilio Corbo (Hg.), Custodia di Terra Santa 1342-1942, Jerusalem 1951, 153-176

Issa, Chretiennes = Anton Odeh Issa, Les Minorités chretiennes de Palestine à travers les siecles: Etude historico-juridique et dévelopment moderne international, Jerusalem 1977

Jacoby, Franciscans = David Jacoby, The Franciscans, the Jews and the Issue of Mount Zion in the Fifeteenth Century: A Reconsideration, in: *Cathedra* 39 (1986), 51-70 [Heb.]

Jäckh, List = Ernst Jäckh, Friedrich List als Orient-Prophet, in: Friedrich Naumann (Hg.), Patria: Bücher für Kultur und Freiheit, X, Berlin 1910, pp. 34-54

Janssen, Nekrolog = Landrat Wihelm Leopold Janssen, in: *HL* 45 (1901), 38-42

Janssen, Rede = Rede des Vicepräsidenten der General-Versammlung der Katholiken Deutschlands zu Breslau, Herrn Landrath z. D. Janssen, über die Ziele und Aufgaben des Palästina-Vereins, in: *Beilage zum Palästina Blatt* 1, no. 4 (1.10.1886), 33-36

Jelitzka, 100 Jahre = X. Jelitzka, 100 Jahre Deutsches Hospiz der Borromäerinnen in Jerusalem 1893-1993, Jerusalem 1993

Jerusalem Hüter = Jerusalem und die Hüter des heiligen Grabes, in: *HPB* 2 (1838), 219-248

Jerusalem und Rome = Jerusalem und Rome. Die Städte der heiligen Gräber. Zum neuen Jahr 1843, in: *HPB* 11 (1843), 1-24

Jussef, Kirche = G. G. Jussef, Die griechisch-unierte Kirche im Orient, in: *HL* 35 (1891), 1-16

Kästle, Banz = Bernhard Kästle, Petrefaktensammlung Kloster Banz: Versteinerungen und Orientalische Sammlung (Bayerische Museen, 17), München 1992

Kaiser Geschenk = Das Kaiser-Geschenk der Dormition auf Sion, in: *HL* 43 (1899), 1-9

Kaiserzimmer = Das Kaiserzimmer im St. Paulus Hospiz zu Jerusalem, in: *HL* 54 (1910), 29-31
Kapelle der Geisselung = Die Kapelle der Geisselung zu Jerusalem, in: *HL* 18 (1874), 177-181
Karge, Nekrolog = Professor Dr. Paul Karge, in: *HL* 67 (1923), 6-7
Karge, Rephaim = Paul Karge, Rephaim, Paderborn 1917
Karge, Schulen = Paul Karge, Die christlichen Missionsschulen in Palästina, Breslau [1916]
Kark, Consuls = Ruth Kark, American Consuls in the Holy Land 1832-1914, Jerusalem, Detroit 1994
Kark, Jaffa = Ders., Jaffa: A City in Evolution, 1799-1917, Jerusalem 1990
Kark, Land = Ders., Agricultural Land and Plans for its Cultivation by Jews during Montefiore's Second Visit to Eretz Israel, 1839, in: *Cathedra* 33 (1984), 57-92
Kark, Millenarism = Ders., Millenarism and Agricultural Settlement in the Holy Land in the Nineteenth Century, in: *JHG* 9, no. 1 (1983), 47-62
Kark, The Land = Ruth Kark (Hg.), The Land That Became Israel: Studies in Historical Geography, New Haven, London, Jerusalem 1989
Kark/Oren, Jerusalem = Ders./Michal Oren-Nordheim, Jerusalem and its Environs: Quarters, Neighborhoods, Villages, 1800-1948 (Israel Studies in Historical Geography), Jerusalem, Detroit 2001
Karl der Große = Karl der Große und sein Wirken für das heilige Land, in: *HL* 25 (1881), 7-10
Karmon, Johanniter = Yehuda Karmon, Die Johanniter und Samariter, Ritter und Samariter: Die Wandlungen des Ordens vom Heiligen Johannes, München 1987
Karmon, Changes = Ders., Changes in the Urban Landscape of Jerusalem in the 19th Century, in: *Cathedra* 6 (1977), 38-73 [Heb.]
Katholische Deutschland = Das katholische Deutschland und der Orient, in: *KM* 32 (1903-1904), 30-34, 76-82, 196-199, 217-223, 246-248
Katholische Hospiz = Das katholische deutsche Hospiz, in: *HL* 46 (1902), 69-77
Katz, Furrow = Shaul Katz, ›The First Furrow‹, Ideology, Settlement and Agriculture in Petah-Tiqva in its First Decade (1878-1888), in: *Cathedra* 23 (1982), 57-124 [Heb.]
Katz, Migdal = Josef Katz, The Development of Ahuzat Migdal 1910-1921, in: *Cathedra* 42 (1987), 129-152 [Heb.]
Keppler, Wanderfahrten = Paul Wilhelm von Keppler, Wanderfahrten und Wallfahrten im Orient, Freiburg im Breisgau 1899
Kiepert, Memoir = Heinrich Kiepert et al., Memoir über die Construction der Karte von Kleinasien und Türkisch Armenien in 6 Blatt, Hg. Heinrich Kiepert, Berlin 1854
Kirchhoff, Text = Markus Kirchhoff, Text zu Land: Palästina im wissenschaftlichen Diskurs 1865-1920 (Schriften des Simon-Dubnow-Instituts, 5), Göttingen 2005
Kissling, Kulturkampf = Johann Baptist Kissling, Geschichte des Kulturkampfes im Deutschen Reiche, I-III, Freiburg im Breisgau 1911-1913
Klein, Herrscher = C. Klein, Deutsche Herrscher im heiligen Lande, in: *BAZ* 15.11.1898, 1-4; 16.11.1898, 4-6
Kleinschmidt, Auslanddeutschtum = Beda Kleinschmidt, Auslanddeutschtum und

Kirche: Ein Hand- und Nachschlagewerk auf geschichtlich-statistischer Grundlage, II, I: Die Auslanddeutschtum in Übersee, Münster 1930
Klinkenberg, Besuch = Friedrich Klinkenberg, Schulbesuch in Obergaliläa, in: Karl Götz (Hg.), Der Deutsche in Palästina, Berlin, Langensalza 1932, 56-59
Klinkenberg, Katholiken = Ders., Die Katholiken Deutschlands am See Genesareth, in: *HL* 45 (1901), 114-120
Klinkenberg, Nekrolog = P. Friedrich Klinkenberg, C. M., in: *HL* 54 (1910), 162-163
Kohler, Dormitio = Ders., Zwischen christlicher Zionssehnsucht und kaiserlicher Politik: Die Entstehung von Kirche und Kloster »Dormitio Beatae Mariae Virginis« in Jerusalem, St. Ottilien [2005?]
Kohler, Grundstück = Oliver Kohler, Mehr als ein Anhängsl ...: Das Grundstück »Dormition« und die katholische Dimension des 31. Oktober 1898, in: Ronecker, Dem Erlöser, 136-153
Kohler, Sancta Zion = Ders., Sancta SION: Zur Entstehung von Kirche und Kloster DORMTIO BEATAE MARIAE VIRGINIS aud dem Südwesthügel Jerusalems, in: *JDEIA* 2 (1990), 99-119
Kopp, Haifa = Clemens Kopp, Zum Jubiläum der Borromäerinnen in Haifa (1888-1938), in: *NB* 12 (1938), 17-23
Kopp, Sites = Ders., Christian Sites Around the Sea of Galilee (Übers. J. Watt), in: Dominican Studies, II (1949), 213-235; III (1950), 10-40, 275-284, 344-350; IV (1951), 35-68; V (1952), 185-204
Kosch, Katholische Deutschland = Wilhelm Kosch, Das katholische Deutschland: Biographisch-bibliographisches Lexikon, I-II, Augsburg 1933-1935
Kracht, Kolping = Hans-Joachim Kracht, Adolph Kolping: Priester, Pädagoge, Publizist im Dienst christlicher Sozialreform. Leben und Werk aus den Quellen dargestellt, Freiburg, Basel, Wien 1993
Krammer, Österreich = Johann Krammer, Österreich-Ungarns Pilgerinnen und Pilger im Heiligen Land, in: Böhler, Szepter, 225-239
Krementz, Aufruf = Philippus Kremenz, Aufruf an die Katholiken Deutschlands, in: *HL* 43 (1899), pp. 22-24
Kreuzzug = Der friedliche Kreuzzug, in: *Warte* 31 (1875), 141-142, 147-148, 150-151
Kroll, Friedrich Wilhelm = Frank-Lothar Kroll, Friedrich Wilhelm IV. und das Staatsdenken der deutschen Romantik (Einzelveröffentlichungen der Historischen Kommission zu Berlin, 72), Berlin 1990
Krüger, Bunsen = Jürgen Krüger, Protestantische Rom-Begegnung: Bunsen und Friedrich Wilhelm IV., in: Esch/ Petersen, Ottocento, 67-89
Krüger, Rom = Ders., Rom und Jerusalem: Kirchenbauvorstellungen der Hohenzollern im 19. Jahrhundert, Berlin 1995
Krüger, Wilhelm = Ders., Wilhelm II. Sakralitätsverständnis im Spiegel seiner Kirchenbauten, in: Samerski, Wilhelm, 235-264
Kuhlmann, Palästina = Bernard Kuhlmann, Palästina als Ziel und Boden germanischer Auswanderung und Colonisation, mit Rücksicht auf eine germanische Colonisation des Orients im allgemeinen, Pesth, Wien, Leipzig 1868
Kuhnke, Lives = LaVerne Kuhnke, Lives at Risk: Public Health in Nineteenth-Century Egypt, Cairo 1990
Kushner, Eretz-Israel = David Kushner, Eretz-Israel in the Ottoman Empire: History,

Government and Management Patterns, in: Yehoshua Ben-Arieh/Israel Bartal (Hgg.), The Last Phase of Ottoman Rule (1799-1917) (The History of Eretz Israel, 8), Jerusalem 1983, 24-47

Lambert, Syrian Campaign = Andrew Lambert, »Within Cannon Shot of Deep Water«: The Syrian Campaign of 1840, in: Peter Hore (Hg.), Seapower Ashore: 200 Years of Royal Navy Operations on Land, London 2000, 79-95

Lammeyer, Protektorat = Josef Lammeyer, Das französische Protektorat über die Christen im Orient, historisch, rechtlich und politisch gewürdigt: Ein Beitrag zur Geschichte der diplomatischen Beziehungen der Hohen Pforte, Diss., Friedrich-Alexanders-Universität zu Erlangen, Borna und Leipzig 1919

Landen, Middle East = Robert G. Landen (Hg.), The Emergence of the Modern Middle East: Selected Readings, New York 1970

Lange, Sandel = Peter Lange, Theodor Sandel – Baumeister für Jerusalem: Porträt eines fast vergessenen Mannes, in: Ronecker, Dem Erlöser, 101-115

Lange, Geschichte = Friedrich Lange, Geschichte des Tempels, Jerusalem, Stuttgart 1899

Langewiesche, Liberalism = Dieter Langewiesche, German Liberalism in the Second Empire 1871-1914, in: Konrad Hugo Jarausch/Larry Eugene Jones (Hgg.), In Search of a Liberal Germany: Studies in the History of German Liberalism from 1789 to the Present, New York, Oxford, Munich 1990, 217-235

Lasaulx, Entwicklung = Ernst von Lasaulx, Über den Entwicklungsgang des Griechischen und Römischen und den gegenwärtigen Zustand des Deutschen Lebens: Ein Beitrag zur Philosophie der Geschichte, München 1847

Lemmens, Collectana = Leonhard Lemmens, Collectana Terrae Sanctae ex Archivo Hierosolymitano depromta, Girolamo Golubovich (Hg.), Bibliotheca Bio-Bibliographica, Firenze 1933

Lemmens, Franziskaner = Ders., Die Franziskaner im Hl. Lande, I: Die Franziskaner auf dem Sion (1336-1551), Münster 1916

Lepsius et al., Politik = Johannes Lepsius/Albrecht Mendelssohn-Bartholdy/Friedrich Thieme (Hgg.), Die große Politik der europäischen Kabinette 1871-1914: Sammlung der diplomatischen Akten des Auswärtigen Amtes, XII: Alte und neue Balkanhandel 1896-1899, II, Berlin 1923

Levy, History = Nissim Levy, The History of Medicine in the Holy Land: 1799-1948, Tel Aviv, Haifa 1998

Lieux Saints = Les Lieux Saints de la Palestine, Jerusalem 1922

Lill, Geissel = Rudolf Lill, Johannes von Geissel (1796-1864), in: Rheinische Lebensbilder, III (Gesellschaft für Rheinische Geschichtskunde), Köln 1968, 133-157 (auch in Jürgen Aretz/Rudolf Morsey/A. Rauscher (Hgg.), Zeitgeschichte in Lebensbildern: Aus dem deutschen Katholizismus des 19. und 20. Jahrhunderts, 6, Mainz 1984, 9-28)

Limberg, Pilgerfahrt = Limberg, Bericht über die diesjährige Frühjahrs-Pilgerfahrt ins heilige Land, in: *HL* 44 (1900), 112-129, 148-162

Limor, Travels = Ora Limor, Holy Land Travels: Christian Pilgrims in Late Antiquity, Jerusalem 1998

Linn, Ultramontanismus = Heinrich Linn, Ultramontanismus in Köln: Domkapitular Baudri an der Seite Erzbischof Geissels während des Vormärz, Siegburg 1987

Linzen, Schule = Peter Linzen, Eine Schulinspektionsreise durch Nord-Galiläa, in: *HL* 54 (1910), 84-92

Livingstone, Torrance = William Pringle Livingstone, A Galilee Doctor: Being a Sketch of the Career of Dr. D. W. Torrance of Tiberias, London 1925

Loffreda, Tabgha = Stanislao Loffreda, The Sanctuaries of Tabgha (Übers. Claire Fennell), Jerusalem 1981

Lohmann, Beziehungen = Friedrich Wilhelm Lohmann, Aus den Beziehungen der Erzdiözese Köln zum Heiligen Land in früheren Jahrhunderten, in: Cramer/Meinerz, Heilige Land III/33-36 (1941), 201-231

Loti, Galilée = Puerre Loti, La Galilée, Paris 1896

Lübeck, Mission = Konrad Lübeck, Die katholische Orientmission in ihrer Entwicklung dargestellt, Köln 1917

Lückhoff, Anglikaner = Martin Lückhoff, Anglikaner und Protestanten im Heiligen Land: Das gemeinsame Bistum Jerusalem (1841-1886) (Abhandlungen des Deutschen Palästina-Vereins, 24), Wiesbaden 1998

Lückhoff, Bunsen = Ders., Bunsen und Jerusalem, in: Ruppel et al., Bunsen, 155-166

Luncz, Emperor = Abraham Moshe Luncz, The Emperor and Empress of Aschkenaz in Eretz-Israel and the Property of the Johannis or the Muristan in Jerusalem, in: *Jerusalem: Jahrbuch zur Beförderung einer wissenschaftlich genauen Kenntniss des jetzigen und des alten Palästinas* 5 (1901), 115-139 [Heb.]

Luncz, Values = Ders., The Values of the Coins, in: ders. (Hg.), Luach Eretz Israel: a Selection of Papers (Collected by Ely Schiller), III, Jerusalem 1980, 15-17 [Heb.]

Mader, Ausgrabung = Andreas Evaristus Mader, Die Ausgrabung der Brotvermehrungkirche auf dem deutsche Besitz et-Tabgha am See Genesareth, in: *HL* 78 (1934), 1-15, 41-66, 89-103, 129-149

Mancini, Custodia = Italo Mancini, La Custodia di Terra Santa e l'investitura dei Cavalieri del Santo Sepolcro, in: Elm/Fonseca, Militia, 289-303

Männchen, Dalman = Julia Männchen, Gustaf Dalman als Palästinawissenschaftler in Jerusalem und Greifswald (Abhandlungen des deutschen Palästina-Vereins, 9, II), Wiesbaden 1993

Mann, Borromäerinnen = P. Mann, 50 Jahre Missionstätigkeit der Borromäerinnen im Orient!, in: *NB* 8 (1934), 113-116

Ma'oz, Studies = Moshe Ma'oz (Hg.), Studies on Palestine during the Ottoman Period, Jerusalem 1975

Marchand, Bauten = Jakob Marchand, Die Bauten auf dem Sion und vor dem Damascustor in Jerusalem, in: *HL* 48 (1904), 101-116

Marchand, Köner Dom = Ders., Vom Kölner Dom zum Grabesdom, Köln 1904

Marienkirche = Marienkirche und Kloster auf dem Sion in Jerusalem, in: *Zentralblatt für Bauverwaltung* 30 (1910), 153-158, 162-163, 165, 169-171

Marriott, Eastern Question = John Arthur Ransome Marriott, The Eastern Question: An Historical Study in European Diplomacy, Oxford 1956

Mastermann, Galilee = Ernst William Gurney Mastermann, Studies in Galilee, Chicago 1908

Maximilian, Wanderung = Maximilian, Herzog in Bayern, Wanderung nach dem Orient im Jahre 1838, Hg. Walter Hansen, Pfaffenhofen 1978 (München 1839)

Mayer, Stolz = Julius Mayer, Alban Stolz, Freiburg im Breisgau 1921

Mayr, Ansichten = Heinrich von Mayr, Malerische Ansichten aus dem Orient: Gesammelt auf der Reise Sr. Hoheit des Herrn Herzogs Maximilian in Bayern nach Nubien, Aegypten, Palaestina, Syrien und Malta im Jahre 1838, München 1839

Mayr, Dormitio = Leonardus Mayr, Die Dormitio im Jahre 1908, in: *HL* 53 (1909), 22-29

Medebielle, Biever = Pierre Medebielle, Un missionnaire luxembourgeois D. Zéphyrin Biever (1849-1915), in: *Le Moniteur Diocesain* (January-February 1969), 16-32

Medebielle, Diocese = Ders., The Diocese of the Latin Patriarchate of Jerusalem (Übers. Elias Friedman), Jerusalem 1963

Medebielle, Gaza = Ders., Gaza et son histoire chrétienne, Jerusalem 1982

Medebielle, Madaba = Ders., Madaba et son histoire chrétienne, Jerusalem 1987

Meemken, Windthorst = Hermann Meemken (Hg.), Ludwig Windthorst 1812-1891: Christlicher Parlamentarier und Gegenspieler Bismarcks (Begleitbuch zur Gedenkausstellung aus Anlaß des 100. Todestages), Werlte 1991

Meinertz, Kampf = Gustav Meinertz, Ein Jahrhundert Kampf um den Besitz und die Erhaltung der heilige Stätten, in: Cramer/Meinertz, Heilige Land, 232-249

Meinertz, Pilgerreisen = Ders., Die Pilgerreisen des Deutschen Vereins vom Heiligen Lande nach Italien und Palästina, in: Meinertz, Palästinajahrbuch, 57-64

Meinertz, Palästinajahrbuch = Ders./Valmar Cramer (Hgg.), Das Heilige Land: Palästinajahrbuch 1948, Köln 1947

Meinig, America = Donald William Meinig, The Continuous Shaping of America: A Prospectus for Geographers and Historians, in: *AHR* 5, 1 (1978), 1186-1217

Metzger, Forscher = Emil Metzger, Württembergische Forschungsreisende und Geographen des 19. Jahrhunderts: Festschrift zur Feier des 25jährigen Regierungsjubiläums Sr Majestät des Königs Karl, Stuttgart 1889

Meyer, Dormition = Edina Meyer, Die Dormition auf dem Berg Zion in Jerusalem, eine Denkmalskirche Kaiser Wilhelms II. im Heiligen Land, in: *Architectura* 14 (1984), 149-170

Meyer, Gaza = Martin A. Meyer, History of the City of Gaza from the Earliest Times to the Present Day (Columbia University oriental Studies, 5), New York 1966 (1907)

Meyer, Kraftprobe = Dietrich Meyer, Die Kraftprobe des Staates mit der katholischen Kirche in der Mischehenfrage (1837) und die Rückwirkung auf den Protestantismus, in: Johann F. Gerhard Goeters/Rudolf Mau (Hgg.), Die Geschichte der Evangelischen Kirche der Union, I: Die Anfänge der Union unter landesherrlichem Kirchenregiment (1817-1850), Leipzig 1992, 256-269

Meyers, Palästina = Meyers Reisebücher, Palästina und Syrien, Leipzig und Wien 1895

Mikesell, Tradition = Marvin W. Mikesell, Tradition and Innovation in Cultural Geography, in: AAAG 68, 1 (1978), 1-16

Miller, Ottoman = William Miller, The Ottoman Empire and Its Successors: 1801-1927 (Cambridge Historical Series), Cambridge 1927

Minerbi, Italian = Sergio I. Minerbi, Italian Efforts to Recover the *Cenacolo* (1908-1923), in: *Cathedra* 25 (1982), 37-64

Minerbi, Vatican = Ders., The Vatican and Zionism: Conflict in the Holy Land, 1895-1925 (Übers. Arnold Schwarz), New York 1990

Miracle = A Nineteenth Century Miracle: The Brothers Ratisbonne and the Congregation of Notre Dame de Sion, Übers. Lilian Marion Leggatt, London 1922
Mirbach, Festtage = Ernst von Mirbach, Die deutschen Festtage im April 1910 in Jerusalem: Die Einweihung der Kaiserin Auguste Viktoria Stiftung mit der Himmelfahrtkirche auf dem Ölberge und der Kirche Mariä Heimgang auf dem Zion, Potsdam 1911
Mirbach, Reise = Ders., Die Reise des Kaisers und der Kaiserin nach Palästina, Berlin 1899
Mislin, Heilige Orte = Jacques Mislin, Die Heiligen Orte: Pilgerreise nach Jerusalem von Wien nach Marseille durch Ungarn, Slavonien, die Donaufürstenthümer, Constantinopel, den Archipelagus, den Libanon, Syrien, Alexandrien, Malta und Sicilien, übers. von Französisch, I-III, Wien 1860
Mislin, Nekrolog = Monsignore Mislin, in: *HL* 22 (1878), 199-200
Mission Madaba = Die Mission in Madaba, in: *HL* 30 (1886), 210-211
Missionsunternehmungen = Deutsche katholische Missionsunternehmungen für das heilige Land, in: *NNM* 33 (1889), 47-52
Moltke, Palästina = [Helmut von Moltke], Deutschland und Palästina, in: *BAZ* 28.2.1841, 467-469
Moltke, Schriften = Ders., Gesammelte Schriften und Denkwürdigkeiten, II: Vermischte Schriften, Berlin 1892
Mombelli, Custodia = Alessandro Mombelli, La Custodia di Terra Santa, Jerusalem 1934
Mommert, Dormitio 1 = Carl Mommert, Die Dormitio und das deutsche Grundstück auf dem traditionellen Zion, Leipzig 1899
Mommert, Dormitio 2 = Ders., Die Dormitio und das deutsche Grundstück auf dem traditionellen Zion, in: *ZDPV* 21 (1898), 149-183
Morsey, Bismarck = Rudolf Morsey, Bismarck und die deutschen Katholiken (Friedrichsruher Beiträge, 8), Friedrichsruh 2000
Morsey, Görres = Ders., Joseph Görres (1776-1848), in: Zeitgeschichte in Lebensbildern, III, 26-35
Morsey, Katholiken = Ders., Die Deutschen Katholiken und der Nationalstaat zwischen Kulturkampf und Erstem Weltkrieg, in: Ders., Windthorst (Buch), 158-186
Morsey, Katholikentage = Ders., Streiflichter zur Geschichte der deutschen Katholikentage 1848-1932, in: Ders., Windthorst (Buch), 187-199
Morsey, Katholizismus = Ders. (Hg.), Katholizismus, Verfassungsstaat und Demokratie: Vom Vormärz bis 1933 (Beiträge zur Katholizismusforschung, Reihe A: Quellentexte zur Geschichte des Katholizismus, 1), Paderborn, München, Wien, Zürich 1988
Morsey, Kopp = Ders., Georg Kardinal Kopp (1837-1914), in: Zeitgeschichte in Lebensbildern, I, 13-28
Morsey, Ludwig Windthorst = Ders., Ludwig Windthorst. Größe und Grenzen von Bismarcks Gegenspieler, in: Morsey, Windthorst (Buch), 145-157
Morsey, Prelaten = Ders., Prälaten auf der politischen Bühne: Zur Rolle geistlicher Parlamentarier im 19. und 20. Jahrhundert, in: Ders., Windthorst (Buch), 232-242
Morsey, Windthorst = Ders., Ludwig Windthorst (1812-1891), in: Zeitgeschichte in Lebensbildern, III, 62-74

Morsey, Windthorst (Buch) = Ders., Von Windthorst bis Adenauer: Ausgewählte Aufsätze zu Politik, Verwaltung und politischen Katholizismus im 19. und 20. Jahrhundert, Hg. Ulrich von Hehl et al. (Rechts und Staatswissenschaftliche Veröffentlichungen der Görres-Gesellschaft, n.s. 80), Paderborn, München, Wien, Zürich 1997

Mülinen, Kirche = Eberhard von Mülinen, Die lateinische Kirche im Türkischen Reiche, Berlin 1901

Müller, Emmaus = Wilhelm Müller, Ferienzeit in Emmaus!, in: Karl Götz (Hg.), Der Deutsche in Palästina, Berlin/Langensalza [1932], 61-64

Müller, Nach Jerusalem = Gustav A. Müller, Nach Jerusalem! Erinnerungen und Gedanken, Konstanz 1914

Müller, Schule = Johannes P. Müller (Hg.), Deutsche Schulen und deutscher Unterricht im Auslande, Leipzig 1901

Nachrichten 1896 = Vereins-Nachrichten. Vom Herrn Director Zephyrin Biever in Tabgha unter'm 5. December über die Zustände in Galiläa, in: *HL* 40 (1896), 80-81

Nachrichten 1899 = Vereinsnachrichten, in: *HL* 43 (1899), 52-55

Nachrichten hl. Lande = Nachrichten aus dem hl. Lande, in: *HL* 41 (1897), 42-45

Nahmer, Kolonisation = Ernst von der Nahmer, Deutsche Kolonisationspläne und -erfolge in der Türkei vor 1870, in: *Jahrbuch für Gesetzgebung, Verwaltung und Volkswirtschaft im Deutschen Reiche* 40 (1916), 387-448

Neill, Colonialism = Stephen Neill, Colonialism and Christian Missions, New York, Toronto, London, Sydney 1966

Neubert-Preine, Muristan = Torsten Neubert-Preine, »Seine Majestät wünchen selbst zu kaufen ...«: Preußen und der Streit um den Muristan in Jerusalem, in: Ronecker, Dem Erlöser, 52-71

Neue Verein = Der neugegründete »Palästina-Verein der Katholiken Deutschlands«, in: *HL* 28 (1884), 195-201

Neuen Bauten = Die neuen deutschen Bauten in Jerusalem, in: *Deutsche Bauzeitung* 45 (1911), 1-6, 13-17, 25-26, 28-30, 33-36, 37-42, 45-46, 69-71

Neumann, Kreuzzug = Wilhelm Anton Neumann, Der friedliche Kreuzzug nach Palästina, in: *OMO* 3 (1877), 92-95, 106-110

Niederlassung = Die Niederlassung in der Templer-Kolonie, in: *HL* 46 (1902), 131-132

Nipperdey, Geschichte = Thomas Nipperdey, Deutsche Geschichte 1800-1866: Bürgerwelt und starker Staat, München 1983

Nochmals = Nochmals die Palästina-Fahrt des Kaisers, in: *HL* 42 (1898), 42-46

Nonnen von Sion = Die Congregation der Nonnen von Unserer lieben Frau von Sion und die Anstalten des hochw. Pater Maria Alphons Ratisbonne in Jerusalem und St. Johann im Gebirge, in: *HL* 19 (1875), 41-54; 20 (1880), 16-24, 33-39, 71-78, 108-114

Occident und Orient = Der Occident und der Orient. Kaiser Ferdinand und das heilige Grab zu Jerusalem, in: *HPB* 7 (1841), 65-83

Österreichisches Pilgerhaus = Das Österreichisches Pilgerhaus zu Jerusalem, in: *HL* 7 (1863), 57-64

Oliphant, Pilgrimage = Francis Romano Oliphant, Notes on a Pilgrimage to Jerusalem and the Holy Land, Edinburgh and London 1891

Opll, Barbarossa = Friedrich Opll, Friedrich Barbarossa (Gestalten des Mittelalters und der Renaissance, Hg. Peter Herde), Darmstadt 1990

Patrem, Statistique = Leo Patrem, Statistique des établissements catholiques en Palestine, Égypte et Syrie, in: *TS* 32 (1876), 274-277

Patrich, Muristan = Joseph Patrich, The Structure of the Muristan Quarter of Jerusalem in the Crusader Period, in: *Cathedra* 33 (1984), 3-16

Paulus, Kolonien = Wilhelm Paulus, Die deutschen Kolonien im heiligen Land, oder: Ein friedlicher Kreuzzug, in: *Aus allen Erdtheilen* 7 (1876), 310-313

Peled/Gat, Maps = Amatzia Peled/Giora Gat, Two Maps (1890, 1897) of Areas Near Tabgha by G. Schumacher: Geodetic and Cartographic Analysis, in: *Horizons: Studies in Geography* 7 (1983), 71-84 [Heb.]

Perrin, Centenaire = Albert Perrin, Centenaire du Patriarcat Latin de Jérusalem 1847-1947, Jerusalem [1947]

Perry, Mission = Yaron Perry, British Mission to the Jews in Nineteenth-Century Palestine, London 2003

Personalstand = Personalstand des lateinischen Patriarchates, in: *HL* 28 (1884), 228-234

Pflanz, Arbeit = Richard Pflanz, Die Arbeit der Katholiken Deutschlands für das heilige Land, in: *NNM* 48 (1905), 151-165

Phillips, Bericht = Georg Phillips, Bericht über die Sammlung für die Stiftung einer heiligen Messe am Grabe des Erlösers, in: *HPB* 31 (1853), 882-888

Phillips/Görres, Brief = Ders./Guido Görres, Brief an die Väter des heiligen Grabes, in: *HPB* 5 (1840), 1-3

Piavi, Nekrolog = † Lodovico Piavi, lateinischer Patriarch von Jerusalem, in: *HL* 49 (1905), 41-47

Picard, Emilie = Louis Picard, Emilie de-Vialar, Fondatrice des Religieuses Saint Joseph de l'Apparition, Paris 1924

Pilgerführer 1906 = Pilgerführer nach dem hl. Lande, Frühjahr 1906, Köln 1906

Pilgerführer 1907 = Pilgerführer für die bayerischen Volkswallfahrten nach Jerusalem, München 1907

Pilgerhaus = Zum 50jährigen Bestehen des österreichisch-ungarischen Pilgerhauses »Zur hl. Familie« in Jerusalem, in: *HL* 52 (1908), 35-40

Pingsmann, Interesse = [Wilhelm Pingsmann], Wie kann das Interesse für das h. Land allgemeiner und lebendiger geweckt; wie können die Mittel für den Unterhalt der heiligen Stätten und kirchlichen Anstalten in Palästina vermehrt werden?, in: *HL* 22 (1878), 88-93

Pinson, Germany = Koppel Shub Pinson, Modern Germany: Its History and Civilization, New York/London 1966

Pixner, Tabgha = Bargil Pixner, Tabgha on Lake Gennesareth: The Eremos of Jesus, in: *CNI*, Special Issue June 1985, 18-26

Placido, Bilder = P. Placido, Bilder aus dem Missionarleben in Cairo, in: *HL* 34 (1890), 105-115

Politique Allemande = La politique Allemande et le protectorat des missions catholique, in: *Revue des deux mondes* 149 (1898), 5-41

Preisner, Schneider = Johannes Preisner, P. Ladislaus Schneider vom Kloster St. Annaberg in Oberschlesien: Deutscher Pionier im Hl. Land, Menden 2005

Presscot, Jerusalem = Hilda Frances Margaret Prescott, Jerusalem Journey: Pilgrimage to the Holy Land in the Fifteenth Century, London 1954

Prisac, Pilgerreise = Wilhelm Prisac, Pilgerreise in das heilige Land, Münster 1858

Pröhl, Bedeutung = Karl Pröhl, Die Bedeutung preussischer Politik in den Phasen der orientalischen Frage: Ein Beitrag zur Entwicklung dt.-türk. Beziehungen von 1606-1871 (Europäische Hochschulschriften 3; Geschichte und ihre Hilfswissenschaften, 315), Frankfurt am Main, Bern, New York 1986

Protestantische Mission = Die protestantischen Missionsbestrebungen im heiligen Lande, in: *HL* 26 (1882), pp. 188-200

Pruner, Krankheiten = Franz Pruner, Die Krankheiten des Orient's vom Standpunkte der vergleichenden Nosologie, Erlangen 1847

Prutz, Johanniter = Hans Prutz, Die Besitzungen des Johanniterordens in Palästina und Syrien, in: *ZDPV* 4 (1891), 157-193

Prutz, Friedrich = Ders., Kaiser Friedrich I. Grabstätte: Eine kritische Studie, Danzig 1879

Puttrich-Reignard, Minje = Oswin Puttrich-Reignard, Die Palastanlage von Chirbet el Minje, in: Valmar Cramer/Gustav Meinertz (Hgg.), Das Heilige Land in Vergangenheit und Gegenwart, Köln 1939, 9-29

Puttrich-Reignard, Grabung = Ders., Die dritte Grabung auf Chirbet el Minje bei Tabgha am See Genezareth in Palästina, in: *HL* 81 (1937), 117-122

Quellmalz, Dunant = Alfred Quellmalz, Henry Dunant und seine evangelischen Freunde in Schwaben und im Elsaß, in: *Blätter für württembergische Kirchengeschichte* 63 (1963), 166-227

Raab, Görres = Heribert Raab, Joseph Görres (1776-1848), in: Rheinische Lebensbilder, VIII (Gesellschaft für Rheinische Geschichtskunde), Köln 1980, 183-204

Ramboux, Erinnerungen = Johann Aanton Ramboux, Erinnerungen an die Pilgerfahrt nach Jerusalem 1854 aus dem Skizzenbuch v. J. A. Ramboux, I, Köln 1858

Ramboux, Nekrolog = Miscellen: Conservator Johann Anton Ramboux, in: *HL* 10 (1866), 182-186

Ramboux 1952 = Johann Anton Ramboux, in: *HL* 84 (1952), 16-18

Rathmann, Arabi = Lothar Rathmann, Neue Aspekte des 'Arābī-Aufstandes 1879 bis 1882 in Ägypten (Sitzungsberichte der deutschen Akademie der Wissenschaften zu Berlin, Klasse für Philosophie, Geschichte, Staats, Rechts- und Wirtschaftswissenschaften, 10), Berlin 1968

Ratisbonne, Congregation = Marie-Alphonse Ratisbonne, Die Congregation der Nonnen von Unserer lieben Frau von Sion und die Anstalten des hochw. Pater Maria Alphons Ratisbonne in Jerusalem und St. Johann im Gebirge, in: *HL* 19 (1875), 39-54; 20 (1876), 16-24, 33-39, 71-78, 108-114

Regel Frauen Nazareth = Regel der Frauen von Nazareth, in: *HL* 2 (1858), 156-159

Renard, Bau = Heinrich Renard, Vom Bau der St. Marienkirche auf dem Sion in Jerusalem, Berlin 1910

Renard, Entwurf = Ders., Der Entwurf zu der Marienkirche auf dem Sion in Jerusalem, in: *HL* 44 (1900), 66-72

Renard, Hospiz = Ders., Das neue deutsche Hospiz auf dem Sion in Jerusalem, in: *HL* 50 (1906), 15-17

Renard, Marienkirchen = Ders., Die Marienkirchen auf dem Berge Sion in ihrem Zusammenhang mit dem Abendmahlsaale, in: *HL* 44 (1900), 3-23
Renard, Nekrolog = Erzdiözesanbaurat Heinrich Renard †, in: *NB* 3 (1929), 1-3
Renard, Vom Bau = Heinrich Renard, Vom Bau der Marienkirche auf dem Sion in Jerusalem, in: *HL* 47 (1903), 49-59; 48 (1904), 1-9, 52-62; 50 (1906), 10-15
Resolutionen = Die Resolutionen des eucharistischen Congress zu Jerusalem, in: *HL* 37 (1893), 159-161
Rhein, Zehn Jahre = Franz Rhein, Zehn Jahre »Historisch-politische Blätter« 1838-1848: Ein Beitrag zur Vorgeschichte des Zentrums, Diss., Obercassel 1916
Richen, Alfred = Edmund Richen, Alfred Fürst zu Salm-Reifferscheidt auf Schloß Dyck (Rheinland), in: *HL* 68 (1924), 65-66
Richen, Klima = Ders., Das Klima von Bethlehem in der Weihnachtszeit, in: *HL* 54 (1910), 22-27
Richen, Nekrolog = † Edmund Richen, C. M., in: *HL* 54 (1910), 21-22
Richter, Orientreise = Jan Stefan Richter, Die Orientreise Kaiser Wilhelms II. 1898: Eine Studie zur deutschen Außenpolitik an der Wende zum 20. Jahrhundert (Studien zur Geschichtsforschung der Neuzeit, 9), Hamburg 1997
Robinson, Palästina = Edward Robinson, Palästina und die südlich angrenzenden Länder: Tagebuch einer Reise im Jahre 1838 in Bezug auf die biblische Geographie unternommen, I-III, Halle 1841
Röhl, Wilhelm = John C. G. Röhl, Wilhelm II. Der Aufbau der persönlichen Monarchie 1888-1900, München 2001
Röhricht, Bibliotheka = Rheinhold Röhricht, Bibliotheca geographica Palaestinae: Chronologisches Verzeichnis der von 333 bis 1878 verfassten Literatur über das heilige Land, Hg. David H. K. Amiran, Jerusalem 1963 (Berlin 1890)
Rohe, Wahlen = Karl Rohe, Wahlen und Wälertraditionen in Deutschland: Kulturelle Grundlagen deutscher Parteien und Parteiensysteme im 19. und 20. Jahrhundert, Frankfurt a.M. 1992
Rohrbach, Im Lande = Paul Rohrbach, Im Lande Jahwes und Jesu, Berlin-Schöneberg 1911
Ronecker, Der Erlöser = Karl-Heinz Ronecker/Jens Nieper/Torsten Neubert-Preine (Hgg.), Dem Erlöser der Welt zur Ehre: Festschrift zum hundertjährigen Jubiläum der Einweihung der evangelischen Erlöserkirche in Jerusalem, Leipzig 1998
Roos, Ketteler = Lothar Roos, Wilhelm Emmanuel Frhr. von Ketteler (1811-1877), in: Zeitgeschichte in Lebensbildern, IV, 22-36
Rosentreter, Wilhelm = Ina Rosentreter, Wilhelm der Protektor: Religionspolitik, Großmachtinteresse und Selbstinszenierung auf des Kaisers Orientreise 1898, These, Hamburg University, 2003
Rosch, Lexikon = Wilhelm Rosch, Das katholische Deutschland: Biographisch-bibliographisches Lexikon, I-III, Augsburg 1933-1938
Roth, Preussen = Erwin Roth, Preußens Gloria im Heiligen Land: Die Deutschen und Jerusalem, München 1973
Rubinstein, Coinage = Shimon Rubinstein, Coinage, Measures and Weights in Eretz-Israel from the Beginning of the 19th Century to the Period of transition from Ottoman to British Rule, Jerusalem 1997 [Heb.]

Rückblick = Rückblick auf die Gründung und die 38jährige Wirksamkeit des Vereins vom h. Grabe, in: *HL* 37 (1893), 64-76

Rücker, Schneider = Adolf Rücker, P. Ladislaus Schneider O.F.M., in: *HL* 64 (1920), 4-7

Rürup, Deutschland = Reinhard Rürup, Deutschland im 19. Jahrhundert 1815-1871 (Deutsche Geschichte, Hg. Joachim Leuschner, 8), Göttingen 1992

Rütters, Pilger = H. Rütters, Ein Pilger nach dem Herzen Gottes, *HL* 84 (1952), 18-28

Ruff, Templer = Gottlieb H. Ruff, Templer, Harmonisten und Borromäerschwestern: Beziehungen zwischen der Tempelgemeinde Haifa, den Harmonisten in den Vereinigten Staaten von Nordamerika und den Schwestern vom Orden des heiligen Karl Borromäus (Beilage von ›Die Warte des Tempels‹ und ›Templer Record‹), [n.p.] 1977

Ruppel et al., Bunsen = Hans-Rudolf Ruppel/Frank Foerster/Hans Becker (Hgg.), Universeller Geist und guter Europäer, Christian Carl Josias von Bunsen 1791-1860: Beiträge zu Leben und Werk des ›gelehrten Diplomaten‹ (Veröffentlichungen aus Archiv und Bibliothek der alten Landesschule in Korbach, 2), Korbach 1991

Saad, Siedlung = Lamec Saad, Die deutsche Siedlung und Sommerfrische Emmaus-Kubebe bei Jerusalem, in: Deutsche Erde, 8/5 (1909), 144-145

Sachen = In Sachen der katholischen deutschen Anstalten in Jerusalem, in: *HL* 28 (1884), 194-195

Sägmüller, Missionsprotektorat = Johann Baptist Sägmüller, Das französische Missionsprotektorat in der Levante und in China, in: *Zeitschrift für Missionswissenschaft* 3 (1913), 118-133

Salzbacher, Erinnerugen = Joseph Salzbacher, Erinnerungen aus meiner Pilgerreise nach Rom und Jerusalem im Jahre 1837, I-II, Wien 1839

Samersky, Papst = Stefan Samersky, Papst und Kaiser, in: Samersky, Wilhelm, 199-233

Samerski, Wilhelm = Stefan Samerski (Hg.), Wilhelm II. und die Religion: Facetten einer Persönlichkeit und ihres Umfeldes (Forschungen zur Brandenburgischen und Preußischen Geschichte, n.s., supp. 5), Berlin 2001

Sandoli, Emmaus = Sabino de Sandoli, The Sanctuary of Emmaus and Nearby Biblical Sites, Jerusalem 1866

Sapir, Anglican = Shaul Sapir, The Anglican Missionary Societies in Jerusalem: Activities and Impact, in: Kark, The Land, 105-119

Sauer, Beilharz = Paul Sauer, Beilharz-Chronik: Die Geschichte eines Schwarzwälder Bauern und Handwerkergeschlechts vom 15. Jahrhunderts bis heute in Deutschland, Palästina und Australien, Ulm/Donau 1975

Sauer, Tempelgesellschaft = Ders., Uns rief das Heilige Land: Die Tempelgesellschaft im Wandel der Zeit, Stuttgart 1985

Saxe, Institut = Anna Theresa Saxe, Das Institut der Fräulein Saxe in Jerusalem, in: *HL* 23 (1879), 169-172

Sayegh, Status quo = Sélim Sayegh, Le Statu Quo des Lieux-Saints: Nature juridique et portee internatinale (Corona Lateranensis, 21), Rome 1971

Schäfer, Pruner = Anton Schäfer, Leben und Wirken des Arztes Franz Pruner-Bey, in: *Janus* 35 (1931), 249-277, 297-311, 335-343, 360-375; 36 (1932), 59-70, 114-127

Schalscha, Verein = Alexander von Schalscha, Der Verein der schlesischen Malteser-

Ritter, in: Adam Wienand et al. (Hgg.), Der Johanniter-Orden, der Malteser Orden, Köln 1970, 466-495
Schein, Custodia = Sylvia Schein, The *Custodia Terrae Sanctae* and the Image of the Jews of Jerusalem in the Late Middle Ages, in: *Cathedra* 19 (1981), 47-54 [Heb.]
Schein, Fidelis = Ders., Fidelis cruces: The Papacy, the West, and the Recovery of the Holy Land 1274-1314, Oxford 1991
Schick, Autobiographie = Conrad Schick, Wie aus einem Mechaniker im Schwabenland ein königlicher Baurat in Jerusalem geworden ist, [n.p., n.d.]
Schick, Emmaus = Ders., Das neutestamentliche Emmaus, in: *NNM* 19 (1875), 245-264
Schick, Fortschritte = Ders., Fortschritte der Civilisation in Palästina in den letzten 25 Jahren, in: *OMO* 6 (1880), 10-13, 63-66
Schick, Landwirtschaft = Ders., Landwirtschaftliche Verhältnisse in Palästina, in: *OMO* 5 (1879), 50-52, 96-101, 133-135
Schick, Muristan = Ders., The Muristan or the Site of the Hospital of St. John at Jerusalem, in: *PEFQS* 35 (1902), 42-56
Schick, Producte = Ders., Landesproducte Palästinas mit Rücksicht auf Colonisation, in: *OMO* 6 (1880), 129-131, 162-165, 175-180
Schick, Sonst und Jetzt = Ders., Sonst und Jetzt: Die Veränderungen in Jerusalem und dem heiligen Lande in den letzten fünfzig Jahren, in: *NNM* 41 (1897), 60-69, 93-100, 129-140, 184-194, 211-229
Schick, Stand = Ders., Der gegenwärtige Stand der Colonisations-Versuche in Palästina, in: *OMO* 9 (1883), 26-31
Schick, Studien = Ders., Studien über Colonisierung des Heiligen Landes, in: *OMO* 7 (1881), 37-39, 58-61, 80-81, 98-100
Schiferle, Reise = Joseph Schiferle, Reise in das heilige Land, Augsburg 1852
Schmidlin, Heidenmission = Josef Schmidlin, Das katholische Deutschland und die Heidenmission, in: Georg Pfeilschifter (Hg.), Deutsche Kultur, Katholizismus und Weltkrieg, Freiburg im Breisgau 1915, pp. 477-490
Schmidt, Hospiz = Wilhelm Schmidt, Das katholische deutsche Hospiz in Jerusalem, Freiburg im Breisgau, 1897
Schmidt, Nekrolog = P. Schmidt, in: *HL* 52 (1908), 1-9
Schmitz, Deutschtum = Ernst Schmitz, Das kathol. Deutschtum in Palästina, Freiburg im Breisgau 1913
Schmitz, Leben = Ders., Aus meinem Leben, Hg. Ernst Wilhelm Nusselein, Aachen 1986
Schmitz, Nekrolog = P. Ernst Schmitz, C.M., in: *HL* 67 (1923), 7-9
Schmitz, Tabgha = Ernst Schmitz, Tabgha und seine biblische Erinnerungen, in: *HL* 60 (1916), 164-171, 225-231
Schmolke, Kolping = Ders., Adolph Kolping (1813-1865), in: Zeitgeschichte in Lebensbildern, III, 36-49
Schmolke, Presse = Michael Schmolke, Die schlechte Presse: Katholiken und Publizistik zwischen ›Katholik‹ und ›Publik‹ 1821-1968, Münster 1971
Schneider, Anstalten = Ladislaus Schneider, Uebersichtliches Verzeichniß der katholischen Anstalten im Orient, in: *HL* 20 (1876), 185-193

Schneider, Calvarie = Ders., Die Calvarie auf dem St. Annaberg in Oberschlesien, in: *HL* 11 (1867), 116-124, 147-156, 178-180
Schneider, Gedanken = [Ders.], Gedanken über die politische, sociale und religiöse Frage Palästina's, in: *HL* 19 (1875), 147-153
Schneider, Mosaiken = Alfons Maria Schneider, Die Mosaiken von Chirbet el Minje, in: Cramer/Meinertz, Heilige Land, 30-33
Schneider, Pionier = [Carl Miarka], Ein alter schlesischer Pionier im hl. Lande, Nicolai O.-S. 1911
Schneider, Schicksale = (Ladislaus Schneider), Die Schicksale der katholischen Anstalten im Nil-Delta, in: *HL* 26 (1882), 138-144
Schneider, Sephoris = Ders., Das St. Annafest in Sephoris, in: *HL* 26 (1882), 181-187
Schneider, Wort = Ders., Ein wohlgemeintes Wort an Katholiken deutscher Zunge für das hl. Land, in: *Leo: Sonntagsblatt für das katholische Volk* 17 (1880), 130-134
Schneider, Verzeichniß = Ders., Authentisches Verzeichniß der Freischulen, welche von den Pätern Franziskanern der Custodie in der Mission des h. Landes unterhalten werden, in: *HL* 22 (1878), 24-28
Schneller, Kaiser = Ludwig Schneller, Unser Kaiser: Erinnerungen an Kaiser Wilhelm II., Leipzig 1929
Schneller, Kaiserfahrt = Ders., Die Kaiserfahrt durch's heilige Land, Leipzig 1899
Schölch, Europa = Alexander Schölch, Europa und Palästina 1838-1917, in: Helmut Mejcher/Alexander Schölch (Hgg.), Die Palästina-Frage 1917-1948, Paderborn 1981, 12-46
Schölch, Palestine = Ders., Palestine in Transformation 1856-1882: Studies in Social, Economic and Political Development (Übers. William C. Young and Michael C. Gerrity), Washington, D.C. 1993
Schöllgen, Bismarck = Gregor Schöllgen, Zwischen Abstinenz und Engagement: Bismarck und die orientalische Frage, in: Johannes Kunisch (Hg.), Bismarck und seine Zeit (Forschungen zur Brandenburgischen und Preussischen Geschichte, n.s., 1), Berlin 1992, 157-169
Schöllgen, Grossmacht = Ders., Die Großmacht als Weltmacht: Idee, Wirklichkeit und Perzeption deutscher »Weltpolitik« im Zeitalter des Imperialismus, in: *HZ* 248, no. 1 (1989), 79-100
Schöllgen, Imperialismus = Ders., Imperialismus und Gleichgewicht: Deutschland, England und die orientalische Frage 1871-1914, München 1984
Schöllgen, Politik = Ders., »Dann müssen wir uns aber Mesopotamien sichern!«: Motive deutscher Türkenpolitik zur Zeit Wilhelms II. in zeitgenössischen Darstellungen, in: *Saeculum* 32 (1981), 130-145
Schreiben = Schreiben, in: *HL* 1 (1857), 19-24
Schreiben 1863 = Schreiben aus dem h. Lande, in: *HL* 7 (1863), 123-126, 154-155
Schroeder, Benediktinerabtei = Josef Schroeder, Die deutsche Benediktinerabtei Maria Heimgang auf dem Sion in Jerusalem, Köln [1935]
Schubert, Reise = Gotthilf Heinrich von Schubert, Reise in das Morgenland in den Jahren 1836 und 1837, I-III, Erlangen 1838-1839
Schütz, Preußen = Christiane Schütz, Preußen in Jerusalem (1800-1861): Karl Friedrich Schinkels Entwurf der Grabeskirche und die Jerusalempläne Friedrich Wilhelms IV. (Die Bauwerke und Kunstdenkmäler von Berlin, supp. 19), Berlin 1988

Schulte, Orden = Johann Friedrich von Schulte, Die neueren katholischen Orden und Congregationen, besonders in Deutschland, Berlin 1872
Schumacher, Brouillon = Gottlieb Schumacher, Brouillon einer Karte d. Landes d. Kathol. Deutsch. Palästina-Vereins am See Genezareth, 25. März 1890
Schumacher, Karte = Ders., Karte der deutschen Besitzungen am See Genezaret von Kapharnaum (Kafr Minÿe) bis Tabka (Ain Tabga), Haifa, July 1889
Schumacher, Nazareth = Ders., Das jetzige Nazareth, in: *ZDPV* 13 (1890), 235-245, tab. 4
Schumacher, Tiberias = Ders., Von Tiberias zum Hule-See, in: *ZDPV* 13 (1890), 65-75
Schwake, Austrian Hospital = Norbert Schwake, The Austrian Hospital in Nazareth, in: Wrba, Austrian, 81-97
Schwake, Hospital = Ders., Das österreichische Hospital in Nazareth, in: Böhler, Szepter, 281-292
Schwake, Entwicklung = Ders., Die Entwicklung des Krankenhauswesens der Stadt Jerusalem vom Beginn des 19. bis zum Beginn des 20. Jahrhunderts (Studien zur Geschichte des Krankenhauswesens, 8), I-II, Herzogenrath 1983
Schwester von Jesus = Schwester M. J. von Jesus, Aus dem Kloster zum guten Hirten, in: *HL* 36 (1892), 41-42
Senés, Tabgha = Henri Senés, Heptapegon-Tabula-Tabgha, in: *Etudios Eclesiasticos* 34 (1960), 873-881
Sepp, Bedrängnisse = Johannes Nepomuk Sepp, Bedrängnisse der Väter am heiligen Grabe, in: *HPB* 18 (1846), 1-21, 65-105
Sepp, Bisthum = Ders., Das protestantische Bisthum zu Jerusalem, in: *HPB* 17 (1846), 721-748
Sepp, Entdeckungen = Ders., Neue hochwichtige Entdeckungen auf der zweiten Palästinafahrt: Erwerbung Kapharnaum's für das kath. Deutschland und des Johanniterspitals für Preußen, München 1896
Sepp, Forschungen = Ders., Forschungen eines deutschen Reisenden in Jerusalem, in: *HPB* 18 (1846), 469-477; 19 (1847), 349-357, 449-463, 591-610, 670-685, 735-740; 20 (1847), 124-146
Sepp, Görres = Ders., Görres, Berlin 1896
Sepp, Görres Zeitgenossen = Ders., Görres und seine Zeitgenossen 1776-1848, Nördlingen 1877
Sepp, Jerusalem = Ders., Jerusalem und das heilige Land: Pilgerbuch nach Palästina, Syrien und Aegypten, I-II, Schaffhausen 1863
Sepp, Kapharnaum = Ders., Kapharnaum – nun unser Eigentum!, in: *HL* 41 (1897), 14-16
Sepp, Land = Ders., Das »gelobte« Land, in: *Die Gartenlaube* (1879), 296-299, 324-326
Sepp, Nekrolog = Prof. Dr. Joh. Nep. Sepp, in: *HPB* 145 (1910-1911), 256-266
Sepp, Neue Studien = Johannes Nepomuk Sepp, Neue architektonische Studien und historisch-topographische Forschungen in Palästina, Würzburg 1867
Sepp, Tabgha = Ders., Tabhga, in: *HL* 42 (1898), 84-87
Seymour, Lola = Bruce Seymour, Lola Montez: A Life, New Haven und London 1966

Shamir, Beginning = Shmon Shamir, The beginning of Modern Times in the History of Palestine, in: *Cathedra* 40 (1986), 138-158
Shamir, Impact = Ders., The Impact of Western Ideas on Traditional Society in Ottoman Palestine, in: Ma'oz, Studien, 507-514
Sickenberger, Dalmanhutha = J. Sickenberger, Dalmanhutha (Mk. 8,10), in: *ZDPV* 57 (1934), 281-285
Sidarouss, Patriarcat = Sésostris Sidarouss, Des Patriarcats: Les patriarcats dans l'Empire ottoman et spécialement en Égypte, Paris 1907
Simon, Kaiser = Christian Simon, »Delirium tremens orientale«. Kaiser Wilhelm II. und der Alte Orient, in: Bernard Degen et al. (Hgg.), Fenster zur Geschichte: 20 Quellen – 20 Interpretationen. Festschrift für Markus Mattmüller, Basel, Frankfurt am Main 1992, 202-218
Simon, Struggle = Rachel Simon, The Struggle for the Christian Holy Places in Eretz Israel in the Ottoman Period, in: *Cathedra* 17 (1980), 107-126
Sinno, Emperor = Abdel-Raouf Sinno, The Emperor's Visit to the East as Reflected in Contemporary Arabic Journalism, in: Hélène Sader/Thomas Scheffler/Angelika Neuwirth (Hgg.), Baalbek: Image and Monument 1898-1998 (Beirute Texte und Studien, 69), Stuttgart 1998, 115-133
Sinno, Interessen = Ders., Deutsche Interessen in Syrien und Palästina 1841-1898: Aktivitäten religiöser Institutionen, wirtschaftliche und politische Einflüsse (Studien zum modernen islamischen Orient, 3), Berlin 1982
Soden, Reisebriefe = Hans von Soden, Reisebriefe aus Palästina, Berlin 1901
Solé, Egypte = Robert Solé, L'Égypte passion française, Paris 1997
Sonnen, Beduinen = Johannes Sonnen, Die Beduinen am See Genesareth: Ihre Lebensbedingungen, soziale Struktur, Religion und Rechtsverhältnisse, Köln 1952
Sonnen, Nekrolog = P. Johannes Sonnen C. M., gestorben am 25. Dez. 1957, in: *HL* 89, no. 3-4 (1957), iii-iv
Sonnen, Landwirtschaft = Johannes Sonnen, Landwirtschaftliches vom See Genesareth, Köln 1921
Statistique = Statistique generale: Le Patriarcat Latin de Jérusalem, 1928, Jerusalem 1928
Statut HL = Statut des Deutschen Vereins vom heiligen Lande, in: *HL* 40 (1896), 9-12
Statut PV = Statut des Palästina-Vereins der Katholiken Deutschlands, in: *HL* 28 (1884), 204-205
Statut Verein = Statut des Vereins vom h. Grab, in: *HL* 1 (1857), 3-5
Stern, Tobler = Shimon Stern, Titus Tobler, 19th Century Researcher of Eretz Israel, in: *Cathedra* 48 (1988), 30-45
Steven, Katholiken = V. Steven, Die deutschen Katholiken in Constantinopel, in: *HL* 37 (1893), 129-133
Stolz, Besuch = Alban Stolz, Besuch bei Sem, Cham and Japhet, oder Reise in das Heilige Lande, Freiburg im Breisgau 1916
Stolz, Valerga = Benedikt Stolz, Gottes Pionier im Heiligen Land: Joseph Valerga Patriarch von Jerusalem, Steim am Rhein 1975
Stolz und das HL = Alban Stolz und das Heilige Land, in: Meinertz, Palästinajahrbuch, 84-87

Stransky, Tantur = Thomas F. Stransky, Das österreichische Hospital am Tantur, in: Böhler, Szepter, 267-279

Strauss, Präsident = Domcapitular Gottfried Strauß, Präsident des Vereins vom h. Grabe, in: *HL* 6 (1862), 61-62

Strötz, Wilhelm = Jürgen Strötz, Wilhelm II. und der Katholizismus, in: Samerski, Wilhelm, 171-198

Suriano, Treatise = Francesco Suriano, Treatise on the Holy Land (Übers. Eugene Hoade/Bellarmino Bagatti), Jerusalem 1949

Syrien = Syrien, das Land und seine Völker, in: *HPB* 10, no. 2 (1842), 618-632

Tabgha = Tabgha, in: *NB* 8 (1934), 73-82, 117-122, 159-170; 9 (1935), 44-52

Tabgha Genesareth = Tabgha am See Genesareth, in: *HL* 86 (1954), 14-19

Täpper, Dunkel = Abuna [Johannes Täpper], P. Franz Dunkel, C.M. †, in: *NB* 5 (1931), 2-6

Täpper, Fünfzig = Fünfzig Jahre Tabgha, in: Cramer/Meinertz, Heilige Land, 301-305

Täpper, Tabgha = [Johannes Täpper], Tabgha, seine Entstehung und Entwicklung, in: Das Palästinajahrbuch 1946, Köln 1947, 67-72

Talatinian, L'attività = Basilio Talatinian, ›L'attività parrocchiale della Custodia di Terra Santa‹, Virgilio Corbo (Hg.), Custodia di Terra Santa 1342-1942, Jerusalem 1951, 51-64

Thalmann, Agriculture = Naftali Thalmann, Introducing Modern Agriculture into Nineteenth-Century Palestine: The German Templers, in: Kark, The Land, 90-104

Thalmann, Associations = Ders., German Exploration Associations and Institutes in Nineteenth Century Palestine, in: *Cathedra* 19 (1981), 171-180

Thalmann, Influence = Ders., The Influence of the German Element (Without the Templers) on Palestine's Settlement Development in the Nineteenth Century and until the First World War, These, Hebräische Universität, Jerusalem 1980 [Heb.]

Theresia, Nonnen = P. Theresia, Die Nonnen von Nazareth zu Chefa Amar, in: *HL* 11 (1867), 41-44, 80-81

Tibawi, Interests = Abdul Latif Tibawi, British Interests in Palestine 1800-1901: A Study of Religious and Educational Enterprise, London 1961

Tobler, Briefe = Titus Tobler, Briefe aus Süd und Ost, in: *BAZ* 23.12.1865, 5806-5807, 5823-5824

Tobler, Nazareth = Ders., Nazareth in Palästina: Nebst Anhang der vierten Wanderung, Berlin 1868

Tobler, Topographie = Ders., Zwei Bücher Topographie von Jerusalem und seinen Umgebungen, I-II, Berlin 1853-1854

Torrance, Notes = [David Torrance], Notes and News, in: *PEFQS* 40 (1908), 172

Townsend, Empire = Mary Evelyn Townsend, The Rise and Fall of Germany's Colonial Empire 1884-1918, New York 1930

Townsend, Origins = Ders., Origins of Modern German Colonialism 1871-1875, New York 1921

Trimbur, École biblique = Dominique Trimbur, Une école française à Jérusalem: De l'école pratique d'étude bibliques des Dominicains à l'école Biblique et Archéologique Française de Jérusalem (Mémoire dominicaine, special issue, V), Paris 2002

Trimbur, Notre Dame = Ders., A French Presence in Palestine: Notre Dame de France, in: *Bulletin du Centre de recherché française de Jérusalem* 3 (1998), 117-140

Trimbur, Sainte-Anne = Ders., Sainte-Anne: Lieu de mémoire et lieu de vie français à Jérusalem, in: Chrétiens et sociétés: XVIe-XXe siècles (Centre André Latreille, Institut d'Histoire du Christianisme, 7), Lyon 2000, 39-69

Tsafrir, Zion = Yoram Tsafrir, Zion – the South-Western hill of Jerusalem, Diss., Hebrew University, Jerusalem 1975

Tsibkin, Society = Vladimir Tsibkin, The Palestinian Imperial Pravoslavic Society, in: *Cathedra* 46 (1987), 65-90 [Heb.]

Tsimhoni, Patriarchate = Daphne Tsimhoni, The Latin Patriarchate of Jerusalem: Institutional and Social Aspects, in: Aharon Layish (Hg.), The Arabs in Jerusalem From the Late Ottoman Period to the Beginning of the 1990's – Religious, Social and Cultural Distinctiveness (*Hamizrah Hehadash* 34), Jerusalem 1992, 115-138 [Heb.]

Türffs, Borromäerinnen = Berthold. Türffs, Die Borromäerinnen in Ägypten [n.p. 1990]

Twickel, Malteser = Maximilian von Twickel, Die rheinisch-westfälische Malteser-Genossenschaft, in: Adam Wienand et al. (Hgg.), Der Johanniter-Orden, der Malteser-Orden: Der ritterl. Orden d. hl. Johannes vom Spital zu Jerusalem. Seine Aufgaben, seine Geschichte, Köln 1970, 466-495

Unsere Bauten = Unsere Bauten zu Jerusalem, in: *HL* 46 (1902), 183-185

Unternehmen Schneider = Das Unternehmen des P. Ladislaus Schneider und der Verein vom h. Grabe, in: *HL* 24 (1880), 63-66

Unterstützungen = Die Unterstützungen für das Heilige Land in Bayern und Oesterreich, in: *HL* 11 (1867), 77-80

Verdeil, Travailler = Chantal Verdeil, Travailler à la renaissance de l'Orient Chrétien: Les missions Latines en Syrie (1830-1945), in: *Proche-Orient Chrétien* 51 (2001), 267-316

Verdy du Vernois, Frage = Fritz von Verdy du Vernois, Die Frage der heiligen Stätten: Ein Beitrag zur Geschichte der völkerrechtlichen Beziehungen der Ottomanischen Pforte, Ph.D. Dissertation, Berlin 1901

Verein = Der Verein vom heil. Grabe auf der 10. Generalversammlung der katholischen Vereine Deutschlands, in: *HL* 2 (1858), 115-120

Vereinigung des Vereins = Die Vereinigung des Vereins vom Heiligen Grabe und des Palästina-Vereins der Katholiken Deutschlands als Deutscher Verein vom Heiligen Lande, in: *HL* 39 (1895), 1-6

Vereté, Consulate = Meir Vereté, Why Was a British Consulate Established in Jerusalem?, in: *EHR* 85 (1970), 316-345

Vereté, Plan = Ders., A Plan for the Internationalization of Jerusalem, 1840-1841, in: *AAS* 12 (1978), 13-31

Verhältniße in Jerusalem = Einiges über die Verhältniße der deutsche Katholiken in Jerusalem, in: *HL* 26 (1882), 93-102

Verlauf der Schenkung = Der Verlauf der Schenkung der Dormition, in: *HL* 43 (1899), 9-22

Verney/Dambmann, Puissance = Noël Verney und George Dambmann, Les Puissances étrangéres dans le Levant en Syrie et en Palestine, Paris 1900

Versammlung Bingen = Versammlung des Deutschen Vereins vom heiligen Lande zu Bingen am Rhein, in: *HL* 49 (1904), 13-36

Versammlung Breslau = Versammlung des Deutschen Vereins vom Hl. Lande in Breslau gelegentlich der 56. Generalversammlung der Katholiken Deutschlands, in: *HL* 53 (1909), 225-228

Versammlung Düsseldorf = Die zweite Generalversammlung des Deutschen Vereins vom heiligen Lande in Düsseldorf am 28. März 1897, in: *HL* 41 (1897), 74-96

Versammlung Frankfurt = Versammlung des Deutschen Vereins vom heiligen Lande zu Frankfurt am Main, in: *HL* 44 (1900), 23-36

Versammlung Trier = Die Angelegenheit des h. Landes auf der Katholiken-Versammlung zu Trier, in: *HL* 31 (1887), 203-210

Vester, Jerusalem = Berta Spafford Vester, Our Jerusalem: An American Family in the Holy City, 1881-1949, Jerusalem 1988 (London 1950)

Vierzig Jahre = J.M.J.C., Vierzig Jahre im Orient: Bericht über die Missionstätigkeit der Barmherzigen Schwestern vom hl. Karl Borromäus im Orient von 1884 bis 1924, [Trebnitz in Schlesien] 1924

Vincent, Emmaus = Louis Hughes Vincent, Emmaus: Sa basilique et son histoire, Paris 1932

Vincent, Note = Ders., Note sur le différend entre la Custodie de Terre Sainte et la Société de Cologne au sujet de propriétés – terrains et source – á Tabgha (prés Tibériade), Jerusalem 1927

Vincent/Abel, Jerusalem = Ders./Felix Marie Abel, Jérusalem nouvelle, II: Jérusalem, recherches de topographie, d'archéologie et d'histoire, Paris 1922

Vizepresident = Der neue Vizepräsident des Deutschen Vereins vom Hl. Lande, in: *HL* 53 (1909), 1-3

Vogel, Zion = Lester Irwin Vogel, Zion as Place and Past – An American Myth: Ottoman Palestine in American Mind Percieved through Protestant Conciousness and Experience, Ann Arbor 1984

Voit, Pruner = Carl von Voit, Dr. Franz Pruner-Bey, in: *Sitzungsberichte der Münchner Akademie d. Wissenschaften* 13 (1883), 244-246

Vollmer, Ramboux = Hans Vollmer, Ramboux, in: *LBK* 27 (1933), 589-591

Vom Mittelmeer = Vom Mittelländischen Meer zum See Genesareth, in: *HL* 49 (1905), 149-158

Vorgänge Grabeskirche = Bericht über die Vorgänge in der heiligen Grabeskirche zu Jerusalem am 4. November 1901, in: *HL* 46 (1902), 39-54

Vorstandssitzung 1901 = Vorstandssitzung des Deutschen Vereins vom heiligen Lande, in: *HL* 45 (1901), 49-52

Walker, Germany = Mack Walker, Germany and the Emigration 1816-1885, Cambridge, Mass. 1969

Wallach, Anatomie = Jehuda L. Wallach, Anatomie einer Militärhilfe: Die preußisch-deutschen Militärmissionen in der Türkei 1835-1919 (Schriftenreihe des Instituts für Deutsche Geschichte, Universität Tel Aviv, 1), Düsseldorf 1976

Wallach, Bismarck = Ders., Bismarck and the »Eastern Question«: A Re-Assessment, in: Ders. (Hg.), Germany and the Middle East 1835-1939 (*JIDG*, 1), Tel Aviv 1975, 23-30

Warburg, Bestrebungen = Otto Warburg, Deutsche Kolonisations: Wirtschafts und

Kulturbestrebungen im türkischen Orient, in: *Altneuland*, 2 (1905), 161-177, 225-238, 268-277

Ward, Debate = David Ward, The Debate on Alternative Approaches in Historical Geography, in: *Historical Methods Newsletter* 8 (1875), 67-82

Weber, Ultramontanismus = C. Weber, Ultramontanismus als katholischer Fundamentalismus, in: Wilfried Loth (Hg.), Deutscher Katholizismus im Umbruch zur Moderne (Konfession und Gesellschaft, 3), Stuttgart, Berlin, Köln 1991, 20-45

Wehler, Bismarck = Hans-Ulrich Wehler, Bismarck und der Imperialismus, Köln und Berlin 1969

Wehler, Kaiserreich = Ders., Das Deutsche Kaiserreich, 1871-1918 (Deutsche Geschichte, Hg. Joachim Leuschner, 9), Göttingen 1994

Weiss, Bayern = Otto Weiss, Die Redemptoristen in Bayern (1790-1909): Ein Beitrag zur Geschichte des Ultramontanismus (Münchener theologische Studien, 1: Histor. Abteilung, 22), St. Ottilien 1983

Werner, Atlas = Oskar Werner, Katholischer Missions-Atlas, Freiburg im Breisgau 1885

Wesseler, Reiseerinnerungen = Johann Wesseler, Reiseerinnerungen aus Palästina, Steyl [1903]

Weyers, Statz = W. Weyers, Vincenz Statz (1819-1898), in: Rheinische Lebensbilder, VI (Gesellschaft für Rheinische Geschichtskunde), Köln 1975, 97-120

Williams, Holy City = George Williams, The Holy City, or Historical and Topographical Notices of Jerusalem, London 1845

Wilkinson, Egeria = John Wilkinson (Hg. und Übers.), Egeria's Travels, London 1971

Wilkinson, Pilgrims = Ders., Jerusalem Pilgrims before the Crusades, Jerusalem 1977

Wilson, Survey = Charles William Wilson, Ordnance Survey of Jerusalem, Jerusalem 1980 (London 1865)

Windell, Catholics = George Gordon Windell, The Catholics and German Unity 1866-1871, Minneapolis 1954

Winzen, Bülow = Peter Winzen, Bülows Weltmachtkonzept: Untersuchungen zur Frühphase seiner Außenpolitik 1897-1901, Boppard a. Rhein 1977

Wirksamkeit des Hospizes = Von der Wirksamkeit des deutschen Hospizes in Haifa, in: *HL* 40 (1895), 180-181

Wolf-Crome, Pilger = Editha Wolf-Crome, Pilger und Forscher im Heiligen Land: Reiseberichte aus Palästina, Syrien und Mesopotamien vom 11. bis 20. Jahrhundert in Briefen und Tagebüchern, Gießen [1977]

Wollf, Colonisation = Philipp Wolff, Die Colonisation von Palästina: Ein künftiges Wanderziel der Deutschen, in: *PMIZ* 19 (1862), 269-282

Wolff, Constantinopel = Ders., Constantinopel und Jerusalem: Gedanken eines deutschen Protestanten, in: *PMIZ* 14 (1859), 134-162

Wolff, Geschichte = Ders., Zur neueren Geschichte Jerusalems: Von 1843-1884, in: *ZDPV* 8 (1885), 1-15

Wolff, Stimme = Ders., Eine neue Stimme für deutsche Colonisation von Palästina, in: *BAZ* 8.9.1868, 3823

Worsfold, Palestine = William Basil Worsfold, Palestine of the Mandate, London 1925

Wrba, Austrian = Marian Wrba (Hg.), Austrian Presence in the Holy Land in the 19th and Early 20th Century: Proceedings of the Symposium in the Austrian Hospice in Jerusalem on March 1-2, 1995, Tel Aviv 1996

Zahn, Ramboux = Eberhard Zahn, Johann Anton Ramboux, Trier 1980

Zeender, Center = John K. Zeender, The German Center Party during World War I: An Internal Study, in: *CHR* 42 (1956-1957), 441-468

Zeitgeschichte in Lebensbildern = Jürgen Aretz/Rudolf Morsey/Anton Rauscher (Hgg.), Zeitgeschichte in Lebensbildern: Aus dem deutschen Katholizismus des 19. und 20. Jahrhunderts, I-IV, Mainz 1973-1980

Zimmermann, Continuity = Moshe Zimmermann, Continuity and Crises of German Nationalism, in: Ders. (Hg.), Krisen des deutschen Nationalbewußtseins im 19. und 20. Jahrhundert, Jerusalem 1983, 6-40 [Heb.]

Zschokke, Aufschwung = Hermann Zschokke, Aufschwung der Katholischen Kirche in Jerusalem und im Heiligen Lande seit den letzten 30 Jahren, Wien 1897

Zschokke, Emmaus = Hermann Zschokke, Das neutestamentliche Emmaus, Schaffhausen 1865

Zur Stiftung Messe = Zur Stiftung einer ewigen Messe für das katholische Deutschland in der Kirche des heiligen Grabes zu Jerusalem, in: *HPB* 11, no. 1 (1843), 117-120

Zweyl, Malteser = H. C. von Zweyl, Nachrichten über die Armen- und Kranken-Fürsorge des Ordens vom Hospital des heil. Johannes von Jerusalem oder Souveränen Malteser-Ritterordens, Münster i. W. 1911

Abbildungsnachweis

Bilder von Karl Mays Orientreise (1899-1900), Karl-May Museum, Radebeul (mit großzügiger Erlaubnis von Dipl.-Ing. Hans Grunert)
283, 319

Duby Tal, ›Albatross‹ (mit großzügiger Erlaubnis)
367

Gustaf-Dalman-Institut, Photosammlung, Ernst-Moritz-Arndt Universität Greifswald (mit großzügiger Erlaubnis von Prof. Dr. Julia Männchen)
175, 289, 311, 330, 331 (unten)

Haim Goren:
111, 301 (unten)

Hebräische Universität zu Jerusalem, Geographische Abteilung, Kartensammlung
357, 360

Israel State Archives, Jerusalem (ISA), Akte 244
263

Sammlung Chanoch Ido, (fotografiert von seinem Vater Samuel Joseph Schweig)
337

Sammlung Shlomo Elan
336

St.-Paulus-Hospiz, Archiv
290, 291, 375, 376 (oben)

Schneller-Archiv, Landeskirchliches Archiv Stuttgart (mit großzügiger Erlaubnis von Dr. Ejal Jakob Eisler)
195, 251, 301 (oben), 303, 331 (oben), 345, 359, 381

Tamar Sofer (Entwurf Karten)
275, 344

Aus: Cramer, Jahrhundert (mit großzügiger Erlaubnis von Heinz Thiel, Generalsekretär des Deutschen Vereins vom hl. Lande)
173, 279, 299

Aus: Dalman, Fliegerbilder
339

Aus: »Das heilige Land« (HL)
149 (Jg. 4, 1862), 267 (Jg. 43, 1899), 351 (Jg. 44, 1900), 377 (oben) (Jg. 45, 1901), 385 (Jg. 49, 1905)

Aus: Goetz, Deutschtum
365

Aus: Jelitzka, 100 Jahre
393 (oben)

Aus: Mayr, Ansichten, Titelblatt (Aus der Bibliothek von Eliyahu Hacohen)
109

Aus: Neuen Bauten
361, 377 (unten)

Aus: Patrem, Statistique
167

Aus: Ramboux, Erinnerungen
31, 133

Aus: Saad, Siedlung (Sonderkarte 9)
297

Aus: Schmitz, Deutschtum
294

Aus: Sepp, Entdeckungen
311

Aus: Werner, Atlas (Karte 5)
33

Aus: Zeitschrift des Deutschen Palästina-Vereins (ZDPV)
387 (ZDPV 11, 1888), 397 (ZDPV 13, 1890)

Ohne Nachweis:
366, 376 (unten), 393 (unten)

Register

Namen

Abd al-Aziz [Abd el-'Aziz] 265
Abdülhamid II., ›der rote Sultan‹ [Abd al-Hamid] 58, 89, 96, 265
Acton, Charles Januarius 30
Adams, George Jones Washington 68
Alexander, Edgar 81
Alexander, Michael Salomon 25, 57, 114
Alexander II. Nikolajewitsch 61
Alexander VI. 43
Alexandrowitsch, Sergej 61
Alix von Hessen 62
Anna, Heilige 174, 209
Arenberg, Franz Ludwig von 94f., 259, 265, 270
Aronstein, Josef Ignatz 276ff., 281
Auguste Victoria von Holstein-Sonderburg-Augustenburg 84

Bachem, Julius 254
Balduin I. *42*
Barbara, Heilige 173
Barnabó, Alexander Kardinal 34
Baudri, Johann Anton Friedrich 136f.,*140*
Bedoun, Zaki Bey 400
Beilharz, Christian jun. 316, *342*
Belloni, Antonio 152, 159, 182
Ben-Arieh, Yehoshua
Benner, Thomas Hartmut
Ben Shimon, David 185
Ben-Zion, S. 302
Benzler, Willibrord 363
Berman, Shimon 306
Bieberstein, Adolf Marschall von *87*, 93, 244
Biever, Zephyrin (*Abuna Daud*) 232, *243*, 259, 294, 317ff., 326ff., 332ff., 343, 358, 408
Blyth, George Francis Popham 370
Bismarck, Otto von 57ff., 71, 73ff., 83ff., 143, 191, 193f., 213, 224ff., 230f., *278*
Borromäus, Karl 176f.
Bosco, Giovanni 152
Botta, Paul-Emil 32, 36, 39, 49
Boulanger, Georges Ernest 60
Bracco, Vincente 39f., 155, 158, 164, 185f., 191, 197, 202, 207, 222, 276f., 282, 317f., 383
Brentano, Clemens 307
Brizič, Hieronymus 23
Bülow, Bernhard von *86f.*, 89f., 92f., 94f., 99, 255ff., 269, 292ff., 332, 353, 354
Bunsen, Christian Karl Josias Freiherr von 28f., 57, 115f., 122, *132*

Caboga-Cerva, Bernard von 196f., 205, 396
Caprivi, Georg Leo von 228
Carl zu Löwenstein-Wertheim-Rosenberg 171
Carmel, Alex
Carrara, Sarpin Milani da 149
Chateaubriand, François René de 103, 172
Chauvenel, Josef 176
Chwaliszewski, Martin 391
Ciurcia 149
Clot, Antoine Barthelemy 28
Cramer, Valmar

Anm: Kursive Seitenzahlen beziehen sich auf Einträge in Fußnoten.

Corti, Egon Caesar 119f.

Dalman, Gustaf *312*, 338f., 380
David 251f., 253f., 256, 261, 268, 271, 356
David, Jacques-Louis 132
Döllinger, Johann Joseph Ignaz von 114
Droste zu Vischering, Clemens August von 122
Düsing, Johannes Alois 23
Düsterwald, Franz 358, 366
Dumith, Na'amatallah 384, 386
Dunant, Henry 182
Dunkel, Franz 293, 302, 358, 373, 379

Egeria 305
Einsiedler, Peter 123
Eitel, Friedrich Christian Karl Prinz von Preußen 366
Emmerich, Anna Katharina 307ff.
Elan, Shlomo
Eudokia 252

Fabri, Felix 44
Fahr ad-Din II. 157
Fast, Abraham 391
Ferdinand I. 113, 126, 130
Fischer, Antonius 236, 240
Foscolo, Daulus Augustus 30
François I. 47
Franz Josef I. 395
Franz von Sales [s. Salesianer im Institutionenverzeichnis]
Franziskus von Assisi 174
Friedrich I. ›Barbarosa‹ 46
Friedrich II. ›der Große‹ 92
Friedrich II. ›Hohenstaufen‹ *stupor mundi* 46
Friedrich III. 45
Friedrich Wilhelm III. 28, 54, 122
Friedrich Wilhelm IV. 28, 55f., 127, 196

Gatt, Georg 155, 159, *161,* 166, 171, 180, 240, 242ff., 246f., 272, 383ff., 408.
Gatz, Erwin
Geiger, Hermann 146, 171, 223
Geissel, Johannes von 134, *136*ff., 151, 173
Geissler, Egidius *31,* 168
Georg, Heiliger 370
Georg von Bayern 366, 382
Konrad von Bayern 366, 382
Géramb, Marie-Josef 172
Gerlach, Leopold von 56
Gisler, Maurizius 271
Gobat, Samuel 25f., 30
Godefroy de Bouillon s. Gottfried von Bouillon
Gottfried (Godefroy) de Bouillon 46, 107
Goll, Gottlieb Friedrich 278
Gollwitzer, Heinz 20, *66*, 89, *102f.*, *103, 127,* 146, *169, 230, 250*
Görres, Guido. 121f., 128
Görres, Johann Joseph von 77, 104ff., 114f., 120ff., *124*, 127f.
Gordon, Charles George
Gregorius XVI. 25, 27f., 124

Hardegg, Georg David 65, 344
Harff., Arnold von 45
Harris, Richard Cole
Heinrich VI. 46
Herzberg, Hans-Wilhelm 54
Hirsch, Moritz 370
Hoffmann, Christoph 65, 67
Hohenlohe-Schillingsfürst, Chlodwig Carl Viktor Fürst zu *87*
Hohenlohe-Waldenburg, Katharina zu 250
Hohenzollern-Sigmaringen, Fürst von 399
Holstein, Friedrich August von 85
Hompesch-Rurich, Alfred von 212f.
Hornung, Casper 171

Ibrahim Pascha 52, 54, 106, 120
Imberger, Christian 391

Janssen, Wilhelm Leopold 92, 94, 97, 159, 194, 196, 197, 204, 210ff., 227,

232ff., 240f., 248, 253ff., 257, 259, 265f., 273f., 276ff., 280ff., *295*, *297*, 299, 304, 307ff., 312, 314ff., 320f., 328, 340, 342, 348, 357, 369ff., 408
Janknecht, Gregory 225
Johann von Preußen 44f.
Johannes von Gott 166, 396
Justinian 265

Kaifa 261
Karge, Paul 339, 380ff.
Kark, Ruth
Karl Albrecht III. *250*
Karl der Große 252, 367
Kasper, Katharina 176
Kaufmann 342f.
Keller, Franz Sales 307ff., 312ff., 317f., 320, 335, 385, 408
Keller, Friedrich 307, 340
Keppler, Paul Wilhelm von *279*, 283f., 287, 329, 350, 400
Ketteler, Wilhelm Emmanuel von *139*, 188
Klein, Wilhelm 241f., 248, 363, 379
Klinkenberg, Friedrich 293, 329, 333, 335f.
Kniel, Cornelius 364
Kohler, Oliver
Kolping, Adolph 188
Kopp, Georg von 80f., 95f., 255, 266, 269f., *305f.*, *341*, *343*, *345*, *400*
Krementz, Phillipus 231ff., 239, 266, 269, 347, 350
Krüger, Jürgen
Künzer, Julius 321, 341f.
Kuhlmann, Bernard 65, 69, 187
Kummer, Elisabeth 391f. 408
Kyrill II. 26

Lamartin, Alphonse de 107
Langénieux, Benoit-Marie 35, 97f.
Lasaulx, Peter Ernst von 104, 106, 120
Lassalle, Ferdinand *73*
Lausberg 294
Lazarus, Heiliger 271 [Lazaristen im Institutionenverzeichnis]
Lavigerie, Charles Martial Allemand 40, 230f.
Ledóchowski, Mieczysław Halka 227f.
Ledoulx, Charles Fortune-Louis-Alexander Xavier 225f.
Lemaitre, Julius 280f.
Lendle, Rudolph 400ff.
Leo XIII. 35,80, 95ff., 207, 224, 226, 235
Lingenhoff 276f.
List, Friedrich 63ff.
Linzen, Peter 293, 325, 336
Löwenstein-Wertheim-Rosenberg, Carl zu 171
Ludovika 106
Ludwig I. 102f., 105f., 110, 114, 119, 121, 124, 129f., 163, 406
Ludwig IX »der Heilige« 220
Lübeck, Konrad 381f.
Luncz, Abraham Moshe 90, 108, 265, 267
Luther, Martin 87

Maass, Hans 311f.
Mahmud II. 54
Marchand, Jakob 349
Maria Magdalena 400
Marrum, Fadallah 254
Maximilian Josef 106f., 109ff., 114, 123f.
Maximilian I. Josef 106
Mayr, Heinrich von 107, 109
Mayr, Otmar 166, 205, 226, 396ff.
Merrill, Selah 261f.
Metternich, Klemens Wenzel Lothar von 116
Meyer, Edina
Miklasiewicz, Joseph 307
Mirbach, Ernst Otto Karl Ludwig Adolf Freiherr von 364ff., 382
Mislin, Jacob *27*, *31*, *34*, *36*, *40*, *42*, *45*, 125, 128, 143f., 173
Moltke, Helmuth Karl Bernhard Graf von 54f., 64
Mommert, Karl 350
Montefiore, Moses 306

Montefranco, Bernardino Trionfetti de 36
Montez, Lola (Elizabeth Rosanna Gilbert) 119f.
Morétain, Adlatus Jean 32, 41
Morsey, Rudolph
Mozetizh, Johann 116
Müller, Hubert Jacob (Jaime) 177f., 191, *204*
Müller, Wilhelm 293, 299f., 302f., 304, 336, 358, 373
Münchhausen, Thankmar von 193
Muhammad Ali 28, 48, 52f., 106ff., 113, 116, 118, 120, 130
Mustafa III. 92

Napoleon Bonaparte *46*, 48, 177, 196
Neumann, Wilhelm Anton 66, *69*
Nikolai II. (Nikolai Alexandrowitsch) 62
Novalis (Georg Friedrich Philipp Freiherr von Hardenberg) 103f.

Oliphant, Francis Romano 314
Orlov 394
Otto I. „der Große" 102
Otto I. (Bayern) 366
Otto I. (Griechenland) 106

Palmer, Ferdinand 188
Palmer, Paul 261
Palmerston, Henry John Tempel, der dritte Viscount 121
Paul, Vincent de 281
Paulus, Heiliger 378
Paulus, Christoph 278
Patrimonio, Salvatore 193
Peters 345
Petrus, Heiliger 305
Philips, Georg 121
Piavi, Luigi 40, 94ff., 226, 238, 255, 266, 268, 282f., 318, 328, 379, 391
Pilatus, Pontius 108
Pingsmann, Theodor Wilhelm *46, 66, 186,* 191, 197, 202, 207, 215, 239f., 348
Pinson, Koppel S.
Pius IV. 177
Pius IX. 25f., 30, 34, 38, 43, 80, 135, 139, 170, 174
Pixner, Bargil 23, 305f.
Ponsonby, John William 121
Preisner, Johannes
Prisac, Wilhelm 132, 136, 144f.
Pru[n]ner[-Bey], Franz 118f.

Radowitz, Joseph Maria von 226, 254
Ramboux, Johann Anton 31, 132f., 136, 145
Ratisbonne, Marie Alphonse 144, 152f., 158, 170f., 179, 181, 185, 199, 317, 383
Ratisbonne, Maria Theodore 152f., 158, 317
Renard, Heinrich 247, 288, 290, *346,* 349ff., 354ff., 360, 362ff., 367f., 372, 374, 379
Richen, Edmund 226, 242
Richen, Ludwig 249, 362, 365, 399
Richter, Stefan
Robert von Anjou 251
Robinson, Edward 173
Rosen, Friedrich 197, *273, 299, 359,* 371ff.
Rosentreter, Ina
Rudolph Franz Karl Josephs 396f.
Ruff., Gottlieb H. 342f., 345
Ruppin, Arthur 402

Salm-Reifferscheidt, Alfred zu 242, 249
Salzbacher, Joseph 108
Sandel, Benjamin 247, 349, 362
Sandel, Theodor 247, 277f., 351, 354, 358f., 362, 372f., 378
Saxe, Anna Theresa 159, 168, 272, 279f.
Sayyour, Gregor Joseph 161f.
Schelling, Friedrich Wilhelm Joseph von 104
Schick, Conrad 66, 70, 184, 188f., 278, 351
Schmid, Jakob 389
Schmidt, Edmund 300, 353f., 358, 372f.
Schmidt, Wilhelm 210, 226f., 232, 237,

244ff., 259, 268f., 280, 286ff., 292ff., 300, 304, 322f., 328, 350f., 358, 362, 369f., 373, 378f., 392, 408, 413
Schmitz, Ernst [Lazarist im Heiligen Land] 19, 294, 378ff., 411, 414f.
Schmitz, Hermann Josef [Stellvertretender Vorsitzende vom Verein vom Heiligen Land, Köln] 234ff., 255, 258, 266, 328
Schmitz-Leven, Carl Josef 203
Schneider, Katharina [Vorsitzende des Mutterhauses Jerusalem] 206, 279, 341
Schneider, Ladislaus (Eduard) 20, 159, 168, 172ff., 189ff., 208ff., 213, 215, 222, 272f., 276, 298f., 304, 407f., 412, 414
Schifferle, Josef 173
Schiffers 249
Schölch, Alexander
Schubert, Gotthilf Heinrich von 106, 119, 124
Schultz, Ernst Gustav *68*, 116, 118
Schumacher, Gottlieb 308ff., 316, 342
Schwake, Norbert 395f., 399
Sepp, Johannes Nepomuk 38, 69, 115ff., 124f., 127f., 144, 168f., *287*, 306, 308ff., 314ff., 321f., 350, 408
Simar, Hubertus Theophil 236, 239
Sinno, Abdel-Raouf 21, *52*
Sissi (Elisabeth Amalie Eugenie) 106
Solero, Bonaventura da 140
Solero, Perpetuo Guasco de 107
Sonnen, Johannes 293, 333, 334f., 338
Spafforf., Anna 261
Spafford, Horacio 261
Stein, Joseph s. Aronstein
Stephanus, Heiliger 252, 370, 373, 378
Spittler, Christian Friedrich 189
Stolz, Alban 146
Strauss, Gottfried 136, 140ff.
Süleyman I. ›der Prächtige‹ 47

Täpper, Johannes *293*, 303, *306*, *309*, *312*, *322*, *334*, 336f
Tannous, Joseph 157
Taufiq Pascha 96
Thalmann, Naftali
Therese von Sachsen-Hildburghausen 114
Theodosius II. 252
Tindora, Mariano Rampolla del 97
Tirpitz, Alfred von 85
Tischendorf., Paul von 227, 254, 256, 258, 260, 262, 352
Tobler, Titus 66, *110*, 350, 397
Torrance, David Watt 316f., *320*, 337
Treidel, Joseph 402
Trimbur, Dominique
Tschlenov, Jechiel *400*, 402
Tumian 161

Urabi Pascha, Ahmad 204f.
Urach, Wilhelm Karl von 399

Valerga, Giuseppe 30ff., 34ff., 41, 43, 49, 140ff., 149, 152f., 155ff., 162, 183
Vartan, P. Kaloost 397
Vester, Ferdinand 185
Vialar, Emilie de 36
Virchow, Rudolf *73*
Vogt, Franz Joseph 400ff.
Voltaire 220

Wagner, Philip Benitius 166, 205, 396, 398
Wahabe, Sallah 257
al-Walid II. 306
Wallace, Edwin Sherman 261
Wallberger, Gerharde 23
Warburg, Otto 402f., 415
Weber, Christoph
Wehler, Hans-Ulrich
Weld, Thomas 28
Weynandt, M. 318, 320
Wildenbruch, Anton Albert Hermann Louis von 118
Wilhelm Eitel Friedrich Christian Karl Prinz von Preußen s. Eitel Friedrich
Wilhelm I. 224
Wilhelm II. 46, 59, 62, 71, 81, 83ff.,

87ff., 99f., 118, 151, 210, 234, 250, 258f., 352f., 363, 366, 368, 382, 390
Wilson, Charles William 146, 184, 225
Windthorst, Ludwig 77ff., 213, 221, 230f.
Wittgenstein, Ludwig 74
Wolff., Philipp 67ff., 145f.
Wolter, Maurus 250
Wolter, Placidus 250

Zimpel, Charles Franz 128

Orte

Aachen 111, 132, 168, 191, 203, 210ff., 216f., 222f., 233f., 240f., *255*, *277*, 282, 315, 367, *371*
Abessynien (Abessinien) 64
Abu Ghosh *190*, *264*
Ägypten 25, 27, 41, 48, 52, 54f., 60, 64, *84*, 90, 107, 116, 124, 130, 132, 149, 154, 160, 178, 180ff., 198, 204ff., 226
Afrika 58, 64, 72, 85, 113, 160, 230f.
Akko 26, 41, 156, 181, 280, 309, 321, 323, 400
Aleppo 27, 32, 36, 55, 157, 161
Alexandria, 27f., 31f., 159ff., 174, 178, 189ff., 228, 273, 279, 281, 341, 391f., 395
Alexandrien 136, 162, 206f., 341, 391
Algier 40, 230
Anatolien 64
Antiochia 162
Apostelberg 308
'Arabeh 323
Arabien 27, 124
Ard as-Saki 312
Argentinien 58
el Arish 32, 389
Ashdod 389
Asien 53, 55, 58, 64, 72, 85, 111, 113, 120, 154, 161, 176
Augsburg 75, 173

Baalbek 90
Bad Staffelstein 107
Balkan 57f., 62, 154
Banias 117, 168
Banz, Kloster
Basel 107
Bayern 8, 46, 55, 68, 83, 102f., 105f., 111, 114, 117, 120, 123f., 128f., 137, 147, 163, 171, 227, 248, 313, 353, 366, 382, 396, 406
Beer Sheva 32, 389
Beirut 90, 118, 156f., 161f., 323
Beit Djimal 152
Beit Jallah 32, 34f., 39, 41, 141, 155, 157, 181, 277
Beit Safafa 392, 394
Beit Sahur 335
Belgien 282
Berlin 49, 58, 60, 70, 85, 96f., 121, 129, 147, 191, 193, *204*, *215f.*, 219f., 223, *226f.*, 231, 254ff., *259*, *352*, *391f.*
Bethlehem 39, 41, 135f., 141, 148, 152, 157f., 160, 181, 199, 392, 396
– Evangelische Kirche 85
– Geburtsgrotte / Geburtskirche *29*, 39, 49
Bethsaida 309
Bethanien, Lazarusgrab 271
Beuron 241, 250, 251ff., 363f., 366
Biberach 400
Bir Salem 415
Bir Zeit 35,155
Böhmen *112*
Bonn 91, 173, 194, *379*
Bosnien, Kloster Marienstern 402
Bosporus 58
Brasilien 183
Bremerhaven 72
Breslau (Wroclaw) 80, 138, 154, 163, 172ff., 176, 217, 365
Burtscheid 194, *253*, *277*, *282f.*, *295*, *297*

Carmel, Berg 157, 316, 340, 342, 345, 411
Caesarea Philippi s. Banias
Chelmgebirge 174
China 92
Chirbet el-Minyeh 306, 310, 322
Cosel (Kozlé) 173
Cremisan 152

Dänemark 196
Dalmanutha 400
Damaskus 36, *52*, 89f., 157, 194, 292, 306, 309, 322, 326, 363, 368ff., 378

Dég (Ungarn) 45
Dera'a (Edre'ei) 336
Dernbach 176
Deutsch Piekar (Pickary Ślaskie) 173, 210
Deutschland 7ff., 13ff., 17f., 20, 22, 45f., 52, 54ff., 70ff., 80ff., 96, 98ff., 111, *113, 115, 117,* 121ff., *125f.*, 128, 130, *132,* 134ff., 142ff., 147, 152ff., 156, 159, 160, 162ff., 168ff., 177, 179f., 186ff., 190ff., 198f., 201ff., 205ff., 209ff., 215ff., 227, 229ff., 233, 237f., 240, 244, 246f., 249, 252ff., 256, 258f., 265f., 268f., 272f., 277ff., 282, 285f., 289, 293ff., 300, 304, 306, 318, 327ff., 333, 336f., 339ff., 348, 350, 352, 357, 359, 362, 364, 366, 369, 371, 380, 384, 386, 390f., 399, 401, 405ff., 415, 417
Dir Hanna 322
Donau 64f.
Dortmund 235
Dresden 338
Dülmen 307
Düsseldorf *238f.*, 241, 279

Eilabun 322f.
Ein at-Tina 306
Ein Karem 163, 160, 394
– Johannes der Täufer, Kloster 160
Ein Tarsh 162
Elberfeld 188
Elsass 152, 224
Emmaus 22, 160, 183f., 245, 247, 293, 295, 397ff., 302f., 304, 312, 336, 362, 390
England s. Großbritannien
Ermland 138, 163, 191
Europa 20, 25, 35, 37, 48, 52ff., 106, 119f., 125, 129, 149, 169, 171, 176, 179, 193, 204, 229, 282, 285, 328, 338, 384, 386, 396f., 416f.

Frankenberg (Herodesberg) 271
Frankfurt 75, 188, 270, *292, 348f.*
Frankreich 36f., 47ff., 59ff., 74, 83, 85, 91ff., 96ff., 105, 111, 125, 129ff., 144, 145, 152, 153, 165f., 177, 179, 190, 193f., 194, 196, 207f., 215, 217ff., 224ff., 230, 233, 238, 255f., 258, 268, 272, 396, 407, 410
Freiburg 146, 163
Fulda 80, 138, 163, 381
Funchal 295, 379

Galiläa 90, 168, 174, 220, 306, 309, 322, 335, 338, 379, 413
Golan 32, 339
Gaza 155, 159, 166, 218, 240, 246, 272, 383ff., 396, 412

Genezareth, See 169, 272, 303ff., 327, 335, 338, 39f., 402, 417
Ghazir 157
Ginossartal 305
Glogau (Glogowék) 172
Granada 166
Griechenland 27, 48, 59, 64, 104
Großbritannien 25, 28, 48, 58, 61f., 64, 85, 89, 101, 114, 116, 121, 153, 205, 217, 230, 388, 404
Görz 116

Haifa 22, *35,* 90, 99, 156ff., 174, 220, 226, 228, 241, 259, 272, 281, 307, 310, 312, 316f., 321f., 328f., 336, 340ff., 345f., 392, 398, 400ff., 410ff., 414f.
Hannover 75f.
Hauran 328, 338
Hebron 271
Hedjaz 316
Heidelberg 104
Heptapegon (Siebenquell) 305
Hussan 41, 155

Inssbruck 386
Italien 51, 104, 165, 179, 208
Izmir (Smyrna) 31

Jaffa *21, 26,* 31, 41, *52, 55,* 61, 68, 90, 136, 141, 157, 160, 174, 178f., 181, 183, 205, 286, 292, 342, 358, 402, 415
Jerusalem 7, *13,* 15, 18, 22, 25f., 28ff.,

48ff., 53f., 56f., 66, 68ff., 84, 86ff., 94, 98f., 101, 107f., 108, 110, 112, 114ff., 122ff., 131f., 135f., 138, 141f., 145, 147f., 150ff., 166, 168ff., 174, 178f., 181ff., 192f., 196ff., 204ff., 212, 214, 216, 218ff., 225ff., 230, 232, 234, 241, 244ff., 250, 252, 254ff., 259, 261f., 265ff., 276, 278ff., 286, 288f., 292f., 295ff., 302ff., *306*, 309f., 317f., 320, *323*, 325, 327f., 332, 334, 339, 341, 349ff., 358f., 362ff., *369*, 371ff., 379, 380, 382f., 388, 390ff., 394ff., 403f., 410ff.
- Agronstraße 185
- Auguste-Victoria Hospiz 366
- Beit (Haus) Kaiphas 261, 356
- Berg Sion 244, 347, *356*, 363, *369*, 371
- Friedhöfe:
  amerikanischer 261
  griechisch-orthodoxe 356
  armenischer 356
  muslimischer 356
- Bethlehem-Straße 392
- Christuskirche 114
- Coenaculum *29*, 251, 253, 356
- Damaskustor 292, 363, 370
- Davidstadt 271
- Dormitio 20, 46, *84*, 91, *94*, *98*, 100, *223*, *227*, *234*, 236, 240f., 244, 247, 249f., 252ff., 276, 278, *288*, 293f., 328, 338, 346f., 349ff., 357, 359f., 362ff., 367, 373f., 379, 406, 411ff., 417
- Ecce Homo 110, 153
- Emeq (Tal) Refa'im 391, 413
- Erlöserkirche 86ff., 90f., 100, 118, 252, 266, 268
- Gartengrab 370
- Gethsemane 140, 372
- Golgatha 370
- Hagia Sion 352
- Haus Vester 185
- Heiliges Grab 112, 153
- Himmelfahrtskapelle (Russisch) 179
- Jaffa-Straße 286, 342
- Jaffator 184f., 211, 273, 275, 277f., 292, 369, 412
- Jesus-Hilfe (Krankenhaus) 285
- Johanniter (Preußisches) Hospiz 196
- Johanniter Krankenhaus 117
- Josaphat, Tal 370
- Kalvarienberg 138, 210
- Lazaristisches Kloster 185
- Machane Israel 185
- Mamillastraße 185
- Mamillabecken 184, 391
- Mishkenot Sha'ananim 184
- Muristan *84*, 117f., 252, 260, 395
- Nablusstraße 370
- Nachalat Shiw'a 185
- an-Nebi Daud (Davidsgrab) 252ff., *256*, 261, 356
- Notre Dame de France 50, 358, 372
- Österreichisches Hospiz 179, 208, 279, 320, 383, 399
- Palais der holländischen Prinzessin 185
- Prophetenstraße 157, 185, 286
- Russische Komplex 179
- St. Anna 40, 179, 230
- St. Etienne, Kloster *252*, 287, 370
- St. Louis, Krankenhaus 179, *292*
- St.-Paulus-Hospiz 23, 240, 272, 278, 288, 292, *294*, 325, 332, 338, 362f., 369, 371, 373, 375, 378ff., 411ff., 417
- San Salvatore (St. Saviour), Kirche u. Kloster 252
- Santa Maria Latina 252
- Schiloahteich 271
- Schneller (Syrisches Waisenhaus) *415*
- Talitha Kumi 185
- Unsere Herrin des Schmerzes, Kirche 161
- Via Dolorosa 40, 107, 110, 131, 153, 161, 171
- Zionsschwestern, Kloster 153

Jericho 186, 372, 396
Jesreelebene 316
Jordansenke 243
Judäa 220

Kafr Kana 160, 168
Kairo 118f., 136, 160, 174
Kaiserswerth 279

Kalirohi 271
Kapernaum 206f., 309f., 321f.
el-Karak 41, 155
Karei Desche 7
Kattowitz 172
Chirbet el-Minyeh 306, 310, 322
Kiautschou 71, 92
Kinnar, Fluss (Wadi Djammus) 305
Kinnrot s. el-'Oreime
Kleinarmenien 27, 41
Kleinasien 53, 55, 64, 154, 161
Koblenz 104f., 248, 332
Köln 22, 28, 91, 122, 131f., 134ff., *140*, 142ff., 149, 151, 154, 159, 162f., 173, 177, 180, 188, 192, 206, 212, 222, 224, 227, 231f., 234ff., 239f., 250, 254, 258, 260, 270, 281, 287, 293ff., 318, 327, 332, 334, 336, *342*, *345*, 347, 349ff., *363*, 367, 370, 378f., 409, 415
Königgrätz 75
Konstantinopel 26f., 34, 47, 64, *84f.*, 87, 90, 93, 95f., 107, 161, 168, 226f., 244, 254, 256, 271, 309, 352
Korazim (Karaze) 307ff.
Kreta 90
Krim 39f., 48f., 131, 230
Kubeibe 22, 183, 185, 187, 190, 197, 210, 241, 245, 247, 272f., 293ff., 312, 336, 363, 390, 410ff., 414
Kulm 163
Kurdistan 27

Larnaka 41, 155, 181, 335
Latrun 402
Libanon 32, *36*, 41, 116, 156ff., 162, 174, 180f., 413
Liège, Lüttich 250
Ligurien 31
Limburg 138, 163
London 25, 28, 48, 54, 56, 88, 90f., 100, 114, 116
Lothringen 224
Luxemburg 132, 259, 317f.
Lydda 35, 155
Lyon 32, 111, 156, 227

Madaba 41, 155, 317f., 320, 335
Machaerus 271
Madeira 295, 379
Maghar 323f.
Mailand 177
Malta 125, 196
Marseille 131, 145, 191
Maria Laach, Kloster 353, 363
Mariazell 174
Marsh 160
Mainz 138f., *143*, 153, 163
Mesopotamien 27, 31, *86*
Metz 363
Migdal, Magdala 272, 336, 399ff., 411f., 414
Mikwe Israel 182
Minat an-Nachle 312
Mittelmeer 13, 26, 53, 56, 64, 101, 116, 121, 129, 145, 332
Monte Cassino 174
Mossul 27, 32
München 38, 68, 102, 104ff., 111f., 114f., 118f., 121ff., 128, 132, 144, 146, 153, 170f., 223, 235, *287*, *293*
Münster *77*, 138, 163, 215, 221, 300, 322, 345, *349*, 380

Nablus 152, 155, 240, 271, 287, 370, 372
– Josephgrab 271
Nazareth 41, 135, 141, 148, 156, 158, 160, 166, 168f., 174, 181, 205, 218, 226, 272, 388, 395f., 400, 415
– Verkündigungskirche 156
Neapel 125, 174, 251, 257
Nebo, Berg 271
Nein (Na'im) 160, 168
Neisse (Nyse) 172, 176f., 244, 246f., 342
Niederlande 79, 176, 191
Ninive 32
Nisibis 55

Oberfranken 107
Ölberg 179, 264, 370
el-'Oreme, Tel 305, 308, 315, 337
Osnabrück 163
Österreich 62, 75, *80*, *83*, 102, *112*, *116f.*,

125, 128, 130, 138f., 145, 174, 384, 386, 395, 406
Österreich-Ungarn 196, 395
Ostpreußen 138, 191
Ozeanien 58

Paderborn 138, 163, 225, 231, 235, 294, *344*, 399f.
P aadua 174
Persien 27, 31, 58
Petri Schiffsstelle 308
Philisterland 383
Piemont 125
Polen 166, 179, 204, 394
Poremba 176
Portugal 124f., 135, 294
Posen, Poznan 176, 227
Potsdam 258
Prag 83, 177
Preußen 8, 25, 28f., 44f., 48, 52, 54ff., 62ff., 74ff., 78, 80f., 90, 92ff., 101ff., 105, 111f., 114ff., 122, 126, 127f., 130f., 136ff., 143, 163, 179, *188*, 191, 194, 196, 224, *234*, *259*, 282, *295*, 335, 366, 395, 406

ar-Rama 321
Ramle 41
Ramallah 35, 41, 157, 178, 181
Reims 35
ar-Reina 155, 168
Rheinland 75, 134f., 173, 191, 255, 274, 335, 351
Rhodos 196
Rom 31f., 34f., 37, *48*, 80, 87f., 95, 97, 99, 122, 124, 126, 132, 149, *157*, 174, 178, 193, 203, 207, 220, 224, 227, 250f., 255, 265, 318, 340, 353f., 364, 378, 388, 396, 398
Rosh Hanikra 32
Rothenburg 163, 283, 350
Rottweil 67
Russland 48f., 57ff., 61f., 69, 89, 125, 129, 179, 182, 193, 217, 220, 238, 322f., 352, 391, 394, 402

Saarland 194
Sachnin Sarona 323
Sachsen 138, 163
Safed 155, 307, 309, 312
Salzburg 139, 168
St. Annaberg 174f.
St. Chrischona 189
St. Petersburg 61
e-Salt 41, 155
Samak (Zemach) 336
Samkiye 41
Sardinien 125, 135
Schlesien, Oberschlesien 75, 80, 174, 174ff., 186, 191, 196, 204f., 207, 209f., *348*
Schleswig-Holstein 75
Schweiz 45, 217
Sepphoris 209
Shandong 92
Shefar'am 156
Sidon 36, 157, 324
Sinai 32
Sizilien 97, 125
Spanien 29, 124f., 135, 208, 396
Straßburg 105, 194
Sudan 181
Suez 53
Suez-Kanal 220, 395
Syrien 27, 31f., 34, 40f., 53ff., 58, 60, 121, *128*, 154, 157f., 160, 181, 285, 318

Tabor, Berg 174
Tabgha 7, 22f., 169, *219*, 232, 240f., 241, 259, 272, 281, 293f., 302, 304f., 306, 308, 312, 314ff., 320ff., 326ff., 330, 332ff., *342*, 385, 390, 402f., 410ff., 417
Tantur 196f., 205, 395f., 399
Taufstätte 271
Teijbe 155
Tel el-Kebir 205
Teschen 279
Thessalien 65
Tiberias 168, 306f., 315f., 335, 337, 417
– schottische Mission 316f.
– Franziskanerkloster 27

Tirol 383
Toskana 125
Totes Meer 90
Toulouse 36
Transjordanien 32, 40f., 155, 317
Trebnitz 177
Triest 90, 146
Tripolis (Libanon) 36, 157, 161
Trier 91, 132, 138, 144, 153, 163, 170f., 177, 219f., 309, 340
Tschechoslowakei 176
Türkei 56, 58f., *88, 95*, 180, 285
Tyrus 324

Ulm 44, 138
Ungarn 196

Vatikan 39f., 43, 47, 50f., 73, 78, 80, 91, 95ff., 124, 207, 224f., 227f., 230, 232, 258, 270, 280, 384
Venedig 174, *288*
Verona 177
Vereinigte Staaten von Amerika 58, 72, 79, 116, 176
Versailles 224

Wadi Chanin 182
Westfalen 75, 161, 174, 191, 215, 255, 274, 281, 313, 320
Wien *45*, 63f., 69f., 108, 130, 139, 145f., 187, *219, 225*, 255
Wittenberg 87f.
Württemberg 67f., *130, 307, 351*, 415
Würzburg 137

Yafia 155

Zichron Ya'akov 316
Zypern 27, 32, 41, 155f., 180f., 196, 335

Institutionen

Aachener Comité zur Wahrnehmung der Interessen der deutschen Katholiken im hlg. Land 210ff., 217
Alliance Israélite Universelle 370
American Colony, Jerusalem 261f.
Arme Dienstmägde Jesu Christi, Schwesternorden 176
Anglikaner, Anglikanische Kirche 28, 126, 178
Apostolisches Delegat, Delegation 27f., 34, 124, 138, 149, 160, 162f.
Armenisch-katholische Kirche 161, 372
Assumptionisten, Orden 50
Auguste-Victoria-Stiftung 364
Augustinerinnen, Orden 307
Das Ausland 68

Balley Brandenburg des Ritterlichen Ordens Sankt Johannis vom Spital zu Jerusalem s. Johanniterorden
Barmherzige Brüder vom hl. Johannes von Gott 166, 388, 396
Barmherzige Schwestern vom Hl. Karl Borromäus (Borromäerinnen) 23, 99, 153, 176f., 206, 228, 245, 272, 279f., 284, 286, 292, 300, 303, 304, 324, 340ff., 345f., 379, 388, 390ff., 394, 408, 411, 413f.
Bayrisches Hospital, Nazareth 166, 272, 396f.
Bayrischer Pilgerverein 249
Benediktiner-Kloster Abu Ghosh *264*
Benediktiner, Orden 168, 223, 241, 244f., 250, 252f., 264, 346, 353, 363f., 379
Bistum, Erzbistum, Diözese
– Augsburg 173
– Breslau 80, 138, 154, 163, 172, 174, 176
– Ermland 138, 163
– Freiburg 163
– Fulda 80, 138, 163
– Köln 22, 91, 122, 134, 136f., *142*, *151*, 154, 163, 212, 222, 224, 231f., 236, 240, 258, *260*, 270, *342*, *347*, *409*
– Kulm 163
– Limburg 138, 163
– Mainz 138f., 163
– München-Freising 112, 128
– Münster 138, 163
– Osnabrück 163
– Paderborn 138, 163, 235
– Posen und Gnesen 227
– Rotenburg 163, 283, 350
– Trier 138, 163
Brüder der christlichen Schulen (*Fratres Scholarum Christianorum*) 39f.
Brüderhaus, Jerusalem 188f.

Church Missionary Society (CMS) 26, 390
Coenaculum 29, 251, 253, 261, 356
Comité de l'oeuvre des Pélerinages en Terre Sainte 131, 145
Congrégation de la Mission 281
Custodia terrae sanctae s. Fanziskaner

Das Heilige Land 19, 22, 65, 95, 98, 147ff., 153, 158f., 166, 170ff., 175, 178f., 182f., 186, 192, *199*, 205, 207, 209, 213f., 234, 239, 242, 244, 246, 252, 255, *266*, 273, 298, 300, *309*, 317f., 324, 332, 337, 342, 346f., 349, 357, 369, 371, 374, 383, 388, 399, 403
Deutsches evangelisches Institut für Altertumswissenschaft des Hl. Landes zu Jerusalem 380f.
Deutsche evangelische Kirche in Jerusalem/im Heiligen Land 54, 88, 166, 406, 415, 417
Deutsche katholische Anstalt vor dem Jaffa Tor, Jerusalem (alte Schmidt-Schule) 211, 273ff.
Deutsche Katholische Niederlassung, Haifa 94, 176

Deutscher Orden 144
Deutscher Verein vom hl. Lande 94, *197*, 294, *296*, 302, 324, 371f.
Deutscher Verein zur Erforschung Palästinas 261, 416
– *Zeitschrift des Deutschen Palästina-Vereins* (ZDPV) 261, 386
Diakonissen aus Kaiserswerth 279
Dominikaner, Orden 252, 287, 370
Dormitio, Kirche und Kloster, Jerusalem 20, 46, 91, 100, 236, 240f., 244, 247, 249f., 252ff., 276, 278, 288, 294, 328, 338, 346ff., 373f., 379, 406, 411ff., 417
Drusen 157, 328

École pratique d'études bibliques 287, 335
Edinburgh Medical Missionary Society 397
Erlöserkirche, Jerusalem 86ff., 90f., 100, 118, 252, 266, 268
Erzbischof von Canterbury 114, *126*
Eucharistischer Congress *35*, *251*
Evangelischer Jerusalemverein, Berlin 147

Filles de la Charité de St. Vincent de Paul (barmherzigen Schwestern) 158
Franziskaner, *Custodia terrae sanctae* 11, 25ff., 29f., 32, 36f., 39ff., 43ff., 107f., 110, 116f., 123f., 129, 131, 135, 141, 146, 153f., 158, 160, 166, 168f., 172, 174f., 178, 180f., 184f., *190*, 193, 203, 208, 224ff., 232, 238, 247, 251f., 262, 298, 304, 307, 318, 328, 333, 353, 383, 398, 402
Franziskus-Xaverius-Verein 111
Fréres des Écoles Chrétiennes, Orden 158

Generalkommissariat des Heiligen Landes, Wien 130f., 146, *225*
Gesellschaft zur Förderung der deutschen Ansiedlungen in Palästina 399
Görresgesellschaft zur Pflege der Wissenschaft im katholischen Deutschland 339, 380f.
Griechisch-Orthodoxe Kirche 26, 39, 49, 61, 145, 161, 238, 322, 356
Griechisch-Katholische-Kirche 35, 98, 161, 323f.
Griechisch-Uniierte 156
Görres-Kreis 29, 104f., 114f., 119f., 127

Historisch-politischen Blätter für das katholische Deutschland (*HPB*) 104, 113, 123, 125, 127, 130, 170

Jerusalemkreuz 42, 147
Jerusalem-Stiftung 163, 406
Jesuiten 36, 79, 157, 177, *210*, 282, 324

Islam 11, 21, *28*, 31, 40, 52, 86, 89, 253f., 355f., 368, 373

Jesus-Hilfe Leper Krankenhaus, Jerusalem 185
Johanniter, Orden 117f., 196f.

Karmeliter, Orden 156ff., 340, 345
Karwochenkollekte 130
Katholische Kirche, Lateinische Kirche 25ff., 74, 100, 122, 220, 250, 252, 417
Katholischer Gesellenverein 188
Kölnische Zeitung *237*, *281*, *332*, *370*
Kolonisierungsgesellschaft des Heiligen Landes 306
Kongregation für die Evangelisierung der Völker (*Sacra Congregatio de Propaganda Fide*s) 29f., 34, 36ff., 131, *157*
Kustos s. Franziskaner, Custodia
Kaiserbesuch (-reise) 1898 16, 21, 46, 84ff., 97, 118, 264ff., 296, 365f.

Lateinische Kirche s. Katholische Kirche
Lateinisches Patriarchat, Jerusalem 22, 25ff., 94, 135, 140f., 152, 154ff., 158ff., 179f., 181, 214f., 282, 293, *349*, 383f., 404
Lazaristen, Orden s. Vinzentiner

The London Society for Promoting Christianity amongst the Jews (LJS) 25, *312*
Ludwigmissionsverein 110ff., 121, 138, 170, 201, 388, 409
Lutheraner 83, 185

Melkiten s. Griechisch-Katholische
Malteserorden, Malteserritter 40, 161, *162*, 197, 255, 273f., 276, 396, 399
Marienkirche 346f., *354f.*, *356*
Maroniten, Maronitische Kirche 40, *161*, 282
Menoniten 182
Migdal (Magdala), Deutsche Niederlassung 272, 336, 399ff., 411f., 414
Miles Christi, Militia Christi 41ff.
Mission in der Stille 189
Missionsgemeinde deutscher Laien 199, 201
Missionskolonie der deutschen Katholiken oder St.-Johannes-Haus in Jerusalem 273
Missionsstation, Gaza 155, 159, 166, 218, 240, 272, 383ff., 412
Monophysitische Kirche 161
Muslime s. Islam

Neisser Zeitung 244, 246f., 362
Neueste Nachrichten aus dem Morgenlande 147
Notre Dame de Sion, Schwesternorden (Zionsschwestern) 152f., 162
Notre Dame de Sion, Péres de, Männerorden 152

Obra pia de Jerusalem 125
Orden u. Ritter vom Heiligen Grabe 38, 41ff., 81, 106ff., 112, 142
Orientalisches Institut, Wien 70
Orientalisches Institut s. a. Görresgesellschaft
Orthodoxer Verein vom Heiligen Land (Russland) 61
Österreichisches Pilgerhospiz, Jerusalem 179, 208, 279, 320, 383
Österreichisches Konsulat, Jerusalem 53, 131, 196, 198, 396
Österreichischer Lloyd 146
Die Österreichische Monatsschrift für den Orient 70

Palästina-Museum 210
Palästinaverein, Palästinaverein der Katholiken Deutschlands, Palästinaverein zur Errichtung deutsch-katholischer Unternehmungen im hl. Land und deren Förderung 93, 151, 210ff., 239, 340
Palästinakomitee 194, 201, 203ff., 210, 217
Der Palästinablatt 216, 234
Palestine Exploration Fund (PEF) 416
Papst, Heiliger Stuhl 25ff., 34ff., 40, 43ff., 47, 50f., 73f., 78, 80f., 91, 94ff., 122, 124, 137ff., 170, 174, 177f., 207, 220, 224ff., 230, 232, 235, 255, 258, 266, 268, 270, 278, 280, 300, 340, 374, 384
Pariser Kongress 49
Patriarchat Jerusalem, griechisch-orthodox 26, 61
Patriarchat Jerusalem, katholisch / lateinisch 22, 25ff., 43, 48, 94ff., 131, 135, 140ff., 148f., 152, 154ff. , 164ff., 179f., 185f., 190ff., 193, 202f., 206f., 212ff., 222, 225f., 238, 240, 255, 266, 268, 276f., 280ff., 293, 317f., 328, 335, 341, *349*, 366, 383f., 388, 390f., 396, 398, 404, 406f., 416
Pauliner s. Vinzentiner
Paulushospiz, Jerusalem (neue Schmidt Schule) 23, 240, 272, 283, 288, 292, 294, 325, 332, 338, 362f., 369ff., 411, 413, 417
Pietismus, Pietisten 56
Pilgerkarawane des Palästina-Vereins 244, 325, 374, 379, 382
Predigt der Seligpreisungen 305, 308
Preußische Hospiz, Jerusalem 196
›pro germania catholica‹ 126
Protestanten 15ff., 21, 25, 29, 48, 53, 56f.,

61, 68, 70, 74f., 82, 91, 100, 104f., 114ff., 122f., 127f., 130, 147, 156, 162, 177f., 185, 188f., 200, 208f., 217ff., 230f., 242, 245, 252, 255, 259, 266, 274, 278, 281, 285f., 312, 332, 347, 370, 384, 404, 406, 411, 415f.
Protestantisches Bistum, Jerusalem 29, 48, 56f., 114, 126, 252, 259
Propaganda s. Kongregation für die Evangelisierung der Völker

Regina Angelorum, Borromäische Anstalt, Jerusalem 390ff.
Restauration der Juden 68
Rheinischer Merkur 105, 358
Rheinisches Sonntagsblatt 358
Ritter (Orden) vom heiligen Grabe 38, 41ff., 81, 106ff., 112, 137, 142
Rosenkranzkapelle 210
Rotes Kreuz 182

St. Joseph de l‹Apparition (Schwestern des hl. Joseph von der Erscheinung) 36, 41, 156
St. Severinus Verein 145
Salesianer (*Societas Sancti Francisci Salesii* – die Gesellschaft des Heiligen Franz von Sales) 152, 159
Salvatorianerinnen, Schwestern vom Göttlichen Heiland 304
Schlesische Volkszeitung 205
Schwäbische Chronik 68
Schwestern der hl. Familie 176
Schwestern des hl. Joseph s. St. Joseph de l‹Appariton
Schwestern vom Rosenkranz (Rosari) 157f.
Schwestern unserer Frau von der Liebe des Guten Hirten 160
Schottische Mission, Krankenhaus 316f., 337
Syllabus errorum 73f.
Sionsverein Schwestern von Nazareth, Orden 170f.
Souveräner Ritter-Orden vom Hospital des heiligen Johannes zu Jerusalem, genannt von Rhodos, genannt von Malta s. Johanniter

Tabgha, deutsch-katholische Niederlassung 7, 22, 169, 219, 232, 240f., 243, 259, 272, 281, 297, 302, 306, 308, 316f., 322ff., 332ff., *342*, 385, 390, 402f., 410ff., 417
Talita Kumi, Jerusalem 185
Tempelgesellschaft 65
Templer, Orden 15ff., 21, 42, 65, 67ff., 86, 102, 179, 182, 187, 190, 217, 219f., 226, 244, 247, 277f., 281, 297, 307f., 310, 312, 316, *337*, 340ff., 351, 359, 362, *389*, 391f., 404, 408, 411, 413ff.
Trappisten, Orden 315, 402f.

Vatikan s. Papst, Heiliger Stuhl
Der Verein vom Heiligen Grabe zur Förderung der katholischen Interessen im Heiligen Lande 128f., 131, 134, 143, 153f., 157, 162, 164f., 169f., 172, 179, 182, 186, 192, 196, 198, 203, 205, 211ff., 214, 217ff., 221ff., 229, 231ff., 237, 279, 318, 397, 409, 416
Verein der unbefleckten Empfängnis Mariens zur Unterstützung der Katholiken im Orient 139
Verzeichnis der Irrtümer s. *Syllabus errorum*
Vinzentinerorden, Vinzentiner 117, 158, 281
Volksverein für das katholische Deutschland 82

Die Warte des Tempels 102, 119, *220*, 277, 308
Weiße Väter (*Patres Albi*) 39f., 230

Zeitschrift des Deutschen Palästina-Vereins (ZDPV) s. Deutscher Verein zur Erforschung Palästinas
Zionistische Organisation 402
– Eretz-Israel-Büros 415

Haim Goren

»Zieht hin und erforscht das Land«

Die deutsche Palästinaforschung im 19. Jahrhundert

Aus dem Hebräischen übersetzt von Antje Clara Naujoks

Mit einem Vorwort von Moshe Zuckermann

Schriftenreihe des Instituts für deutsche Geschichte der Universität Tel Aviv, Bd. 23

432 S., brosch., 54 Abb., ISBN 978-3-89244-673-3

»[...] ein gelungener Band und ein hinfort unerläßliches Buch für jede Nahostbibliothek hierzulande.«

Palästina Journal

»Angesichts von Nahostkonflikt und Orientalismus-Debatte mag es geradezu ungewöhnlich erscheinen, einen solch »apolitischen« Zugang zu einem Thema gewählt zu haben, das mit der Geschichte eines derart umkämpften Landes in Verbindung steht. Gerade so kommt aber ein faszinierendes Stück deutscher Wissenschaftsgeschichte in sachlicher Weise zur Geltung.«

Markus Kirchhoff, H-Soz-u-Kult

»Die hebräische Fassung, 1999 publiziert, wurde für die deutsche Ausgabe aktualisiert und von Antje Clara Naujoks in hervorragender Weise ins Deutsche übersetzt (...).
Das Buch stellt ein wahres Kompendium der deutschen Palästinaforschung des 19. Jahrhunderts dar, es liest sich wie ein Who's who der damaligen deutschen Forschung. (...)
Für die Erforschung Palästinas wird bislang immer auf den britischen und französischen Anteil hingewiesen. Nach Lektüre dieses Buches wird klar, dass der Anteil der deutschen Forschung genauso wichtig war. (...)
Nicht nur für die deutsche Palästinaforschung dürfte das vorliegende Buch künftig zum Pflichtpensum gehören, sondern auch für die Geschichte des Staates Israel werden hier wurzeln freigelegt, die heutzutage in Israel kaum beachtet werden.«

Jürgen Krüger, Geschichtsblätter für Waldeck